全集叢書総目録 2005-2010

I 総記

日外アソシエーツ

Catalog of Series in Japan

2005-2010

I
General

Compiled by
Nichigai Associates, Inc.

©2011 by Nichigai Associates, Inc.
Printed in Japan

本書はデジタルデータでご利用いただくことができます。詳細はお問い合わせください。

●編集担当● 児山 政彦

刊行にあたって

　全集、講座、叢書、大系、著作集、選集など一般に図書館で「シリーズ物」と呼ばれている図書群の収集には、時に困難が伴う。刊行頻度がさまざまであったり、終期が明確でなかったり、途中で構成に変更があったりすることなどがその原因だが、全集の規模が大きくなればなるほど全体の構成の把握が難しくなり、選書にあたる図書館員にとっては悩みの種となる。

　1992年に小社が出版した「全集・叢書総目録45/90」は、戦後刊行された国内の全集・叢書類を幅広く収録し、各巻の書誌情報を一覧できるようにしたものである。この継続版として、1999年に「91/98」、2005年に「1999-2004」を出版し、多くの図書館から好評をもって迎えられた。本書はその継続版として出版するものであり、全集・叢書類約3万種を収録している。2007年出版の「全集・叢書総目録　明治・大正・昭和戦前期」は1868年から1944年までの全集・叢書類を集めているので、これを併せれば140年分のシリーズ物を一望することが可能となる。

　今版でも、基本的な収録方針や構成は前版を継承し、Ⅰ　総記、Ⅱ　人文、Ⅲ　社会、Ⅳ　科学・技術・産業、Ⅴ　芸術・言語・文学の5分冊とした。このほかに検索の便を図るため、5巻分全ての全集・叢書名から掲載巻のページが引ける総索引を別巻として付している。総索引には、各巻には収録されない全1冊の全集や著作集、選集なども記載している。分野を判断しがたい全集・叢書類については、まず総索引を当たっていただき

たい。
　これまでの版と同様、収書・選書に役立つ基本ツールとして、多くの図書館で本書を活用していただければ幸いである。

　2011年1月

　　　　　　　　　　　　　　　　　　　　日外アソシエーツ

目　次

凡　例 …………………………………………………… (6)

総　記

情報科学 ……………………………………………… 1
図書館 ………………………………………………… 133
出版・書誌 …………………………………………… 148
百科・雑学 …………………………………………… 180
一般論文集・講演集・雑著 ………………………… 186
逐次刊行物 …………………………………………… 202
団体・博物館 ………………………………………… 203
ジャーナリズム・新聞 ……………………………… 209
一般叢書・全集 ……………………………………… 213

全集・叢書名索引 …………………………………… 399

凡　例

1. 本書の内容
   1) 本書は、図書館等で一般にシリーズ物などと呼ばれている図書群（以下「全集・叢書類」という）を対象に、それぞれのシリーズを構成する各巻の書名、著者名、出版年月などを記した図書目録である。
   2) 全集・叢書類の網羅的な把握に努めたが、以下のものは原則その対象外とした。
      (1) 文庫・新書・ノベルス
      (2) 児童書・学習参考書
      (3) 漫画・劇画
      (4) 雑誌別冊（ムック）
      (5) 文化財調査報告書
   3) 全集・叢書類はその主題により以下の5冊に分けた。なお、多数の主題にまたがるもの、特定の主題をもたないものは「総記」に収録した。
      Ⅰ　総　記
      Ⅱ　人　文
      Ⅲ　社　会
      Ⅳ　科学・技術・産業
      Ⅴ　芸術・言語・文学
   4) 「Ⅵ　総索引」には、上記5冊に収録した全集・叢書類全点のほか、Ⅰ～Ⅴには収録していない全1冊の全集・著作集も掲載した。

2. 収録の対象
   1) 総記編には、2005（平成17）年から2010（平成22）年までの6年間に日本国内で刊行された情報科学、図書館学、ジャーナリズム等の分野の全集・叢書類、および多数の主題にまたがる、または特定の主題をもたない全集・叢書類を収録した。

2）2004（平成16）年以前に刊行された上記分野の全集・叢書類でも、前版未収録のものは含めた。
3）前版収録の全集・叢書類については2004年以前刊行分の掲載を省き、前版での掲載巻頁を指示した。
4）収録点数は1,735種14,394点である。

3．排　　列
1）NDC（日本十進分類法）の2次区分に従って全体を9分野に分け、それぞれの分野ごとに全集・叢書名の五十音順に排列した。欧文の全集・叢書名については五十音の後にABC順で排列した。
2）全集・叢書名が同一の場合は、出版者名の五十音順とした。
3）同一全集・叢書内における各巻の排列は、原則として全集・叢書の番号順とした。番号が不明だったり番号をもたない場合は刊行年月順に排列した。

4．記載事項
1）全集・叢書名見出し
　　書名／著編者名／出版者名／刊行年／前版掲載巻頁（⇒で示した）
2）各巻内容
　　全集・叢書番号／各巻書名／各巻巻次／（副叢書名／副叢書番号）／版表示／各巻著者／出版年月

5．全集・叢書名索引
本文に掲載した全集・叢書名を五十音順に排列し、その掲載頁を示した。

6．書誌事項等の出所
本目録に掲載した図書の書誌事項等は主に次の資料に拠っている。
　　JAPAN/MARC
　　BOOKPLUS

総 記

情報科学

I/O books　工学社　1991〜2010　⇒I-1

◇わかるSun Java Studio Creator—GUIでWebアプリを視覚的直感的に作成!(清水美樹著)　2004.7

◇鉄道模型シミュレーターレイアウト・コレクション—保存版　2004.11

◇インターネット個人情報防衛マニュアル—「スパイウェア」「フィッシング」「ウイルス」「クラッキング」から身を守る!(御池鮎樹著)　2004.11

◇補講C言語—開発現場でなければ学べないノウハウ満載!(平田豊著)　2004.11

◇3D-CGプログラマーのためのリアルタイムシェーダー「理論と実践」—「古典的ライティング・モデル」から「グローバル・イルミネーション」まで(金谷一朗著)　2004.11

◇基礎からのMuPAD—安価で人気の「数式処理システム」を使いこなす!(生越茂樹著)　2004.12

◇PS2 XBOX DCゲーム機改造計画(靖間誠著)　2004.12

◇最新DTP技術読本—DTPと印刷の先端テクノロジー(Professional DTP編集部編著)　2004.12

◇楽天活用マニュアル—「お得」で「快適」なインターネット生活をサポートする!(はせべれいこ著)　2004.12

◇基礎からのNAS—ネットワークに大容量ハードディスクをつなぐ(一条博著)　2004.12

◇Eclipseプラグイン入門—「Java IDE」便利な機能を簡単に追加!(清水美樹著)　2004.12

◇はじめてのNorton Internet Security 2005—統合セキュリティ対策ソフトの「インストール」から「設定」まで(中村昇著)　2004.12

◇ネットではじめる日曜商人のススメ(菊地一著, 第二IO編集部編)　2004.12

◇Excelマクロ経済学入門—「経済循環図」フローチャートによる分析「実物部門」から「金融部門」の分析まで(梅原嘉介著)　2005.1

◇Excelデータ分析—統計の基礎からデータマイニングまで　増補版(IO編集部著)　2005.1

◇ビジネスで活用するAcrobat 7.0入門—用途に合ったPDFの「作成」「編集」「管理」(Professional DTP編集部編著)　2005.1

◇コンピュータの基礎知識—「ハード」「ソフト」の仕組みから、「法律」「健康」問題まで(橋本英美著)　2005.1

◇エミュレータのしくみ—「ゲーム専用機」や「旧型パソコン」のソフトがパソコンで走る!(某吉著)　2005.1

◇B's Recorder GOLD 8の達人になる本—オリジナル「CD」「DVD」が楽々作れる!　Windows XP/2000/Me/98SE対応(御池鮎樹著)　2005.1

◇今さら人に聞けないWordの常識(松本美保著)　2005.2

◇Javaプログラミング入門—数学基礎からのアプローチ(梅村哲也著)　2005.2

◇携帯音楽プレイヤーのためのMP3ファイルのつくりかた(東京メディア研究会著)　2005.2

◇今さら人に聞けないExcelの常識(松本美保著)　2005.2

◇はじめてのウイルスバスター2005—総合セキュリティ・ソフトの「インストール」から「使い方」まで(大沢文孝著)　2005.2

◇ファイル共有ツール入門(東京メディア研究会著)　2005.2

◇コンピュータ将棋のアルゴリズム—最強アルゴリズムの探求とプログラミング(池泰弘著)　2005.2

◇はじめての3Dゲーム開発—「DirectX 9」の使い方から「1人称3Dフィールド・ゲーム」の制

情報科学　総記

作まで 「DirectX 9」「VisualC++.NET2003」「VisualC++.NET」「VisualC++6.0」対応　改訂版（鎌田茂雄著, 第二IO編集部編）　2005.3

◇DirectX 9 DirectX Graphics―DirectX 9.0 SDK update（December 2004）対応（第二IO編集部編）　2005.3

◇はじめてのShare & BitTorrent（東京メディア研究会著）　2005.3

◇HSPではじめる簡単CGIプログラミング（悠黒喧史著）　2005.3

◇パソコン自作手帳―「パーツ選び」「組み立て方」のポイントを伝授!!　2005.3

◇3D-CGツールゲーム制作練習帳―「MetasequoiaLE」「Cyberdelia」＋「DirectX 9.0」Visual C#.NET 2003対応（大西武, alf著）　2005.3

◇今さら人に聞けないパソコンの常識　2005 2005.3

◇カルキングJ入門―計算できる数式エディタ（広畑育生著）　2005.4

◇パソコンでつくるペーパークラフト（米村貴裕著）　2005.4

◇線形代数とJavaプログラミング―光ファイバ波長損失特性のモデリングを例に（梅村哲也著）　2005.4

◇Metasequoiaではじめる3D-CGモデリング―高機能フリー3D-CGソフトをマスターしよう（鴨杜健児著）　2005.4

◇編集者のためのInDesign DTPテクニック―Windows版 Adobe InDesign CS完全対応（米田裕著）　2005.4

◇図解でわかる家庭内LANのしくみ（大沢文孝著）　2005.4

◇安全便利なEメール・システムの作り方―「Sendmail」「Qpopper」「Procmail」「ClamAV」を中心に（一条博著）　2005.4

◇初心者のためのLinuxコマンドリファレンス―120のコマンドを使いやすく12種に分類!（Pakira著）　2005.5

◇鉄道模型シミュレーターレイアウト設計と製作―VRM 3 & 4対応（鷲尾宣明著）　2005.5

◇Solaris 10インストールと環境構築（一条博著, 第二IO編集部編）　2005.5

◇Javaで初等数学のグラフを描く本―プログラミングの基礎からスタート!（梅村哲也著）　2005.5

◇GLUTによるOpenGL入門―「OpenGL Utility Toolkit」で簡単3Dプログラミング!（床井浩平著）　2005.5

◇パソコン個人情報―安全な保存法・見付け方・完全消去法 Windowsユーザー必須の情報管理術!（御池鮎樹著）　2005.5

◇Audio videoデータQ&A―「DVD」「ビデオ」「サウンド」の疑問氷解!　2005.5

◇Visual C++.NET入門―基礎から学ぶWindowsアプリの作り方（田中成典監修, 物部寛太郎, 宮寺夏子編）　2005.6

◇はじめてのAcrobat 7.0（大沢文孝著, 第二IO編集部編）　2005.6

◇PowerProducer 3の達人になる本―「DVD-Video」「DVD±VR」「VideoCD」の映像ディスクを作る!（御池鮎樹著）　2005.6

◇はじめてのPictBear―プラグインで機能拡張できるフリーのペイントツール　改訂版（はせべれいこ著）　2005.6

◇LinuxでつくるNAS―Linuxで大容量ハードディスクをLanにつなぐ!（一条博著）　2005.6

◇ゲームコーディング　v.1（Direct3D/COM編）（鎌田茂雄著）　2005.6

◇水素プラズマエネルギー革命（山本寛著）　2005.7

◇わかるSun Java Studio Creator―GUIでWebアプリを視覚的直感的に作成!（清水美樹著）　2005.7

◇C言語の基礎―定番言語のプログラミング能力を身につけよう!（大原英郁著）　2005.7

◇プレイやんで遊ぼうやん!（本間一著）　2005.7

◇C言語学習帳―はじめてC言語を学ぶ人のための入門書（C言語学習教育研究会著）　2005.7

◇はじめてのPremiere Elements（勝田有一朗著）　2005.8

◇無料で学べるプログラミングツール―「タダ」で「簡単」にプログラミング環境を構築しよう!（IO編集部編著）　2005.8

◇はじめてのPhotoshop Elements 3.0（はせべれいこ著）　2005.8

2　全集・叢書総目録 2005-2010

総記　　　　　　　　　　　　　　　　　　　　　　　　　情報科学

◇はじめてのSolaris 10―オープン・ソースになった最新OSを使いこなす!（今井悟志著）　2005.9
◇はじめてのVMware―最新版「Workstation 5」の仕組みと利用法（初野文章著）　2005.9
◇楽しく学べるJavaゲーム・アプレット　第3版（村山要司, 安部民枝, 秋満美穂著）　2005.9
◇白箱―「LAN TANK」の作り方・使い方（一条博著）　2005.9
◇はじめてのホームページ・ビルダーV9（はせべれいこ著, 第二IO編集部編）　2005.9
◇超カンタン!DVDコピーアドバンス（東京メディア研究会著, 第一IO編集部編）　2005.10
◇EclipseではじめるWebアプリケーション開発―「Javaサーブレット」「JSP」「JavaBeans」活用術（田中成典監修, 杉江奈津子編）　2005.10
◇CD & DVDデジタル保存術―デジタル化で収集圧縮整理して「保存」!（第二IO編集部編）　2005.10
◇情報セキュリティの実務（内藤響著）　2005.10
◇基礎からのFedora Core 4（内田保雄著）　2005.10
◇Strutsを活用したWebアプリケーション開発―Strutsの基本機能から「ショッピング・サイト」の作り方まで（田中成典監修, 中村健二編）　2005.10
◇Windows Media Player 10の達人になる本（御池鮎樹著）　2005.10
◇ゲームコーディング　v.2（DirectX 9/WinSock編）（鎌田茂雄著）　2005.10
◇Delphi 2005ではじめる「.NET」アプリケーション開発（田中成典編）　2005.11
◇実践!ビデオ編集―動画静止画音楽素材の活用から「DVDメディア」への保存まで!（滝本往人著）　2005.11
◇JSP/サーブレット「プロへの挑戦」―「Webアプリケーション」作りの基礎知識（梅原嘉介, 小川敬治著）　2005.11
◇2ちゃんねるブラウザA Bone 2活用ガイド―人気の「専用ブラウザ」開発者自身による解説!（委員長著）　2005.11
◇はじめてのウイルスバスター2006（御池鮎樹著）　2005.11

◇Xlispstat練習帳―Linuxで「lisp」と「統計」を同時に学ぶ!（大村正道著）　2005.11
◇VideoStudio 9入門（本間一著）　2005.12
◇データ解析環境「R」―定番フリーソフトの「基本操作」から「グラフィックス」「統計解析」まで（舟尾暢男, 高浪洋平著）　2005.12
◇はじめてのXen―SUSE Linuxで学ぶ「仮想マシン・システム」（清水美樹著）　2005.12
◇わかるMP3―デジタル・サウンドの仕組みと活用法（大沢文孝著）　2005.12
◇電子機器解体新書―身近な電気製品の「構造」と「動作原理」を徹底研究!（森羅万象著）　2006.1
◇Linuxカーネル解析入門（平田豊著）　2006.1
◇わかるMPEG―デジタル・ビデオの「仕組み」と「活用法」（眉村雅人著）　2006.1
◇はじめてのOpenOffice.org 2.0―ワープロ表計算プレゼンテーションデータベース図形描画ソフトを使いこなす!（松本美保著, 第二IO編集部編）　2006.1
◇はじめてのNorton Internet Security 2006―ウイルススパイウェアスパム…多機能セキュリティ・ソフトを使いこなす!（初野文章著）　2006.2
◇はじめてのStarSuite 8（松本美保著）　2006.2
◇はじめてのSUSE Linux 10―「インストール」から各種アプリケーションの「設定」「応用」までopen Source software edition（清水美樹著）　2006.2
◇ファンサイトの作り方―芸能人作家漫画キャラクター…仲間が集まるホームページ!（はせべれいこ著）　2006.2
◇わかるインターネットセキュリティ―「ウイルス」「スパイウェア」「フィッシング詐欺」の実際と対策（御池鮎樹著）　2006.3
◇Flash道場　入門編（泉宮幸司著, 第二IO編集部編）　2006.3
◇ソフトイーサPacketiX VPN入門―通信の基礎から「リモートアクセス」「拠点間接続」まで（ソフトイーサ株式会社監修, 大沢文孝著）　2006.4
◇やさしいC++―まずは「C原語」からはじめよう!! 知識ゼロからスタート!（米村貴裕著）　2006.4

情報科学　　　　　　　　　　　　　　　　　　　総記

◇Java教科書—JavaアプリケーションとJavaアプレットの制作（片山幸雄著）　2006.4

◇Javaゲーム制作教科書—Javaアプレットのゲームを作る（片山幸雄著）　2006.4

◇はじめてのTurbolinuxFUJI—最新Linuxのインストールからアプリケーションの使い方まで（内田保雄著）　2006.5

◇はじめてのインターネットラジオ局—現役制作者が教える局作りと番組作り（松谷芳比呂，福田良平著）　2006.5

◇はじめてのAjax（清水美樹著）　2006.5

◇文系のためのJava入門（梅原嘉介著）　2006.5

◇Neroの達人になる本—総合ライティングソフトオリジナルCD DVDが自由自在！（御池鮎樹著）　2006.5

◇ゲームコーディング　v.3（アルゴリズム編）（鎌田茂雄著）　2006.5

◇はじめてのVisual Studio 2005—最新「統合開発環境」の基礎知識から応用まで（大沢文孝著）　2006.6

◇MaTX入門—フリーで使える「数値計算」「シミュレーション」ツール（橋本直著）　2006.6

◇基礎からのJavaScript—定番スクリプト言語の「仕組み」から「使い方」まで　第3版（岡田克司著）　2006.6

◇はじめてのPremiere Elements 2.0（勝田有一朗著）　2006.6

◇実践VBAマクロプログラミング—Excelの効率を大幅アップ！（森岡邦雄著）　2006.6

◇やさしいIT講座—6時間でわかるPCの基本（米村貴裕著）　2006.7

◇はじめてのGIMP（はせべれいこ著，第二IO編集部編）　2006.7

◇プレゼンソフトの達人—PowerPoint・Impress（松本美保著，第二IO編集部編）　2006.7

◇逆引きHSP3プログラミング事典　応用編（さくら，悠黒喧史，うすあじ，おにたま著）　2006.7

◇逆引きHSP3プログラミング事典　基本編（さくら，悠黒喧史，うすあじ，おにたま著）　2006.7

◇はじめてのSolaris 10—オープン・ソースになった最新OSを使いこなす！　改訂版（今井悟志著）　2006.8

◇はじめてのJavaScript—プログラミング初心者のための定番スクリプト言語入門（天野友道著）　2006.8

◇はじめてのRuby on Rails—話題の「Webアプリケーション・フレームワーク」が使える！instant rails（清水美樹著）　2006.8

◇裏口からの作曲入門—予備知識不要の作曲道 初心者のための作曲法（御池鮎樹著）　2006.8

◇萌えCGの描き方—Photoshop/Painter　2006.8

◇MPEG4入門—「圧縮の基本」から「MPEGの基本」「MPEG4の実際」まで《新世代》動画フォーマットのすべて（滝本往人著）　2006.9

◇理系のためのJava入門—「動く物理アプレット」でプレゼンテーション！（小泉修著）　2006.9

◇マルチメディア入門（赤間世紀著）　2006.9

◇実践UMLによるシステム開発—事例で学ぶ「オブジェクト指向」のシステム設計（田中成典監修）　2006.9

◇今さら人に聞けないパソコンの常識　2006　2006.9

◇はじめてのMaxima（横田博史著）　2006.10

◇こんなPCができるんです！—面白自作パソコンの世界（wildduck著）　2006.10

◇はじめてのウイルスバスター2007（御池鮎樹著）　2006.10

◇すぐ使えるPHP—「手早く」「楽に」高機能なWebアプリケーションを作る！（大沢文孝著）　2006.10

◇はじめてのAutoCAD（田中真著）　2006.10

◇図解パソコン用語事典—「基本用語」から「新語」「略語」まで，厳選200（第二IO編集部編）　2006.10

◇X Window練習帳—Xの基本ライブラリ「Xlib」で遊ぶ！（大村正道著）　2006.10

◇はじめてのAcrobat 8—PDFファイルの「作り方」から「使い方」まで，詳しく解説！（大沢文孝著）　2006.11

◇はじめてのGoogle（IO編集部編）　2006.11

◇ソフトウェア工学教科書（赤間世紀著）　2006.11

◇B's Recorder GOLD 9の達人になる本—Windows XP/200/Me/98SE対応（御池鮎樹著）　2006.11

総記　　　　　　　　　　　　　　　　　　　　　　　　情報科学

◇HSP 3リファレンスブック—プログラミングの基本と、命令・関数リファレンス（おにたま、悠黒喧史、うすあじ著）　2006.11

◇はじめてのSQL—「Oracle Database 10g XE」ではじめるデータベース処理（清水美樹著）　2006.12

◇はじめてのPremiere Elements 3.0（勝田有一朗著）　2006.12

◇Illustrator & Photoshopデザインクックブック（Kome著、第二IO編集部編）　2006.12

◇基礎からのFedora Core 6（内田保雄著）　2006.12

◇やさしいC++　pt.2（クラスとオブジェクト指向）（米村貴裕著）　2006.12

◇Javaアプレット3Dゲーム開発とレンダリング—「Eclipse」+「Metasequoia」「Cyberdelia」（大西武、伊藤拡著）　2007.1

◇Javaによる画像処理プログラミング（赤間世紀著）　2007.1

◇はじめてのWindows CE—OSの設計からアプリケーション開発まで（大川善邦著）　2007.1

◇はじめてのFirefox 2（IO編集部編）　2007.1

◇はじめてのStarSuite 8—Windows Vista対応（松本美保著）　2007.2

◇動画共有サイト完全攻略術—YouTube・Google Video・Stage 6・FILEMAN（IO編集部編）　2007.2

◇Painterデザインクックブック（Kome, Do not eat著、第二IO編集部編）　2007.2

◇正規表現入門　改訂版（平田豊著）　2007.2

◇わかるDVD—「CD」「DVD」から「HD DVD」「Blu-ray Disc」まで、完全理解！（御池鮎樹著）　2007.2

◇インターネットにつなぐとは?—あなたの「パソコン」と「サーバ」は、どうやり取りしているか（大沢文孝著）　2007.3

◇DirectX 9実践プログラミング—Windows Vista対応版　2007.3

◇Java 3D教科書（赤間世紀著）　2007.3

◇今さら人に聞けないWord 2007の常識—初心者がつまずく盲点をインストラクターが伝授！（松本美保著）　2007.3

◇はじめてのWindows Media Player 11（御池鮎樹著、IO編集部編）　2007.3

◇はじめてのBecky!Internet Mail 2—ベッキー！インターネットメールver.2（勝田有一朗著、IO編集部編）　2007.3

◇「7日間」CG入門講座　コスチューム＆キャラクター編（憂、袴田杉壱、Phase.、銀、井上まり子、マッケンロー〔著〕、第二IO編集部編）　2007.3

◇Java将棋のアルゴリズム—アルゴリズムの強化手法を探る（池泰弘著）　2007.4

◇わかる情報セキュリティ（佐藤健著）　2007.4

◇Trixbox実践ガイドブック（吉田秀利、若林登著）　2007.4

◇JAI入門—Java Advanced Imaging（赤間世紀著）　2007.4

◇今さら人に聞けないExcel 2007の常識—初心者がつまずく盲点をインストラクターが伝授！（松本美保著、第二IO編集部編）　2007.4

◇はじめてのPhotoshop Lightroom（Kome, Do not eat著、第二IO編集部編）　2007.4

◇はじめてのNorton 360—「ウイルス」「スパイウェア」「フィッシング」対策と「データ修復」「PCチューンナップ」が一本でOK（御池鮎樹著）　2007.4

◇Windows Vista徹底研究—最新OSの新機能と利用術を詳細解説！（IO編集部編）　2007.5

◇VB 2005ユーザーのためのDirect 3D 9入門（川田徹著）　2007.5

◇WPF 3Dプログラミング—誰でも簡単に3Dゲームやツールが作れる最新技術！（大西武著、第二IO編集部編）　2007.5

◇PHPで始めるWebアプリケーション開発—最新プログラミング言語でインタラクティブなWebサイトを作る（田中成典監修、中村健二、北野光一編）　2007.5

◇はじめてのLaTeX—簡単「MiKTeX」と充実「W32TeX」で完全マスター！（清水美樹著）　2007.5

◇はじめてのコミックスタジオ—Comic Studio「EX」「Pro」「Debut」"ツール"でコミックを描く！（はせべれいこ著、第二IO編集部編）　2007.6

全集・叢書総目録 2005-2010　　5

情報科学

総記

◇プログラムをつくるとは?―できるプログラマーの発想法(大沢文孝著) 2007.6

◇今さら人に聞けないPowerPoint 2007の常識―初心者がつまずく盲点をインストラクターが伝授!(松本美保著,第二IO編集部編) 2007.6

◇はじめてのWindows Embedded CE6―OSの設計からアプリケーション開発まで(大川善邦著) 2007.6

◇はじめてのPainter 10(Kome, Do not eat著,第二IO編集部編) 2007.6

◇Rubyではじめるゲームプログラミング―人気の国産言語で,誰でも簡単にゲームが作れる!(山本団著) 2007.7

◇はじめてのThunderbird 2―人気メーラーの「基本操作」から「アドオン」まで(IO編集部編) 2007.7

◇はじめてのPowerDirector 6 Vista(御池鮎樹著) 2007.7

◇VRML教科書―Virtual Reality Modeling Language「仮想現実」構築用言語を使った3D-CGプログラミング学習(赤間世紀著) 2007.7

◇超臨界―暴発4秒前:ハイテク社会への警鐘(綱淵輝幸著,第二IO編集部編) 2007.7

◇基礎からのCentOS 5―「安定」「無償」で人気のリナックスを徹底解説!!(内田保雄著) 2007.7

◇DirectX 10 3Dプログラミング―「Direct3D 10」の基礎知識と使い方「WindowsVista」+「Visual Studio 2005」対応(第二IO編集部編) 2007.7

◇MATLABによるバイオインフォマティクス―DNA配列から生存分析まで,医学分野への応用を分かりやすく解説!(多田光宏,矢野雅裕著) 2007.7

◇Javaによる暗号理論入門(赤間世紀著) 2007.8

◇JMF入門(赤間世紀著) 2007.8

◇はじめてのJahshaka―フリーの高性能ビデオ編集ソフトを使いこなす!(佐野彰著) 2007.8

◇はじめてのSkype―Skype 3.2対応(御池鮎樹,坂本リュウ著) 2007.8

◇はじめてのOpenOffice.org―ワープロ表計算プレゼンテーションデータベース図形描画ソフトを使いこなす! バージョン2.2対応(松本美保著,第二IO編集部編) 2007.8

◇Javaによるオブジェクト指向入門(赤間世紀著) 2007.9

◇簡単3Dゲーム制作―Win32 & DirectX 9(大西武著) 2007.9

◇はじめてのJavaFX(清水美樹著) 2007.9

◇はじめてのUbuntu―超初心者向けLinuxを使いこなす(天野友道著) 2007.9

◇Photoshop CS3機能&応用ガイドブック(Kome, Do not eat著,第二IO編集部編) 2007.9

◇はじめてのDVD MovieWriter(御池鮎樹著,第二IO編集部編) 2007.9

◇Web用3D-CG言語X3D―VRML版(赤間世紀著) 2007.10

◇Web用3D-CG言語X3D―XML版(赤間世紀著) 2007.10

◇逆引きFlash Q&A(うすあじ著) 2007.10

◇はじめてのArtRage 2(土屋徳子著,第二IO編集部編) 2007.10

◇Ubuntu活用ガイドブック(若林登著) 2007.10

◇フリーフォントガイドブックfor Windows v.2(桜河貞宗著,第二IO編集部編) 2007.10

◇Flash CS3ゲーム制作ガイド―タカヒロウ流ゲーム制作術(タカヒロウ著) 2007.11

◇はじめてのウイルスバスター2008(御池鮎樹著,第二IO編集部編) 2007.11

◇Java Sound教科書(赤間世紀著) 2007.11

◇はじめてのAdvanced/W-ZERO 3「es」(勝田有一朗著,第二IO編集部編) 2007.11

◇はじめてのPython―「生産性」「汎用性」に優れ,習得が容易なプログラミング言語(紫藤貴文著) 2007.11

◇基礎からわかる画像処理―画像処理のアルゴリズムを理解する 基礎・ボケ画像・ボケ補正画像・逆光補正画像・パノラマ画像(田中成典監修,西田義人,吉村智史編) 2007.11

◇C言語の基礎―定番言語のプログラミング能力を身につけよう! 改訂版(大原英郁著) 2007.11

◇鉄道模型シミュレーターレイアウト設計入門―Virtual Railroad Models 4(鷲尾宣明著) 2007.

情報科学

12
- ◇Octave教科書—オープンソースの数値計算システム（赤間世紀著）　2007.12
- ◇はじめてのSilverlight（清水美樹著）　2007.12
- ◇進化ゲーム理論と遺伝的アルゴリズム—「協調」と「対立」のシミュレーション（梅原嘉介, 小川敬治著）　2007.12
- ◇携帯Flashスクリプト入門—Flash Lite「1.0」「1.1」対応（諸星拓也著）　2007.12
- ◇Flash 3Dゲーム制作—Papervision 3Dとアクションスクリプトで3Dアニメーション!（大西武著）　2007.12
- ◇コンピュータ麻雀のアルゴリズム—AIインタフェイスと思考ルーチンを作る（石畑恭平著）　2007.12
- ◇テクスチャマッピング（GLUTによるOpenGL入門　2）（床井浩平著）　2008.1
- ◇はじめてのPremiere Elements 4.0—高機能ビデオ編集ソフトを使いこなす!（勝田有一朗著, 第二IO編集部編）　2008.1
- ◇Adobe AIRプログラミング入門—Webアプリケーション技術でデスクトップアプリケーションを作る!（ZAPA著）　2008.1
- ◇Java Swing教科書—GUIプログラミングの標準コンポーネント（赤間世紀著）　2008.1
- ◇基礎からのFedora 8—最先端の人気リナックス環境を、初心者でも簡単に!（内田保雄著）　2008.1
- ◇Painter Essentials 4フォトペイント・テクニック（Kome, Do not eat著, 第二IO編集部編）　2008.1
- ◇デジタル資産管理システム入門（若林登著）　2008.1
- ◇わかるUbuntu—最新のUbuntu 7.10を使いこなす（白長須真乃介著）　2008.2
- ◇はじめてのHSP 3（うすあじ著）　2008.2
- ◇理工系のためのKNOPPIX入門—基礎の基礎から「日常生活」「学習」「研究」での活用まで（アルファシステムズ著）　2008.2
- ◇「標準Office」の達人（松本美保著, 第二IO編集部編）　2008.2
- ◇MFCによるOpenGL 3Dプログラミング—ライブラリを使って簡単に3D-CG図形を描画する!（伊藤拡著）　2008.2
- ◇はじめてのInkscape（初野文章著, 第二IO編集部編）　2008.2
- ◇ソフトコンピューティングのロジック—「人間の立場」で情報を扱う情報処理技術（赤間世紀, 宮本定明著）　2008.2
- ◇PICマイコンでつくる電子工作—「ワンチップマイコン」でハード/ソフトの自作を楽しむ!（杉原俊雄著）　2008.3
- ◇はじめてのBlender（山崎聡著）　2008.3
- ◇POV-Rayで楽しむグラフコレクション（西村進著）　2008.3
- ◇PDF活用ガイド—基礎知識から「閲覧」「作成」「編集」まで!（本間一著）　2008.3
- ◇ダイナミックなWebサイトの作り方—「Gadget」「Ajax・OWC」「Flash」「WPF」を駆使!（安田隆次, 石崎智展著）　2008.3
- ◇ゲームプログラミング練習帳—PC＆ケータイ「Webブラウザ」と「携帯エミュレータ」でチェック!!（宍戸輝光著）　2008.3
- ◇はじめてのVine Linuxサーバ—「コンパクト」「軽量」な日本語ディストリビューションを使う!（大藤雄久著）　2008.3
- ◇はじめてのWriter ＆ Calc—世界のパワーユーザーが作った、高機能「オフィス」! Windows/Linux（本山春紀, 竹山佐知著, 第二IO編集部編）　2008.4
- ◇はじめてのRuby on Rails2—最新の「Webアプリケーション・フレームワーク」が使える!（清水美樹著）　2008.4
- ◇考える統計学—「基本的な疑問」から「実際の分析」まで、やさしく解説!（石田秀人著）　2008.4
- ◇Eclipseではじめる「iアプリ」開発—DoCoMoの「携帯アプリ」開発環境=「DoJa」を活用!（田中成典監修, 杉之原亮編）　2008.4
- ◇やさしいビデオ編集—高機能ツールが無料で使える!!（勝田有一朗著）　2008.4
- ◇はじめてのニコニコ動画（菊地一, 本間一著）　2008.4

情報科学

総記

- ◇裏口からのパソコンで作曲—デジタル時代の作曲道「Domino」で作曲、「初音ミク」が歌う!(御池鮎樹著) 2008.4
- ◇Linux「理系」フリーソフト集—数学、数値計算、統計、化学・生物、物理・天文、電気・他(大村正道著) 2008.5
- ◇携帯Flashサイト&ゲーム制作入門—Flash Lite「1.0」「1.1」対応(諸星拓也、Yu-mic著) 2008.5
- ◇無料で使える印刷ソフト活用ガイド(知見光泰著、第二IO編集部編) 2008.5
- ◇Excelによる統計分析入門—小規模データを使った例題で、完全理解! Excel 2007対応(赤間世紀著) 2008.5
- ◇nero 8の達人になる本—総合ライティング・ソフト(御池鮎樹著、第二IO編集部編) 2008.5
- ◇はじめてのGainerプログラミングガイド(布留川英一著) 2008.5
- ◇3Dグラフィックスのための数学—「ベクトル」「行列」の基本から「交差判定」「衝突検知」まで(大川善邦著) 2008.6
- ◇はじめてのEIOffice 2007—ワープロ・表計算・プレゼン(松本美保著) 2008.6
- ◇はじめてのPython—ネットワークプログラミング(紫藤貴文著) 2008.6
- ◇LemoNovel公式ガイド—ブラウザでFlashノベルゲームができる!(石原洋一著) 2008.6
- ◇はじめてのAdobe AIRプログラミング—Webアプリケーション技術でデスクトップアプリケーションを作る!(ZAPA著) 2008.6
- ◇Javaによる2D/3D CGプログラミング—「JDK 6u6」「Java 3D」で学ぶ、コンピュータグラフィックスの理論と実際(赤間世紀著) 2008.6
- ◇Microsoft XNA 3Dゲーム制作入門—簡単プログラミングで、3Dゲーム開発に挑戦!(大西武、小野寺優一著) 2008.6
- ◇パソコン用語(裏)事典(IO編集部編) 2008.7
- ◇符号理論入門—数学的な基礎知識から「QRコード」の作成まで(浜屋進著、第二IO編集部編) 2008.7
- ◇やさしいJava—定番言語を「知識ゼロ」でスタート!(米村貴裕著) 2008.7
- ◇はじめてのVisual Studio 2008—Microsoft Windows用統合開発環境(IDE)の基礎知識から応用まで(若林登著、第二IO編集部編) 2008.7
- ◇Blu-ray Disc徹底研究—「仕組み」から「周辺技術」の流れまで完全解説!(御池鮎樹著) 2008.7
- ◇YouTubeニコニコ動画「動画職人」になる本(勝田有一朗、前田尊著) 2008.8
- ◇バグを出さないプログラミング—制御系プログラマー、ワンランク上へのステップアップ(嵐正秀著) 2008.8
- ◇Microsoft Robotics Developer Studio入門—「教育用ロボット」→「シミュレータ」でロボット制御を完全理解!(大川善邦著) 2008.8
- ◇はじめてのTeraPad—XP/Vista対応 改訂版(中村昇著、第二IO編集部編) 2008.8
- ◇はじめてのPixia—無料で使える高機能ペイントツール(土屋徳子著、第二IO編集部編) 2008.8
- ◇はじめてのUbuntu 8—超初心者向けLinuxを使いこなす!(天野友道著) 2008.8
- ◇わかるMPEG—ビデオフォーマットの仕組みを徹底解説! 改訂版(眉村雅人著) 2008.8
- ◇はじめてのVMware 6—定番「仮想化」ソフトの仕組みと利用法!(初野章著) 2008.9
- ◇Javaで学ぶ「データ構造」と「アルゴリズム」—プログラミングの基本の理論と実際(赤間世紀著) 2008.9
- ◇ビギナーのためのGIMP 2—「基本機能」「フォトレタッチ」から、「イラスト」「ロゴ」の作成まで!(Kome, Do not eat著、第二IO編集部編) 2008.9
- ◇ゼロからはじめるノベルゲームの作り方(菊地一著) 2008.9
- ◇はじめてのFirefox 3(IO編集部編) 2008.9
- ◇やさしいインターネットセキュリティ—ネット初心者が知っておくべき情報防衛術(御池鮎樹著) 2008.9
- ◇理工系大学院入試問題集 情報編(姫野俊一著、第二IO編集部編) 2008.9
- ◇わかるSkype(本間一著、第二IO編集部編) 2008.10
- ◇わかるUSBメモリ活用術—手軽に使える大容量メモリのしくみから便利な使い方まで!(第二IO

総記　　　　　　　　　　　　　　　　　　　　　　　情報科学

編集部編）　2008.10

◇はじめての「XNA Game Studio」（大川善邦著）2008.10

◇Javaによる複雑系入門—「セル・オートマトン」「カオス」「フラクタル」…理論を視覚化!（赤間世紀著）　2008.10

◇はじめてのAcrobat 9—PDFファイルの「作り方」から「使い方」まで、詳しく解説!（大沢文孝著，第二IO編集部編）　2008.10

◇DirectX+XNA 3Dプログラミング入門—3Dプログラミングの基礎（DirectX）と応用（XNA）（TAOS, XELF著）　2008.10

◇はじめてのウイルスバスター2009（御池鮎樹著，第二IO編集部編）　2008.10

◇3D-CGプログラマーのためのリアルタイムシェーダー入門—「古典的ライティング・モデル」から「グローバル・イルミネーション」まで 理論と実践（金谷一朗著）　2008.10

◇はじめてのKingsoft Office 2007—手軽に使える高機能「ワープロ」「表計算」「プレゼンテーション」!（はせべれいこ著，第二IO編集部編）　2008.11

◇Prologで学ぶAIプログラミング—「論理プログラミング」「Prolog」の入門から「人工知能」の基礎まで（赤間世紀著）　2008.11

◇携帯Flashサイトデザイン入門—Flash Lite「1.0」「1.1」対応（諸星拓也著）　2008.11

◇Ubuntu 8活用ガイドブック（若林登著）2008.11

◇今さら人に聞けないオープンオフィス3の常識—初心者がつまずくワープロの盲点を現役インストラクターが伝授! writer編（松本美保著，第二IO編集部編）　2008.11

◇裏口からのパソコンで作曲—デジタル時代の作曲道　がくっぽいど編（御池鮎樹著）　2008.11

◇今さら人に聞けないOpenOffice 3の常識　表計算ソフトCalc編（松本美保著，第二IO編集部編）2008.11

◇Octaveによるシミュレーション入門—「モンテカルロ法」から「数式シミュレーション」「カオス」まで（赤間世紀著）　2008.12

◇はじめてのPremiere Elements 7.0—高機能ビデオ編集ソフトを使いこなす!（勝田有一朗著）

2008.12

◇ニコニコ動画ツールガイド（本間一著）　2008.12

◇パソコントラブル解決事典—突然の「困った!」ときに役立つ本（米村貴裕著，第二IO編集部編）2008.12

◇はじめてのLuaプログラミング—人気の軽量スクリプトでアプリケーション開発!（清水美樹著）2008.12

◇はじめてのノートンインターネットセキュリティ2009（御池鮎樹著）　2008.12

◇MATLABで解く物理学—ブロック図で直観的に考える―最新手法で創造性を!! 力学編（大川善邦著）　2008.12

◇PSP攻略ガイドブック—「ネット対戦」「動画鑑賞」「Web閲覧」から「エミュレータ」まで!（第二IO編集部編）　2009.1

◇Microsoft XNA 3D-CGプログラミング—リアルタイム3D-CGの基礎からアニメーションまで（大西和則著）　2009.1

◇はじめてのPython 3—「生産性」「汎用性」に優れ、習得が容易なプログラミング言語（紫藤貴文著）　2009.1

◇はじめてのWindows Home Server—「家庭用サーバ」で大量のファイルを簡単管理!（久我吉史著）　2009.1

◇ミニPC完全ガイド—標準モデルの「導入」から、「カスタマイズ」「応用」まで!（第二IO編集部編）　2009.1

◇パソコンでつくるペーパークラフト　スタート1（米村貴裕著）　2009.1

◇はじめてのGIMP—無料で使えるペイントツールの決定版! 2（はせべれいこ著，第二IO編集部編）　2009.1

◇はじめてのOpenOffice 3—ワープロ表計算プレゼンデータベース図形描画統合ソフトを使いこなす! バージョン3日本語版対応（松本美保著）2009.2

◇はじめてのTurbolinux Client 2008—簡単Linuxのインストールからアプリケーションの使い方まで（内田保雄著）　2009.2

◇プロから学ぶFlashアニメ実践テクニック—FlashMX～CS4対応（エンザキカズヤ著）　2009.

情報科学

2

◇対立と協調の経済学―「進化ゲーム理論」による「社会的ジレンマ問題」への処方箋（梅原嘉介著）　2009.2

◇飛鳥昭雄の時事評論―飛鳥宇羅放送局《大論文集》飛鳥昭雄が国内外の政治経済社会に斬り込む!（飛鳥昭雄著，サイバーX編集部編）　2009.2

◇SE生態（ライフスタイル）事典（丸岡孝司著）　2009.2

◇はじめてのAfter Effects―Adobe After Effects CS4 高度な映像編集が簡単にできる!（一色リュウ著，第二IO編集部編）　2009.3

◇Photoshopプラグイン&アクション事典―定番レタッチソフトを120%使いこなす（Kome, Do not eat著，第二IO編集部編）　2009.3

◇MATLABによるバイオ統計学―基本的な検定から各種アルゴリズム，臨床統計まで，分かりやすく解説!（多田光宏，矢野雅裕著）　2009.3

◇Rubyの冒険―言語解説とファンタジー（丸岡孝司著）　2009.3

◇はじめてのSkype 4―Skype 4.0対応 国内も海外も無料で通話できる!（御池鮎樹著，第二IO編集部編）　2009.3

◇ケータイデータ活用ガイド―ケータイとパソコンでデータを200%活かす!（第二IO編集部編）　2009.3

◇はじめてのAndroidプログラミング―「Android SDK」で「Googleケータイ」用ソフトをつくる!（若林登著）　2009.4

◇物理エンジンPhysXプログラミング―システムの導入から使い方の基本まで（大川善邦著）　2009.4

◇はじめてのEclipse 3―最新「統合開発環境」の，基礎からアプリケーション開発まで!（清水美樹著）　2009.4

◇はじめてのKingsoft Internet Security―無料で使えるオールインワン型セキュリティソフト（御池鮎樹編）　2009.4

◇Googleサービス&ツールガイド―「検索」「Gmail」「Chrome」「Earth」…を使いこなす!（本間一編）　2009.4

◇逆引きPremiere Elements 7―「やりたいこと」から「機能」と「手順」がわかる!（勝田有一朗編）　2009.5

◇わかる量子力学―素粒子物理学への基礎知識（安江正樹著）　2009.5

◇はじめてのPictBear―プラグインで機能拡張できるフリーのペイントツール　2（はせべれいこ著）　2009.5

◇理工系大学院入試問題集　制御編（姫野俊一著，第二IO編集部編）　2009.5

◇解析的延長がわかれば特殊相対性理論がわかる（小林啓祐著）　2009.6

◇Shade 10.5 CGテクニックガイド（加茂恵美子著）　2009.6

◇基礎からのWindows Small Business Server 2008―システム構築から管理まで（大沢文孝著）　2009.6

◇はじめての3Dマイホームデザイナー PRO 6―住宅・建築プレゼンテーション・ソフト（小泉輝武著）　2009.6

◇データベース教科書（赤間世紀著）　2009.6

◇「Ruby on Rails 2」ではじめるwebアプリケーション開発―Model View Controller EWSTful（田中成典，中村健二監修，北野光一，高橋亨輔，馬石直登編）　2009.7

◇はじめてのPainter 11（Kome, Do not eat著，第二IO編集部編）　2009.7

◇「R」で学ぶ計量経済学―基礎理論をコンピュータで体験!（赤間世紀著）　2009.7

◇はじめてのLoiLoScope―直感的な操作で手軽に映像編集! 公式ガイド（勝田有一朗著）　2009.8

◇インターネットまるごと保存ガイド―重要データや"お宝"情報の「保存」「探索」「復活」テクニック!（IO編集部編）　2009.8

◇SAIではじめる萌えイラスト講座―現役CG作家による特訓7講座!（第二IO編集部編）　2009.8

◇YouTubeニコニコ動画ダウンロード& DVD変換―検索→ダウンロード→変換→DVD作成（梅村哲也著）　2009.8

◇OpenGL+GLSLによる3D-CGアニメーション―ハリウッド映画でも使われる「シェーダ言語」がPCで使える!　Visual C++（酒井幸市著）

2009.8
◇Adobe After Effects CS4入門─高度な映像編集が誰でもできる!(佐野彰著) 2009.8
◇ショートカット・キー事典─Windows Word Excel IE メール ポケット版(松本美保著) 2009.9
◇TCP/IP入門─ネットワーク技術の基本を理解する!(赤間世紀著) 2009.9
◇物理エンジンPhysXアプリケーション─PhysX by NVIDIA(大川善邦著) 2009.9
◇マルウエア─情報化社会の破壊者(御池鮎樹著) 2009.9
◇はじめてのWindows Live(はせべれいこ著, 第二IO編集部編) 2009.9
◇OpenOfficeマクロプログラミング─「Writer」「Calc」「Base」…OOoをBasicで便利に!(宍戸輝光著) 2009.10
◇3Dグラフィックスのための数学─「ベクトル」「行列」の基本から「交差判定」「衝突検知」まで 改訂版(大川善邦著) 2009.10
◇関数プログラミング教科書─プログラマー必修のパラダイム:基礎からLISPによる解説まで(赤間世紀著) 2009.10
◇デジタル保存ガイド─情報の「デジタル化」「圧縮」「ファイル変換」(IO編集部編) 2009.10
◇Flash CS4ゲーム制作教科書─「フレーム操作」「イベント処理」から「サウンド」「ムービー」まで!(片山幸雄著) 2009.10
◇はじめてのノートンインターネットセキュリティ2010─初心者からベテランまで…定番ソフトをわかりやすく説明!(御池鮎樹著) 2009.10
◇OpenGL+GLSLによる画像処理プログラミング─「OpenGL」と「シェーダ言語」で「レタッチ・ソフト」の仕組みを知る! Visual C++(酒井幸市著) 2009.11
◇はじめてのCUDAプログラミング─驚異の開発環境「GPU+CUDA」を使いこなす!(青木尊之, 額田彰著) 2009.11
◇Windows 7移行マニュアル─XP→7 Vista→7 「データ」や「設定」を確実に移す!(IO編集部編) 2009.11
◇新 裏口からのMIDI入門─理論不要の作曲道 「楽器が弾けない」「楽譜が読めない」初心者必見!(御池鮎樹著) 2009.11
◇わかる量子力学演習─要点解説と問題&解答(安江正樹著) 2009.11
◇はじめてのParaView─高度なグラフやアニメーションを描くオープンソース・ソフト(林真著) 2009.11
◇携帯Flash逆引きQ&A─Flash Lite「1.0」「1.1」対応(諸星拓也著) 2009.11
◇はじめてのウイルスバスター2010(御池鮎樹著) 2009.11
◇はじめてのGrails─「Ruby on Rails」風の「フレームワーク」をJavaで使いこなす!(清水美樹著) 2009.11
◇プログラマーのための数学入門─必要最低限の基礎知識をチェック!(赤間世紀著) 2009.12
◇コンピュータウイルス解体新書─「財産」「情報」を狙うインターネットの脅威を徹底解剖!(滝本往人著) 2009.12
◇はじめてのGoogle Chrome─新機能満載!新Webブラウザのインストールからカスタマイズまで!(本間一著) 2009.12
◇物理エンジンPhysX & DirectX 9─先進「物理エンジン」と定番「描画系」の組み合わせ!(大川善邦著) 2009.12
◇jQuery(ジェイ・クエリ)プラグインブック─「軽量」「高機能」-JavaScriptライブラリの導入と活用! 各種サンプル72項目!(ネクスト著) 2009.12
◇エミュレータがわかる本─PC上で別PCを動かす!(白長須真乃介, 久我吉史著) 2009.12
◇マルチメディア無料ソフト完全活用ガイド─動画再生/動画作成/電子書籍 フリーソフトを使いこなそう(梅村哲也著) 2010.1
◇太陽と原子力─エネルギー供給を考える(今仁和武著) 2010.1
◇Octaveによる画像処理入門─画像処理の基礎をフリーの数値計算システムで学ぶ!(赤間世紀著) 2010.1
◇OpenOfficeテンプレートブック─Writer Calc Impressの作業を効率化!(松本美保著) 2010.1
◇はじめてのSinger Song Writer Lite─多機能「音楽制作ソフト」で曲作りを楽しむ!(御池鮎樹著) 2010.1

情報科学

総記

- ◇はじめてのG-Simple—CAD/CAM技術をフリーソフトで身につける!（赤堀拓也著）　2010.1
- ◇ActionScript 3教科書—Flashを使いこなすためのオブジェクト指向言語（片山幸雄著）　2010.1
- ◇物理エンジンPhysX & DirectX 10—先進「物理エンジン」と定番「描画系」の組み合わせ!（大川善邦著）　2010.2
- ◇Microsoft Windows Server 2008 R2入門—Microsoft製高性能サーバOSの構成と機能（大沢文孝著）　2010.2
- ◇関数プログラミング言語「F#」—次世代言語の導入から文法プログラミングまで（赤間世紀著）　2010.2
- ◇ちょっとだけDirectX 11—新しく登場したOSとGPUで、「気軽」に「楽しく」「簡単に」遊ぼう!（下谷秀俊著）　2010.2
- ◇はじめてのPhotoshop Elements 8—写真加工の基礎から高度なテクニックまで（アスアス著）　2010.2
- ◇はじめてのPremiere Elements 8—高機能ビデオ編集ソフトを使いこなす!（勝田有一朗著）　2010.2
- ◇USBメモリどこでもパソコン術—たった20ミリのミニオフィス（IO編集部編）　2010.3
- ◇情報理論入門—「情報量」「エントロピー」から「符号」「暗号」まで（赤間世紀著）　2010.3
- ◇Shade 11 CGキャラクターガイド（加茂恵美子著）　2010.3
- ◇数値計算システムScilab—フランスの国立研究所「INRIA」で開発されたオープンソース・ソフト（赤間世紀著）　2010.3
- ◇はじめてのJoomla!—無料のCMSで、カンタンWebページ管理!（田村全司著）　2010.3
- ◇はじめてのScala—「関数型+オブジェクト指向」の次世代言語!（清水美樹著）　2010.3
- ◇はじめてのイラストスタジオ（はせべれいこ著、第二IO編集部編）　2010.4
- ◇やさしいSkype—手順を画像付きで解説! 国内も海外も無料で通話できる!（御池鮎樹著、第二IO編集部編）　2010.4
- ◇Flash10 3Dゲーム制作—Flex 3 SDKとFlashDevelopで3Dアニメーション!（大西武著）　2010.4
- ◇量子コンピュータがわかる本—近未来のコンピュータ技術を基礎から解説（赤間世紀著）　2010.4
- ◇はじめてのOpenGL—ライブラリを使った「3D-CGプログラミング」の基本 Visual C++（MICC著）　2010.4
- ◇はじめてのThunderbird3—人気メーラーの「基本操作」と「アドオン」 for Windows/MacOS 10/Linux（IO編集部編）　2010.4
- ◇Silverlight実践プログラミング—実開発に役立つサンプルプログラム集「Visual Studio（Visual Basic）」+「Expression Studio」（PROJECT KySS著）　2010.5
- ◇Webアプリどこでもパソコン術—インターネットが、あなたの「オフィス」になる!（IO編集部編）　2010.5
- ◇工学シミュレーション入門—「微分方程式」「モンテカルロ法」から、「熱解析」「地震免震」まで（今仁和武著）　2010.5
- ◇HSP3でつくる簡単3Dゲーム—知識、経験ゼロではじめるゲーム制作（山田友梨著, 悠黒喧史監修）　2010.5
- ◇XNA 3Dゲームプログラミング—「XNA Game Studio」を使って、ゲーム開発を基本から学ぶ!（XELF著）　2010.5
- ◇Maximaで学ぶコンピュータ代数—「因数分解」「ユークリッド・アルゴリズム」から「グレブナー基底」まで（赤間世紀著）　2010.5
- ◇Lightwave 3D CGテクニック—高性能3D-CGソフトの基本を徹底マスター（春口京祐著）　2010.6
- ◇はじめてのメディアサーバ—ビデオや音楽を「サーバ」で管理!（久我吉史著）　2010.6
- ◇はじめてのGoogle SketchUp—無料3Dモデリングソフトで建築物をデザイン!（落合重紀著）　2010.6
- ◇USB3.0導入ガイド—汎用インターフェイス「USB」の仕組み、「USB3.0」の変更点と使い方（IO編集部編）　2010.6
- ◇はじめてのAVG—無料で使えるアンチウイルスソフト（御池鮎樹著）　2010.6

情報科学

◇超カンタン! OpenOffice3アップデート—《世界標準》高機能統合オフィスソフト…主用3ソフトの使い方!(松本美保著, 第二IO編集部編) 2010.6

◇はじめてのiPhoneプログラミング—「iPhone SDK」を使ったソフトの「開発」から「販売」まで!(IO編集部編) 2010.7

◇オントロジーがわかる本—今, 脚光を浴びる「存在論」:「哲学」から「技術」へ(赤間世紀著) 2010.7

◇数値計算&可視化ソフトYorick—フリーツールによる「グラフ処理」から「画像処理」まで(横田博史著) 2010.7

◇HTML5タグ事典—主要ブラウザ・ベンダーが推進する次世代規格(アスアス著) 2010.7

◇はじめてのAndroid2プログラミング—「Android SDK」で「Googleケータイ」用ソフトをつくる!(若林登著) 2010.7

◇迷惑メール撃退マニュアル—しつこい「スパム」や悪質な「フィッシング」から身を守る!(御池鮎樹著) 2010.7

◇ゲームSNSの作り方—「ASP.NET」+「Silverlight」で作るWebアプリケーション(大西武著) 2010.7

◇公開API活用ガイド—Webの「API」を使って「Webサービス」をより便利に!(ZAPA著) 2010.8

◇DirectX 11 3Dプログラミング—最新3DグラフィックスAPIの基礎知識と使い方〈Windows Vista/7〉&〈Visual Studio 2010〉対応(IO編集部編) 2010.8

◇はじめてのKingsoft Office 2010—手軽に使えて高機能—「ワープロ」「表計算」「プレゼンテーション」!(はせべれいこ著) 2010.8

◇やさしい地デジ—「仕組み」「移行手順」「使い方」がわかる!(IO編集部編) 2010.8

◇物理エンジンBulletプログラミング—AMDが推進するオープンソース・エンジン「基本シェイプ」「複合シェイプ」の使い方から, 「拘束」まで(大川善邦著) 2010.8

◇iPhoneプログラミング入門—「Xcode」と「iPhone SDK」を使ってアプリケーション開発!(清水美樹著) 2010.8

◇はじめてのiPadプログラミング—「SDK」を使ったソフトの「開発」から「販売」まで!(IO編集部編) 2010.8

◇わかるWi-Fi—無線LAN規格の統一ブランド—「仕組み」と「使い方」(勝田有一朗著) 2010.9

◇小学校で使える教育&学習フリーソフト集(知見光泰著) 2010.9

◇はじめてのG Dataインターネットセキュリティ2011—高性能セキュリティソフトの「導入」と「活用術」(滝本往人著) 2010.9

◇Photoshop Elements CGイラスト講座—絵師5人がメイキングの全工程を公開!(IO編集部編) 2010.9

◇はじめてのGoogle App Engine for Java—巨大サーバを利用したWebアプリ開発の基本!(きしだなおき著) 2010.9

◇人工生命入門—ライフゲームから人工細菌まで—夢の最先端分野がわかる!(赤間世紀著) 2010.9

◇基礎からの数値計算—初歩から「有限要素法」による解析まで「VisualBasic」による技術計算がわかる!(黒田英夫著) 2010.10

◇はじめてのウイルスセキュリティZERO—更新料不要!軽くて安心!(御池鮎樹著) 2010.10

◇はじめてのEvernote—デジタルの"雑記帳"をクラウドで使いこなす!(本間一著) 2010.10

◇基礎からのCAD—「基礎知識」から「三次元CAD」の利用事例まで(田中成典監修) 2010.10

◇はじめての「C#」—無料の「Visual Studio 2010 Express」で基礎を学習! Visual C#を使ってプログラミングを学ぶ(赤間世紀著) 2010.10

◇基礎からのiPhone4プログラミング—アプリケーション開発のテクニック(大川善邦著) 2010.10

◇はじめてのWindows HPCシステム—手持ちのパソコンが, 「スーパーコンピュータ」になる!(柴田良一著) 2010.10

◇はじめてのnero10—映像・音楽・データの「編集」「書き込み」「バックアップ」!(御池鮎樹著) 2010.11

情報科学　　総記

◇はじめての「Go言語」─Googleが提供する高速コンパイラ言語（茨木隆彰著）　2010.11

◇OpenGLでつくる3Dアプリケーションシステム─CAD & CG「3D-CADの基本」から「設計」「実装」まで（田中成典監修）　2010.11

◇AR入門─身近になった拡張現実　現実の映像に情報を加えて創る世界!（佐野彰著）　2010.11

◇Shade 11 CG上級テクニックガイド（加茂恵美子著）　2010.11

◇はじめてのRuby on Rails3─「Webアプリケーション」作りに定番の「フレームワーク」を使う!（清水美樹著）　2010.11

◇仕様記述言語「Z」─「仕様」の数学的構造化に「自然言語」を使う!（赤間世紀著）　2010.11

◇はじめてのObjective-C─「Mac OS X」「iPhone」「iPod Touch」「iPad」アプリケーションの開発言語!（手塚文博著）　2010.12

◇「臥竜」で作るシミュレーションゲーム（山田友梨著、第二I・O編集部編）　2010.12

◇はじめてのUbuntu10─使いやすいLinux環境の「導入」から「活用」まで!（大村正道著、第二IO編集部編）　2010.12

◇データマイニングがわかる本（赤間世紀著、第二I・O編集部編）　2010.12

◇独習者のための理系大学数学（山本健二著）　2010.12

IT経営百選データブック　アイテック　2006〜2007

◇経済産業省が認定する21世紀の最優秀企業（上村孝樹監修、情報処理推進機構編）　2006.9

2（経済産業省が認定する21世紀の最優秀企業）（上村孝樹編著）　2007.6

IT service management教科書　翔泳社　2007〜2010

◇ITILファンデーション（日立システムアンドサービス著）　2007.1

◇JP1認定エンジニア（日立システムアンドサービス著、日立製作所ソフトウェア事業部監修）　2008.1

◇ITIL（アイティル）V3（ブイスリー）ファンデーション─ITIL資格認定試験対策書籍　試験番号EX0-101（日立システムアンドサービス著）　2009.7

◇JP1（ワン）認定エンジニア─JP1認定資格試験学習書　試験番号HA0-011　第2版（日立システムアンドサービス著、日立製作所ソフトウェア事業部監修）　2009.8

◇ITIL（アイティル）V3（ブイスリー）ファンデーション─ITIL資格認定試験対策書籍　第2版（笹森俊裕、満川一彦著）　2010.8

IT市場ナビゲーター　東洋経済新報社　2003〜2008　⇒I-7

2005年版　これから情報・通信市場で何が起こるのか（野村總合研究所情報・通信コンサルティンググー・二部著）　2005.1

2006年版　これから情報・通信市場で何が起こるのか（野村總合研究所情報・通信コンサルティンググー・二部著）　2005.12

2007年版　これから情報・通信市場で何が起こるのか（野村總合研究所情報・通信コンサルティンググー・二部著）　2007.1

2008年版　これから情報・通信市場で何が起こるのか（野村總合研究所情報・通信コンサルティング部著）　2008.1

ITセキュリティソリューション大系　フジ・テクノシステム　2004　⇒I-7

下巻　ITセキュリティエンジニアリング（片方善治監修）　2004.7

IT text　オーム社　2000〜2010　⇒I-7

◇人工知能（本位田真一監修、松本一教、宮原哲浩、永井保夫共著）　2005.7

◇分散処理（谷口秀夫編著）　2005.9

◇インターネットプロトコル（阪田史郎編著）　2005.10

◇Linux演習（前野譲二、落合昭、生野壮一郎、塩沢秀和、高畠俊徳共著）　2005.12

◇システムLSI設計工学（藤田昌宏編著）　2006.10

◇情報システム基礎（一般教育シリーズ）（神沼靖子編著）　2006.10

◇組込みシステム（阪田史郎、高田広章編著）　2006.10

総記　　　　　　　　　　　　　　　　　　　　　　　　　　　情報科学

◇データマイニングの基礎（元田浩, 津本周作, 山口高平, 沼尾正行共著）2006.12
◇自然言語処理（天野真家, 石崎俊, 宇津呂武仁, 成田真澄, 福本淳一共著）2007.10
◇人画像処理（越後富夫, 岩井儀雄, 森島繁生, 鷲見和彦, 井岡幹博, 八木康史共著）2007.12
◇Java基本プログラミング（今城哲二編, 布広永示, マッキン・ケネスジェームス, 大見嘉弘共著）2007.12
◇情報理論（白木善尚編, 村松純, 岩田賢一, 有村光晴, 渋谷智治共著）2008.9
◇Java/UMLによるアプリケーション開発（森沢好臣監修, 布広永示, 高橋英男著）2008.11
◇Javaオブジェクト指向プログラミング（布広永示編著）2008.11
◇ユビキタスコンピューティング（松下温, 佐藤明雄, 重野寛, 屋代智之共著）2009.7
◇HPCプログラミング（寒川光, 藤野清次, 長嶋利夫, 高橋大介共著）2009.8
◇確率統計学（須子統太, 鈴木誠, 浮田善文, 小林学, 後藤正幸共著）2010.9
◇情報ネットワーク（一般教育シリーズ）（岡田正, 駒谷昇一, 西原清一, 水野一徳共著）2010.10
◇離散数学（松原良太, 大嶌彰児, 藤田慎也, 小関健太, 中上川友樹, 佐久間雅, 津垣正男共著）2010.10

ITテキスト　共立出版　2008
◇基礎情報リテラシ　第3版（魚田勝臣編著, 大曽根匡, 荻原幸子, 松永賢次, 宮西洋太郎著）2008.10

ITブッククラシックス　技術評論社　2010
◇システム管理者の眠れない夜——ほんとうに価値のあるシステムを求めて（柳原秀基著）2010.12
◇暗黒のシステムインテグレーション——コンピュータ文化の夜明けのために（森正久著）2010.12

青山学院大学総合研究所叢書　同文舘出版　2007
◇デジタルコンテンツマネジメント（戒野敏浩著）2007.3

Access徹底活用シリーズ　ソフトバンククリエイティブ　2006
◇やさしくわかるAccess関数・VBA（七条達弘, 渡辺健著）2006.1

Access VBAプログラミング開発工房　緒方典子著　ソシム　2004〜2009
入門・基礎編（2003/2002/2000）2004.12
入門・基礎編　改訂2版（2007/2003/2002/2000）2009.7
データベース構築実践編（2003/2002/2000）2005.11
データベース構築実践編　改訂2版（2007/2003/2002/2000）2009.11
実用データベース作成・拡張編（2007/2003/2002/2000）2009.1

明日へ翔ぶ　風間書房　2008
1（人文社会学の新視点）（松尾金蔵記念奨学基金編）2008.3

ASCII software engineering series　アスキー　2004〜2005　⇒I-10
◇ラショナル統一プロセス入門　第3版（フィリップ・クルーシュテン著, 藤井拓監訳）2004.12
◇達人プログラマー——ソフトウェア開発に不可欠な基礎知識 バージョン管理/ユニットテスト/自動化（デビッド・トーマス, アンドリュー・ハント, マイク・クラーク著, 長瀬嘉秀監訳, テクノロジックアート訳）2005.4

Ascii dot PC books　アスキー　2007〜2008
◇すっきりわかった!エクセル関数組み合わせ技&関数事典（アスキー・ドットPC編集部編）2007.10
◇すっきりわかった!エクセルVBAマクロ作成のツボ（アスキー・ドットPC編集部編）2007.10
◇すっきりわかった!ウィンドウズビスタ上級カスタマイズ——1歩進んだ「ビスタ」技を完全マスター（小野均著）2007.10
◇すっきりわかった!ウィンドウズXP修復・改善・バックアップ——"もしも"のとき, "もしも"の前に備えるXP活用の極意書（アスキー・ドットPC

全集・叢書総目録 2005-2010　15

情報科学

総記

編集部編, 小黒直昭監修）　2007.10
◇すっきりわかった!エクセルグラフ&データ分析（早坂清志著）　2008.3
◇すっきりわかった!ワード実用文書作成のツボ—ワード2002 2003 2007対応（アスキー・ドットPC編集部編）　2008.3

Ascii books　アスキー　1982〜2008　⇒I–10
◇すっきりわかった!PHP—さくさくプログラミング（クジラ飛行机著）　2008.2
◇すっきりわかった!Java（花井志生著）　2008.3

明日のIT経営のための情報システム発展史　経営情報学会情報システム発展史特設研究部会編　専修大学出版局　2010
金融業編　2010.9
製造業編　2010.9
総合編　2010.9
流通業編　2010.9

新しいExcel関数の教科書　2003/2002対応　技術評論社　2007
1　仕事で使える計算と関数の基礎（大村あつし, 尾崎裕子著）　2007.1
2　分類集計・条件抽出・配列の極意（大村あつし, 枚田香, 当座裕久子著）　2007.1
3　悩みに効く!機能と関数活用の技（大村あつし, 浅川歩美著）　2007.1

アッと驚く達人の技　C&R研究所著　ナツメ社　2001〜2007　⇒I–12
◇Photoshop実践技&ウラ技大全—for Windows 5.0/5.5/6.0/7.0/CS対応　2005.4
◇Windows実践技&ウラ技大全—98/Me/XP対応改訂版　2005.4
◇Windows実践技&ウラ技大全—XP/Vista対応　2007.4
◇Word実践技&ウラ技大全–2000/2002/2003/2007対応　2007.6
◇Access実践技&ウラ技大全—2000/2002/2003/2007対応　2007.11
◇PowerPoint実践技&上級技大全—2000/2002/2003/2007対応　2007.12

アップルトレーニングシリーズ　ボーンデジタル　2004〜2010
◇iLife '04—iTunes, iPhoto, iMovie, iDVD, GarageBand（Michael Rubin著, デジタルスタジオ訳）　2004.7
◇GarageBand—クリエイティブサウンド&デジタルレコーディング（Mary Plummer著, 田坂由香里, 太田奈緒美訳）　2004.9
◇Mac OS 10 server essentials—システム管理者のための（Schoun Regan編, Bスプラウト訳）　2006.1
◇Mac OS 10 support essentials—システム管理者のための Mac OS 10のサポートとトラブルシューティング（Owen W. Linzmayer編, Bスプラウト訳）　2006.2
◇Mac OS 10システム管理リファレンス　1（Schoun Regan編, Bスプラウト訳）　2006.6
◇Mac OS 10 Server Essentials—Mac OS 10 Server 10.5、運用とサポートのためのガイド 第2版（Schoun Regan, David Pugh著, Bスプラウト訳）　2009.3
◇Mac OS 10 support essentials—Mac OS 10 10.5のサポートとトラブルシューティング（Kevin M. White著, Bスプラウト訳）　2009.5
◇GarageBand '09（Mary Plummer著, Bスプラウト訳）　2009.11
◇Mac OS X Support Essentials v10.6—Mac OS X v10.6のサポートとトラブルシューティング（Kevin M. White著, Bスプラウト訳）　2010.9

アップル認定資格シリーズ　技術評論社　2005〜2006
◇アップル認定ヘルプデスクスペシャリストACHDSガイドブック—Mac OS 10 support essentials v10.4認定試験対応（太木裕子著, ジオデシック監修）　2005.10
◇アップル認定テクニカルコーディネータ（ACTC）ガイドブック—Mac OS 10 server essentials v10.4認定試験対応（田畑英和, 竹内康二共著）　2006.8

情報科学

アドビ公式ガイドブック　ワークスコーポレーション別冊・書籍編集部編　ワークスコーポレーション　2006
1　Adobe Illustrator CS2オフィシャルテキスト（最新版の機能を完全マスターする「教室」シリーズ）　2006.5
2　Adobe Photoshop CS2オフィシャルテキスト（最新版の機能を完全マスターする「教室」シリーズ）　2006.5
3　Adobe InDesign CS2オフィシャルテキスト（最新版の機能を完全マスターする「教室」シリーズ）　2006.5
4　Adobe Acrobat 7.0オフィシャルテキスト（最新版の機能を完全マスターする「教室」シリーズ）　2006.6
5　Adobe Creative Suite 2オフィシャルテキスト（最新版の機能を完全マスターする「教室」シリーズ）　2006.5

アドビ公認トレーニングブック　エムディエヌコーポレーション　1998〜2005　⇒I–14
◇ゴーライブCS教室—Windows & Macintosh（アドビプレス著, エムディエヌコーポレーション〔訳〕）　2005.1

アルゴリズムイントロダクション　T. H. コルメン, C. E. ライザーソン, R. L. リベスト, C. シュタイン原著, 浅野哲夫, 岩野和生, 梅尾博司, 山下雅史, 和田幸一共訳　近代科学社　2007
第1巻　改訂2版　2007.2
第2巻　改訂2版　2007.2

アルゴリズム・サイエンスシリーズ　共立出版　2006〜2010
1（超入門編）　アルゴリズム・サイエンス：入口からの超入門（浅野哲夫著）　2006.10
2（超入門編）　アルゴリズム・サイエンス：出口からの超入門（岩間一雄著）　2006.10
3（数理技法編）　適応的分散アルゴリズム（増沢利光, 山下雅史著）　2010.6
4（数理技法編）　乱択アルゴリズム（玉木久夫著）　2008.8
5（数理技法編）　オンラインアルゴリズムとストリームアルゴリズム（徳山豪著）　2007.8
6（数理技法編）　複雑さの階層（荻原光徳著）　2006.11
10（数理技法編）　計算幾何—理論の基礎から実装まで（浅野哲夫著）　2007.1
12（適用事例編）　バイオインフォマティクスの数理とアルゴリズム（阿久津達也著）　2007.2
16（適用事例編）　化学系・生物系の計算モデル（萩谷昌己, 山本光晴著）　2009.9

「R」で学ぶデータマイニング　熊谷悦生, 舟尾暢男共著　オーム社　2008
1　データ解析編　2008.11
2　シミュレーション編　2008.11

Rで学ぶデータマイニング　熊谷悦生, 舟尾暢男著　九天社　2007
1（データ解析の視点から）　2007.5
2（シミュレーションの視点から）　2007.10

あんしんシリーズ　ローカス, 角川書店〔発売〕　2005
◇あんしんWindows XP SP2対応（小泉まりこ著）　2005.9

あんしんポータブル　ローカス　2006
◇仕事に遊びにGoogle使いたおし事典（西村勇亮著）　2006.12
◇Windows/Office一歩先の仕事術（渡辺克之著）　2006.12
◇Windows＆定番アプリショートカット早見表（橋本和則著）　2006.12
◇必ず観れる！インターネットの動画再生（橋本和則著）　2006.12

いちばんやさしいパソコンの本　毎日コミュニケーションズ　2005〜2008
◇はじめての人のためのパソコン超入門—Windows XP対応（東弘子著）　2005.4
◇はじめての人のためのワード超入門—Word 2003 ＆ 2002対応 Windows XP版（東弘子著）　2005.4

情報科学　　　　　　　　　　　　　　　　　　　　　　　　　　　　総記

◇はじめての人のためのエクセル超入門—Excel 2003 & 2002対応 Windows XP版（永田一八著）　2005.4

◇はじめての人のためのインターネット＆メール超入門—Windows XP SP2対応（東弘子著）　2005.4

◇はじめての人のためのブログ超入門—Internet Explorer 7版（東弘子著）　2006.12

◇はじめての人のためのパソコン超入門—Windows Vista対応（白鳥睦, 大井卓爾著）　2008.4

◇はじめての人のためのワード2007超入門—Windows Vista対応（東弘子著）　2008.6

◇はじめての人のためのエクセル2007超入門—Windows Vista対応（川上恭子, 野々山美紀著）　2008.6

「位置捕捉」ビジネス白書　ESP総研企画・監修　ESP総研　2009
2009年　上　屋内中心編　2009.10
2009年　下　屋外中心編　2009.12

「一週間でマスターする」シリーズ　毎日コミュニケーションズ　2005～2008
◇for Windows（桜坂ノボル著）　2005.3
◇for Windows（土屋徳子著）　2005.3
◇for Win & Mac（大賀葉子著）　2005.7
◇for Win & Mac（大西すみこ著）　2005.9
◇（吉岡ゆかり著）　2005.11
◇for Windows Vista/XP（門脇香奈子著）　2007.6
◇for Windows（土屋徳子著）　2008.2
◇一週間でマスターするPremiere Elements 4 for Windows（桜坂ノボル著）　2008.3
◇for Windows & Macintosh（杉浦未羽著）　2008.4
◇for Windows & Macintosh（吉岡ゆかり著）　2008.4
◇for Windows & Macintosh（神無月涼著）　2008.6
◇for Windows（浜俊太朗著）　2008.7
◇for Macintosh & Windows（神無月涼著）　2008.8

遺伝的アルゴリズムと遺伝的プログラミング　平野広美著　パーソナルメディア　2000～2006
◇オブジェクト指向フレームワークによる構成と応用　2000.2
続　2006.6

Imasugu tsukaeru kantan series　技術評論社　2008～2010
◇今すぐ使えるかんたんWindows Vista（技術評論社編集部著）　2008.8
◇今すぐ使えるかんたんExcel 2007（技術評論社編集部著）　2008.8
◇今すぐ使えるかんたんWord 2007（技術評論社編集部著）　2008.8
◇今すぐ使えるかんたんPowerPoint 2007（技術評論社編集部著）　2008.8
◇今すぐ使えるかんたんExcel 2003（技術評論社編集部著）　2008.9
◇今すぐ使えるかんたんWord 2003（技術評論社編集部著）　2008.9
◇今すぐ使えるかんたんPowerPoint 2003（技術評論社編集部著）　2008.9
◇今すぐ使えるかんたんAccess 2003（技術評論社編集部著）　2008.9
◇今すぐ使えるかんたんAccess 2007（技術評論社編集部著）　2008.11
◇今すぐ使えるかんたんインターネット＆電子メール（技術評論社編集部著）　2008.11
◇今すぐ使えるかんたんExcel & Word 2007（技術評論社編集部著）　2008.11
◇今すぐ使えるかんたんExcel関数（技術評論社編集部著）　2008.11
◇今すぐ使えるかんたんExcel & Word 2003（技術評論社編集部著）　2008.12
◇今すぐ使えるかんたんOutlook 2007（技術評論社編集部著）　2008.12
◇今すぐ使えるかんたんパソコンLAN—パソコンとパソコンをつなげる本（技術評論社編集部著）　2009.1
◇今すぐ使えるかんたんOutlook 2010（松田真理著）　2010.10

総記　情報科学

◇今すぐ使えるかんたんパソコン家計簿（うきうき家計簿研究会著）　2010.11

今すぐ使えるかんたんプラス　技術評論社　2009～2010

◇3ステップでしっかり学ぶVisual Basic入門（朝井淳著）　2009.12
◇3ステップでしっかり学ぶC言語入門（朝井淳著）　2009.12
◇3ステップでしっかり学ぶMySQL入門（山田祥寛,山田奈美美著）　2010.1
◇3ステップでしっかり学ぶOracle入門（小野哲著）　2010.1
◇3ステップでしっかり学ぶJava入門（アンク著）　2010.6
◇3ステップでしっかり学ぶJavaScript入門（大津真著）　2010.7
◇3ステップでしっかり学ぶExcel VBA（ブイビーエー）入門（国本温子著）　2010.8

今すぐ使えるかんたんmini　技術評論社　2008～2010

◇Excel 2007基本技（技術評論社編集部著）　2008.10
◇Word 2007基本技（技術評論社編集部著）　2008.10
◇PowerPoint 2007基本技（技術評論社編集部著）　2008.10
◇Windows Vista基本技（技術評論社編集部著）　2008.10
◇Excel 2007厳選便利技（技術評論社編集部著）　2008.10
◇Word 2007厳選便利技（技術評論社編集部著）　2008.10
◇PowerPoint 2007厳選便利技（技術評論社編集部著）　2008.10
◇Excel 2007厳選グラフ技（技術評論社編集部著）　2008.10
◇Word 2003基本技（技術評論社編集部著）　2008.12
◇Excel 2003基本技（技術評論社編集部著）　2008.12
◇ヤフーYahoo!Japan検索&便利技（技術評論社編集部著）　2009.1
◇グーグルGoogle検索&便利技（技術評論社編集部著）　2009.1
◇Excel関数厳選50（技術評論社編集部著）　2009.2
◇Excel関数小事典──Complete 355 Excel functions（技術評論社編集部著）　2009.6
◇Excel文書作成厳選技50（技術評論社編集部著）　2009.8
◇メール&インターネットで困ったときの解決&（アンド）便利技（Ayura著）　2009.8
◇Word 2007で困ったときの解決&（アンド）便利技（Ayura著）　2009.8
◇Windows Vistaで困ったときの解決&（アンド）便利技（Ayura著）　2009.8
◇Excel 2007で困ったときの解決&（アンド）便利技（Ayura著）　2009.8
◇USBメモリー徹底活用技（オンサイト著）　2009.10
◇PDFビジネス徹底活用技（柳谷智宣,チーム・エムツー著）　2009.12
◇Excelマクロ&VBA（ブイビーエー）基本技（技術評論社編集部著）　2009.12
◇iPod+iTunes基本&（アンド）便利技（技術評論社編集部著）　2010.1
◇iPhone（アイフォーン）基本&（アンド）便利技（田中拓也著）　2010.2
◇Access 2002/2003基本技（技術評論社編集部著）　2010.6
◇CD&DVD（ディーブイディー）作成基本&（アンド）便利技──Windows7対応（尾崎裕子著）　2010.7
◇Twitterツイッター基本&便利技（リンクアップ著）　2010.7
◇ヤフオクYahoo!オークション基本&（アンド）便利技（いちばゆみ,エディポック著）　2010.7
◇アメブロアメーバブログ基本&（アンド）便利技（堀切美加,エディポック著）　2010.8
◇Windowsショートカットキー徹底活用技（井上香緒里著）　2010.9

情報科学

総記

◇Canon EOS Kiss X4（フォー）基本&（アンド）便利ガイド（長谷川丈一，桃井一至著）　2010.9
◇デジタル一眼プロが教える撮影技（沢村徹著）　2010.9
◇Excel 2010基本技（技術評論社編集部, AYURA著）　2010.10
◇Word 2010基本技（技術評論社編集部, AYURA著）　2010.10
◇Windows 7（セブン）基本技（技術評論社編集部, オンサイト著）　2010.10
◇Word 2010厳選便利技（技術評論社編集部, AYURA著）　2010.10
◇Excel 2010厳選便利技（技術評論社編集部, AYURA著）　2010.10
◇Windows 7（セブン）厳選便利技（技術評論社編集部, オンサイト著）　2010.10
◇Excel関数厳選技60（日花弘子著）　2010.10
◇PowerPoint 2010基本技（技術評論社編集部著）　2010.10
◇iPad基本&（アンド）便利技（技術評論社編集部著）　2010.11
◇iPhone（アイフォーン）「厳選」アプリ徹底活用技（芝田隆広著）　2010.12
◇iPhone（アイフォーン）基本&（アンド）便利技 改訂新版（田中拓也著）　2010.12
◇PDF徹底活用ガイド—Quality Gaaiho PDF Suite対応（クオリティソフト著）　2010.12

医療情報リテラシー　土橋朗編　政光プリプラン　2010
演習編　上巻　第2版　2010.3
講義編　第2版　2010.3

インターネットの光と影　北大路書房　2006〜2010
Ver.3 被害者・加害者にならないための情報倫理入門（情報教育学研究会（IEC）・情報倫理教育研究グループ編）　2006.2
Ver.3 被害者・加害者にならないための情報倫理入門　Ver.4（情報教育学研究会（IEC）情報倫理教育研究グループ編）　2010.1

インテリジェンス・ダイナミクス　シュプリンガー・ジャパン　2005〜2008
1 脳・身体性・ロボット—知能の創発をめざして（土井利忠，藤田雅博，下村秀樹編）　2005.12
2 身体を持つ知能—脳科学とロボティクスの共進化（土井利忠，藤田雅博，下村秀樹編）　2006.9
3 発達する知能—知能を形作る相互作用（藤田雅博，下村秀樹編）　2008.6

インド人著者執筆による日本語翻訳済みIT書籍シリーズ　イノソフトジャパン　2008
◇Microsoft.Net Webアプリケーションセキュリティ（Vijay Mukhi執筆）　2008.4
◇インド式プログラミングバイブルC++言語とオブジェクト手法入門（Yashavant P. Kanetkar執筆）　2008.4
◇インド式プログラミングバイブルC言語入門 上（Yashavant P. Kanetkar執筆）　2008.4

INFOSTAブックレットシリーズ　情報科学技術協会　2003〜2005　⇒IV-1
◇若葉マークのPubMed—初心者のための検索マニュアル（牛沢典子著）　2005.3

インプレス標準教科書シリーズ　インプレスネットビジネスカンパニー　2004〜2006　⇒I-19
◇SIP教科書　改訂版（千村保文，村田利文監修）　2004.12
◇802.11高速無線LAN教科書　改訂版（守倉正博，久保田周治監修）　2005.1
◇デジタル放送教科書 下（モバイル向け放送/サーバー型—MPEG-7/21）　改訂版（亀山渉, 花村剛監修）　2005.3
◇10ギガビットEthernet教科書　改訂版（石田修, 瀬戸康一郎監修）　2005.4
◇1セグ放送教科書（羽鳥光俊監修）　2005.6
◇ワイヤレス・ブロードバンド時代の電波/周波数教科書（竹田義行監修）　2005.10
◇H.264/AVC教科書　改訂版（大久保栄監修, 角野真也, 菊池義浩, 鈴木輝彦共編）　2006.1
◇UWB/ワイヤレスUSB教科書（阪田史郎編著）　2006.2

総記　　　　　　　　　　　　　　　　　　　　　　　情報科学

◇ワイヤレス・ブロードバンド教科書　3.5G/次世代モバイル編　改訂版（服部武,藤岡雅宣編著）　2006.4

Web検定公式問題集　ワークスコーポレーション　2009
1　Webリテラシー問題集—web検定webアソシエイト対応　2009.4
2　Webデザイン問題集—web検定webデザイナー対応　2009.6
3　Webディレクション問題集—web検定webディレクター対応　2009.6

腕自慢に学ぶ表計算の極意　日経BP社　2004　⇒I-19
2003-2004（日経PC21「表計算大会」総集編）　2004.11

衛星通信ガイドブック　サテマガ・ビー・アイ　2005～2010
2005（サテマガBI編）　2005.3
2006（サテマガBI編）　2006.3
2007（サテマガBI編）　2007.3
2008（サテマガBI編）　2008.4
2009（サテマガBI編）　2009.3
2010（サテマガBI編）　2010.7

X-media menu master series　エクスメディア著　エクスメディア　1997～2006　⇒I-22
◇Photoshop CS2 for Windows & Macintosh menu master　2005.8
◇Photoshop 5.0 for Windows menu master　復活版　2005.8
◇Photoshop 5.0 for Macintosh menu master　復活版　2005.8
◇Illustrator 8.0 for Windows menu master　復活版　2005.8
◇Illustrator 8.0 for Macintosh menu master　復活版　2005.8
◇Illustrator CS2 for Windows & Macintosh menu master　2005.9
◇Photoshop 6.0 for windows menu master　復活版　2006.9
◇Illustrator 9.0 for Windows menu master　復活版　2006.9

Excel VBAのプログラミングのツボとコツがゼッタイにわかる本　立山秀利著　秀和システム　2007～2009
◇最初からそう教えてくれればいいのに！Excel 2007/2003対応　2007.10
続（最初からそう教えてくれればいいのに！Excel 2007/2003対応）　2009.12

ExcelかんたんVBAコース　工学研究社　2004～2008
第1分冊　ゼロから始めるマクロ入門　第3版（牧野尚美執筆）　2004.3
第2分冊　VBAプログラミングを始めよう　第3版（牧野尚美執筆）　2004.3
第3分冊　VBAの肝はここ　第6版（牧野尚美執筆）　2008.3
第4分冊　アプリケーションの作成にチャレンジ　第4版（牧野尚美執筆）　2004.6

ExcelかんたんVBA 2003コース　牧野尚美執筆　工学研究社　2007
第1分冊　ゼロから始めるマクロ入門　2007.3
第2分冊　VBAプログラミングをはじめよう　2007.4
第3分冊　VBAを使いこなすために　2007.5
第4分冊　業務に役立てるVBA　2007.6
第5分冊　VBAで作成するアプリケーション　2007.7

ExcelかんたんVBA 2007コース　工学研究社　2009
第1分冊　はじめてのVBA（瀬戸遥執筆）　2009.3
第2分冊　ブックの操作（瀬戸遥執筆）　2009.3
第3分冊　フロー制御（瀬戸遥執筆）　2009.3
第4分冊　ユーザーフォーム（瀬戸遥執筆）　2009.3

Excel徹底活用シリーズ　ソフトバンククリエイティブ　2005～2009
◇仕事に役立つExcelビジネスデータ分析（プロジェクトA,日花弘子著,若月光博監修）　2005.5

情報科学　　　　　　　　　　　　　　　　　　　　　　総記

◇仕事に役立つExcel統計解析（日花弘子著）　2006.9
◇仕事に役立つExcel VBA実用サンプルコレクション（渡辺ひかる著, 大村あつし監修）　2006.10
◇Excel関数大事典　改訂版（日花弘子著）　2007.6
◇やさしくわかるExcel関数・マクロ—Excel 2007/2003/2002/2000対応　改訂版（西沢夢路著）　2007.7
◇仕事に役立つExcel　VBA業務活用編—Excel 2003/2007対応（西沢夢路著）　2008.8
◇仕事に役立つExcel統計解析　改訂版（日花弘子著）　2008.12
◇仕事に役立つExcelデータベース—Excel 2007/2003/2002/2000対応　改訂版（古川順平著）　2009.6
◇やさしくわかるExcelピボットテーブル—Excel 2007/2003/2002対応（日花弘子著）　2009.9

Excelの極意　毎日コミュニケーションズ　2004〜2010　⇒I–23
◇関数　1（Excel 2010/2007/2003/2002対応）（早坂清志著）　2010.12
1　効率アップテクニック—Excel 97/2000/2002/2003対応（早坂清志著）　2004.12
1　「データ入力と書式・印刷」を極める—Excel 2007 Excel 97〜2003対応（早坂清志著）　2007.11
2　シートデザインと印刷—Excel 97/2000/2002/2003対応（早坂清志, 町田奈美著）　2004.12
2　「数式」を極める—Excel 2007/97〜2003対応（早坂清志著）　2008.1
3　計算式と関数—Excel 97/2000/2002/2003対応（早坂清志著）　2004.12
3　「関数」を極める—Excel 2007/97〜2003対応（早坂清志著）　2008.2
4　魅せるグラフ—Excel 97/2000/2002/2003対応（早坂清志著）　2005.2
4　「魅せるグラフ」を極める—Excel 2007/97〜2003対応（早坂清志著）　2008.3
5　データの集計と分析—Excel 97/2000/2002/2003対応（早坂清志著）　2005.5
5　「データの集計と分析」を極める—Excel 2007/97〜2003対応（早坂清志著）　2008.4
6　VBAの実践テクニック—Excel 97/2000/2002/2003対応（早坂清志著）　2005.6
6　「VBA」を極める—Excel 2007/97〜2003対応（早坂清志著）　2008.7
7　トラブルシューティング（Excel 2007/97〜2003対応）（早坂清志著）　2009.2

Excel免許皆伝　秀和システム　2008〜2009
1　基本操作の効率化（2007/2003/2002/2000対応）（松井幹彦著）　2008.8
2　見やすく美しいグラフ—2007/2003/2002/2000対応（神崎洋治著）　2009.1

SEC books　アイティメディア　2006
◇組込みソフトウェア開発における品質向上の勧め　設計モデリング編（情報処理推進機構ソフトウェア・エンジニアリング・センター編著）　2006.6

SEC books　情報処理推進機構ソフトウェア・エンジニアリング・センター編　オーム社　2005〜2010
◇ITユーザとベンダのための定量的見積りの勧め—見積り精度を向上する重要ポイント　2005.4
◇経営者が参画する要求品質の確保—超上流から攻めるIT化の勘どころ　2005.4
◇ソフトウェア開発見積りガイドブック—ITユーザとベンダにおける定量的見積りの実現　2006.4
◇経営者が参画する要求品質の確保—超上流から攻めるIT化の勘どころ　第2版　2006.5
◇組込みシステムの安全性向上の勧め　機能安全編　2006.11
◇プロセス改善ナビゲーションガイド　なぜなに編　2007.3
◇プロセス改善ナビゲーションガイド　プロセス診断活用編　2007.4
◇ソフトウェア改良開発見積りガイドブック—既存システムがある場合の開発　2007.10
◇共通フレーム—経営者、業務部門が参画するシステム開発および取引のために　ソフトウェアラ

総 記　　　　　　　　　　　　　　　　　　　　　　　情報科学

イフサイクルプロセスSLCP-JCF 2007 国際規格適合　2007　2007.10
◇プロセス改善ナビゲーションガイド　ベストプラクティス編　2008.2
◇ソフトウェアテスト見積りガイドブック—品質要件に応じた見積りとは　2008.9
◇定量的品質予測のススメ—ITシステム開発における品質予測の実践的アプローチ　2008.10
◇プロセス改善ナビゲーションガイド—改善のゴールに一歩近づくために　虎の巻編　2009.2
◇共通フレーム2007—経営者, 業務部門が参画するシステム開発および取引のために　ソフトウェアライフサイクルプロセスSLCP-JCF 2007 国際規格適合　第2版　2009.10
◇組込みソフトウェア開発向けコーディング作法ガイド　C++言語版　2010.11

SEC books　翔泳社　2005〜2009
◇組込みソフトウェア開発におけるプロジェクトマネジメント導入の勧め(情報処理推進機構ソフトウェア・エンジニアリング・センター編著)　2005.5
◇組込みスキル標準ETSS概説書　2005年版(情報処理推進機構ソフトウェア・エンジニアリング・センター編著)　2005.5
◇組込みソフトウェア開発における品質向上の勧め　コーディング編(情報処理推進機構ソフトウェア・エンジニアリング・センター編著)　2005.5
◇組込みソフトウェア開発向けコーディング作法ガイド—C言語版(情報処理推進機構ソフトウェア・エンジニアリング・センター編著)　2006.5
◇組込みスキル標準ETSS概説書　2006年度版(情報処理推進機構ソフトウェア・エンジニアリング・センター編著)　2006.5
◇組込みソフトウェア開発における品質向上の勧め　ユーザビリティ編(情報処理推進機構ソフトウェア・エンジニアリング・センター編著)　2006.5
◇組込みソフトウェア向け開発プロセスガイド—ESPR ver.1.0(情報処理推進機構ソフトウェア・エンジニアリング・センター編)　2006.10

◇組込みソフトウェア向けプロジェクトマネジメントガイド—ESMR ver.1.0　計画書編(情報処理推進機構ソフトウェア・エンジニアリング・センター編)　2006.11
◇組込みソフトウェア開発向けコーディング作法ガイド—C言語版　ESCR ver1.1　改訂版(情報処理推進機構ソフトウェア・エンジニアリング・センター編著)　2007.7
◇エンピリカルソフトウェアエンジニアリングの勧め(情報処理推進機構ソフトウェア・エンジニアリング・センター編著)　2007.10
◇ソフトウェアエンジニアリングの実践—先進ソフトウェア開発プロジェクトの記録(情報処理推進機構ソフトウェア・エンジニアリング・センター編)　2007.11
◇組込みソフトウェア向け開発プロセスガイド—ESPR ver.2.0(情報処理推進機構ソフトウェア・エンジニアリング・センター編著)　2007.11
◇組込みスキル標準ETSS概説書　2008年度版(情報処理推進機構ソフトウェア・エンジニアリング・センター編)　2008.5
◇組込みソフトウェア開発向け品質作り込みガイド—ESQR ver.1.0(情報処理推進機構ソフトウェア・エンジニアリング・センター編著)　2008.12
◇組込みスキル標準ETSS教育プログラムデザインガイド(情報処理推進機構ソフトウェア・エンジニアリング・センター編著)　2009.5
◇組込みスキル標準ETSS概説書　新版(情報処理推進機構ソフトウェア・エンジニアリング・センター編著)　2009.11

SEC books　情報処理推進機構　2010
◇実務に活かすIT化の原理原則17ヶ条—プロジェクトを成功に導く超上流の勘どころ(情報処理推進機構ソフトウェア・エンジニアリング・センター編)　2010.10

SEC books　日経BP社　2006〜2008
◇ITプロジェクトの「見える化」　下流工程編(情報処理推進機構ソフトウェア・エンジニアリング・センター著作・監修, 日経コンピュータ編)　2006.6

情報科学　　　　　　　　　　　　　　　　　　　　　　　　　　　総記

◇ITプロジェクトの「見える化」　上流工程編（情報処理推進機構ソフトウェア・エンジニアリング・センター著作・監修）　2007.5
◇ソフトウェア開発データ白書　2007　IT企業1770プロジェクト定量化で見えてくる開発の傾向（情報処理推進機構ソフトウェア・エンジニアリング・センター著・監修）　2007.8
◇ソフトウェア開発データ白書　2008　IT企業2056プロジェクト　定量データが語る開発の実態と傾向（情報処理推進機構（IPA），ソフトウェア・エンジニアリング・センター（SEC）著　2008.8
◇ITプロジェクトの「見える化」　中流工程編（情報処理推進機構ソフトウェア・エンジニアリング・センター著作・監修）　2008.10
◇ITプロジェクトの「見える化」　総集編（情報処理推進機構ソフトウェア・エンジニアリング・センター著作・監修）　2008.10

SEC books　毎日コミュニケーションズ　2008
◇組込みスキル標準ETSS導入推進者向けガイド（情報処理推進機構ソフトウェア・エンジニアリング・センター編著）　2008.11

SEの現場シリーズ　翔泳社　2003～2005　⇒I-147
◇SEのための仕様の基本（山村吉信著）　2005.1
◇SEのためのネットワークの基本（秋山慎一著）　2005.8
2005（プロSE，7つの力）（正田耕一，安井昌男，山下伸夫，箱嶋俊哉，田中淳子，三好康之，伊藤靖著）　2005.6

SEのための必勝スキルシリーズ　日本評論社　2007～2008
◇SEのための聞く技術—提案・開発・トラブルに勝つ！（克元亮著）　2007.12
◇SEのための交渉術—win-winで信頼を勝ち取る！（森昭彦著）　2007.12
◇SEのためのトラブルシューティング—プロジェクトのリスクに勝つ！（志波浩太郎，克元亮著）　2008.3

SEライフ　技術評論社　2004～2005　⇒I-147

v.2　SEのための英語力　2005.2
v.3　チームリーダーのための7つの知恵と道具　2005.12
v.4　SEのための見える化！の技術　2005.12

SCC Books　エスシーシー　1996～2010　⇒I-24
◇今日からはじめるやさしいデジカメ　改訂版（コスモピアパソコンスクール編著，花田潤著）　2006.10
B-314　楽しく成功するプロジェクト・マネージメント（東条経営科学研究所著）　2006.4
B-335　お気に入りvideoをプロデュースPremiere Elements 7（大野恵太著）　2009.1
B-336　ゲーム作りで学ぶVisual C# 2008入門—XNA Game Studio 3.0対応　Xbox 360で動くゲームを作る！（中島省吾著）　2009.3
B-337　あほ賢システムのおはなし—システム分析からシステム設計まで　身近なコンピュータソフトMicrosoft Excel 2003, Excel 2007, VBA, OpenOffice.org 3.0 Calc, Basic All-In-One-Eclipse+Java（jdk6u11）を使いながら（平山克己著）　2009.3
B-338　スタートアップオラクルマスター—オラクル認定技術者資格試験　テスト番号1Z0-018J Bronze DBA（ディービーエー）11（イレブン）g（アクティ編，木本恵美子著）　2009.3
B-339　スタートアップオラクルマスター—オラクル認定技術者資格試験　テスト番号1Z0-051J Bronze 11（イレブン）g SQL基礎1（アクティ編，木本恵美子著）　2009.3
B-340　これでわかるWindows 7（セブン）（大野恵太著）　2009.11
B-341　今日からはじめるやさしいパソコン—IT講習会用テキスト　ウィンドウズ7（セブン）版（コスモピアパソコンスクール編著，花田潤著）　2009.12
B-342　モバイルアプリをプロデュースiPhone（アイフォーン）SDK（エスディーケー）3（スリー）プログラミングの基礎（武井純孝著）　2010.1
B-343　お気に入り写真をプロデュースPhotoshop Elements 8（大野恵太著）　2010.1

総記　　　　　　　　　　　　　　　　　　　　　　　　　情報科学

- B-344　お気に入りvideoをプロデュースPremiere Elements 8（大野恵太著）　2010.1
- B-345　宇宙から地球を診断する（岩田勉著，宇宙航空研究開発機構編）　2010.3
- B-351　ゲーム作りで学ぶVisual Basic 2010入門（中島省吾著）　2010.10

エッセンシャルソフトウェアガイドブック　技術評論社　2009～2010
- ◇はじめてのvi&Vim（大木敦雄監修，小島範幸，北浦訓行共著）　2009.5
- ◇zshの本（広瀬雄二著）　2009.7
- ◇Linuxシステムコールプログラミング（山森丈範著）　2009.10
- ◇Subversion入門—バージョン管理の基本から，サーバ運用，リポジトリ管理まで（佐藤竜一著）　2010.6
- ◇BIND9によるDNSサーバ構築　改訂新版（川原竜人，伊藤宏通，野津新著）　2010.7

NHK人間講座　日本放送協会，日本放送出版協会編　日本放送出版協会　1999～2005　⇒I-24
- ◇ようこそ「マザーグース」の世界へ（鷲津名都江著）　2004.12
- ◇人間性の進化史—サル学で見るヒトの未来（正高信男著）　2004.12
- ◇だます心だまされる心（安斎育郎著）　2004.12
- ◇人生・愛と美の法則（美輪明宏著）　2005.2
- ◇「共生経済」が始まる—競争原理を超えて（内橋克人著）　2005.2
- ◇ウイルス究極の寄生生命体（山内一也著）　2005.2

NSライブラリ　戸川隼人著　サイエンス社　1986～2009　⇒I-25
- 15　ザ・Linux　2005.12
- 16　ザ・C99—複素数型も使える新しいCの文法と例題集　2006.12
- 17　ザ・C　第3版　2007.10
- 18　ザ・理工系のためのC—C99準拠　2009.12

NTT出版ライブラリーレゾナント　NTT出版　2004～2010　⇒I-25
- 5　やりなおし教養講座（村上陽一郎著）　2004.12
- 6　気候変動の文明史（安田喜憲著）　2004.12
- 7　名古屋と金シャチ（井上章一著）　2005.2
- 8　経済が社会を破壊する—いかにして人間が育つ社会をつくるか（正村公宏著）　2005.2
- 9　技術経営—未来をイノベートする（山田肇著）　2005.4
- 10　ボードリヤールという生きかた（塚原史著）　2005.4
- 11　脱カリスマ時代のリーダー論（米倉誠一郎著）　2005.6
- 12　ケータイ進化論（小檜山賢二著）　2005.6
- 13　身体にきく哲学（黒崎政男著）　2005.8
- 14　教育とは—イギリスの学校からまなぶ（小林章夫著）　2005.8
- 15　〈想像〉のレッスン（鷲田清一著）　2005.10
- 16　パラサイト・ミドルの衝撃—サラリーマン45歳の憂鬱（三神万里子著）　2005.10
- 17　街場のアメリカ論（内田樹著）　2005.10
- 18　日本の風景を読む（富山和子著）　2005.10
- 19　需要縮小の危機—人口減少社会の経済学（額賀信著）　2005.12
- 20　都市の遺伝子—にっぽん五感探索遊行（山下柚実著）　2005.12
- 21　エイジフリー社会を生きる（清家篤著）　2006.2
- 22　テレビは政治を動かすか（草野厚著）　2006.2
- 23　学問の力（佐伯啓思著）　2006.4
- 24　アメリカン・エスタブリッシュメント（越智道雄著）　2006.4
- 25　CSR—企業と社会を考える（谷本寛治著）　2006.6
- 26　太平洋を渡った日本建築（柳田由紀子著）　2006.8
- 27　環境戦略のすすめ—エコシステムとしての日本（海上知明著）　2006.8
- 28　経済学の教養（根井雅弘著）　2006.10
- 29　働くみんなのモティベーション論（金井寿宏著）　2006.10
- 30　イスラム石油戦争（宮田律著）　2006.10

31　戦略の実学―際立つ個人・際立つ企業（谷口和弘著）　2006.12
32　イギリス的風景―教養の旅から感性の旅へ（中島俊郎著）　2007.2
33　「情報」を学び直す（石井健一郎著）　2007.4
34　株式会社という病（平川克美著）　2007.6
35　トランス・サイエンスの時代―科学技術と社会をつなぐ（小林伝司著）　2007.6
36　超人高山宏のつくりかた（高山宏著）　2007.8
37　コミットメントの力―人と人がかかわるとき（三砂ちづる著）　2007.9
38　社会学入門一歩前（若林幹夫著）　2007.9
39　リチャード三世は悪人か（小谷野敦著）　2007.10
40　名もない顔もない司法―日本の裁判は変わるのか（ダニエル・H. フット著, 溜箭将之訳）　2007.11
41　ドナウの古都レーゲンスブルク（木村直司著）　2007.12
42　キーワードで読み解く経済（伊藤元重著）　2008.2
43　東京、きのう今日あした（伊藤滋著）　2008.3
44　文化の力―カルチュラル・マーケティングの方法（青木貞茂著）　2008.5
45　原日本の精神風土（久保田展弘著）　2008.7
46　映画で学ぶエスニック・アメリカ（佐藤唯行著）　2008.8
47　日本語は死にかかっている（林望著）　2008.10
48　おもしろい歴史物語を読もう（杉原志啓著）　2008.12
049　アンデルセン、福祉を語る―女性・子ども・高齢者（G. エスピン=アンデルセン著, 林昌宏訳, 京極高宣監修）　2008.12
50　世の中にひとこと（池内紀著）　2009.1
51　おたくの起源（吉本たいまつ著）　2009.2
52　LSE物語―現代イギリス経済学者たちの熱き戦い（木村雄一著）　2009.6
53　31文字のなかの科学（松原由利子著）　2009.7
54　のらネコ、町をゆく（野沢延行著）　2009.8
55　創造するアジア都市（橋爪紳也著）　2009.8
56　厄介な上司・同僚に振り回されない仕事術（ヘンリー・クラウド著, 中村佐知訳）　2009.9
57　ネット評判社会（山岸俊男, 吉開範章著）　2009.10
58　ワインで考えるグローバリゼーション（山下範久著）　2009.10
59　スウィート・ドリームズ（ダニエル・C. デネット著, 土屋俊, 土屋希和子訳）　2009.12
60　環境と経済の文明史（細田衛士著）　2010.3
61　著作権2.0―ウェブ時代の文化発展をめざして（名和小太郎著）　2010.7
62　大学教授の資格（松野弘著）　2010.8
63　妊娠を考える―〈からだ〉をめぐるポリティクス（柘植あづみ著）　2010.10
64　ジャズ耳の鍛え方（後藤雅洋著）　2010.12

MCA教科書　NRIラーニングネットワーク株式会社著　翔泳社　2003～2009　⇒I-25
◇Database―試験番号:M10-101　マイクロソフト認定技術試験学習書　2006.10
◇Application―試験番号:M10-301　マイクロソフト認定技術試験学習書　2006.10
◇Security　2007.8
◇Platform　2007.8
◇Platform―試験番号M10-201　マイクロソフト認定技術試験学習書　Windows Server 2008対応　2009.1

MCSE教科書　翔泳社　1998～2004　⇒I-26
◇Windows Server 2003 Active Directory（デビッド・V. ワッツ, ウィル・ウィリス著, トップスタジオ訳, NRIラーニングネットワーク株式会社監訳）　2004.11

MCP教科書　翔泳社　2005～2010
◇MCDST（横田秀之著）　2005.6
◇SQL Server 2005（沖要知著）　2006.8
◇Windows Vista（神鳥勝則著）　2007.7
◇Enterprise support（勝山彰子, 神鳥勝則著）　2008.2
◇Database Administrator―試験番号70-443/70-444（沖要知, 西昭彦, 清藤めぐみ著）　2008.4

◇Windows Server 2008　Active Directory編（NRIラーニングネットワーク著）　2008.7

◇Windows Server 2008　Network編（NRIラーニングネットワーク株式会社著）　2008.8

◇Windows Server 2008　Application編（NRIラーニングネットワーク株式会社著）　2008.9

◇SQL Server 2008—マイクロソフト認定技術資格試験学習書 試験番号70-432（沖要知著）　2009.7

◇Windows 7（セブン）—マイクロソフト認定技術資格試験学習書 試験番号70-680（甲田章子著）　2010.4

◇Windows 7（セブン）サポート—マイクロソフト認定技術資格試験学習書 試験番号70-685（甲田章子著）　2010.9

エンジニア道場　翔泳社　2007～2010

◇ネーミングの掟と極意—開発を失敗させる名前の付け方、成功させる名前の付け方（開米瑞浩著）　2007.11

◇はじめての上流工程をやり抜くための本—システム化企画から要件定義、基本設計まで（三輪一郎著）　2008.3

◇ITの専門知識を素人に教える技—システム開発を成功に導くティーチングの極意（開米瑞浩、森川滋之著）　2008.7

◇開発現場のストレスを減らすアサーティブ会話術—キッチリ上達する7日間講座（吉田珠江著）　2008.8

◇チーム力をつくる3ステップ—いつもの開発メンバーで150%の成果を出す！（本間直人著）　2008.8

◇はじめての設計をやり抜くための本—概念モデリングからアプリケーション、データベース、アーキテクチャの設計まで（吉原庄三郎著）　2008.12

◇上流工程でステークホルダーの要求がまとまる技術—意見のヒアリングから対立点の整理、調整案の作成、根回しの方法、会議の進め方まで（大川敏彦著）　2010.10

OOP foundations　翔泳社　2001～2008　⇒I-28

◇ユースケース駆動開発実践ガイド—オブジェクト指向分析からSpringによる実装まで（ダグ・ローゼンバーグ、マット・ステファン著、三河淳一監訳、佐藤竜一、船木健児訳）　2007.10

◇JUDEで学ぶシステムデザイン—JUDEオフィシャルガイドブック（細谷泰夫著、チェンジビジョン監修）　2008.11

オフィススペシャリスト対策シリーズ　アスキー　2004～2005　⇒I-29

5　Microsoft Office Specialist Word 2003 Expert試験対策テキスト＆模擬問題集（山本麻津子著、アスキー書籍編集部編）　2005.5

6　Microsoft Office Specialist Excel 2003 Expert試験対策テキスト＆模擬問題集（木村千鶴子著、アスキー書籍編集部編）　2005.5

Office 2007 dictionary series　秀和システム　2007～2009

◇Accessクエリ＆フォーム＆レポート辞典—2002/2003/2007対応（日野間佐登子、清水博子著）　2007.4

◇Access VBA辞典—2002/2003/2007対応（E-Trainer.jp著）　2007.4

◇Excel関数辞典—2002/2003/2007対応（成富慶子著）　2007.5

◇Excel VBA辞典—2002/2003/2007対応（常見美保著）　2007.5

◇Access関数辞典—2002/2003/2007対応（日野間佐登子著）　2007.6

◇Excelデータの集計・分析辞典—2002/2003/2007対応（長村知明著）　2008.12

◇Accessデータの集計・分析辞典—2002/2003/2007対応（井沢淳子著）　2008.12

◇Excel数式・表ビジネス活用辞典—2002/2003/2007対応（和田知里、大庭敦子著）　2009.2

◇Excel VBA（ブイビーエー）辞典—2002/2003/2007対応　プログラミング実践編（常見美保著）　2009.4

◇Access VBA（ぶいびーえー）辞典—2002/2003/2007対応　プログラミング実践編（E-Trainer.jp著）　2009.5

情報科学

Office 2010 Dictionary Series　秀和システム　2010
- ◇Excel関数辞典—2010/2007対応（E-Trainer.jp著）　2010.8
- ◇Excel VBA（ブイビーエー）辞典—2010/2007対応（E-Trainer.jp著）　2010.8
- ◇Access関数辞典—2010/2007対応（日野間佐登子著）　2010.8
- ◇Access VBA（ブイビーエー）辞典—2010/2007対応（E-Trainer.jp著）　2010.8
- ◇Accessクエリ&フォーム&レポート辞典—2010/2007対応（日野間佐登子著）　2010.10

Object oriented selection　翔泳社　2000〜2009　⇒I-29
- ◇MDAのエッセンス—モデル駆動型ソフトウェア開発入門（スティーブ・J. メラー〔ほか〕著, 二上貴夫, 長瀬嘉秀監訳）　2004.12
- ◇Eclipseモデリングフレームワーク—Java、XML、UMLを統合するオープンソースフレームワーク（フランク・バディンスキー, デイヴィッド・スタインバーグ, エド・マークス, レイモンド・イラーシック, ティモシー・グロース著, 竹村司, 榊原彰監訳, 清水咲里, 安達久俊, 榎本聡, 竹田真紀訳）　2005.2
- ◇エンタープライズアプリケーションアーキテクチャパターン—頑強なシステムを実現するためのレイヤ化アプローチ（マーチン・ファウラー著, 長瀬嘉秀監訳, テクノロジックアート訳）　2005.4
- ◇UMLモデリングのエッセンス—標準オブジェクトモデリング言語入門　第3版（マーチン・ファウラー著, 羽生田栄一監訳）　2005.6
- ◇フレームレット—組込みソフトウェアフレームワークの設計と導入（Premium library）（アレッサンドロ・パセッティ著, 佐藤啓太, 宇佐美雅紀訳）　2005.11
- ◇ユースケースによるアスペクト指向ソフトウェア開発—適応性の高いアーキテクチャの確立（イヴァー・ヤコブソン, パンウェイ・ング著, 鷲崎弘宜, 太田健一郎, 鹿糠秀行, 立堀道昭訳）　2006.3
- ◇エンタープライズ統一プロセス—IT業界の全体最適化のためのプロセスフレームワーク（スコット・W. アンブラー, ジョーン・ナルボーン, ミカエル・ヴィッドス著, オージス総研監訳）　2006.7
- ◇オブジェクトデザイン—ロール、責務、コラボレーションによる設計技法（レベッカ・ワーフスブラック, アラン・マクキーン著, 藤井拓監訳, 辻博靖, 井藤晶子, 山口雅之, 林直樹訳）　2007.9
- ◇レガシーコード改善ガイド—保守開発のためのリファクタリング（マイケル・C. フェザーズ著, ウルシステムズ株式会社監訳, 平沢章, 越智典子, 稲ామ信之, 田村友彦, 小堀真義訳）　2009.7

Object technology series　ピアソン・エデュケーション　1999〜2010　⇒I-29
- ◇UMLユーザガイド—Covers UML 2.0（グラディ・ブーチ, ジェームズ・ランボー, イヴァー・ヤコブソン著, 羽生田栄一監訳, 越智典子訳）　2010.4

オープンソースRDBMSシリーズ　ソフトバンククリエイティブ　2009〜2010
- ◇新標準PostgreSQL（高塚遥, 松田亮一, 田中ナルミ, 吉岡肇著, SRA OSS, Inc.日本支社監修）　2009.11
- ◇新標準SQLite（田中ナルミ, 阿部忠光著）　2010.2

O'ReillyのHacksシリーズ　オライリー・ジャパン, オーム社〔発売〕　2006
- ◇Ajax Hacks—プロが教えるWebアプリケーション構築テクニック（ブルース・ペリー著, 牧野聡訳）　2006.10

オラクル公式テキストシリーズ　アスキー　2004〜2005　⇒I-31
- 2　ORACLE MASTER Bronze SQL基礎1（日本オラクル株式会社オラクルユニバーシティ著）　2005.4
- 2　ORACLE MASTER Bronze SQL基礎1　改訂版（日本オラクル株式会社オラクルユニバーシティ著）　2005.12
- 3　ORACLE MASTER Silver DBA10g（日本オラクル株式会社オラクルユニバーシティ著）　2005.10

Oracle hand books　アスキー　1998〜2006　⇒I–31
◇Oracle database 10gデータベース入門（山田精一，尾山悟著）　2006.7

海外情報の収集整備報告書　国際情報化協力センター　2005〜2008
平成16年度 国別編（CICCシンガポール・ニュース 南・東アジアにおける経済・社会・情報技術の動き）（国際情報化協力センター編）　2005.3
平成16年度 分野別編（CICCシンガポール・ニュース 南・東アジアにおける経済・社会・情報技術の動き）（国際情報化協力センター）　2005.3
平成19年度（CICCシンガポールニュースマンスリー 東・南アジアにおける経済・社会・情報技術の動き）（国際情報化協力センター編）　2008.3

海外通信白書　国際通信経済研究所編　NTT出版　2006〜2007
2006　北米・欧州・中国・韓国最新事情　2006.3
2007　2007.3

「会社四季報」図解シリーズ　東洋経済新報社　2005〜2007
◇IT・ネット業界地図—最新版 オールカラー（東洋経済新報社編）　2005.5
◇IT・ネット業界地図—オールカラー　2006年版（東洋経済新報社編）　2006.4
◇IT・ネット業界地図　2008年版（東洋経済新報社編）　2007.11

開発者ノートシリーズ　オライリー・ジャパン　2004〜2006　⇒I–33
◇Java 5.0 Tiger—develober's notebook（Brett McLaughlin, David Flanagan著，菅野良二訳）　2004.12
◇Hibernate—developer's notebook（James Elliott著，佐藤直生訳）　2004.12
◇Spring—developer's notebook（Bruce A. Tate, Justin Gehtland著，佐藤直生監訳，木下哲也，福竜興業訳）　2005.7
◇Mono—developer's notebook（Edd Dumbill, Niel M. Bornstein著，オーエスエスコンサルティング 株式会社監訳，相花毅，久保宮克之訳）　2005.7
◇JBoss（Norman Richards, Sam Griffith, Jr.著，日本ヒューレット・パッカード株式会社監修，赤井誠，佐藤修一，高見沢京子，水野浩典訳）　2006.2
◇Maven—developer's notebook（Vincent Massol, Timothy M. O'Brien著，佐藤直生訳）　2006.2

開発の現場　翔泳社　2005〜2008
◇反デスマーチ大研究　Vol.002（ハマらない・苦しまないための10の処方箋）（SE編集部著）　2005.9
◇ドキュメンテーション大全　vol.003（各種文書の作成・運用術徹底ガイド）（SE編集部著）　2006.1
v.001　Theの実装技術!（特別版）　2007.3
v.002　システム開発入門（特別版）　2008.3
v.003　上流エンジニア読本「折衝力＆プロジェクト管理力」向上化計画（特別版）　2008.3
vol.006（SE編集部編）　2006.10
vol.012　スキルアップ2大特集　「見積り」の極意/いま"サクサク開発"がすごい!（SE編集部編）　2008.4

開発の現場セレクション　翔泳社　2006〜2009
◇Leptonの「基本情報」解体新書（Lepton著）　2006.5
◇パッケージから学ぶ4大分野の業務知識（梅田弘之著）　2007.3
◇Lepton先生のCの強化書—Cを使いこなすためのスキルアップ特別講座（Lepton著）　2007.5
◇ストーリーで考える「見積り」の勘所（中村秀剛著）　2008.3
◇コーディングの掟（最強作法）—現場でよく見る不可解なJavaコードを一掃せよ!（arton, 宇野るいも著）　2008.9
◇開発現場の掟—プロの鉄則 エンジニアが現場で生き残るための極意（山本大著）　2009.3
special　オンリーワンになるためのエンジニアプロ論（SE編集部編集・構成）　2008.5

学術叢書　Nihon Tosho Centre　2005
◇A history of municipally operated telephone systems in the UK—how has the Hull Corpo-

ration stood the test of time?（〔by〕Tadashi Sanaka）　2005.2

学問の英知に学ぶ　ロゴスドン編集部編　ヌース出版　2003〜2009　⇒I-33
第2巻　2004.12
第3巻　2005.12
第4巻　2007.12
第5巻　2009.12

かもめ社長、かく語りき　青田吉弘著　ラッセル社　2004
1　2004.8
2　2004.8

栢木先生の基本情報技術者教室　栢木厚著　技術評論社　2006〜2009
平成18年度（イメージ＆クレバー方式でよくわかる）　2006.1
平成19年度（イメージ＆クレバー方式でよくわかる）　2007.1
平成20年度（イメージ＆クレバー方式でよくわかる）　2008.1
平成21年度（イメージ＆クレバー方式でよくわかる）　2009.1

栢木先生の初級シスアド教室　栢木厚著　技術評論社　2005〜2009
平成17年度（イメージ＆クレバー方式でよくわかる）　2005.1
平成18年度（イメージ＆クレバー方式でよくわかる）　2006.1
平成19年度（イメージ＆クレバー方式でよくわかる）　2007.1
平成20年度（イメージ＆クレバー方式でよくわかる）　2008.1
平成21年度「春期」（イメージ＆クレバー方式でよくわかる）　2009.1

韓国発通信・ITレポート　情報流通ビジネス研究所　2005
v.1　韓国ブロードバンド・ポータル企業における収益モデルと先端サービスの動向分析—有・無線連携を中心とした成功事例と日本市場へのインパクト　2005.1

完全ガイドseries　アスキー　2007〜2008
◇完全ガイドExcel 2000基本＋活用—powered by Z式マスター（柴田英伸, アルシエン編集部著）　2007.9
◇完全ガイドWord 2000基本＋活用—powered by Z式マスター（前田幸利, アルシエン編集部著）　2007.9
◇Excel 2003基本＋活用—powered by Z式マスター（柴田英伸, アルシエン編集部著）　2007.12
◇Excel関数＆マクロ・VBA—Excel 2000/2002/2003対応 powered by Z式マスター（アルシエン編集部, 大月宇美著）　2007.12
◇Word 2003基本＋Q&A—powered by Z式マスター（前田幸利, 牛越集, 西尾聡志著）　2008.2
◇Access 2003基本＋VBA—powered by Z式マスター（柴田英伸, 葛西秋雄著）　2008.2
◇WindowsXP 基本＋Q&A—powered by Z式マスター（神田知宏, 牛越集, アルシエン編集部著）　2008.3

完全ガイドseries　アスキー・メディアワークス　2008
◇Windows Vista基本＋便利ワザ—powered by Z式マスター（アスキー書籍編集部編）　2008.5
◇パソコンQ&A—Windows Vista版 powered by Z式マスター（アスキー書籍編集部編）　2008.5
◇完全ガイドExcel 2007基本＋テンプレート活用—powered by Z式マスター（アスキー書籍編集部編）　2008.9
◇完全ガイドWord 2007基本＋テンプレート活用—powered by Z式マスター（アスキー書籍編集部編）　2008.9
◇完全ガイドExcel 2007関数＆マクロ・VBA—powered by Z式マスター（アルシエン編集部, 大月宇美著）　2008.10

かんたん図解NEO　技術評論社　2007〜2008
◇Windows Vista基本操作（島望, 八木原一恵著）　2007.3
◇Excel2007基本操作（川口輝久著）　2007.3
◇Word 2007基本操作（谷口良邦著）　2007.3

総記　　　　　　　　　　　　　　　　　　　　　　情報科学

◇PowerPoint 2007基本操作（きたみあきこ, 国本温子著）　2007.7
◇Word＋Excel基本操作—Word 2007/Excel 2007対応（飯島弘文著）　2007.12
◇Access 2007基本操作（桑名由美著）　2008.8

かんたん「通勤快読」　技術評論社　2003〜2010　⇒I-33

◇PowerPointスライドの作成・プレゼン実行に役立つ「厳選」技—PowerPoint 2003/2002対応（「通勤快読」特別編集チーム編）　2005.4
◇Excel計算表の帳票入力・転記で楽する「マクロ」技—Excel 2003/2002/2000対応　2（川口輝久著）　2005.6
◇Excel計算表で帳票の作成・集計に便利な「関数」技—Excel 2003/2002/2000対応　2（川口輝久著）　2005.6
◇Windows XP安心・快適に使うための「超便利」技—SP2対応（「通勤快読」特別編集チーム編）　2005.7
◇PowerPointプレゼンで差をつける「アイデア」技—PowerPoint 2003/2002対応（「通勤快読」特別編集チーム編）　2005.11
◇Word 2007書式設定・文書整形の「達人」技（西上原裕明著）　2008.1
◇Excel 2007帳票の作成・集計に便利な「関数」技　2（川口輝久著）　2008.1
◇Excel 2007仕事で役立つ超便利「関数」技—実務に使える関数の基本と実践がわかる！　1（「通勤快読」特別編集チーム著）　2008.3
◇Excel 2007帳票入力・転記で楽する「マクロ」技—データ入力用のダイアログボックスを作る！　2（川口輝久著）　2008.3
◇Excel 2007定型処理で楽する超便利「マクロ」技　1（「通勤快読」特別編集チーム編）　2008.4
◇Excel 2007作表・編集に役立つ「厳選」技（「通勤快読」特別編集チーム編）　2008.5
◇〈組み合わせ式〉Excelマクロ＆ユーザーフォーム部品集—Excel 2002/2003/2007対応（飯島弘文著）　2009.3
◇Excelビジネス関数＆数式パターン（不二桜著）　2009.6

◇Access 2003抽出・集計に役立つ〈クエリ〉技（矢野まど佳著）　2009.9
◇Access 2007抽出・集計に役立つ〈クエリ〉技（矢野まど佳著）　2009.9
◇技あり時短テク！ Excel 2007/2003（高橋慈子著）　2009.12
◇技あり時短テク！ Windows 7（セブン）—Windows 7/Vista/XP対応（飯島弘文著）　2010.2

かんたんパソコン生活　技術評論社　2007〜2009

◇はがき・案内状作り—とってもカンタンすぐに送れる！（AYURA著）　2007.8
◇CD/DVD作成—Windows Vistaでらくらく保存！（北川達也著）　2007.8
◇パソコントラブルQ＆A—いますぐなんとか解決したい！ Windows Vista対応（青木恵美著）　2007.10
◇バックアップと再インストール—とってもカンタンいますぐできる！ Windows Vista対応（阿久津良和著）　2007.10
◇ビデオ編集＆DVD作り—MovieWriter 6でらくらくできる！（一条真人著）　2008.1
◇快適自宅LAN—2台目からラクラクつなぐ！（Ayura著）　2008.7
◇Wordでできる！デジカメ写真ではがき・カレンダー・スクラップブック作り（ジャムハウス著）　2008.9
◇Yahoo!オークションらくらく購入らくらく出品—専用ソフトでとってもカンタン！（ユニゾン著）　2008.10
◇必ずできる！はじめての自作パソコン（石井英男著）　2008.11
◇らくらく作成！アフィリエイトブログ（浅岡省一著）　2008.12
◇Wordでできる！幹事さんのための名簿・案内状・名札作り（Ayura著）　2009.1
◇Excelでできる！家庭で役立つ文書の作り方（AYURA著）　2009.5
◇Wordでできる！家庭で役立つ文書の作り方（AYURA著）　2009.5

情報科学

総記

かんたんプログラミングExcel 2007 VBA　大村あつし著　技術評論社　2008〜2009
基礎編　2008.1
応用編　2009.2
コントロール・関数編　2008.6

かんたんプログラミングVisual Basic 2005　技術評論社　2007
基礎編（川口輝久著）　2007.9

かんたんプログラミングVisual Basic 2008　技術評論社　2010
基礎編（川口輝久著）　2010.1

かんたんプログラミングVisual Basic 2010/2008/2005　技術評論社　2010
コントロール編（川口輝久, 河野勉著）　2010.11

完璧マスターシリーズ　ローカス　1998〜2008　⇒I–34, III–235
22　弥生会計05導入ガイドブック（IT会計研究会著）　2005.2
23　弥生給与05導入ガイドブック（IT会計研究会著）　2005.2
24　弥生販売05導入ガイドブック（IT会計研究会著）　2005.3
25　JDL IBEX出納帳4で簡単経理マニュアル（IT会計研究会著）　2005.3
26　JDL IBEX工事台帳導入・活用ガイドブック（IT会計研究会著）　2005.5
27　ネットde記帳ver.4.0公式ガイドブック―インターネットでできる中小企業経理システム（IT会計研究会著）　2005.12
28　弥生会計06導入ガイドブック（IT会計研究会著）　2006.4
29　弥生給与06導入ガイドブック（IT会計研究会著）　2006.5
30　弥生販売06導入ガイドブック（IT会計研究会著）　2006.5
31　弥生会計07導入ガイドブック（IT会計研究会著）　2007.2
32　弥生給与07導入ガイドブック（IT会計研究会著）　2007.2
33　勘定奉行21 ver.4公式導入ガイドブック―OBCオフィシャルガイドブック（TMS著）　2007.4
34　弥生販売07導入ガイドブック（IT会計研究会著）　2007.8
35　弥生会計08導入ガイドブック（IT会計研究会著）　2008.1
36　弥生給与08導入ガイドブック（IT会計研究会著）　2008.2
37　弥生販売08導入ガイドブック（IT会計研究会著）　2008.3

技術啓発書シリーズ　電気学会, オーム社〔発売〕2008
◇ユビキタスコンピューティングと応用―社会や家庭に広がる情報技術（滝寛和, 堀聡編著）　2008.9

基礎をしっかりと押さえたFlash MXラーニング　Digital Information Inc　2006
v.1　2006.2
v.2　2006.3

基礎がしっかり学べるIllustrator CSラーニング　Digital Information　2006
v.1　2006.2

基礎からプロの応用編までのPhotoshop CSラーニング　Digital Information　2006
v.1　2006.2

基礎から身につくネットワーク技術シリーズ　日経BP社　2004〜2005　⇒I–35
1　IP & ICMP（日経network編）　2004.11
2　暗号と認証（日経network編）　2004.11
3　IEEE802.11無線LAN（日経network編）　2004.11
4　HTTP & Web（日経network編）　2005.3
5　絵で知るTCP&UDP（日経network編, 水野忠則, 佐藤文明, 村田嘉利, 石原進, 井手口哲夫, 日経network共著）　2005.6
6　絵で知るギガビット・イーサネット（日経network編）　2005.7

総記　　　　　　　　　　　　　　　　　　　　　　　　　　情報科学

基礎情報学　西垣通著　NTT出版　2004～2008
◇生命から社会へ　2004.2
続　2008.12

基礎情報工学シリーズ　森北出版　1989～2005
⇒I-35
6　パターン認識理論　POD版（飯島泰蔵著）2005.10

技評SE新書　技術評論社　2006～2009
1　SEの教科書—成功するSEの考え方、仕事の進め方（深沢隆司著）2006.2
2　ソフトウェア開発で伸びる人、伸びない人（荒井玲子著）2006.2
3　ソフトウェア開発の名著を読む（柴田芳樹著）2006.8
4　いちばんやさしいJava入門（丸の内とら著）2006.8
5　UMLは手段（荒井玲子著）2006.11
6　実録SEの履歴書（SEライフ編集部編）2006.11
7　いちばんやさしいオブジェクト指向の本（井上樹著）2007.2
8　新米リーダーの不安（渡辺紳一著）2007.2
9　オープンソースソフトウェアの本当の使い方（浜野賢一朗, 鈴木友峰著）2007.5
10　SEの文章術（克元亮著）2007.5
11　いちばんやさしいPMBOKの本（深沢隆司著）2007.10
12　プログラマー現役続行（柴田芳樹著）2007.10
13　ビジネスの基本を知っているSEは必ず成功する（前田卓雄著）2008.2
14　組込みソフトの開発現場につける薬（杉浦英樹著）2008.2
15　SEのプレゼン術（克元亮著）2008.7
16　わがSE人生に一片の悔いなし（清水吉男著）2008.11
17　SEの教科書　2（深沢隆司著）2008.11
18　上流工程で成功する人、つまずく人（荒井玲子著）2009.2
19　いちばんやさしいソフトウェアテストの本（石原一宏, 布施昌弘著）2009.2

技評SE選書　技術評論社　2009～2010
001　SEの教科書　完全版（深沢隆司著）2009.11
002　ソフトウェア開発で伸びる人、伸びない人　第2版（荒井玲子著）2009.11
003　「要求」の基本原則（岡大勝, 三宅和之著）2009.11
004　ソフトウェア開発の名著を読む　第2版（柴田芳樹著）2009.11
005　ソフトウェア開発はなぜ難しいのか—「人月の神話」を超えて（大槻繁著）2009.11
006　SEのための内部統制超入門（森昭彦著）2009.11
007　SEが28歳までに身につける28の力　第2版（石川説明堂, 伊藤直也, 今井孝, 中尾真二, 南方司, 山内美香著）2009.12
008　いちばんやさしいオブジェクト指向の本　第2版（井上樹著）2009.12
009　SEのスピード発想術（粕谷茂著）2010.1
010　いちばんやさしいネットワークの本—TCP/IP network beginner's guide（五十嵐順子著）2010.1
011　SEの文章術　第2版（克元亮著）2010.2
012　ビジネスの基本を知っているSEは必ず成功する　第2版（前田卓雄著）2010.2
013　SEの「品質」力（内山幸央, 幸地司著）2010.4
014　SEは人間力（井上樹著）2010.4
015　IT業界を楽しく生き抜くための「つまみぐい勉強法」（奥乃美, 渋川よしき著）2010.6
016　二次請けマネージャの教科書（松本哲也著）2010.7
017　いちばんやさしいデータベースの本（五十嵐貴之著）2010.8
018　知識労働とソフトウェア開発（荒井玲子著）2010.10
019　プログラマー"まだまだ"現役続行（柴田芳樹著）2010.10

基本情報技術者学習テキスト　実教出版　2009
1　テクノロジ系（基本情報技術者試験シラバス準拠）（浅井宗海監修・執筆, 内田智史, 古谷次郎, 山田典男執筆）2009.12

情報科学　　総記

2　マネジメント・ストラテジ系（基本情報技術者試験シラバス準拠）（佐藤修，福永栄一，山田典男執筆，浅井宗海監修）　2009.12

基本情報技術者午後スーパー合格本　三輪幸市著　秀和システム　2005～2006
2005 秋　2005.6
2006 秋　2006.6
2007 春　2006.12

基本情報技術者試験サクセスガイド　一橋出版　2001～2005　⇒I-35
1　ハードウェア（安藤明之著）　2005.2
2　ソフトウェア（海老沢信一，安藤明之，浜田直道著）　2005.2
3　C言語（高田美樹，安藤明之著）　2005.2
4　COBOL（安藤明之著）　2005.2

基本情報技術者試験ステップアップ　一橋出版　2001～2005　⇒I-36
1　ハードウェア（相宮修二〔ほか〕著）　2005.2
2　ソフトウェア（相宮修二，井上隆，猪俣孝則，高野勝重著）　2005.2
3　C言語（長谷川豊著）　2005.2
4　COBOL（米岡学，池田清一著）　2005.2

基本情報技術者試験テキスト　実教出版　2001～2004　⇒I-36
1　ハードウェア・ソフトウェア　3訂版（鎌田宗憲ほか著）　2004.3
2　システムの開発と運用　3訂版（鎌田宗憲ほか著）　2004.3

基本情報技術者テキスト　コンピュータ・エージ社　2001～2006　⇒I-37
no.1　コンピュータシステム—情報処理技術者スキル標準対応　2005年版（コンピュータ・エージ社編，日本情報処理開発協会監修）　2005.3
no.1　コンピュータシステム—情報処理技術者スキル標準対応　2006年版（日本情報処理開発協会監修，コンピュータ・エージ社編）　2006.3
no.2　システム開発と運用—情報処理技術者スキル標準対応　2005年版（コンピュータ・エージ社編，日本情報処理開発協会監修）　2005.3
no.2　システム開発と運用—情報処理技術者スキル標準対応　2006年版（日本情報処理開発協会監修，コンピュータ・エージ社編）　2006.3
no.3　内部設計とプログラミング—実務・コア知識体系編—情報処理技術者スキル標準対応　2005年版（コンピュータ・エージ社編，日本情報処理開発協会監修）　2005.3
no.3　内部設計とプログラミング—実務・コア知識体系編—情報処理技術者スキル標準対応　2006年版（日本情報処理開発協会監修，コンピュータ・エージ社編）　2006.3
no.4　ネットワーク技術—情報処理技術者スキル標準対応　2005年版（コンピュータ・エージ社編，日本情報処理開発協会監修）　2005.3
no.4　ネットワーク技術—情報処理技術者スキル標準対応　2006年版（日本情報処理開発協会監修，コンピュータ・エージ社編）　2006.3
no.5　データベース技術—情報処理技術者スキル標準対応　2005年版（コンピュータ・エージ社編，日本情報処理開発協会監修）　2005.3
no.5　データベース技術—情報処理技術者スキル標準対応　2006年版（日本情報処理開発協会監修，コンピュータ・エージ社編）　2006.3
no.6　情報化と経営—情報処理技術者スキル標準対応　2005年版（コンピュータ・エージ社編，日本情報処理開発協会監修）　2005.3
no.6　情報化と経営—情報処理技術者スキル標準対応　2006年版（日本情報処理開発協会監修，コンピュータ・エージ社編）　2006.3

基本情報技術者テキスト　平井利明監修　実教出版　2009
1　ハードウェア・ソフトウェア（平井利明，岩井宏，山本敦著）　2009.2
2　データベースとアルゴリズム（岩井宏，高橋孝弦，平井利明著）　2009.2
3　システム開発とその運用（平井利明，斎藤裕美著）　2009.2
4　ネットワーク技術（岩井宏，横溝一浩著）　2009.2

5 セキュリティと標準化・情報化と経営(平井利明, 斎藤裕美, 望月テルオ, 岩井宏著) 2009.2

基本情報技術者テキスト 増進堂 2007〜2010

〔2007年版〕No.1 コンピュータシステム(情報処理技術者スキル標準対応)(日本情報処理開発協会監修, インフォテック・サーブ編) 2007.1

〔2007年版〕No.2 システム開発と運用(情報処理技術者スキル標準対応)(日本情報処理開発協会監修, インフォテック・サーブ編) 2007.1

〔2007年版〕No.3 内部設計とプログラミング 実務・コア知識体系編(情報処理技術者スキル標準対応)(日本情報処理開発協会監修, インフォテック・サーブ編) 2007.1

〔2007年版〕No.4 ネットワーク技術(情報処理技術者スキル標準対応)(日本情報処理開発協会監修, インフォテック・サーブ編) 2007.1

〔2007年版〕No.5 データベース技術(情報処理技術者スキル標準対応)(日本情報処理開発協会監修, インフォテック・サーブ編) 2007.1

〔2007年版〕No.6 情報化と経営(情報処理技術者スキル標準対応)(日本情報処理開発協会監修, インフォテック・サーブ編) 2007.1

〔2008年版〕no.3 内部設計とプログラミング―実務・コア知識体系編(情報処理技術者スキル標準対応)(日本情報処理開発協会監修, インフォテック・サーブ編著) 2008.1

〔2008年版〕no.4 ネットワーク技術(情報処理技術者スキル標準対応)(日本情報処理開発協会監修, インフォテック・サーブ編著) 2008.1

〔2008年版〕no.5 データベース技術(情報処理技術者スキル標準対応)(日本情報処理開発協会監修, インフォテック・サーブ編著) 2008.1

〔2008年版〕no.6 情報化と経営(情報処理技術者スキル標準対応)(日本情報処理開発協会監修, インフォテック・サーブ編著) 2008.1

〔2009年版〕No.1 2009.4
〔2009年版〕No.2 2009.4
〔2009年版〕No.3 2009.4
〔2009年版〕No.4 2009.4
〔2009年版〕No.5 2009.4
〔2009年版〕No.6 2009.4

〔2010年版〕no.1 コンピュータシステム(共通キャリア・スキルフレームワーク対応)(インフォテック・サーブ著作編集, 日本情報処理開発協会監修) 2010.1

〔2010年版〕no.2 システム開発と運用(共通キャリア・スキルフレームワーク対応)(インフォテック・サーブ著作編集, 日本情報処理開発協会監修) 2010.1

〔2010年版〕no.3 内部設計とプログラミング―実務・コア知識体系編(共通キャリア・スキルフレームワーク対応)(インフォテック・サーブ著作編集, 日本情報処理開発協会監修) 2010.1

〔2010年版〕no.4 ネットワーク技術(共通キャリア・スキルフレームワーク対応)(インフォテック・サーブ著作編集, 日本情報処理開発協会監修) 2010.1

〔2010年版〕no.5 データベース技術(共通キャリア・スキルフレームワーク対応)(インフォテック・サーブ著作編集, 日本情報処理開発協会監修) 2010.1

〔2010年版〕no.6 情報化と経営(共通キャリア・スキルフレームワーク対応)(インフォテック・サーブ著作編集, 日本情報処理開発協会監修) 2010.1

基本情報技術者どこでも速習ハンドブック ドキュメントシステム著 ローカス 2005〜2007

平成17年度 2005.1
平成18年度 2006.3
平成19年度 2006.12
平成20年度 2007.12

基本情報技術者に向けての情報処理の基礎と演習 小高知宏著 近代科学社 2005

ソフトウェア編 2005.2
ハードウェア編 2005.2

基本情報技術者のよくわかる教科書 角谷一成著, イエローテールコンピュータ編 技術評論社 2009〜2010

2009年度 2009.3
平成22年度 2010.1

情報科学　　　　　　　　　　　　　　　　総記

基本情報技術者 ポケット教本　加藤昭編著　技術評論社　2005～2006
平成17年度版　2005.2
平成18年度版　2006.1

疑問氷解!クイックレスQ　技術評論社　2006～2008
◇Windowsで困ったときの基本技・便利技（八木重和,高橋慈子著）2006.4
◇メール&インターネットで困ったときの基本技・便利技（AYURA著）2006.4
◇エクセルで困ったときの基本技・便利技（小浜良恵著）2006.4
◇ワードで困ったときの基本技・便利技（AYURA著）2006.4
◇Excel関数で困ったときの基本技・便利技（AYURA著）2006.9
◇マウス&キーボード入力で困ったときの基本技・便利技（AYURA著）2006.9
◇iPodで困ったときの基本技・便利技（栗原亮著）2006.9
◇PowerPointで困ったときの基本技・便利技（AYURA著）2006.9
◇Yahoo! Japanで困ったときの基本技・便利技（AYURA著）2006.12
◇Googleで困ったときの基本技・便利技（AYURA著）2006.12
◇Excel 2003・2007乗り換え技（AYURA著）2007.8
◇Windows XP・Vista乗り換え技（AYURA著）2007.8
◇PowerPoint 2003・2007乗り換え技（AYURA著）2007.10
◇Word 2003・2007乗り換え技（AYURA著）2007.10
◇Windows Vistaで困ったときの基本技・便利技（AYURA著）2008.2
◇ワード2007で困ったときの基本技・便利技（AYURA著）2008.2
◇メール&インターネットで困ったときの基本技・便利技―Windows Vista対応（AYURA著）2008.2

◇エクセル2007で困ったときの基本技・便利技（AYURA著）2008.2
◇Excel関数で困ったときの基本技・便利技―Excel 2007対応版（AYURA著）2008.5
◇PowerPoint 2007で困ったときの基本技・便利技（AYURA著）2008.5

逆引シリーズ　ローカス,角川書店〔発売〕　2005
◇逆印Windows XP SP2対応（漆尾貴義著）2005.9

今日から始める弥生給与　ソシム　2005～2006
05（大森登志男著）2005.2
06（大森登志男著,吉川清司監修）2006.1

組込みエンジニア教科書　翔泳社　2006～2007
◇組込みソフトウェア開発のための構造化モデリング（SESSAME WG2著）2006.1
◇組込みソフトウェア開発のためのオブジェクト指向モデリング―要件定義/分析/設計からソースコード作成までオブジェクト指向ソフトウェア開発の基本を習ぶ（SESSAME WG2著）2006.6
◇組込みソフトウェア開発基礎講座（杉浦英樹,橋本隆成著）2007.1
◇組込みソフトウェア開発のためのリバースモデリング（SESSAME WG2著）2007.3

組込みエンジニアbooks computer science　技術評論社　2008
◇組込みシステム実践プログラミングガイド―ITRON仕様OS/T-Kernel対応　guidebooks for embedded software engineers（坂村健監修,トロン協会著）2008.8

組込み技術基礎シリーズ　CQ出版　2007
◇組込みソフトウェア技術者試験クラス2対策ガイド―開発スキルアップのための基礎知識を習得（組込みシステム技術協会編著）2007.10

組込みシステムシリーズ　技術評論社　2005～2008
◇組込みプレス Startup Issue（組込みプレス Startup Issue編集部編）2005.9

総 記　　　　　　　　　　　　　　　　　　　　　　　　　　　　　　情報科学

◇組込みプレス　Vol.2（組込みプレス編集部編）　2005.11
◇組込みプレス　Vol.13（2008）（編集部編）　2008.12

組込みステップアップ講座　電波新聞社　2008
ハードウェア編（組込み技術者育成委員会編，金田一勉著）　2008.12

組み込みソフトウエア　日経BP社　2005～2006
◇モデルに基づく開発方法論のすべて　2007（日経エレクトロニクス編）　2006.12
2006（品質管理と開発技法の実践的改革AtoZ）（日経エレクトロニクス，日経バイト共同編集）　2005.12

組込みソフトウェアレポート　SE編集部編，情報処理推進機構（IPA）ソフトウェア・エンジニアリング・センター，経済産業省商務情報政策局情報処理振興課組込みソフトウェア開発力強化推進委員会監修　翔泳社　2004～2005
2005（秘められた技術王国のモノ，ヒト，ワザを一望する）　2004.11
2006　2005.11

組込みプレス　技術評論社　2006～2010
◇特集 組込み＋DBで広がる世界　Vol.18（SysML/Windows Embedded）　2010.3
Vol.3　2006.6
Vol.19　特集 組込みOS入門（技術評論社編集部編）　2010.5
Vol.20　特集 組込みシステムの開発環境/ICTから学べ/デジタルサイネージ（技術評論社編集部編）　2010.12

組込みプレスselection　技術評論社　2009～2010
◇組込みエンジニアのためのC/C++プログラミングのヒント—プロの必須知識&定石をやさしく解説（組込みプレス編集部編）　2009.4
◇これだけは知っておきたい組込みシステムの設計手法（坂本裕司，中佐藤麻記子，島田健二，安部田章，山崎進，樟本徹也，平鍋健児，前川直也著）　2009.11

◇組込みソフトウェアエンジニアのためのハードウェア入門（みわよしこ，後閑哲也，中根隆康著）　2009.11
◇リコールを起こさないソフトウェアのつくり方（酒井由夫著）　2010.4
◇組込み開発現場のプロジェクトマネジメント&プロセス改善（組込みプレス編集部編）　2010.5

グリーン・プレスdigitalライブラリー　グリーン・プレス　2008～2010
22　Nero 8完全活用オフィシャルガイドブック—デジタルメディア総合ソフト（阿部信行著）　2008.4
23　Ulead Video Studio 12完全ガイドブック（阿部信行著）　2008.6
24　Ulead DVD MovieWriter 7完全ガイドブック（阿部信行著）　2008.9
25　Nero 9オフィシャルガイドブック—マルチメディア総合ソフト（阿部信行著）　2009.1
26　COREL MovieWriter 2010 Ultimate/Pro完全ガイドブック（阿部信行著）　2009.12
27　nero 9 RELOADEDオフィシャルガイドブック—マルチメディア総合ソフト Windows 7対応版（阿部信行著）　2009.12
28　EDIUS Neo 2 Booster簡単!マスターガイド—ノンリニアビデオ編集ソフトウェア（阿部信行著）　2010.4
29　COREL VideoStudio X3 Pro Ultimate完全ガイドブック（阿部信行著）　2010.5
30　nero Multimedia Suite 10オフィシャルガイドブック（阿部信行著）　2010.7
31　Corel PaintShop Photo Pro X3完全ガイドブック（土屋徳子著）　2010.8

計算科学講座　共立出版　2010
第6巻　分子システムの計算科学—電子と原子の織り成す多体系のシミュレーション（金田行雄監修，笹井理生監修・編）　2010.11
第10巻　超多自由度系の新しい科学（金田行雄監修，笹井理生監修・編）　2010.11

計算理論の基礎　Michael Sipser著, 太田和夫, 田中圭介監訳, 阿部正幸, 植田広樹, 藤岡淳, 渡辺治訳　共立出版　2008
1　オートマトンと言語　2008.5
2　計算可能性の理論　2008.5
3　複雑さの理論　2008.5

ケータイbooks　ネコ・パブリッシング　2005
◇クイズ!知ってど〜する!?（毎日が少しだけ楽しくなるシリーズ）（小山薫堂構成, 五月女ケイ子画）　2005.8
◇特ダネ!ブースカ（毎日が少しだけ楽しくなるシリーズ）（しりあがり寿絵, 平岡秀章構成）　2005.12

研究・教育のためのデータ連携ワークショップ　情報・システム研究機構国立情報学研究所　2009〔2009〕
第1回（国立情報学研究所）　〔2009〕

研究成果報告書　北海学園大学ハイテクリサーチセンター　北海学園大学ハイテク・リサーチ・センター　2005〜2010
2004年度　2005.3
2005年度　2006.3
2006年度　2007.3
2007年度　2008.3
2008年度　2009.3
2009年度　2010.3

現場で使えるソフトウェアテスト　翔泳社　2008
Java編（町田欣史, 高橋和也, 小堀一雄著, 飯山教史著・監修）　2008.3

現場で使えるデバッグ&トラブルシュート　翔泳社　2010
Java編（システム障害を乗り越えるための解析テクニック）（小堀一雄, 茂呂範, 佐藤聖規, 石垣一著, 飯山教史著・監修）　2010.2

現場の必須テクニック　毎日コミュニケーションズ　1999〜2007　⇒I-39
◇Photoshop CSの仕事術—for Macintosh & Windows（みおなおみ〔ほか〕著）　2004.12
◇Illustrator CSの仕事術—for Macintosh/Windows　クリエイティブテクニック編（高橋正之〔ほか〕著）　2005.1
◇FileMaker Pro 7の仕事術—for Windows & Macintosh（西村早苗著）　2005.6
◇Illustrator CS2の仕事術—for Macintosh/Windows（高橋正之, 叶雅生, 五島由実著）　2005.11
◇GoLive CS2の仕事術—for Macintosh/Windows（伊藤弘行, 高岡健吾, ポップ海汐著）　2006.3
◇Photoshop CS2の仕事術—for Macintosh/Windows（諫山研一, 清水宏美, 藤島健著）　2006.3
◇Adobe Creative Suite 2の仕事術—Bridge・Version Cue・アプリケーションの連携テクニック for Macintosh/Windows（吉田小貴子, 諫山研一, 高橋正之, みおなおみ著）　2006.8
◇InDesign CS2 & CSの仕事術—for Macintosh/Windows（森裕司, 中嶋かをり, 諫山研一著）　2006.8
◇Acrobat 8の仕事術—for Macintosh/Windows（ブルーインク著）　2007.3

合格Expert　技術評論社　2005
◇LPI Linux認定試験レベル2—201試験Linux応用管理・202試験Linuxネットワーク管理（中島能和, 菖蒲淳司, 南角栄一郎著, 浜野賢一朗監修）　2005.3

合格!Microsoft Office Specialistシリーズ　技術評論社　2006
◇合格!Microsoft Office Specialist Word 2003 Expert（本郷PC塾著）　2006.1

講義のあとで　木原武一編　丸善　2009
1（知の追究者たちが語る学問の入り口とその世界）　2009.1
2（知の追究者たちが語る学問の入り口とその世界）　2009.1
3（知の追究者たちが語る学問の入り口とその世界）　2009.5

高度映像情報シリーズ　富士キメラ総研　1999〜2007　⇒I-40

v.20　テレビ・放送市場総調査　2004　2004.3
v.21　デジタルコンテンツ市場総調査　2005　2004.12
v.22　テレビ・放送市場総調査　2005　2005.4
v.23　テレビ・放送市場総調査　2006(研究開発本部第二研究開発部門調査・編集)　2006.3
v.24　デジタルコンテンツ市場総調査　2007(研究開発本部第二研究開発部門調査・編集)　2007.3

神戸女学院大学総文叢書　冬弓舎　2002～2010
　⇒I-40
2　教養教育は進化する(神戸女学院大学文学部総合文化学科編著)　2005.1
3　信じること、疑うこと—生き方を問う宗教哲学(松田央著)　2005.3
4　ハルモニからの宿題—日本軍「慰安婦」問題を考える(石川康宏ゼミナール編著)　2005.3
5　知の贈りもの—文系の基礎知識　増補改訂版(神戸女学院大学文学部総合文化学科編著)　2006.3
6　女子教育、再考(神戸女学院大学文学部総合文化学科編著)　2006.7
7　輝いてはたらきたいアナタへ—彼女たちの様々なドラマ(石川康宏ゼミナール編)　2009.3
8　植民地・戦争・天皇制—あるキリスト者の歩んできた道(佐治孝典著、オーラル・ヒストリーの会編)　2010.3

効率UP&スキルUP開発の現場　翔泳社　2005
vol.001　これならわかるまるごと理解!!設計&テスト(SE編集部著)　2005.6

ここが変だよC言語　北山洋幸, 田中典翁共著　カットシステム　2006～2007
上　2006.12
下　2007.2

コードコンプリート　Steve McConnell著, クイープ訳　日経BPソフトプレス　2005
上　第2版(完全なプログラミングを目指してマイクロソフト公式)　2005.3
下　第2版(完全なプログラミングを目指してマイクロソフト公式)　2005.3

子どものためのノートのコツ　大門久美子文, 古川哲也絵　汐文社　2010
1　番号を書く/見出しをつけるほか(学力アップ!)　2010.2
2　箇条書き/色分けほか(学力アップ!)　2010.2
3　キャラを使う/資料をはるほか(学力アップ!)　2010.3

この一冊でまるわかりITの最新常識　新星出版社　2005
◇(高作義明, 金山美奈子著)　2005.4
pt.2(高作義明, 貝原典子, 川嶋優子著)　2005.12

コーパス言語学の技法　夏目書房　2002～2004
　⇒I-41
2　言語データの収集とコーパスの構築(赤瀬川史朗, 中尾浩著)　2004.11

これからのITエンジニア入門シリーズ　メディア・テック出版　2005
v.1　こんなSEになりたくて!—落ちこぼれも、ドロップアウトもないシステムエンジニアの条件(谷口功著)　2005.4
v.2　システム管理者の仕事と技術—トラブルにも負けない充実した「知力」を備えたシステムの達人の条件(谷口功著)　2005.7
v.3　プロジェクトマネージャの仕事と技術—開発するソフトウェアの品質、納期、コストを確実にとり仕切る達人の条件(谷口功著)　2005.10

これからはじめるVisual Basic 2005　秀和システム　2006
入門編(今村丈史著)　2006.12

これからはじめるVisual C++ 2005　秀和システム　2006
入門編(赤坂玲音著)　2006.7
入門編(木暮啓一著)　2006.8

これから学ぶコンピュータ科学入門　鑰山徹著　工学図書　2005～2006
アルゴリズム編　2006.2
ソフトウェア編　2005.2
ハードウェア編　2005.2

情報科学

総記

コンピュータサイエンス・シリーズ　科学技術出版　2000〜2002　⇒I-41
◇分散オペレーティングシステム（プラディープ・K. シンハ著，水野忠則，井手口哲夫，福岡久雄，宮西洋太郎，佐藤文明訳）　2000.4
◇システム・プログラム（ジョン・J. ドノバン著，池田克夫訳）　2002.9

コンピュータ入門　西荒井学，三和義秀，小林久恵著　共立出版　2007
1　2007.4
2　2007.4

コンピュータの構成と設計　デイビッド・A. パターソン，ジョン・L. ヘネシー著，成田光彰訳　日経BP社，日経BP出版センター〔発売〕　2006
上　第3版（ハードウエアとソフトウエアのインタフェース）　2006.3
下　第3版（ハードウエアとソフトウエアのインタフェース）　2006.3

コンピュータリテラシー　杉谷正次著　三恵社　2004〜2006　⇒I-42
表計算・データベース編　改訂1版　2005.3
表計算・データベース編　改訂2版　2006.3

コンプティア認定資格受験ライブラリー　ウチダ人材開発センタ著　ダイエックス出版　2005〜2008
◇Network+ completeトレーニング—CompTIA認定資格「Network+」試験対策問題集　改訂版　2005.11
◇Network+completeテキスト—LAN技術編　改訂版（CompTIA認定資格「Newtork+」テキスト　1）　2005.12
◇Network+completeテキスト—通信プロトコル編　改訂版（CompTIA認定資格「Newtork+」テキスト　2）　2005.12
◇Network+completeテキスト—WAN技術およびネットワーク設計編　改訂版（CompTIA認定資格「Newtork+」テキスト　3）　2005.12
◇A+ completeテキスト—Essentials編 CompTIA認定資格「A+」Essentialsテキスト　2008.1
◇A+ completeテキスト—IT technician designation編 CompTIA認定資格「A+」IT technician designationテキスト　2008.1
◇Project+ completeテキスト—CompTIA認定資格「Project+」テキスト（CompTIA認定資格受験シリーズ）　2008.11
◇CTT+ completeテキスト—CompTIA認定資格「CTT+（Certified Technical Trainer）」テキスト　CTT+ハンドブック（2007年版）準拠（CompTIA認定資格受験シリーズ）　2008.12

コンフリクトの人文学　大阪大学グローバルCOEプログラムコンフリクトの人文学国際研究教育拠点編　大阪大学出版会　2009〜2010
第1号　2009.3
第2号　2010.3

財情　ソフトウェア情報センター　2009
第1号　我が国のIT利活用に関する調査研究（情報サービス・ソフトウェアにおける取引の高度化及びイノベーションに関する調査研究）事業　平成20年度　2009.3

最新市場調査資料　トータルビジョン研究所　2002〜2009　⇒I-44
◇マイクロ・ナノバブル応用商品実用化動向/用途別潜在ニーズ/研究開発動向実態調査　2004年度版　2004.10
◇レアメタルリサイクル市場の現状と今後の方向性　2006年版（レアメタル需要動向・リサイクル動向調査編）　2006.4
◇マイクロ・ナノバブル調査総覧　2006年版　2006.9
◇環境/エネルギー関連分野における国家戦略動向調査　2009年度版　2009.3

斎藤孝の「ガツンと一発」シリーズ　斎藤孝著　PHP研究所　2004〜2005　⇒I-45
第8巻　キミは日本のことを、ちゃんと知っているか！　2005.1
第9巻　絶対うまくいく魔法のじゅもん「心・技・体」！　2005.2

第10巻　ちょっとお金持ちになってみたい人、全員集合!　2005.3
第11巻　「好きです。」コクるかコクらないか、それが問題だ!　2005.5
第12巻　最終指令ミッション!パッション!ハイテンション!!　2005.7

SUN教科書　翔泳社　2001～2010　⇒I–45
◇Javaアソシエイツ（SJC-A）（サン・マイクロシステムズ株式会社著）　2005.11
◇Webコンポーネントディベロッパ（SJC-WC）—試験番号310-081 サン・マイクロシステムズ技術者認定試験学習書（米山学著）　2006.7
◇Solaris 10（SCSA）（Paul Sanghera著、トップスタジオ訳、サン・マイクロシステムズ株式会社監訳）　2006.8
◇Javaプログラマ（SJC-P）（Paul Sanghera著、トップスタジオ訳、山本道子監訳）　2006.12
◇Javaプログラマ（SJC-P）—5.0・6.0両対応（ポール・サンヘラ著、トップスタジオ訳、山本道子監訳）　2009.5
◇UNIX/Solarisアソシエイツ（SCSAs）（原剛著）　2009.5
◇Webコンポーネントディベロッパ（SJC（エスジェーシー）-WC（ダブルシー））—Sun認定資格学習書 試験番号310-083（山本道子著）　2010.6

30時間アカデミック　実教出版　2009～2010
◇情報基礎Word & Excel2007—WindowsVista対応（杉本くみ子, 吉田栄子著）　2009.10
◇情報活用Excel2007—WindowsVista対応（飯田慈子, 米沢雄介, 小林正樹著）　2009.10
◇プレゼンテーション+PowerPoint2007/2010（池内健治, 高沢圭一著）　2010.11

Sunテキスト　ソフトバンククリエイティブ　2007
◇Sun Certified Programmer for Java2 Platform 5.0問題集Exam（原一郎著）　2007.9

四季の写真別冊　学習研究社　2003～2008　⇒I–46
◇ペーパーセレブ　2005.6

◇信州+東北紅葉絶景ガイド　2005.11
◇学研!!こどもの教育—かしこい子に育てよう　2007.5
◇野菜だより　2007 秋号　2007.9
◇野菜だより　2007 冬号　2007.12
◇野菜だより　2008 春号　2008.3

C言語教科書　川俣晶著　日経BP社　2009～2010
入門編　2009.3
上達編　誰でもわかる! C言語ベテラン技　2010.1

C言語10課　田中和明著　カットシステム　2006～2007
入門編　2006.4
データ構造とアルゴリズム編　2007.3
ポインタ編　2006.9

C言語プログラミングレッスン　結城浩著　ソフトバンククリエイティブ　2006
入門編　新版　2006.9
文法編　新版　2006.9

自己点検評価報告書　東北大学情報シナジーセンター　東北大学情報シナジーセンター　2005～2008
平成13-15年度　2005.3
平成16-18年度　2008.3

仕事がはかどる!Excel 2007の技　技術評論社　2008
基本編（国本温子著）　2008.2
VBA編（きたみあきこ著）　2008.2
計算式・関数編（枚田香著）　2008.3

仕事の即戦力　ソシム　2010
◇今日から使えるExcel関数&マクロ—2010/2007/2003/2002対応（渡辺克之著）　2010.9

CG series　工学社　2004～2006　⇒I–47
3　Painterで描くデジタル・イラストレーション—書籍版　2004.11
4　openCanvasではじめるCGイラスト　2004.12
5　萌える!Photoshop CG—書籍版　2005.1

情報科学

6　萌えキャラPhotoshopテクニック事典―書籍版　2005.2
7　7日間で覚えるCG入門講座―書籍版　2005.3
8　萌えキャラデザインスクール―書籍版　2005.3
9　Photoshop 7.0 & CS CG制作ガイドブック　2005.4
10　Photoshopで描く萌えイラスト―CG制作テクニックをマスターしよう　2005.5
11　萌える!インターネット活用事典（星乃だーつ著）　2005.6
12　はじめよう!萌えキャラCG制作マニュアル―可愛い女の子を描くためのテクニック集（デジタルプレス企画・編集）　2005.7
13　パソコンで作るはじめての同人誌制作―申し込みからデータ入稿まで（宮乃紅緒著）　2005.8
14　CG制作テクニック事典―パソコンで絵を描くための知識が満載!　2005.9
15　はじめてのPhotoshop CG制作　2005.11
16　CG制作ガイドブック―かわいい女の子が描ける!パソコンで描ける!（デジタルプレス企画編集）　2005.12
17　パソコンで描く萌えっ娘CG―くわしい解説で初心者も安心!!（デジタルプレス企画編集）　2006.2
18　ゴスロリCG制作バイブル―ゴシック&ロリータを描くためのテクニック集（デジタルプレス企画・編集）　2006.3

CG worldアーカイブス　ワークスコーポレーション　2008〜2009
◇CGモデリングバラエティ―作例カテゴリー別モデリング手法のショーケース（ワークスコーポレーション別冊・書籍編集部編）　2008.6
◇ヒューマンCGキャラクター―リアルな「人」のCG制作テクニック（ワークスコーポレーション別冊・書籍編集部編）　2008.9
◇映像系Photoshop―CGテクスチャ・合成映像のための画像編集テクニック集（ワークスコーポレーション別冊・書籍編集部編）　2009.5
◇After Effectsアラカルト―豊富な作例を参照してCG・実写合成を身に付ける（ナガタタケシ著）　2009.8

静岡学術出版静岡産業ブックス　ITSC静岡学術出版事業部　2009
090001　Java入門―基本からSJC-A対策まで　基本編（水野信也, 中田誠, 横山純, 小沢稔著）　2009.10

Cisco技術者認定教科書　翔泳社　2004〜2005 ⇒I-47
◇問題集CCNA（藍沢徹, 桜井尚子, 山本晃著）　2005.5

Cisco技術者認定CCNP速習ナビゲータ　IT資格研究会著　秀和システム　2005
1（BSCI（642-801J）編）　2005.4
2（BCMSN（642-811J）編）　2005.4
3（BCRAN（642-821J）編）　2005.4
4（CIT（642-831J）編）　2005.4

シスコ・ネットワーキングアカデミー　翔泳社　2008
◇スイッチングの基礎と中規模ルーティング CCNA3教科書ガイド（ウエイン・ルイス著, ゼータ訳, シスコシステムズ監修）　2008.1

システム開発新時代　翔泳社　2006
◇間違いだらけのシステム開発―成功を阻む4つのギャップを乗り越える方法（ウルシステムズ株式会社著）　2006.8
◇「幸せなシステム」のつくり方―真のwin-winを実現するシステム構築アプローチ（渡部広志, 楠徳生著）　2006.12

システム思考入門　Barry M. Richmond著, バーシティウェーブ訳　カットシステム　2004
1（教育編）　2004.8
2（ビジネス編）　2004.9

次世代メディア・知的社会基盤　慶応義塾大学大学院政策メディア研究科　慶応義塾大学21世紀COEプログラム「次世代メディア・知的社会基盤」　2005〜2007
2004年度（21世紀COEプログラム 研究拠点形成成果報告書）　2005.3

総記

2005年度（21世紀COEプログラム 研究拠点形成成果報告書） 2006.3
2006年度（21世紀COEプログラム 研究拠点形成成果報告書） 2007.3

自然言語処理シリーズ　奥村学　コロナ社　2009～2010
1　言語処理のための機械学習入門（高村大也著） 2010.8
2　質問応答システム（磯崎秀樹, 東中竜一郎, 永田昌明, 加藤恒昭共著） 2009.8

しっかり学ぶ!Excel VBA短期集中講座　毎日コミュニケーションズ　2007
VBAマクロ基礎編（Excel 97～2003・2007対応）（早坂清志著） 2007.6

実習ライブラリ　サイエンス社　2004～2008
⇒I-48
1　実習Word—基礎からExcel・PowerPointとの連携まで（入戸野健, 重定如彦, 児玉靖彦, 河内谷幸子共著） 2008.3
2　実習Excelによる表計算（入戸野健, 柴田博共著） 2005.10
7　実習Visual Basic 2005—だれでもわかるプログラミング（林直嗣, 児玉靖司共著） 2007.12
8　実習VisualC++.NET—だれでもわかるプログラミング（児玉靖司, 小川久夫, 入戸野健共著） 2006.3

実践入門ネットワーク　リックテレコム　2005～2009
◇図解 IP電話標準テキスト　改訂増補版（IP電話普及推進センタ編著） 2005.3
◇実践 SIP詳解テキスト（沢田拓也, 池田徹, 木下岳人, 西沢哲夫, 川島倫央著） 2005.11
◇Zigbee開発ハンドブック（鄭立著） 2006.2
◇GSM標準テキスト（ローレンス・ハート著, 大原正明, 前田幸二, 高橋一裕訳） 2008.5
◇IPTV標準テキスト—NGN時代の通信と放送の融合（宮地悟史著） 2008.10
◇NGN時代のIP電話標準（スタンダード）テキスト—IPTPC VoIP認定技術者資格試験（IP電話普及推進センタ編著） 2009.3

実務で役立つIT資格CompTIAシリーズ　TAC出版事業部　2010
◇A+（エープラス）Essentialsテキスト—220-701対応版（TAC株式会社（IT講座）編） 2010.9
◇A+（エープラス）Practical Applicationテキスト—220-702対応版（TAC株式会社（IT講座）編） 2010.9

児童図書総目録・小学校用　日本児童図書出版協会　2006～2008
2006年度（「児童図書総目録」編集委員会編） 2006.4
2007年度（第55号）（「児童図書総目録」編集委員会編） 2007.4
2008年度（第56号）（日本児童図書出版協会編） 2008.4

児童図書総目録・中学校用　日本児童図書出版協会　2006～2008
2006年度（「児童図書総目録」編集委員会編） 2006.4
2007年度（第55号）（日本児童図書出版協会編） 2007.4
2008年度（第56号）（日本児童図書出版協会編） 2008.4

自分で選べるパソコン到達点　技術評論社　2006～2009
◇これからはじめるワードの本—Word 2002 & 2003/Windows XP対応（門脇香奈子著） 2006.2
◇これからはじめるエクセルの本—Excel 2002 & 2003/Windows XP対応（井上香緒里著） 2006.2
◇これからはじめるPowerPointの本—PowerPoint 2002&2003/Windows XP対応（門脇香奈子著） 2006.8
◇これからはじめるエクセル関数&VBAの本—Excel2002&2003/Windows XP対応（井上香緒里著） 2006.8
◇これからはじめるDreamweaverの本—Dreamweaver 8対応Windows XP & mac OS X対応（太木裕子, ヤマモトイズミ著） 2007.3

情報科学

◇これからはじめるFlashの本—Flash8対応 Windows XP&Mac OS X対応（ハヤシカオル著） 2007.3

◇これからはじめるメール＆インターネットの本（門脇香奈子著） 2007.3

◇これからはじめるワード2007の本—Word2007/Windows Vista対応（門脇香奈子著） 2007.5

◇これからはじめるエクセル2007の本—Excel2007/Windows Vista対応（井上香緒里著） 2007.5

◇これからはじめるホームページ・ビルダー11の本（山本浩司著） 2007.6

◇これからはじめるエクセル＆ワード2007の本—Excel2007/Word2007/Windows Vista対応（井上香緒里著） 2007.10

◇これからはじめるPowerPoint2007の本—PowerPoint2007/Windows Vista対応（門脇香奈子著） 2007.10

◇いちばんやさしいIllustratorベジェ曲線練習帳（太木裕子著） 2007.12

◇これからはじめるInDesignの本（シータス著） 2008.1

◇これからはじめるPhotoshop Elements 6の本（太木裕子著） 2008.1

◇いちばんやさしいPhotoshopテクスチャ練習帳（山本浩司著） 2008.2

◇いちばんやさしいPhotoshopロゴデザイン練習帳（山本浩司著） 2008.2

◇これからはじめるパソコン超入門の本—WindowsVista対応（たくさがわつねあき著） 2008.3

◇これからはじめるMacの本—Mac OS X10.5Leopard対応（太木裕子著） 2008.5

◇これからはじめるAccessの本—Access2002/2003/2007対応（井上香緒里著） 2008.5

◇これからはじめるIllustratorの本 改訂新版（太木裕子著） 2008.5

◇これからはじめるExcel関数の本—Excel2002/2003/2007対応（門脇香奈子著） 2008.5

◇これからはじめるPhotoshopの本 改訂新版（山本浩司著） 2008.5

◇これからはじめるDreamweaverの本 CS3対応版（太木裕子，ヤマモトイズミ著） 2008.7

◇これからはじめるFlashの本 CS3対応版（ハヤシカオル著） 2008.7

◇これからはじめるHTML＆スタイルシートの本（中邨登美枝著） 2008.9

◇これからはじめるVectorWorksの本—VectorWorks 2008対応 Windows & Mac OS X対応（高橋寛和著） 2008.9

◇これからはじめるMovable Typeの本—Movable Type 4.2対応版（#fc0著, 上ノ郷谷太一監修） 2009.1

◇これからはじめるエクセル超入門の本—Excel 2007 2002/2003対応（たくさがわつねあき著） 2009.3

◇これからはじめるワード超入門の本—Word 2007 2002/2003対応（たくさがわつねあき著） 2009.11

◇これからはじめるIllustrator & Photoshopの本（太木裕子著） 2009.12

Java expert 技術評論社 2007〜2008

1（ワンランク上のJavaエンジニアを目指せ!） 2007.4

2（ワンランク上のJavaエンジニアを目指せ!） 2007.11

3（ワンランク上のJavaエンジニアを目指せ!） 2008.12

Java言語実用マスターシリーズ ソフトバンクパブリッシング 2004〜2005

1 新Java言語入門 ビギナー編 改訂（林晴比古著） 2004.12

2 新Java言語入門 シニア編 改訂（林晴比古著） 2005.4

Java言語で学ぶデザインパターン入門 ソフトバンククリエイティブ 2006

マルチスレッド編 増補改訂版（結城浩著） 2006.3

Java言語プログラミングレッスン 結城浩著 ソフトバンククリエイティブ 2005

上（Java言語を始めよう） 改訂第2版 2005.10

下（オブジェクト指向を始めよう） 改訂第2版 2005.10

Java GUIプログラミング　大村忠史著　カットシステム　2002〜2008　⇒I-50
v.1（Java SE 6対応）　2007.11
v.2（Java SE 6対応）　2008.2
v.3（さらにパワーアップしたSwing）　2004.7

Javaバイブルテキストシリーズ　エスシーシー　2004〜2007　⇒I-51
1　Java入門　改訂（瀬戸雅彦著）　2005.3
1　Java入門—J2SE 1.4/5.0対応　新版（瀬戸雅彦著）　2007.3
2　オブジェクト指向プログラミング　改訂（粉名内仁章著）　2005.3
2　オブジェクト指向プログラミング—J2SE 1.4/5.0対応　新版（粉名内仁章, 西智也著）　2007.3
3　UML演習—UML 2.0対応　改訂（若林隆久著）　2005.3
3　UML演習—UML 2.0対応 J2SE 1.4/5.0対応　新版（若林隆久著）　2007.3
4　Webアプリケーション構築　1　改訂（谷川健著）　2005.3
4　Webアプリケーション構築—J2SE 1.4/5.0対応　1　新版（谷川健著）　2007.3

Javaプログラミングツールズ　技術評論社　2004〜2005　⇒I-51
2　JSP標準タグライブラリ（田沢孝之著）　2005.4

Javaプログラミング徹底入門　内田智史著　電波新聞社　2002〜2009　⇒I-51
基礎編　改訂新版　2009.4

16歳からの東大冒険講座　東京大学教養学部編　培風館　2005
1（記号と文化/生命）　2005.9
2（情報/歴史と未来）　2005.9
3（文学/脳と心/数理）　2005.11

情シスの現場　翔泳社　2008
vol.001（SE編集部著）　2008.6

情報演習　カットシステム　2004〜2008

1　Wordワークブック—ステップ30（相沢裕介著）　2004.12
2　Excelワークブック—ステップ30（相沢裕介著）　2005.1
3　PowerPointワークブック—ステップ30（相沢裕介著）　2005.2
4　HTMLワークブック—ステップ30（相沢裕介著）　2005.12
5　JavaScriptワークブック—ステップ30（相沢裕介著）　2006.2
7　C++ワークブック—ステップ30（黒木啓之著）　2005.12
8　Javaワークブック—ステップ30（豊沢聡著）　2006.12
9　COBOLワークブック—ステップ30（片原登志子著）　2007.4
10　Word 2007ワークブック—ステップ30（相沢裕介著）　2008.2
11　Excel 2007ワークブック—ステップ30（相沢裕介著）　2008.6
12　PowerPoint 2007ワークブック—ステップ30（相沢裕介著）　2007.9
A　タイピング練習ワークブック—ステップ30（相沢裕介著）　2006.12

情報科学コアカリキュラム講座　丸善　1992〜2009　⇒I-52
◇形式言語の理論（西野哲郎, 石坂裕毅著, 有川節夫監修）　2009.10

情報科学こんせぷつ　野崎昭弘〔ほか〕編　朝倉書店　1997〜2010　⇒I-52
4　アルゴリズムの基礎—進化するIT時代に普遍な本質を見抜くもの（岩野和生著）　2010.10
5　オペレーティングシステムの仕組み（河野健二著）　2007.10
12　データベースの仕組み（福田剛志, 黒沢亮二著）　2009.3

情報学ワークショップ論文集　静岡大学情報学部　2005
通号3号（2005）（WiNF 2005）（情報学ワークショップ実行委員会〔編〕）　2005.9

情報科学　　　　　　　　　　　　　　　　　　　　　　　　　　総記

情報化社会対話集　青田吉弘著　ラッセル社　2005～2007
12　2005.7
13　2005.9
14　2006.10
15　2007.6
16　2007.6

情報化白書　日本情報処理開発協会編　コンピュータ・エージ社　2001～2005　⇒I-52
2005　IT社会の信頼と責任 コンプライアンスへの対応　2005.10

情報化白書　日本情報処理開発協会編　増進堂　2007～2009
2007　ユーザーが牽引するITイノベーション　2007.12
2009　電子情報利活用の新時代　2009.9

情報化白書　BCN　2006
◇　2006(情報化の未来を創る)(日本情報処理開発協会編)　2006.10

情報技術基礎　西荒井学, 三和義秀, 小林久恵著　共立出版　2005
1(情報科学の基礎からInternet, Excelまで)　2005.3
2(Windows, Word, PowerPointを中心に)　2005.3

情報検定 情報活用試験3級テキスト・問題集　実教出版　2008～2010
2008年度版(専修学校教育振興会監修)　2008.4
〔2009年度版〕(新J検 文部科学省後援)(岩井宏, 太田信宏, 斎藤裕美, 中島寛和, 洪邦夫執筆, 専修学校教育振興会監修)　2009.4
〔2010年度版〕(新J検 文部科学省後援)(岩井宏, 太田信宏, 斎藤裕美, 中島寛和, 洪邦夫執筆, 専修学校教育振興会監修)　2010.4

情報工学テキストシリーズ　共立出版　2010
第1巻　C言語プログラミング(三木光範編, 渡部広一著)　2010.6

情報工学レクチャーシリーズ　森北出版　2005～2010
◇オペレーティングシステム(松尾啓志著)　2005.11
◇アルゴリズムとデータ構造(藤原暁宏著)　2006.11
◇ネットワーク技術の基礎(宮保憲治, 田窪昭夫, 武川直樹共著)　2007.11
◇データベース(石川博著)　2008.9
◇ソフトウェア工学(高橋直久, 丸山勝久共著)　2010.8

情報サービス企業台帳　経済産業省商務情報政策局情報処理振興課編　ミック経済研究所　2001～2010　⇒I-53
2005　2005.6
2005 SI企業/SO企業編(情報処理サービス企業等台帳総覧)　2005.6
2005 企業情報編(情報処理サービス企業等台帳総覧)　2005.6
2006 SI企業・SO企業編(情報処理サービス企業等台帳総覧)　2006.7
2007 SI企業・SO企業編(情報処理サービス企業等台帳総覧)　2007.9
2008　SI企業・SO企業編(情報処理サービス企業等台帳総覧)　2008.8
2009 SI企業・SO企業編(情報処理サービス企業等台帳総覧)　2009.9
2010 SI企業・SO企業編(情報処理サービス企業等台帳総覧)　2010.9

情報サービス産業白書　経済産業省商務情報政策局監修, 情報サービス産業協会編　コンピュータ・エージ社　2001～2006　⇒I-53
◇グローバル化進展における変革への実践　2005(継続的成長のための人材育成・確保)　2005.5
2006　顧客指向の情報サービスを目指して　2006.4

情報サービス産業白書　情報サービス産業協会編　日経BP社, 日経BP出版センター〔発売〕　2007～2010

総 記　　　　　　　　　　　　　　　　　　情報科学

2007　顧客とともに高める情報サービスの信頼性　2007.5
2008　顧客と情報サービス提供者の価値共有　2008.6
2009　顧客と情報サービス企業とのパートナリングによる関係性の深化　2009.6
2010　グローバルな視点に立った情報サービス事業者の競争力強化　2010.6

情報史研究　情報史研究会, PHPパブリッシング〔発売〕　2010
第2号　アメリカの史料による情報史研究(『情報史研究』編集委員会編)　2010.6

情報システムライブラリ　日科技連出版社　2008〜2009
◇データベース(島田達巳監修, 国友義久, 小田圭二著)　2008.6
◇情報システムの分析と調達(島田達巳監修, 宗平順己著)　2008.6
◇生産情報システム　第2版(太田雅晴著)　2009.1

情報社会の倫理と設計　東浩紀, 浜野智史編　河出書房新社　2010
設計篇(ised)　2010.5
倫理篇(ised)　2010.5

情報処理学会シンポジウムシリーズ　情報処理学会　2004〜2010
vol.2004 no.10　組込みソフトウェアシンポジウム2004論文集(情報処理学会ソフトウエア工学研究会〔編〕)　2004.10
vol.2004 no.11　コンピュータセキュリティシンポジウム論文集　2004 v.1 of 2　2004.10
vol.2004 no.11　コンピュータセキュリティシンポジウム論文集　2004 v.2 of 2　2004.10
vol.2004 no.12　数理モデル化と問題解決シンポジウム論文集(情報処理学会数理モデル化と問題解決研究会〔編〕)　2004.10
vol.2004 no.13　コンピュータシステム・シンポジウム論文集　2004.11
vol.2004 no.14　データベースとWeb情報システムに関するシンポジウム論文集—proceedings of DBWeb 2004　2004.11
vol.2004 no.15　マルチメディア通信と分散処理ワークショップ論文集　2004.12
vol.2004 no.16　分散システム/インターネット運用技術シンポジウム2004年度論文集　2004.12
vol.2004 no.17　デジタルアーカイブ—デジタル学術情報資源の共有と活用(人文科学とコンピュタシンポジウム論文集)　2004.12
vol.2005 no.1　高度交通システムシンポジウム論文集　2005　2005.1
vol.2005 no.2　2005年ハイパフォーマンスコンピューティングと計算科学シンポジウム—論文集　2005.1
vol.2005 no.3　ウィンターワークショップ2005・イン・伊豆論文集　2005.1
vol.2005 no.4　インタラクション論文集　2005　2005.2
vol.2005 no.5　先進的計算基盤システムシンポジウム—SACSIS 2005 論文集　2005.5
vol.2005 no.6　マルチメディア, 分散, 協調とモバイル(DICOMO2005)シンポジウム論文集　2005.7
vol.2005 no.7　画像の認識・理解シンポジウムダイジェスト　MIRU 2005　2005.7
vol.2005 no.10　エンタテインメントコンピューティング—論文集　2005　2005.9
vol.2005 no.11　計算科学シンポジウム論文集　2005　2005.10
vol.2005 no.12　組込みソフトウェアシンポジウム2005論文集(情報処理学会ソフトウエア工学研究会〔編〕)　2005.10
vol.2005 no.13　コンピュータセキュリティシンポジウム論文集　2005 v.1 of 2　2005.10
vol.2005 no.13　コンピュータセキュリティシンポジウム論文集　2005 v.2 of 2　2005.10
vol.2005 no.14　グループウェアとネットワークサービスワークショップ—論文集　2005　2005.11
vol.2005 no.16　データベースとWeb情報システムに関するシンポジウム論文集—proceedings of DBWeb 2005　2005.11
vol.2005 no.17　デジタル・ドキュメント・シンポジウム論文集　2005　2005.11

情報科学　　　　　　　　　　　　　　　　　　　　総記

vol.2005 no.18　コンピュータシステム・シンポジウム論文集　2005.11

vol.2005 no.19　マルチメディア通信と分散処理ワークショップ論文集　2005.11

vol.2005 no.20　分散システム/インターネット運用技術シンポジウム2005論文集　2005.12

vol.2005 no.21　デジタルアーカイブ—その理念の深化と技術の応用（人文科学とコンピュータシンポジウム論文集）　2005.12

vol.2006 no.1　2006年ハイパフォーマンスコンピューティングと計算科学シンポジウム—論文集　2006.1

vol.2006 no.2　ウィンターワークショップ2006・イン・鴨川論文集　2006.1

vol.2006 no.3　高度交通システムシンポジウム論文集　2006　2006.1

vol.2006 no.4　インタラクション論文集　2006　2006.3

vol.2006 no.5　先進的計算基盤システムシンポジウム—SACSIS 2006 論文集　2006.5

vol.2006 no.6　マルチメディア，分散，協調とモバイル（DICOMO2006）シンポジウム論文集〔2006〕

vol.2006 no.9　組込みシステムシンポジウム2006論文集（情報処理学会ソフトウェア工学研究会・組込みシステム研究会〔編〕）　2006.10

vol.2006 no.10　数理モデル化と問題解決シンポジウム論文集—21世紀COE「計算科学フロンティア」 複雑系の科学とその応用（情報処理学会数理モデル化と問題解決研究会〔編〕）　2006.10

vol.2006 no.11　コンピュータセキュリティシンポジウム論文集　2006　2006.10

vol.2006 no.12　グループウェアとネットワークサービス・ワークショップ—論文集　2006　2006.11

vol.2006 no.13　分散システム/インターネット運用技術シンポジウム2006論文集　2006.11

vol.2006 no.14　コンピュータシステム・シンポジウム論文集　2006.11

vol.2006 no.15　マルチメディア通信と分散処理ワークショップ論文集　2006.11

vol.2006 no.16　データベースとWeb情報システムに関するシンポジウム論文集—proceedings of DBWeb 2006　2006.11

vol.2006 no.17　文化情報学のパースペクティブ—デジタルアーカイブへの新地平　じんもんこん2006（人文科学とコンピュータシンポジウム論文集）　2006.12

vol.2007 no.1　2007年ハイパフォーマンスコンピューティングと計算科学シンポジウム—論文集　2007.1

vol.2007 no.2　高度交通システム2007シンポジウム論文集—安全・安心ITSの実現に向けて　2007.1

vol.2007 no.3　ウィンターワークショップ2007・イン・那覇論文集　2007.1

vol.2007 no.4　インタラクション論文集　2007　2007.3

vol.2007 no.5　先進的計算基盤システムシンポジウム—SACSIS 2007 論文集　2007.5

vol.2007 no.8　組込みシステムシンポジウム2007論文集（情報処理学会組込みシステム研究会〔編〕）　2007.10

vol.2007 no.9　マルチメディア通信と分散処理ワークショップ論文集　2007.10

vol.2007 no.10　コンピュータセキュリティシンポジウム論文集　2007　2007.10

vol.2007 no.10　ゲーム・プログラミングワークショップ　第12回（2007）（情報処理学会ゲーム情報学研究会編）　2007.11

vol.2007 no.11　グループウェアとネットワークサービス・ワークショップ—論文集　2007　2007.11

vol.2007 no.13　分散システム/インターネット運用技術シンポジウム2007論文集　2007.11

vol.2007 no.14　コンピュータシステム・シンポジウム論文集　2007.11

vol.2007 no.15　人文科学とコンピュータシンポジウム論文集—デジタルアーカイブ-デジタルアーカイブと時空間の視点—　じんもんこん2007　2007.12

vol.2008 no.1　高度交通システム2008シンポジウム論文集—車載機器と携帯通信の最新動向　2008.1

vol.2008 no.2　2008年ハイパフォーマンスコンピューティングと計算科学シンポジウム—論文集

2008.1
vol.2008 no.3　ウィンターワークショップ2008・イン・道後論文集　2008.1
vol.2008 no.4　インタラクション論文集　2008　2008.3
vol.2008 no.5　先進的計算基盤システムシンポジウム—SACSIS 2008 論文集　2008.6
vol.2008 no.8　コンピュータセキュリティシンポジウム論文集　2008 第1分冊　2008.10
vol.2008 no.8　コンピュータセキュリティシンポジウム論文集　2008 第2分冊　2008.10
vol.2008 no.8　コンピュータセキュリティシンポジウム論文集　2008 第3分冊　マルウェア対策研究人材育成ワークショップ2008　2008.10
vol.2008 no.9　組込みシステムシンポジウム2008 論文集　2008.10
vol.2008 no.10　グループウェアとネットワークサービス・ワークショップ—論文集　2008　2008.11
vol.2008 no.11　ゲーム・プログラミングワークショップ　第13回（2008）　2008.10
vol.2008 no.12　コンピュータシステム・シンポジウム論文集　2008.11
vol.2008 no.13　インターネットと運用技術シンポジウム2008論文集　2008.11
vol.2008 no.14　マルチメディア通信と分散処理ワークショップ論文集　2008.12
vol.2008 no.15　サービス指向のデジタル技術へ—人文科学のポテンシャル 人文科学とコンピュータシンポジウム論文集　2008.12
vol.2009 no.1　高度交通システム2009シンポジウム論文集—実用化に向けた広帯域無線技術とITSの最新動向　2009.1
vol.2009 no.2　2009年ハイパフォーマンスコンピューティングと計算科学シンポジウム—論文集　2009.1
vol.2009 no.3　ウィンターワークショップ2009・イン・宮崎論文集　2009.1
vol.2009 no.4　インタラクション論文集　2009　2009.2
vol.2009 no.5　先進的計算基盤システムシンポジウム—SACSIS 2009 論文集　2009.5

vol.2009 no.8　グループウェアとネットワークサービス・ワークショップ—論文集　2009　2009.9
vol.2009 no.9　マルチメディア通信と分散処理ワークショップ論文集　2009.9
vol.2009 no.10　組込みシステムシンポジウム2009 論文集　2009.10
vol.2009 no.11　コンピュータセキュリティシンポジウム論文集　2009 第1分冊　2009.10
vol.2009 no.11　コンピュータセキュリティシンポジウム論文集　2009 第2分冊　2009.10
vol.2009 no.13　コンピュータシステム・シンポジウム論文集　2009.11
vol.2009 no.14　デジタルドキュメントシンポジウム2009発表資料集(情報処理学会デジタルドキュメント研究会〔著〕)　2009.11
vol.2009 no.15　インターネットと運用技術シンポジウム2009論文集　2009.12
vol.2009 no.16　デジタル・ヒューマニティーズの可能性—人文科学とコンピュータシンポジウム論文集　2009.12
vol.2010 no.1　2010年ハイパフォーマンスコンピューティングと計算科学シンポジウム—論文集　2010.1
vol.2010 no.2　高度交通システム2010シンポジウム論文集—次世代モビリティ　2010.1
vol.2010 no.3　ウィンターワークショップ2010・イン・倉敷論文集　2010.1
vol.2010 no.4　インタラクション論文集　2010　2010.2
vol.2010 no.5　先進的計算基盤システムシンポジウム—SACSIS 2010 論文集　2010.5

情報処理技術者試験　技術評論社　1992～2008
⇒I–54
◇基本情報技術者パーフェクトラーニング過去問題集　平成17年度 春期(西田明雄著)　2005.1
◇初級シスアドパーフェクトラーニング過去問題集　平成17年度 春期(芦屋広太他著)　2005.1
◇初級シスアド最短攻略ゼミ　平成17年度 春期(加藤昭編著)　2005.2
◇基本情報技術者〈午前〉最短攻略ゼミ　平成17年度 春期(基本情報問題研究会著)　2005.2

情報科学

総記

◇「プログラム問題」アルゴリズムの切り札―午後問題「C言語・Java」の傾向と対策（基本情報技術者試験）（高田美樹著）　2005.4
◇情報セキュリティアドミニストレータパーフェクトラーニング過去問題集　平成17年度（NRIラーニングネットワーク株式会社著）　2005.5
◇「テクニカルエンジニア」ネットワークパーフェクトラーニング過去問題集　平成17年度（NRIラーニングネットワーク株式会社著）　2005.5
◇C言語の切り札（基本情報技術者試験）（宮坂俊成著）　2005.7
◇初級シスアドパーフェクトラーニング過去問題集　平成17年度 秋期（芦屋広太他著）　2005.8
◇ソフトウェア開発技術者パーフェクトラーニング過去問題集　平成17年度 秋期（加藤昭, 芦屋広太, 矢野竜王著）　2005.8
◇基本情報技術者パーフェクトラーニング過去問題集　平成17年度 秋期（西田明雄著）　2005.8
◇「テクニカルエンジニア」データベースパーフェクトラーニング過去問題集　平成18年度（NRIラーニングネットワーク株式会社著）　2005.12
◇初級シスアドパーフェクトラーニング過去問題集　平成18年度 春期（芦屋広太他著）　2006.1
◇基本情報技術者パーフェクトラーニング過去問題集　平成18年度 春期（西田明雄著）　2006.1
◇ソフトウェア開発技術者パーフェクトラーニング過去問題集　平成18年度 春期（加藤昭, 芦屋広太, 矢野竜王著）　2006.1
◇情報セキュリティアドミニストレータパーフェクトラーニング過去問題集　平成18年度（NRIラーニングネットワーク株式会社著）　2006.4
◇「テクニカルエンジニア」ネットワークパーフェクトラーニング過去問題集　平成18年度（NRIラーニングネットワーク株式会社著）　2006.4
◇基本情報技術者パーフェクトラーニング過去問題集　平成18年度 秋期（西田明雄著）　2006.8
◇初級シスアドパーフェクトラーニング過去問題集　平成18年度 秋期（芦屋広太他著）　2006.8
◇ソフトウェア開発技術者パーフェクトラーニング過去問題集　平成18年度 秋期（加藤昭, 芦屋広太, 矢野竜王著）　2006.8
◇「テクニカルエンジニア」データベースパーフェクトラーニング過去問題集　平成19年度（NRIラーニングネットワーク株式会社著）　2006.12
◇初級シスアドパーフェクトラーニング過去問題集　平成19年度 春期（芦屋広太著）　2007.1
◇基本情報技術者パーフェクトラーニング過去問題集　平成19年度 春期（西田明雄著）　2007.1
◇ソフトウェア開発技術者パーフェクトラーニング過去問題集　平成19年度 春期（加藤昭, 芦屋広太, 矢野竜王著）　2007.1
◇「テクニカルエンジニア」ネットワークパーフェクトラーニング過去問題集　平成19年度（NRIラーニングネットワーク株式会社著）　2007.5
◇情報セキュリティアドミニストレータパーフェクトラーニング過去問題集　平成19年度（NRIラーニングネットワーク株式会社著）　2007.5
◇基本情報技術者パーフェクトラーニング過去問題集　平成19年度 秋期（西田明雄著）　2007.8
◇初級シスアドパーフェクトラーニング過去問題集　平成19年度 秋期（芦屋広太他著）　2007.8
◇ソフトウェア開発技術者パーフェクトラーニング過去問題集　平成19年度 秋期（加藤昭, 芦屋広太, 矢野竜王著）　2007.8
◇初級シスアドパーフェクトラーニング過去問題集　平成20年度 春期（芦屋広太他著）　2008.1
◇基本情報技術者パーフェクトラーニング過去問題集　平成20年度 春期（西田明雄著）　2008.1
◇ソフトウェア開発技術者パーフェクトラーニング過去問題集　平成20年度 春期（加藤昭, 芦屋広太, 矢野竜王著）　2008.1
◇情報セキュリティアドミニストレータパーフェクトラーニング過去問題集　平成20年度（NRIラーニングネットワーク株式会社著）　2008.4
◇テクニカルエンジニアネットワークパーフェクトラーニング過去問題集　平成20年度（NRIラーニングネットワーク株式会社著）　2008.4
◇ITパスポート試験予想問題―新試験を完全攻略!　平成21年度　「春期」（五十嵐聡著）　2008.12

情報処理技術者試験　日本教育情報センター, 渋川照実監修, JEIC情報技術教育研究会編著　ゴマブックス　2006

◇初級シスアド完全合格テキスト　2006年版　2006.1
◇初級シスアド完全合格午前問題集　2006年版　2006.1
◇初級シスアド完全合格午後問題集　2006年版　2006.1
◇基本情報技術者完全合格テキスト　2006年版　2006.1
◇基本情報技術者完全合格午前問題集　2006年版　2006.1
◇基本情報技術者完全合格午後問題集　2006年版　2006.1
◇ソフトウェア開発技術者完全合格テキスト　2006年版　2006.1
◇ソフトウェア開発技術者完全合格午前問題集　2006年版　2006.1
◇ソフトウェア開発技術者完全合格午後問題集　2006年版　2006.1

情報処理技術者試験　日本経済新聞社　1994～2006　⇒I-55
◇よく出るよく分かる基本情報技術者「午前」問題集　2005 春（日高哲郎編）　2004.12
◇よく出るよく分かる基本情報技術者「午後」問題集　2005 春（日高哲郎編）　2004.12
◇過去問で学ぶ初級シスアド合格塾　2005 春秋（栢木厚著）　2005.1
◇基本情報技術者図解教本　2005 春秋（小川真一編著）　2005.1
◇情報セキュリティアドミニストレータ標準教本　2005年版（岸本了造著）　2005.2
◇よく出るよく分かる情報セキュリティアドミニストレータ「午前」問題集　2005年版（情報セキュリティ教育研究会編）　2005.3
◇よく出るよく分かる情報セキュリティアドミニストレータ「午後」問題集　2005年版（日高哲郎編）　2005.3
◇プロジェクトマネージャ完全教本　2005年版（金子則彦著）　2005.4
◇1週間で分かる情報セキュリティアドミニストレータ集中ゼミ　2005年版（岡嶋裕史著）　2005.5
◇よく出るよく分かるソフトウェア開発技術者「午前」問題集　2005 秋（柳田弘道編）　2005.6
◇よく出るよく分かるソフトウェア開発技術者「午後」問題集　2005 秋（日高哲郎編）　2005.6
◇よく出るよく分かる基本情報技術者「午前」問題集　2005 秋（日高哲郎編）　2005.6
◇よく出るよく分かる基本情報技術者「午後」問題集　2005 秋（日高哲郎編）　2005.6
◇ソフトウェア開発技術者完全教本　2005 秋（日高哲郎著）　2005.6
◇ソフトウェア開発技術者完全教本　2006 春（日高哲郎著）　2005.12
◇よく出るよく分かるソフトウェア開発技術者「午前」問題集　2006 春（柳田弘道編）　2005.12
◇よく出るよく分かるソフトウェア開発技術者「午後」問題集　2006 春（日高哲郎編）　2005.12
◇よく出るよく分かる基本情報技術者「午前」問題集　2006 春（日高哲郎編）　2005.12
◇よく出るよく分かる基本情報技術者「午後」問題集　2006 春（日高哲郎編）　2005.12
◇らくらく基本情報技術者図解教本　2006春秋（小川真一編著）　2006.1
◇1週間で分かる情報セキュリティアドミニストレータ集中ゼミ　2006年版 基本編（岡嶋裕史著）　2006.2
◇よく出るよく分かる情報セキュリティアドミニストレータ「午前」問題集　2006年版（情報セキュリティ教育研究会編）　2006.3
◇よく出るよく分かる情報セキュリティアドミニストレータ「午後」問題集　2006年版（日高哲郎編）　2006.3
◇情報セキュリティアドミニストレータ標準教本　2006年版（岸本了造著）　2006.3
◇プロジェクトマネージャ完全教本　2006年版（金子則彦著）　2006.3
◇1週間で分かる情報セキュリティアドミニストレータ集中ゼミ　2006年版 応用編（岡嶋裕史著）　2006.4
◇ソフトウェア開発技術者完全教本　2006 秋（日高哲郎著）　2006.6
◇よく出るよく分かる基本情報技術者「午前」問題集　2006 秋（日高哲郎編）　2006.6

情報科学　　　　　　　　　　　　　　　　　　　　　総記

◇よく出るよく分かる基本情報技術者「午後」問題集　2006 秋（日高哲郎編）　2006.6
◇よく出るよく分かるソフトウェア開発技術者「午前」問題集　2006 秋（柳田弘道編）　2006.6
◇よく出るよく分かるソフトウェア開発技術者「午後」問題集　2006 秋（日高哲郎編）　2006.6
◇よく出るよく分かる基本情報技術者「午前」問題集　2007 春（日高哲郎編）　2006.12
◇よく出るよく分かる基本情報技術者「午後」問題集　2007 春（日高哲郎編）　2006.12
◇よく出るよく分かるソフトウェア開発技術者「午前」問題集　2007 春（柳田弘道編）　2006.12
◇よく出るよく分かるソフトウェア開発技術者「午後」問題集　2007 春（日高哲郎編）　2006.12
◇ソフトウェア開発技術者完全教本　2007 春（日高哲郎著）　2006.12

情報処理技術者試験　日本経済新聞出版社　2007～2008
◇らくらく基本情報技術者図解教本　2007春秋（小川真一編著）　2007.1
◇1週間で分かる情報セキュリティアドミニストレータ集中ゼミ　2007年版 基本編（岡嶋裕史著）　2007.2
◇1週間で分かる情報セキュリティアドミニストレータ集中ゼミ　2007年版 応用編（岡嶋裕史著）　2007.2
◇プロジェクトマネージャ完全教本　2007年版（金子則彦著）　2007.3
◇よく出るよく分かる情報セキュリティアドミニストレータ「午前」問題集　2007年版（情報セキュリティ教育研究会編）　2007.3
◇よく出るよく分かる情報セキュリティアドミニストレータ「午後」問題集　2007年版（日高哲郎編）　2007.3
◇情報セキュリティアドミニストレータ標準教本　2007年版（岸本了造著）　2007.3
◇よく出るよく分かる基本情報技術者「午前」問題集　2007 秋（日高哲郎編）　2007.6
◇よく出るよく分かる基本情報技術者「午後」問題集　2007 秋（日高哲郎編）　2007.6

◇ソフトウェア開発技術者完全教本　2007 秋（日高哲郎著）　2007.6
◇よく出るよく分かるソフトウェア開発技術者「午前」問題集　2007 秋（柳田弘道編）　2007.6
◇よく出るよく分かるソフトウェア開発技術者「午後」問題集　2007 秋（日高哲郎編）　2007.6
◇らくらく基本情報技術者図解教本　2008年版（小川真一編著）　2007.10
◇よく出るよく分かる基本情報技術者「午前」問題集　2008 春（日高哲郎編）　2007.12
◇よく出るよく分かる基本情報技術者「午後」問題集　2008 春（日高哲郎編）　2007.12
◇ソフトウェア開発技術者完全教本　2008 春（日高哲郎著）　2008.1
◇よく出るよく分かるソフトウェア開発技術者「午前」問題集　2008 春（柳田弘道編）　2008.1
◇よく出るよく分かるソフトウェア開発技術者「午後」問題集　2008 春（日高哲郎編）　2008.1
◇1週間で分かる情報セキュリティアドミニストレータ集中ゼミ　2008年版 午前編（岡嶋裕史著）　2008.2
◇1週間で分かる情報セキュリティアドミニストレータ集中ゼミ　2008年版 午後編（岡嶋裕史著）　2008.2
◇プロジェクトマネージャ完全教本　2008年版（金子則彦著）　2008.3
◇よく出るよく分かる情報セキュリティアドミニストレータ「午前」問題集　2008年版（情報セキュリティ教育研究会編）　2008.3
◇よく出るよく分かる情報セキュリティアドミニストレータ「午後」問題集　2008年版（日高哲郎編）　2008.3
◇情報セキュリティアドミニストレータ標準教本　2008年版（岸本了造著）　2008.4
◇よく出るよく分かる基本情報技術者「午前」問題集　2008 秋（日高哲郎編）　2008.6
◇よく出るよく分かる基本情報技術者「午後」問題集　2008 秋（日高哲郎編）　2008.6
◇ソフトウェア開発技術者完全教本　2008 秋（日高哲郎著）　2008.6
◇よく出るよく分かるソフトウェア開発技術者「午前」問題集　2008 秋（柳田弘道編）　2008.6

総記

情報科学

◇よく出るよく分かるソフトウェア開発技術者「午後」問題集　2008 秋（日高哲郎編）　2008.6

情報処理技術者試験　リックテレコム　1999〜2008　⇒I–56
◇ソフトウェア開発技術者コンパクトブック　2005-2006年版（東芝情報システム株式会社編著）　2004.12
◇ソフトウェア開発技術者過去問題と解説＋午前120問（住友利寿，竹下恵著）　2005.8
◇テクニカルエンジニア情報セキュリティコンパクトブック（竹下恵編著）　2005.10
◇情報セキュリティアドミニストレータコンパクトブック　2006-2007年版（新福保隆編著）　2006.4
◇テクニカルエンジニアネットワークコンパクトブック　2006-2007年版（竹下恵編著）　2006.4
◇アプリケーションエンジニア合格論文集　2006-2007年版（芦屋広太編著）　2006.4
◇AN・PM・AEコンパクトブック（新福保隆，竹下恵編著）　2006.6
◇テクニカルエンジニアデータベースコンパクトブック　2007-2008年版（大滝みや子監修，住友利寿編著）　2006.11
◇テクニカルエンジニア情報セキュリティコンパクトブック　2007-2008年版（竹下恵編著）　2006.11
◇テクニカルエンジニアシステム管理コンパクトブック　2007-2008年版（竹下恵編著）　2006.12
◇ソフトウェア開発技術者コンパクトブック　2007-2008年版（東芝情報システム株式会社編著）　2007.1
◇テクニカルエンジニアシステム管理合格論文集（斎藤登志勝編著）　2007.2
◇プロジェクトマネージャ合格論文集　改訂版（斎藤登志勝編著）　2007.6
◇めちゃわかり基本情報技術者極ラク教本─試験問題を素材にやさしく学ぶ（大滝みや子編著）　2007.7
◇テクニカルエンジニアネットワークコンパクトブック　2008年版（竹下恵編著）　2008.4

情報処理技術者試験　TAC情報処理講座編　TAC出版事業部　2006〜2008
◇ソフトウェア開発技術者コンピュータシステムと標準化基本テキスト　平成18年度版　2006.1
◇ソフトウェア開発技術者コンピュータ科学基礎基本テキスト　平成18年度版　2006.1
◇ソフトウェア開発技術者データベースとシステム開発基本テキスト　平成18年度版　2006.1
◇ソフトウェア開発技術者ネットワークと情報セキュリティ基本テキスト　平成18年度版　2006.1
◇ソフトウェア開発技術者午前対策問題集　平成18年度版　2006.1
◇ソフトウェア開発技術者午後対策問題集　平成18年度版　2006.1
◇テクニカルエンジニア情報セキュリティ基本テキスト　平成18年度版　2006.1
◇テクニカルエンジニア情報セキュリティ午後問題突破作戦問題集　平成18年度版　2006.2
◇テクニカルエンジニア情報セキュリティ午後問題突破作戦問題集　2006.12
◇ソフトウェア開発技術者午前対策問題集　2007.4
◇ソフトウェア開発技術者午後対策問題集　2007.4
◇ソフトウェア開発技術者コンピュータシステムと標準化基本テキスト　新装版　2007.4
◇ソフトウェア開発技術者ネットワークと情報セキュリティ基本テキスト　新装版　2007.4
◇ソフトウェア開発技術者コンピュータ科学基礎基本テキスト　新装版　2007.4
◇ソフトウェア開発技術者データベースとシステム開発基本テキスト　新装版　2007.4
◇テクニカルエンジニア情報セキュリティ基本テキスト　新装版　2008.3
◇テクニカルエンジニア情報セキュリティ午後問題突破作戦問題集　新装版　2008.3

情報処理技術者試験受験マニュアルシリーズ　電波新聞社　2000〜2009　⇒I–58
◇テクニカルエンジニア〈エンベデッドシステム〉受験マニュアル─基本・頻出・新傾向問題スーパー解法術（武市義久監修，久保幸夫，山下真吾

情報科学　　　　　　　　　　　　　　　　　　　　　　　　　　　総記

著）　2005.11
◇テクニカルエンジニア〈エンベデッドシステム〉受験マニュアル─基本・頻出・新傾向問題スーパー解法術（武市義久監修，久保幸夫，山下真吾著）　2006.11
◇テクニカルエンジニア〈エンベデッドシステム〉受験マニュアル─基本・頻出・新傾向問題スーパー解法術（武市義久監修，久保幸夫，山下真吾著）　2007.11
◇エンベデッドシステムスペシャリスト受験マニュアル─基本・頻出・新傾向問題スーパー解法術〔2009年版〕（久保幸夫，山下真吾著，武市義久監修）　2009.1
◇情報セキュリティスペシャリスト受験マニュアル─基本・頻出・新傾向問題スーパー解法術〔2009年版〕（情報セキュリティ技術力向上研究会編著，今井秀樹監修）　2009.1

情報処理技術者試験対策書　アイテック　2008～2010
◇合格論文事例集システム監査技術者　第2版（アイテック情報技術教育研究部編，落合和雄，樺沢祐二，清水順夫，長嶋仁共著）　2008.1
◇合格論文事例集システム管理　第2版（アイテック情報技術教育研究部編，近藤洋一，清水順夫，鈴木久，長嶋仁共著）　2008.1
◇合格論文事例集 システムアナリスト　第3版（アイテック情報技術教育研究部編，落合和雄，清水順夫，庄司敏浩，鈴木久共著）　2008.7
◇プロジェクトマネージャ合格論文の書き方・事例集（岡山昌二監修・著，落合和雄，近藤洋一，斎藤登志勝，清水順夫，佐々木章二共著）　2009.2
◇システム監査技術者 合格論文の書き方・事例集（岡山昌二監修・著，落合和雄，樺沢祐二，清水順夫，長嶋仁共著）　2009.2
◇ITストラテジスト合格論文の書き方・事例集　第2版（岡山昌二監修・著）　2010.7
◇システムアーキテクト合格論文の書き方・事例集　第2版（岡山昌二監修・著，樺沢祐二，長嶋仁，満川一彦共著）　2010.7
◇ITサービスマネージャ合格論文の書き方・事例集　第2版（岡山昌二監修・著，粕淵卓，清水順夫，

鈴木久，長嶋仁，森脇慎一郎共著）　2010.7
◇基本情報技術者午後問題の重点対策　2011（アイテック情報技術教育研究部編著）　2010.12
◇応用情報技術者午後問題の重点対策　2011（小口達夫著）　2010.12
◇情報セキュリティスペシャリスト「専門知識+午後問題」の重点対策　2011（三好康之著）　2010.12
◇データベーススペシャリスト「専門知識+午後問題」の重点対策　2011（山本森樹著）　2010.12
◇システム監査技術者「専門知識+午後問題」の重点対策　2011（川辺良和著）　2010.12

情報処理技術者試験対策書　アイテック情報処理技術者教育センター　2001～2010　⇒I-58
◇ネットワーク記述式・事例解析の重点対策 2004（長谷和幸著）　2004.6
◇合格への総まとめネットワークめざせスコア+100（長谷和幸著）　2004.8
◇徹底解説基本情報技術者本試験問題　2006 春（アイテック情報技術教育研究所編著）　2006.2
◇徹底解説初級シスアド本試験問題　2006 春（アイテック情報技術教育研究所他著）　2006.2
◇徹底解説ソフトウェア開発技術者本試験問題 2006春（アイテック情報技術教育研究所他著）　2006.2
◇合格への総まとめ基本情報技術者めざせスコア+100　2006-2007（アイテック情報技術教育研究所編著）　2006.2
◇合格への総まとめデータベースめざせスコア+100　2006-2007（山本森樹著）　2006.2
◇合格への総まとめソフトウェア開発技術者めざせスコア+100　2006-2007（小口達夫著，アイテック情報技術教育研究所編著）　2006.2
◇ネットワーク記述式・事例解析の重点対策 2007（長谷和幸著）　2007.6
◇システムアナリスト「専門知識+記述式問題」重点対策　2007（アイテック情報技術教育研究所編著）　2007.6
◇アプリケーション「専門知識+記述式問題」重点対策　2007（アイテック情報技術教育研究所編著）　2007.6

◇プロジェクトマネージャ「専門知識+記述式問題」重点対策　2007（アイテック情報技術教育研究所編著）　2007.6

◇上級シスアド「専門知識+記述式問題」重点対策　2007（アイテック情報技術教育研究所編著）　2007.6

◇ソフトウェア開発技術者午後問題の重点対策2008（高田伸彦, 日高哲郎共著, アイテック情報技術教育研究部編著）　2007.12

◇テクニカルエンジニア情報セキュリティ記述式・事例解析の重点対策　2008（長谷和幸著）　2007.12

◇データベース記述式・事例解析の重点対策2008（西川洋一著, アイテック情報技術教育研究部編著）　2007.12

◇システム監査技術者「専門知識+記述式問題」重点対策　2008（アイテック情報技術教育研究部編著）　2007.12

◇システム管理「専門知識+記述式問題」重点対策　2008（アイテック情報技術教育研究部編著）　2007.12

◇合格への総まとめ基本情報技術者めざせスコア+100　2008（アイテック情報技術教育研究部編著）　2007.12

◇合格への総まとめソフトウェア開発技術者めざせスコア+100　2008（小口達夫著）　2007.12

◇基本情報技術者—「徹底解説」本試験問題2008　秋（アイテック情報技術教育研究部編著）　2008.7

◇初級シスアド—「徹底解説」本試験問題　2008秋（アイテック情報技術教育研究部編著）　2008.7

◇ソフトウェア開発技術者—「徹底解説」本試験問題　2008　秋（アイテック情報技術教育研究部編著）　2008.7

◇合格論文事例集システムアナリスト　第3版（アイテック情報技術教育研究部編, 落合和雄, 清水順夫, 庄司敏浩, 鈴木久共著）　2008.8

◇合格論文事例集アプリケーションエンジニア第3版（アイテック情報技術教育研究部編著, 岡山昌二, 落合和雄, 斎藤登志勝, 長嶋仁, 満川一彦, 柏原丈二共著）　2008.8

◇合格論文事例集プロジェクトマネージャ　第3版（アイテック情報技術教育研究部編, 落合和雄, 近藤洋一, 斎藤登志勝, 清水順夫, 鈴木久, 佐々木章二共著）　2008.8

◇合格への総まとめ—ITパスポート　2009（アイテック情報技術教育研究部編著）　2008.10

◇合格への総まとめ—基本情報技術者午前対策2009（アイテック情報技術教育研究部編著）　2008.10

◇合格への総まとめ—応用情報・高度午前共通知識対策　2009（アイテック情報技術教育研究部編著）　2008.10

◇応用情報・高度に出る午前共通知識問題—新試験対応　2009（アイテック情報技術教育研究部編著）　2008.10

◇コンピュータシステムの応用知識—新試験対応（水岡祥二, 鈴木博之, 久保幸夫, 瀬戸稔代, アイテック情報技術教育研究部編）　2008.11

◇IT技術の応用知識—新試験対応（アイテック情報技術教育研究部編著）　2008.11

◇システム開発技術の応用知識—新試験対応（アイテック情報技術教育研究部編著）　2008.11

◇予想問題集—ITパスポート　2009　春（アイテック情報技術教育研究部編著）　2008.12

◇プロジェクトマネージャ予想問題集—新試験対応　2009（アイテック情報技術教育研究部編著, 石川英樹, 山浦菜穂子, 富村悦子編集・制作）　2009.1

◇データベーススペシャリスト予想問題集—新試験対応　2009（アイテック情報技術教育研究部編著, 石川英樹, 則元将志編集・制作）　2009.1

◇システム監査技術者予想問題集—新試験対応2009（アイテック情報技術教育研究部編著, 石川英樹, 山浦菜穂子, 榎本真奈美編集・制作）　2009.1

◇データベーススペシャリスト徹底解説本試験問題—新試験対応　2009（アイテック情報技術教育研究部編著, 石川英樹, 則元将志編集・制作）　2009.1

◇エンベデッドシステムスペシャリスト徹底解説本試験問題—新試験対応　2009（アイテック情報技術教育研究部編著, 石川英樹, 山浦菜穂子,

松本由美編集・制作） 2009.1
◇システム監査技術者徹底解説本試験問題―新試験対応　2009（アイテック情報技術教育研究部編著, 石川英樹, 山浦菜穂子, 松本由美編集・制作） 2009.1
◇基本情報技術者予想問題集―新試験対応　2009 春（アイテック情報技術教育研究部編著, 石川英樹, 山浦菜穂子, 小田恭子編集・制作） 2009.1
◇応用情報技術者予想問題集―新試験対応　2009 春（アイテック情報技術教育研究部編著, 石川英樹, 高丸典子編集・制作） 2009.1
◇情報セキュリティスペシャリスト予想問題集―新試験対応　2009 春（桑田政輝監修, アイテック情報技術教育研究部編著, 石川英樹, 山浦菜穂子, 森田保雄編集・制作） 2009.1
◇情報セキュリティスペシャリスト徹底解説本試験問題―新試験対応　2009 春（アイテック情報技術教育研究部編著, 山浦菜穂子, 田村美弥子, 森田保雄編集・制作） 2009.1
◇徹底解説プロジェクトマネージャ本試験問題　2009（アイテック情報技術教育研究部編著） 2009.2
◇徹底解説基本情報技術者本試験問題　2009 春（アイテック情報技術教育研究部編著） 2009.2
◇徹底解説応用情報技術者本試験問題　2009 春（アイテック情報技術教育研究部編著） 2009.2
◇ITストラテジスト予想問題集―新試験対応　2009（アイテック情報技術教育研究グループ編著） 2009.6
◇システムアーキテクト予想問題集―新試験対応　2009（アイテック情報技術教育研究グループ編著） 2009.6
◇ネットワークスペシャリスト予想問題集―新試験対応　2009（長谷和幸, アイテック情報技術教育研究グループ編著） 2009.6
◇ITサービスマネージャ予想問題集―新試験対応　2009（アイテック情報技術教育研究グループ編著） 2009.6
◇ITストラテジスト徹底解説本試験問題―新試験対応　2009（アイテック情報技術教育研究グループ編著） 2009.6

◇システムアーキテクト徹底解説本試験問題―新試験対応　2009（アイテック情報技術教育研究グループ編著） 2009.6
◇ネットワークスペシャリスト徹底解説本試験問題―新試験対応　2009（長谷和幸, アイテック情報技術教育研究グループ編著） 2009.6
◇ITサービスマネージャ徹底解説本試験問題―新試験対応　2009（アイテック情報技術教育研究グループ編著） 2009.6
◇基本情報技術者予想問題集―新試験対応　2009 秋（アイテック情報技術教育研究グループ編著） 2009.7
◇応用情報技術者予想問題集―新試験対応　2009 秋（アイテック情報技術教育研究グループ編著） 2009.7
◇情報セキュリティスペシャリスト予想問題集　2009 秋（桑田政輝監修, アイテック情報技術教育研究グループ編著, 石川英樹, 松本由美, 小田恭子編集・制作） 2009.7
◇ITパスポート予想問題集　2009 秋（アイテック情報技術教育研究グループ編著） 2009.8
◇応用情報・高度に出る午前共通知識問題　2010（アイテック情報技術教育研究部編著） 2009.10
◇プロジェクトマネージャ予想問題集　2010（アイテック情報技術教育研究部編著） 2009.12
◇データベーススペシャリスト予想問題集　2010（アイテック情報技術教育研究部編著） 2009.12
◇システム監査技術者予想問題集　2010（アイテック情報技術教育研究部編著） 2009.12
◇プロジェクトマネージャ徹底解説本試験問題　2010（アイテック情報技術教育研究部編著） 2009.12
◇データベーススペシャリスト徹底解説本試験問題　2010（アイテック情報技術教育研究部編著） 2009.12
◇エンベデッドシステムスペシャリスト徹底解説本試験問題　2010（アイテック情報技術教育研究部編著） 2009.12
◇システム監査技術者徹底解説本試験問題　2010（アイテック情報技術教育研究部編著） 2009.12
◇ITパスポート予想問題集　2010 春（アイテック情報技術教育研究部編著） 2009.12

◇基本情報技術者予想問題集 2010 春(アイテック情報技術教育研究部編著) 2009.12
◇応用情報技術者予想問題集 2010 春(アイテック情報技術教育研究部編著) 2009.12
◇情報セキュリティスペシャリスト予想問題集 2010 春(桑田政輝監修, アイテック情報技術教育研究部編著, 山浦菜穂子, 山本邦子編) 2009.12
◇ITパスポート徹底解説本試験問題 2010 春(アイテック情報技術教育研究部編著) 2010.2
◇基本情報技術者徹底解説本試験問題 2010 春(アイテック情報技術教育研究部編著) 2010.2
◇応用情報技術者徹底解説本試験問題 2010 春(アイテック情報技術教育研究部編著) 2010.2
◇情報セキュリティスペシャリスト徹底解説本試験問題 2010 春(アイテック情報技術教育研究部編著) 2010.2
◇ITストラテジスト予想問題集 2010(アイテック情報技術教育研究部編著) 2010.5
◇システムアーキテクト予想問題集 2010(アイテック情報技術教育研究部編著) 2010.5
◇ネットワークスペシャリスト予想問題集 2010(アイテック情報技術教育研究部編著) 2010.5
◇ITサービスマネージャ予想問題集 2010(アイテック情報技術教育研究部編著) 2010.5
◇ITストラテジスト徹底解説本試験問題 2010(アイテック情報技術教育研究部編著) 2010.5
◇システムアーキテクト徹底解説本試験問題 2010(アイテック情報技術教育研究部編著) 2010.5
◇ネットワークスペシャリスト徹底解説本試験問題 2010(アイテック情報技術教育研究部編著) 2010.5
◇ITサービスマネージャ徹底解説本試験問題 2010(アイテック情報技術教育研究部編著) 2010.5
◇基本情報技術者予想問題集 2010 秋(アイテック情報技術教育研究部編著) 2010.6
◇応用情報技術者予想問題集 2010 秋(アイテック情報技術教育研究部編著) 2010.6
◇情報セキュリティスペシャリスト予想問題集 2010 秋(桑田政輝監修, アイテック情報技術教育研究部編著) 2010.6

◇ITパスポート合格への総まとめ 2011(アイテック情報技術教育研究部編著) 2010.11
◇プロジェクトマネージャ「専門知識+午後問題」の重点対策 2011(庄司敏浩著) 2010.12

情報処理基礎講座 電子開発学園出版局 1999〜2010 ⇒I-63
◇ファイルとデータベースの基礎(SCC出版局編) 2005.2
◇コンピュータシステムの基礎(SCC出版局編) 2005.3
◇システム開発の基礎 改訂(SCC出版局編) 2005.3
◇簿記会計 1 新版(SCC出版局編) 2006.4
◇アルゴリズムとデータ構造 新版(SCC出版局編) 2007.3
◇情報処理技術者試験のためのCASL 2 改訂(SCC出版局編) 2007.3
◇新・デジタル社会の法制度(電子開発学園衛星教育センター教材開発グループ編著, SCC出版局編) 2007.3
◇セキュリティポリシー──いい人も悪い人もいるインターネットの世界 改訂(SCC出版局編) 2007.3
◇新・セキュリティポリシー──いい人も悪い人もいるインターネットの世界(SCC出版局編) 2010.4

情報処理教科書 翔泳社 2001〜2010 ⇒I-63
◇AN・PM・AE共通午前 2005年度版(松原敬二著) 2005.3
◇プロジェクトマネージャ 2005年度版(三好康之著) 2005.3
◇上級システムアドミニストレータ 2005年度版(満川一彦著) 2005.4
◇アプリケーションエンジニア 2005年度版(松田幹子, 松原敬二, 生田昇, 川瀬智子著) 2005.4
◇システムアナリスト 2005年度版(島本栄光著) 2005.4
◇情報セキュリティアドミニストレータ 2005年度版(上原孝之著) 2005.4

情報科学

◇基本情報技術者　2005年度「秋期」版(日高哲郎著)　2005.5
◇テクニカルエンジニア「ネットワーク」2005年度版(山下真吾著)　2005.6
◇ソフトウェア開発技術者　2005年度「秋期」版(日高哲郎著)　2005.6
◇テクニカルエンジニア「データベース」2006年度版(三好康之, 山下真吾, 松田幹子著)　2005.10
◇システム監査技術者　2006年度版(落合和雄著)　2005.11
◇テクニカルエンジニア「システム管理」2006年度版(金子則彦著)　2005.11
◇初級システムアドミニストレータ　2006年度版(高橋麻奈著)　2005.11
◇基本情報技術者　2006年度「春期」版(日高哲郎著)　2005.11
◇ソフトウェア開発技術者　2006年度版(日高哲郎著)　2005.12
◇テクニカルエンジニア「情報セキュリティ」2006年度版(上原孝之著)　2005.12
◇テクニカルエンジニア「ネットワーク」2006年度版(山下真吾著)　2006.3
◇情報セキュリティアドミニストレータ　2006年度版(上原孝之著)　2006.3
◇AN・PM・AE共通午前　2006年度版(松原敬二著)　2006.3
◇プロジェクトマネージャ　2006年度版(三好康之著)　2006.3
◇アプリケーションエンジニア　2006年度版(松田幹子, 松原敬二, 生田昇著)　2006.4
◇システムアナリスト　2006年度版(島本栄光著)　2006.4
◇上級システムアドミニストレータ　2006年度版(満川一彦著)　2006.4
◇基本情報技術者　2006年度「秋期」版(日高哲郎著)　2006.5
◇テクニカルエンジニア「エンベデッドシステム」2007年度版(牧隆史, 松原敬二著)　2006.10
◇テクニカルエンジニア「情報セキュリティ」2007年度版(上原孝之著)　2006.10

◇テクニカルエンジニア「データベース」2007年度版(三好康之, 山下真吾, 松田幹子著)　2006.10
◇システム監査技術者　2007年度版(落合和雄著)　2006.11
◇テクニカルエンジニア「システム管理」2007年度版(金子則彦著)　2006.11
◇基本情報技術者　2007年度版(日高哲郎著)　2006.11
◇ソフトウェア開発技術者　2007年度版(日高哲郎著)　2006.11
◇初級システムアドミニストレータ　2007年度版(高橋麻奈著)　2006.11
◇情報セキュリティアドミニストレータ　2007年度版(上原孝之著)　2007.2
◇AN・PM・AE共通午前　2007年度版(松原敬二著)　2007.2
◇プロジェクトマネージャ　2007年度版(三好康之著)　2007.3
◇テクニカルエンジニア「ネットワーク」2007年度版(山下真吾著)　2007.3
◇アプリケーションエンジニア　2007年度版(松田幹子, 松原敬二, 加藤信行著)　2007.4
◇システムアナリスト　2007年度版(島本栄光著)　2007.4
◇上級システムアドミニストレータ　2007年度版(満川一彦著)　2007.4
◇テクニカルエンジニア「情報セキュリティ」2008年度版(上原孝之著)　2007.9
◇テクニカルエンジニア「システム管理」2008年度版(金子則彦著)　2007.9
◇テクニカルエンジニア「データベース」2008年度版(三好康之, 山下真吾, 松田幹子著)　2007.9
◇システム監査技術者　2008年度版(落合和雄著)　2007.10
◇テクニカルエンジニア「エンベデッドシステム」2008年度版(牧隆史, 松原敬二著)　2007.10
◇基本情報技術者　2008年度版(日高哲郎著)　2007.11
◇ソフトウェア開発技術者　2008年度版(日高哲郎著)　2007.11

◇初級システムアドミニストレータ　2008年度版（高橋麻奈著）　2007.11
◇情報セキュリティアドミニストレータ　2008年度版（上原孝之著）　2008.2
◇プロジェクトマネージャ　2008年度版（三好康之著）　2008.2
◇AN・PM・AE共通午前　2008年度版（松原敬二著）　2008.2
◇テクニカルエンジニア「ネットワーク」　2008年度版（山下真吾著）　2008.3
◇アプリケーションエンジニア　2008年度版（松田幹子, 松原敬二, 加藤信行著）　2008.3
◇システムアナリスト　2008年度版（島本栄光著）　2008.4
◇上級システムアドミニストレータ　2008年度版（満川一彦著）　2008.4
◇「春期」高度試験午前対策　2009年度版（松原敬二著）　2008.9
◇データベーススペシャリスト―新制度対応　2009年度版（三好康之, 山下真吾, 松田幹子著）　2008.9
◇プロジェクトマネージャ―新制度対応　2009年度版（三好康之著）　2008.9
◇情報セキュリティスペシャリスト―新制度対応　2009年度版（上原孝之著）　2008.10
◇システム監査技術者―新制度対応　2009年度版（落合和雄著）　2008.10
◇エンベデッドシステムスペシャリスト―新制度対応　2009年度版（牧隆史, 松原敬二著）　2008.10
◇応用情報技術者　2009年度版（日高哲郎著）　2008.11
◇基本情報技術者　2009年度版（日高哲郎著）　2008.11
◇ITパスポート　2009年度版（芦屋広太編著, 吉野彰一, 山中吉明, 矢野竜王, 西条明著）　2008.11
◇「秋期」高度試験午前対策―新制度対応　2009年度版（松原敬二著）　2009.1
◇ITサービスマネージャ―情報処理技術者試験学習書　2009年度版（金子則彦著）　2009.2
◇ネットワークスペシャリスト―情報処理技術者試験学習書　2009年度版（山下真吾著）　2009.2
◇ITストラテジスト―情報処理技術者試験学習書　対応科目ST　2009年度版（島本栄光著）　2009.3
◇システムアーキテクト―情報処理技術者試験学習書　2009年度版（松田幹子, 松原敬二, 満川一彦著）　2009.3
◇応用情報技術者合格問題集　2009年　秋期（日高哲郎著）　2009.7
◇基本情報技術者合格問題集　2009年　秋期（日高哲郎著）　2009.7
◇「春期」高度試験午前対策　2010年度版（松原敬二著）　2009.9
◇データベーススペシャリスト―情報処理技術者試験学習書　2010年度版（三好康之, 山下真吾, 松田幹子著）　2009.9
◇プロジェクトマネージャ―情報処理技術者試験学習書　2010年度版（三好康之著）　2009.9
◇システム監査技術者―情報処理技術者試験学習書　2010年度版（落合和雄著）　2009.10
◇エンベデッドシステムスペシャリスト―情報処理技術者試験学習書　2010年度版（牧隆史, 松原敬二著）　2009.10
◇情報セキュリティスペシャリスト―情報処理技術者試験学習書　2010年度版（上原孝之著）　2009.10
◇IT（アイティ）パスポート―情報処理技術者試験学習書　2010年度版（芦屋広太編著, 芦屋広太, 吉野彰一, 山中吉明, 矢野竜王, 西条明著）　2009.11
◇基本情報技術者―情報処理技術者試験学習書　2010年度版（日高哲郎著）　2009.11
◇応用情報技術者―情報処理技術者試験学習書　2010年度版（日高哲郎著）　2009.11
◇応用情報技術者合格問題集　2010年　春期（日高哲郎著）　2009.12
◇基本情報技術者合格問題集　2010年　春期（日高哲郎著）　2009.12
◇「秋期」高度試験午前1・2　2010年度版（松原敬二著）　2010.1
◇IT（アイティ）サービスマネージャ―情報処理技術者試験学習書　2010年度版（金子則彦著）　2010.2

情報科学

◇システムアーキテクト—情報処理技術者試験学習書　2010年度版(松田幹子,松原敬二,満川一彦著)　2010.2

◇IT(アイティ)ストラテジスト—情報処理技術者試験学習書　対応科目ST　2010年度版(島本栄光著)　2010.3

◇ネットワークスペシャリスト—情報処理技術者試験学習書　対応科目NW　2010年度版(山下真吾著)　2010.3

◇ITパスポート合格問題集　2010年 秋期(芦屋広太,吉野彰一,鈴木久著)　2010.7

◇基本情報技術者合格問題集　2010年 秋期(日高哲郎著)　2010.7

◇応用情報技術者合格問題集　2010年 秋期(日高哲郎著)　2010.7

◇プロジェクトマネージャ—情報処理技術者試験学習書　2011年版(三好康之著)　2010.9

◇システム監査技術者—情報処理技術者試験学習書　2011年度版(落合和雄著)　2010.9

◇エンベデッドシステムスペシャリスト—情報処理技術者試験学習書　2011年版(牧隆史,松原敬二著)　2010.9

◇データベーススペシャリスト—情報処理技術者試験学習書　2011年版(三好康之,山下真吾,松田幹子著)　2010.9

◇「春期」高度試験午前1・2　2011年版(松原敬二著)　2010.9

◇情報セキュリティスペシャリスト—情報処理技術者試験学習書　2011年版(上原孝之著)　2010.9

◇基本情報技術者—情報処理技術者試験学習書　2011年版(日高哲郎著)　2010.11

◇応用情報技術者—情報処理技術者試験学習書　2011年版(日高哲郎著)　2010.11

◇ITパスポート　2011年版(芦屋広太編著)　2010.12

◇応用情報技術者合格問題集　2011年春期(日高哲郎著)　2010.12

◇基本情報技術者合格問題集　2011年春期(日高哲郎著)　2010.12

情報処理入門　くんぷる　2006

2　企業と情報システム・情報化社会編(木暮仁,三沢泰弘,吉田典弘著)　2006.9

情報処理のコツ　月聖出版　2006〜2009
2　(小林弘潤著)　2006.5
3　情報による支配から離脱する方法(小林弘潤著)　2009.4

情報処理論入門　くんぷる　2007
1　改訂版(三沢泰弘,吉田典弘著)　2007.4

情報数理シリーズ　培風館　1996〜2007　⇒I-65
C-2　システム学の基礎(高橋真吾著)　2007.12

情報セキュリティ2.0　情報処理学会　情報処理学会　2007
第1回　進化するマルウェアとセキュリティ(自由と統制の時代の情報セキュリティ 連続セミナー2007)　2007.6
第2回　ビジネスと生活を結ぶセキュリティ(自由と統制の時代の情報セキュリティ 連続セミナー2007)　2007.7
第3回　J-SOX時代のデジタル・フォレンジック(自由と統制の時代の情報セキュリティ 連続セミナー2007)　2007.9
第4回　その後の個人情報保護(自由と統制の時代の情報セキュリティ 連続セミナー2007)　2007.10
第5回　バイオメトリクスの現状と今後(自由と統制の時代の情報セキュリティ連続セミナー2007)　2007.11
第6回　次世代暗号技術への移行に向けた課題と対応(自由と統制の時代の情報セキュリティ 連続セミナー2007)　2007.12

情報大航海プロジェクト(モデルサービスの開発と実証)事業報告書　エヌティティドコモ　エヌ・ティ・ティ・ドコモ　2008〜2010
平成19年度　2008.3
平成19年度 付録3　2008.3
平成20年度　2009.2
平成21年度　2010.2
平成21年度 資料編　2010.2

情報研シリーズ　丸善　2006
9　ITセキュリティカフェ―見習いコンサルの事件簿（岡田仁志, 高橋郁夫, 島田秋雄, 須川賢洋著）　2006.12

情報とメディア　勉誠出版　2007～2009
◇科学技術図書館の現在と未来―日本原子力研究所図書館の現場から（仲本秀四郎編）　2007.3
◇法情報サービスと図書館の役割（指宿信編）　2009.3

情報books plus!　実教出版　2004～2010
◇初歩からのネットワーク（森川恵著）　2004.10
◇メディアリテラシー―情報を読み解き, 発信する（西端律子, 林英夫, 山上通恵著）　2004.11
◇コンピュータのしくみ（高橋参吉, 阿浜茂樹, 金田忠裕, 下倉雅行著）　2004.11
◇インターネット社会を生きるための情報倫理2008（情報教育学研究会・情報倫理教育研究グループ著）　2008.2
◇インターネット社会を生きるための情報倫理2010（情報教育学研究会・情報倫理教育研究グループ著）　2010.2

情報メディア・スタディシリーズ　オーム社　2005～2006
◇情報映像学入門（佐々木成明編）　2005.2
◇情報メディア学入門（伊藤俊治編）　2006.8

情報リテラシーテキスト　天野弘美, 小倉浩, 近藤雅人共著　三恵社　2009～2010
2009（Word Excel PowerPoint）　2009.4
2010（Word Excel PowerPoint）　2010.4

情報理論とその応用シリーズ　情報理論とその応用学会編　培風館　1994～2006　⇒I-65
5　情報伝送の理論と方式　2006.6

女性サイト比較調査　サイボウズ・メディアアンドテクノロジー　2006～2008
2006（サイボウズ・メディアアンドテクノロジー株式会社メディア・リサーチ事業部調査・編集）　2006.9
2007（サイボウズ・メディアアンドテクノロジー株式会社メディア・リサーチ事業部調査・編集）　2007.9
2008（サイボウズ・メディアアンドテクノロジー株式会社調査・編集）　2008.12

シリーズ応用数理　共立出版　2010
第1巻　数理的技法による情報セキュリティ（萩谷昌己, 塚田恭章編, 日本応用数理学会）　2010.7

進化技術ハンドブック　近代科学社　2010
第1巻　基礎編（電気学会進化技術応用調査専門委員会編, 川上浩司編集責任）　2010.1

進化する組込みシステム技術　情報処理学会　情報処理学会　2009
第2回　「組込みソフトウェアプラットフォーム」資料（連続セミナー2009）　2009.7
第3回　「組込みハードウェアプラットフォーム」資料（連続セミナー2009）　2009.9
第4回　「プラットフォーム時代の組込みアプリケーション開発」資料（連続セミナー2009）　2009.10
第5回　「組込みシステムの高信頼化―V&V」資料（連続セミナー2009）　2009.11
第6回　「組込み基盤ソフトウェアの課題」資料（連続セミナー2009）　2009.12

新紀元社情報工学シリーズ　新紀元社　2004　⇒I-66
◇JMF, JAIN詳解―Javaマルチメディアコミュニケーションプラットフォーム（糸魚川茂夫著）　2004.12
◇オブジェクト指向のプログラミング―ソフトウェア再利用の方法　改訂第2版（B. J. コックス, A. J. ノボビルスキ共著, 松本正雄訳）　2004.12

新・情報化社会対話集　青田吉弘著　ラッセル社　2006～2008
1　2006.6
2　2006.10
3　2006.12
4　2007.6

5 2007.10
6 2008.1
7 2008.5

新情報教育ライブラリ　サイエンス社　1994～
　2009　⇒I-66
M-11　数値計算の基礎と応用—数値解析学への入
　門　新訂版（杉浦洋著）　2009.12

新々・情報化社会対話集　青田吉弘著　Uサービス
　事務局　2008～2010
1 2010.5
8 2008.11
9 2010.5

新なるほど!かんたん!FMV　ソフトバンクパブ
　リッシング　2004　⇒I-67
◇困ったときのFMVなるほどQ&A（吉野亘，ハイ
　パーダイン著）　2004.12

人文知の新たな総合に向けて　京都大学大学院
　文学研究科21世紀COEプログラム「グローバル
　化時代の多元的人文学の拠点形成」編　京都
　大学大学院文学研究科21世紀COEプログラム
　「グローバル化時代の多元的人文学の拠点形成」
　2004～2007　⇒I-67
第3回報告書 上巻（21世紀COEプログラム「グロー
　バル化時代の多元的人文学の拠点形成」）　2005.
　3
第3回報告書 下巻（21世紀COEプログラム「グロー
　バル化時代の多元的人文学の拠点形成」）　2005.
　3
第4回報告書 上巻（21世紀COEプログラム「グロー
　バル化時代の多元的人文学の拠点形成」）　2006.
　3
第4回報告書 下巻（21世紀COEプログラム「グロー
　バル化時代の多元的人文学の拠点形成」）　2006.
　3
第5回報告書 上巻（21世紀COEプログラム「グロー
　バル化時代の多元的人文学の拠点形成」）　2007.
　3
第5回報告書 下巻（21世紀COEプログラム「グロー
　バル化時代の多元的人文学の拠点形成」）　2007.
　3

新読む講義シリーズ　アイテック　2007
1　コンピュータアーキテクチャ（飯塚倶目子著）
　2007.4
2　基本ソフトウェア（山本森樹著）　2007.5
3　システムの開発（小口達夫著）　2007.6
4　ネットワーク（中沢達彦著）　2007.8
5　データベース（大木健一著）　2007.4
6　コンピュータ科学基礎（河村一樹著）　2007.4
7　セキュリティ（金子正則著）　2007.10
8　システムの構成と方式（瀬戸稔代著）　2007.12

図解ビジネスの現場　技術評論社　2009
◇プログラマの道具箱（イノウ編著）　2009.7

図解標準シリーズ　秀和システム　2005～2008
◇最新Oracle10gマスタリングハンドブック—最強
　RDBMSアーキテクチャの全貌と構築/運用テク
　ニック（サイバネティック，岡本順孝著）　2005.2
◇最新ルーティング&スイッチングハンドブック
　第2版（Gene著）　2008.3

スキルアップ選書　リックテレコム　2004～2005
　⇒I-67
◇MCAセキュリティ標準問題集—マイクロソフト
　認定アソシエイト Microsoft Windows XP/Mi-
　crosoft Windows Server 2003対応（石井まゆ著）
　2005.1
◇MCP/MCSE 70-290ポケット問題集—マイクロ
　ソフト認定技術資格試験 Windows Server 2003
　Environment（中山浩太郎，森葉咲著）　2005.1
◇MCP/MCSE 70-291ポケット問題集—マイクロ
　ソフト認定技術資格試験 Windows Server 2003
　Network Infrastructure（沢田佳織，秋吉藤吾著）
　2005.4
◇CCNA 640-801Jハイスコア合格問題集（神村比
　呂詩，泉澄明輝著）　2005.5

すぐにパソコンが使える本　日経パソコン編集編
　日経BP社　2004～2010　⇒I-67
基礎用語編　最新版（日経パソコン・スタートブッ
　ク）　2006.4

基本操作編　最新版（日経パソコン・スタートブック）　2006.4
基礎用語編（日経パソコン・スタートブック XP対応版）　2007.4
基礎操作編（日経パソコン・スタートブック XP対応版）　2007.4
基礎用語編（日経パソコン・スタートブック Vista & Office 2007対応版）　2008.4
基本操作編（日経パソコン・スタートブック Vista & Office 2007対応版）　2008.4
基礎用語編（日経パソコン・スタートブック Windows 7対応版）　2010.4
基本操作編（日経パソコン・スタートブック Windows 7対応版）　2010.4

すぐわかる　アスキー・メディアワークス，角川グループパブリッシング〔発売〕　2009～2010
◇すぐわかるWord2007—Windows7/Vista/XP全対応（羽石相著）　2009.12
◇すぐわかるWindows7快適設定（アスキー書籍編集部編）　2009.12
◇Excelマクロ＆VBA—Excel2007/2003/2002/2000/Windows7/Vista/XP全対応（矢野まど佳著）　2010.3

すぐわかるSUPER　アスキー・メディアワークス，角川グループパブリッシング〔発売〕　2010
◇Excel関数1000技＋α—Excel2007/2003/2002/2000/Windows7/Vista/XP全対応（アスキー・ドットPC編集部編）　2010.3

すぐわかるポケット！　アスキー・メディアワークス，角川グループパブリッシング〔発売〕　2010
◇仕事にすぐ効く!Excel自由自在（アスキードットPC編集部編）　2010.11
◇仕事にすぐ効く!Windows7自由自在（アスキードットPC編集部編）　2010.11
◇仕事にすぐ効く!iPhone4自由自在（マックピープル編集部編）　2010.11
◇仕事にすぐ効く!Excel関数読んでわかる基本ワザ（アスキードットPC編集部編）　2010.12
◇仕事にすぐ効く!パソコンの速ワザ—キーボード2秒テク（大重雄二著）　2010.12

◇もっと楽しい使いこなし!iPod touch 4G自由自在（マックピープル編集部編）　2010.12

スタートアップオラクルマスター　エスシーシー　2005
1（Bronze SQL基礎）（アクティ編，木本恵美子著）　2005.9

ずっと受けたかったソフトウェアエンジニアリングの授業　鶴保征城，駒谷昇一共著　翔泳社　2006
1　2006.10
2　2006.10

スーパー超図解シリーズ　エクスメディア　2007
◇スーパー超図解Excel2007関数（エクスメディア著）　2007.3

スパテクシリーズ　翔泳社　2005～2008
◇Excel VBAスパテク358—2003/2002/2000対応（田中亨著）　2005.8
◇ホームページ・ビルダーV9　スパテク105—Version 9/8/7対応（西真由著）　2005.8
◇PowerPointスパテク333—2003/2002対応（クリエアナブキ，石田かのこ，柴原健次著）　2006.2
◇ホームページ・ビルダー12スパテク160—Version 12/11/10/9/8/7対応（西真由著）　2007.12
◇Windowsコマンドプロンプトスパテク242 Vista/XP/2000対応（飯島弘文著）　2008.3

3DCG日和。　ビー・エヌ・エヌ新社　2009～2010
◇キャラクターをつくろう!（Isao著）　2009.3
vol.2　MikuMikuDanceで踊る、ユーザーモデル制作（キャラクターをつくろう!）（かこみき著）　2010.8

生活環境学ライブラリー　朝倉書店　2002～2005
⇒I-69
5　調理科学概論（丸山悦子，山本友江編著）　2005.4

絶対現場主義Visual C#実践講座　ラトルズ　2009
Webアプリケーション編（開発の現場から生まれた実践テクニック＆tips集）（丸岡孝司著）　2009.8

情報科学　　　　　　　　　　　　　　　　　　　総記

セミナーテキスト　日経BPソフトプレス　2004
〜2009　⇒I-69
◇Microsoft Office Word 2003 Expert（Microsoft Office Specialist攻略問題集）（システムインテリジェント株式会社著）　2005.1
◇Microsoft Office Excel 2003 Expert（Microsoft Office Specialist攻略問題集）（斉藤あつ子著）　2005.1
◇スキルアップMicrosoft Wordビジネス問題集—2003/2002/2000対応（日経BPソフトプレス著作・制作）　2005.12
◇Microsoft Office Excel—写真入りカタログや販売推移グラフを作ろう！2003/2002対応（日経パソコンで学ぶ　1）（日経BPソフトプレス著作・制作）　2005.12
◇Microsoft Office Word—お知らせ文書や画面入りの説明書を作ろう！2003/2002対応（日経パソコンで学ぶ　2）（日経BPソフトプレス著作・制作）　2005.12
◇スキルアップMicrosoft Accessビジネス問題集—2003/2002/2000対応（日経BPソフトプレス著作・制作）　2006.10
◇スキルアップMicrosoft PowerPointビジネス問題集—2003/2002/2000対応（日経BPソフトプレス著作・制作）　2006.10
◇Microsoft Office Word 2003　模擬テスト改訂版（Microsoft Office Specialist攻略問題集）（佐藤薫著）　2006.12
◇Microsoft Office Excel 2003　模擬テスト改訂版（Microsoft Office Specialist攻略問題集）（関由紀子著）　2006.12
◇The 2007 Microsoft Office system基本演習—Word/Excel/PowerPoint（日経BPソフトプレス著作・制作，マイクロソフト株式会社監修）　2007.6
◇Microsoft Office Excel 2007—基本操作をマスターして売上一覧表や身長と体重表を作ろう！（日経パソコンで学ぶ　3）（日経BPソフトプレス著作・制作）　2007.6
◇Microsoft Office Excel 2007—住所録やゴルフスコア表、ローン計算書を作ろう！（日経パソコンで学ぶ　4）（日経BPソフトプレス著作・制作）　2007.6
◇Microsoft Office Word 2007　基本操作をマスターして表を活用した提案書を作ろう！（日経パソコンで学ぶ　5）（日経BPソフトプレス著作・制作）　2007.6
◇Microsoft Office Word 2007　図表を活用した説明書やはがきの宛名、文面を作ろう！（日経パソコンで学ぶ　6）（日経BPソフトプレス著作・制作）　2007.6
◇スキルアップMicrosoft Office Excel 2007ビジネス問題集（日経BPソフトプレス著作・制作）　2007.9
◇スキルアップMicrosoft Office Word 2007ビジネス問題集（日経BPソフトプレス著作・制作）　2007.9
◇Microsoft Office Word 2007—大活字版　総ルビ対応　基礎編（日経BPソフトプレス著作・制作，マイクロソフト株式会社監修）　2007.9
◇Microsoft Office Word 2007（Microsoft Certified Application Specialist攻略問題集）（佐藤薫，光信知子著）　2007.10
◇Microsoft Office Excel 2007（Microsoft Certified Application Specialist攻略問題集）（間久保恭子著）　2007.10
◇Microsoft Office Word 2007—大活字版　総ルビ対応　応用編（日経BPソフトプレス著作・制作，マイクロソフト株式会社監修）　2007.10
◇Microsoft Office Excel 2007—大活字版　総ルビ対応　応用編（日経BPソフトプレス著作・制作，マイクロソフト株式会社監修）　2007.10
◇Microsoft Office PowerPoint 2007（Microsoft Certified Application Specialist攻略問題集）（ジェイシーエヌ著）　2008.3
◇Microsoft Office Word 2007　第2版（Microsoft Certified Application Specialist攻略問題集）（佐藤薫，光信知子著）　2008.4
◇Microsoft Office Excel 2007　第2版（Microsoft Certified Application Specialist攻略問題集）（間久保恭子著）　2008.4
◇Microsoft Office Access 2007（Microsoft Certified Application Specialist攻略問題集）（間久保恭子，奥本晃子著）　2008.5

情報科学

◇Microsoft Windows Vista（Microsoft Certified Application Specialist対策ドリル）（ジャムハウス著）　2008.6
◇Microsoft Office Excel 2003　第2版（Microsoft Office Specialist攻略問題集）（関由紀子著）　2008.7
◇Microsoft Windows Vista（Microsoft Certified Application Specialist攻略問題集）（ジャムハウス著）　2009.1
◇スキルアップMicrosoft Office PowerPoint 2007 ビジネス問題集（山崎紅著作・制作）　2009.4
◇スキルアップMicrosoft Office Access 2007ビジネス問題集（日経BPソフトプレス著）　2009.4
◇Microsoft Office 2003—Word/Excel/PowerPoint　初級編（日経BPソフトプレス著作・制作，マイクロソフト株式会社監修）　2009.8

セレクト・ブックス　メディアセレクト　2004～2005　⇒I-70
◇IBM WebSphere Studioで始めよう簡単！JSFプログラミング―試せる！学べる！マスターできる！（村田哲也他共著）　2004.12
◇トランスナショナルカンパニー―国境を超えたマネジメント（スティーブ・チャン，ジェニー・チャン著，中川友訳）　2004.12
◇Oracle JDeveloper 10gで始めよう簡単！Javaプログラミング―これであなたもJavaエキスパート！（日本オラクル株式会社著作・監修）　2005.1
◇Oracle 10gコンテンツ管理入門―情報漏洩対策・業務生産性向上の決定版！（日本オラクル株式会社，ベルベトゥーム，ネットレックス著，日本オラクル株式会社監修）　2005.3
◇デジタル時代の経営戦略（根来竜之監訳，早稲田大学IT戦略研究所編）　2005.3

先学訪問　学士会　2005～2007
1（化学者山崎一雄編）（21世紀のみなさんへ）（山崎一雄〔述〕）　2005.11
2（経済学者都留重人編）（21世紀のみなさんへ）（都留重人〔述〕）　2006.1
3（天文学者藤田良雄編）（21世紀のみなさんへ）（藤田良雄〔述〕）　2006.3
4（法学者団藤重光編）（21世紀のみなさんへ）（団藤重光〔述〕）　2006.5
5（薬学者柴田承二編）（21世紀のみなさんへ）（柴田承二〔述〕）　2006.7
6（機械工学者鈴木弘編）（21世紀のみなさんへ）（鈴木弘〔述〕）　2006.9
7（学士会評議委員会議長平岩外四編）（21世紀のみなさんへ）（平岩外四〔述〕）　2007.1
8（経済学者小林昇編）（21世紀のみなさんへ）（小林昇〔述〕）　2007.3
9（物理学者伏見康治編）（21世紀のみなさんへ）（伏見康治〔述〕）　2007.7
10（美術史家柳宗玄編）（21世紀のみなさんへ）（柳宗玄〔述〕）　2007.11

Sengen books　千鮎社　2004～2007　⇒I-147
◇Windows快適設定（Windows研究会編）　2005.3
◇ケータイでアクセス！Web 110（Windows研究会編）　2005.4
◇Word & Excel便利技事典（Windows研究会編）　2005.12
◇Macのショートカットキー（AppleFan編）　2006.8
◇必須のホームページ　2007年版（ホームページ研究会編）　2006.11
◇Google一発検索術（グーグル研究会編）　2006.12
◇リーダーシップの法則　新装版（守谷雄司著）　2007.2

全国商業高等学校協会主催情報処理検定試験パスポート　情報処理検定研究グループ著　一橋出版　2003～2006　⇒I-70
2006（3級Excel（Windows版）対応）　2006.2
2006 1級ビジネス情報編（Excel（Windows版）対応）　2006.3
2006 2級ビジネス情報編（Excel（Windows版）対応）　2006.3

先輩が教える　カットシステム　2004～2010　⇒I-70
ser.2　論文・レポート作成に使うWord活用法―Wordを真っ当に使うためのスタイル活用テクニック（嶋貫健司著）　2004.7

情報科学

ser.3 　数式作成に使うWord活用法—Wordをさらに便利にする!数式エディタ活用テクニック(嶋貫健司著)　2004.10
ser.4 　スタイルでキメる!英語で書く論文・レポート—Wordを利用したレイアウト・スタイル設定法(豊沢聡著, 奥村秀樹英文校正)　2004.11
ser.5 　ゼミ発表, 論文プレゼンに使うPowerPoint活用法—PowerPointを使った効果的なプレゼン手法を伝授(尾崎公治著)　2004.12
ser.6 　効果的な論文発表のためのPowerPoint徹底ガイド—研究発表に使える実践テクニック(相沢裕介著)　2005.9
ser.7 　統計処理に使うExcel活用法—データ分析に使えるExcel実践テクニック(相沢裕介著)　2006.5
ser.10 　実験データ処理に使うExcel 2007活用法—はじめて使うExcelのちょっとした入門書(嶋貫健司著)　2007.6
ser.11 　論文・レポート作成に使うWord 2007活用法—Wordを真っ当に使うためのスタイル活用テクニック(嶋貫健司著)　2007.9
ser.12 　数式作成に使うWord 2007活用法(相沢裕介著)　2007.6
ser.13 　効果的な論文発表のためのPowerPoint 2007徹底ガイド—研究発表に使える実践テクニック(相沢裕介著)　2007.5
ser.14 　統計処理に使うExcel 2007活用法—データ分析に使えるExcel実践テクニック(相沢裕介著)　2007.8
ser.15 　英語で書く論文・レポートWord 2007活用法—Word 2007を利用したレイアウト・スタイル設定法(豊沢聡著, 奥村秀樹英文校正)　2007.7
ser.23 　統計処理に使うExcel2010活用法—データ分析に使えるExcel実践テクニック(相沢裕介著)　2010.10

専門分野シリーズ　アイテック情報処理技術教育センター　2005〜2008
◇セキュリティ技術　第3版(情報処理技術者試験対策書)(三好康之著, アイテック情報技術教育研究所編著, 石川英樹, 佐藤友里編)　2005.4
◇ネットワーク技術—情報処理技術者試験対策書　第5版(長谷和幸著, アイテック情報技術教育研究所編著)　2005.6
◇ネットワーク技術　第6版(長谷和幸著, アイテック情報技術教育研究所編著)　2006.4
◇情報セキュリティアドミニストレータのためのセキュリティ技術(三好康之著, アイテック情報技術教育研究所編著)　2006.7
◇情報セキュリティアドミニストレータのためのセキュリティ技術　第2版(情報処理技術者試験対策書)(三好康之著, アイテック情報技術教育研究部編著)　2008.5

叢書グリモア　三才ブックス　2006〜2007
v.1(システム編)　グリモアforウインドウズ(ファウスト・ダテ著)　2006.11
v.2(カスタマイズ編)　グリモアforウインドウズ(ファウスト・ダテ著)　2007.6

創立八十五周年記念論文集　九州大学法文学部八十五周年文学部六十周年記念事業実行委員会編　九州大学文学部　2010
上巻　2010.3
下巻　2010.3

速習Winプログラミング　技術評論社　2001〜2007　⇒I-72
◇C言語超入門—ゼロからのプログラミング　改訂版(藤森水絵著)　2007.12

速習Webデザインシリーズ　技術評論社　2005〜2006
◇Webデザイン基礎—レッスン&レッツトライ形式で基本が身につく　改訂新版(境祐司著)　2005.3
◇速習Webデザイン FLASH8—レッスン&レッツトライ形式で基本が身につく(境祐司著)　2006.2

即戦力を養成する1週間セミナー　メディア・テック出版　2007
v.1 　実習Windowsプログラミングはじめの一歩—Windowsプログラミング・Webプログラミングを始める前に知っておきたいプログラミング

のしくみ（Project KySS著） 2007.11

速効!図解シリーズ　毎日コミュニケーションズ
2004～2010　⇒I-72
◇速効!図解PowerPoint 2003 総合版（Windows XP・Office 2003対応）（吉田小貴子, 阿久津良和著） 2005.3
◇速効!図解 Photoshop Elements4.0&3.0総合版 Windows対応（BABOアートワークス著） 2006.5
◇速効!図解Photoshop & Illustrator CS2 Windows版（BABOアートワークス著） 2006.9
◇速効!図解ファイナルデータ2007（Windows 2000/XP/Vista対応　ファイナルデータ全シリーズ対応）（速効!図解シリーズ編集部著） 2006.12
◇速効!図解 Photoshop Elements 5.0 Windows版（BABOアートワークス著） 2006.12
◇速効!図解 Excel2007 総合版—Windows Vista・Office2007対応（木村幸子著） 2007.2
◇速効!図解Word & Excel 2007 基本編（Windows Vista・Office 2007対応）（東弘子, 木村幸子著） 2007.2
◇速効!図解 インターネット&メール 総合版—Windows Vista対応（荻野ケイ著） 2007.2
◇速効!図解 PowerPoint2007 総合版—Windows Vista・Office2007対応（吉田小貴子, 三井蜂一著） 2007.2
◇速効!図解 Word2007 総合版—Windows Vista・Office2007対応（東弘子著） 2007.2
◇速効!図解 Windows Vista 総合版（白鳥睦, 野々山美紀著） 2007.2
◇速効!図解Access 2007 総合版（国本温子著） 2007.3
◇速効!図解Excel 2007 関数編（Windows Vista・Office 2007対応）（森理浩, 穂積桂, 木村幸子著） 2007.5
◇速効!図解Excel 2007 VBA編（Windows Vista・Office 2007対応）（池谷京子著） 2007.5
◇速効!図解Excel 2007 データベース編（Windows Vista・Office 2007対応）（木村幸子著） 2007.5
◇速効!図解Windowsの引越しと快適活用術—XP/Vista対応（速効!図解シリーズ編集部著） 2007.8
◇速効!図解Photoshop Elements 6 Windows版（BABOアートワークス著） 2007.12
◇速効!図解HTML&CSS Windows Vista対応（森理浩著） 2008.4
◇速効!図解MovieGate 3—MovieGate 3シリーズ対応 Windows Vista/XP対応（速効!図解シリーズ編集部著） 2008.7
◇速効!図解完全復元 2008—Windows Vista/XP/2000対応（速効!図解シリーズ編集部著） 2008.7
◇速効!図解 筆ぐるめVer.16 Windows Vista/XP/2000対応（速効!図解シリーズ編集部著） 2008.9
◇速効!図解PowerPoint 2007 基本編（Windows Vista・Office 2007対応）（吉田小貴子, 三井蜂一著） 2009.1
◇速効!図解Word 2007 基本編（Windows Vista・Office 2007対応）（東弘子著） 2009.1
◇速効!図解Excel 2007 基本編（Windows Vista・Office 2007対応）（木村幸子著） 2009.1
◇速効!図解Windows Vista 基本編（白鳥睦, 野々山美紀著） 2009.1
◇速効!図解Photoshop—CS4/CS3/CS2/CS対応 Windows版（BABOアートワークス著） 2009.7
◇速効!図解Illustrator—CS4/CS3/CS2/CS対応 Windows版（BABOアートワークス著）2009.7
◇速効!図解Photoshop Elements 8—Windows版（BABOアートワークス著） 2009.11
◇速効!図解Word 2010 総合版（Windows・Office 2010対応）（東弘子著） 2010.6
◇速効!図解Excel 2010 総合版（Windows・Office 2010対応）（木村幸子著） 2010.6
◇速効!図解PowerPoint 2010 総合版（Windows・Office 2010対応）（野々山美紀, 後藤涼子, 川上恭子著） 2010.6
◇速効!図解Word & Excel 2010 総合版（Windows・Office 2010対応）（東弘子, 木村幸子著） 2010.6
◇速効!図解 Photoshop Elements9—Windows&Mac 対応（BABOアートワークス著）2010.11
総合版（Windows 7対応）（阿部香織, 土岐順子, 佐藤薫著） 2010.3
総合版　速効!図解Access 2010（Windows・Office 2010対応）（国本温子著） 2010.7

情報科学

速効!図解プログラミング　毎日コミュニケーションズ　2003～2005　⇒I-73
◇PHP+MySQL（ハーシー著）　2005.8

速効!パソコン講座　毎日コミュニケーションズ　2007～2009
◇インターネット＆メール―Windows Vista対応（速効!パソコン講座編集部編著）　2007.6
◇パソコン入門―Windows Vista対応（速効!パソコン講座編集部編著）　2007.6
◇パワーポイント2007 Windows Vista対応（速効!パソコン講座編集部編著）　2009.1
◇エクセル関数 Excel2007/2003/2002対応（速効!パソコン講座編集部編著）　2009.1

速効!ポケットマニュアル　毎日コミュニケーションズ　2005～2008
◇Word基本ワザ＆便利ワザ―2003 & 2002対応 Windows XP版（東弘子著）　2005.6
◇Excel基本ワザ＆便利ワザ―2003 & 2002対応 Windows XP版（プロジェクトA著）　2005.6
◇Excel関数小事典―2003 & 2002対応 Windows XP版（桜葉子著）　2005.6
◇PowerPoint基本ワザ＆便利ワザ―2003 & 2002対応 Windows XP版（プロジェクトA著）　2005.6
◇Windows XP基本ワザ＆便利ワザ―SP2対応版（阿久津良和著）　2006.2
◇Excelグラフ基本ワザ＆便利ワザ―2003 & 2002対応Windows XP版（プロジェクトA著）　2006.2
◇Windows XPショートカット―SP2対応版（阿久津良和著）　2006.3
◇Word & Excelショートカット―2003 & 2002対応Windows XP版（きたみあきこ著）　2006.3
◇HTML & CSS―HTML 4.01&CSS 2対応（森理浩著）　2006.8
◇Excel集計基本ワザ＆便利ワザ―2003&2002対応 Windows XP版（プロジェクトA著）　2006.8
◇Excel関数小事典―2007対応版 2007 & 2003 & 2002対応Windows Vista版（不二桜著）　2008.2
◇PowerPoint 2007基本ワザ＆便利ワザ―Windows Vista版（野々山美紀，白鳥睦，木下貴博著）　2008.7
◇Windows Vista基本ワザ＆便利ワザ―全エディション対応（野々山美紀，白鳥睦，橋本明子著）　2008.7
◇Word 2007基本ワザ＆便利ワザ―Windows Vista版（東弘子著）　2008.7
◇Excel 2007基本ワザ＆便利ワザ―Windows Vista版（工藤喜美枝著）　2008.8

ソフトウェアエンジニアリング講座　ITトップガン育成プロジェクト著　日経BP社　2007
1（ソフトウェア工学の基礎）　2007.2
2（システム開発プロジェクト）　2007.2
3（プログラミング）　2007.2
4（オープンシステム技術）　2007.2

ソフトウェア実践講座　ソフトバンククリエイティブ　2006～2009
1　実践プログラミング　入門編（田中達彦著）　2006.2
2　コンパイラ入門―C#で学ぶ理論と実践（冨沢高明著）　2006.2
3　ゼロからはじめるプログラミング―未経験者のためのソフトウェア作成の基礎知識（田中達彦著）　2006.9
4　ディジタル信号処理の基本と応用（本郷哲，菅野裕佳，田中達彦著）　2008.10
5　ゼロからはじめるプログラミング―未経験者のためのソフトウェア作成の基礎知識　第2版（田中達彦著）　2009.2

ソフトウェアテクノロジーシリーズ　共立出版　1999～2005　⇒I-73
4　ソフトウェアアーキテクチャ―アーキテクチャとドメイン指向トラック（岸知二，野田夏子，深沢良彰著，青山幹雄，佐伯元司，深沢良彰，本位田真一編）　2005.6

ソフトウェアに関する調査報告書　電子情報技術産業協会ソフトウェア事業委員会編　電子情報技術産業協会ソフトウェア事業委員会　2007～2010

総記　　　　　　　　　　　　　　　　　　　　　　　　　　　情報科学

平成18年度1　ソフトウェア技術者の育成に関する調査報告と提言　2007.3
平成18年度2　組込み系ソフトウェア開発の課題分析と提言　2007.3
平成18年度3　ソフトウェアリソースの最適活用に関する調査報告書―国内・海外メーカのオフショア活用実態調査結果　2007.3
平成19年度1　ソフトウェア技術者の育成に関する調査報告書と提言　2008.3
平成19年度2　組込み系ソフトウェア開発の課題分析と提言―大規模化、複雑化、短納期化、多機種化の波にどのように立ち向かうべきか　2008.3
平成19年度3　ソフトウェアリソースの最適活用に関する調査報告書―効果的なオフショア活用に向けて　2008.3
平成20年度1　「ソフトウェア産業の地位向上」に向けた活動報告書　2009.3
平成20年度2　組込み系ソフトウェア開発の課題分析と提言―開発スピードアップを阻害する要因の実態分析　2009.3
平成20年度3　インド・ベトナムにおけるオフショア実態調査報告　2009.3
平成21年度1　ソフトウェア産業の活性化に向けた活動報告書　2010.3
平成21年度2　組込み系ソフトウェア開発の課題分析と提言―開発スピードアップを阻害する要求定義と設計での要因の分析　2010.3
平成21年度3　地方都市のソフトウェアパークの実態調査報告　2010.3

ソフトウェアの匠　日経BP社　2004～2005
◇プログラミング言語からソフトウェア特許まで日本の第一人者が技術の核心を解き明かす（まつもとゆきひろ〔ほか〕共著，日経バイト編集編）　2004.10
2（新井悠，吉松史彰，土井美和子，浅川智恵子，萩原正義，浅海智晴，高田広章，飯田貴光共著，日経バイト編集編）　2005.12

ソフトウェアプロセス改善入門講座　井阪秀高監修　工学研究社　2003
第1分冊　ソフトウェアプロセス改善概要（井阪秀高，梅谷重三執筆）　2003.8
第2分冊　ソフトウェアプロセス改善の進め方（井阪秀高，梅谷重三執筆）　2003.9
第3分冊　ソフトウェアプロセス改善に必要なプロジェクト管理（井阪秀高，梅谷重三執筆）　2003.10

ソリューションサービスに関する調査報告書　電子情報技術産業協会　2004～2010
平成15年度（電子情報技術産業協会編）　2004.3
平成16年度1　概要（電子情報技術産業協会編）　2005.3
平成16年度2　SLA/SLMに関する調査（電子情報技術産業協会編）　2005.3
平成16年度3　ソリューションサービス標準化に関する調査（電子情報技術産業協会編）　2005.3
平成17年度1　エグゼクティブサマリ（電子情報技術産業協会編）　2006.3
平成17年度2　民間企業のためのEA実践ガイド―実態調査に基づくEAの導入・活用・評価（電子情報技術産業協会編）　2006.3
平成17年度3　ITサービスリスクマネージメントとSLA―利用者と提供者のための「ITサービスリスクマネージメント」（電子情報技術産業協会編）　2006.3
平成19年度1　IT内部統制に関する調査報告書―IT内部統制の為の統制項目表の活用（電子情報技術産業協会ソリューションサービス事業委員会〔著〕，電子情報技術産業協会編）　2008.3
平成19年度2　SLA適用領域の拡大に関する調査報告書―民間向けITシステムのSLAガイドライン・追補版：SaaS対応編　ソフトウェア開発におけるSLA（電子情報技術産業協会ソリューションサービス事業委員会〔著〕，電子情報技術産業協会編）　2008.3
平成20年度1　IT内部統制に関する調査報告書―IT内部統制の為の統制項目表および、内部統制を支援するITツール適用項目表の活用（電子情報技術産業協会ソリューションサービス事業委員会〔著〕，電子情報技術産業協会編）　2009.3
平成20年度2　SLA適用領域の拡大に関する調査報告書―ソフトウェア開発におけるSLAの活用　グリーンIT領域へのSLA適用（電子情報技術産業

業協会ソリューションサービス事業委員会〔著〕，電子情報技術産業協会編） 2009.3
平成20年度 3 情報システム政府調達に関する調査報告書―ベストバリュー調達に向けた日米の政府調達制度の比較（電子情報技術産業協会ソリューションサービス事業委員会〔著〕，電子情報技術産業協会編） 2009.3
平成21年度 1 SLA適用領域の拡大に関する調査報告書―経営者視点・利用者視点のSLA（電子情報技術産業協会ソリューションサービス事業委員会〔著〕，電子情報技術産業協会編） 2010.3
平成21年度 2 情報システムの環境配慮に関する検討報告書（電子情報技術産業協会ソリューションサービス事業委員会〔著〕，電子情報技術産業協会編） 2010.3

ダイヤモンド 早わかりブックス　ダイヤモンド社　2009
◇情報モラルの基礎知識―ネット時代のビジネスマナー（ダイヤモンド社企業情報編集部編，コンピュータソフトウェア著作権協会編著） 2009.3

台湾デジタルコンテンツ産業　交流協会　2004～2005　⇒I-75
3　台湾のモバイルコンテンツ動向（交流協会） 2005.3

高橋麻奈のやさしいシリーズ　ソフトバンクパブリッシング　2005
◇やさしいJava　第3版（高橋麻奈著） 2005.9

ためしてナットクSQL　長谷川裕行著　ソフトバンククリエイティブ　2006
基礎編（データベースがよくわかる） 2006.8
応用編（データベースがよくわかる） 2006.9

誰でもできるVBA完全マスター　メディア・テック出版　2006
上級テクニック編（Excel 2000/2002/2003対応）（飯島弘文著） 2006.11

知能システムシンポジウム資料　計測自動制御学会　計測自動制御学会　1999～2010　⇒I-75
第33回　c2006

第34回　c2007
第35回　c2008
第36回　c2009
第37回　2010.3

知の科学　オーム社　2005～2009
◇オントロジー工学（溝口理一郎著，人工知能学会編） 2005.1
◇進化論的計算手法（伊庭斉志著，人工知能学会編） 2005.1
◇テキスト自動要約（奥村学，難波英嗣共著，人工知能学会編） 2005.3
◇コミュニケーションロボット（石黒浩，宮下敬宏，神田崇行共著，人工知能学会編） 2005.4
◇意思決定支援とネットビジネス（藤本和則編著，本村陽一，松下光範，庄司裕子共著，人工知能学会編） 2005.10
◇言語・知識・信念の論理（東条敏著，人工知能学会編） 2006.3
◇知性の創発と起源（鈴木宏昭編，人工知能学会編） 2006.7
◇福祉と情報技術（市川熹，手嶋教之共著，人工知能学会編） 2006.9
◇音声対話システム（河原達也，荒木雅弘共著，人工知能学会編） 2006.10
◇サポートベクターマシン（小野田崇著，人工知能学会編） 2007.8
◇創造活動支援の理論と応用（堀浩一著，人工知能学会編） 2007.9
◇スキルサイエンス入門―身体知の解明へのアプローチ（古川康一編著，人工知能学会編） 2009.3
◇社会知デザイン（西田豊明，角康之，松村真宏共著） 2009.6
◇記述論理とWebオントロジー言語（兼岩憲著） 2009.8
◇多人数インタラクションの分析手法（坊農真弓，高梨克也共編） 2009.9

知の連環　翔泳社　2006
1　Puzzles for hackers―スクリプトキディから大人のハッカーへ（イワン・スクリャロフ著，鷹跌搗浤訳） 2006.8

総 記　　　　　　　　　　　　　　　　　　　　　　　　　　　　　　情報科学

中国IT白書　サーチナ総合研究所企画編集　サーチナ　2005〜2006
2005-2006　2005.10
2006-2007　2006.10

中国IT白書　日本能率協会総合研究所　2002〜2004
2002　2002.10
2004-2005　2004.11

超図解資格　エクスメディア　2005〜2007
◇Microsoft Office Specialist教本Excel 2003 Expert（伝直文, エクスメディア共著）　2005.5
◇初級シスアド試験完全分析最新過去問題集　平成17年度 秋期版（野々山隆幸, 太田幸雄, 柳田義継, 吉田健一郎監修, エクスメディア著）　2005.5
◇基本情報技術者試験完全分析最新過去問題集　平成17年度 秋期版（野々山隆幸, 神保雅人, 久保雄二監修, エクスメディア著）　2005.5
◇Microsoft Office Specialist教本Word 2003 Expert（伝直文, エクスメディア共著）　2005.6
◇初級シスアド試験完全対策　平成17年度 秋期版（野々山隆幸, 太田幸雄, 柳田義継, 吉田健一郎監修, エクスメディア著）　2005.6
◇基本情報技術者試験完全対策　平成17年度 秋期版（野々山隆幸, 神保雅人, 久保雄二監修, エクスメディア著）　2005.6
◇初級シスアド試験完全マスター　平成17年度 秋期版（野々山隆幸, 太田幸雄, 柳田義継, 吉田健一郎監修, エクスメディア著）　2005.6
◇初級シスアド試験完全分析最新過去問題集　平成18年度 春期版（野々山隆幸, 太田幸雄, 柳田義継, 吉田健一郎監修, エクスメディア著）　2005.11
◇基本情報技術者試験完全分析最新過去問題集　平成18年度 春期版（野々山隆幸, 神保雅人, 久保雄二監修, エクスメディア著）　2005.11
◇初級シスアド試験完全対策　平成18年度 春期版（野々山隆幸, 太田幸雄, 柳田義継, 吉田健一郎監修, エクスメディア著）　2005.12
◇初級シスアド試験完全マスター　平成18年度 春期版（野々山隆幸, 太田幸雄, 柳田義継, 吉田健一郎監修, エクスメディア著）　2005.12
◇基本情報技術者試験完全対策　平成18年度 春期版（野々山隆幸, 神保雅人, 久保雄二監修, エクスメディア著）　2005.12
◇基本情報技術者試験完全マスター　平成18年度 春期版（野々山隆幸, 神保雅人, 久保雄二監修, エクスメディア著）　2005.12
◇ソフトウェア開発技術者試験完全マスター　平成18年度版（五十嵐聡著）　2006.5
◇初級シスアド試験完全分析最新過去問題集　平成18年度 秋期版（野々山隆幸, 太田幸雄, 柳田義継, 吉田健一郎監修, エクスメディア著）　2006.5
◇基本情報技術者試験完全分析最新過去問題集　平成18年度 秋期版（野々山隆幸, 神保雅人, 久保雄二, 成川忠之監修, エクスメディア著）　2006.5
◇初級シスアド試験完全対策　平成18年度 秋期版（野々山隆幸, 太田幸雄, 柳田義継, 吉田健一郎監修, エクスメディア著）　2006.6
◇基本情報技術者試験完全対策　平成18年度 秋期版（野々山隆幸, 神保雅人, 久保雄二, 成川忠之監修, エクスメディア著）　2006.6
◇初級シスアド試験完全マスター　平成18年度 秋期版（野々山隆幸, 太田幸雄, 柳田義継, 吉田健一郎監修, エクスメディア著）　2006.6
◇基本情報技術者試験完全マスター　平成18年度 秋期版（野々山隆幸, 神保雅人, 久保雄二, 成川忠之監修, エクスメディア著）　2006.6
◇基本情報技術者試験完全分析最新過去問題集　平成19年度 春期版（瀬戸稔代, 中家裕之, 村上博, 斎藤健一著）　2006.11
◇初級シスアド試験完全分析最新過去問題集　平成19年度 春期版（村上博, 中家裕之, 瀬戸稔代, 斎藤健一著）　2006.11
◇初級シスアド試験完全対策　平成19年度 春期版（中家裕之, 江幡尚之監修, エクスメディア著）　2006.12
◇初級シスアド試験完全マスター　平成19年度 春期版（中家裕之, 江幡尚之監修, エクスメディア著）　2006.12
◇基本情報技術者試験完全対策　平成19年度 春期版（中家裕之, 江幡尚之監修, エクスメディア著）　2006.12

情報科学　　　　　　　　　　　　　　　　　　　総記

◇基本情報技術者試験完全マスター　平成19年度春期版（中家裕之，江幡尚之監修，エクスメディア著）2006.12
◇初級シスアド試験完全分析最新過去問題集　平成19年度 秋期版（村上博，中家裕之，斎藤健一，瀬戸稔代著）2007.6
◇基本情報技術者試験完全分析最新過去問題集 平成19年度 秋期版（瀬戸稔代，中家裕之，斎藤健一，村上博著）2007.6
◇初級シスアド試験完全マスター　平成19年度 秋期版（中家裕之，江幡尚之著）2007.6
◇初級シスアド試験完全対策　平成19年度 秋期版（中家裕之，江幡尚之著）2007.6
◇基本情報技術者試験完全マスター　平成19年度 秋期版（中家裕之，江幡尚之著）2007.6
◇基本情報技術者試験完全対策　平成19年度 秋期版（中家裕之，江幡尚之著）2007.6
◇ソフトウェア開発技術者試験完全マスター　平成19年度版（五十嵐聡著）2007.8

超図解シリーズ　エクスメディア　2005～2007
◇超図解 Excel マクロ&VBAプログラミング―EXCEL2000/2002/2003対応（C&R研究所著）2005.1
◇超図解 Microsoft Office Specialist教本 Excel 2003（伝直文，エクスメディア共著）2005.1
◇超図解 Microsoft Office Specialist問題集 Excel 2003（伝直文，エクスメディア共著）2005.1
◇超図解 Wordで困った こんなときどうする?（エクスメディア著）2005.1
◇超図解 Excelで困った こんなときどうする?（エクスメディア著）2005.1
◇超図解 Access基本操作ハンドブック―Access2000/2002/2003対応（C&R研究所著）2005.2
◇超図解 Photoshop Elements3.0 for Windows & Macintosh（エクスメディア著）2005.2
◇超図解一太郎2005（エクスメディア著）2005.2
◇超図解 わかりやすいAccess入門（エクスメディア著）2005.3
◇超図解 デジカメ写真超活用術 Photoshop Elements 3.0編（エクスメディア著）2005.3
◇超図解 ExcelとOLAPによるデータ分析入門（エクスメディア著）2005.4
◇超図解 パソコンとパソコンのつなぎ方―Windows XP SP2対応版（エクスメディア著）2005.4
◇超図解 わかりやすい最新ノートパソコン入門（エクスメディア著）2005.5
◇超図解電子メールOutlook Express 6 総合編（Windows XP SP2対応版）（エクスメディア著）2005.6
◇超図解 わかりやすいWindows XP―Home Edition/Professional SP2対応版（エクスメディア著）2005.7
◇超図解 Photoshop CS2 for Windows & Macintosh（エクスメディア著）2005.8
◇超図解 Illustrator CS2 for Windows & Macintosh（エクスメディア著）2005.8
◇超図解 デジタル家計簿 てきぱき家計簿マム5（エクスメディア著）2005.9
◇超図解 仕事で使えるExcelの関数と表示形式（エクスメディア著）2005.9
◇超図解 わかりやすい最新パソコン用語集（エクスメディア著）2005.9
◇超図解 筆まめ Ver.16（エクスメディア著）2005.10
◇超図解 筆王2006 公式ガイドブック（エクスメディア著）2005.10
◇超図解Photoshop Elements 4.0 総合編（エクスメディア著）2005.11
◇超図解 インターネット&電子メール 総合編（Windows XP SP2対応版）（エクスメディア著）2005.11
◇超図解 わかりやすい最新デジカメ入門Windows XP SP2対応版（エクスメディア著）2005.12
◇超図解ホームページ・ビルダー10 総合編（エクスメディア著）2005.12
◇超図解 iPod & iTunesのそこが知りたい!（エクスメディア著）2005.12
◇超図解 HTML & CSSリファレンス（エクスメディア著）2006.1
◇超図解Word & Excel & PowerPoint 2003 基礎完全解説編（Office 2003対応）（エクスメディア

◇超図解 無料で簡単!ホームページ&ブログ作成入門(エクスメディア著) 2006.2
◇超図解 カナ引きパソコン用語事典(エクスメディア著) 2006.2
◇超図解 Flash 8 Basic&Professional対応(ゲイザー著) 2006.3
◇超図解 無料で簡単!ブログ作成&活用ガイド(エクスメディア著) 2006.3
◇超図解 誰でもわかる!イー・トレード証券でネット株(安田耕一郎編著,岩田智也著) 2006.3
◇超図解 HTMLとスタイルシートと少しだけJavaScriptでつくるホームページ入門(エクスメディア著) 2006.4
◇超図解 フローチャートでわかる新人SEのための会計&業務の基礎知識(岩谷誠治著) 2006.4
◇超図解 誰でもわかる!カブドットコム証券でネット株(安田耕一郎編著) 2006.4
◇超図解 誰でもわかる!松井証券でネット株(安田耕一郎,ネットストック研究会編著) 2006.5
◇超図解 誰でもわかる!マネックス証券でネット株(スタジオダンク編著) 2006.5
◇超図解 誰でもわかる!楽天証券でネット株(スタジオダンク編著) 2006.6
◇超図解 HTML&CSS辞典(ユニゾン著) 2006.6
◇超図解 ネット株のためのパソコン入門―パソコン・ネット株の覚えておきたい用語集を収録!(エクスメディア著) 2006.7
◇超図解 誰でもわかる!ジョインベスト証券でネット株(安田耕一郎,ネットストック研究会編著) 2006.7
◇超図解Excel 2003 関数編(エクスメディア著) 2006.7
◇超図解 自作だからできる!最強パソコンの作り方―16万円で作る高速&省エネPC(エクスメディア著) 2006.7
◇超図解 Web2.0がわかる!100のキーワード(ユニゾン著,エクスメディア編) 2006.8
◇超図解 日本版Web2.0最前線(加藤智明,永島穂波著) 2006.8
◇超図解 誰でもわかる!株式チャート超入門(岩本秀雄著) 2006.8
◇超図解 パソコンの素朴な疑問(PC雑学倶楽部著) 2006.9
◇超図解 筆まめVer.17(エクスメディア著) 2006.10
◇超図解 筆王2007公式ガイドブック(エクスメディア著) 2006.10
◇超図解 誰でもわかる!ネットで始めるFX(辻村多佳志著) 2006.10
◇超図解 Web2.0グーグルアースで地球を遊ぼう!(上田真,エクスメディア共著) 2006.11
◇超図解 3万円で始める信用取引!(安田耕一郎,ネットストック研究会) 2006.11
◇超図解 Web2.0グーグル活用の極意(エクスメディア著) 2006.11
◇超図解Photoshop Elements 5.0 総合編(エクスメディア著) 2006.12
◇超図解ホームページ・ビルダー11 総合編(エクスメディア著) 2006.12
◇超図解 WindowsVista新機能ガイド―これだけで使いこなす!(エクスメディア著) 2007.1
◇超図解Word 2007 総合編(エクスメディア著) 2007.1
◇超図解Windows Vista Home 総合編(エクスメディア著) 2007.1
◇超図解 Excel2007で困った!こんなときどうする?(エクスメディア著) 2007.1
◇超図解 Word2007で困った!こんなときどうする?(エクスメディア著) 2007.1
◇超図解インターネット&電子メール 総合編(Windows Vista対応)(エクスメディア著) 2007.2
◇超図解 Excel 2007関数小事典―Excel 2000/2002/2003/2007対応(エクスメディア著) 2007.2
◇超図解Excel 2007 関数編(エクスメディア著) 2007.3
◇超図解 わかりやすいWord2007―Windows Vista対応(エクスメディア著) 2007.3
◇超図解 わかりやすいデジカメ入門―Windows Vista対応(エクスメディア著) 2007.3
◇超図解 わかりやすいインターネット&電子メール入門―Windows Vista対応(エクスメディア

情報科学

総記

著) 2007.3
◇超図解 わかりやすいWindows Vista(エクスメディア著) 2007.3
◇超図解 わかりやすいパソコン用語集—Windows Vista対応 三訂版(エクスメディア著) 2007.4
◇超図解 わかりやすいExcel2007(エクスメディア著) 2007.4
◇超図解 パソコンとパソコンのつなぎ方—Windows Vista対応(エクスメディア著) 2007.4
◇超図解 インターネット&電子メールで困った!こんなときどうする?—Windows Vista対応(エクスメディア著) 2007.4
◇超図解 Web2.0グーグルアースで地球を遊ぼう! 増補改訂版(沢村徹,エクスメディア共著) 2007.4
◇超図解 カタカナパソコン用語事典—Windows Vista対応(エクスメディア著) 2007.4
◇超図解 Windows Vistaで困った!こんなときどうする?—Windows Vista対応(エクスメディア著) 2007.6
◇超図解 パソコンで困った!こんなときどうする?—Windows Vista対応(エクスメディア著) 2007.6
◇超図解Excel 2007 グラフ編(Windows Vista対応)(エクスメディア著) 2007.6
◇超図解 わかりやすいAccess 2007—Windows Vista対応(エクスメディア著) 2007.6
◇超図解 Excel関数ハンドブック—Excel 2007 & 2003 & 2002対応(エクスメディア著) 2007.6
◇超図解PowerPoint 2007 総合編(Windows Vista対応)(エクスメディア著) 2007.6
◇超図解Windowsメール 総合編(Windows Vista対応)(エクスメディア著) 2007.6
◇超図解Word & Excel 2007 基本編(Windows Vista対応)(エクスメディア著) 2007.8
◇超図解Web2.0 セカンドライフで稼ぐ方法A to Z(松浦秀俊著) 2007.8
◇超図解 筆まめVer.18(エクスメディア著) 2007.9
◇超図解 Adobe Photoshop CS3 for Windows & Macintosh(エクスメディア著) 2007.9

◇超図解 Adobe Illustrator CS3 for Windows & Macintosh(エクスメディア著) 2007.9
◇超図解 蘇れ!XPノート(エクスメディア著) 2007.11
◇超図解Web 2.0グーグルアースでもっと地球を遊ぼう! 徹底活用編(日本語版ver.4.2(2007年9月))(沢村徹,エクスメディア共著) 2007.11
総合編(エクスメディア著) 2007.1

超図解ビギナーズシリーズ エクスメディア 2005~2007
◇超図解ビギナーズ ワード(エクスメディア著) 2005.4
◇超図解ビギナーズ エクセル(エクスメディア著) 2005.4
◇超図解ビギナーズ パソコン入門 2005.5
◇超図解ビギナーズ インターネット&メール(エクスメディア著) 2005.5
◇超図解ビギナーズ デジカメ(エクスメディア著) 2005.5
◇超図解ビギナーズ ウィンドウズXP(エクスメディア著) 2005.5
◇超図解ビギナーズ パワーポイント(エクスメディア著) 2005.11
◇超図解ビギナーズ エクセル関数—Excel 2003 & 2002版 WindowsXP対応(エクスメディア著) 2006.1
◇超図解ビギナーズ ブログを作ろう!—基本操作から便利なテクニックまで図解でよくわかる。Windows XP対応(エクスメディア著) 2006.2
◇超図解ビギナーズ デジカメ新版(エクスメディア著) 2006.4
◇超図解ビギナーズ DVD活用—Windows XP対応(エクスメディア著) 2006.5
◇超図解ビギナーズ ウィンドウズビスタ(エクスメディア著) 2006.12
◇超図解ビギナーズ パソコン入門 Windows Vista対応(エクスメディア著) 2006.12
◇超図解ビギナーズ インターネット&メール—Windows Vista対応(エクスメディア著) 2007.1

情報科学

◇超図解ビギナーズ ワード Word2007版―Windows Vista対応（エクスメディア著） 2007.1
◇超図解ビギナーズ エクセル Excel2007版―Windows Vista対応（エクスメディア著） 2007.1
◇超図解ビギナーズ エクセル関数 Excel2007版 Windows Vista対応（エクスメディア著） 2007.2
◇超図解ビギナーズ デジカメ Windows Vista対応（エクスメディア著） 2007.2
◇超図解ビギナーズ パワーポイント―PowerPoint 2007版（エクスメディア著） 2007.4

超図解mini エクスメディア著 エクスメディア 2004～2007 ⇒I-76

2007（エクスメディア著） 2006.10
◇Access基本操作&テクニック 2005.2
◇iPod shuffleオーナーズガイド 2005.3
◇モバイル&インターネットの達人 2005.4
◇PSP徹底活用ガイド 2005.4
◇iPod photoオーナーズガイド 2005.5
◇初級シスアド試験 平成17年度版 2005.5
◇パソコン・周辺機器・デジタル家電のカタログが読める本 2005.6
◇Mac mini & Mac OS 10 Tiger 2005.6
◇基本情報技術者試験 平成17年度版 2005.6
◇Excel小技裏技便利技 2005.7
◇ウォークマンスティック&スクエア徹底活用ガイド 2005.7
◇Word小技裏技便利技 2005.8
◇iPod nano & iPodオーナーズガイド―iTunes Music Store対応版 2005.10
◇PSP徹底活用ガイド―システムソフトウェアバージョン2.50対応 2005.12
◇ゲームボーイミクロ+PLAY-YAN microでビデオ& MP3を楽しむ本 2005.12
◇Everio & CyberLink DVD Solution徹底活用ガイド 2005.12
◇W-ZERO 3徹底活用ガイド 2006.1
◇初級シスアド試験 平成18年度版 2006.1
◇基本情報技術者試験 平成18年度版 2006.1
◇iPodオーナーズガイド―ビデオ& iTunes 6対応版 2006.2
◇PowerPoint小技・裏技・便利技 2006.3
◇Excelマクロ& VBA―Excel 2000/2002/2003対応 2006.3
◇W-ZERO 3 expert guide 2006.3
◇魅せるExcelグラフ 2006.4
◇Acrobat 7.0 & PDF作成・活用テクニック 2006.6
◇W-ZERO 3「es」徹底活用ガイド 2006.9
◇iPod nanoオーナーズガイド―iTunes 7対応版 2006.10
◇iPodオーナーズガイド ビデオ& iTunes 7対応版 2006.10
◇初級シスアド試験 平成19年度版 2006.12
◇基本情報技術者試験 平成19年度版 2006.12
◇Excel 2007の基本 2007.2
◇Word 2007の基本 2007.2
◇Windows Vista & Office 2007ショートカットキー事典 2007.2
◇Acrobat 8 & PDF作成・活用テクニック 2007.2
◇Internet Explorer 7の基本 2007.3
◇これだけは覚えたいExcel 2007関数50選 2007.3
◇Excel 2007小技・裏技・便利技 2007.4
◇Windows Vista便利技57選 2007.4
◇PowerPoint 2007小技裏技便利技―Windows Vista対応 2007.5
◇Word 2007小技裏技便利技―Windows Vista対応 2007.5
◇初級シスアド試験最重要問題集 平成19年度版（中家裕之，江幡尚之著） 2007.5
◇PowerPoint 2007の基本―Windows Vista対応 2007.6
◇グーグル検索&活用ガイド 2007.6
◇エクセル2007で文書作成―Windows Vista対応 2007.6
◇基本情報技術者試験最重要問題集 平成19年度版（中家裕之，江幡尚之著） 2007.6
◇ソフトウェア開発技術者試験最重要問題集 平成19年度版（五十嵐聡著） 2007.6
◇ヤフー!検索&活用ガイド 2007.7

情報科学

◇モバオク─携帯オークション（月野るな著）2007.9

◇FONで無線LAN　2007.9

◇魅せるExcel 2007グラフ─Windows Vista対応　2007.9

◇iPod nanoオーナーズガイド─iTunes 7.4対応版（かぶらやプロダクション著）　2007.11

◇iPod classicオーナーズガイド─iTunes 7.4対応版（かぶらやプロダクション著）　2007.11

超図解もっとわかりやすい超入門シリーズ　エクスメディア　2007

◇超図解　もっとわかりやすいパソコン超入門─Windows Vista対応（エクスメディア著）　2007.2

超図解わかりやすいシリーズ　エクスメディア　2007

◇超図解　わかりやすいパソコン入門─Windows Vista対応（エクスメディア著）　2007.2

◇超図解　わかりやすいノートパソコン入門─Windows Vista対応（エクスメディア著）　2007.2

◇超図解　わかりやすいPowerPoint2007─Windows Vista対応（エクスメディア著）　2007.4

追跡！ネットワークセキュリティ24時　アイ・ディ・ジー・ジャパン　2006

◇追跡！ネットワークセキュリティ24時（山羽六著, 吉田聡編）　2006.4

第2巻（山羽六著, 吉田聡編）　2006.11

使えるJavaテキストシリーズ　シンパシー編著　コマップ　2007〜2008

1　コンピューターシステム入門　2007.9
2　Javaプログラミング基礎　上　2007.9
3　Javaプログラミング基礎　下　2007.9
4　Javaプログラミング応用　上　2007.11
5　Javaプログラミング応用　下　2007.11
6　Webプログラミング　2008.2
7　JSP/サーブレットプログラミング　2008.2
8　データベースプログラミング　2008.5
9　システム開発演習　2008.5

作って覚えるOffice 2007教室　日経BP社　2007〜2009

Excel編 v.1（日経パソコン編集編）　2007.4
Excel編 v.2（日経パソコン編集編）　2008.3
Excel編 v.3（日経パソコン編集編）　2009.3
Word編 v.1（日経パソコン編）　2007.4
Word編 v.2（日経パソコン編集編）　2008.3
Word編 v.3（日経パソコン編集編）　2009.3

ディジタルメディア処理　三恵社　2006

1（大関和夫著）　2006.9

できるクリエイターシリーズ　インプレスジャパン　2007〜2009

◇できるクリエイターDreamweaver独習ナビ─CS3/8対応（鷹野雅弘, できるシリーズ編集部著, 益子貴寛監修）　2007.9

◇できるクリエイターIllustrator独習ナビ─CS3/CS2/CS対応（藤浦一理, できるシリーズ編集部著）　2007.10

◇できるクリエイターPhotoshop独習ナビ─CS3/CS2/CS対応（古岡ひふみ, できるシリーズ編集部著）　2008.1

◇Photoshopデザイン事典─クリエイターの困ったに答える本　CS4/CS3/CS2/CS/7対応　Windows & Mac対応（できるクリエイター逆引きリファレンス）（スタジオイー・スペース, できるシリーズ編集部著）　2009.3

◇できるクリエイターPhotoshop独習ナビ─CS4/CS3/CS2/CS/7対応（古岡ひふみ, できるシリーズ編集部著）　2009.4

◇できるクリエイターIllustrator（イラストレータ）独習ナビ─CS4/CS3/CS2/CS対応（藤浦一理, できるシリーズ編集部著）　2009.5

◇できるクリエイターFlash独習ナビ─CS4/CS3 & ActionScript 3.0対応　Windows & Mac対応（Brandnewtoday, できるシリーズ編集部著）　2009.9

◇できるクリエイターペイントツールSAI独習ナビ（鈴木誠, 籾殻, できるシリーズ編集部著）　2009.9

できるシリーズ　インプレスジャパン，インプレスコミュニケーションズ〔発売〕　2004～2010

◇できるホームページ作成入門 はじめてでもわかる本（山田祥平，できるシリーズ編集部著）　2005.1

◇できるウイルス対策＆セキュリティ―Norton Internet Security 2005対応（一ヶ谷兼乃，広野忠敏，できるシリーズ編集部著）　2005.2

◇できるインターネット＆電子メール―WindowsXP SP2対応（山田祥平，できるシリーズ編集部著）　2005.2

◇できるパソコンの「困った！」に答える本―Windows XP SP2対応（広野忠敏，できるシリーズ編集部著）　2005.2

◇できるVAIO完全活用編―2005年モデル対応（小寺信良，法林岳之，できるシリーズ編集部著）　2005.2

◇できる一太郎2005（嘉本須磨子，できるシリーズ編集部著）　2005.2

◇できるWord & Excel & PowerPoint2003―WindowsXP対応（井上香緒里，できるシリーズ編集部著）　2005.3

◇できるインターネット＆メールの「困った！」に答える本 Windows XP SP2対応（清水理史，できるシリーズ編集部著）　2005.4

◇できる100ワザ アフィリエイト―ホームページでがっちり稼ぐ実践ノウハウ（小林智子，杉村崇，和田亜希子，できるシリーズ編集部著）　2005.6

◇できるブログ―gooブログ対応（田口和裕，できるシリーズ編集部著）　2005.7

◇できる100ワザ ネット株―手軽にはじめて賢く儲ける！投資テクニック（大竹のり子，できるシリーズ編集部著）　2005.9

◇できるYahoo!オークション　改訂版（堀切美加，できるシリーズ編集部著）　2005.9

◇できるiPod & iTunesの「困った！」に答える本 Windows XP & Mac OS X対応（小寺信良，できるシリーズ編集部著）　2005.10

◇できるデジタル一眼レフ―EOS Kiss Digital N対応（岡嶋和幸，できるシリーズ編集部著）　2005.10

◇できるHPパソコン―Windows XP対応（法林岳之，一ヶ谷兼乃，清水理史，できるシリーズ編集部著，HP教育サービス本部監修）　2005.10

◇できるCD&DVD作成 DigitalMedia対応（小寺信良，できるシリーズ編集部著）　2005.11

◇できる東芝ノートパソコン コスミオ対応（山田祥平，できるシリーズ編集部著）　2005.11

◇できるPhotoshop Elements4.0 Windows版（須和方博，かわせかよこ，できるシリーズ編集部編）　2005.12

◇できるXbox360公式ガイド（清水理史，できるシリーズ編集部著）　2005.12

◇できるNikon D50&D70s（岡嶋和幸，できるシリーズ編集部著）　2005.12

◇できるホームページ・ビルダー10（広野忠敏，できるシリーズ編集部著）　2005.12

◇できる一太郎2006 Windows版（嘉本須磨子，できるシリーズ編集部著）　2006.2

◇できるPowerPointの「困った！」に答える本―2003/2002対応（井上香緒里，できるシリーズ編集部著）　2006.3

◇できるパソコンのお引っ越し―Windows 98 SE/2000/Me/XPからWindows XPへ（清水理史，できるシリーズ編集部編）　2006.3

◇できるデジカメの「困った！」に答える本―Windows XP対応（岡嶋和幸，できるシリーズ編集部著）　2006.3

◇改訂版 できる式問題集 Microsoft Office Specialist問題集 Excel 2003エキスパート（プロジェクトA，国本温子共著）　2006.3

◇できるViivパソコン（清水理史，できるシリーズ編集部著）　2006.6

◇できるビデオカメラ Windows XP対応（小寺信良，できるシリーズ編集部著）　2006.8

◇できるWord&Excel&PowerPoint2007の「疑問」に答える本―Office2007Beta2対応（井上香緒里，きたみあきこ，牧村あきこ，できるシリーズ編集部著）　2006.9

◇できるブログ―gooブログ対応　改訂版（田口和裕，できるシリーズ編集部著）　2006.9

◇できるProject プロジェクト管理入門2003&2002対応（塩田紳二，できるシリーズ編集部著，アク

情報科学　　　　　　　　　　　　　　　　　　　　　　　　　　　総記

センチュア・テクノロジー・ソリューションズ監修)　2006.10
◇できる100ワザSEO & SEM―集客も売り上げもアップするヤフー!・グーグル対策(大内範行, ジェフルート, 安川洋, 江沢真紀, できるシリーズ編集部著)　2006.10
◇できるVisio 2003 & 2002対応(小舘由典, できるシリーズ編集部著)　2006.10
◇できるPhotoshop Elements5.0―WindowsXP対応(須和方博, かわせかよこ, できるシリーズ編集部著)　2006.11
◇できるホームページ・ビルダー11(広野忠敏, できるシリーズ編集部著)　2006.12
◇できるWindows Vista(法林岳之, 一ヶ谷兼乃, 清水理史, できるシリーズ編集部著)　2007.2
◇できるWord 2007―Windows Vista対応(田中亘, できるシリーズ編集部著)　2007.2
◇できるExcel 2007―Windows Vista対応(小舘由典, できるシリーズ編集部著)　2007.2
◇できるPowerPoint 2007―Windows Vista対応(井上香緒里, できるシリーズ編集部著)　2007.2
◇できる入門 今日からはじめるパソコン―Windows Vista対応(法林岳之, できるシリーズ編集部著)　2007.2
◇できるOutlook 2007―Windows Vista対応(山田祥平, できるシリーズ編集部著)　2007.2
◇できるインターネット&メール―Windows Vista対応(山田祥平, できるシリーズ編集部著)　〔2007.2〕
◇できるWord&Excel2007 Windows Vista対応(田中亘, 小舘由典, できるシリーズ編集部著)　2007.5
◇できるパソコンの「困った!」に答える本―Windows Vista対応(広野忠敏, できるシリーズ編集部著)　2007.7
◇できるWord 2007の「困った!」に答える本―Windows Vista対応(井上香緒里, できるシリーズ編集部著)　2007.10
◇できるExcel 2007の「困った!」に答える本―Windows Vista対応(きたみあきこ, できるシリーズ編集部著)　2007.10

◇できるPhotoshop Elements 6―Windows Vista/XP対応(須和方博, かわせかよこ, できるシリーズ編集部著)　2007.11
◇できるホームページ・ビルダー12―Windows Vista/XP対応(広野忠敏, できるシリーズ編集部著)　〔2007.11〕
◇できるMac Mac OS X v10.5 Leopard対応(クロックワークス, できるシリーズ編集部著)　2008.1
◇できる初音ミク&鏡音リン・レン VOCALOID2 & Windows Vista/XP対応(藤本健, 大坪知樹, できるシリーズ編集部著)　2008.2
◇できる100ワザアフィリエイト―ブログ・ホームページでがっちり儲ける実践ノウハウ　改訂版(小林智子, 杉村崇, 和田亜希子, できるシリーズ編集部著)　2008.3
◇できるWord&Excel&PowerPoint2007 Windows Vista対応(井上香緒里, できるシリーズ編集部著)　2008.3
◇できる100ワザ ブログ―アクセス&副収入をグングン増やせる実践テクニック　改訂版(田口和裕, 松永英明, できるシリーズ編集部編)　2008.6
◇できるデジカメ―デジタル写真徹底活用術 Windows Vista/XP対応(山田祥平, できるシリーズ編集部著)　〔2008.7〕
◇できるパソコンの「困った!」に答える本―WindowsXP SP3&SP2対応(広野忠敏, できるシリーズ編集部著)　2008.8
◇できるゼロからはじめるパソコン超入門―ウィンドウズビスタ対応(法林岳之, できるシリーズ編集部著)　2008.9
◇できるPowerPoint2007の「困った!」に答える本―Windows Vista対応(井上香織里, できるシリーズ編集部著)　2008.9
◇できるホームページ・ビルダー13―Windows Vista/XP対応(広野忠敏, できるシリーズ編集部著)　〔2008.11〕
◇できるPhotoshop Elements7―Windows Vista/XP対応(須和方博, かわせかよこ, できるシリーズ編集部著)　2008.12
◇できる100ワザ 儲かる!ヤフオク&モバオク(渡辺さくら, できるシリーズ編集部編)　2009.1

◇できるExcelグラフ—2007/2003/2002対応 伝わる!魅せる!グラフ技マスターブック(きたみあきこ,できるシリーズ編集部著) 2009.3
◇できる逆引きExcel関数を極める勝ちワザ700—2007/2003/2002/2000対応(羽山博,吉川明広,できるシリーズ編集部著) 2009.5
◇できるWindows7(法林岳之,一ヶ谷兼乃,清水理史,できるシリーズ編集部著) 2009.11
◇できるゼロからはじめるパソコン超入門ウィンドウズセブン対応(法林岳之,できるシリーズ編集部著) 2009.11
◇できるExcel2007—Windows7/Vista/XP対応(小舘由典,できるシリーズ編集部著) 2009.11
◇できるWord2007—Windows7/Vista/XP対応(田中亘,できるシリーズ編集部著) 2009.11
◇できるWord & Excel2007—Windows7/Vista/XP対応(田中亘,小舘由典,できるシリーズ編集部著) 2009.11
◇できる弥生会計10(安藤由紀,できるシリーズ編集部著,広渡嘉秀監修) 2009.12
◇できるMac Mac OS X Snow Leopard—Mac OS X v.10.6対応(クロックワークス,できるシリーズ編集部著) 2009.12
◇できる100ワザツイッター—twitterパーフェクトテクニック(コグレマサト,いしたにまさき,堀正岳,できるシリーズ編集部著) 2010.3
◇できるMaster Book—Starter/Home Premium/Professional/Enterprise/Ultimate対応(Windows 7(セブン)上級テクニック)(清水理史,芝田隆行,橋本新義,できるシリーズ編集部著) 2010.5
◇できるWord&Excel2010—Windows7/Vista/XP対応(田中亘,小舘由典,できるシリーズ編集部著) 2010.7
◇できるPowerPoint2010—Windows7/Vista/XP対応(井上香緒里,できるシリーズ編集部著) 2010.8
◇できるWord&Excel&PowerPoint2010—Windows 7/Vista/XP対応(井上香緒里,できるシリーズ編集部著) 2010.10
◇できるホームページ・ビルダー15—ウィンドウズセブンビスタエックスピータイオウ(広野忠敏,できるシリーズ編集部著) 2010.12

基本編 できるWindows XP(SP2対応 完全版)(法林岳之〔ほか〕著) 2004.12
2005年度版 できる式問題集パソコン検定試験4級問題集(ティー・エム・システムズ株式会社著,ソキウス・ジャパン編) 2005.4
2005年度版 できる式問題集パソコン検定試験3級問題集(ティー・エム・システムズ株式会社著,ソキウス・ジャパン編) 2005.6
FLET'S光編 できる光インターネット(法林岳之,清水理史,できるシリーズ編集部著) 2005.8
クエリ活用編 できるAccess(2003 & 2002対応 Windows XP対応)(国本温子,きたみあきこ,できるシリーズ編集部著,アデコ株式会社監修) 2006.10
活用編 できるWindows 7(セブン)(清水理史,できるシリーズ編集部著) 2009.11
完全活用編(SP2対応)(神田知宏,嘉本須磨子,できるシリーズ編集部著) 2005.2
完全活用編 できるFMV(Deskpower/BIBLO 2005年モデル対応)(清水理史,法林岳之,できるシリーズ編集部著) 2005.7
完全活用編 できるFMV(Deskpower/BIBLO 2006年モデル対応)(清水理史,法林岳之,できるシリーズ編集部著) 2006.7
完全活用編 できるWindows Vista SP1対応(清水理史,できるシリーズ編集部著) 2008.6

できる大事典 インプレスジャパン 2005〜2009
◇Windows XP—SP2対応 Professional & Home Edition(羽山博,吉川明広,松村誠一郎,鳥羽美奈子,できるシリーズ編集部著) 2005.5
◇Access 2003 & 2002—Windows XP対応(きたみあきこ,国本温子,できるシリーズ編集部著) 2005.5
◇PowerPoint—2003 & 2002対応(井上香緒里,門脇香奈子,できるシリーズ編集部著) 2005.10
◇Excel関数—2003/2002/2000対応(羽山博,吉川明広,有冨智子,できるシリーズ編集部著) 2006.3
◇HTML & CSS—HTML 4.01 & XHTML 1.1/1.0—CSS 2対応(佐藤和人,できるシリーズ編集部著) 2006.5

情報科学　　　　　　　　　　　　　　　　　　　総記

◇Word 2007—Windows Vista対応（嘉本須磨子，神田知宏，できるシリーズ編集部著）　2007.3

◇Excel 2007—Windows Vista対応（尾崎裕子，日花弘子，できるシリーズ編集部著）　2007.3

◇Windows Vista—Home Premium/Home Basic/Business（羽山博，吉川明広，松村誠一郎，できるシリーズ編集部著）　2007.3

◇Excel関数—2007/2003/2002/2000対応（羽山博，吉川明広，できるシリーズ編集部著）　2008.2

◇Excel VBA—2007/2003/2002対応（国本温子，緑川吉行，できるシリーズ編集部著）　2008.3

◇Windows XP SP3 & SP2対応—Professional/Home Edition（羽山博，吉川明広，松村誠一郎，鳥羽美奈子，できるシリーズ編集部著）　2008.12

◇Access 2007（ニセンナナ）—Windows Vista対応（きたみあきこ，国本温子，できるシリーズ編集部著）　2009.2

できるPROシリーズ　インプレスジャパン，インプレスコミュニケーションズ〔発売〕　2005〜2008

◇できるPRO Fedora Core 4（辻秀典，渡辺高志，鈴木幸敏，できるシリーズ編集部著）　2005.7

◇できるPRO Oracleデータベース Oracle 10g対応（キーゴール・IT，できるシリーズ編集部編）　2006.4

◇できるPRO Apache Webサーバー Apache2/1.3対応（辻秀典，渡辺高志，鈴木幸敏，できるシリーズ編集部著）　2006.7

◇できるPRO Fedora Core 6 Linux 完全活用編（辻秀典，渡辺高志，鈴木幸敏，できるシリーズ編集部編）　2006.12

◇できるPRO Fedora 8 Linux完全活用編（辻秀典，渡辺高志，鈴木幸敏，できるシリーズ編集部著）　2007.12

◇できるPRO BlackBerryサーバー構築—BlackBerry Enterprise Server 4.1.4J版（法林岳之，一ヶ谷兼乃，清水理史，できるシリーズ編集部著，NTTドコモスマートフォン事業推進室監修）　2008.8

◇できるPRO Windows Server 2008（清水理史，一ヶ谷兼乃，できるシリーズ編集部著）　2008.9

できるポケット　インプレスジャパン，インプレスコミュニケーションズ〔発売〕　2004〜2010

◇グーグル&ヤフー!で仕事が100倍速くなる本（佐々木俊尚，畠山志穂，できるシリーズ編集部著）　2004.12

◇仕事に使えるExcelマクロ&VBAの基本がマスターできる本—Excel 2003 & 2002対応（小舘由典，できるシリーズ編集部著）　2005.11

◇使って覚えるHTML & CSSの基本がマスターできる本—ブログにも使える!（佐藤和人，できるシリーズ編集部著）　2005.11

◇iPodをすぐにマスターできる本—Windows XP対応（小寺信良，できるシリーズ編集部著）　2006.4

◇仕事に使えるAccessの基本操作がマスターできる本—Access 2003 & 2002対応（広野忠敏，できるシリーズ編集部著）　2006.6

◇LISMOですぐに音楽が楽しめる本（法林岳之，白根雅彦，できるシリーズ編集部編）〔2006.6〕

◇LISMOですぐに音楽が楽しめる本—Windows XP対応（法林岳之，白根雅彦，できるシリーズ編集部著）　2006.7

◇仕事に使えるExcel関数がマスターできる本—Excel 2003/2002/2000対応　改訂版（羽山博，吉川明広，有富智子，できるシリーズ編集部著）　2006.8

◇仕事に使えるグーグル検索がマスターできる本（佐々木俊尚，畠山志穂，できるシリーズ編集部著）　2006.9

◇iPodをすぐにマスターできる本—iTunes 7 & Windows XP対応　改訂版（小寺信良，できるシリーズ編集部著）　2006.11

◇すぐに使えるWindows Vistaの基本がマスターできる本（法林岳之，一ヶ谷兼乃，清水理史，できるシリーズ編集部著）　2007.3

◇仕事に使えるWord 2007の基本がマスターできる本（田中亘，できるシリーズ編集部著）　2007.3

◇仕事に使えるExcel 2007の基本がマスターできる本（小舘由典，できるシリーズ編集部著）　2007.3

◇仕事に使えるPowerPoint 2007の基本がマスターできる本（井上香緒里，できるシリーズ編集部

◇著）2007.3
◇セカンドライフで「見る・遊ぶ」を体験する本（竺振宇，松本淳，できるシリーズ編集部著，ギアチェンジ監修）2007.7
◇YouTubeでドキドキ！わくわく！動画ライフを楽しむ本（津田大介，できるシリーズ編集部著）2007.7
◇Gmailで快適メール術が身につく本（浅岡省一，できるシリーズ編集部著）2007.7
◇仕事に使えるExcel 2007関数がマスターできる本—Windows Vista対応（羽山博，吉川明広，できるシリーズ編集部著）2007.8
◇仕事に使えるExcel 2007マクロ＆VBAの基本がマスターできる本—Windows Vista対応（小舘由典，できるシリーズ編集部著）2007.8
◇RSSリーダーで毎朝の情報収集力が10倍アップする本—livedoor Reader対応（小林祐一郎，できるシリーズ編集部著）2007.9
◇ブログパーツで10倍魅力的なブログに変身する本（浅岡省一，できるシリーズ編集部著）2007.9
◇iPodですぐに音楽が楽しめる本—iTunes 7 & Windows Vista/XP対応（小寺信良，できるシリーズ編集部著）2007.10
◇iPod touch（林信行，田中拓也，できるシリーズ編集部著）2007.11
◇はてなブックマークで情報アンテナが10倍広がる本（小林祐一郎，できるシリーズ編集部著）2007.11
◇iPod nanoとiTunesですぐに音楽が楽しめる本—iTunes 7.5 & Windows Vista/XP対応（小寺信良，できるシリーズ編集部著）2007.12
◇iPhoto & iMovieで写真と動画を見る・遊ぶ・共有する本—iLife '08対応（松村太郎，できるシリーズ編集部著）2007.12
◇WindowsユーザーのためのMacの疑問解決book—Mac OS 10 Leopard対応（田中拓也，できるシリーズ編集部著）2008.3
◇仕事に使えるWordの便利ワザがマスターできる本—Word 2003/2002/2000対応（井上香緒里，できるシリーズ編集部著）2008.4
◇仕事に使えるExcelの便利ワザがマスターできる本—Excel 2003/2002/2000対応（牧村あきこ，きたみあきこ，できるシリーズ編集部著）2008.4
◇仕事に使えるPowerPointの便利ワザがマスターできる本—PowerPoint 2003/2002対応（井上香緒里，できるシリーズ編集部著）2008.4
◇すぐに使えるWindows Vistaの便利ワザがマスターできる本（広野忠敏，できるシリーズ編集部著）2008.5
◇仕事に使えるAccess 2007の基本がマスターできる本（広野忠敏，できるシリーズ編集部著）2008.6
◇使って覚えるHTML & CSSの基本がマスターできる本—Internet Explorer 7/6対応 改訂版（佐藤和人，できるシリーズ編集部著）2008.6
◇上司の質問に即座に答えるビジネス検索術（小林祐一郎，できるシリーズ編集部著）2008.6
◇仕事に使えるAccessクエリの便利ワザがマスターできる本—Access 2003/2002対応（国本温子，きたみあきこ，できるシリーズ編集部著，アデコ株式会社監修）2008.7
◇Firefox—Mozilla Firefox 3対応（小林祐一郎，できるシリーズ編集部著）2008.8
◇小型モバイルPC「快適」活用ワザ—格安パソコンでここまでできる！（kei_1，小林祐一郎，できるシリーズ編集部著）2008.10
◇iPhone—iPhone+iPod touch対応（林信行，田中拓也，できるシリーズ編集部著）2008.10
◇クラウドコンピューティング入門（小林祐一郎，できるシリーズ編集部著）2009.2
◇Touch Diamond（石野純也，新井鉄平，できるシリーズ編集部著）2009.3
◇BlackBerry Bold（法林岳之，一ケ谷兼乃，清水理史，できるシリーズ編集部著）2009.4
◇仕事に使えるWord 2007の便利ワザがマスターできる—1問1答ですぐわかる！（井上香緒里，できるシリーズ編集部著）2009.5
◇仕事に使えるExcel 2007の便利ワザがマスターできる本—1問1答ですぐわかる！（きたみあきこ，できるシリーズ編集部著）2009.5
◇ミニノートPC—「便利」「快適」を最大化する使い方がわかる本（kei_1，小林祐一郎，できるシリーズ編集部著）2009.6

情報科学　　　　　　　　　　　　　　　　　　総記

◇仕事に使えるAccessクエリの便利ワザがマスターできる本—1問1答ですぐわかる! 2007/2003/2002対応　改訂版(国本温子, きたみあきこ, できるシリーズ編集部著, アデコ株式会社監修)　2009.6

◇仕事に使えるPowerPoint 2007の便利ワザがマスターできる本—1問1答ですぐわかる!(井上香緒里, できるシリーズ編集部著)　2009.7

◇Gmail—Internet Explorer 8対応(松本淳, できるシリーズ編集部著)　2009.8

◇仕事が速くなるExcelマクロの便利ワザがマスターできる本—1問1答ですぐわかる! 2007/2003/2002/2000対応(羽山博, できるシリーズ編集部著)　2009.9

◇グーグルGoogleの便利ワザ160(渥美祐輔, 伊藤大典, 河内崇志, 竹越輝樹, 畑岡大作, できるシリーズ編集部著)　2009.9

◇iPhone(アイフォーン)3(スリー)GS—iPhone OS 3.0対応(林信行, 田中拓也, できるシリーズ編集部著)　2009.9

◇パソコンの基本が3時間でわかる本—Windows 7対応(法林岳之, 一ケ谷兼乃, 清水理史, できるシリーズ編集部著)　2009.9

◇Windows 7(セブン)の快適&便利ワザ140—Starter Home Premium Professional Ultimate Enteprise対応(広野忠敏, できるシリーズ編集部著)　2009.12

◇クラウドコンピューティング—3時間でわかる次世代ITの実像(小林祐一郎, できるシリーズ編集部著)　2010.2

◇Evernote—パソコン, iPhone, Androidで使える紙を超えたデジタル・ノート活用術(コグレマサト, いしたにまさき, できるシリーズ編集部著)　2010.3

◇USBメモリー—無料でできる快適データ管理術(柳井美紀, エディポック, できるシリーズ編集部著)　2010.3

◇iPhone(アイフォーン)でGoogle活用術—Gmailや予定を持ち歩く情報まとめワザ(まつもとあつし, できるシリーズ編集部著)　2010.4

◇仕事に使えるExcel 2010関数がマスターできる本—Windows 7/Vista/XP対応(羽山博, 吉川明広, できるシリーズ編集部著)　2010.6

◇iPadを快適に使いこなす基本&活用ワザ150(松村太郎, できるシリーズ編集部著)　2010.6

◇Xperiaをスマートに使いこなす基本&活用ワザ150(法林岳之, 橋本保, 清水理史, 白根雅彦, できるシリーズ編集部著)　2010.6

◇EVERNOTE　活用編(コグレマサト, いしたにまさき, 堀正岳, できるシリーズ編集部著)　2010.6

◇BlackBerry Bold 9700(法林岳之, 一ケ谷兼乃, 清水理史, できるシリーズ編集部著)　2010.7

◇Excel 2010の即効&便利ワザ168—Windows 7/Vista/XP対応(きたみあきこ, できるシリーズ編集部著)　2010.8

◇USTREAM—インターネット動画中継ハンドブック(川井拓也, 猪蔵, できるシリーズ編集部著)　2010.8

◇iPhone(アイフォーン)4(フォー)—iOS 4.0対応(林信行, 田中拓也, できるシリーズ編集部著)　2010.9

◇PDF快適活用術—iPhone&iPad&スキャナーで資料や電子書籍を活用するテクニック(kei_1, 石塚裕昭, できるシリーズ編集部著)　2010.9

◇Facebookをスマートに使いこなす基本&(アンド)活用ワザ150(田口和裕, 毛利勝久, 森嶋良子, できるシリーズ編集部著)　2010.11

◇GALAXY S—ドコモスマートフォンSC-02B(法林岳之, 橋本保, 清水理史, 白根雅彦, できるシリーズ編集部著)　2010.11

◇iPhone 4をスマートに使いこなす基本&活用ワザ200(法林岳之, 橋本保, 清水理史, 白根雅彦, できるシリーズ編集部著)　2010.11

◇iPod touch iOS 4.2対応　改訂版(田中拓也, できるシリーズ編集部著)　2010.12

◇au IS03をスマートに使いこなす基本&活用ワザ150(法林岳之, 橋本保, 清水理史, 白根雅彦, できるシリーズ編集部著)　2010.12

テクニカルtipsシリーズ　　ソシム　　2006～2008

◇速効解決!逆引きハンドブック「Visual C#」—2005対応(日向俊二著)　2006.7

◇速効解決!逆引きハンドブック「Visual Basic」―2005対応（日向俊二著）　2006.9
◇速効解決!逆引きハンドブック「Visual C++」―2005対応（日向俊二著）　2007.3
◇速効解決!逆引きハンドブックJava―Java 2 SE version 6対応（日向俊二著）　2008.3

デザインの学校　技術評論社　2010
◇これからはじめるDreamweaverの本（山本和泉著，ロクナナワークショップ監修）　2010.11
◇これからはじめるFlashの本（林拓也著，ロクナナワークショップ監修）　2010.11
◇これからはじめるPhotoshopの本（宮川千春，木俣カイ著，ロクナナワークショップ監修）　2010.11
◇これからはじめるIllustratorの本（石嶋未来著，ロクナナワークショップ監修）　2010.11

デジタルエンジニア入門講座C言語の基礎　工学研究社　2003
第1分冊　C言語の基礎とデータ（阿部亘執筆）　2003.1
第2分冊　関数，制御とファイル（阿部亘執筆）　2003.2

デジタル・オポチュニティ研究会資料　〔総務省〕　2004～2007
第118回　情報通信分野における総務省の国際協力　2004.4
第119回　ルーラル地域に携帯電話を　2004.5
第120回　アジアの後開発途上国のルーラル情報インフラ整備の課題，ネパールとラオスにおけるケース・スタデー　2004.6
第121回　技術協力援助を成功させるには…―JICAベトナム電気通信訓練向上プロジェクト等を引用して　2004.7
第123回　新ポストパートナーズを利用した南太平洋大学での実習型遠隔授業　2004.9
第124回　国際協力銀行のICT支援への取組み状況と課題　2004.10
第125回　国際社会（ODA）の現状と新生JICAの取組み　2004.11
第126回　CFO-SS無線システムを用いたペルーにおける遠隔医療実験　2004.12
第127回　「光+無線」で実現するブロードバンドアクセスサービス―WIPASの技術とサービス展開　2005.1
第128回　開発途上国におけるインフラ整備資金の調達―ユニバーサル・サービス基金制度の導入事例　2005.2
第129回　GDLN（Global Development Learning System）と東京開発ラーニングセンターの機能とサービス　2005.3
第130回　5GHz帯高速無線アクセスシステムでブロードバンド環境を実現―途上国ルーラル地域のデジタルデバイド解消の一方策　2005.4
第131回　ラオスの無電話地域における医療用無線通信網の構築と技術指導　2005.6
第132回　放送分野におけるBHNテレコム支援協議会の人道支援活動　2005.7
第133回　世界のセルラー市場と日本デジタル・オポチュニティ　2005.9
第134回　宇宙通信の高度利用―ユビキタス・スペースネット・プログラムの実現に向けて　2005.11
第135回　ICT分野におけるJICA技術協力の基本戦略と課題　2005.12
第136回　パプアニューギニア工科大学での技術協力活動　2006.1
第137回　災害・危機管理に向けた宇宙利用と情報配信―インド洋大津波の悲劇を繰り返さない国際協力　2006.2
第138回　情報通信教育の国際協力―南太平洋大学での情報通信教育の取組みと今後の展望　2006.3
第139回　平成18年度の総務省情報通信分野の国際協力について　2006.4
第140回　ITU-Dのルーラル通信開発に対する取り組み　2006.5
第141回　無線技術を利用したテレセンター整備による村落活性化―情報流通活性化による早期のデジタルデバイド解消　2006.6
第142回　デジタルデバイド解消のためのICTパイロットプロジェクト―無線を利用したテレセン

情報科学 　　　　　　　　　　　　　　　　　　　　　　総記

　　　ター　2006.7
第143回　ワイヤレスブロードバンドの利活用
　　　2006.9
第144回　Brave new world?　2006.11
第145回　アジアにおけるR&Dネットワークと国
　　　際連携活動について　2006.12
第146回　体験的国際協力論　2007.1
第148回　来し方行く末テレコム・オポチュニティ—
　　　国際協力を国際機関の活動から考える　2007.3

デジタルコンテンツ白書　経済産業省商務情報政
　策局監修, デジタルコンテンツ協会編　デジタ
　ルコンテンツ協会　2001〜2009　⇒I-81
2005　2005.8
2006　2006.8
2007　2007.8
2008　2008.9
2009　2009.8

デジタル素材ライブラリ　インプレスジャパン
　2008
◇TrueTypeフォントパーフェクトコレクション
　改訂4版(深沢英次, インプレス編集部著)　2008.
　1

データサイエンス・シリーズ　柴田里程, 北川源
　四郎, 清水邦夫, 神保雅一, 柳川堯編　共立出版
　2001〜2005　⇒I-82
5　モデルヴァリデーション(北川源四郎, 岸野洋
　　久, 樋口知之, 山下智志, 川崎能典著)　2005.3
11　スポーツデータ(太田憲, 仰木裕嗣, 木村広, 広
　　津信義著)　2005.8

徹底攻略情報処理シリーズ　インプレスジャパン
　2007〜2010
◇かんたん合格!初級シスアド過去問題集　平成19
　年度 秋期(ノマド・ワークス著)　2007.7
◇かんたん合格!基本情報技術者試験過去問題集
　平成19年度 秋期(ノマド・ワークス著)　2007.7
◇かんたん合格!初級シスアド過去問題集　平成20
　年度春期(ノマド・ワークス著)　2007.12
◇かんたん合格!基本情報技術者試験過去問題集
　平成20年度春期(ノマド・ワークス著)　2007.12

◇かんたん合格!初級シスアド過去問題集　平成20
　年度 秋期(ノマド・ワークス著)　2008.6
◇かんたん合格!基本情報技術者試験過去問題集
　平成20年度 秋期(ノマド・ワークス著)　2008.6
◇かんたん合格!基本情報技術者問題集　平成21年
　度 春期(ノマド・ワークス著)　2008.12
◇かんたん合格!応用情報技術者問題集　平成21年
　度 春期(五十嵐聡著)　2008.12
◇かんたん合格!基本情報技術者過去問題集　平成
　21年度 秋期(ノマド・ワークス著)　2009.6
◇応用情報技術者過去問題集かんたん合格!　平成
　21年度 秋期(五十嵐聡著)　2009.7
◇ITパスポート過去問題集—かんたん合格!　平成
　22年度 春期(間久保恭子著)　2009.12
◇基本情報技術者過去問題集—かんたん合格!　平
　成22年度 春期(ノマド・ワークス著)　2009.12
◇応用情報技術者過去問題集かんたん合格!　平成
　22年度 春期(五十嵐聡著)　2010.1

徹底攻略ベーシック!　インプレスジャパン　2009
◇MCP取得のためのデータベース入門—SQL
　Server対応(森下泰子著, ソキウス・ジャパン編)
　2009.3
◇Java認定資格取得のためのプログラミング入門
　(米山学著, ソキウス・ジャパン編)　2009.4
◇ORACLE MASTER取得のためのデータベース
　入門(森下泰子著, ソキウス・ジャパン編)　2009.9

鉄道模型シミュレーター　工学社　2006
4　エキスパートガイド(重豊秀実, 塩谷浩司, 鷲尾
　　宣明著)　2006.2

デベロッパー・ツール・シリーズ　アスキー　2003
　〜2008　⇒I-83
◇標準Eclipse 3.0完全解説—開発のプロが教える
　インストールからリッチクライアント開発まで
　(石川淳也〔ほか〕共著)　2004.12
◇開発のプロが教える標準Plone完全解説(Andy
　McKay著, クイープ訳, システムサポート監訳)
　2005.4
◇開発のプロが教える標準FindBugs完全解説—
　Javaバグパターンの詳細と対策(宇野るいも, ar-
　ton著)　2005.9

◇標準Eclipse 3.1完全解説—開発のプロが教えるインストールからリッチクライアント開発まで（石川淳也, 小野真樹, 木村陽介, 佐々木邦暢, 宍戸修, 新宅聡子, 鈴村幸太郎, 橋本吉治, 花輪恒平共著） 2005.12

◇標準Eclipse 3.3完全解説—開発のプロが教えるインストールからリッチクライアント開発まで（石川淳也, 小野真樹, 木村陽介, 佐々木邦暢, 宍戸修, 新宅聡子, 鈴村幸太郎, 瀬戸山雅人, 橋本吉治, 山添高弘共著） 2008.1

出る順情報処理シリーズ　東京リーガルマインドLEC総合研究所情報処理技術者試験部編著　東京リーガルマインド　1999〜2006　⇒I-83
◇出る順初級シスアドウォーク問過去問題集 2005年版 午前問題編　2005.1
◇出る順初級シスアドウォーク問過去問題集 2005年版 午後問題編　2005.1
◇出る順情報セキュリティアドミニストレータウォーク問過去問題集　2005年版　2005.5
◇出る順基本情報技術者ウォーク問過去問題集 午前問題編　第3版　2005.7
◇出る順基本情報技術者ウォーク問過去問題集 午後問題編　第3版　2005.7
◇出る順初級シスアド合格テキスト　第4版　2005.10
◇出る順初級シスアドウォーク問過去問題集 2006年版　2006.1

電撃PC　アスキー・メディアワークス　2010
◇超解Windows 7（セブン）たん（湯浅顕人著, 朝霞シキストーリー, 万国あゆや画） 2010.2
◇超解Excelたん（枚田香著, 朝霞シキストーリー, 笹井さじ画） 2010.3
◇超解ITパスポートたん—図解ですぐわかる!実戦問題対策で一発合格!（三ツ矢真紀著, 万国あゆや画, 朝霞シキストーリー） 2010.6
◇超解パワポたん—社会人までに身につけたいプレゼン力を磨く!（枚田香著, 朝霞シキストーリー, ひづき夜宵画） 2010.8
◇超解ググるたん—Googleがあればすべて叶う!（杉浦哲也著, 朝霞シキストーリー, 笹井さじ画） 2010.10

電子情報通信工学シリーズ　辻井重男〔ほか〕編　森北出版　1997〜2005　⇒I-84
◇情報とアルゴリズム（上野修一, 高橋篤司共著） 2005.4

電子情報通信レクチャーシリーズ　電子情報通信学会編　コロナ社　2002〜2010　⇒I-84
A-2　電子情報通信技術史—おもに日本を中心としたマイルストーン（電子情報通信学会「技術と歴史」研究会編） 2006.3
A-7　情報通信ネットワーク（水沢純一著） 2008.3
B-11　基礎電子物性工学—量子力学の基本と応用（阿部正紀著） 2008.5
C-3　電子回路（関根慶太郎著） 2010.8
C-4　数理計画法（山下信雄, 福島雅夫共著） 2008.5
C-6　インターネット工学（後藤滋樹, 外山勝保共著） 2007.9
D-3　非線形理論（香田徹著） 2009.3
D-5　モバイルコミュニケーション（中川正雄, 大槻知明共著） 2009.3
D-11　結像光学の基礎（本田捷夫著） 2008.2
D-17　VLSI工学　基礎・設計編（岩田穆著） 2006.10
D-23　バイオ情報学—パーソナルゲノム解析から生体シミュレーションまで（小長谷明彦著） 2009.6
D-27　VLSI工学　製造プロセス編（角南英夫著） 2006.8

電子署名・電子認証シンポジウム　電子署名・電子認証シンポジウム・タスクフォース　2004〜2006
第5回（DDTF編） 2004.6
第7回（論文資料集）（DDTF編） 2006.2
第8回　〔2006〕

動画で学ぶ!シリーズ　技術評論社　2005
◇動画で学ぶ!C言語完全マスター（鶴田正著） 2005.7
◇動画で学ぶ!Java完全マスター（鶴田正著） 2005.7

情報科学

総記

討議資料　名古屋大学大学院文学研究科　2003〜2004　⇒I-85
no.1　統合テクスト科学の構築—21世紀COEプログラム　2003.2
no.2　統合テクスト科学の構築—21世紀COEプログラム　2003.3
no.4　統合テクスト科学の構築—21世紀COEプログラム　2004.12

どうぐちょうシリーズ Linux school　大阪演劇情報センター・オンデマンド出版　2009
no.1　Linuxをインストールしよう！（河野明著）　2009.7

解きながら学ぶJava　ソフトバンククリエイティブ　2008
入門編（『明解Java入門編』全演習問題収録）（柴田望洋監修・著, 由梨かおる著）　2008.6

独習Java　翔泳社　2009
サーバサイド編（山田祥寛著）　2009.2

独習ジュニアシリーズ　翔泳社　2005
◇独りで習うC（日向俊二著）　2005.6
◇独りで習うJava（三谷純著）　2005.6

とっておきの秘技　シーアンドアール研究所　2005
◇人とお金が集まるブログ作りの秘伝書（石崎秀穂著）　2005.8
◇株の自動売買デイトレ必勝法！—忙しい人でも儲けられる（保畑公志, 横山利香著）　2005.8

.com Master教科書　NTTラーニングシステムズ株式会社著　翔泳社　2002〜2010　⇒I-85
◇.com Master★★2005　2005.4
◇.com Master★2005　2005.4
◇.com Master★★2006　2006.4
◇.com Master★2006　2006.4
◇.com Master★★2007　2007.4
◇.com Master★2007　2007.4
◇.com Master★★2008　2008.4
◇.com Master★★2008　2008.4

◇.com Master★★—NTTコミュニケーションズインターネット検定学習書　2009　2009.5
◇.com Master★—NTTコミュニケーションズインターネット検定学習書　2009　2009.5
◇.com Master★—NTTコミュニケーションズインターネット検定学習書　2010　2010.4
◇.com Master★★—NTTコミュニケーションズインターネット検定学習書　2010　2010.4

トップエスイー基礎講座　本位田真一監修　近代科学社　2008〜2009
1　ソフトウェア科学基礎—最先端のソフトウェア開発に求められる数理的基礎（田中譲監修, 磯部祥尚, 粂野文洋, 桜庭健年, 田口研治, 田原康之著）　2008.9
2　要求工学概論—要求工学の基本概念から応用まで（大西淳監修, 妻木俊彦, 白銀純子著）　2009.9

トップエスイー実践講座　本位田真一監修　近代科学社　2007〜2008
1　Bメソッドによる形式仕様記述—ソフトウェアシステムのモデル化とその検証（中島震監修, 来間啓伸著）　2007.12
2　ソフトウェアパターン—パターン指向の実践ソフトウェア開発（深沢良彰監修, 鷲崎弘宜, 丸山勝久, 山本里枝子, 久保淳人著）　2007.12
3　SPINによる設計モデル検証—モデル検査の実践ソフトウェア検証（萩谷昌己監修, 吉岡信和, 青木利晃, 田原康之著）　2008.9

トップエスイー入門講座　近代科学社　2009
1　実践的ソフトウェア工学—実践現場から学ぶソフトウェア開発の勘所（浅井治著, 石田晴久監修）　2009.5

取る、CompTIAシリーズ　大原出版　2010
◇Network+受験対策テキスト　vol.1（〔ウチダ人材開発センタ〕〔著〕）　2010.3
◇Network+受験対策テキスト　vol.2（〔ウチダ人材開発センタ〕〔著〕）　2010.3
◇Security+受験対策テキスト（ウチダ人材開発センタ著）　2010.7

総記　　　　　　　　　　　　　　　　　　　　　　情報科学

なぜなぜいっぱい　やまだまこと文, スギヤマカナヨ絵　草土文化　2004〜2005　⇒I-87
2　たべもののなぜ・ぎょうじのなぜ・ことばのなぜ・ふしぎのなぜ　2004.11
3　いろいろななぜ　2005.3

日経ITプロフェッショナルbooks　日経BP社　2004〜2005　⇒I-87
◇それでも素晴らしいSEの世界—あなたの迷いを晴らす80のメッセージ（岩脇一喜著）　2005.9
◇速効!SEのための部下と後輩を育てる20のテクニック（田中淳子著, 日経ITプロフェッショナル編集編）　2005.10

日経systems　日経BP社　2006
◇本当に使える要求定義—ユーザーの役に立つシステムを作る（木村哲著）　2006.10

日経パソコンスキルアップ講座大全集　日経BP社　2006〜2008
1　Excel必修テクニック（日経パソコン編）　2006.5
2　Word＆文書作成（日経パソコン編）　2006.5
3　トラブル＆セキュリティ（日経パソコン編）　2006.5
4　Excel実用テクニック（日経パソコン編）　2007.6
5　Word完全マスター（日経パソコン編）　2007.6
6　即効!トラブル処方箋（日経パソコン編）　2007.6
7　Excel＆パソコン快適活用術（日経パソコン編集編）　2008.5
8　Word文書＆ビジュアル完全活用（日経パソコン編集編）　2008.5
9　疑問解消パソコンよろず相談室（日経パソコン編集編）　2008.5

日本IT書紀　佃均著　ナレイ　2004〜2005
第1分冊（溟滓篇・未剖篇）　2004.10
第2分冊（含牙篇・淹滞篇）　2004.12
第3分冊（揺籃篇・彩明篇）　2004.12
第4分冊（宜試篇・玉鋺篇）　2005.3
第5分冊（迅風篇・嚇躍篇）　2005.3

日本語プログラミング言語なでしこユーザーズ・マニュアル　なでしこ友の会　2008　〔2008〕

vol.1（粗茶編）　〔2008〕

日本ソフトウェア科学会研究会資料シリーズ　〔日本ソフトウェア科学会ディペンダブルシステム研究会〕　2008〜2009
no.55　ディペンダブルシステムワークショップ—論文集　第6回　〔2008〕
no.61　ディペンダブルシステムワークショップ—論文集　第7回　〔2009〕

日本知能情報ファジィ学会学術図書　日本知能情報ファジィ学会　2005
第1号　計算知能におけるFAN入門（広田薫, バルギエラ・アンドレ, 高橋宏著）　2005.6

日本と北米における情報サービス産業の構造比較　高木義和著　新潟国際情報大学　2006〜2007
◇カナダ・アルバータ州立大学Extension学部において倫理委員会の承認を受け実施したアルバータ州エドモントンにおける情報サービス産業関連企業に対する調査報告書　2006.9
2　2007.9

日本の賞　日外アソシエーツ株式会社編　日外アソシエーツ　2007〜2008
2006（最新受賞全データ）　2007.3
2007（最新受賞1700）　2008.3

認知科学のフロンティア　大修館書店　2005〜2007
◇ロボット化する子どもたち—「学び」の認知科学（渡部信一著）　2005.11
◇「対談」心とことばの脳科学（山鳥重, 辻幸夫共著）　2006.4
◇日本の「わざ」をデジタルで伝える（渡部信一編著）　2007.7

ネクストエンジニアselection　翔泳社　2003〜2006　⇒I-88
◇実践!オープンソースCRMアプリケーション入門—SugarCRMを使い倒す!（松下博宣, 内田隆平著, ケアブレインズ編）　2006.2
◇はじめてのオープンソースシステム開発（須藤克彦著）　2006.6

情報科学　　　　　　　　　　　　　　　　　　　　　　総記

◇実践!プロジェクト管理入門—プロジェクトを成功に導く62の鉄則　増補改訂版(梅田弘之著)　2006.9

ネタ帳デラックス　エムディエヌコーポレーション，インプレスコミュニケーションズ〔発売〕　2006〜2008

◇ネタ帳デラックス DTP&デザインアイデア—The NETA-cho Deluxe DTP&Design Idea(MdN編集部編)　2006.4

◇ネタ帳デラックス Photoshop&写真処理—The NETA-cho Deluxe Photoshop & Photo-retouch(MdN編集部編)　2006.4

◇Photoshop & Illustrator ストリートグラフィックス(MdN編集部編)　2008.9

ネット広告教科書　翔泳社　2010

◇Yahoo!リスティング広告プロフェッショナル—Yahoo!リスティング広告プロフェッショナル認定試験学習書(翔泳社CAREERzineMarkeZine編集部著, Yahoo!リスティング広告プロフェッショナル認定試験事務局監修)　2010.7

はかる　阪上孝, 長島昭編　中部大学中部高等学術研究所　2007
　上 (はかりはかられる人と世界)　2007.10
　下 (はかりはかられる人と世界)　2007.10

博物館, 図書館, 教育, 観光などのデジタル・アーカイブ学習用素材　岐阜女子大学　2010
　1　高山・白川郷・五箇山の合掌造り集落・奈良・大分(宇佐)・沖縄・北海道(岐阜女子大学, 岐阜女子大学文化情報研究センター制作)　2010.2

初めてのPerl　オライリー・ジャパン　2003〜2006　⇒I-92
　続　改訂版(Randal L. Schwartz, Brian D. Foy, Tom Phoenix著, 伊藤直也, 田中慎司, 吉川英興監訳, ロングテール, 長尾高弘訳)　2006.10

「はじめて学ぶプログラミング」シリーズ　秀和システム　2008

◇Visual Basicでカンタン はじめて学ぶプログラミング(佐納康治, 曽我部雄樹著)　2008.3

◇Visual C#でカンタン はじめて学ぶプログラミング(佐納康治, 曽我部雄樹著)　2008.3

◇Visual C++でカンタン はじめて学ぶプログラミング(佐納康治, 曽我部雄樹著)　2008.3

初めの一歩C言語講座　工学研究社　2005〜2007
　第1分冊　C言語の基礎　第5版(阿部亘執筆)　2005.6
　第2分冊　構造体と共用体, 関数, 制御文　第4版(阿部亘執筆)　2005.6
　第3分冊　ファイル処理と応用　第4版(阿部亘執筆)　2007.1

パソコン楽ラク入門　デジカル編著　技術評論社　2004〜2009　⇒I-93

◇ぜったいデキます!パソコントラブル解決—Windows XP対応　2004.12

◇ぜったいデキます!はがき・案内状作成(門脇香奈子著)　2005.7

◇ぜったいデキます!キレイに印刷プリンタ上手—キャノン・エプソン対応(国本温子著)　2005.7

◇ぜったいデキます!エクセルの操作—Excel 2002/2003対応(藤元裕子著)　2005.10

◇ぜったいデキます!ワードの操作—Word 2002/2003対応(小泉茜著)　2005.10

◇ぜったいデキます!はじめてのインターネット株取引(横山利香著)　2006.1

◇ぜったいデキます!カシミール3D—美しい風景写真を撮ろう!(浜野高正著, 杉本智彦監修)　2006.1

◇ぜったいデキます!Windows XP(藤元裕子著)　2006.5

◇ぜったいデキます!無料で遊ぶパソコンゲーム(オフィスK著)　2006.5

◇ぜったいデキます!2台目からの自宅LAN—家のパソコンをつなげよう!　Windows XP/Me/98SE対応(びn著)　2006.10

◇ぜったいデキます!CD & DVD作成—DigitalMedia & EasyMediaCreator9対応(オンサイト著)　2006.11

◇ぜったいデキます!CD & DVD作成—DigitalMedia & Easy Media Creator 9対応(オンサイト著)

総記　　　　　　　　　　　　　　　　　　　　　　情報科学

2006.12
◇ぜったいデキます!これからはじめるヤフーオークション（いちばゆみ著）　2007.1
◇ぜったいデキます!無料ではじめるアフィリエイト（松本光春著）　2007.1
◇ぜったいデキます!メール&インターネット—ウィンドウズビスタ対応（藤元裕子著）　2007.6
◇ぜったいデキます!パソコン入門—ウィンドウズビスタ対応（藤元裕子著）　2007.6
◇ぜったいデキます!ワード2007の操作—ウィンドウズビスタ対応（門脇香奈子著）　2007.8
◇ぜったいデキます!エクセル2007の操作—ウィンドウズビスタ対応（井上香緒里著）　2007.8
◇ぜったいデキます!はがき・案内状作り—エクセル&ワード2007対応（門脇香奈子著）　2007.11
◇ぜったいデキます!にがて克服キーボード入力　改訂新版（オンサイト著）　2007.12
◇ぜったいデキます!Word 2007はじめてドリル—Windows Vista & Word 2007対応（オルタナプロ著）　2008.3
◇ぜったいデキます!Excel 2007はじめてドリル—Windows Vista & Excel 2007対応（オルタナプロ著）　2008.3
◇ぜったいデキます!これからはじめるグーグル（Ayura著）　2008.4
◇ぜったいデキます!これからはじめるホームページ—ホームページ・ビルダー12対応　改訂新版（浅岡省一著）　2008.4
◇ぜったいデキます!アマゾンマーケットプレイス&アソシエイト・プログラム（AYURA著）　2008.7
◇ぜったいデキます!CD&DVD作り—Windows Vista対応（オンサイト著）　2008.7
◇ぜったいデキます!これからはじめるネットショップ—MakeShop対応版（吉田喜彦著）　2008.10
◇ぜったいデキます!Excel & Wordはじめてドリル（オルタナプロ著）　2009.2
◇ぜったいデキます!パソコンはじめてドリル（オルタナプロ著）　2009.2

パソコンソフトウェアの市場動向調査報告書　日本パーソナルコンピュータソフトウェア協会　2001～2006　⇒I-94
平成16年度（日本パーソナルコンピュータソフトウェア協会）　2006.1

パソコンパッケージソフトウェアの市場動向に関する調査研究　日本パーソナルコンピュータソフトウェア協会　2005
平成16年度　パソコンソフトウェアの市場動向調査報告書　平成15年度（日本パーソナルコンピュータソフトウェア協会）　2005.1
平成16年度　企業ユーザーのパッケージソフトウェア利用状況・要望の調査報告書—中堅/大企業ユーザーのパソコンソフトに対するニーズ調査　2005.3

パターン認識と機械学習　C. M. ビショップ著, 元田浩, 栗田多喜夫, 樋口知之, 松本裕治, 村田昇監訳　シュプリンガー・ジャパン　2007～2008
上（ベイズ理論による統計的予測）　2007.12
下（ベイズ理論による統計的予測）　2008.7

ハッカー・プログラミング大全　データハウス　2006
攻撃編（愛甲健二著）　2006.4

パーフェクトガイドシリーズ　ソフトバンククリエイティブ　2006～2010
no.2　京ぽん2 WX310K perfect guide（石野純也, 至楽社, 青山祐介, 吉沢亨史, 寺井義貴共著, ケータイbest編集部編）　2006.1
no.3　洋ぽんWX310SA perfect guide（寺井義貴, 吉沢亨史, 青山祐介, 至楽社, 石野純也共著, ケータイbest編集部編）　2006.1
no.4　ウィルコムW-ZERO 3 perfect guide（石井英男, 塩田紳二, 坪山博貴, 大和哲, 寺井義貴共著, ケータイbest編集部編）　2006.2
no.5　ウィルコム「シャープ」W-ZERO 3「es」perfect guide（石井英男, 石野純也, 塩田紳二, 坪山博貴, 大和哲共著, ケータイbest編集部編）　2006.10

情報科学　　　　　　　　　　　　総記

no.6　SoftBank「東芝」X01T perfect guide（石井英男，塩田紳二，坪山博貴，大和哲著，ケータイbest編集部編）　2008.2

no.7　iPhone（アイフォーン）3（スリー）GS perfect guide—より快適で魅力的になったiPhoneの活用術が満載!!（石川温，石野純也，小林誠，房野麻子執筆）　2009.7

no.8　iPad PERFECT GUIDE—ネットライフを変えるiPadの魅力を徹底解説（石川温，石野純也，小林誠，房野麻子著）　2010.6

no.9　iPhone（アイフォーン）4 PERFECT GUIDE　さらに進化したiPhoneの活用術が満載!!（石川温，石野純也，小林誠，房野麻子著）　2010.8

早川広行のPhotoshop CSプロフェッショナル講座　毎日コミュニケーションズ　2004　⇒I-97

色補正編（早川広行著）　2004.12

早川広行のPhotoshop CS2プロフェッショナル講座　毎日コミュニケーションズ　2005～2006

基本編（早川広行，木村菱治著）　2005.11
レタッチ＆合成編（早川広行著）　2006.1
自動処理・TIPS編（早川広行，柴田文彦，渡辺和仁著）　2006.6
色補正編（早川広行著）　2006.4

早川広行のAdobe Photoshop CS3プロフェッショナル講座　毎日コミュニケーションズ　2007～2008

基本編（早川広行，木村菱治著）　2007.12
入門編（早川広行，斉藤勝則著）　2008.6
応用編（早川広行，江藤玲子，木村菱治，大河原浩一著）　2008.7

林晴比古実用マスターシリーズ　ソフトバンククリエイティブ　2006～2010

◇明快入門Visual Basic 2005　ビギナー編（林晴比古著）　2006.3
◇明快入門Visual C++ 2005　ビギナー編（林晴比古著）　2006.5
◇明快入門Visual Basic 2005　シニア編（林晴比古著）　2006.10

◇明快入門Visual C++ 2005　シニア編（林晴比古著）　2007.2
◇実践Visual Basic 2005プログラミング20題（林晴比古著）　2007.7
◇明快入門SQL（林晴比古著）　2007.12
◇明快入門C++　ビギナー編（林晴比古著）　2008.4
◇明快入門C++　シニア編（林晴比古著）　2008.8
◇明快入門Visual Basic 2008　ビギナー編（林晴比古著）　2008.11
◇明快入門Visual C++ 2008　ビギナー編（林晴比古著）　2008.12
◇明快入門Visual Basic 2008　シニア編（林晴比古著）　2009.4
◇明快入門Visual C++ 2008　シニア編（林晴比古著）　2009.8
◇明快入門コンパイラ・インタプリタ開発—C処理系を作りながら学ぶ（林晴比古著）　2010.1
◇C言語クイック入門＆（アンド）リファレンス（林晴比古著）　2010.7
◇明快入門Visual Basic 2010（林晴比古著）　2010.11

Perl言語プログラミングレッスン　ソフトバンククリエイティブ　2006

入門編　新版（結城浩著）　2006.10

パワー・クリエイターズ・ガイド　アスペクト　2001～2005　⇒V-262

◇3ds max 7（家村武，手塚一佳，中嶋朋広，橋口智仁，望月昌樹，山本健介著）　2005.3
◇今日から覚えるInDesign CS2ビギナーズ・レッスン（早坂靖資，樋口泰行著）　2005.11
◇今日から覚えるPhotoshop Elements 4.0ビギナーズ・レッスン（土屋徳子，樋口泰行著）　2005.12

半代記シリーズ　東京文献センター　2004～2006　⇒I-97

◇移動通信半代記（田村正勝著）　2004.11
◇ウェブショップ半代記（勝吉章著）　2006.10

汎用電子情報交換環境整備プログラム成果報告書　別冊　日本規格協会　日本規格協会　2009

第1分冊（文字対応作業委員会編「文字一覧表」）
　2009.3
第2分冊（文字対応作業委員会編「文字一覧表」）
　2009.3
第3分冊（文字対応作業委員会編「文字一覧表」）
　2009.3
第4分冊（文字対応作業委員会編「文字一覧表」）
　2009.3
第5分冊（文字対応作業委員会編「文字一覧表」）
　2009.3
第6分冊（文字対応作業委員会編「文字一覧表」）
　2009.3
第7分冊（文字対応作業委員会編「文字一覧表」）
　2009.3
第8分冊（文字対応作業委員会編「文字一覧表」）
　2009.3
第9分冊（文字対応作業委員会編「文字一覧表」）
　2009.3
第10分冊（文字対応作業委員会編「文字一覧表」）
　2009.3
第11分冊（文字対応作業委員会編「文字一覧表」）
　2009.3
第12分冊（文字対応作業委員会編「文字一覧表」）
　2009.3

汎用電子情報交換環境整備プログラム文字対応作業委員会資料　国立国語研究所　国立国語研究所　2007
第1分冊（文字一覧表）　2007.12
第2分冊（文字一覧表）　2007.12
第3分冊（文字一覧表）　2007.12
第4分冊（文字一覧表）　2007.12
第5分冊（文字一覧表）　2007.12
第6分冊（文字一覧表）　2007.12
第7分冊（文字一覧表）　2007.12
第8分冊（文字一覧表）　2007.12
第9分冊（文字一覧表）　2007.12
第10分冊（文字一覧表）　2007.12

PMP教科書　翔泳社　2004〜2006　⇒I-98
◇Project management professional（Kim Heldman著, PMI東京(日本)支部監訳）　2004.12

◇Project management professional（Kim Heldman著, PMI東京支部監訳）　2006.1

東アジア人文情報学サマーセミナー報告書　京都大学　〔京都大学〕　2004〜2006
2004年度（京都大学21世紀COEプログラム東アジア世界の人文情報学研究教育拠点漢字文化の全き継承と発展のために）　2004.11
2005年度（京都大学21世紀COEプログラム東アジア世界の人文情報学研究教育拠点漢字文化の全き継承と発展のために）　2005.11
2006年度（京都大学21世紀COEプログラム東アジア世界の人文情報学研究教育拠点漢字文化の全き継承と発展のために）　2006.11

ビジュアルラーニングシリーズ　エクスメディア　2005
◇ビジュアルラーニングC言語入門（さかおまい著）　2005.7
◇ビジュアルラーニング C++入門（さかおまい著）　2005.10

PC遊友倶楽部　九天社　2003〜2004　⇒I-143
◇パソコンで"お天気博士"（T[2] Project著）　2004.12

ひと目でわかるシリーズ　日経BP社, 日経BPマーケティング〔発売〕　2010
◇ひと目でわかるMicrosoft Word 2010（井上健語著）　2010.6
◇ひと目でわかるMicrosoft Excel 2010（阿部香織著）　2010.6
◇ひと目でわかるMicrosoft Outlook 2010（大月宇美著）　2010.6
◇ひと目でわかるMicrosoft PowerPoint 2010（堀池裕美著）　2010.6
◇ひと目でわかるMicrosoft Access 2010（元木洋子著）　2010.6
◇ひと目でわかるMicrosoft OneNote 2010（門脇香奈子, 中林秀仁, 筏井367治著）　2010.6
◇ひと目でわかるMicrosoft Office for Mac 2011（柳沢加織著）　2010.11

情報科学　　　　　　　　　　　　　　　　総記

標準テキストオフショアプロジェクトマネジメント　幸地司, 霜田寛之著, 北島義弘, 倉田克徳監修　技術評論社　2009
PM編　2009.10
SE編（グローバルソーシング時代の必須スキル体系）　2009.4

福嶋先生の基本情報技術者集中ゼミ　福嶋宏訓著　日本経済新聞出版社　2007〜2010
2007春秋 午前編　2007.1
2008年版 午前編　2007.11
2008年版 午後編　2007.11
2009年版 午前編　2008.11
2009年版 午後・アルゴリズム編　2008.11
2010年版 午前編（黒板で講義の丸福式）　2009.10
2010年版 午後・アルゴリズム編（黒板で講義の丸福式）　2009.10
2011年版 午前編（黒板で講義の丸福式）　2010.11
2011年版 午後・アルゴリズム編（黒板で講義の丸福式）　2010.11

藤崎先生のかんぺき対策シリーズ　藤崎和子著　TAC出版事業部　2004〜2008　⇒I-99
◇初級シスアドパーフェクトテキスト　新装版　2005.12
◇初級シスアド一問一答出どころ直前マスター 新装版　2005.12
◇初級シスアドパーフェクトトレーニング 2006年度版　2005.12
◇初級シスアドパーフェクトトレーニング午後専科 2006年度版　2005.12
◇初級シスアドパーフェクトトレーニング 新版　2007.4
◇初級シスアドパーフェクトトレーニング午後専科 新装版　2008.3

フラット化する世界　トーマス・フリードマン著, 伏見威蕃訳　日本経済新聞社　2006
上（経済の大転換と人間の未来）　2006.5
下（経済の大転換と人間の未来）　2006.5

ブレインバンクビジネス選書　カナリア書房　2004〜2007　⇒I-100

◇顧客づくりのためのプライバシーマーク活用術―個人情報活用を顧客満足度向上につなげる秘策（近藤昇編, 大西信次著）　2004.12
◇優秀なIT担当者はクビにしなさい！（ブレインワークス著）　2007.3
◇セキュリティ対策は乾布摩擦だ！（ブレインワークス著）　2007.4

Programmer's selection　翔泳社　1993〜2010　⇒I-100
◇マスタリングJava EE 5―開発生産性を高めるJavaフレームワークの標準仕様（斉藤賢哉著）　2007.8
◇Windowsシステム再構築実践開発ガイド―COM/DCOMシステムを.NETエンタープライズサービスで再生する（Microsoft .net development series）（Christian Nagel著, 長尾高弘訳）　2007.8
◇エッセンシャルWF―Windows Workflow Foundation ワークフロー対応アプリケーション構築のための基礎知識（Microsoft .net development series）（Dharma Shukla, Bob Schmidt著, 新丈径訳）　2007.9
◇エッセンシャルWPF―Windows Presentation Foundation UI, ドキュメント, メディアの統合に向けた実装と手法（Microsoft .net development series）（Chris Anderson著, 星睦監訳）　2007.10
◇標準講座XQuery―XQuery、XPath、SQL/XMLの文脈でXMLに問い合わせる（Jim Melton, Stephen Buxton著, 芝野耕司監訳, 土田正士, 小寺孝, 山平耕作訳）　2008.3
◇ドメイン駆動―デザインパターンへの適用法（Jimmy Nilsson著, 長尾高弘訳, 尾島良行監修）　2008.3
◇標準講座C#―プログラミングの基礎から高度なC#プログラミングの理解を深める（Daniel Solis著, 田中正造監訳, 和田隆夫訳）　2008.7
◇VSTO（ブイエスティーオー）とSharePoint Server 2007による開発技術―Visual Studio 2008で構築するOBAソリューション（小高太郎, 小松真也, 小山才喜, 西岡真樹, 松崎剛, 山崎愛著）　2009.2

総記　　　　　　　　　　　　　　　　　　　　　　　　　情報科学

◇標準講座C++クックブック―文字列操作、I/OからSTLまで、C++で必要不可欠なテクニックを満載(Herbert Schildt著, 日向俊二訳) 2009.3

◇標準講座C++―基礎からSTLを利用したプログラミングまで　新装版(Herbert Schildt著, 柏原正三監訳) 2009.4

◇入門Objective-C 2.0―Mac OS 10でプログラミングをする際に知っておきたいことのすべて　Mac OS 10とiPhoneのアプリケーション開発に欠かせない基礎知識 Appleアプリケーション開発の基礎を完全習得(Mark Dalrymple, Scott Knaster著, 長尾高弘訳) 2009.7

◇エッセンシャルWCF―Windows Communication Foundation 分散コンピューティングを実現する統一プログラミングモデルの理解と実践(Microsoft .net development series)(Steve Resnick, Richard Crane, Chris Bowen共著, プロシステムエルオーシー監訳) 2009.10

◇マスタリングJavaEE5―開発生産性を高めるJavaフレームワークの標準仕様　第2版(斉藤賢哉著) 2009.11

◇C++テンプレート完全ガイド(ダビード・ヴァンデヴォールデ, ニコライ・M. ジョスティス著, 津田義史訳) 2010.2

◇C++テンプレート メタプログラミング(デビッド・エブラハムズ, アレクセイ・グルトヴォイ著, 玉井浩訳) 2010.3

◇エッセンシャルSilverlight 3―RIA構築のための技術要諦と実装方法(Microsoft .net development series)(Ashraf Michail著, プロシステムエルオーシー監訳) 2010.3

◇標準講座C―たしかな基礎力と幅広い応用力を培うために初めての人でもやさしく学べる(Stephen G. Kochan著, 中尾真二訳) 2010.4

◇入門Android 2プログラミング―Google Androidの開発者が知っておくべき基礎知識 Android SDK 2.2対応(Mark Murphy著, クイープ監訳) 2010.7

プログラマーズ叢書　翔泳社　2003〜2005　⇒I-100

◇Lepton先生の「ネットワーク技術」勉強会―なるほど!連発の9日間 特別版(Lepton著) 2004.12

◇Java開発の実用問答集―現場力がアップする11の指南(古川正寿著) 2005.12

プログラマの種シリーズ　ソフトバンククリエイティブ　2007〜2010

◇基礎からのASP. NET―SE必修!(目時秀典, 鈴木和久著) 2007.3

◇基礎からのサーブレット/JSP―SE必修!　改訂版(宮本信二著) 2007.3

◇基礎からのJava―SE必修!(宮本信二著) 2007.9

◇基礎からのPHP―SE必修!(山田和夫著) 2007.12

◇基礎からのMySQL―SE必修!(西沢夢路著) 2007.12

◇基礎からのC―SE必修!　一生使える道具をマスター!(山田和夫著) 2008.11

◇基礎からのLinux―SE必修!(橋本英勝著) 2009.1

◇基礎からのOracle―SE必修!(西沢夢路著) 2010.6

◇基礎からのLinux―SE必修!　改訂版(橋本英勝著) 2010.6

◇基礎からのJava―SE必修!　改訂版(宮本信二著) 2010.8

◇基礎からのサーブレット/JSP―SE必修!　第3版(宮本信二著) 2010.9

◇基礎からのASP(えーえすぴー).NET―SE必修!　改訂版(目時秀典, 鈴木和久著) 2010.9

プログラマのためのセキュリティ対策テクニック　Michael Howard, David LeBlanc著, トップスタジオ訳　日経BPソフトプレス　2004

上　第2版(マイクロソフト公式) 2004.12

下　第2版(マイクロソフト公式) 2004.12

プログラミング学習シリーズ　翔泳社　1999〜2010　⇒I-101

◇Ruby 1　はじめてのプログラミング(arton, 宇野るいも著) 2009.1

全集・叢書総目録 2005-2010　93

情報科学

◇PHP　1　はじめてのPHPプログラミング（漢祐介著）　2009.1
◇JavaScript　1　はじめてのプログラミングとJavaScriptの基礎（日向俊二著）　2009.1
◇C言語　1　はじめてのプログラミング　改訂版（倉薫著）　2009.2
◇Ruby　2　さまざまなデータとアルゴリズム（arton, 宇野るいも著）　2009.2
◇C言語　2　はじめて学ぶCの仕組み　改訂版（倉薫著）　2009.2
◇JavaScript　2　Webアプリケーションの基礎とJavaScriptを使ったプログラミングテクニック（日向俊二著）　2009.5
◇Ruby　3　オブジェクト指向とはじめての設計（arton, 宇野るいも著）　2009.8
◇Java　1　はじめてみようプログラミング（三谷純著）　2010.1
◇Java　2　アプリケーションづくりの初歩（三谷純著）　2010.1
◇SQL―ゼロからはじめるデータベース操作（ミック著）　2010.6

プログラミング入門 情報処理技術者テキスト　日本情報処理開発協会監修　実教出版　2004～2007
◇CASL 2（浅井宗海編著, 岸田徹夫, 尾川順子著）　2004.12
◇C言語（浅井宗海編著, 栗原徹著）　2005.3
◇Java（浅井宗海編著, 藤村英範, 吉岡史樹著）　2005.6
◇COBOL（浅井宗海編著, 川上るり子著）　2005.6
◇Java　改訂版（浅井宗海編著, 藤村英範, 吉岡史樹著）　2007.1

プログラミングの教科書　技術評論社　2010
◇かんたんVisual Basic（高橋広樹著, techbank.jp監修）　2010.5
◇かんたんC言語（大川内隆朗, 大原竜男著）　2010.5
◇かんたんJava（インサイトテクノロジー, 今川美保著, techbank.jp監修）　2010.5
◇かんたんC#（伊藤達也著, techbank.jp監修）　2010.5
◇かんたんASP.NET（高野将著, techbank.jp監修）　2010.8

プログラミングのための計算機科学入門　昭晃堂　2009
1　始めるための基本事項（島川博光編著, 島川博光, 高田秀志, 原田史子, 山本哲男, 糸賀裕弥共著）　2009.4
2　巣立つための体系的知識（島川博光編, 高田秀志, 毛利公一, 横田裕介, 桑原寛明共著）　2009.9

プログラミングRuby　Dave Thomas, Chad Fowler, Andy Hunt著, まつもとゆきひろ監訳, 田和勝訳　オーム社　2006
ライブラリ編　第2版　2006.8
言語編　第2版　2006.8

プログラミングRuby1.9　Dave Thomas, Chad Fowler, Andy Hunt著, まつもとゆきひろ監訳, 田和勝訳　オーム社　2010
ライブラリ編　2010.5
言語編　2010.5

プログラミングワンダーランドへ, いらっしゃい　翔泳社　2004～2005
基礎編　プログラミングワンダーランドへ, いらっしゃい（米山学著）　2004.3
3　悩まない&つまずかないC言語（米山学著）　2005.1
4　悩まない&つまずかないJava教科書（米山学著）　2005.3
JSP&サーブレット編　プログラミングワンダーランドへ, いらっしゃい　v.2（山田祥寛著）　2004.6

プログラミングWPF　日向俊二著　カットシステム　2008
C#編（デザイナとプログラマのためのアプリケーション開発の極意）　2008.5
Visual Basic編（デザイナとプログラマのためのアプリケーション開発の極意）　2008.6

プロフェッショナル「確実」養成講座　技術評論社　2009
◇これだけはおさえたい文系プログラマーの数学知識　基礎の基礎（谷尻豊寿, 谷尻かおり著）　2009.11

プロフェッショナルシリーズ　ルネッサンスブックス　2006
1　プログラマーは芸術家であり、職人だ（浅井治著）　2006.11

文科系ストレイシープのための研究生活ガイド
家入葉子著　ひつじ書房　2005〜2009
◇　　2005.2
心持ち編　2009.3

文化情報学ライブラリ　勉誠出版　2006〜2008
◇文化情報学入門（村上征勝編）　2006.3
◇データサイエンス入門（鄭躍軍, 金明哲, 村上征勝著）　2007.5
◇確率入門（片山徹著）　2008.4

文庫　不二出版　2006
第5巻〜第8巻　復刻版　2006.2
第13巻〜第16巻　復刻版　2006.9

並列処理シリーズ　コロナ社　1991〜2010　⇒I-102
3　命令レベル並列処理—プロセッサアーキテクチャとコンパイラ（安藤秀樹著）　2005.10
5　算術演算のVLSIアルゴリズム（高木直史著）　2005.3
9　並列数値処理—高速化と性能向上のために（金田康正編著）　2010.4

ボーカロイド・シリーズ　ヤマハミュージックメディア　2009
1　J-popソングブック—メロ譜＋カラオケデータ集でDTMを始めよう！（大宝博, 名取穫一郎楽譜編集）　2009.2
2　アニメソングブック—メロ譜＋カラオケデータ集でDTMを始めよう！（大宝博, 名取穫一郎楽譜編集）　2009.2

北大エコキャンパス読本　北海道大学教育GP「博物館を舞台とした体験型全人教育の推進」　2010
植物園編（東隆行編）　2010.2

北大エコキャンパス読本　北海道大学総合博物館　2005〜2009
考古学編2009　遺跡群から見た北大キャンパスと周辺域の歴史（天野哲也, 小野裕子著）　2009.3
植物編　改訂版（高橋英樹, 露崎史朗, 笹賀一郎編）　2005.3

ポケットテックノート　PSネットワーク　2003〜2005　⇒I-102
◇Firebird RDBMS傾向と対策—Yet another open source database　4（UDFユーザー定義関数活用編）（林務著）　2005.6

Pocket reference　技術評論社　1997〜2010　⇒I-102
◇Accessプログラミングtipsポケットリファレンス（ガリバー著）　2004.8
◇Windowsショートカットキーポケットリファレンス（枚田香著, 大村あつし監修）　2005.1
◇Windowsエラーメッセージポケットリファレンス（土屋和人著）　2005.2
◇PowerPoint 2003ポケットリファレンス（稲村暢子著）　2005.4
◇Excel関数ポケットリファレンス　ビギナー編（藤元裕子著）　2005.4
◇Linuxコマンドポケットリファレンス（杳名亮典, 平山智恵著）　2005.6
◇ActionScriptポケットリファレンス—Flash MX 2004/MX/5対応（馬場ぎんが著）　2005.6
◇LATEX 2ε標準コマンドポケットリファレンス（本田知亮著）　2005.7
◇スタイルシートポケットリファレンス—オールカラー（藤本壱著）　2005.8
◇シェルスクリプト・ポケットリファレンス—シェルスクリプトでやりたいことが簡単にわかる！bash編（宮原徹, 川原竜人著）　2005.9
◇PHPポケットリファレンス　改訂版（大垣靖男著）　2005.10

情報科学

総記

◇Oracleデータベース運用・管理ポケットリファレンス―Oracle 10g/9i 対応（若杉司著）　2005.11

◇Windows XP快適カスタマイズポケットリファレンス（ユニゾン著）　2005.12

◇Windows XPレジストリポケットリファレンス（阿久津良和著）　2005.12

◇HTMLポケットリファレンス―オールカラー改訂第5版（シーズ著）　2006.2

◇正規表現ポケットリファレンス（宮前竜也著）　2006.3

◇Macromedia Flash 8ポケットリファレンス（小泉茜著）　2006.5

◇Ciscoルータコマンドポケットリファレンス―IPv4/IPv6対応版（岩崎敏郎，松崎吉伸著）　2006.9

◇Mac OS 10ターミナルコマンドポケットリファレンス　改訂版（海上忍著）　2006.9

◇JavaScriptポケットリファレンス　改訂第4版（古籏一浩著）　2006.11

◇ASP. NETポケットリファレンス　Webサーバコントロール編（西沢直木著）　2007.2

◇Windowsエラーメッセージポケットリファレンス―Windows Vista/XP/Me対応（土屋和人著）　2007.5

◇Windows Vista設定・カスタマイズポケットリファレンス（ユニゾン著）　2007.5

◇ネットワークコマンドポケットリファレンス―Windows/Linux対応（中村文則著）　2007.6

◇Windows Vistaショートカットキー―ポケットリファレンス（内藤由美著）　2007.7

◇Windows Vistaコマンドプロンプトポケットリファレンス（天野司著）　2007.10

◇逆引きUNIXコマンドポケットリファレンス―Fedora/Debian FreeBSD/Solaris対応版（武田保真，トップスタジオ著，武藤健志監修）　2008.1

◇UNIXコマンドポケットリファレンス―ビギナー編　改訂第3版（IDEA・C著）　2008.2

◇Windows PowerShellポケットリファレンス（牟田口大介著）　2008.5

◇CakePHPポケットリファレンス（岡田佳典著）　2008.7

◇Ajaxポケットリファレンス（清野克行著）　2008.7

◇Excel VBAポケットリファレンス―Excel 97/2000/2002/2003/2007対応　改訂版（前田智美著）　2008.9

◇ActionScript 3.0ポケットリファレンス（馬場ぎんが著）　2008.9

◇MySQLポケットリファレンス（島田裕二著）　2009.1

◇C言語標準ライブラリ関数ポケットリファレンス―ANSI C、ISO C99対応（河西朝雄著）　2009.1

◇HTML＆スタイルシートポケットリファレンス―オールカラー（シーズ著）　2009.4

◇Pythonポケットリファレンス（柏野雄太著）　2009.4

◇Linuxコマンドポケットリファレンス　改訂新版（沓名亮典，平山智恵著）　2009.5

◇Access関数ポケットリファレンス―Access 2000/2002/2003/2007対応（山田健一著）　2009.5

◇SQLポケットリファレンス　改訂第3版（朝井淳著）　2009.6

◇Excel関数ポケットリファレンス―Excel 2000/2002/2003/2007対応（日花弘子著）　2009.9

◇Accessクエリポケットリファレンス―2000/2002/2003/2007対応（山田健一著）　2009.10

◇Oracleコマンドポケットリファレンス―Oracle 11g/10g対応（若杉司著）　2009.12

◇Access VBA（ブイビーエー）ポケットリファレンス―Access 2000/2002/2003/2007対応（山田健一著）　2010.1

◇秀丸マクロポケットリファレンス―秀丸エディタ7.11対応（西沢直木著）　2010.3

◇Apache HTTP Severポケットリファレンス―2.0系/2.2系対応（Linux版/Windows版）（高江賢著，山田祥寛監修）　2010.5

◇ケータイHTMLポケットリファレンス―NTTドコモ/au/ソフトバンクモバイル対応（佐野正弘著）　2010.6

◇WordPressポケットリファレンス（西本達也，村上晴美著）　2010.7

◇jQuery（ジェイクエリ）ポケットリファレンス─jQuery 1.4対応（鶴田展之著）　2010.7
◇NetScreen/SSG ScreenOSコマンドポケットリファレンス（マーティン・チャンドラ著）　2010.8
◇SQLiteポケットリファレンス─version 2/3対応（五十嵐貴之著）　2010.11
◇vi（ブイアイ）/Vim（ブイアイエム）コマンドポケットリファレンス（山森丈範著）　2010.11
◇Excel VBA（ブイビーエー）ポケットリファレンス─Excel 2010/2007/2003/2002/2000/97対応　改訂第3版（前田智美著）　2010.12

堀江本．　ゴマブックス　2005〜2006
◇2004.1.1-2005.2.28（堀江貴文著）　2005.4
2（政界進出編）（ゴマブックス特別取材班著）　2006.1

マイクロソフトオフィス教科書　NRIラーニングネットワーク株式会社著　翔泳社　2007〜2008
◇Word 2007　2007.11
◇Excel 2007　2007.11
◇PowerPoint 2007　2008.2
◇Access 2007　2008.4
◇Windows Vista─Microsoft certified application specialist　2008.8
◇Outlook 2007─Microsoft certified application specialist　2008.10

マイクロソフト公式解説書　日経BPソフトプレス　1997〜2010　⇒I-106
◇ひと目でわかるPC講座Microsoft Office 2000─Windows 98対応（日経BPソフトプレス編）　2004.10
◇MCAスキルチェック要点解説セキュリティ（日経BPソフトプレス編）　2004.12
◇Microsoft Windowsコマンドライン活用ガイド─Windows Server 2003/Windows XP Professional対応（William R. Stanek著，梅村新，井上三千代訳）　2004.12
◇ひと目でわかるMicrosoft Windows XP Service Pack 2対応版─Home Edition & Professional両対応（日経BPソフトプレス編）　2004.12
◇Microsoft Office Visio 2003オフィシャルマニュアル（Mark H. Walker, Nanette Eaton著，鷲谷好輝，山本浩訳）　2005.4
◇Microsoft GroupBoardワークスペースオフィシャルマニュアル（ユニゾン著）　2005.4
◇ひと目でわかるMicrosoft Excelビジネス活用術─2003/2002対応版（日経BPソフトプレス編著）　2005.4
◇ひと目でわかるMicrosoft PowerPointプレゼン術─2003/2002対応版（大平邦登監修・著，日経BPソフトプレス編著）　2005.4
◇MCDSTスキルチェック問題集70-271Microsoft Windows XPオペレーティングシステムユーザーサポート・トラブルシューティング（Walter Glenn, Michael T. Simpson著，トップスタジオ訳）　2005.4
◇MCDSTスキルチェック問題集70-272Microsoft Windows XPデスクトップアプリケーションユーザーサポート・トラブルシューティング（Walter Glenn著，トップスタジオ訳）　2005.4
◇Microsoft SharePointプロダクト＆テクノロジリソースキット　上（Bill English, The Microsoft SharePoint Teams著，イデアコラボレーションズ株式会社訳）　2005.4
◇Microsoft SharePointプロダクト＆テクノロジリソースキット　下（Bill English, The Microsoft SharePoint Teams著，イデアコラボレーションズ株式会社訳）　2005.4
◇ひと目でわかるMicrosoft Windows Server 2003ネットワーク設定・管理術（グローバルナレッジネットワーク株式会社，横山哲也，山崎愛著）　2005.6
◇ひと目でわかるMicrosoft Active Directory（Yokota Lab, Inc.著）　2005.6
◇インサイドMicrosoft Windows　上　第4版（David Solomon, Mark Russinovich著，豊田孝監訳）　2005.8
◇ひと目でわかるMicrosoft Windows Server 2003 Service Pack 1対応版（天野司著）　2005.9
◇ひと目でわかるMicrosoft Money 2006─個人マネー管理ソフト（日経BPソフトプレス編）　2005.10

情報科学

◇インサイドMicrosoft Windows 下 第4版（David Solomon, Mark Russinovich著, 豊田孝監訳） 2005.10

◇ひと目でわかるMicrosoft Excel VBAコントロール＆フォーム活用術—2003/2002/2000対応（藤山哲人著） 2005.12

◇マイクロソフトが答えるMicrosoft Office Word Q&A集—2003/2002/2000対応（マイクロソフトコンシューマサポートチーム著） 2005.12

◇マイクロソフトが答えるMicrosoft Office Excel Q&A集—2003/2002/2000対応（マイクロソフトコンシューマサポートチーム著） 2005.12

◇マイクロソフトが答えるMicrosoft Office Outlook Q&A集—2003/2002/2000対応（マイクロソフトコンシューマサポートチーム著） 2005.12

◇Microsoft Office InfoPath 2003オフィシャルマニュアル（Roger Jennings著, 吉川明広訳） 2006.2

◇Microsoft Visual Basic 2005 Express Edition入門（プログラムを作ろう！パソコン教科書）（日経BPソフトプレス編） 2006.2

◇Microsoft Visual C# 2005 Express Edition入門（プログラムを作ろう！パソコン教科書）（池谷京子著） 2006.2

◇Microsoft Visual C++ 2005 Express Edition入門（プログラムを作ろう！パソコン教科書）（青木淳夫著, 山田祥寛監修） 2006.3

◇ひと目でわかるMicrosoft Visual Basic 2005アプリケーション開発入門（上岡勇人著） 2006.4

◇ひと目でわかるMicrosoft Visual C++ 2005アプリケーション開発入門（増田智明著） 2006.4

◇ひと目でわかるMicrosoft Visual C# 2005 アプリケーション開発入門（植田政美, チーム・エムツー著） 2006.4

◇ひと目でわかるMicrosoft SQL Server 2005（日本ユニテック著） 2006.5

◇ひと目でわかるMicrosoft Visual C# 2005アプリケーション開発入門（植田政美, チーム・エムツー著） 2006.5

◇Microsoft Visual Web Developer 2005 Express Edition入門—Microsoft Visual Studio 2005（プログラムを作ろう！パソコン教科書）（青木淳夫著, 山田祥寛監修） 2006.6

◇プログラミングMicrosoft ASP. NET 2.0（Microsoft Visual Studio 2005）（Dino Esposito著, クイープ訳） 2006.7

◇ひと目でわかるMicrosoft Visual Basic 2005データベース開発入門（ファンテック株式会社著） 2006.8

◇プログラミングMicrosoft Visual C# 2005 言語編（Microsoft Visual Studio 2005）（Donis Marshall著, トップスタジオ訳） 2006.8

◇Microsoft Dynamics CRM 3.0徹底解説（Mike Snyder, Jim Steger著, イデアコラボレーションズ株式会社訳, マイクロソフト株式会社監修） 2006.9

◇プログラミングMicrosoft Visual Basic 2005 言語編 上（Microsoft Visual Studio 2005）（Francesco Balena著, クイープ訳） 2006.9

◇Microsoft Visual Basic 2005実践講座—ステップバイステップで学ぶプログラミング！ v.1（基礎編）（Microsoft Visual Studio 2005）（Michael Halvorson著, 日本ユニテック訳） 2006.9

◇Microsoft Visual Basic 2005実践講座—ステップバイステップで学ぶプログラミング！ v.2（活用編）（Microsoft Visual Studio 2005）（Michael Halvorson著, 日本ユニテック訳） 2006.9

◇ひと目でわかるMicrosoft Money 2007—個人マネー管理ソフト（日経BPソフトプレス編） 2006.10

◇プログラミングMicrosoft Visual Basic 2005 言語編 下（Microsoft Visual Studio 2005）（Francesco Balena著, クイープ訳） 2006.10

◇ひと目でわかるMicrosoft Visual Basic 2005 Webシステム開発入門（Microsoft Visual Studio 2005）（ファンテック株式会社著） 2006.11

◇プログラミングMicrosoft .NET framework（Microsoft Visual Studio 2005）（Jeffrey Richter著, 吉松史彰監訳） 2006.12

◇ひと目でわかるMicrosoft Office Excel 2007（ゲイザー著） 2007.1

◇ひと目でわかるMicrosoft Office Outlook 2007（大月宇美著） 2007.1

◇ひと目でわかるMicrosoft Office PowerPoint 2007（堀池裕美著） 2007.1

◇ひと目でわかるMicrosoft Office Word 2007（井上健語著） 2007.1

◇ひと目でわかるMicrosoft Windows Vista ビジネス編（ジャムハウス著） 2007.1

◇ひと目でわかるMicrosoft Windows Vista ホーム編（ジャムハウス著） 2007.1

◇ひと目でわかるMicrosoft Exchange Server 2007（竹島友理，飯室美紀著） 2007.2

◇ひと目でわかるMicrosoft Office Access 2007（元木洋子著） 2007.3

◇ひと目でわかるMicrosoft Office OneNote 2007（門脇香奈子著） 2007.3

◇ひと目でわかるMicrosoft Office Project 2007（内舘町子著） 2007.3

◇ひと目でわかるMicrosoft Office SharePoint Server 2007（山崎愛，北端智著） 2007.3

◇ひと目でわかるMicrosoft Office Visio 2007（岸井徹著） 2007.4

◇ひと目でわかるMicrosoft Office Excel 2007―データマイニングアドインを使用したビジネスデータ簡単分析術（平井明夫，松井浩輔著，アイエイエフコンサルティング監修） 2007.4

◇Microsoft Dynamics AX 4.0開発ガイド（Michael Fruergaard Pontoppidan, Lars Dragheim Olsen, Arthur Greef著，イデアコラボレーションズ株式会社訳，マイクロソフト株式会社監修） 2007.5

◇プログラミングMicrosoft ADO. NET 2.0（Microsoft Visual Studio 2005）（David Sceppa著，日本ユニテック訳） 2007.7

◇ひと目でわかるMicrosoft Office Visio 2007ビジネス活用術―Professional Edition対応（E-Trainer.jp著） 2007.7

◇インサイドMicrosoft SQL Server 2005 ストレージエンジン編（Kalen Delaney著，オーパス・ワン訳，熊沢幸生監修） 2007.7

◇MCTSスキルチェック問題集70-536Microsoft.NET Framework 2.0アプリケーション開発基礎（Tony Northrup, Shawn Wildermuth, Bill Ryan著，NECラーニング株式会社，山崎明子監訳） 2007.9

◇Microsoft SQL Server 2005オフィシャルマニュアル 上（Edward Whalen, Marcilina Garcia, Burzin Patel, Stacia Misner, Victor Isakov著，トップスタジオ訳） 2007.9

◇Microsoft Windows Vistaオフィシャルマニュアル 上（Ed Bott, Carl Siechert, Craig Stinson著，イデアコラボレーションズ株式会社訳） 2007.9

◇Microsoft Windows Vistaオフィシャルマニュアル 下（Ed Bott, Carl Siechert, Craig Stinson著，イデアコラボレーションズ株式会社訳） 2007.9

◇ひと目でわかるMicrosoft Money Plus Edition（日経BPソフトプレス著） 2007.10

◇Microsoft SQL Server 2005オフィシャルマニュアル 下（Edward Whalen, Marcilina Garcia, Burzin Patel, Stacia Misner, Victor Isakov著，トップスタジオ訳） 2007.10

◇Windows Server 2008テクノロジ入門（Mitch Tulloch著, Microsoft Windows Server Team共著，イデアコラボレーションズ株式会社訳） 2007.11

◇ひと目でわかるMicrosoft Office 2008 for Mac（柳沢加織著） 2008.1

◇Microsoft ASP. NET AJAX入門（Microsoft Visual Studio 2005）（Dino Esposito著，矢嶋聡監修，クイープ訳） 2008.1

◇Active Directory ID自動管理ガイド―Microsoft Identity Lifecycle Manager 2007で実践するID統合管理ソリューション（マイクロソフトITプロフェッショナルシリーズ）（待鳥博志，山崎淳一，Microsoft ILM 2007 Team著） 2008.1

◇パソコン教科書作って楽しむMicrosoft Office Word 2007―Windows Vista（佐藤薫著） 2008.2

◇パソコン教科書作って楽しむMicrosoft Office Excel 2007―Windows Vista（阿部香織著） 2008.2

◇Windows Embedded CE 6.0組み込みOS構築技法入門（松岡正人監訳） 2008.3

◇Microsoft Office SharePoint Server 2007オフィシャルマニュアル（Bill English, Microsoft

情報科学　　　　　　　　　　　　　　　　　総記

◇SharePoint Community Experts著，イデアコラボレーションズ株式会社訳）　2008.3
◇ひと目でわかるMicrosoft Visual Basic 2008アプリケーション開発入門（Microsoft Visual Studio 2008）（上岡勇人著）　2008.3
◇ひと目でわかるMicrosoft Visual C++ 2008アプリケーション開発入門（Microsoft Visual Studio 2008）（増田智明著）　2008.3
◇ひと目でわかるMicrosoft Visual C# 2008アプリケーション開発入門（植田政美，チーム・エムツー著）　2008.3
◇Microsoft Visual Basic 2008 Express Edition入門（プログラムを作ろう!）（池谷京子著）　2008.3
◇Microsoft Visual C++ 2008 Express Edition入門（プログラムを作ろう!）（Wingsプロジェクト著，山田祥寛監修）　2008.3
◇MCAスキルチェック重点攻略プラットフォーム—Windows Server 2008対応（横田秀之，河井泰子著）　2008.3
◇Microsoft Office SharePoint Server 2007オフィシャルマニュアル　上（ビル・イングリッシュ，Microsoft SharePoint Community Experts著，イデアコラボレーションズ訳）　2008.3
◇Microsoft Office SharePoint Server 2007オフィシャルマニュアル　下（ビル・イングリッシュ，Microsoft SharePoint Community Experts著，イデアコラボレーションズ訳）　2008.3
◇Microsoft Visual C# 2008 Express Edition入門—Microsoft Visual Studio 2008（プログラムを作ろう!）（池谷京子著）　2008.4
◇Microsoft Visual Web Developer 2008 Express Edition入門—Microsoft Visual Studio 2008（プログラムを作ろう!）（WINGSプロジェクト，矢吹太朗著，山田祥寛監修）　2008.4
◇ひと目でわかるMicrosoft Windows Server 2008（天野司著）　2008.4
◇パソコン教科書使って楽しむMicrosoft Windows Vista（森田順子著）　2008.4
◇ひと目でわかるMicrosoft Visual Basic 2008 Webアプリケーション開発入門—Microsoft Visual Studio 2008（ファンテック株式会社著）　2008.5

◇MCAスキルチェック重点攻略セキュリティ—Microsoft certified associate M10-401 Microsoft Windows Vista対応（吉田かおる著）　2008.5
◇インサイドWindows Communication Foundation（Justin Smith著，クイープ訳）　2008.6
◇ひと目でわかるMicrosoft Windows Server 2003 R2対応版（天野司著）　2008.6
◇インサイドMicrosoft SQL Server 2005　クエリチューニング&最適化編（Kalen Dalaney, Sunil Agarwal, Craig Freedman, Adam Machanic, Ron Talmage著，オーパス・ワン訳，熊沢幸生監修）　2008.6
◇Microsoft Exchange Server 2007管理ガイド—Windows Server 2003 & Windows Server 2008でのExchange Server 2007導入・運用のポイント（マイクロソフトITプロフェッショナルシリーズ）（William R. Stanek著，パセイジ訳）　2008.8
◇UnicodeによるJIS X 0213実装入門—情報システムの新たな日本語処理環境（マイクロソフトITプロフェッショナルシリーズ）（田丸健三郎著）　2008.8
◇ひと目でわかるMicrosoft Active Directory—Windows Server 2008版（Yokota Lab, Inc.著）　2008.8
◇パソコン教科書—Microsoft Windows Vista+Microsoft Office Word 2007　撮って楽しむデジカメ編（森田順子著）　2008.8
◇ひと目でわかるMicrosoft Windows Vista & 2007 Office systemトラブル解決術（日経BPソフトプレス著，マイクロソフトコンシューマサポートグループ監修）　2008.9
◇ひと目でわかるMicrosoft Windows Vista & 2007 Office systemトラブル解決術（日経BPソフトプレス著，マイクロソフトコンシューマサポートグループ監修）　2008.9
◇プログラミングMicrosoft ASP. NET 3.5—Microsoft Visual Studio 2008（Dino Esposito著，クイープ訳）　2008.9
◇OBA開発入門—OfficeとSharePointServer2007の連携によるビジネスアプリケーション構築（Rob Barker, Joanna Bichsel, Adam Buenz, Steve Fox, John Holliday, Bhushan Nene,

総 記

情報科学

Karthik Ravindran著, 日本ユニテック訳, 松崎剛, 西岡真樹監修) 2008.9

◇ひと目でわかるMicrosoft Expression Web 2（小浜良恵著） 2008.9

◇Microsoft Silverlight2テクノロジ入門（Laurence Moroney著, ウイリング訳, 東賢, 玉城えり子監修） 2008.9

◇MCTSスキルチェック問題集70-640 Microsoft Windows Server 2008 Active Directory（Dan Holme, Danielle Ruest, Nelson Ruest, Tony Northrup著, Yokota Lab, Inc.監訳） 2008.9

◇Microsoft Windows Server 2008リソースキット Active Directory編（Stan Reimer, Conan Kezema, Mike Mulcare, Byron Wright, the Microsoft Active Directory Team著, マイクロソフト株式会社監訳, 日本ユニテック訳） 2008.9

◇Microsoft Windows Vistaリソースキット導入・展開ガイド—Service Pack 1対応版（Mitch Tulloch, Tony Northrup, Jerry Honeycutt, the Microsoft Windows Vista Team著, マイクロソフト株式会社監訳, トップスタジオ訳） 2008.10

◇ひと目でわかるMicrosoft Visual Basic 2008データベース開発入門—Microsoft Visual Studio 2008（ファンテック株式会社著） 2008.10

◇ひと目でわかるIIS 7.0（増田智明著） 2008.10

◇Advanced Windows—Microsoft Visual Studio 2008 上 第5版（Jeffrey Richter, Christophe Nasarre著, クイープ訳） 2008.10

◇Advanced Windows—Microsoft Visual Studio 2008 下 第5版（Jeffrey Richter, Christophe Nasarre著, クイープ訳） 2008.10

◇Microsoft Windows Server 2008リソースキット グループポリシー編（Derek Melber with the Windows Group Policy Team著, マイクロソフト株式会社監訳, 日本ユニテック訳） 2008.11

◇ひと目でわかるMicrosoft Silverlight 2アプリケーション開発入門—C#とExpression Blend 2によるRIA開発技法（セカンドファクトリー著） 2008.12

◇Microsoft Windows Server 2008 PKI＆認証セキュリティ大全（マイクロソフトITプロフェッショナルシリーズ）（Brian Komar著, 日本ユニテック訳） 2008.12

◇ひと目でわかるMicrosoft SQL Server 2008（日本ユニテック著） 2008.12

◇ひと目でわかるMicrosoft Windows Server 2008 ターミナルサービス（Yokota Lab, Inc.著, マイクロソフト株式会社監修） 2009.1

◇徹底検証Microsoft SQL Server 2008コンプライアンス＆情報セキュリティ—CQIプロジェクトで得たノウハウを満載した導入・活用のためのバイブル（エスキューエル・クオリティ著） 2009.1

◇ひと目でわかるMicrosoft Office Excel 2007マクロ＆VBA入門（関由紀子著） 2009.2

◇Microsoft Dynamics CRM 4.0徹底解説（Mike Snyder, Jim Steger著, イデアコラボレーションズ株式会社訳, マイクロソフト株式会社監修） 2009.3

◇Excel 2007とSharePoint Server 2007によるデータ連携—OBA実践講座（溝端二三雄, 奥田理恵, 西谷亮著, 西岡真樹監修） 2009.3

◇文法からはじめるプログラミング言語Microsoft Visual C#入門（高江賢著, 山田祥寛監修） 2009.3

◇文法からはじめるプログラミング言語Microsoft Visual C++入門（矢吹太朗著, 山田祥寛監修） 2009.3

◇ひと目でわかるMicrosoft Windows Server 2008 Hyper-V（Yokota Lab, Inc.著, マイクロソフト株式会社監修） 2009.3

◇ひと目でわかるMicrosoft Windows Server 2008 ネットワークアクセス保護—Windows Server 2008 Network Access Protection（小笠原史子, 横田秀之著, マイクロソフト株式会社監修） 2009.3

◇Windows Server 2008オフィシャルマニュアル 上（Charlie Russel, Sharon Crawford著, トップスタジオ訳） 2009.3

◇Windows Server 2008オフィシャルマニュアル 下（Charlie Russel, Sharon Crawford著, トップスタジオ訳） 2009.3

◇文法からはじめるプログラミング言語Microsoft Visual Basic入門（高江賢著, 山田祥寛監修） 2009.4

情報科学

◇徹底検証Microsoft SQL Server 2008移行・アップグレード＆データベースサーバー統合—CQIプロジェクトで得たノウハウを満載した導入・活用のためのバイブル（マイクロソフト株式会社著）2009.4

◇実践Microsoft SQL Server 2008レポーティング入門（松本美穂，松本崇博著）2009.4

◇実践Microsoft SQL Server 2008データ統合＆分析入門（エスキューエル・クオリティ，松本美穂，松本崇博著）2009.4

◇Microsoft Windows Server 2008リソースキット IIS 7.0編（Mike Volodarsky, Olga Londer, Brett Hill, The Microsoft IIs team著，マイクロソフト株式会社監訳，トップスタジオ訳）2009.4

◇徹底検証Microsoft SQL Server 2008データウェアハウス環境構築—CQIプロジェクトで得たノウハウを満載した導入・活用のためのバイブル（エスキューエル・クオリティ著）2009.5

◇徹底検証Microsoft SQL Server 2008データウェアハウス運用管理—CQIプロジェクトで得たノウハウを満載した導入・活用のためのバイブル（エスキューエル・クオリティ著）2009.6

◇実践Microsoft SQL Server 2008運用管理入門（エスキューエル・クオリティ，松本美穂，松本崇博著）2009.6

◇実践Microsoft SQL Server 2008開発入門（エスキューエル・クオリティ，松本美穂，松本崇博著）2009.6

◇ひと目でわかるMicrosoft Office Project実践活用（浦正樹，内舘町子著）2009.6

◇プログラミングMicrosoft SQL Server 2008　上（Leonard Lobel, Andrew J. Brust, Stephen Forte著，クイープ訳）2009.6

◇プログラミングMicrosoft SQL Server 2008　下（Leonard Lobel, Andrew J. Brust, Stephen Forte著，クイープ訳）2009.6

◇インサイドMicrosoft SQL Server 2005　T-SQL編（Itzik Ben-Gan, Lubor Kollar, Dejan Sarka, Steve Kass, David Campbell, Roger Wolter著，オーパス・ワン訳，熊沢幸生監修）2009.6

◇InfoPath 2007とSharePoint Server 2007によるフォーム活用—OBA実践講座（奥田理恵著，西岡真樹監修）2009.7

◇.NET開発テクノロジ入門—.NETの基礎からクラウドテクノロジWindows Azureまで（マイクロソフト株式会社エバンジェリストチーム著）2009.8

◇Windows PowerShell実践システム管理ガイド—Windowsシステム管理を自動化・効率化するためのPowerShell活用法（マイクロソフトITプロフェッショナルシリーズ）（目時秀典，横田秀之著）2009.9

◇Microsoft SQL Server 2008オフィシャルマニュアル（William R. Stanek著，トップスタジオ訳）2009.10

◇ひと目でわかるWindows 7（セブン）操作＆設定テクニック厳選200!—Home Premium Professional Ultimate対応（橋本和則，野間俊行著）2009.10

◇パソコン教科書ウィンドウズ7（セブン）—これならできる！インターネット，メール入門（パソコープ著）2009.10

◇ひと目でわかるWindows 7(セブン)–Professional Enterprise Ultimate対応　ビジネス編（ジャムハウス，井上健語著）2009.10

◇ひと目でわかるWindows 7（セブン）—Home Premium Ultimate対応　ホーム編（ジャムハウス，井上健語著）2009.10

◇徹底解説Windows HPC Server 2008—クラスタ構築と実践テクニック（マイクロソフトITプロフェッショナルシリーズ）（鈴木洋一，谷村吉隆，柴田直樹著）2009.11

◇Windows Server 2008 R2テクノロジ入門（山内和朗著，マイクロソフト株式会社監修）2009.11

◇Windows Embedded Standard組み込みOS構築技法入門（石黒一敏，岩崎平，奥村正明，金井典彦，杉本拓也，田靡哲也，中田佳孝，宮島剛，森里良平著，松岡正人監修）2009.12

◇SharePoint Server 2007におけるRIA開発—Silverlight 3を活用したカスタマイズOBA実践講座（セカンドファクトリー，マイクロソフト株式会社著）2009.12

◇Windows 7オフィシャルマニュアル　上（Ed Bott, Carl Siechert, Craig Stinson著，トップス

タジオ訳）　2010.4
◇Windows 7オフィシャルマニュアル　下（Ed Bott, Carl Siechert, Craig Stinson著、トップスタジオ訳）　2010.4

マイクロソフト認定ICTスクール公式テキスト
　日経BPソフトプレス、日経BP出版センター〔発売〕　2008
◇楽しく学ぶICT 目指せ!Mi検の達人—家族で楽しむ、わくわくパソコンライフ（マイクロソフト著）　2008.5

マイクロソフト オフィススペシャリスト教科書
　NRIラーニングネットワーク株式会社著　翔泳社　2004～2006　⇒I-118
◇Word 2003 Expert　2004.12
◇Excel 2003 Expert　2004.12
◇PowerPoint 2003　2005.2
◇Access 2003　2005.2
◇Outlook 2003　2006.9

マイコミジャーナルブックス　毎日コミュニケーションズ　2008～2010
◇自宅でコーヒー—プロ並みにおいしいコーヒーを淹れる（土方幸子著）　2008.7
◇Windows7大百科（阿久津良和著）　2010.5
◇コンピュータ設計の基礎（Hisa Ando著）　2010.11

My book　ムイスリ出版　2002～2006　⇒I-118
◇システム設計の基礎（森沢好臣著）　2005.2
◇「情報社会」学　第2版（北原宗律著）　2005.4
◇システム設計の基礎　第2版（森沢好臣著）　2006.2

マスターブックシリーズ　毎日コミュニケーションズ　2005～2006
◇QuarkXPress 6.5マスターブック—for Macintosh&Windows（TART DESIGN著）　2005.6
◇Adobe Premiere Pro 2.0マスターブック for Windows（杉原正人著、福田友美監修）　2006.4
◇Dreamweaver 8マスターブック for Windows & Macintosh（大倉美奈子著）　2006.4

Mac power books　アスキー　1994～2006　⇒I-193
◇Mac OS進化の軌跡—パーソナルコンピュータを創ったOSの実像（柴田文彦著）　2005.4
◇デザインという先手—日常的なデザインガンビット（川崎和男著）　2006.9

MacPeople books　アスキー・メディアワークス　2008～2010
◇Dashcodeプログラミング大全—Mac OS 10上で動く自分専用アプリを手軽に作成できる（柴田文彦著）　2008.8
◇iPhone SDKプログラミング大全—自作アプリをApp Storeで世界に向けて販売できる!!（木下誠著）　2009.1
◇Xcodeプログラミング大全—作って楽しい!無償で始められるCocoaアプリ開発（柴田文彦著）　2009.1
◇MacBookパーフェクトガイド　2009（マックピープル編集部著）　2009.3
◇iLife '09ベーシックガイド（マックピープル編集部著）　2009.4
◇Macを活かす10秒テクニック（栗原亮著）　2009.5
◇iPhone SDK 3プログラミング大全—実践プログラミング（木下誠著）　2009.9
◇iPhone SDK 3プログラミング大全—ゲームプログラミング（井上幸喜著）　2009.9
◇Mac OS 10 10.6 Snow Leopardパーフェクトガイド（マックピープル編集部著）　2009.10
◇iMacパーフェクトガイド　2010（マックピープル編集部著）　2009.12
◇MacBookパーフェクトガイド　2010（マックピープル編集部著）　2009.12
◇iPhone SDKリファレンス大全—実践インターフェース構築（柴田文彦著）　2010.2
◇Windowsユーザーのための実践的Mac入門—Snow Leopard対応版（マックピープル編集部編）　2010.4
◇Mac OS 10 UNIX活用大全—Mac OS 10 10.6 Snow Leopard対応版（大津真著）　2010.6

◇Mac OS X実践活用大全―Mac OSX 10.6 Snow Leopard対応版（柴田文彦, 向井領治著）　2010.11
◇MacBookパーフェクトガイド　2011（マックピープル編集部著）　2010.12
◇iMacパーフェクトガイド　2011（マックピープル編集部著）　2010.12

Mac fan books　毎日コミュニケーションズ　1994～2010　⇒I-118
◇Mac fan Macintosh入門・活用ガイド―Mac OS 10 v10.3 "Panther"対応版　2005（Mac fan書籍編集部編, 小泉森弥著）　2004.11
◇iBook fan―iBook G4入門・活用ガイド Mac OS 10 v10.3"Panther"対応版　2005（小泉森弥著, Mac fan書籍編集部編）　2004.12
◇Mac mini入門・活用ガイド―Mac Fan Mac OS10 v10.3"Panther"対応版（MacFan書籍編集部編, 小泉森弥, 田中裕子, MacFan書籍編集部著）　2005.3
◇Mac Fan iLife '05「GarageBand・iTunes・iPhoto・iMovie・iDVD」入門・活用ガイド（伊達千代著）　2005.4
◇Mac fan DTP　基本編 2005-2006（Mac fan書籍編集部編, 伊達千代, BABOアートワークス著）　2005.4
◇Mac fan GarageBand2マスターブック（木村公彦著）　2005.5
◇Mac fan Mac OS 10 v10.4 "Tiger"マスターブック（小山香織著）　2005.6
◇Mac fan Macintosh入門・活用ガイド―Mac OS 10 v10.4 "Tiger"対応版　2005（Mac fan書籍編集部編, 小泉森弥著）　2005.6
◇iMac fan―iMac G5入門・活用ガイド Mac OS 10 v10.4 "Tiger"対応版　2005（小泉森弥, Mac fan書籍編集部編）　2005.7
◇iBook fan―iBook G4入門・活用ガイド Mac OS 10 v10.4 "Tiger"対応版　2005（小泉森弥著, Mac fan書籍編集部編）　2005.8
◇Mac mini入門・活用ガイド―Mac fan Mac OS 10 v10.4 "Tiger"対応版（Mac fan書籍編集部編, 小泉森弥, 田中裕子著）　2006.1

◇iMac Fan―iMac入門・活用ガイド Intelプロセッサ・Mac OS 10 v10.4 "Tiger"対応版　2006（小泉森弥, Mac fan書籍編集部著）　2006.3
◇Mac fan Macintosh実践・活用ガイド―Mac OS 10 v10.4 "Tiger"対応版（池田冬彦著）　2006.6
◇Mac fan Macintosh入門・活用ガイド―Intelプロセッサ・Mac OS 10 v10.4 "Tiger"対応版　2006（Mac fan書籍編集部編, 小泉森弥著）　2006.6
◇Mac fan iLife '06「iTunes・iPhoto・iMovie・iDVD・GarageBand・iWeb」入門・活用ガイド（伊達千代著）　2006.7
◇MacBook fan MacBook入門・活用ガイド―Mac OS 10 v10.4"Tiger"対応版　2006（Mac fan書籍編集部編, 小泉森弥, Mac fan書籍編集部著）　2006.7
◇Mac fan GarageBand 3マスターブック（木村公彦著）　2006.9
◇iMac Fan―iMac入門・活用ガイド Intelプロセッサ・Mac OS 10 v10.4 "Tiger"対応版　2007（小泉森弥, Mac fan書籍編集部著）　2007.1
◇Mac fan Macintosh入門・活用ガイド―Intelプロセッサ・Mac OS 10 v10.4 "Tiger"対応版 2007（Mac fan書籍編集部編, 小泉森弥, Mac fan書籍編集部著）　2007.2
◇MacBook fan MacBook入門・活用ガイド　2007（Mac fan書籍編集部編, 小泉森弥, Mac fan書籍編集部著）　2007.2
◇Macintoshマスターブック―Mac OS 10 v10.4 "Tiger" & iLife '06対応版（小山香織, 伊達千代著）　2007.7
◇MacBook fan MacBook実践・活用ガイド―Mac OS 10 v10.4 "Tiger"対応版（池田冬彦著）　2007.7
◇Mac fan iLife '08「iTunes・iPhoto・iMovie・iDVD・GarageBand・iWeb」入門・活用ガイド（伊達千代著）　2007.10
◇Mac fan GarageBand '08マスターブック（木村公彦著）　2007.12
◇Mac fan Mac OS 10 v10.5 "Leopard"マスターブック（小山香織著）　2007.12

◇MacBook fan MacBook入門・活用ガイド　2008（小泉森弥著, Mac fan書籍編集部編）　2007.12
◇Mac fan iMovie '08マスターブック（Tart Design著）　2008.1
◇iMac Fan—iMac入門・活用ガイド　2008（小泉森弥著, Mac fan書籍編集部編）　2008.1
◇すぐ効くMac OS 10 v10.5 "Leopard" のトラブルシューティング—Q&A 223項目（渡辺竜生著）　2008.3
◇Mac fan Mac実践・活用ガイド—Mac OS 10 v10.5 "Leopard" 対応版（池田冬彦著）　2008.3
◇Mac fan Office 2008 for Macマスターブック（東弘子著）　2008.3
◇Mac fan—Mac入門・活用ガイド　Mac OS 10 v10.5 "Leopard" 対応版 2008（Mac fan書籍編集部編）　2008.3
◇MacBook fan MacBook実践・活用ガイド—Mac OS 10 v10.5 "Leopard" 対応版 for MacBook & MacBook Air & MacBook pro（池田冬彦著）　2008.4
◇MacBook fan MacBook入門・活用ガイド—Mac OS 10 v10.5 "Leopard" 対応版 2009（小泉森弥著, Mac fan書籍編集部編）　2009.1
◇Mac fan iLife '09「iTunes・iPhoto・iMovie・iDVD・GarageBand・iWeb」入門・活用ガイド（伊達千代著）　2009.3
◇Mac fan GarageBand '09マスターブック（木村公彦著）　2009.4
◇iMac fan iMac入門・活用ガイド—Mac OS 10 v10.5 "Leopard" & iLife '09対応版　2009（小泉森弥著, Mac fan書籍編集部編）　2009.4
◇Mac fan iMovie '09マスターブック（Tart Design著）　2009.5
◇Mac fan Macマスターブック—Mac OS 10 v10.5 "Leopard" & iLife '09対応版（小山香織, 伊達千代著）　2009.5
◇Mac fan Mac OS 10 v10.6 "Snow Leopard" マスターブック（小山香織著）　2009.10
◇MacBook入門・活用ガイド—Mac OS 10 v10.6 "Snow Leopard" 対応版　2010（小泉森弥著, Mac fan書籍編集部編）　2010.1

◇iMac入門・活用ガイド—Mac OS 10 v10.6 "Snow Leopard" 対応版　2010（小泉森弥著, Mac fan書籍編集部編）　2010.1
◇MacBook徹底活用ガイド—Mac OS 10 v10.6 "Snow Leopard" 対応版for MacBook & MacBook Air & MacBook Pro（池田冬彦著）　2010.4
◇Macで使うwindows活用ガイド—Mac OS X v10.6 "Snow Leopard" &windows7対応版（小山香織著）　2010.4

学び力アップ道場　フレーベル館　2009〜2010
1　知識が増える辞書引き術（深谷圭助監修）　2009.12
2　情報を整理する新聞術（岸尾祐二監修）　2010.1
3　復習に役立つノート術（菊池省三監修）　2010.3

豆蔵セミナーライブオンテキスト　技術評論社　2005〜2007
1　わかるオブジェクト指向—ソフトウェア開発必須技術のマスター　概念・モデリング・UML・開発モデル・開発プロセス（山田隆太著）　2005.9
2　すいすい習得UMLモデリング—豆蔵モデリング教習所にようこそ！物事の本質を見極めるモデラーになろう！（岡村敦彦著）　2006.5
3　Java・オブジェクト指向の壁を突破する抽象化プログラミング入門—Java・UML自由自在の達人になりませんか？（山田隆太, 岡村敦彦著）　2007.9

Maya教科書　ボーンデジタル　2009〜2010
1　モデリング&質感設定の基礎（川上理恵著, 村上和徳共著, バンダイナムコゲームス制作・監修）　2009.11
2　キャラクター制作&アニメーションの基礎（川上理恵著, 河野紀子, 村上和徳共著, バンダイナムコゲームス制作・監修）　2010.4

満腹Java　アスキー・メディアワークス　2008
Javaアプリケーション開発編（エイチピーティー著）　2008.4

明解C言語　ソフトバンククリエイティブ　2008
中級編　新版（柴田望洋著）　2008.10

情報科学

明解C言語　ソフトバンクパブリッシング　2004
　⇒I–121
実践編　新版（柴田望洋著）　2004.12

明解C++　ソフトバンククリエイティブ　2009
入門編　新版（柴田望洋著）　2009.12

明解Java　ソフトバンククリエイティブ　2007
入門編（柴田望洋著）　2007.8

明治大学社会科学研究所叢書　梓出版社　2005
◇テクノ・グローカリゼーション—技術戦略・地域産業集積・地方電子政府化の位相（橋本和美, 藤江昌嗣, 佐野正博, 郝燕書著）　2005.3

メディア・コンバージェンス　翔泳社　2007
◇ICT産業のさらなる挑戦　2007（構造変化の渦中を読み解く情報通信時代の航海図）（篠崎彰彦, 情報通信総合研究所編著）　2007.1

目で見る1ステップ3分マニュアル　ディー・アート　1997～2004　⇒I–121
◇FileMaker Pro 7—Win & Mac対応（茂田カツノリ著）　2004.12

目的別逆引きシリーズ　エクスメディア　2006
◇CS2/CS/7.0対応　目的別逆引きPhotoshop（エクスメディア著）　2006.2
◇CS2/CS/10対応　目的別逆引きIllustrator（エクスメディア著）　2006.3

文字符号の歴史　共立出版　2002～2006　⇒I–121
欧米と日本編（安岡孝一, 安岡素子著）　2006.2

もっと早く知ってれば！　技術評論社　2004　⇒I–121
◇Windows XP＋日本語入力誰でも使える活用術（橋本和則著）　2004.12

モバイル社会白書　NTTドコモモバイル社会研究所企画・監修　NTT出版　2005～2007
2005　2005.6
2006　2006.7
2007　2007.7

モバイルプレスEX　Mobile press EX編集部編　技術評論社　2005～2008
v.1　2005.10
v.2　2006.1
v.3　2006.11
v.4　2007.7
v.5　2008.3

森川ワールド:情報ネットワーク化時代　森川信男著　学文社　2005～2009
1　システムと情報—情報ネットワーク化時代の基本思考　2005.3
2　オフィスとテレワーク—情報ネットワーク化時代のワークプレイス　2005.4
3　経営システムと経営情報—情報ネットワーク化時代の基本組織　2006.5
4　コンピュータとコミュニケーション—情報ネットワーク化時代の情報革新　2006.9
5　社会システムと社会情報—情報ネットワーク化時代の基本社会　2009.11

やさしいJava　高橋麻奈著　ソフトバンククリエイティブ　2005～2009
活用編　第2版　2005.9
活用編　第3版　2009.9

やさしいシリーズ　翔泳社　2007～2008
◇やさしいWindows Vista—Home Premium/Home Basic対応（荒木早苗著）　2007.1
◇やさしいExcel 2007（NRIラーニングネットワーク株式会社著）　2007.1
◇やさしいWord 2007（NRIラーニングネットワーク株式会社著）　2007.1
◇やさしいインターネット＆メール—Windows Vista対応（稲村暢子著, トップスタジオ編）　2008.5
◇やさしいMac OS 10—v10.5 Leopard対応（比嵯野由紀者, ケイズプロダクション編著）　2008.6
◇やさしい自作パソコン—Windows Vista/XP両対応（ケイズプロダクション著）　2008.7

やさしく学べるExcel 2010スクール標準教科書　日経BP社　2010

総記　　　　　　　　　　　　　　　　　　　　　　　　　　　　　　　　　情報科学

1（日経BP社著）　2010.11

やさしく学べるWord 2010スクール標準教科書
　日経BP社　2010
1（日経BP社著）　2010.11

やってみよう!夏休みの自由研究　成美堂出版編集部編　成美堂出版　2005〜2010
1・2年生　2005.7
3・4年生　2006.6
3・4年生〔2010年〕（びっくり実験楽しい工作不思議観察なっとく調査 身近なものでおもしろ実験スタート!）　2010.7
5・6年生　2005.7
5・6年生〔2009年〕（びっくり実験たのしい工作ふしぎ観察なっとく調査 身近なもので面白実験スタート!）　2009.7

ヤフー・ジャパン公式ガイド　ソフトバンククリエイティブ　2006〜2008
2006（中村浩之著）　2006.2
2007（中村浩之著）　2007.4
2008（太田百合子、綿谷禎子著）　2008.5

ヤフー・ジャパン公式ガイド　ソフトバンクパブリッシング　2004〜2005　⇒I–122
2005（中村浩之著）　2005.2
2005 ジオシティーズ&コミュニティ編（ユニゾン著）　2005.3

ユーザー企業ソフトウェアメトリックス調査　日本情報システム・ユーザー協会　2005〜2010
2005年版　システム開発における品質・工期・生産性について—実績データを元に分析　2005.4
2006年版（システム開発・保守の品質・工期・生産性を向上させるためには、目標値を持つことが必須 システム開発・保守の実績プロジェクタデータを元に分析）（日本情報システムユーザー協会）　2006.5
2007年版（システム開発における品質・工期・生産性について 実績データを元に分析）（日本情報システムユーザー協会）　2007.5
2008年版（システム開発における品質・工期・生産性について 実績データを元に分析）（日本情報システムユーザー協会）　2008.6
2009年版（ソフトウェアの開発・保守・運用の評価指標 システム開発・保守・運用の実績プロジェクトデータを元に分析）（日本情報システムユーザー協会）　2009.7
2010年版（ソフトウェアの開発・保守・運用の評価指標 システム開発・保守・運用の実績プロジェクトデータを元に分析 調査報告書）（日本情報システムユーザー協会）　2010.10

ユーリードdigitalライブラリー　ユーリード出版　2002〜2006　⇒I–122, IV–547
10　DVD MovieWriter 3オフィシャルガイドブック（工藤隆也著）　2004.5
11　VideoStudio 8オフィシャルガイドブック（阿部信行著）　2004.7
12　完全マスターVAIOでビデオ編集（阿部信行著）　2004.12
13　デジカメ画像enjoy!レタッチ—PhotoImpact 10オフィシャルガイドブック（吉田浩章著）　2005.3
14　DVD MovieWriter 4オフィシャルガイドブック（阿部信行著）　2005.5
15　VideoStudio 9オフィシャルガイドブック—enjoy!パーフェクトビデオ編集ツール（阿部信行著）　2005.7
16　Enjoy!NECパソコンもっと徹底活用—TV/ビデオ/DVD/音楽CD/デジカメ写真（阿部信行著）　2005.10
17　MediaStudio Pro 8オフィシャルガイドブック（阿部信行著）　2006.6
18　VideoStudio 10オフィシャルガイドブック（阿部信行著）　2006.7
19　DVD MovieWriter 5 Plusオフィシャルガイドブック（阿部信行著）　2006.9

幼児教育をめざす人の情報リテラシー　山本孝一著　三恵社　2008〜2010
2008年度版　2008.4
2009年度版　2009.4

情報科学

2010年度版　2010.4

ライト・グレート・コード　毎日コミュニケーションズ　2006
v.1（Randall Hyde著, 鵜飼文敏, 後藤正徳, まつもとゆきひろ監訳, トップスタジオ訳）　2006.1
v.2（Randall Hyde著, 鵜飼文敏, 後藤正徳, まつもとゆきひろ, 八重樫剛史監訳, トップスタジオ訳）　2006.12

ライブ講義・質的研究とは何か　西条剛央著　新曜社　2007〜2008
SCQRMアドバンス編　2008.5
SCQRMベーシック編　2007.9

ライブラリ情報学コア・テキスト　サイエンス社　2007〜2010
1　情報数理の基礎と応用（尾畑伸明著）　2008.7
2　離散数学―グラフ・束・デザイン・離散確率（浅野孝夫著）　2010.7
4　データ構造の基礎（平田富夫著）　2007.12
5　計算機システム概論―基礎から学ぶコンピュータの原理とOSの構造（大堀淳著）　2010.4
9　コンピュータアーキテクチャの基礎（北村俊明著）　2010.11
12　コンパイラの理論と作成技法（大山口通夫, 三橋一郎共著）　2010.6
16　現代暗号への招待（黒沢馨著）　2010.9
21　脳の情報処理―選択から見た行動制御（岩崎祥一著）　2008.10
22　情報倫理ケーススタディ（静谷啓樹著）　2008.4
23　実践Cプログラミング―基礎から設計/実装/テストまで（鈴木正人著）　2008.4

ラベル作成ソフト「ラベルマイティ」活用シリーズ　ジャストシステム　2004〜2006
◇ぜ〜んぶ手作り！ラベルマイティ5でセンスアップ生活―CDラベルからカレンダーまでラベルマイティ5活用ガイド（内藤由美, ハーティネス著）　2004.10
◇ラベルマイティ5でもう一度訪れたくなるショップ作り―手作りのラベルでお店が素敵に変わる！（ハーティネス著）　2004.10
◇ラベルマイティで作って楽しむ相田みつをの世界（内藤由美著, ジャムハウス編著）　2005.10
◇ラベルマイティとことん活用マニュアル―ラベルマイティ6＆ラベルマイティ6ビジネス編（内藤由美著, ジャムハウス編）　2006.3
◇ラベルマイティ活用アイデアbook　ラベルマイティ7編（ハーティネス, 内藤由美著, ジャムハウス編著）　2006.11

理系のためのフリーソフト　講談社　2008
ver.2.0（レポート・論文作成から研究発表までWindows版）（講談社サイエンティフィク編）　2008.4

立教大学人文叢書　春風社　2006〜2009
1　人文資料学の現在　1（浦野聡, 深津行徳編著）　2006.4
2　文学の基礎レッスン（後藤和彦編著）　2006.10
3　肖像と個性（藤巻明, 浦野聡, 小嶋菜温子編著）　2008.3
4　人文資料学の現在　2（菅谷憲興編）　2008.9
5　書簡を読む（桑瀬章二郎編）　2009.10

量子コンピュータと量子通信　オーム社　2004〜2005　⇒I-126
1　量子力学とコンピュータ科学（Michael A. Nielsen, Isaac L. Chuang共著, 木村達也訳）　2004.12
2　量子コンピュータとアルゴリズム（Michael A. Nielsen, Isaac L. Chuang共著, 木村達也訳）　2005.1
3　量子通信・情報処理と誤り訂正（Michael A. Nielsen, Isaac L. Chuang共著, 木村達也訳）　2005.1

例題30＋演習問題70でしっかり学ぶExcel標準テキスト　技術評論社　2002〜2007　⇒I-126
基礎編（Windows Vista/Office 2007対応版）（稲葉久男著）　2007.6

レクチャーノート/ソフトウェア学　武市正人, 米沢明憲編　近代科学社　1992〜2010　⇒I-126
30　ソフトウェア工学の基礎―日本ソフトウェア科学会FOSE 2004　11（野呂昌満, 山本晋一郎編）　2004.11

31 ソフトウェア工学の基礎―日本ソフトウェア科学会FOSE 2005　12（権藤克彦, 小林隆志編）　2005.11

32 ソフトウェア工学の基礎―日本ソフトウェア科学会FOSE 2006　13（沢田篤史, 丸山勝久編）　2006.11

33 ソフトウェア工学の基礎―日本ソフトウェア科学会FOSE 2007　14（岸知二, 野田夏子編）　2007.11

34 ソフトウェア工学の基礎―日本ソフトウェア科学会FOSE 2008　15（松下誠, 川口真司編）　2008.11

35 ソフトウェア工学の基礎　16（中島震, 鷲崎弘宜編）　2009.11

36 ソフトウェア工学の基礎　17　日本ソフトウェア科学会FOSE 2010（高田真吾, 福田浩章編）　2010.11

論理と感性の先端的教育研究拠点　慶応義塾大学　慶応義塾大学グローバルCOEプログラム人文科学分野論理と感性の先端的教育研究拠点　2008～2009

vol.1（2007）（活動報告書 慶応義塾大学グローバルCOEプログラム）　2008.3

vol.2（2008）（活動報告書 慶応義塾大学グローバルCOEプログラム）　2009.3

わかりやすいJava（ジャヴァ）　川場隆著　秀和システム　2009～2010

入門編　2009.11

オブジェクト指向編　2010.4

わかる&使えるUNIX基礎講座　中井獏著　技術評論社　2000～2005　⇒I-127

入門編　改訂新版　2005.6

シェルスクリプト編　2005.6

わかる・使えるUNIX講座　工学研究社　2001

第1分冊　UNIX入門（恩田憲一執筆）　2001.5

第2分冊　シェルとX-Windowシステムの基本（宮下健輔, 西田知博執筆）　2001.6

第3分冊　UNIXのプログラム開発環境（宮下健輔, 西田知博執筆）　2001.7

第4分冊　シェルプログラミングとネットワーク（宮下健輔, 西田知博執筆）　2001.8

わかるとできる指導書　わかるとできる　2006

◇Microsoft Office Specialist Word 2003 Expert講座指導書（パソコン教室わかるとできる著）　2006.12

◇Microsoft Office Specialist Excel 2003 Expert講座指導書（パソコン教室わかるとできる著）　2006.12

◇Microsoft Office Specialist PowerPoint 2003講座指導書（パソコン教室わかるとできる著）　2006.12

◇Microsoft Office Specialist Access 2003講座指導書（パソコン教室わかるとできる著）　2006.12

技引き解決シリーズ　技術評論社　2004～2006　⇒I-127

◇Visio 2003プロが教える図面作成の技―図面作成に役立つ便利な技とマクロを選りすぐって伝授!（落合重紀著）　2004.9

◇Excel仕事に役立つ計算式と関数の技―2003/2002/2000対応（井上香緒里著）　2005.2

◇Excel知って便利な基本技―2003/2002/2000対応（高橋慈子, 高橋留美著）　2005.3

◇Photoshop Elements 3.0アイデア満載!プロが教えるレタッチの技（土屋徳子著）　2005.6

◇Access仕事がはかどる!達人の技―2003/2002対応（牧村あきこ著）　2006.4

Wordにおまかせ!　吉田政巳著　MPC　2003～2005　⇒I-156

デジカメ編（for Windows）　2005.8

About Face　アスキー・メディアワークス, 角川グループパブリッシング〔発売〕　2008

3 インタラクションデザインの極意（アラン・クーパー, ロバート・レイマン, デビッド・クローニン著, 長尾高弘訳）　2008.7

Addison-Wesley professional computing series　ピアソン・エデュケーション　2007

◇More effective C++―プログラムとデザインを改良するための新35項目　新訂版（スコット・メ

情報科学

イヤーズ著, 安村通晃, 伊賀聡一郎, 飯田朱美, 永田周一訳　2007.7

◇大規模C++ソフトウェアデザイン　新装版（ジョン・ラコス著, 滝沢徹, 牧野祐子訳）　2007.12

Advanced master　秀和システム　2004〜2010　⇒I-129

8　はじめての裏技Excel関数—Excel 97/2000/2002/2003対応（不二桜著）　2004.11

9　はじめての儲かるホームページ作りのツボ（ケイズプロダクション編著）　2004.12

10　はじめての裏技Access関数—2003/2002/2000/97対応（前田明良, 松谷早苗, CRN著）　2004.12

11　はじめての無料ブログデビューのツボとコツ（荒木早苗著）　2006.4

12　はじめての無料ホームページデビュー—Windows Vista/XP対応（比嵯野由紀著）　2007.7

13　はじめての稼げるホームページ作りのツボ—Windows Vista/XP対応（ケイズプロダクション編著）　2007.8

14　はじめての裏技Word 2007—2000/2002/2003対応（井上健語著）　2007.8

15　はじめての裏技Excel 2007—2000/2002/2003対応（小原裕太著）　2007.8

16　はじめての裏技Windows Vista—Home Basic/Home Premium/Business/Ultimate対応（野田ユウキ著）　2007.9

17　はじめての裏技Excel VBA—2000/2002/2003/2007対応（城井田勝仁著）　2007.10

18　はじめての裏技Access 2007—2000/2002/2003対応（長村知明著）　2007.12

19　はじめての無料ネットショップ作りのツボ—Windows Vista/XP対応（ケイズプロダクション編著）　2007.12

20　はじめての稼ぐホームページ作りのツボ（ケイズプロダクション著）　2009.12

21　はじめての無料ネットショップのツボとコツ（ケイズプロダクション著）　2009.12

22　はじめての無料最新ホームページデビュー（比嵯野由紀著）　2010.1

23　はじめての美しいホームページ作りのツボ（ケイズプロダクション著）　2010.2

AIST　産業技術総合研究所　National institute of Advanced Industrial Science and Technology　2002〜2009　⇒I-130

2004-2005（National institute of Advanced Industrial Science and Technology annual report）c2006

2005-2006（National institute of Advanced Industrial Science and Technology annual report）c2007

2007（National institute of Advanced Industrial Science and Technology annual report）c2009

Art Of Reversing　オライリー・ジャパン, オーム社〔発売〕　2010

◇リバースエンジニアリング—Pythonによるバイナリ解析技法（ジャスティン・サイツ著, 安藤慶一訳）　2010.5

◇デコンパイリングJava—逆解析技術とコードの難読化（Godfrey Nolan著, 松田晃一, 小沼千絵, 湯浅竜太訳）　2010.6

Ascii Addison Wesley programming series　アスキー・メディアワークス　2006〜2010

◇MMIX-a risc computer for the new millennium—日本語版（The art of computer programming v.1 fascicle 1）（Donald E. Knuth著, 有沢誠, 和田英一監訳, 青木孝訳）　2006.2

◇Sorting and searching—日本語版（The art of computer programming v.3）（Donald E. Knuth著, 有沢誠, 和田英一監訳, 石井裕一郎, 伊知池宏, 小出洋, 高岡詠子, 田中久美子, 長尾高弘訳）　2006.4

◇Generating all tuples and permutations—日本語版（The art of computer programming v.4 fascicle 2）（Donald E. Knuth著, 有沢誠, 和田英一監訳, 小出洋訳）　2006.11

◇Generating all combinations and partitions—日本語版（The art of computer programming v.4 fascicle 3）（Donald E. Knuth著, 有沢誠, 和田英一監訳, 筧一彦訳）　2008.3

総記　　　　　　　　　　　　　　　　　　　　　　　　　情報科学

◇The art of computer programming—日本語版　volume 4 fascicle 0　Introduction to combinatorial algorithms and Boolean functions（Donald E. Knuth著, 和田英一訳）　2009.10

◇The art of computer programming—日本語版　volume 4 fascicle 4　Generating all trees（Donald E. Knuth著, 有沢誠, 和田英一監訳, 筧一彦, 小出洋訳）　2010.3

ATR technical report　Advanced Telecommunications Research institute International Network Informatics Laboratories　2004～2006
⇒I-130

TR-NIS-4　"S1〔3〕- only" logic（〔by〕Andrzej Buller）　2005.6

TR-NIS-5　Machine psychodynamics—toward emergent thought（〔by〕Andrzej Buller）　2006.3

BASIC MASTER SERIES　秀和システム　2004～2010

218　はじめてのExcel VBA—Excel 2003/2002/2000対応 Windows XP版（植田政美, チーム・エムツー著）　2004.12

219　はじめてのAccess VBA—Access 2003/2002/2000対応 Windows XP版（植田政美, チーム・エムツー著）　2004.12

221　はじめてのWindows XP—Home Edition Professional 完全版 SP2対応　基本編（戸内順一著）　2004.11

222　はじめてのホームページ・ビルダーV9（西真由著）　2004.12

223　はじめての図解パソコン—Windows XP SP2対応　超入門編（大沢文孝著）　2004.12

224　はじめてのPhotoshop Elements 3.0—Windows版（ゆうきたかし, 桐生彩希著）　2004.12

225　はじめてのウェブログ　Weblog入門編（山本尚子著）　2004.12

226　はじめての図解パソコン入門　2005-2006年版（大沢文孝監修, 秀和システム編集部編）　2005.3

227　はじめてのノートパソコン—完全版 Windows XP SP2対応　基本編（桑名由美著）　2005.3

228　はじめてのホームページ—HTMLの書き方と使い方 Windows XP版　入門編（井上繁樹著）　2005.3

229　はじめてのホームページ—Windows版Me/2000/XP SP2対応　実践編（荒石正二著）　2005.4

230　はじめてのWord & Excel 2003—Windows XP版 Microsoft Office 2003 editions　基本編（西真由, 青海莉々子, 香賀京著）　2005.4

231　はじめてのMac OS 10 Tiger—v10.4対応（早川厚志著）　2005.8

232　はじめてのDVD & CD制作入門—Windows XP SP2対応　Record Now/My DVD編（大槻有一郎著）　2005.7

233　はじめての電子メール&インターネット入門—パソコンが嫌いな人でもわかる本 Windows XP SP2対応（大沢文孝著）　2005.7

234　はじめてのIllustrator CS2—Windows版 Windows XP/2000対応（大西すみこ著）　2005.10

235　はじめてのPhotoshop CS2—Windows版 Windows XP/2000対応（宮窪伸治著）　2005.9

236　はじめてのLANパソコンとパソコンのつなぎ方—Windows XP SP2対応（井上繁樹著）　2005.8

237　はじめてのExcel関数—Windows XP版 2000/2002/2003対応（西真由著）　2005.8

238　はじめてのWindows XP—完全版 SP2対応　活用編（大沢文孝著）　2005.10

239　はじめてのiPod & iTunes—Windows XP SP2対応（小原裕太著）　2005.12

240　はじめてのPhotoshop Elements 4.0—Windows版（ゆうきたかし, 桐生彩希著）　2005.12

241　はじめてのDreamweaver 8—Win & Mac両対応（西真由著）　2005.12

242　はじめてのホームページ・ビルダー10（西真由著）　2006.2

243　はじめての図解パソコン入門　2006-2007年版（大沢文孝監修, 秀和システム編集部編）　2006.2

全集・叢書総目録 2005-2010　　**111**

情報科学

総記

244 はじめてのYahoo!オークション　入門編（斉藤亮二著）　2006.5
245 はじめてのiPod & iTunes―ビデオiPod対応便利技と使いこなし編（小原裕太著）2006.6
246 はじめてのGoogle & Yahoo!インターネット検索術（井上繁樹著）　2006.6
247 はじめてのネット株入門（佐伯隆文著）2006.10
248 はじめてのPhotoshop Elements 5.0（ゆうきたかし，桐生彩希著）　2006.12
249 はじめてのiPod & iTunes 7（小原裕太著）2006.12
250 はじめてのWindows Vista―Home Basic/Home Premium対応　基本編（戸内順一著）2007.2
251 はじめてのExcel 2007―Windows Vista版基本編（青海莉々子，城井田勝仁，池谷京子著）2007.2
252 はじめてのWord 2007―Windows Vista版基本編（西真由著）　2007.2
253 はじめてのPowerPoint 2007―Windows Vista版　基本編（大槻有一郎著）　2007.2
254 はじめてのAccess 2007―Windows Vista版基本編（高羽実著）　2007.2
255 はじめてのOutlook 2007―Windows Vista版　基本編（小原裕太著）　2007.3
256 はじめての図解パソコン入門　2007-2008年版（大沢文孝監修，秀和システム編集部編）2007.3
257 はじめてのホームページ・ビルダー11（西真由著）　2007.2
258 はじめてのLANパソコンとパソコンのつなぎ方―Windows Vista版（井上繁樹著）2007.4
259 はじめてのノートパソコン―Windows Vista版　基本編（桑名由美著）　2007.5
260 はじめてのWord & Excel 2007―Windows Vista版　基本編（西真由，青海莉々子，坂井田勝仁，池谷京子，井上繁樹著）　2007.7
261 はじめてのインターネット&電子メール―Windows Vista対応　超入門編（大沢文孝著）2007.8
262 はじめてのPhotoshop CS3―Win & Mac両対応 Windows XP/Vista/Mac OS 10（ゆうきたかし，桐生彩希著）　2007.10
263 はじめてのIllustrator CS3―Win & Mac両対応 Windows XP/Vista/Mac OS 10（大西すみこ著）　2007.12
264 はじめてのDreamweaver CS3―Win & Mac両対応 Windows XP/Vista/Mac OS 10（西真由著）　2007.11
265 はじめてのExcel―Windows XP/Vista版ビジネス実用編（大沢文孝著）2007.11
266 はじめてのExcel―Windows XP/Vista版グラフ極意編（大槻有一郎著）2007.12
267 はじめてのiPod & iTunes―nano classic touch shuffle対応　2008（小原裕太著）2008.1
268 はじめてのPhotoshop Elements 6（ゆうきたかし，桐生彩希著）　2007.12
269 はじめてのホームページ・ビルダー12（西真由著）　2007.12
270 はじめての図解Vistaパソコン　超入門編（大沢文孝著）　2008.2
271 はじめての図解パソコン入門　2008-2009年版（大沢文孝監修，秀和システム編集部編）2008.3
272 はじめてのMac OS 10 Leopard―v10.5対応（早川厚志著）　2008.9
273 はじめての無料でできるホームページ作成 HTML & CSS入門（ケイエス企画著）2008.2
274 はじめてのインターネット&電子メール―Windows Vista対応　総合編（戸内順一著）2008.4
275 はじめての安全なパソコンのお引っ越し―XP→Vista（村松茂著）　2008.3
276 はじめてのAccess VBA―2007/2003 2002/2000対応　Windows版Vista完全対応（岩田宗之著）　2008.4
277 はじめてのExcel 2007―Windows XP/Vista版　関数編（西真由著）　2008.6
278 はじめてのWindows Vista―オールエディション対応版　実践活用編 SP1対応（村松茂著）2008.6

情報科学

279　はじめてのAccess—Windows XP/Vista版　the 2007 Microsoft Office system　ビジネス実用編（大沢文孝著）　2008.7

280　はじめてのExcel 2003—Microsoft Office 2003 Editions SP3最新版　基本編（青海莉々々子著）　2008.7

281　はじめてのWord & Excel & PowerPoint 2007—Windows Vista版（羽石相著）　2008.9

282　はじめてのデジカメRAW現像Photoshop Lightroom 2（ゆうきたかし，桐生彩希著）　2008.11

283　はじめてのDVD & CD制作入門—Windows Vista版（大槻有一郎著）　2008.11

284　はじめてのブログ入門—Windows Vista/XP & Mac OS 10対応（高橋慈子，柳田留美著）　2009.1

285　はじめてのミニノートPC使いこなし入門—Windows XP対応（岡崎俊彦著）　2009.2

286　はじめてのデジカメデジタル写真徹底活用入門（中嶋良一，吉岡豊著）　2008.11

287　はじめてのiPod & iTunes 8（小原裕太著）　2008.12

288　はじめてのホームページ・ビルダー13クイック&ブログ（西真由著）　2009.3

289　はじめてのPhotoshop Elements 7（ゆうきたかし，桐生彩希著）　2009.1

290　はじめてのPowerPoint 2003—Microsoft Office 2003 editions SP3　基本編（香賀京著）　2008.12

291　はじめてのホームページHTML入門（荒石正二著）　2009.3

292　はじめての図解パソコン入門　2009-2010年版（秀和システム編集部編，大沢文孝監修）　2009.3

293　はじめてのFileMaker Pro 10—Windows Vista/XP & Macintosh Mac OS 10両対応版（ケイエス企画著）　2009.3

294　はじめてのIllustrator CS4—Win & Mac両対応 XP/Vista/OS 10（羽石相著）　2009.3

295　はじめてのPhotoshopCS4 Win&Mac両対応（ゆうきたかし，桐生彩希著）　2009.4

296　はじめての地デジ・ダビング10—BS・CSケーブル各種デジタル放送 Blu-ray Disc & DVD対応（村松茂著）　2009.3

297　はじめてのアフィリエイトで稼ぐ—基本・導入・運用・収益完全攻略入門（ケイエス企画著）　2009.4

298　はじめてのSEO & SEM—Yahoo!・Google対策入門（永島穂波著）　2009.6

299　はじめてのWindows XP—Home Edition Professional　基本編 SP3（スリー）対応　完全版（戸内順一著）　2009.5

300　はじめてのヤフオクモバオク楽オク完全版—Windows Macintosh（オークション生活友の会著）　2009.6

301　はじめてのネットショップ儲けの法則—完全図解200ワザ（ネットショップ支援会議著）　2009.7

302　はじめてのExcel VBA—Excel 2007/2003/2002対応 Windows版（金城俊哉著）　2009.7

303　はじめてのWindows 7（セブン）新機能ガイド—Starter/Home Premium/Professional/Enterprise/Ultimate（村松茂著）　2009.7

304　はじめてのキヤノンDPP Ver.3.6デジカメRAW現像—Windows 2000/XP/Vista対応（ゆうきたかし，桐生彩希著）　2009.9

305　はじめてのiPhone 3GS—iPhone OS 3対応版（小原裕太著）　2009.10

306　はじめてのノートパソコン—Windows 7対応（桑名由美著）　2009.10

307　はじめてのWindows 7（セブン）—Starter/Home Premium/Professional/Enterprise/Ultimate　基本編（戸内順一著）　2009.11

308　はじめての安全なパソコンのお引っ越し—XP→Windows 7（村松茂著）　2009.11

309　はじめてのLANパソコンのつなぎ方—Windows 7（小原裕太著）　2009.12

310　はじめての図解パソコン入門　2010〜2011年版（秀和システム編集部編，大沢文孝監修）　2009.12

311　はじめての安全なパソコンのお引っ越し—Vista→Windows 7（村松茂著）　2009.11

情報科学　　　　　　　　　　　　　　　　　　　　　総記

312　はじめてのWord & Excel 2007—Windows 7版（西真由, 青海莉々子, 城井田勝仁, 池谷京子, 井上繁樹著）　2009.12
313　はじめての無料で使えるフォトレタッチGIMP（羽石相著）　2010.1
314　はじめてのiPod & iTunes 9—Windows 7/Vista/XP/Mac OS 10対応（小原裕太著）　2010.2
315　はじめてのPhotoshop Elements 8（ゆうきたかし, 桐生彩希著）　2010.2
316　はじめてのホームページ・ビルダー14—Windows 7/Vista/XP/2000対応（桑名由美著）　2010.2
317　はじめての無料でできるホームページ作成最新版HTML & CSS入門（ケイエス企画著）　2010.3
318　はじめてのMac OS 10（テン）Snow Leopard—v10.6対応（小原裕太著）　2010.3
319　はじめてのFC2（ツー）ブログ—Windows 7/Vista/XP/Mac OS 10（高橋慈子, 柳田留美著）　2010.3
320　はじめてのWindows 7（セブン）—Starter/Home Premium/Professional/Enterprise/Ultimate　完全活用編（村松茂著）　2010.4
321　はじめてのパソコンで地デジ—Windows Media Center対応 Windows 7版（大沢文孝著）　2010.4
322　はじめてのツイッター入門—決定版（青山華子著）　2010.5
323　はじめてのWindows 7（セブン）—Starter/Home Premium/Professional/Enterprise/Ultimate　チューンナップ編（戸内順一著）　2010.6
324　はじめてのWord 2010—Windows 7/Vista/XP対応　基本編（ゲイザー著）　2010.6
325　はじめてのExcel 2010—Windows 7/Vista/XP対応　基本編（村松茂著）　2010.6
326　はじめてのPowerPoint 2010—Windows 7/Vista/XP対応　基本編（リブロワークス著）　2010.6
327　はじめてのAccess 2010—Windows 7/Vista/XP対応　基本編（大沢文孝著）　2010.6
328　はじめてのGoogle Analytics—アクセス解析の基本と極意（ケイエス企画著）　2010.6
329　はじめてのOutlook 2010—Windows 7/Vista/XP対応　基本編（小原裕太著）　2010.7
330　はじめてのIllustrator CS5—Win&Mac両対応 Windows XP/Vista/7/Mac OS10対応（羽石相著）　2010.7
331　はじめてのPhotoshop CS5—Win&Mac両対応 Windows XP/Vista/7/Mac OS10対応（ゆうきたかし, 桐生彩希著）　2010.9
332　はじめてのExcel 2010—Windows 7/Vista/XP対応　グラフ編（桑名由美著）　2010.7
333　はじめてのWord & Excel 2010—Windows 7/Vista/XP対応（Studioノマド著）　2010.8
334　はじめてのExcel 2010—Windows 7/Vista/XP対応　ビジネス実用編（羽石相著）　2010.9
335　はじめてのAccess 2010—Windows 7/Vista/XP対応　ビジネス実用編（大沢文孝著）　2010.10
336　はじめてのExcel VBA（ブイビーエー）—Windows7/Excel2010完全対応　決定版（金城俊哉, 秀和システム第一出版編集部著）　2010.9
337　はじめてのAccess VBA（ブイビーエー）—Windows7/Access2010完全対応　決定版（岩田宗之著）　2010.9
338　はじめてのiPhone（アイフォーン）4—iOS 4.x対応版 iPhone 4 iTunes Win/Mac対応（小原裕太著）　2010.10
339　はじめてのFileMaker Pro 11—Win&Mac両対応（ケイエス企画著）　2010.10
340　はじめてのWord&Excel&PowerPoint2010—Windows 7/Vista/XP対応（羽石相著）　2010.11
342　はじめてのiPod&iTunes10—Windows7/Vista/XP/Mac OS 対応（小原裕太著）　2010.12
345　はじめてのホームページ・ビルダー15（桑名由美著）　2010.12

Beret science　ベレ出版　2009
◇人間・社会・コンピュータの情報処理原論（野崎昭弘著）　2009.3

Books for Web Creative　技術評論社　2010

総記　　　　　　　　　　　　　　　　　　　　　　　　　　　　情報科学

◇Webデザイン標準テキスト―変化に流されない制作コンセプトと基本スタイル（境祐司著）2010.7

C++Builder 6コンポーネント活用ガイド＆実践プログラミング　カットシステム　2002〜2006　⇒I-132
v.5（インターネット編2）（北山洋幸著）2004.6
v.6（グラフィックス・画像処理編）（北山洋幸著）2004.10
v.7（グラフィックス・画像処理編2）（北山洋幸著）2005.2
v.8（OpenGLプログラミング編）（谷尻豊寿著）2006.7

C/C++セキュアプログラミングクックブック　John Viega, Matt Messier著, 岩田哲監訳, 光田秀訳　オライリー・ジャパン　2004〜2005　⇒I-132
v.2　対称鍵暗号の実装（Unix/Windows対応）2004.12
v.3　公開鍵暗号の実装とネットワークセキュリティ（Unix/Windows対応）2005.5

Codezine books　翔泳社　2006〜2009
◇CodeZine傑作選―開発者のための実装系Webソースコードマガジン　v.1　2006.2
◇楽々ERDレッスン（羽生章洋著）2006.4
◇達人に学ぶSQL徹底指南書―初級者で終わりたくないあなたへ（ミック著）2008.2
◇モダンPerl入門―業務で使う実用的なPerlの"すべて"（牧大輔著）2009.2

CompTIA学習書シリーズ　TAC IT講座編　TAC出版事業部　2004〜2010　⇒I-133
◇Network+テキスト　v.1　新版　2006.3
◇Network+問題集　v.1　2006.3
◇Network+テキスト　v.2　新版　2006.3
◇Network+問題集　v.2　2006.3
◇Server+テキスト　v.1　新版　2006.7
◇Server+問題集　v.1　2006.7
◇Server+テキスト　v.2　新版　2006.7
◇Server+問題集　v.2　2006.7

◇A+エッセンシャルテキスト―220-601対応　2008.3
◇A+ITテクニシャンテキスト―220-602対応　2008.3
◇A+エッセンシャル問題集―220-601対応　2008.3
◇A+ITテクニシャン問題集―220-602対応　2008.3
◇A+エッセンシャルテキスト―220-601対応　第2版（TAC（IT講座）編著）2009.7
◇A+essentials問題集―220-601対応　第2版（TAC株式会社（IT講座）編著）2009.7
◇A+ITテクニシャンテキスト―220-602対応　第2版（TAC（IT講座）編）2009.7
◇A+IT technician問題集―220-602対応　第2版（TAC株式会社（IT講座）編著）2009.7
◇Network+テキスト―N10-004対応版　vol.1　2009 Edition（TAC株式会社（IT講座）編著）2010.2
◇Server+テキスト―SK0-002対応　vol.1　新装版（TAC株式会社（IT講座）編著）2010.2
◇Server+問題集―SK0-002対応　vol.1　新装版（TAC株式会社（IT講座）編著）2010.2
◇Network+テキスト―N10-004対応版　vol.2　2009 Edition（TAC株式会社（IT講座）編著）2010.2
◇Server+テキスト―SK0-002対応　vol.2　新装版（TAC株式会社（IT講座）編著）2010.2
◇Server+問題集―SK0-002対応　vol.2　新装版（TAC株式会社（IT講座）編著）2010.2
◇Network+問題集―N10-004対応版　2009 edition vol.1（TAC株式会社（IT講座）編著）2010.2
◇Network+問題集―N10-004対応版　2009 edition vol.2（TAC株式会社（IT講座）編著）2010.2
◇Project+テキスト（TAC株式会社（IT講座）編著）2010.5
◇Project+問題集（TAC株式会社（IT講座）編著）2010.5

Computer science library　サイエンス社　2006〜2010

情報科学

1 コンピュータサイエンス入門—コンピュータ・ウェブ・社会（増永良文著）　2008.1
2 情報理論入門—基礎から確率モデルまで（吉田裕亮著）　2009.10
3 プログラミングの基礎（浅井健一著）　2007.2
4 C言語による計算の理論（鹿島亮著）　2008.10
5 暗号のための代数入門（萩田真理子著）　2010.12
8 コンピュータネットワーク入門—TCP/IPプロトコル群とセキュリティ（小口正人著）　2007.4
9 コンパイラ入門—構文解析の原理とlex/yacc、C言語による実装（山下義行著）　2008.6
11 ヒューマンコンピュータインタラクション入門（椎尾一郎著）　2010.12
12 CGとビジュアルコンピューティング入門（伊藤貴之著）　2006.9
13 人工知能の基礎（小林一郎著）　2008.11
14 データベース入門（増永良文著）　2006.10
16 ソフトウェア工学入門（鰺坂恒夫著）　2008.3
17 数値計算入門（河村哲也著）　2006.4
18 数値シミュレーション入門（河村哲也著）　2006.7

Computer technology　CQ出版　2003～2010
⇒I-134
◇組み込みエンジニアのためのロジカル・シンキング入門—ソフトウェア開発で論理的な考え方をいかに応用するか（冴木元著）　2008.10
◇リンカ・ローダ実践開発テクニック—実行ファイルを作成するために必須の技術（坂井弘亮著）　2010.9

CVIMチュートリアルシリーズ　アドコム・メディア　2008～2010
◇コンピュータビジョン最先端ガイド—level set, graph cut, particle filter, tensor, adaboost 1（八木康史, 斎藤英雄編）　2008.12
◇コンピュータビジョン最先端ガイド—mean-shift, kernel method, local image figures, GPU 2（八木康史, 斎藤英雄編）　2010.6

CVS教程　エヌ・ティー・エス　2006

1 4日で学ぶモデル検査　初級編（産業技術総合研究所システム検証センター著）　2006.6

CVS教程　ナノオプト・メディア　2009～2010
1 モデル検査—基礎から実践まで4日で学べる初級編（産業技術総合研究所システム検証研究センター著）　2009.11
2 モデル検査　上級編（産業技術総合研究所システム検証研究センター著）　2010.2

Database solution　翔泳社　2006
◇データベースパフォーマンスアップの教科書—原理が解れば性能は飛躍的に向上する！　基本原理編（李華植著, 〔李圭東〕〔訳〕）　2006.7

DB magazine selection　翔泳社　2000～2010
⇒I-135
◇RDBMS解剖学—よくわかるリレーショナルデータベースの仕組み（鈴木幸市, 藤塚勤也著）　2005.2
◇オラクルマスター弱点克服FAQ（林優子著）　2005.3
◇ASP．NETでいってみよう（松本美穂, 百田昌馬著）　2005.3
◇BIシステム構築実践入門—DBデータ活用/分析の基礎とビジネスへの応用（平井明夫著, アイエフコンサルティング監修）　2005.5
◇門外不出のOracle現場ワザ（五十嵐建平, 大塚信男, 小田圭二, 鈴木博貴, 村方仁著）　2005.6
◇ダイアグラム別UML徹底活用—DB magazine連載「UMLモデリング向上委員会」より（井上樹著）　2005.6
◇注文の多いJ2EE料理店（笠原規男著）　2005.6
◇グラス片手にデータベース設計　会計システム編（梅田弘之著）　2005.7
◇モデルとプロセスをめぐる冒険—これでわかったオブジェクト指向とデータベース設計（橋本隆成著）　2005.12
◇Oracle 10g真剣勝負—DB管理のポイントと新機能の実践活用法（一志達也著）　2005.12
◇現場で使えるMySQL（松信嘉範著）　2006.3
◇絵で見てわかるOracleの仕組み—アーキテクチャと動作を徹底図解（小田圭二著）　2006.6

総 記　　　　　　　　　　　　　　　　　　　　情報科学

◇そこが知りたい最新Webアプリ開発のお作法—アーキテクチャと開発プロセスの正しい理解(石川智久, 高橋英一郎, 山本啓二著)　2006.7
◇勝つDBエンジニアのキャリアパス—データベーススキルの磨き方と活かし方(斎藤直樹著)　2006.7
◇Oracle SQLクイズ—DB magazine連載「知らないうちに力がつくSQLクイズ」より(須々木尚子, 甲木洋介, 渋井俊昭著)　2006.9
◇門外不出のOracle現場ワザ 続(小田圭二, 五十嵐建平, 村方仁著)　2006.9
◇現場で使えるSQL—Oracle 10g・SQL Server 2005対応 第2版(小野哲, 藤本亮著)　2006.11
◇UMLによる一気通貫DBシステム設計—DB magazine連載「一気通貫UMLデータモデリング実践教室」より(細川努著)　2007.1
◇中小企業向けAccess開発実践ノウハウ—DB magazine連載「AccessによるDBシステム改革講座」より(前野好太郎著)　2007.1
◇BIシステム構築実践入門　eコマースデータ活用編(平井明夫, 梶幸司, 野沢ひろみ, 佐藤宏樹, 深井淳, 駒原雄祐著)　2007.6
◇これならわかるOracle超入門教室　第2版(アシスト教育センター著)　2007.7
◇Visual Studio 2005でいってみよう—ASP. NET 2.0編(山田祥寛著, @ITInsider.NET編集部編)　2007.7
◇Javaデータアクセス実践講座—DB Magazine連載「Javaデータアクセス優先主義」より(松信嘉範著)　2008.2
◇一番やさしいJSP&サーブレット入門塾　第2版(樋口研究室著)　2008.3
◇SQL Server 2005でいってみよう—DB magazine連載「SQL Server 2005でいってみよう」より 運用管理編(沖要知著)　2008.3
◇SQL Server 2005でいってみよう—DB magazine連載「SQL Server 2005でいってみよう」より 開発編(沖要知著)　2008.3
◇絵で見てわかるOS/ストレージ/ネットワーク—データベースはこう使っている(小田圭二著)　2008.4

◇販売管理システムで学ぶモデリング講座(渡辺幸三著)　2008.5
◇実践Accessアップサイジング—SQL Serverへの運用管理もOK(浜松毅, 前野好太郎, 江藤尚武著)　2008.7
◇マインドマップではじめるモデリング講座(浅海智晴著)　2008.8
◇新やさしいOracle PL/SQL入門(一志達也著)　2008.11
◇勝ち残りSEへの分岐点—ノーリスクでハイリターン。プラス"楽"になれる25のヒント(三好康之著)　2008.12
◇アーキテクトの審美眼(萩原正義著)　2009.3
◇絵で見てわかるSQL Serverの内部構造(平山理著)　2009.3
◇グラス片手にデータベース設計　生産管理システム編(梅田弘之, 羽田雅一, 渡辺時彦著)　2009.3
◇これは使えるOracle新機能活用術(日下部明, 金井盛隆, 後藤陽介, 矢田竜太郎, 稲場淳二著)　2009.6
◇業務によく効くAccess開発現場ワザ(星野努著)　2009.7
◇MySQLで学ぶデータベース超入門(山田祥寛著)　2009.7
◇基礎から学ぶOracle SQLチューニング(加藤祥平, 中島益次郎著)　2009.9
◇Linux-DBシステム構築/運用入門(松信嘉範著)　2009.9
◇44のアンチパターンに学ぶDBシステム(小田圭二著)　2009.11
◇不況に負けないExcelデータ分析術(平井明夫, 綾部貴淑, 石飛朋哉著, アイエイエフコンサルティング監修)　2010.2
◇JRuby on Railsシステム構築入門(橋本吉治著)　2010.3
◇VS(ブイエス)2010で作るWeb-DBアプリ入門(金宏和実著)　2010.5
◇フリーランスSEとして生きる道(三好康之著)　2010.6
◇Excel 2010 & SQL Server 2008 R2による企業データ分析入門—PDCAサイクルに沿った最新

情報科学　　　　　　　　　　　　　　　総記

BIの実践（平井明夫, 石飛朋哉, 長崎友嘉著, アイエイエフコンサルティング監修）　2010.8

◇統合型プロジェクト管理のススメ—プロジェクトを失敗させない実践手法（梅田弘之著）　2010.8

DB SELECTION　翔泳社　1999～2008　⇒I-135

◇名人椿正明が教えるシステム分析・モデリング100の処方箋（椿正明著）　2006.10

◇XML-DB開発実技コース（下佐粉昭, 野間愛一郎, 久保俊彦, 高橋賢司著）　2008.4

◇やさしいT-SQL入門—SQL Server使いの第一歩（石橋潤一, 横山弘典著）　2008.7

Delphi 2005プログラミングテクニック　カットシステム　2005～2007

v.1（入門編）（for Microsoft.NET Framework+for Win32）（日向俊二著）　2005.3

v.2（コンポーネント編1・VCLコンポーネント）（for Microsoft.NET Framework+for Win32）（日向俊二著）　2005.5

v.3（コンポーネント編2・Windowsフォームコンポーネント）（for Microsoft.NET Framework+for Win32）（日向俊二著）　2005.8

v.4（アプリケーションプログラミング編）（for Microsoft.NET Framework+for Win32）（手塚忠則著）　2005.6

v.5（データベース編）（for Microsoft.NET Framework+for Win32）（田中和明著）　2005.4

v.6（ASP．NET編）（for Microsoft.NET Framework+for Win32）（田中和明著）　2005.8

v.7（インターネット編1）（for Microsoft.NET Framework+for Win32）（池田成樹著）　2005.10

v.8（インターネット編2）（for Microsoft.NET Framework+for Win 32）（池田成樹著）　2007.3

v.9（グラフィックス・画像処理編）（for Microsoft.NET Framework+for Win32）（日向俊二著）　2005.11

v.10（OpenGLプログラミング編）（for Microsoft Win32）（谷尻豊寿著）　2006.8

Design Wave Advanceシリーズ　CQ出版　2006

◇ベリフィケーション・メソドロジ・マニュアル—SystemVerilogでLSI機能検証プロセスを徹底改善（Janick Bergeron, Eduard Cerny, Alan Hunter, Andrew Nightingale著, STARC, ARM, Synopsys監訳）　2006.4

docomo PRO series　アスキー・メディアワークス, 角川グループパブリッシング〔発売〕　2009

◇T‐01A GUIDE BOOK（avi, 霧島煌一, kzou, memnOck, BBE著）　2009.6

Essential software guide book　技術評論社　2009～2010

◇UNIXシェル入門—bashの基本操作とUNIXの環境設定（大木敦雄監修, 小島範幸, 北浦訓行共著）　2009.9

◇Postfix実践入門（清水正人著）　2010.10

Fedora Core expert　技術評論社　2005～2006

◇　2005.8

v.2　2006.5

FreeBSD expert　技術評論社　2002～2006　⇒I-137

2005（ワンランク上のFreeBSDユーザを目指せ!）　2005.1

2006（ワンランク上のFreeBSDユーザを目指せ!）　2006.5

FreeBSD fan　毎日コミュニケーションズ　2007

v.1（FreeBSD fan編集部編著）　2007.3

GAME DEVELOPERシリーズ　ソフトバンククリエイティブ　2009

◇XNAゲームプログラミング—Xbox 360とWindowsのクロスプラットフォーム開発（赤坂玲音著）　2009.3

GPU gems　ボーンデジタル　2004～2008

◇リアルタイムグラフィックスのプログラミングテクニック、ヒント、トリック 日本語版（Randima Fernando編, 中本浩監訳）　2004.12

総記　　　　　　　　　　　　　　　　　　　　　　　　　　　情報科学

2（日本語版）（Matt Pharr編, Randima Fernandoシリーズ編, 中本浩監訳）　2005.12
3（日本語版）（Hubert Nguyen編, 中本浩監訳）　2008.8

Hobby×iPhone Series　メディアファクトリー　2010

001　音楽ファンのための「本当に使える」iPhoneアプリガイド（iPhoneアプリ愛好会音楽分科会編）　2010.9
002　自転車ファンのための「本当に使える」iPhoneアプリガイド（iPhoneアプリ愛好会自転車分科会編）　2010.9

Impress kiso series　インプレスジャパン　2005～2010

◇基礎UML—UML 2対応　改訂新版（テクノロジックアート著, 長瀬嘉秀, 橋本大輔監修）　2005.6
◇基礎Ajax+JavaScript（佐藤和人著）　2006.12
◇基礎Ruby on Rails（黒田努, 佐藤和人共著, オイアクス監修）　2007.11
◇基礎Java　改訂新版（小山博史著）　2008.3
◇基礎Visual Basic 2008（羽山博著）　2008.8
◇基礎Perl（山田祥寛著）　2009.4
◇基礎JSP &サーブレット—入門から実践へステップアップ…!（米山学, 志賀澄人著）　2010.3
◇基礎PHP　改訂3版（WINGSプロジェクト著, 山田祥寛監修）　2010.6
◇基礎UML—入門から実践へステップアップ…!　改訂3版（テクノロジックアート著, 長瀬嘉秀, 橋本大輔監修）　2010.7
◇基礎Visual Basic 2010—入門から実践へステップアップ（羽山博著）　2010.8

Information & computing　サイエンス社　1984～2010　⇒I-17

33　文科系のためのコンピュータリテラシ—Microsoft Officeによる　第3版（太田忠一編, 植松康祐, 草薙信照共著）　2004.12
34　新・コンピュータ解体新書（清水忠昭, 菅田一博共著）　2005.7
35　コンピュータと情報システム（草薙信照著）　2007.1
36　文科系のためのコンピュータリテラシ—Microsoft Officeによる　第4版（草薙信照, 植松康祐共著）　2008.1
37　情報処理—Concept & practice　第2版（草薙信照著）　2009.1
38　コンパイラ—原理・技法・ツール　第2版（A. V. エイホ, M. S. ラム, R. セシィ, J. D. ウルマン共著, 原田賢一訳）　2009.5
39　最新・情報処理の基礎知識—IT時代のパスポート（古殿幸雄編著）　2010.2
41　情報処理システム入門　第3版（浦昭二, 市川照久共編）　2006.6
104　JavaによるWebアプリケーション入門—サーブレット・JSP・Struts（中所武司, 藤原克哉共著）　2005.2
105　アルゴリズムデータ構造計算論（横森貴著）　2005.3
106　計算理論とオートマトン言語理論—コンピュータの原理を明かす（丸岡章著）　2005.11
107　人工知能入門—歴史, 哲学, 基礎・応用技術（J. フィンレー, A. ディックス共著, 新田克己, 片上大輔訳）　2006.7
108　新・C言語のススメ—Cで始めるプログラミング（清水忠昭, 菅田一博共著）　2006.12
109　一歩踏み込むLATEXの基本—入力支援環境「祝鳥」を用いた文書作成（阿部紀行著）　2006.12
110　理工系のためのコンピュータサイエンス（西崎真也著）　2007.12
111　3D-CAD/CG入門—Inventorと3ds Maxで学ぶ図形科学（鈴木賢次郎, 横山ゆりか, 金井崇共著）　2008.3
112　Javaで学ぶオブジェクト指向プログラミング入門（高橋友一, 柴田祥一, 小中英嗣共著）　2008.7

Information science & engineering　サイエンス社　2000～2009　⇒I-138

F1　情報科学の基礎—記法・概念・計算とアルゴリズム（山崎秀記著）　2008.6
F5　計算モデル論入門—チューリング機械からラムダ計算へ（井田哲雄, 浜名誠共著）　2006.8

S2　論理回路の基礎（南谷崇著）　2009.4
S10　コンパイラの基礎（徳田雄洋著）　2006.7
S11　Cプログラミングの基礎　新訂版（蓑原隆著）　2007.3

Introduction kit series　秀和システム　2002〜2010　⇒I–138
5　Vine Linux 3入門キット—3.1対応（林雅人，伊坂銀次著）　2005.2
6　Fedora Core 4入門キット（安井健治郎著）　2005.8
7　Ubuntu Linux入門キット（小林準著）　2006.7
8　Vine Linux 4入門キット（林雅人，伊坂銀次著）　2007.2
9　Ubuntu Linux入門キット—8.04対応　改訂版（小林準著）　2008.7
10　Ubuntu Linux入門キット—10.04対応（小林準，村田信人著）　2010.7

ISテキストシリーズ ISJ2001対応　神沼靖子監修　共立出版　2005〜2006
1　問題形成と問題解決（神沼靖子，丹羽時彦著）　2005.2
2　情報システムの運営（杉野隆編著，鷲崎早雄，塚原鞏，佐藤修著）　2005.3
3　情報システムのためのコンピュータと基本システム（神沼靖子，和田勉，冨沢真樹著）　2005.5
5　情報システム演習2（神沼靖子著）　2006.5

IT architects' archive　翔泳社　2005〜2010
◇ソフトウェア開発の持つべき文化（ソフトウェア開発の課題　1）（カール・E. ウィーガーズ著，滝沢徹，牧野祐子訳）　2005.6
◇ザ・ベスト—有能な人材をいかに確保するか（ソフトウェア開発の課題　2）（ジョハンナ・ロスマン著，滝沢徹，鈴木憲子訳）　2005.9
◇C++スタイルブック（Classic modern computing）（トレバー・ミスフェルト，グレゴリー・バンガードナー，アンドリュー・グレイ著，滝沢徹，牧野祐子訳）　2006.2
◇プロブレムフレーム—ソフトウェア開発問題の分析と構造化（ソフトウェア開発の課題　3）（マイケル・ジャクソン著，榊原彰監訳，牧野祐子訳）　2006.5
◇C++プライマー（スタンリー・B. リップマン，ジョゼ・ラジョワ，バーバラ・E. ムー著，玉井浩訳）　2006.7
◇小さなチームのソフトウェア開発物語—闘うITエンジニア（ソフトウェア開発の課題　4）（ゲイリー・ポリス，リズ・オーガスティン，クリス・ロウ，ジャス・マデュ著，杉本宜男訳）　2006.8
◇パターンによるソフトウェア構成管理（ソフトウェア開発の課題　5）（スティーブ・P. バーチャック，ブラッド・アップルトン著，宗雅彦訳）　2006.10
◇TSPガイドブック　リーダー編（ソフトウェア開発の課題　6）（ワッツ・S. ハンフリー著，秋山義博監訳，JASPIC TSP研究会訳）　2007.1
◇オブジェクト指向入門　原則・コンセプト（バートランド・メイヤー著，酒匂寛訳）　2007.1
◇コンピュータアーキテクチャのエッセンス（ダグラス・E. カマー著，鈴木貢，中条拓伯，仲谷栄伸，並木美太郎訳）　2007.5
◇実践ユーザビリティテスティング—「利用品質」を忘れていませんか（ソフトウェア開発の課題　7）（キャロル・M. バーナム著，黒須正明監訳，牧野祐子訳）　2007.8
◇PSPガイドブック—ソフトウェアエンジニア自己改善（ソフトウェア開発の課題　8）（ワッツ・S. ハンフリー著，秋山義博監訳，JASPIC TSP研究会訳）　2007.8
◇コンピュータプログラミングの概念・技法・モデル（Classic modern computing）（ピーター・ヴァン・ロイ，セイフ・ハリディ著，羽永洋訳）　2007.11
◇ユーザ・エクスペリエンス—ユーザ・リサーチ実践ガイド（ソフトウェア開発の課題　9）（マイク・クニアフスキー著，小畑喜一，小岩由美子訳）　2007.12
◇ヘネシー&パターソンコンピュータアーキテクチャ定量的アプローチ（ジョン・L. ヘネシー，デイビッド・A. パターソン著，中条拓伯監訳，天野英晴，吉瀬謙二，佐藤寿倫，中条拓伯訳）　2008.2
◇ジェネレーティブプログラミング（Classic modern computing）（クシシュトフ・チャルネッキ，ウールリシュ・W. アイゼンアッカー著，津田義

史, 今関剛, 朝比奈勲訳) 2008.4
◇TSPiガイドブック(ソフトウェア開発の課題10)(ワッツ・S. ハンフリー著, 秋山義博監訳, JASPIC TSP研究会訳) 2008.6
◇オブジェクト指向入門 方法論・実践(バートランド・メイヤー著, 酒匂寛訳) 2008.8
◇新・ソフトウェア開発の神話—成功するプロジェクトチームの科学と文化(ソフトウェア開発の課題 11)(ジョー・マラスコ著, 藤井拓訳) 2008.9
◇システムアーキテクチャ構築の原理—ITアーキテクトが持つべき3つの思考 ソフトウェア開発の実践(ニック・ロザンスキ, イオイン・ウッズ著, 榊原彰監訳, 牧野祐子訳) 2008.12
◇Javaスタイルブック(スコット・W. アンブラー, アラン・バーミューレン, グレゴリー・バンガードナー, エルドン・メッツ, ジム・シュー, トレバー・ミスフェルト, パトリック・トンプソン著, 滝沢徹, 牧野祐子訳) 2009.1
◇TSPガイドブック:コーチング編—ソフトウェア開発の課題12(ワッツ・S. ハンフリー著, JASPIC TSP研究会訳) 2009.3
◇実践ソフトウェア要求ハンドブック—ソフトウェア開発の実践(エレン・ゴッテスディーナー著, 平山輝, 藤井拓監訳, オージス総研訳) 2009.6
◇ディジタル回路設計とコンピュータアーキテクチャ(デイビッド・マネー・ハリス, サラ・L. ハリス著, 天野英晴, 鈴木貢, 中条拓伯, 永松礼夫訳) 2009.8
◇セーフウェア—安全・安心なシステムとソフトウェアを目指して(ナンシー・G. レブソン著, 松原友夫監訳・訳, 片平真史, 吉岡律夫, 西康晴, 青木美津江訳) 2009.10
◇実践アジャイルテスト—ソフトウェア開発の実践 テスターとアジャイルチームのための実践ガイド(リサ・クリスピン, ジャネット・グレゴリー著, 榊原彰監訳・訳, 山腰直樹, 増田聡, 石橋正章訳) 2009.11
◇パワーインテグリティのすべて—電源ノイズを抑えるプリント基板設計 クラシックモダン・実践エレクトロニクス(マドハバン・スワミナサン, A. エゲ・エンゲン著, 須藤俊夫監訳・訳, 国頭延行, 荒井信隆, 川目章弘訳) 2010.1

◇アジャイル開発の本質とスケールアップ—ソフトウェア開発の実践 変化に強い大規模開発を成功させる14のベストプラクティス(ディーン・レフィングウェル著, 玉川憲監訳・訳, 橘高陸夫, 畑秀明, 藤井智弘, 和田洋, 大沢浩二訳) 2010.2
◇実用Common Lisp—AIプログラミングのケーススタディ(ピーター・ノーヴィグ著, 杉本宜男訳) 2010.5
◇VDM++(ブイディーエムプラスプラス)によるオブジェクト指向システムの高品質設計と検証—仕様の品質を飛躍的に高める手法 ソフトウェア開発の実践(ジョン・フィッツジェラルド, ピーター・ゴルム・ラーセン, ポール・マッカージー, ニコ・プラット, マーセル・バーホフ著, 酒匂寛訳) 2010.8
◇システムアーキテクチャ構築の実践手法(ピーター・イールズ, ピーター・クリップス著, 榊原彰監訳, 西原裕善, 吉田幸ース, 五十嵐正裕, 山本久好, 金元隆志訳) 2010.12

IT pro books 日経BP社 2008〜2009
◇ITエンジニアのための仕事を速くする9の基礎力と7のエクササイズ(芦屋広太著) 2008.7
◇ITエンジニアのためのWebデザイン(園田誠, 中垣茂, 川西裕幸, 斉藤国博著) 2008.10
◇Ruby技術者認定試験公式ガイド—Ruby 1.8対応版Silver(伊藤忠テクノソリューションズ著, ITpro編, Rubyアソシエーション監修) 2009.3
◇パンデミック対策実践マニュアル—企業の危機管理担当者のための10日間で完成(佐柳恭威著, ITpro編) 2009.6
◇ITエンジニアのための人を動かす9の基礎力と27のエクササイズ(芦屋広太著) 2009.7
◇クラウドAmazon EC2/S3のすべて—実践者から学ぶ設計/構築/運用ノウハウ(並河祐貴, 安達輝雄著) 2009.11

Jim Blinn's corner 日本語版 オーム社 2004
⇒I-139
2 Dirty pixels(Jim Blinn著, 西田友是, 三浦憲二郎監訳, 土橋宜典〔ほか〕共訳) 2004.11

情報科学　　　　　　　　　　　　　　　　　　　　総記

JISAブックレッツ　情報サービス産業協会　2004〜2008
6　情報サービスと著作権（情報サービス産業協会編，吉田正夫監修）　2004.9
7　PMOガイドブック—情報サービス業のプロジェクト成功率向上を目指して（情報サービス産業協会編，吉田正夫監修）　2007.10
8　システム開発を成功に導く法務・契約ハンドブック—プロジェクトマネジメントの基礎知識（情報サービス産業協会編）　2008.4

Liberation　高知大学ラジオ公開講座企画編集プロジェクト委員会編　高知大学　2009〜2010
vol.11（理学編）（高知大学ラジオ公開講座読本 高知県を「聴く」・「読む」・「知る」パブリックマガジン）　2009.3
vol.12（農学・共生編）（高知大学ラジオ公開講座読本 高知県を「聴く」・「読む」・「知る」パブリックマガジン）　2009.3
vol.13（医療・保健編）（高知大学ラジオ公開講座読本 高知県を「聴く」・「読む」・「知る」パブリックマガジン）　2009.3
vol.14（教育編）（高知大学ラジオ公開講座読本 高知県を「聴く」・「読む」・「知る」パブリックマガジン）　2009.3
vol.15（人文編）（高知大学ラジオ公開講座読本 高知県を「聴く」・「読む」・「知る」パブリックマガジン）　2009.3
vol.16（理学編）（高知大学ラジオ公開講座読本 高知県を「聴く」・「読む」・「知る」パブリックマガジン）　2010.3
vol.17（農学編）（高知大学ラジオ公開講座読本 高知県を「聴く」・「読む」・「知る」パブリックマガジン）　2010.3
vol.18（医療・保健編）（高知大学ラジオ公開講座読本 高知県を「聴く」・「読む」・「知る」パブリックマガジン）　2010.3
vol.19（教育編）（高知大学ラジオ公開講座読本 高知県を「聴く」・「読む」・「知る」パブリックマガジン）　2010.3
vol.20（人文編）（高知大学ラジオ公開講座読本 高知県を「聴く」・「読む」・「知る」パブリックマガジン）　2010.3

Linux教科書　翔泳社　2002〜2010　⇒I-140
◇LPICレベル1—LPI認定　第2版（中島能和，浜野賢一朗著）　2006.8
◇LPICレベル2—LPI認定　第2版（中島能和著，浜野賢一朗監修）　2007.8
◇LPICレベル1—LPI認定　第3版（中島能和，浜野賢一朗著）　2007.10
◇LPICレベル2—Linux技術者認定資格試験学習書 対応科目・201試験・202試験 LPI認定　第3版（中島能和著，浜野賢一朗監修）　2009.5
◇LPICレベル1　第4版（中島能和著，浜野賢一朗監修）　2009.5
◇LPICレベル3—Linux技術者認定資格試験学習書 対応科目301試験302試験（浜野賢一朗，高橋基信，中島能和著）　2010.2

Linux詳説　丸善　2004〜2005　⇒I-140
デスクトップ編（井田昌之，大島正嗣，伊藤実夏著）　2005.3

Linux world favorite series　IDGジャパン　2004〜2005　⇒I-140
◇「Subversion」解説書—バージョン管理システム（Subversion開発プロジェクト著，上平哲訳，佐藤竜一監修）　2004.11
◇Webサーバ・メンテナンス—運用ノウハウを知る Apache 1.3と2.0に対応（高橋隆雄著）　2005.1

MdN design school　エムディエヌコーポレーション　2006
◇Photoshop CS2デザインスクール—for Win & Mac 基礎から実践まで（内村光一著）　2006.5
◇Illustrator CS2デザインスクール—for Win & Mac 基礎から実践まで（ヤマダジュンヤ著）　2006.5
◇Dreamweaver 8デザインスクール—基礎から実践まで for Win & Mac（佐藤好彦著）　2006.8
◇Flash 8デザインスクール—基礎から実践まで for Win & Mac（北川貴清著）　2006.9

Microsoft.net development series　日経BPソフトプレス　2008〜2009

総記　　　　　　　　　　　　　　　　　　　　　情報科学

◇ドメイン特化型開発—Visual StudioとDSLによる次世代モデル駆動開発（Steve Cook, Gareth Jones, Stuart Kent, Alan Cameron Wills著、クイープ訳、マイクロソフト株式会社監訳）　2008.8

◇.NETのクラスライブラリ設計—開発チーム直伝の設計原則、コーディング標準、パターン（Krzysztof Cwalina, Brad Abrams著、藤原雄介訳）　2009.12

MSDNプログラミングシリーズ　日経BP社　2010

◇Windows Azureアプリケーション開発入門—作って感じるクラウドコンピューティング（酒井達明著）　2010.3

◇ステップアップVisual Basic 2010—開発者がもう一歩上達するための必読アドバイス！（矢嶋聡著）　2010.7

◇プロフェッショナルマスターVisual C# 2010—最新テクニックをマスターする35のテーマ（川俣晶著）　2010.7

◇ひと目でわかるMicrosoft Visual C++ 2010アプリケーション開発入門（増田智明著）　2010.8

◇プログラムを作ろう！Microsoft Visual Basic 2010入門—Expressエディションで学ぶはじめてのプログラミング（池谷京子著）　2010.9

◇プログラムを作ろう！Microsoft Visual C++ 2010入門—Expressエディションで学ぶはじめてのプログラミング（Wingsプロジェクト著、山田祥寛監修）　2010.9

◇ひと目でわかるMicrosoft Visual Basic 2010アプリケーション開発入門（上岡勇人著）　2010.10

◇ひと目でわかるMicrosoft Visual Basic 2010 Webアプリケーション開発入門（ファンテック株式会社著）　2010.10

◇プログラムを作ろう！Microsoft Visual C# 2010入門—Expressエディションで学ぶはじめてのプログラミング（池谷京子著）　2010.11

◇プログラムを作ろう！Microsoft ASP. NET4入門—Expressエディションで学ぶはじめてのプログラミング（広瀬嘉久著、山田祥寛監修）　2010.11

◇ひと目でわかるMicrosoft Visual C# 2010アプリケーション開発入門（伊藤達也、チーム・エムツー著）　2010.11

◇ひと目でわかるMicrosoft ASP. NET MVCアプリケーション開発入門（増田智明著）　2010.11

◇.NET開発テクノロジー入門—Visual Studio 2010対応版（マイクロソフト・エバンジェリストチーム著）　2010.12

MSX magazine　アスキー　2003～2005　⇒I-141

3（永久保存版）（アスキー書籍編集部編）　2005.5

Mycom books beginner course series　毎日コミュニケーションズ　2006

◇Illustrator CS2ビギナーコース—for Windows & Macintosh（吉岡ゆかり著）　2006.4

◇Photoshop CS2ビギナーコース—for Windows & Macintosh（土屋徳子著）　2006.4

◇Flash 8ビギナーコース—for Windows & Macintosh（境祐司著）　2006.4

◇Dreamweaver 8ビギナーコース—for Windows & Macintosh（西村俊一著）　2006.4

Neko series　粂井康孝著　ソフトバンククリエイティブ　2005～2010

◇猫でもわかるゲームプログラミング　2005.12

◇猫でもわかるネットワークプログラミング　第2版　2006.3

◇猫でもわかるC#プログラミング　2007.1

◇猫でもわかるC言語プログラミング　第2版　2008.3

◇猫でもわかるWindowsプログラミング　第3版　2008.7

◇猫でもわかるC++プログラミング　2009.6

◇猫でもわかるゲームプログラミング　第2版　2009.10

◇猫でもわかるC#プログラミング　第2版　2010.9

.NET Frameworkプログラミングテクニック　カットシステム　2006～2007

情報科学　　　　　　　　　　　　　　　総記

v.1　コンポーネントプログラミングガイド　1(for Visual Basic/C#)(日向俊二著)　2006.6
v.2　コンポーネントプログラミングガイド　2(for Visual Basic/C#)(日向俊二著)　2006.6
v.3　アプリケーションプログラミング　1　C#編 (for Visual Basic/C#)(日向俊二著)　2006.9
v.4　アプリケーションプログラミング　2 visual basic編(for Visual Basic/C#)(日向俊二著)　2006.10
v.5　グラフィックス＆イメージ　1　C#編(for Visual Basic/C#)(北山洋幸著)　2006.12
v.6　グラフィックス＆イメージ　1 Visual Basic編 (for Visual Basic/C#)(北山洋幸著)　2007.2
v.7　グラフィックス＆イメージ　2　C#編(for Visual Basic/C#)(北山洋幸著)　2007.7
v.8　グラフィックス＆イメージ　2 Visual Basic編 (for Visual Basic/C#)(北山洋幸著)　2007.8
v.9　データベーステクニック　1　C#編(for Visual Basic/C#)(日向俊二著)　2006.12
v.10　データベーステクニック　2 Visual Basic編 (for Visual Basic/C#)(日向俊二著)　2007.2

.NET technologyシリーズ　技術評論社　2007〜2008

◇ASP.NET 2.0—実践.NET Framework+Ajax Extensionsで実現するWebアプリ(醍醐竜一著)　2007.4
◇実践!ソフトウェアアーキテクチャ—Visual StudioとASP.NETによる業務システム開発方法(尾島良司著)　2007.9
◇プログラマブルPowerShell—プログラマのための活用バイブル(荒井省三著)　2008.2

Net travellers 200X　翔泳社　2006〜2007

◇エロの敵—今、アダルトメディアに起こりつつあること(安田理央、雨宮まみ著)　2006.9
◇ウェブを進化させる人たち—ITの新しい潮流を創る15人の声(湯川鶴章責任編集)　2007.3
◇コンテンツ・フューチャー—ポストYouTube時代のクリエイティビティ(小寺信良、津田大介著)　2007.8

Network　翔泳社　2004〜2005　⇒I-142

1　今夜わかるTCP/IP(上野宣著)　2004.12
2　今夜わかるHTTP(上野宣著)　2004.12
3　今夜わかるメールプロトコル—SMTP/POP3/IMAP4(上野宣著)　2005.6

New text電子情報系シリーズ　昭晃堂　2006

第6巻　情報科学の基礎—新しい情報リテラシをめざして(山口和紀、岩崎英哉共著)　2006.4

OCRES based learning contents　アイテック　2008

◇組込みシステムのためのソフトウェアエンジニアリング　基礎編(ジム・クーリング著,山本哲也監訳)　2008.8

Open source computer vision library　毎日コミュニケーションズ　2007〜2009

◇OpenCVプログラミングブック(奈良先端科学技術大学院大学OpenCVプログラミングブック制作チーム著)　2007.9
◇OpenCVプログラミングブック—OpenCV 1.1対応　第2版(奈良先端科学技術大学院大学OpenCVプログラミングブック制作チーム著)　2009.6

Pan Pacific online　ラッセル社　2001〜2004　⇒I-143, II-57

◇情報化社会—ビジョン、戦略、そして哲学(青田吉弘、加藤明弘〔著〕)　2004.11

Perfect master　秀和システム　1993〜2010　⇒I-95

79　Windows XP(SP2)home edition/professional対応パーフェクトマスター完全版(野田ユウキ著)　2004.12
80　ホームページ・ビルダーV9パーフェクトマスター—version 9/8/7完全対応(高見有希著)　2005.3
81　VisualBasicパーフェクトマスター—VisualBasic.NET 2000/2003/VisualBasic 2005対応Windows XP完全対応(金城俊哉著)　2005.5
82　Mac OS 10 v10.4 Tigerパーフェクトマスター—Mac OS 10 10.4完全解説(野田ユウキ、アンカー・プロ著)　2005.8

83　Adobe Illustrator CS2パーフェクトマスター—Windows & Macintosh対応（玉生洋一著）2005.9

84　Adobe Photoshop CS2パーフェクトマスター—Windows & Macintosh対応（Kumiko著）2005.9

85　Adobe GoLive CS2パーフェクトマスター—Windows XP/2000、Mac OS 10 10.2以降対応（金城俊哉著）2005.12

86　ホームページ・ビルダー10パーフェクトマスター—version 10/9/8完全対応 Windows版Windows XP完全対応（高見有希著）2006.3

87　Windows Server 2003 R2パーフェクトマスター—Windows Server 2003（R2/SP1/SP2完全対応）（野田ユウキ、アンカー・プロ著）2006.4

88　Macromedia Dreamweaver 8パーフェクトマスター—Windows XP/2000、Mac OS 10 10.3/10.4対応（金城俊哉著）2006.10

89　ホームページ・ビルダー11パーフェクトマスター—version 11/10/9完全対応 Windows Vista完全対応（高見有希著）2007.4

90　Visual C# 2005パーフェクトマスター—Windows Vista完全対応 with SQL Server 2005/Visual Web Developer（金城俊哉著）2007.4

91　Windows Vistaパーフェクトマスター—Microsoft Windows Vista Home Basic Home Premium Business対応（野田ユウキ著）2007.4

92　Access 2007パーフェクトマスター—Windows Vista完全対応 Windows XP対応（岩田宗之著）2007.7

93　Word 2007パーフェクトマスター—Windows Vista完全対応Windows XP対応（若林宏著）2007.7

94　Excel VBAパーフェクトマスター—Microsoft Excel VBA Excel 2007/2003/2002完全対応Windows Vista/XP完全対応（土屋和人著）2007.7

95　Excel 2007パーフェクトマスター—Microsoft Excel 2007 Windows Vista完全対応Windows XP対応（金城俊哉著）2007.8

96　Excel関数パーフェクトマスター—Microsoft Excel function Excel 2007/2003/2002完全対応Windows Vista/XP完全対応（土屋和人著）2007.9

97　Adobe Illustrator CS3パーフェクトマスター—Illustrator CS3/CS2/CS/10/9対応 Windows/Macintosh対応（玉生洋一著）2007.10

98　Adobe Dreamweaver CS3パーフェクトマスター—Windows Vista/XP対応Mac OS 10 v.10.4.8以降対応（金城俊哉著）2007.11

99　Adobe Photoshop CS3パーフェクトマスター—Photoshop CS3/Extended/CS2/CS/7.0対応 Windows/Macintosh対応（薮田織也、神崎洋治、土屋徳子著）2007.12

100　PowerPoint 2007パーフェクトマスター—Windows Vista完全対応 Windows XP対応（山内敏昭、山添直樹、綾部洋平著）2008.2

101　ホームページ・ビルダー12パーフェクトマスター—version 12/11/10完全対応 Windows Vista完全対応（高見有希著）2008.2

102　Mac OS 10 v10.5 Leopardパーフェクトマスター—Intel版/PowerPC版完全対応 Apple Mac OS 10 Leopard（野田ユウキ、アンカー・プロ著）2008.4

103　Visual Basic 2008パーフェクトマスター—with SQL Server 2005/Visual Web Developer Windows Vista完全対応（金城俊哉著）2008.8

104　Visual C# 2008パーフェクトマスター—Windows Vista完全対応 with SQL Server 2005/Visual Web Developer（金城俊哉著）2008.9

105　Windows Server 2008パーフェクトマスター—Microsoft Windows Server 2008（野田ユウキ、アンカー・プロ著）2009.1

106　Adobe Photoshop CS4パーフェクトマスター—Photoshop CS4/Extended/CS3/CS2/CS対応 Windows/Macintosh対応（薮田織也、神崎洋治、土屋徳子著）2009.2

107　ホームページ・ビルダー13パーフェクトマスター—Version 13/12/11/10完全対応 Windows Vista/XP完全対応（高見有希著）2009.4

108　Adobe Dreamweaver CS4（フォー）パーフェクトマスター—Windows Vista/XP Mac OS 10 v.10.4.11以降対応（金城俊哉著）2009.4

情報科学

109　Adobe Illustrator CS4パーフェクトマスター──Adobe Illustrator CS4/CS3/CS2/CS/10/9対応　Windows/Macintosh対応（玉生洋一著）　2009.6

110　AccessVBA パーフェクトマスター──Access 2007完全対応 Access2003/2002対応（岩田宗之著）　2009.10

111　Windows 7パーフェクトマスター──Microsoft Windows 7 Home Premium.Professional.Ultimate対応（野田ユウキ著）　2010.1

112　Mac OS 10 v10.6 Snow Leopardパーフェクトマスター──Apple Mac OS 10 Snow Leopard（野田ユウキ、アンカー・プロ著）　2010.2

113　ホームページ・ビルダー14パーフェクトマスター──Version 14/13/12/11/10完全対応 Windows 7/Vista/XP完全対応（高見有希著）　2010.4

114　Photoshop Elements 8パーフェクトマスター──Windows 7/Vista対応 Version 8完全対応（ゲイザー著）　2010.6

115　Adobe Photoshop CS5パーフェクトマスター──Adobe Photoshop CS5/Extended/CS4/CS3/CS2対応 Windows/Macintosh対応（藪田織也、神崎洋治、土屋徳子著）　2010.8

116　Adobe Illustrator CS5パーフェクトマスター──Adobe Illustrator CS5/CS4/CS3/CS2/CS/10/9対応 Windows/Macintosh対応（玉生洋一著）　2010.8

117　Excel 2010パーフェクトマスター──Microsoft Office 2010 Windows 7完全対応 Windows Vista対応（金城俊哉、秀和システム第一出版編集部著）　2010.8

118　Excel VBAパーフェクトマスター──Microsoft Office Excel 2010/2007/2003/2002完全対応 Windows7/Vista対応（土屋和人著）　2010.9

119　Access2010パーフェクトマスター──Microsoft Office 2010 Windows 7完全対応Windows Vista対応（岩田宗之著）　2010.9

120　Word2010パーフェクトマスター──Microsoft Office 2010 Windows 7完全対応Windows Vista対応（若林宏著）　2010.10

121　Adobe DreamweaverCS5（ファイブ）パーフェクトマスター──Windows/Macintosh対応 Adobe Dreamweaver CS5完全対応/CS4/CS3対応（金城俊哉、秀和システム第一出版編集部著）　2010.10

122　Word & Excel 2010パーフェクトマスター──Microsoft Office 2010 Windows 7完全対応 Windows Vista対応（野田ユウキ著）　2010.10

123　Excel関数パーフェクトマスター──Excel 2010/2007/2003/完全対応　2010.12

Perfect series　技術評論社　2008〜2010

01　パーフェクトC#　改訂新版（醍醐竜一、斉藤友男著）　2008.10

02　パーフェクトJava（井上誠一郎、永井雅人、松山智大著）　2009.11

03　パーフェクトPHP（小川雄大、柄沢聡太郎、橋口誠著）　2010.12

Powered by free development tools　毎日コミュニケーションズ　2003〜2005　⇒I-144

◇EclipseによるStruts & Cocoon Webアプリケーション──MVCフレームワークを活用した開発（加藤大受著）　2005.10

Prime master series　秀和システム　2008〜2010

001　はじめてのパソコンで困った!これで解決──Windows Vista SP1対応XP SP2対応（ケイエス企画著）　2008.4

002　はじめてのWordとExcelで困った!これで解決──Office 2007対応（ゲイザー著）　2008.5

003　はじめてのWindows XPの遅い重い!これで解決──SP2/SP3両対応（ケイエス企画著）　2008.5

004　はじめてのWindows Vistaの遅い重い!これで解決──SP1対応（ケイエス企画著）　2008.7

005　はじめてのMacで困った!これで解決（ダイアローグ著）　2008.10

006　はじめてのインターネットとメールで困った!これで解決──Windows Vista SP2対応XP SP3対応（ゲイザー著）　2009.7

007 はじめてのパソコンで困った!これで解決―Windows 7/Vista対応（ケイエス企画著） 2009.12
008 はじめてのブログで困った!これで解決―Ameba対応FC2ブログ対応（高橋慈子，中野久美子，八木重和著） 2010.2
009 はじめてのWindows XPの遅い重い!これで解決―SP3対応 完全版（ケイエス企画著） 2010.3
010 はじめてのExcelの困った!今すぐ解決―対応2010&2007（Studioノマド著） 2010.11
011 はじめてのPowerPointの困った!今すぐ解決―対応2010&2007（八木重和著） 2010.10
012 はじめてのLANの困った!今すぐ解決（荒石正二著） 2010.12
013 はじめてのWindows7の遅い重い!今すぐ解決（村松茂著） 2010.11

Quick master　秀和システム　2004〜2007　⇒I-146
2　Word 2003ユーザー便利帳（卯月佑子著） 2004.12
3　Excel 2003ユーザー便利帳（森島昭人著，AYURA編著） 2004.12
4　Windows XP（SP2）快速、快適、安全対策ユーザー便利帳―Windows XP（SP2）カスタマイズ（金城俊哉著） 2005.1
5　UNIXコマンドリファレンスユーザー便利帳―UNIXコマンド徹底解説 Linux、FreeBSD、Solaris対応（松本光春著） 2005.6
6　Excel集計&グラフ表現ユーザー便利帳―Excel 2003（2002/2000）対応（金城俊哉著） 2005.7
7　PowerPointスライド&プレゼンユーザー便利帳―マイクロソフトパワーポイント PowerPoint 2003（2002/2000）対応（松本光春著） 2005.9
8　Excelマクロ&VBAユーザー便利帳―the practical use technique Excel 2003（2002/2000）対応（足利谷毅著） 2005.12
9　SQLサーバー&コマンドユーザー便利帳―the practical use technique Microsoft SQL Server/Oracle/Postgres/MySQL完全対応（岩原宗之著） 2006.6
10　iPodファンブックユーザー便利帳（小原裕太著） 2006.8
11　LATEX 文書&デザイン指定ユーザー便利帳―文書、数式、実用コマンド収録（松本光春著） 2006.8
12　JavaScriptリファレンス&逆引きユーザー便利帳―Ajax対応 Internet Explorer/Netscape/Firefox/Opera/Safari対応（井上健語著） 2006.8
13　PHP5リファレンス&逆引きユーザー便利帳―Windows/Linux対応 サンプルスクリプトダウンロードサービス付き the practical use technique（立山秀利著） 2006.9
14　Web検索テクニックユーザー便利帳―Google & Yahoo!対応（大沢文孝著） 2006.9
15　HTML必須タグリファレンスユーザー便利帳―CSS対応 HTML 4.01/CSS 2.1準拠（井上繁樹著） 2006.11
16　Linuxシェルスクリプトユーザー便利帳―bash2/bash3対応（伊藤幸夫，寒川陽美著） 2007.3
17　Word 2007ユーザー便利帳―Microsoft Word 2007 Windows Vista完全対応（卯月佑子著） 2007.6
18　Excel 2007ユーザー便利帳―Microsoft Excel 2007 Windows Vista完全対応（森島昭人著，Ayura編著） 2007.6
19　困ったときのiPodユーザー便利帳―Windows Vista/XP対応（笹川武康著） 2007.9

Research report　IBM Research, Tokyo Research Laboratory, IBM Japan　1999　⇒I-146
◇A framework for forms processing by using enhanced-line-shared-adjacent format（〔by〕Y. Hirayama） 1999
◇Information retrieval and ranking on the Web—benchmarking studies 2（〔by〕Oliver King, Mei Kobayashi） 1999

SaaS/PaaS関連市場の現状と将来展望　富士キメラ総研　2009
2009（研究開発本部第二研究開発部門調査・編集） 2009.7

情報科学

総記

SAP公式解説書　日経BPソフトプレス, 日経BP出版センター〔発売〕　2005

◇SAPサービス&サポート　第2版（ゲラルド・オズワルド著, コスモユノー訳, SAPジャパン監修）　2005.5

◇SAP NetWeaver導入ガイド—ESAのための基盤ミドルウェアの概要と導入事例（シュテフェン・カルヒ, ローレン・ハイリヒ著, オーパス・ワン訳, SAPジャパン監修）　2005.10

◇SAP XI導入ガイド—異システム間のプロセス統合のためのコンポーネント（イェンス・シュトゥムペ著, ヨーアヒム・オルプ, オーパス・ワン訳, SAPジャパン監修）　2005.10

SB access　エスアイビー・アクセス, 星雲社〔発売〕　2005

◇科学の目で見るアルゴリズムワンダーランド（高橋亮一, 横沢幸夫著）　2005.4

Shuwa examination measure & skillup book series　秀和システム　2004　⇒I-148

◇Microsoft Office Specialist試験対策テキスト&模擬問題演習Access 2003（E-Trainer.jp著）　2004.12

◇Microsoft Office Specialist試験対策テキスト&模擬問題演習PowerPoint 2003（E-Trainer.jp著）　2004.12

Shuwa superbook series　秀和システム　2003～2009　⇒I-148

◇基本情報技術者午前スーパー合格本　2005 春（三輪幸市著）　2004.12

◇基本情報技術者午後スーパー合格本　2005 春（三輪幸市著）　2004.12

◇初級シスアドスーパー合格本　2005 春（三輪幸市著）　2004.12

◇初級シスアド過去問スーパー攻略　2005 春（木村宏一著）　2004.12

◇ネットワーク「午後」徹底攻略問題集—テクニカルエンジニア　2005年度版（野崎高弘著, 藤城次郎監修）　2005.5

◇ソフトウェア開発技術者「午後」オリジナル問題集　2006年度版（野崎高弘著, 斎藤末広監修）　2005.12

◇ネットワーク「午後」オリジナル問題集—テクニカルエンジニア　2006年度版（野崎高弘著, 藤城次郎, 村山直紀監修）　2006.3

◇情報セキュリティ「午後」オリジナル問題集—テクニカルエンジニア　2008年度版（野崎高弘著, 平田豊監修）　2007.10

◇情報セキュリティスペシャリスト「午後」オリジナル問題集　2009年度版（野崎高弘著, 平田豊監修）　2009.2

◇情報セキュリティスペシャリスト「午後」オリジナル問題集　2010年度版（野崎高弘著, 平田豊監修）　2009.10

Shuwasystem PC guide book　秀和システム　2006～2010

◇グーグルの活用法がわかる本—完全活用ガイド ポケット図解（荒木早苗著）　2006.9

◇グーグル・アースの使い方がわかる本—完全活用ガイド ポケット図解（内部高志著）　2006.9

◇ヤフーとグーグルの検索がわかる本—検索活用ガイド ポケット図解（荒木早苗著）　2006.9

◇Gメールの使い方がわかる本—完全活用ガイド ポケット図解（三浦健著）　2006.12

◇グーグルを仕事で活用する本—実践活用ガイド ポケット図解（山路達也, 井上健語著）　2007.6

◇Windows Vistaがよ～くわかる本—便利技 ポケット図解（野田ユウキ著）　2007.7

◇超簡単ブログを1時間で作る本—便利技 ポケット図解（中村有里著）　2007.10

◇Word 2007がよ～くわかる本—便利技 ポケット図解（野田ユウキ著）　2007.11

◇タイピングが1週間で身につく本—ポケット図解（佐藤大翔, アンカー・プロ著）　2008.7

◇超簡単ブログを1時間で作る本—便利技 ポケット図解　第2版（中村有里著）　2010.1

◇超簡単ツイッターが1時間で身につく本—最新超入門 ポケット図解（中村有里著）　2010.3

◇超簡単フェイスブックを1時間で使いこなす本—最新 便利技 ポケット図解（中村有里著）　2010.10

Skill-up text　ソフトバンククリエイティブ　2005〜2010
◇情報セキュリティアドミニストレータ—午前・午後完全対応　2005年版（情報処理技術者試験）（坂井真著）　2005.7
◇Sun certified programmer for Java2 Platform 5.0—Exam「310-055」（Sunテキスト）（原一郎，滝沢誠著）　2006.12
◇Javaアソシエイツ—Exam「310-019」（Sunテキスト）（志賀澄人，野口庄一著）　2007.8
◇Javaプログラマ教科書—Sun試験対策 SJC-P6「CX-310-065」対応（原一郎，滝沢誠著）　2010.5
◇Cisco CCNA/CCENT問題集—Cisco試験対策「640-802J」「640-822J」「640-816J」対応 ICND1 ICND2（Gene，松田千賀著）　2010.7
◇JavaプログラマSE6問題集—Oracle試験対策「CX-310-065」対応（原一郎著）　2010.9

Software Design特別編集シリーズ　技術評論社　2005
◇Fedora Core Expert（Fedora Core Expert編集部編）　2005.8

Software design books　技術評論社　2007〜2009
◇さくら先生のオブジェクト指向特別レッスン—UMLからデザインパターンまで（森さくら著）　2007.11
◇ひなた先生が教えるデバッグが256倍速くなるテクニック—実践的ソフトウェアデバッギングの手法（やねうらお著）　2008.12
◇データベースエキスパートへの道—ふしぎ先輩が教える 実践的リレーショナルデータベース設計手法（SRA OSS, Inc., 稲葉香里著）　2009.7

Software patterns series　ピアソン・エデュケーション　1999〜2005　⇒I-149
◇オブジェクト指向のこころ—デザインパターンとともに学ぶ（アラン・シャロウェイ，ジェームズ・R.トロット著，村上雅章訳）　2005.9

Software people　技術評論社　2002〜2006　⇒I-149

v.6　2005.4
v.7　2005.10
v.8　2006.4

Software technology　技術評論社　1985〜2008　⇒I-73
2　はじめてのC—ANSI C対応　改訂第5版（椋田実著）　2008.2

Something U want　坪崎誠司著　プレスティージ　2008〜2010
◇Excelスキルアップコレクション　2008.11
◇Excel VBAスキルアップコレクション　2008.11
◇Excelプロフェッショナルエンジニアテクニック　2008.11
◇Wordスキルアップコレクション　2009.8
◇Wordスキルアップコレクションアドバンス　2009.10
◇Excel VBAパフォーマンスレポート　2010.1

SQL Server逆引き大全450の極意　秀和システム　2009
DB管理編（SQL Server 2005/SQL Server 2008 Enterprise Edition/Standard Edition対応）（長岡秀明著）　2009.3

SQL Server books　翔泳社　2006〜2009
◇SQL Server 2005ビギナーズガイド（Dusan Petkovic著，トップスタジオ監訳）　2006.10
◇SQL Server 2005ストアドプロシージャプログラミング（Dejan Sunderic著，トップスタジオ監訳，沖要知監修）　2007.3
◇SQL Server 2008ビギナーズガイド（Dusan Petkovic著，トップスタジオ監訳）　2009.3

SRI reports　幻冬舎メディアコンサルティング　2008
1　仮想化する社会—次世代マネジメントのためのビジネスヒント32（ソフィア総合研究所株式会社編著）　2008.5

Start book　技術評論社　2000〜2007　⇒I-149
◇Javaスタートブック—基礎からしっかり徹底学習　改訂新版（高田美樹著）　2007.3

情報科学　　　　　　　　　　　　　　　　　　　　　　　　　総記

Starter Kit series　毎日コミュニケーションズ　2006
◇Fedora Core 5スターターキット（羽山博著）2006.5
◇Ubuntu Linux 6スターターキット（羽山博著）2006.8
◇Fedora Core 6スターターキット（羽山博著）2006.11
◇Vine Linux 4.0スターターキット（羽山博著）2006.12

Start! Linux　アスキー　2001〜2005　⇒I–150
◇Linuxシステム管理tips & hints—設定・管理などの便利ワザを網羅（北浦訓行著, アットマーク・アイティ編集部監修）2005.6

STEP‐UP GUIDE　オーム社　2008
◇FileMaker Proステップアップ講座—テンプレート/データベースカスタマイズのヒント（小山香織著）2008.7

Style for Professional　毎日コミュニケーションズ　2006〜2008
◇Dreamweaverプロフェッショナル・スタイル（CSS Nite編）2006.12
◇Flash プロフェッショナル・スタイル—CS3対応（毎日コミュニケーションズ編）2007.7
◇Movable Typeプロフェッショナル・スタイル—MT 4.1対応（CSS Nite編）2008.4

Systems engineer　技術評論社　2007
v.1　2007.5

Technical handbook series　ソフトバンククリエイティブ　2004〜2008
3　CVS/WinCVSハンドブック（鵜飼文敏, 鹿島和郎, 吉村晋一著）2004.12
4　Javaデザインパターンハンドブック（細谷竜一, 矢野令著）2005.3
5　SQLハンドブック　第2版（宮坂雅輝著）2005.4
6　Linuxスーパーユーザハンドブック（関根達夫, 吉田智彦著）2005.5
7　正規表現ハンドブック（鹿島和郎, 吉村晋一著, 木村浩一監修）2005.7
8　CGI/Perlハンドブック　第3版（宮坂雅輝著）2005.10
9　Solaris 10スーパーユーザーハンドブック（鹿島和郎, よしむらしんいち著）2006.2
10　Apache strutsハンドブック　改訂版（黒住幸光著）2006.7
11　Subversionハンドブック（team-thoth著）2008.6

Technology専門分野シリーズ　アイテック情報処理技術者教育センター　2007〜2008
◇テクニカルセキュリティ技術—実務にも役立つ試験対策書（桑田政輝, 長谷和幸, 三好康之, 荒牧裕一, 角健志著, 石川英樹, 谷香純編）2007.1
◇ネットワーク技術　第7版（長谷和幸著, アイテック情報技術教育研究所編著）2007.5
◇データベース技術　第7版（西川洋一編著）2007.12
◇ネットワーク技術　第8版（長谷和幸著, アイテック情報技術教育研究部編著）2008.5

tech press　ソフトバンククリエイティブ　2006〜2007
◇現場で使えるデータベース設計（NRIラーニングネットワーク株式会社, 中村才千代著）2006.7
◇ホントは役に立つOracleコマンド管理術—Oracle DBA on UNIX/Linux（NRIラーニングネットワーク株式会社, 上村有子著）2006.10
◇基礎からのデータベース設計　第2版（NRIラーニングネットワーク株式会社, 高橋栄司, 飯室美紀著）2007.3

The Java Series　ピアソン・エデュケーション　2007
◇プログラミング言語Java　第4版（ケン・アーノルド, ジェームズ・ゴスリン, デビッド・ホームズ著, 柴田芳樹訳）2007.4

The missing manualシリーズ　オライリー・ジャパン　2003〜2004　⇒I–151

総 記　　　　　　　　　　　　　　　　　　　　情報科学

◇Google—電網打尽のインターネット掌握術(Sarah Milstein, Rael Dornfest著, 村上雅章訳)　2004.11

Theory in practice　オライリー・ジャパン　2006〜2010
◇詳説ビジネスプロセスモデリング—SOAベストプラクティス(Michael Havey著, 長瀬嘉秀, 永田渉監訳, テクノロジックアート訳)　2006.6
◇アート・オブ・プロジェクトマネジメント—マイクロソフトで培われた実践手法(Scott Berkun著, 村上雅章訳)　2006.9
◇Ajaxデザインパターン—ユーザビリティと開発効率の向上のために(Michael Mahemoff著, 牧野聡訳)　2007.5
◇エンタープライズSOA—ビジネス革新実現に向けたITデザイン(Dan Woods, Thomas Mattern著, SAPジャパン株式会社監修, 石橋啓一郎訳)　2007.11
◇ビューティフルコード(Andy Oram, Greg Wilson編, Brian Kernighan, Jon Bentley, まつもとゆきひろ他著, 久野禎子, 久野靖訳)　2008.4
◇アート・オブ・アジャイルデベロップメント—組織を成功に導くエクストリームプログラミング(James Shore, Shane Warden著, 木下史彦, 平鍋健児監訳, 笹井崇司訳)　2009.2
◇プロダクティブ・プログラマ—プログラマのための生産性向上術(Neal Ford著, 島田浩二監訳, 夏目大訳)　2009.4
◇アート・オブ・アプリケーションパフォーマンステスト(Ian Molyneaux著, 田中慎司訳)　2009.9
◇ビューティフルアーキテクチャ(Diomidis Spinellis, Georgios Gousios編, 久野禎子, 久野靖訳)　2009.11
◇クラウドセキュリティ&プライバシー—リスクとコンプライアンスに対する企業の視点(Tim Mather, Subra Kumaraswamy, Shahed Latif著, 下道高志監訳, 笹井崇司訳)　2010.6
◇ビューティフルセキュリティ(Andy Oram, John Viega編, 伊藤真浩訳)　2010.6
◇アプレンティスシップ・パターン—徒弟制度に学ぶ熟練技術者の技と心得(Dave H. Hoover, Adewale Oshineye著, 柴田芳樹訳)　2010.7
◇言語設計者たちが考えること(Federico Biancuzzi, Shane Warden編, 村上雅章, 佐藤嘉一, 伊藤真浩, 頃末和義, 鈴木幸敏訳)　2010.9
◇ビューティフルテスティング—ソフトウェアテストの美しい実践(Tim Riley, Adam Goucher編, 大西建児監訳, 児島修訳)　2010.10

Tokyo tech be-text　オーム社　2009〜2010
◇統計的機械学習—生成モデルに基づくパターン認識(杉山将著)　2009.9
◇代数系と符号理論(植松友彦著)　2010.4
◇フーリエ級数・変換/ラプラス変換(水本哲弥著)　2010.5
◇数理計画法(尾形わかは著)　2010.11

UMLモデリング教科書　翔泳社　2004〜2008　⇒I-151
◇UMLモデリングL2(桐越信一, 国正聡, 竹政昭利, 照井康真, 橋本大輔著)　2006.1
◇UMLモデリングL1　第2版(テクノロジックアート著)　2008.8
◇UMLモデリングL2　第2版(桐越信一, 国正聡, 竹政昭利, 照井康真, 橋本大輔著)　2008.9

Unix & information science　サイエンス社　2000〜2005　⇒I-199
5　C言語による数値計算入門—解法・アルゴリズム・プログラム(皆本晃弥著)　2005.12

UNIX magazine collection　アスキー　2003〜2006　⇒I-152
◇プログラミング・テクニックアドバンス(多治見寿和著)　2004.12
◇RFCダイジェスト—標準化の森を歩くための地図とコンパス(宇夫陽次朗, 小柏伸夫, 末永洋樹著)　2005.10
◇インターフェイスの街角—本当に使いやすいユーザー・インターフェイスの極意(増井俊之著)　2005.10
◇FreeBSDのブートプロセスをみる(白崎博生著)　2006.4

User hand book　秀和システム　2010

情報科学

総記

1 Windows 7(セブン)ユーザー・ハンドブック—スタンダード編 Microsoft Windows 7 Home Premium.Professional.Ultimate対応（金城俊哉著） 2010.1
2 Windows 7(セブン)ユーザー・ハンドブック—Microsoft Windows 7 Home Premium. Professional. Ultimate対応 カスタマイズ編（金城俊哉著） 2010.1
3 PowerPoint2010ユーザー・ハンドブック—基本技&便利技 Microsoft Office 2010 Windows 7完全対応Windows Vista/XP対応（松本光春著） 2010.8
4 Excel2010ユーザー・ハンドブック—集計&グラフ表現便利技 Microsoft Office 2010 Windows 7完全対応Windows Vista/XP対応（金城俊哉，秀和システム第一出版編集部著） 2010.9
5 Excel2010ユーザー・ハンドブック—Microsoft Office 2010 Windows 7完全対応Windows Vista/XP対応 基本技&便利技（野田ユウキ，アンカー・プロ著） 2010.12
6 Word2010ユーザー・ハンドブック基本技&便利技—Windows7完全対応 Windows Vista/XP対応（野田ユウキ，アンカー・プロ著） 2010.12
7 Word&Excel2010ユーザー・ハンドブック基本技&便利技（野田ユウキ，アンカー・プロ著） 2010.12

VBA for Professionals 毎日コミュニケーションズ 2008
◇Excelデータベーステクニック—Excel 2000～2003・2007対応（きたみあきこ著） 2008.8
◇Access VBA+SQL実践活用—Access 2000～2003・2007対応（矢野まど佳著） 2008.9

Visual Basic 6.0入門講座 工学研究社 2004～2007
第1分冊 Visual Basicを使ってみよう 第3版（江原理津子執筆） 2007.10
第2分冊 基本的なプログラミングの方法 第2版（江原理津子執筆） 2004.7
第3分冊 より本格的なプログラムへ 第3版（江原理津子執筆） 2007.10

Visual C++.NET実用マスターシリーズ ソフトバンクパブリッシング 2003～2005 ⇒I–153
2 新Visual C++.NET入門—version 2003対応 シニア編（林晴比古著） 2005.9

Web+DB press plusシリーズ 技術評論社 2007～2010
◇すらすらと手が動くようになるSQL書き方ドリル 改訂新版（羽生章洋，和田省二著） 2007.6
◇Googleを支える技術—巨大システムの内側の世界（西田圭介著） 2008.4
◇Seasar 2によるスーパーアジャイルなWeb開発（ひがやすを著） 2008.4
◇小飼弾のアルファギークに逢ってきた（小飼弾著） 2008.5
◇受託開発の極意—変化はあなたから始まる。現場から学ぶ実践手法（岡島幸男著） 2008.5
◇「24時間365日」サーバ／インフラを支える技術—スケーラビリティ，ハイパフォーマンス，省力運用（伊藤直也，勝見祐己，田中慎司，ひろせまさあき，安井真伸，横川和哉著） 2008.9
◇誰も書かなかったSEサバイバルガイド—やりたいことしかやらない「悪魔の流儀」（桐山俊也，川村丹美，西沢晋吾著） 2009.5
◇パターン、Wiki、XP—時を超えた創造の原則（江渡浩一郎著） 2009.8
◇Google App Engine for Java（ジャヴァ）「実践」クラウドシステム構築（グルージェント著） 2009.10
◇プログラマのための文字コード技術入門（矢野啓介著） 2010.3
◇Webを支える技術—HTTP、URI、HTML、そしてREST（山本陽平著） 2010.5
◇Web開発者のための大規模サービス技術入門—データ構造、メモリ、OS、DB、サーバ／インフラ（伊藤直也，田中慎司著） 2010.8

Web designer's handbook series エムディエヌコーポレーション 2004 ⇒I–153
◇JavaScriptビジュアル・リファレンス（シーズ編著） 2004.12

総 記　　　　　　　　　　　　　　　　　　　　　　　　　　　　　　　　　　図書館

◇ActionScriptビジュアル・リファレンス（シーズ編著）　2004.12

XMLマスター教科書　翔泳社　2004〜2008　⇒I-156
◇ベーシックV2（森田浩美, 中原敬子共著, XML技術者育成推進委員会監修）　2005.5
◇プロフェッショナルV2（高嶌裕, 森田浩美, 迫直美, 野田洋平著, XML技術者育成推進委員会監修）　2005.11
◇プロフェッショナルV2（高嶌裕, 森田浩美, 迫直美, 野田洋平著, XML技術者育成推進委員会監修）　2005.11
◇プロフェッショナル（データベース）（藤春康弘著, XML技術者育成推進委員会監修）　2008.1

ZBrush　ボーンデジタル　2008
入門編（Eric Keller著, Bスプラウト訳）　2008.12

図書館

アジア古籍保全講演会記録集　東京大学東洋文化研究所図書室編　東京大学東洋文化研究所　2008〜2009
第1回—第3回（平成17年—平成19年）　2008.3
第4回　2009.3

新しい教育をつくる司書教諭のしごと　全国学校図書館協議会　2002〜2009　⇒I-156
第2期1　小学校における学び方の指導—探究型学習をすすめるために（徳田悦子著）　2009.10

あなたへのブックレター　熊本県立図書館編　熊本県立図書館　1999〜2007　⇒I-157
平成17年度 小学生の部（わたしのすすめる本 図書推薦メッセージ）　2005.3
平成17年度 中学・高校の部（わたしのすすめる本 図書推薦メッセージ）　2006.3
平成19年度 小学生の部（わたしのすすめる本 図書推薦メッセージ）　2007.3

「家やまちの絵本」コンクール受賞作品集　〔住宅月間中央イベント実行委員会〕　2006　〔2006〕

第2回　〔2006〕

「家やまちの絵本」コンクール受賞作品集　住宅生産団体連合会　住宅生産団体連合会　2007〜2009
第3回　2007.12
第4回　2008.12
第5回　2009.12

医学用語シソーラス　医学中央雑誌刊行会編　医学中央雑誌刊行会　2003〜2007　⇒I-157
50音順キーワードリスト　第6版　2007.1
カテゴリー別キーワードリスト　第6版　2007.1

いきいき学校図書館　福岡県学校図書館協議会　1999
小学校編・中学校編（すぐに使えるお助けハンドブック）（福岡県学校図書館協議会研究委員会小・中学校部会編著）　1999.7

石川の公共図書館　石川県公共図書館協議会編　石川県公共図書館協議会　2005〜2010
平成17年度版　2005.9
平成18年度版　2006.9
平成19年度版　2007.7
平成20年度版　2008.7
平成21年度版　2009.7
平成22年度版　2010.7

岩田書院ブックレット　岩田書院　1996〜2010　⇒I-157
◇平家と福原京の時代（歴史考古学系　H-1）（歴史資料ネットワーク編）　2005.5
◇地域社会からみた「源平合戦」—福原京と生田森・一の谷合戦（歴史考古学系　H-2）（歴史資料ネットワーク編）　2007.6
◇世界のアーキビスト—各国アーカイブズ団体の活動（アーカイブズ系　A-10）（全国歴史資料保存利用機関連絡協議会総務委員会『世界のアーキビスト』編集グループ編）　2008.3
◇広告の親玉赤天狗参上！—明治のたばこ王岩谷松平（歴史考古学系　H-3）（たばこと塩の博物館編）　2008.8

全集・叢書総目録 2005-2010　133

図書館

◇デジタル時代のアーカイブ（アーカイブズ系　A-11）（小川千代子編）　2008.9

◇水損史料を救う―風水害からの歴史資料保全（アーカイブズ系　A-12）（松下正和, 河野未央編）2009.5

◇寺社参詣と庶民文化―歴史・民俗・地理学の視点から（歴史考古学系　H-04）（原淳一郎, 中山和久, 筒井裕, 西海賢二著）　2009.10

◇アジアのアーカイブズと日本―記録を守り記憶を伝える（アーカイブズ系　A-13）（安藤正人著）2009.10

◇劣化する戦後写真―写真の資料化と保存・活用（アーカイブズ系　A-15）（全国歴史資料保存利用機関連絡協議会編）　2009.12

◇写真保存の実務（アーカイブズ系　A-14）（大林賢太郎著）　2010.1

◇「ええじゃないか」の伝播（歴史考古学系　H-05）（田村貞雄編）　2010.5

絵本児童文学基礎講座　成文社　2004～2008　⇒I-157
2　本とすてきにであえたら（工藤左千夫著）2008.4

「絵本で子育て」叢書　「絵本で子育て」センター　2007
1　たましいをゆさぶる絵本の世界（飫肥糺著）2007.6

大阪大学大学院文学研究科共同研究（国文学研究資料館研究連携事業）研究成果報告書　大阪大学大学院文学研究科飯倉洋一研究室　2006～2010
2005年度　忍頂寺文庫・小野文庫の研究（飯倉洋一研究代表・編集）　2006.3
2006年度　忍頂寺文庫・小野文庫の研究　2（「忍頂寺文庫・小野文庫の研究」共同研究グループ, 国文学研究資料館編）　2007.3
2008年度　忍頂寺文庫・小野文庫の研究　3（「忍頂寺文庫・小野文庫の研究」共同研究グループ, 国文学研究資料館編）　2009.3
2009年度　忍頂寺文庫・小野文庫の研究　4（「忍頂寺文庫・小野文庫の研究」共同研究グループ, 国文学研究資料館編）　2010.3

大阪府立中央図書館利用案内　大阪府立中央図書館　大阪府立中央図書館　1999～2010　⇒I-158
平成17年版（視覚障害者の皆さんへ　点字版）　2005.3
平成17年版（視覚障害者の皆さんへ　拡大版）　2005.3
平成18年版（視覚障害者の皆さんへ　点字版）　2006.3
平成18年版（視覚障害者の皆さんへ　拡大版）　2006.3
平成19年版（視覚障害者の皆さんへ　点字版）　2007.3
平成19年版（視覚障害者のみなさんへ　拡大版）　2007.3
平成21年版（視覚障がい者のみなさんへ　点字版）　2009.3
平成22年版（視覚障がい者のみなさんへ　点字版）　2010.3

岡山県図書館一覧　吉備人出版　2007
明治・大正・昭和前期編（岡長平著）　2007.11

音訳マニュアル　全国視覚障害者情報提供施設協会レコーディングマニュアル改訂委員会編　全国視覚障害者情報提供施設協会　2001～2007　⇒I-158
デジタル録音編（視覚障害者用録音図書製作のために）　2007.3
音訳・調査編　改訂版（視覚障害者用録音図書製作のために）　2006.3

「学習指導と学校図書館」資料集　須永和之〔著〕　須永和之　2007～2010
2006年度　2007.3
2007年度　2008.3
2008年度　2009.3
2009年度　2010.3

学図教ブックレット　日本学校図書館教育協議会　2009
no.5　学校教育と学校図書館―学校図書館教育の課題　「日本学図教2008大阪大会」の記録（日本

学校図書館教育協議会編） 2009.7

鹿島茂の書評大全　鹿島茂著　毎日新聞社　2007
洋物篇 2007.8
和物篇 2007.8

学校図書館活用教育ハンドブック　国土社　2003～2006
◇学校図書館活用教育ハンドブック（山形県鶴岡市立朝暘第一小学校編著）　2003.10
2　みつけるつかむつたえあう—学校図書館を活用した授業の創造（山形県鶴岡市立朝暘第一小学校編著）　2006.5

学校図書館実践テキストシリーズ　志村尚夫監修　樹村房　1999～2006　⇒I-158
3　学校経営と学校図書館　改訂（福永義臣編著，紺野順子共著）　2006.11

学校図書館図解・演習シリーズ　青弓社　2003～2009　⇒I-158
1　情報メディアの活用と展開　改訂版（中山伸一編著）　2009.3
2　学校図書館メディアの構成とその組織化　改訂版（志村尚夫編著）　2009.3
3　学習指導・調べ学習と学校図書館　改訂版（大串夏身編著）　2009.8
4　学校経営と学校図書館，その展望　改訂版（北克一編著）　2009.3
5　読書と豊かな人間性の育成（志村尚夫，天道佐津子監修，天道佐津子編著）　2005.1

学校図書館入門シリーズ　全国学校図書館協議会　1994～2008　⇒I-158
3　楽しい読み聞かせ　改訂版（小林功著）　2006.4
4　学校図書館と著作権Q&A　第3版（森田盛行著）　2006.1
11　はじめよう読書感想画の実践（森高光広著）　2004.11
12　パスファインダーを作ろう—情報を探す道しるべ（石狩管内高等学校図書館司書業務担当者研究会著）　2005.3
13　学校図書館のための図書の選択と収集（浅井昭治著）　2005.12
14　読む力を育てる読書へのアニマシオン（渡部康夫著）　2005.12
15　学校図書館における新聞の活用（三上久代著）　2006.7
16　読書会をひらこう（長尾幸子著）　2008.7
17　わくわくブックトーク（小林功著）　2008.7

神奈川県図書館協会の歩み　神奈川県図書館協会　2008
2（神奈川県図書館協会郷土・出版委員会編）　2008.11

きむらゆういち式絵本の読み方　宝島社　2004～2006
◇（きむらゆういち著）　2004.7
2　恋愛に効く絵本（きむらゆういち著）　2006.2

記録学研究　ビスタ ピー・エス　2005～2010
第2号（韓国記録学会誌）　2005.4
第3号（韓国記録学会誌）　2005.12
第4号（韓国記録学会誌）（朴由希訳）　2008.4
第5号（韓国記録学会誌）（朴由希訳）　2009.4
第6号（韓国記録学会誌）（キムハクジュン編，朴由希訳）　2009.10
第7号（韓国記録学会誌）（朴由希訳）　2010.4

グーテンベルクの森　岩波書店　2003～2006　⇒I-160
◇深層意識への道（河合隼雄著）　2004.11
◇鬼平とキケロと司馬遷と—歴史と文学の間（山内昌之著）　2005.3
◇進化生物学への道—ドリトル先生から利己的遺伝子へ（長谷川真理子著）　2006.1

くらしの中に図書館を　日野市立図書館　2008
資料編（市民に役立ち，共に歩む図書館 図書館基本計画）（日野市教育委員会編）　2008.8

耕　山梨子どもの本研究会　2008
第5集（実践研究記録集）（山梨子どもの本研究会編）　2008.11

公文書館専門職員養成課程修了研究論文集　国立公文書館　国立公文書館　2005～2010

図書館

平成16年度　〔2005〕
平成17年度　〔2006〕
平成18年度　〔2007〕
平成19年度　〔2008〕
平成20年度　〔2009〕
平成21年度　〔2010〕

5行で読んだ気になる世界の名作　はまの出版　2007
1 (古典の素顔をぶっちゃける) (亀岡修, 名作探偵団著)　2007.11

個人文庫事典　日外アソシエーツ編集部編　日外アソシエーツ　2005
1 (北海道・東北・関東編)　2005.1
2 (中部・西日本編)　2005.4

子育て・読み聞かせ文庫　師尾喜代子編　明治図書出版　2005
第1巻　母親がするトークのネタ　幼児・小学低学年編　2005.10
第2巻　父親がするトークのネタ　幼児・小学低学年編　2005.10
第3巻　母親がするトークのネタ　中学年編　2005.10
第4巻　父親がするトークのネタ　中学年編　2005.10
第5巻　母親がするトークのネタ　高学年編　2005.10
第6巻　父親がするトークのネタ　高学年編　2005.10

子どもの本のインターネット情報源　出版文化研究会　2002
上巻 (リソース・リンク集編) (中西敏夫編)　2002.10

JLA図書館実践シリーズ　日本図書館協会　2004〜2010　⇒I-170
3　図書館のための個人情報保護ガイドブック (藤倉恵一著, 日本図書館協会図書館の自由委員会監修)　2006.3
4　公共図書館サービス・運動の歴史　1 (小川徹, 奥泉和久, 小黒浩司著)　2006.11
5　公共図書館サービス・運動の歴史　2 (小川徹, 奥泉和久, 小黒浩司著)　2006.11
6　公共図書館員のための消費者健康情報提供ガイド (アンドレア・ケニヨン, バーバラ・カシーニ著, 野添篤毅監訳, 公共図書館による医学情報サービス研究グループ訳)　2007.4
7　インターネットで文献探索　2007年版 (伊藤民雄, 実践女子大学図書館著)　2007.5
7　インターネットで文献探索　2010年版 (伊藤民雄著)　2010.6
8　図書館を育てた人々　イギリス篇 (藤野幸雄, 藤野寛之著)　2007.9
9　公共図書館の自己評価入門 (神奈川県図書館協会図書館評価特別委員会編)　2007.10
10　図書館長の仕事—「本のある広場」をつくった図書館長の実践記 (ちばおさむ著)　2008.8
11　手づくり紙芝居講座 (ときわひろみ著)　2009.3
12　図書館と法—図書館の諸問題への法的アプローチ (鑓水三千男著)　2009.10
13　よい図書館施設をつくる (植松貞夫, 冨江伸治, 柳瀬寛夫, 川島宏, 中井孝幸著)　2010.3
14　情報リテラシー教育の実践—すべての図書館で利用教育を (日本図書館協会図書館利用教育委員会編)　2010.3
15　図書館の歩む道—ランガナタン博士の五法則に学ぶ (竹内悊解説)　2010.4

JLA図書館情報学テキストシリーズ　塩見昇〔ほか〕編　日本図書館協会　1997〜2010　⇒I-161
1　図書館概論　4訂版 (塩見昇編著)　2004.4
2-1　図書館概論 (塩見昇編著)　2008.2
2-1　図書館概論　新訂版 (塩見昇編著)　2008.11
2-3　図書館サービス論 (小田光宏編著)　2010.2
2-7　図書館資料論 (馬場俊明編著)　2008.11
2-8　専門資料論 (三浦逸雄, 野末俊比古共編著)　2008.1
2-9　資料組織概説 (柴田正美著)　2008.1
2-10　資料組織演習 (吉田憲一編, 野口恒雄, 山野美賛子, 山中秀夫, 吉田憲一, 吉田暁史共著)　2007.1
2-11　児童サービス論 (堀川照代編著)　2009.2

総 記　　　　　　　　　　　　　　　　　　　　　　　　　　図書館

2-12　図書及び図書館史（小黒浩司編著）　2010.2
3　図書館サービス論（小田光宏編著）　2005.3
8　専門資料論（三浦逸雄，野末俊比古共編著）　2005.6
11　児童サービス論　新訂版（堀川照代編著）　2005.3

塩竈市民図書館要覧　塩竈市　2010
平成21年度（塩竈市民図書館編）　2010.7

児童図書館叢書　児童図書館研究会　2004
3　ストーリーテリング―現代におけるおはなし　改訂版（間崎ルリ子著）　2004.2

市民と取り組む古文書修補　白井市郷土資料館編　白井市郷土資料館　2006～2009
◇市民学芸スタッフ育成の中で　2006.3
2　2009.3

純心女子短大叢書　図書館づくりと子どもの本の研究所　2007
1　図書館員を志す人へ―前川恒雄講演録　全国からの反響も加えた復刻版　復刻版（前川恒雄著）　2007.3

小学生への読みがたり・読みきかせ　高文研　2003～2004　⇒I-161
中・高学年編（この本だいすきの会企画・編集）　2004.11

小学校読み聞かせ絵本10分間虎の巻　平山寿子　2006～2008
低学年編（朝の読み聞かせ11年間の実践を基にして）（平山寿子著）　2006.7
高学年編（朝の読み聞かせ11年間の実践を基にして）（平山寿子撮影・著）　2008.12

情報学シリーズ　丸善　2000～2004　⇒I-161
8　電子図書館と電子ジャーナル―学術コミュニケーションはどう変わるか（根岸正光，Ann S. Okerson，伊藤義人，Raym Crow，佐藤寛子，James Testa，安達淳，土屋俊，早瀬均著，国立情報学研究所監修）　2004.5

情報リテラシー教育研究分科会報告書　私立大学図書館協会　私立大学図書館協会東地区部会研究部情報リテラシー教育研究分科会　2004～2008　⇒I-161
第2号（第2期:2004-2005年度）　2006.3
第3号　第3期（2006-2007年度）　2008.4

書誌コントロールに関する国際図書館連盟シリーズ　K. G. Saur　2007
第32巻　IFLA目録原則:国際目録規則に向けて，4―第4回国際目録規則に関するIFLA専門家会議報告書，韓国，ソウル，2006（バーバラ・B.ティレット，李在善，アナ・ルペ・クリスタン編）c2007

書誌調整連絡会議記録集　国立国会図書館書誌部　2005
第5回　件名標目の現状と将来―ネットワーク環境における主題アクセス（国立国会図書館書誌部編）　2005.6

書誌調整連絡会議記録集　日本図書館協会　2001～2005　⇒I-161
第5回　件名標目の現状と将来―ネットワーク環境における主題アクセス（国立国会図書館書誌部編）　2005.7

シリーズいま、学校図書館のやるべきこと　ポプラ社　2005
1　理想の学校図書館をめざそう―豊かな教育を拓く学校図書館の役割（笠原良郎著）　2005.3
2　資料・情報を整備しよう―学校図書館メディアの選択と組織化（笠原良郎，紺野順子著）　2005.3
3　学びの力を育てよう―メディア活用能力の育成（笠原良郎監修，鴇田道雄著）　2005.3
4　読書の楽しさを伝えよう―知と心を育てる読書の教育（笠原良郎編著）　2005.3
5　多メディアを活用する力を育もう―教育の情報化と学校図書館（笠原良郎監修，小林路子著）　2005.3
6　学習に学校図書館を活用しよう―調べ学習・総合的学習の推進（笠原良郎監修，紺野順子著）　2005.3

図書館

シリーズ学校図書館　少年写真新聞社　2009〜2010
◇PISAに対応できる「国際的な読解力」を育てる新しい読書教育の方法―アニマシオンからブッククラブへ（有元秀文著）　2009.9
◇今日からはじめるブックトーク―小学校での学年別実践集（徐奈美著）　2010.6
◇協働する学校図書館―子どもに寄り添う12か月　小学校編（吉岡裕子著）　2010.7

シリーズ学校図書館学　全国学校図書館協議会　2010
第2巻　学校図書館メディアの構成（全国学校図書館協議会「シリーズ学校図書館学」編集委員会編）　2010.3

シリーズ読書コミュニティのデザイン　北大路書房　2005〜2006
◇本を通して世界と出会う―中高生からの読書コミュニティづくり（秋田喜代美，庄司一幸編，読書コミュニティネットワーク著）　2005.8
◇本を通して絆をつむぐ―児童期の暮らしを創る読書環境（秋田喜代美，黒木秀子編）　2006.8

シリーズ・図書館情報学のフロンティア　日本図書館情報学会研究委員会編　勉誠出版　2001〜2009　⇒I-162
no.5（2005）　学校図書館メディアセンター論の構築に向けて―学校図書館の理論と実践　2005.10
no.6（2006）　図書館情報専門職のあり方とその養成　2006.10
no.7（2007）　学術情報流通と大学図書館　2007.10
no.8（2008）　変革の時代の公共図書館―そのあり方と展望　2008.10
no.9（2009）　情報アクセスの新たな展開―情報検索・利用の最新動向　2009.10

シリーズわくわく図書館　アリス館　2010
1　本のせかいへ（笠原良郎文，太田大八絵）　2010.8
2　図書館ってどんなところ（紺野順子文，こばようこ絵）　2010.9
3　図書館でしらべよう（紺野順子文，こばようこ絵）　2010.9
4　夢の図書館―こどもでつくろう（笠原良郎文，いとうみき絵）　2010.10
5　図書館ってすごいな―こどものための図書館案内（笠原良郎，紺野順子文）　2010.12

シリーズ私と図書館　女性図書館職研究会　2008〜2010
no.1　あるライブラリアンの記録―レファレンス・CIE・アメリカンセンター・司書講習（豊後レイコ著，田口瑛子，深井耀子企画・編集）　2008.2
no.2　図書館職と東南アジア―地域研究情報資源，シニアボランティア，カンボジア（北野康子著，深井耀子，田口瑛子企画・編集）　2009.8
no.3　あるライブラリアンの記録・補遺―写真と資料で綴る長崎・大阪CIE図書館から大阪ACC図書館初期まで（豊後レイコ著，田口瑛子，深井耀子企画・編集）　2010.8

新学校図書館学　全国学校図書館協議会　2000〜2006　⇒I-162
1　学校経営と学校図書館（全国学校図書館協議会「新学校図書館学」編集委員会編）　2006.4
4　読書と豊かな人間性（全国学校図書館協議会「新学校図書館学」編集委員会編）　2006.12

新現代図書館学講座　東京書籍　1998〜2010　⇒I-162
2　図書館概論　新訂（北嶋武彦編著）　2005.1
4　図書館サービス論―新訂（前園主計編著）　2009.2
5　情報サービス論―新訂（田村俊作編著）　2010.3
8　図書館資料論　新訂（小黒浩司編著）　2008.2
9　専門資料論　新訂（中森強編著）　2004.12

新書大賞　中央公論編集部編　中央公論新社　2009〜2010
2009　2009.3
2010　2010.2

親地連ブックレット　親子読書地域文庫全国連絡会　2006〜2008

◇いきいき読書ボランティア・ガイドブック（親子読書地域文庫全国連絡会編） 2006.3
◇やってみよう・ブックトーク（親子読書地域文庫全国連絡会編） 2007.7
◇これからの子ども・本・人出会いづくり—記念対談松岡弘子・広瀬恒子 親子読書地域文庫全国連絡会第16回全国交流集会（松岡享子, 広瀬恒子〔述〕） 2008.2

新・図書館学シリーズ 前島重方, 高山正也監修 樹村房 1997〜2007 ⇒I-162
1 図書館概論 改訂（植松貞夫, 志保田務編, 植松貞夫, 志保田務, 寺田光孝, 永田治樹, 薬袋秀樹, 森山光良共著） 2005.2
3 図書館サービス論 改訂（高山正也編, 高山正也, 池内淳, 斎藤泰則, 阪田蓉子, 宮部頼子共著） 2005.3
5 レファレンスサービス演習 改訂（木本幸子編, 木本幸子, 原田智子, 堀込静香, 三浦敬子共著） 2004.8
6 情報検索演習 改訂（渡部満彦編, 渡部満彦〔ほか〕共著） 2004.4
6 情報検索演習 3訂（原田智子編, 原田智子, 江草由佳, 小山憲司, 沢井清共著） 2006.10
9 資料組織概説 3訂（田窪直規編, 田窪直規, 岡田靖, 小林康隆, 村上泰子, 山崎久道, 渡辺隆弘共著） 2007.3
10 資料組織演習 3訂（岡田靖編, 岡田靖, 榎本裕希子, 菅原春雄, 野崎昭雄, 渡部満彦共著） 2007.3

新図書館情報学シリーズ 北嶋武彦, 岩淵泰郎, 佐藤政孝編 理想社 1998〜2009 ⇒I-162
5 情報サービス論 新訂版（大串夏身編著） 2008.3
6 レファレンスサービス演習 改定版（山本順一編著） 2005.4
12 児童図書館サービス論 新訂版（赤星隆子, 荒井督子編著） 2009.3

新編図書館学教育資料集成 教育史料出版会 1998〜2010 ⇒I-163

1 図書館概論—改訂2版（河井弘志, 宮部頼子編） 2009.3
2 図書館経営論—改訂版（三村敦美編） 2009.3
3 図書館サービス論 補訂2版（塩見昇編著） 2006.1
3 図書館サービス論 補訂3版（塩見昇編著） 2008.5
4 情報サービス論 補訂2版（阪田蓉子編著） 2006.4
4 情報サービス論—新訂版（阪田蓉子編） 2010.4
5 図書館資料論 改訂版（後藤暢, 松尾昇治編著） 2007.4
6 児童サービス論—改訂版（佐藤凉子編） 2009.10
8 情報管理・機器論 補訂版（柴田正美編著） 2001.7
10 学校教育と学校図書館（学校図書館論 1）（塩見昇編著） 2005.7
10 学校教育と学校図書館—学校図書館論1 新訂版（塩見昇編） 2009.3
11 学校図書館メディアと読書教育（学校図書館論 2）（塩見昇, 北村幸子編著） 2007.4

すぐ書ける読書感想文 あさのあつこ監修, 学研編 学習研究社 2007
小学校低学年（読みたい本が見つかる実例で書き方のコツがわかる） 2007.6
小学中学年（読みたい本が見つかる実例で書き方のコツがわかる） 2007.6
小学高学年以上対象（読みたい本が見つかる実例で書き方のコツがわかる） 2007.6

図説絵本・挿絵大事典 川戸道昭, 榊原貴教編著 大空社 2008
第1巻 図説日本の児童書四〇〇年 2008.11
第2巻 絵本・挿絵画家事典 あ—そ 2008.11
第3巻 絵本・挿絵画家事典 た—わ 2008.11

精神科医の雑学読書 風祭元著 あき書房（発売） 2007〜2010
◇ 2007.12
続 2010.3

図書館 　　　　　　　　　　　　　　　　　　　　　　　　　　　総 記

誠道学術叢書　誠道書店　2007～2009
1　資料目録法基礎演習（新藤透著）　2007.11
2　特別支援学校の学校図書館はいま―2007年全国実態調査の結果から（野口武悟著）　2009.9

世界小娘文学全集　河出書房新社　2009
◇文芸ガーリッシュ 舶来篇（千野帽子著）　2009.2

全国歴史資料保存利用機関連絡協議会全国大会
　全国歴史資料保存利用機関連絡協議会　全国歴史資料保存利用機関連絡協議会　2004～2006
第30回　全史料協の30年―新しい文書館像を求めて　〔2004〕
第31回　アーカイブズの新時代へ　〔2005〕
第32回　アーカイブズの新時代へ　〔2006〕

大学図書館の理論と実践　日本私立大学協会　2005
2（日本私立大学協会大学図書館研修委員会編）　2005.7

大図研シリーズ　大学図書館問題研究会出版部編　大学図書館問題研究会出版部　1979～2010　⇒I-164
no.14　電子図書館時代の図書館員―求められる情報リテラシーとは? 大学図書館問題研究会第7回オープンカレッジ報告集　2000.8
no.15　電子図書館時代の図書館員―大学図書館問題研究会第8回オープンカレッジ報告集 pt.2 経営のヒントと専門性　2000.8
no.16　明日の大学図書館をになうために―研修と研究の周辺 大学図書館問題研究会創立30周年記念集会基調講演（柴田正美〔述〕, 大学図書館問題研究会出版部編）　2001.8
no.20　いつから使う?どう使う?ICタグ―出版流通、図書館への影響　2005.8
no.21　How to find?―変わりつつある情報探索 大学図書館問題研究会第14回オープンカレッジ報告集　2005.12
no.22　半歩先ゆくリポジトリ―もう一つのIR 大学図書館問題研究会第15回オープンカレッジ報告集　2007.1
no.23　とっさのとき、あなたは対応できますか?―図書館の危機管理入門（中沢孝之講演, 大学図書館問題研究会練馬支部編）　2007.11
no.24　大学図書館は○○をアピールせよ!!―わたしたちの「2007年問題」大学図書館問題研究会第16回オープンカレッジ報告集　2008.1
no.25　ラーニング・コモンズ―学びの場の新しいカタチ 大学図書館問題研究会第17回オープンカレッジ報告集　2009.1
no.26　アウトソーシングの法律問題―大学の動向に即して（今給黎泰弘講演, 大学図書館問題研究会関東5支部, 大学図書館問題研究会出版部編）　2009.8
no.27　今あえて目録を語ろう―大学図書館問題研究会第18回オープンカレッジ報告集　2010.1

高岡市立図書館レファレンス事例集　高岡市立中央図書館　2006
第2集（図書館に寄せられた質問と回答）（高岡市立中央図書館編）　2006.3

楽しいかけあい語りのガイド―子どもへの指導法　一声社　2010
1　二人語り・虎の巻―相方・聞き手とつくる語りの世界（末吉正子著）　2010.2
2　三人語り・四人語り・クラス語り―子ども集団を変える語りの力（末吉正子著）　2010.4

多摩デポブックレット　共同保存図書館・多摩　2009～2010
1　公共図書館と協力保存―利用を継続して保証するために 法人化第一回総会記念講演記録（安江明夫著）　2009.5
2　地域資料の収集と保存―たましん地域文化財団歴史資料室の場合 特定非営利活動法人共同保存図書館・多摩第一回多摩デポ講座記録（保坂一房著）　2009.9
3　地図・場所・記憶―地域資料としての地図をめぐって 特定非営利活動法人共同保存図書館・多摩第2回多摩デポ講座（2008・10・5）より（芳賀啓著）　2010.5

だれでもできるブックトーク　村上淳子編著　国土社　2008〜2010
◇「読みきかせ」から「ひとり読み」へ　2008.3
2(中学・高校生編)　2010.3

短期大学図書館研究　私立短期大学図書館協議会編　私立短期大学図書館協議会, 紀伊國屋書店〔発売〕　2002〜2009　⇒I-164
第25号　2006.3
第26号 2006　2007.3
第27号　2008.3
第28号　2009.3

地域図書館論資料集　大沢正雄編著　大沢正雄　2008〜2009
2008年版　2008.3
2009年版　2009.3

知的コミュニティ基盤研究センター・モノグラフシリーズ　筑波大学大学院図書館情報メディア研究科知的コミュニティ基盤研究センター　2005
3　サブジェクトゲートウェイ　2(緑川信之, 永田治樹, 伊藤真理, 梁桂熟, 鴇田拓哉著)　2005.3

中学生はこれを読め!　北海道新聞社　2006〜2009
◇気分にあわせて読んでみよう!これ読め!セレクション　北海道の書店員おすすめの120冊はこれだ!(北海道書店商業組合編)　2006.7
2(北海道書店商業組合, 北海道新聞社編)　2009.7

中国語圏の絵本と日本の絵本　大阪国際児童文学館　2007〜2010
1(台湾)　論文集「台湾の絵本」・シンポジウム報告集「台湾と日本の絵本」(三宅興子編集長, 成実朋子, 土居安子, 鈴木穂波編)　2007.3
2(中国)　論文集「中国の絵本」・シンポジウム報告集「中国と日本の絵本」(三宅興子編集長, 成実朋子, 土居安子, 福本由紀子, 浅野法子編)　2010.3

鶴見俊輔書評集成　鶴見俊輔〔著〕　みすず書房　2007
1(1946-1969)　2007.7
2(1970-1987)　2007.9

3(1988-2007)　2007.11

デジタルライブラリーの環境整備に関する調査研究報告書　高度映像情報センター　2004〜2005　⇒I-165
◇地域再生拠点としての公共図書館—生き残るための戦略と経営手法とは　2005.3

デスクマニュアルシリーズ　日本病院ライブラリー協会　2008
◇病院図書室デスクマニュアル—スキルアップのために(日本病院ライブラリー協会病院図書室デスクマニュアル編集委員会編)　2008.7

てまめあしまめくちまめ文庫　児童図書館研究会　2001〜2003
6　乳幼児サービス　2(児童図書館研究会出版部・静岡支部, スタジオ・キュー編)　2003.2
7　ブックトーク　2(児童図書館研究会編)　2003.2
実技編3　おはなしを楽しむパネルシアター(山本真基子, 平川静子共著)　2001.2

と．　長崎ウエスレヤン大学附属図書館編　長崎ウエスレヤン大学附属図書館　2006〜2008
2(ウエスレヤン大学図書館まるかじり)　2006.3
3(2007年版)(bookガイド本)　2007.3
2008(NWUL guide book)　2008.3

東方学資料叢刊　東アジア人文情報学研究センター〔編〕　京都大学人文科学研究所附属東アジア人文情報学研究センター　2009〜2010
第17冊　陶湘叢書購入関連資料(高田時雄編)　2010.3
第18冊　工具書について—漢籍の整理(永田知之編)　2009.9

東北大学生のための情報探索の基礎知識　東北大学附属図書館編　東北大学附属図書館　2004〜2010
基本編 2004　2004.6
基本編 2006　2006.3
基本編 2007　2007.3
基本編 2008　2008.3
基本編 2009　2009.3

図書館　　　　　　　　　　　　　　　　　　　　　　　　　　　　　総記

基本編 2010　2010.3
人文社会科学編 2007　2007.3
自然科学編 2005　2004.12

東洋文庫ガイドブック　平凡社東洋文庫編集部編
　平凡社　2002〜2006
　◇　2002.4
　2　2006.5

東洋文庫八十年史　東洋文庫編　東洋文庫　2007
　1（沿革と名品）　2007.3
　2（寄稿と各論）　2007.3
　3（資料編）　2007.3

読書感想文の書き方　ポプラ社　2010
中学年向き（依田逸夫著）　2010.6
高学年向き（笠原良郎著）　2010.6

読書のすすめ　岩波文庫編集部編　岩波書店
　2001〜2005
第6集　2001.5
第10集　2005.5

図書館員選書　日本図書館協会　1982〜2005
　⇒I–165
　10　図書館サービスと著作権　改訂第2版（日本図
　　書館協会著作権委員会編）　2005.1
　21　公立図書館の経営　補訂版（大沢正雄著）
　　2005.5

図書館へいこう！　ポプラ社　2007
　1　図書館って、どんなところなの？（赤木かん子
　　文，すがわらけいこ絵）　2007.7
　2　本って、どうやって探したらいいの？（赤木かん
　　子文，すがわらけいこ絵）　2007.8
　3　テーマって…どうやってきめるの？（赤木かん子
　　文，すがわらけいこ絵）　2007.8

図書館を家具とレイアウトで生きかえらせる　木
　城えほんの郷　2003
　カラーパネル篇　改訂2版（平湯文夫編・解説）
　　2003.8

図書館が危ない！　エルアイユー　2005
地震災害編（神谷優著，西川馨監修）　2005.3

運営編（鑓水三千男，中沢孝之，津森康之介著）
　2005.6

図書館学古典翻訳セレクション　金沢文圃閣
　2006〜2010
　1　図書館設立のための助言（ガブリエル・ノーデ
　　著，藤野幸雄監訳，藤野寛之訳・解説・人名索引）
　　2006.9
　2　図書館分類＝書誌分類の歴史　第1巻（エヴゲー
　　ニー・シャムーリン著，藤野幸雄訳）　2007.1
　2　図書館分類＝書誌分類の歴史　第2巻（エヴゲー
　　ニー・シャムーリン著，藤野幸雄，宮島太郎訳）
　　2007.7
　3　ペニー・レイト―イギリス公共図書館史の諸相
　　1850-1950（マンフォード・ウィリアム著，西田俊
　　子監修，藤野寛之翻訳・解説）　2007.7
　4　ピアス・バトラー図書館学／印刷史著作集（バト
　　ラー，ピアス著，藤野幸雄監訳・編訳）　2008.3
　5　エドワード・エドワーズ―ある図書館員の肖像
　　1812-86（マンフォード・ウィリアム著，西田俊子
　　監修，藤野寛之翻訳・解説）　2008.6
　6　ブリティッシュ・ライブラリー成立関係資料集
　　第1巻（藤野寛之翻訳・解説）　2010.1
　6　ブリティッシュ・ライブラリー成立関係資料集
　　第2巻（藤野寛之翻訳・解説）　2010.1

図書館が大好きになるめざせ！キッズ・ライブラリ
　アン　鈴木出版　2010
　1　図書館のヒミツ（二村健監修）　2010.3
　2　エンジョイ！図書館（二村健監修）　2010.4
　3　ようこそ、ぼくらの図書館へ！（二村健監修）
　　2010.4

「図書館・出版・読書論」基本図書総目次・索引集
　成　中西敏夫編　出版文化研究会　2001〜2003
　⇒I–166
中巻（た―わ行）　2002.4
下巻（総索引編）　2003.7

図書館情報学研究文献要覧　「図書館情報学研究
　文献要覧」編集委員会編　日外アソシエーツ
　2008〜2009
1991〜1998　2008.1

1999～2006　2009.1

図書館情報学シリーズ　学文社　2006～2010
1　図書館概論（大串夏身,常世田良著）　2010.4
2　図書館経営論（柳与志夫著）　2007.4
5　図書館資料論・専門資料論（伊藤民雄著）　2006.12
7　児童サービス論（金沢みどり著）　2006.4
8　図書館文化史（綿抜豊昭著）　2006.4

図書館情報学の基礎　勉誠出版　2002～2006　⇒I-166
2　図書館経営論　改訂版（宮沢厚雄著）　2006.7
5　レファレンスサービス演習　改訂版（吉田右子著）　2006.5

図書館政策資料　日本図書館協会　2008
12　図書館法改正関係資料（日本図書館協会）　2008.7

図書館調査研究リポート　国立国会図書館関西館図書館協力課　2005～2009
no.4　電子情報環境下における科学技術情報の蓄積・流通の在り方に関する調査研究―平成16年度調査研究（国立国会図書館関西館事業部図書館協力課編）　2005.8
no.5　図書館職員を対象とする研修の国内状況調査（国立国会図書館関西館事業部図書館協力課編）　2005.8
no.6　パッケージ系電子出版物の長期的な再生可能性について（国立国会図書館関西館事業部図書館協力課編）　2006.3
no.7　蔵書評価に関する調査研究（国立国会図書館関西館事業部図書館協力課編）　2006.7
no.8　国立国会図書館所蔵和図書（1950-1999年刊）の劣化に関する調査研究（国立国会図書館関西館図書館協力課編）　2008.3
no.9　地域資料に関する調査研究（国立国会図書館関西館図書館協力課編）　2008.3
no.10　子どもの情報行動に関する調査研究（国立国会図書館関西館図書館協力課編）　2008.6
no.11　電子書籍の流通・利用・保存に関する調査研究（国立国会図書館関西館図書館協力課編）　2009.3

図書館と自由　日本図書館協会図書館の自由に関する調査委員会編　日本図書館協会　1975～2004　⇒I-167
1　図書館の自由に関する宣言の成立　覆刻版　2004.10

図書館に関する基礎資料　文部科学省国立教育政策研究所社会教育実践研究センター　2006～2010
平成16年度（国立教育政策研究所社会教育実践研究センター）〔2005〕
平成17年度（国立教育政策研究所社会教育実践研究センター編）　2006.4
平成18年度（国立教育政策研究所社会教育実践研究センター編）　2007.3
平成19年度（国立教育政策研究所社会教育実践研究センター）　2008.3
平成20年度（国立教育政策研究所社会教育実践研究センター）　2009.3
平成21年度（国立教育政策研究所社会教育実践研究センター）　2010.3

図書館の基本を求めて　田井郁久雄著　大学教育出版　2008～2009
◇『風』『三角点』2001～2003より　2008.1
2（『風』『三角点』2004～2006より）　2008.11
3　2009.12

図書館の現場　勁草書房　2003～2010　⇒I-167
4　子ども図書館をつくる（杉岡和弘著）　2005.8
5　図書館は本をどう選ぶか（安井一徳著）　2006.9
6　図書館はまちの真ん中―静岡市立御幸町図書館の挑戦（竹内比呂也,豊田高広,平野雅彦著）　2007.3
7　公共図書館の論点整理（田村俊作,小川俊彦編）　2008.2
8　知識の経営と図書館（柳与志夫著）　2009.2
9　図書館を計画する（小川俊彦著）　2010.2

図書館の最前線　青弓社　2007～2008
1　図書館の可能性（大串夏身著）　2007.9

図書館　総記

　　2　最新の技術と図書館サービス（大串夏身編著）
　　　2007.12
　　3　課題解決型サービスの創造と展開（大串夏身編著）　2008.4
　　4　読書と図書館（大串夏身編著）　2008.6
　　5　図書館の活動と経営（大串夏身編著）　2008.9

図書館ブックレット　図書館流通センター　2001～2005　⇒I-167
　　10　調べるって楽しいな—不思議だなと思う気持ちを育てる（中村伸子著, 熱海則夫監修, 図書館活用資料刊行会編）　2005.11
　　図書館人の提言編1　学校図書館を「活性化」する—公立図書館の支援（参納哲郎著）　2005.3

図書館流通センター図書館経営寄附講座・調査研究報告　筑波大学大学院図書館情報メディア研究科図書館流通センター図書館経営寄附講座　2009
　　1　地方自治と公立図書館経営（小山永樹著）　2009.3
　　2　地域の人々に役立つ公共図書館を目指して（浜田幸夫著）　2009.3

図書の譜別冊　明治大学図書館　2008
　◇明治大学図書館史—図書館創設120年記念　年譜編（明治大学図書館120年史編集委員会編）　2008.3

都立図書館協力ハンドブック　東京都立中央図書館管理部企画経営課編　東京都立中央図書館管理部企画経営課　2005～2010
　　平成17年度版　2005.6
　　平成18年度版　2006.5
　　平成19年度版　2007.5
　　平成20年度版　2008.5
　　平成21年度版　2009.5
　　平成22年度版　2010.4

日本脚本アーカイブズ調査・研究報告書　日本放送作家協会　日本放送作家協会日本脚本アーカイブズ特別委員会　2005～2010
　　1（平成17年度）　脚本・台本の現状と管理・保管の実態　2005.3
　　2（平成18年度）　脚本・台本は記憶と記録の宝庫　2007.3
　　3（平成19年度）　デジタル化・世界はいま　2008.3
　　4（平成20年度）　ソフトパワーの拠点化を　2009.3
　　5（平成21年度）　人類の記憶の鏡として　2010.3

日本図書館文化史研究会研究集会・総会予稿集　日本図書館文化史研究会　日本図書館文化史研究会　2005～2010
　　2005年度　2005.9
　　2006年度　2006.9
　　2007年度　2007.9
　　2008年度　2008.9
　　2009年度　2009.9
　　2010年度　2010.9

ネットワーク時代の図書館情報学　勉誠出版　2009～2010
　◇利用者志向のレファレンスサービス—その原理と方法（斎藤泰則著）　2009.11
　◇図書館はコミュニティ創出の「場」—会員制ライブラリーの挑戦（小林麻実著）　2009.11
　◇メタデータの「現在（いま）」—情報組織化の新たな展開（谷口祥一著）　2010.1
　◇デジタル書物学事始め—グーテンベルク聖書とその周辺（安形麻理著）　2010.9
　◇情報管理と法—情報の利用と保護のバランス（新保史生著）　2010.9

半歩遅れの読書術　日本経済新聞社編　日本経済新聞社　2005
　　1　2005.10
　　2　2005.10

百年の誤読　岡野宏文, 豊崎由美著　アスペクト　2004～2008
　◇　2004.11
　海外文学篇　2008.3

ひょうご"本だいすきっ子"プラン報告書　兵庫県立図書館　2004～2005　⇒I-168
　　平成16年度（兵庫県立図書館編）　2005.3

総記　　　　　　　　　　　　　　　　　　　　　　　　　　　　　図書館

福島図書館研究所叢書　福島図書館研究所　2002～2005　⇒I-168
◇時枝実旧蔵明治・大正・昭和前半期刊行スポーツ関係図書目録(図書館研究シリーズ　5)(時枝実著,福島図書館研究所編)　2005.7

ブックスタートハンドブック　ブックスタート　ブックスタート　2006～2008
実施編　第4版　2006.1
実施編　第5版　2008.9

別冊こどもとしょかん　東京子ども図書館　2008
◇かつら文庫の50年―記念行事報告　石井桃子さんがはじめた小さな子ども図書室(東京子ども図書館編)　2008.10

別冊Sight　ロッキング・オン　2004～2005
◇日本一怖い!ブック・オブ・ザ・イヤー―読者も作家も読むのが怖い。日本一シビアな「激論」ブックガイド　2005(Sight編集部編)　2004.12
◇日本一怖い!ブック・オブ・ザ・イヤー―読者も作家も読むのが怖い。日本一シビアな「激論」ブックガイド!!　2006(Sight編集部編)　2005.12

ぼくのいい本こういう本　松浦弥太郎著　ダイエックス出版　2010
1(1998-2009ブックエッセイ集)　2010.9
2(1998-2009ブックエッセイ集)　2010.9

ポスト・ブックレビューの時代　倉本四郎著,渡辺裕之編　右文書院　2008～2010
上　1976-1985(倉本四郎書評集)　2008.7
下　1986-1997(倉本四郎書評集)　2010.4

「ボランティア活動のために」シリーズ　〔北川和彦〕　2006～2007
第4集　音訳・点訳の読みの調査テクニック　書誌事項・文献参照編　第5版(北川和彦編著)　2007.10
第6集　音訳・点訳の読みの調査テクニック　中国・朝鮮の人名・地名編　第3版(北川和彦編著)　2007.3
第7集　録音図書校正の手引き　第2版(北川和彦編著)　2006.6

「ボランティア活動のために」モノグラフ　北川和彦　1999～2008　⇒I-168
no.1　注―読み方・入れ方　第2版(北川和彦編著)　2007.6
no.3　図表・グラフの読み方―視覚化情報の音訳　第2版(北川和彦編著)　2008.4

本をもっと楽しむ本　塩谷京子監修　学研教育出版　2010
1　主人公(名作)(読みたい本を見つける図鑑)　2010.2
2　主人公(エンターテインメント)(読みたい本を見つける図鑑)　2010.2
3　作家(読みたい本を見つける図鑑)　2010.2
4　古典(読みたい本を見つける図鑑)　2010.2

本棚　ヒヨコ舎編　アスペクト　2008
◇　2008.1
2　2008.9

本に遇う　彩流社　2010
1　酒と本があれば、人生何とかやっていける(河谷史夫著)　2010.8
2　夜ごと、言葉に灯がともる(河谷史夫著)　2010.12

本のある風景　書評誌『足跡』編集部　2008
4　労働者人生本・人・心―片岡喜彦写文集(片岡喜彦〔著〕)　2008.10

本の話　室蘭民報社　2004～2010
◇室蘭民報掲載・1989(平成元年)第1回―1996(平成8年)第200回(山下敏明著)　2004.5
続(山下敏明著,室蘭民報社編集局編)　2010.9

本はおもしろい　神田外語大学附属図書館　2005～2010
2005(『本はおもしろい2005』編集委員会編)　2005.3
2006(『本はおもしろい2006』編集委員会編)　2006.3
2007(『本はおもしろい2007』編集委員会編)　2007.3

全集・叢書総目録 2005-2010　　145

図書館

2008（『本はおもしろい2008』編集委員会編） 2008.3
2009（『本はおもしろい2009』編集委員会編） 2009.3
2010（『本はおもしろい2010』編集委員会編） 2010.4

松岡正剛千夜千冊 松岡正剛著　求竜堂　2006
第1巻　遠くからとどく声　2006.10
第2巻　猫と量子が見ている　2006.10
第3巻　脳と心の編集学校　2006.10
第4巻　神の戦争・仏法の鬼　2006.10
第5巻　日本イデオロギーの森　2006.10
第6巻　茶碗とピアノと山水屏風　2006.10
第7巻　男と女の資本主義　2006.10
特別巻　書物たちの記譜—解説・索引・年表　2006.10

未来をつくろう図書館で！ 神奈川の図書館を考えるつどい　神奈川の図書館を考えるつどい　2006～2007
pt.2（「神奈川の図書館を考えるつどい」2006記録集）　2006.11
pt.3（「神奈川の図書館を考えるつどい」2007記録集）　2007.11

みんなの"はじめて"シリーズ スマイルリーディング　2010
◇はじめての速読—私達がフォトリーディングを選んだ理由（立石聖子監修）　2010.1

みんな本を読んで大きくなった メディアパル　2002～2005
◇（朝の読書推進協議会編）　2002.12
2　いつでも本はそばにいる（朝の読書推進協議会編）　2003.12
3　本はこころのともだち（朝の読書推進協議会編）　2005.4

武蔵野市こども読書感想作品集 武蔵野市立図書館　武蔵野市立図書館　2006
第2回（平成17年度）小学校1-3年生の部　2006.3
第2回（平成17年度）小学校4-6年生の部　2006.3
第2回（平成17年度）中学校の部　2006.3

メディアセブンアニュアル コミュニティデザイン協議会　コミュニティデザイン協議会　2007～2009
1（川口市立映像・情報メディアセンターメディアセブン年次報告）　2007.9
2（川口市立映像・情報メディアセンターメディアセブン年次報告）　2008.9
3（川口市立映像・情報メディアセンターメディアセブン年次報告）　2009.10

メディア専門職養成シリーズ 山本順一，二村健監修　学文社　2000～2008　⇒I-169
1　学校経営と学校図書館　第2版（山本順一編著）　2008.8
2　学校図書館メディアの構成　第2版（緑川信之編）　2008.4
3　学習指導と学校図書館　第2版（渡辺重夫著）　2008.4
4　読書と豊かな人間性（黒古一夫，山本順一編著）　2007.3
5　情報メディアの活用（二村健編著）　2006.1

もう一回よんで！ 千葉市文庫連絡協議会編　千葉市文庫連絡協議会　1999～2009
◇子どもたちにこう言われるととてもうれしい　私たちの20年　1999.3
part 2　30周年記念誌—1998～2007（子どもたちにこう言われるととてもうれしい）　2009.3

横浜データマップ 横浜市　横浜市市民局市民情報課　2003～2004　⇒I-169
2004　2004.12

読み聞かせ絵本10分間虎の巻 平山寿子　2005
低学年編（小学校朝の読み聞かせ10年間の実践に基づいて）（平山寿子著）　2005.8

よりぬき読書相談室 本の雑誌編集部編　本の雑誌社　2004～2008　⇒I-169
どすこい幕の内編　2006.7
みだれ打ち快答編　2007.9
疾風怒濤完結編　2008.11

歴史としての現代日本 千倉書房　2008

◇五百旗頭真書評集成（五百旗頭真著）　2008.10

レクチャーブックス・お話入門　東京子ども図書館　2008〜2009
1　お話とは　新装改訂版（松岡享子著）　2009.11
4　話すこと　1　よい語り　新装版（松岡享子著）　2008.5
5　話すこと　2　お話の実際　新装版（松岡享子著）　2008.7

レクチャーブックス・松岡享子の本　東京子ども図書館　2009
2　ことばの贈りもの（松岡享子著）　2009.8

レファレンス記録　斑鳩町立図書館　斑鳩町立図書館　2002〜2008　⇒I-169
4　2006.10
5　2008.4
6　2008.12

わが心の詩　岩手県読書推進運動協議会編　岩手県読書推進運動協議会　1999〜2007　⇒I-169
2004（エッセイ集）　2005.2
2005（エッセイ集）　2006.2
2006（エッセイ集）　2007.2

わかる！できる！のびる！ドラゼミ・ドラネットブックス　小学館　2005〜2008
◇読書感想文おたすけブック―宮川俊彦の緊急特別授業　2005年度版（日本一の教え方名人ナマ授業シリーズ）（宮川俊彦著）　2005.7
◇＋－×÷（四則計算）がすらすらわかる本―三木俊一のウラワザ授業（日本一の教え方名人ナマ授業シリーズ）（三木俊一著）　2006.5
◇読書感想文おたすけブック―宮川俊彦の緊急特別授業　2006年度版（日本一の教え方名人ナマ授業シリーズ）（宮川俊彦著）　2006.7
◇読書感想文おたすけブック―宮川俊彦の緊急特別授業　2007年度版（日本一の教え方名人ナマ授業シリーズ）（宮川俊彦著）　2007.7
◇英語が大好きになっちゃう本（鈴木佑治監修・著）　2008.6
◇読書感想文おたすけブック―宮川俊彦の緊急特別授業　2008年度版（日本一の教え方名人ナマ授業シリーズ）（宮川俊彦著）　2008.7

AVCCライブラリーレポート　高度映像情報センター　2006〜2007
2006　ビジネス支援図書館の展開と課題―いま、ライブラリアンに求められているしごと力とは　2006.3
2007　図書館による課題解決支援サービスの動向―地域を支える公共図書館　2007.3

JMLA叢書　日本医学図書館協会　2000〜2004　⇒I-170
3　健康・医学情報を市民へ（奈良岡功、山室真知子、酒井由紀子共著、日本医学図書館協会出版委員会編）　2004.11

KSPシリーズ　京都図書館情報学研究会　2005〜2010
3　デジタル情報資源の検索（高鍬裕樹著）　2005.10
4　高齢者への図書館サービスガイド―55歳以上図書館利用者へのプログラム作成とサービス（バーバラ・T.メイツ著、高島涼子、川崎良孝、金智鉉訳）　2006.11
5　調査研究サービスの理論と実際―上海図書館・科学技術研究所の経験（王漢棟、王萍、魏家雨編著、桜井待子、徐瑛、川崎良孝訳）　2006.10
6　デジタル情報資源の検索　増訂版（高鍬裕樹著）　2007.3
7　公立図書館・文書館・博物館:協同と協力の動向（アレクサンドラ・ヤロウ、バーバラ・クラブ、ジェニファー-リン・ドレイバー著、垣口弥生子、川崎良孝訳）　2008.12
8　デジタル情報資源の検索　増訂第2版（高鍬裕樹著）　2009.3
9　上海図書館とアウトリーチ・サービス（金暁明〔ほか〕著）　2009.4
10　揚子江デルタ地域の公立図書館―調査報告書 2009年10月―2010年1月（川崎良孝編著、上海科学技術情報研究所信息諮問与研究中心・MIRU研究グループ作成）　2010.5

出版・書誌

Museum library archives　書肆ノワール　2006
1　建築記録アーカイブズ管理入門（国際アーカイブズ評議会建築記録部会編，安沢秀一訳著）2006.7

NDL research report　Library Support Division, Projects Dept., Kansai-Kan of the National Diet Library　2006
no. 6　The long-term accessibility of packaged digital publications（〔by〕Library Support Division, Projects Department, Kansai-Kan of the National Diet Library）2006.3

NIHU program Islamic area studies　NIHUプログラム「イスラーム地域研究」東洋文庫拠点東洋文庫研究部イスラーム地域研究資料室　2009
◇日本におけるアラビア文字資料の所蔵及び整理状況の調査（柳谷あゆみ編）2009.3

Oxalis　慶応義塾大学デジタルメディア・コンテンツ統合研究機構音楽資源統合リポジトリー・プロジェクト編　慶応義塾大学デジタルメディア・コンテンツ統合研究機構　2009～2010
2号（音楽資料デジタル・アーカイヴィング研究 慶応義塾大学デジタルメディア・コンテンツ統合研究機構音楽資源統合レポジトリー モデル構築とその運用・検証）2009.3
3号（音楽資料デジタル・アーカイヴィング研究 慶応義塾大学デジタルメディア・コンテンツ統合研究機構音楽資源統合リポジトリー モデル構築とその運用・検証）2010.3

UDライブラリー　読書工房　2004～2007　⇒Ⅰ-170
◇からだと病気の情報をさがす・届ける（健康情報棚プロジェクト編）2005.5
◇出版のユニバーサルデザインを考える―だれでも読める・楽しめる読書環境をめざして（出版UD研究会編）2006.10
◇だれもが楽しめるユニバーサル・ミュージアム―"つくる"と"ひらく"の現場から（国立民族学博物館監修，広瀬浩二郎編著）2007.4

ZSZ増刊　全国心身障害児福祉財団　2000　⇒Ⅰ-171
1309　ごぞんじですか，おもちゃ図書館　no.15（平成11年度版）（日本おもちゃ図書館財団編）2000.2

出版・書誌

愛知県EL新聞記事情報リスト　エレクトロニック・ライブラリー編　エレクトロニック・ライブラリー　2007～2010
2006-1　2007.10
2006-2　2007.10
2006-3　2007.10
2006-4　2007.10
2007-1　2008.2
2007-2　2008.2
2007-3　2008.2
2007-4　2008.2
2007-5　2008.2
2007-6　2008.2
2008-1　2009.2
2008-2　2009.2
2008-3　2009.2
2008-4　2009.2
2008-5　2009.2
2009-1　2010.2
2009-2　2010.2
2009-3　2010.2
2009-4　2010.2
2009-5　2010.2

アイデアプラステン　DTPWorld編集部編　ワークスコーポレーション　2008～2009
◇　2008.3
2　2009.3

青森県EL新聞記事情報リスト　エレクトロニック・ライブラリー編　エレクトロニック・ライブラリー　2007～2010

2006　2007.10
2007-1　2008.2
2007-2　2008.2
2008-1　2009.2
2008-2　2009.2
2009-1　2010.2
2009-2　2010.2
2009-3　2010.2

秋田県EL新聞記事情報リスト　エレクトロニック・ライブラリー編　エレクトロニック・ライブラリー　2007〜2010
2006　2007.10
2007　2008.2
2008　2009.2
2009-1　2010.2
2009-2　2010.2

アジア・アフリカ言語文化研究所『出版物目録』　東京外国語大学アジアアフリカ言語文化研究所　東京外国語大学アジア・アフリカ言語文化研究所　2000〜2009　⇒Ⅰ-171
2003　2003.6
2004　2004.6
2009（1966-2009）　2009.12

石井光太郎文庫目録　横浜開港資料館　2008
第1集（和装本之部）（横浜開港資料館所蔵）（横浜開港資料館編）　2008.3

石川県EL新聞記事情報リスト　エレクトロニック・ライブラリー編　エレクトロニック・ライブラリー　2007〜2010
2006　2007.10
2007-1　2008.2
2007-2　2008.2
2007-3　2008.2
2008-1　2009.2
2008-2　2009.2
2008-3　2009.2
2009-1　2010.2
2009-2　2010.2
2009-3　2010.2

茨城県EL新聞記事情報リスト　エレクトロニック・ライブラリー編　エレクトロニック・ライブラリー　2007〜2010
2006　2007.10
2007　2008.2
2008-1　2009.2
2008-2　2009.2
2009-1　2010.2
2009-2　2010.2
2009-3　2010.2

いま、この本　杉並区立中央図書館編　杉並区立中央図書館　2005〜2010
2005　2005.3
2006　2006.3
2007-2008　2009.2
2009　2010.2

岩崎文庫貴重書書誌解題　東洋文庫日本研究班編纂　東洋文庫　2000〜2010　⇒Ⅰ-171
5　2007.3
6　2010.3

岩手県EL新聞記事情報リスト　エレクトロニック・ライブラリー編　エレクトロニック・ライブラリー　2007〜2010
2006　2007.10
2007-1　2008.2
2007-2　2008.2
2008-1　2009.2
2008-2　2009.2
2009-1　2010.2
2009-2　2010.2
2009-3　2010.2

岩手県立視聴覚障がい者情報センター点字図書増加目録　岩手県立視聴覚障害者情報センター　岩手県立視聴覚障がい者情報センター　2006〜2010
第28集（平成17年度分）　2006.9
第29集（平成18年度分）　2007.9
第31集（平成20年度分）　2009.10
第32集（平成21年度分）　2010.7

出版・書誌　　　　　　　　　　　　　　　　　　　　　　　　　　　　総記

岩手県立視聴覚障がい者情報センター録音図書
　増加目録　岩手県立視聴覚障害者情報センター
　岩手県立視聴覚障がい者情報センター　2006〜
　2010
第28集（平成17年度分）　2006.9
第29集（平成18年度分）　2007.9
第31集（平成20年度分）　2009.10
第32集（平成21年度分）　2010.7

岩手県立点字図書館点字図書増加目録　岩手県立
　点字図書館　2005
第27集（平成16年度分）（岩手県立点字図書館）
　2005.7

岩手県立点字図書館録音図書増加目録　岩手県立
　点字図書館　2005
第27集（平成16年度分）（岩手県立点字図書館）
　2005.7

インターネット時代の図書館情報学叢書　日本図
　書館協会　2005
1　図書館と著作権（名和小太郎，山本順一編著，山
　本順一，黒古一夫編）　2005.10

受入図書目録　母子愛育会日本子ども家庭総合研
　究所　日本子ども家庭総合研究所図書室　2005
　〜2010
2004年　2005.7
2005年　2006.10
2006年　2007.3
2007年　2008.4
2008年　2009.4
2009年　2010.3

愛媛県EL新聞記事情報リスト　エレクトロニック
　・ライブラリー編　エレクトロニック・ライブラ
　リー　2007〜2010
2006　　2007.10
2007-1　2008.2
2007-2　2008.2
2008-1　2009.2
2008-2　2009.2
2009-1　2010.2

2009-2　2010.2

エンタテインメントと著作権　初歩から実践まで
　著作権情報センター　2006〜2009
1　ライブ・エンタテインメントの著作権（福井健
　策編，福井健策，二関辰郎著）　2006.1
2　映画・ゲームビジネスの著作権（福井健策編，内
　藤篤，升本喜郎著）　2007.3
3　音楽ビジネスの著作権（福井健策編，前田哲男，
　谷口元著）　2008.10
4　出版・マンガビジネスの著作権（桑野雄一郎著）
　2009.2

大分県EL新聞記事情報リスト　エレクトロニック
　・ライブラリー編　エレクトロニック・ライブラ
　リー　2007〜2010
2006　　2007.10
2007　　2008.2
2008　　2009.2
2009-1　2010.2
2009-2　2010.2

大分県立図書館推薦図書リスト　大分県立図書館
　編　大分県立図書館　2004〜2009
1　ようこそ!絵本の世界へ　2004.11
2　ひろげよう!本の世界　2005.12
3（小学校3・4年生向）　楽しもう!本の世界を　2007.
　1
4（小学校5・6年生向）　探検しよう!本の世界を
　2008.2
5（中学生・高校生向）　はばたこう!本の世界へ
　2009.3

大垣市立図書館郷土資料目録　大垣市教育委員会
　2005〜2010
第24集　家分文書（スイトピアセンター大垣市立
　図書館編纂）　2005.3
第25集　家分文書（大垣市教育委員会編纂）　2006.
　3
第26集　家分文書（大垣市教育委員会編纂）　2007.
　3
第27集　家分文書（大垣市教育委員会編纂）　2008.
　3

総記　　　　　　　　　　　　　　　　　　　　　出版・書誌

第28集　家分文書（大垣市教育委員会編纂）　2009.3
第29集　家分文書（大垣市教育委員会編纂）　2010.3

大阪商業大学商業史博物館資料目録　大阪商業大学商業史博物館　2005〜2010
第9集　中谷コレクション　1（号外関係）（大阪商業大学商業史博物館編）　2005.3
第10集（大阪商業大学商業史博物館編）　2006.3
第11集　中谷コレクション　2　博覧会関係（大阪商業大学商業史博物館編）　2008.3
第12集　中谷コレクション　3　明治時代の新聞、大正時代の新聞、昭和時代の新聞、新年元旦号の新聞、国民新聞、特殊新聞、大阪の新聞、阪神淡路大震災、朝日新聞の記念号、大正・昭和の重要記事、新聞付録（大阪商業大学商業史博物館編）　2009.3
第13集（大阪商業大学商業史博物館編）　2010.2

大阪城天守閣所蔵南木コレクション総目録　大阪城天守閣編　大阪城天守閣　2006〜2010
3　古写真　2006.3
4　版画・印刷物　第3分冊（番付）　2008.3
5　版画・印刷物　第4分冊（地図・絵図瓦版）　2010.3

大阪大学附属図書館蔵和古書目録　大阪大学附属図書館　2009
第2稿（大阪大学附属図書館編）　2009.2

大阪府EL新聞記事情報リスト　エレクトロニック・ライブラリー編　エレクトロニック・ライブラリー　2007〜2010
2006-1　2007.10
2006-2　2007.10
2006-3　2007.10
2006-4　2007.10
2006-5　2007.10
2006-6　2007.10
2006-7　2007.10
2007-1　2008.2
2007-2　2008.2
2007-3　2008.2
2007-4　2008.2
2007-5　2008.2
2007-6　2008.2
2007-7　2008.2
2007-8　2008.2
2007-9　2008.2
2008-1　2009.2
2008-2　2009.2
2008-3　2009.2
2008-4　2009.2
2008-5　2009.2
2008-6　2009.2
2008-7　2009.2
2008-8　2009.2
2008-9　2009.2
2009-1　2010.2
2009-2　2010.2
2009-3　2010.2
2009-4　2010.2
2009-5　2010.2
2009-6　2010.2
2009-7　2010.2
2009-8　2010.2
2009-9　2010.2
2009-10　2010.2
2009-11　2010.2
2009-12　2010.2
2009-13　2010.2

岡山県EL新聞記事情報リスト　エレクトロニック・ライブラリー編　エレクトロニック・ライブラリー　2007〜2010
2006-1　2007.10
2006-2　2007.10
2007-1　2008.2
2007-2　2008.2
2008-1　2009.2
2008-2　2009.2
2009-1　2010.2
2009-2　2010.2

出版・書誌　　　　　　　　　　　　　　　　　　　　　　　　　総 記

小城鍋島文庫目録　佐賀大学文系基礎学研究プロジェクト　2005
近代文書編（飯塚一幸編）　2005.3

沖縄県EL新聞記事情報リスト　エレクトロニック・ライブラリー編　エレクトロニック・ライブラリー　2007〜2010
2006-1　2007.10
2006-2　2007.10
2007-1　2008.2
2007-2　2008.2
2007-3　2008.2
2007-4　2008.2
2007-5　2008.2
2008-1　2009.2
2008-2　2009.2
2008-3　2009.2
2008-4　2009.2
2008-5　2009.2
2009-1　2010.2
2009-2　2010.2
2009-3　2010.2
2009-4　2010.2
2009-5　2010.2

音楽著作権管理者養成講座テキスト　音楽出版社協会　2003
1　第5版（音楽出版社協会編, MPA国内研修委員会監修）　2003.6
2　第5版（音楽出版社協会編, MPAセミナー委員会監修）　2003.6

外国著作権法令集　著作権情報センター　2003〜2010　⇒I-172
35（韓国編）（金亮完訳）　2006.3
36（中華人民共和国編・台湾編）（増山周訳）　2006.3
37（ドイツ編）（本山雅弘訳）　2007.3
38（インド編）（山本隆司, 岡田雅子共訳）　2008.3
39（ベトナム編）（佐藤恵太, Nguyen Phuong Thuy訳）　2008.3
40（フランス編）（大山幸房訳）　2008.12
41（ベトナム編 別冊）（佐藤恵太, Nguyen Phuong Thuy訳）　2009.3
42（アメリカ合衆国編）（山本隆司訳）　2009.12
43（ドイツ編）（本山雅弘訳）　2010.3

解題書目　青森県立図書館編　青森県立図書館　1971〜2010　⇒I-172
第33集　工藤家文書　2005.3
第34集　津軽史　2006.3
第35集　津軽史　2006.12
第36集　滝屋文書―津出関係ほか　2008.3
第37集　滝屋文書　続1　2009.3
第38集　滝屋文書　続2　2010.3

香川県EL新聞記事情報リスト　エレクトロニック・ライブラリー編　エレクトロニック・ライブラリー　2007〜2010
2006　2007.10
2007　2008.2
2008　2009.2
2009-1　2010.2
2009-2　2010.2

鹿児島県EL新聞記事情報リスト　エレクトロニック・ライブラリー編　エレクトロニック・ライブラリー　2007〜2010
2006-1　2007.10
2006-2　2007.10
2007-1　2008.2
2007-2　2008.2
2007-3　2008.2
2008-1　2009.2
2008-2　2009.2
2008-3　2009.2
2009-1　2010.2
2009-2　2010.2
2009-3　2010.2

学会年報・研究報告論文総覧　日外アソシエーツ株式会社編　日外アソシエーツ　1994〜2010　⇒I-173
1996-2002 別巻　2004.1
2003-2009 第3巻（社会科学篇）　2010.7

総記 出版・書誌

2003-2009 第4巻（教育・生活・情報篇） 2010.7
2003-2009 第5巻（言語・文学・外国研究篇） 2010.9
2003‐2009 別巻 総索引 2010.12

神奈川県EL新聞記事情報リスト エレクトロニック・ライブラリー編 エレクトロニック・ライブラリー 2007～2010
2006-1 2007.10
2006-2 2007.10
2006-3 2007.10
2006-4 2007.10
2006-5 2007.10
2007-1 2008.2
2007-2 2008.2
2007-3 2008.2
2007-4 2008.2
2007-5 2008.2
2007-6 2008.2
2008-1 2009.2
2008-2 2009.2
2008-3 2009.2
2008-4 2009.2
2008-5 2009.2
2008-6 2009.2
2009-1 2010.2
2009-2 2010.2
2009-3 2010.2
2009-4 2010.2
2009-5 2010.2
2009-6 2010.2
2009-7 2010.2

川越市立中央図書館収蔵文書目録 川越市立中央図書館 2005
2（安比奈新田文書）（川越市立中央図書館編） 2005.3

関西大学東西学術研究所資料集刊 関西大学東西学術研究所 1961～2010 ⇒I-173
13-7 江戸時代漂着唐船資料集 7 文政十年土佐漂着江南商船蔣元利資料 2006.11

13-8 江戸時代漂着唐船資料集 8 安政二・三年漂流小唐船資料 2008.3
25 南紀寺社史料（薗田香融編著） 2008.7
26 内藤湖南と清人書画—関西大学図書館内藤文庫所蔵品集（陶徳民編著） 2009.3
27-1 家礼文献集成 日本篇 1（吾妻重二編著） 2010.3
28 長崎聖堂祭酒日記（藪田貫，若木太一編著） 2010.3

関東・関西地区著作権研修講座講演録 著作権情報センター 2006～2007
平成17年度 コンテンツの活用と著作権制度 2006.3
平成18年度 コンテンツビジネスと著作権制度 2007.3

岐阜県EL新聞記事情報リスト エレクトロニック・ライブラリー編 エレクトロニック・ライブラリー 2007～2010
2006 2007.10
2007 2008.2
2008-1 2009.2
2008-2 2009.2
2009-1 2010.2
2009-2 2010.2

救援 縮刷版 救援連絡センター著 彩流社 2010
第1集 1968.12～1977.8 復刻版 2010.4
第2集 1977.9～1983.12 新装版 2010.4

京都府EL新聞記事情報リスト エレクトロニック・ライブラリー編 エレクトロニック・ライブラリー 2007～2010
2006-1 2007.10
2006-2 2007.10
2007-1 2008.2
2007-2 2008.2
2007-3 2008.2
2008-1 2009.2
2008-2 2009.2
2008-3 2009.2
2008-4 2009.2

出版・書誌　　　　　　　　　　　　　　　　　　　　　　　　　　　総記

2009-1　2010.2
2009-2　2010.2
2009-3　2010.2
2009-4　2010.2

基督教青年　不二出版　2010
第1号 - 第10号　明治22年9月 - 23年6月　復刻版　2010.12

近世蔵版目録集成　岩田書院　2005〜2006
4　近世蔵版目録集成　往来物編　第1輯（小泉吉永編）　2005.8
5　近世蔵版目録集成　往来物編　第2輯（小泉吉永編）　2005.10
6　近世蔵版目録集成　往来物編　第3輯（小泉吉永編）　2006.1
往来物編　索引（小泉吉永編）　2006.1

近代雑誌目次文庫　目次文庫編集委員会編　ゆまに書房　1989〜2010　⇒I–173
49　外国語・外国文学編　第25巻（執筆者名索引1）　2005.3
50　外国語・外国文学編　第26巻（執筆者名索引2）　2005.3
56　社会学　第6巻（かい）　2004.11
57　社会学　第7巻（かい）　2005.3
58　社会学　第8巻（かい）　2005.7
59　社会学　第9巻（かご―きぎ）　2005.11
60　社会学　第10巻（きぎ―くら）　2006.3
61　社会学　第11巻（くろ―げっ）　2006.7
62　社会学　第12巻（げっ）　2006.11
63　社会学　第13巻（げっ）　2007.3
64　社会学　第14巻（げっ）　2007.7
65　社会学　第15巻（げっ）　2007.11
66　社会学　第16巻（げっ）　2008.3
67　社会学　第17巻（げっ―こう）　2008.7
68　社会学　第18巻（こう）　2008.11
69　社会学編　第19巻（こう―しゃ）　2009.3
70　社会学編　第20巻（しゃ）　2009.7
71　社会学編　第21巻（しゃ）　2009.11
72　社会学編　第22巻（しゅ―しょ）　2010.3
73　社会学編　第23巻（じょ―しん）　2010.8
74　社会学編　第24巻　しん　2010.11

近代名著解題選集　紀田順一郎編・解説　クレス出版　2006
1　2006.8
2　2006.8
3　2006.8
4　2006.8
5　2006.8
6　2006.8
7　2006.8

久野収氏旧蔵書寄贈図書目録　大阪府立中央図書館　2006
補遺（大阪府立中央図書館蔵）（大阪府立中央図書館編）　2006.3

熊本県EL新聞記事情報リスト　エレクトロニック・ライブラリー編　エレクトロニック・ライブラリー　2007〜2010
2006　2007.10
2007-1　2008.2
2007-2　2008.2
2008-1　2009.2
2008-2　2009.2
2009-1　2010.2
2009-2　2010.2

九曜文庫蔵奈良絵本・絵巻集成　勉誠出版　2007
第1期大型絵巻　第1巻　竹取物語絵巻（中野幸一監修, 中野幸一、横溝博共編）　2007.7

群馬県EL新聞記事情報リスト　エレクトロニック・ライブラリー編　エレクトロニック・ライブラリー　2007〜2010
2006　2007.10
2007-1　2008.2
2007-2　2008.2
2008-1　2009.2
2008-2　2009.2
2009-1　2010.2
2009-2　2010.2
2009-3　2010.2

慶応義塾大学所蔵古文書目録　慶応義塾大学　慶応義塾大学古文書室　2008
農村文書 武蔵国 上　2008.3
農村文書 武蔵国 中　2008.3
農村文書 武蔵国 下　2008.3
武家文書 宗家・柚谷家　2008.3
武家文書 相良家　2008.3

ケーススタディ著作権　著作権情報センター　1993～2010　⇒I-174
第1集　学校教育と著作権　改訂(文化庁監修)　2004.11
第1集　学校教育と著作権(文化庁監修)　2005.4
第1集　学校教育と著作権　改訂(大和淳著)　2006.4
1　学校教育と著作権　改訂(大和淳著)　2007.4
1　学校教育と著作権　改訂(大和淳著)　2010.4
第2集　私的録音録画と著作権　改訂(私的録音補償金管理協会者,文化庁監修)　2005.4
第2集　私的録音録画と著作権　改訂(私的録音補償金管理協会者,文化庁監修)　2006.4
2　私的録音録画と著作権　改訂(私的録音補償金管理協会者,文化庁監修)　2007.4
2　私的録音録画と著作権　改訂(私的録音補償金管理協会者,文化庁監修)　2010.4
第3集　図書館と著作権　改訂(黒沢節男著)　2005.4
第3集　図書館と著作権　改訂(黒沢節男著)　2006.4
3　図書館と著作権　改訂(黒沢節男著)　2007.4
3　図書館と著作権　改訂(黒沢節男著)　2010.4

県立神奈川近代文学館収蔵文庫目録　県立神奈川近代文学館　2005～2008
14　楠本憲吉文庫目録(神奈川文学振興会編)　2005.3
15　藤田圭雄文庫目録—特別資料(神奈川文学振興会編)　2006.3
16　滑川道夫文庫目録　1(特別資料・雑誌)(神奈川文学振興会編)　2007.3
17　滑川道夫文庫目録　2(図書)(神奈川文学振興会編)　2008.3

高知県EL新聞記事情報リスト　エレクトロニック・ライブラリー編　エレクトロニック・ライブラリー　2007～2010
2006　2007.10
2007　2008.2
2008　2009.2
2009　2010.2

国立国会図書館製作録音図書目録　国立国会図書館　2004～2010　〔点字資料〕
2003(国立国会図書館関西館事業部図書館協力課編)　2004.9
2004(国立国会図書館関西館事業部図書館協力課編)　2005.7
2005(国立国会図書館関西館事業部図書館協力課編)　2006.3
2006(国立国会図書館関西館事業部図書館協力課編)　2007.3
2007(国立国会図書館関西館図書館協力課編)　2008.3
2008(国立国会図書館関西館図書館協力課編)　2009.3
2009(国立国会図書館関西館図書館協力課編)　2010.3

個人著作集内容総覧　日外アソシエーツ株式会社編　日外アソシエーツ　1997～2007　⇒I-175
2002-2006 上(総記・人文)　2007.1
2002-2006 下(社会・科学・芸術・文学)　2007.1

子どもの本　日外アソシエーツ　2005
◇現代日本の創作5000(日外アソシエーツ株式会社編)　2005.8
◇世界の児童文学7000(日外アソシエーツ株式会社編)　2005.8

埼玉県EL新聞記事情報リスト　エレクトロニック・ライブラリー編　エレクトロニック・ライブラリー　2007～2010
2006-1　2007.10
2006-2　2007.10
2007-1　2008.2
2007-2　2008.2

出版・書誌

2007-3　2008.2
2008-1　2009.2
2008-2　2009.2
2008-3　2009.2
2008-4　2009.2
2009-1　2010.2
2009-2　2010.2
2009-3　2010.2
2009-4　2010.2

財団法人松ヶ岡文庫叢書　松ヶ岡文庫　2008
第3　松ヶ岡文庫洋書目録（松ヶ岡文庫洋書目録共同研究作業グループ編）　2008.12

佐賀県EL新聞記事情報リスト　エレクトロニック・ライブラリー編　エレクトロニック・ライブラリー　2007～2010
2006　2007.10
2007　2008.2
2008　2009.2
2009-1　2010.2
2009-2　2010.2

佐野繁次郎装幀集成　みずのわ出版　2008
◇西村コレクションを中心として（佐野繁次郎[作]，西村義孝編著）　2008.11

参考図書解説目録　日外アソシエーツ　2008
2003-2007（日外アソシエーツ編集部編）　2008.7

幸せの絵本　金柿秀幸編　ソフトバンクパブリッシング　2004～2005
◇大人も子どももハッピーにしてくれる絵本100選　2004.10
2　2005.7

滋賀県EL新聞記事情報リスト　エレクトロニック・ライブラリー編　エレクトロニック・ライブラリー　2007～2010
2006　2007.10
2007　2008.2
2008　2009.2
2009-1　2010.2
2009-2　2010.2

仕事と生活ライブラリー　DAI-X出版　2003～2006　⇒I–176
5　お菓子の日々、ジャム屋の仕事（いがらしろみ〔著〕）　2005.7
6　僕らのランドスケープ（中原慎一郎〔著〕）　2005.7
7　ラッキースターの探し方（蜷川実花〔著〕）　2006.7

辞書・事典全情報　日外アソシエーツ　1999～2006　⇒I–176
1998-2005（日外アソシエーツ株式会社編）　2006.5

静岡県EL新聞記事情報リスト　エレクトロニック・ライブラリー編　エレクトロニック・ライブラリー　2007～2010
2006-1　2007.10
2006-2　2007.10
2007-1　2008.2
2007-2　2008.2
2007-3　2008.2
2007-4　2008.2
2008-1　2009.2
2008-2　2009.2
2008-3　2009.2
2008-4　2009.2
2009-1　2010.2
2009-2　2010.2
2009-3　2010.2
2009-4　2010.2

静岡県磐田郡豊田町郷土資料目録　豊田町教育委員会社会教育課編　豊田町教育委員会　2003～2004　⇒I–176
第3集　2004.12

視聴覚教材目録　青森県総合社会教育センター編　青森県総合社会教育センター　1999～2005　⇒I–176
16ミリ映画　2005.3
ビデオ教材　第5刊　2005.3

視聴覚資料目録　神奈川県立図書館編　神奈川県立図書館　2001〜2003
2000　映像でみる20世紀のかながわ　ビデオ編　2001.3
2001　カセットテープ主題別目録　文学・語学篇　2002.1
2002　楽譜篇　2003.3

視聴覚ライブラリー追加目録　板橋区教育委員会，中央図書館板橋区視聴覚ライブラリー編　板橋区教育委員会　2006〜2008
平成17年度版　2006.9
平成18年度版　2007.9
平成19年度版　2008.10

島根県EL新聞記事情報リスト　エレクトロニック・ライブラリー編　エレクトロニック・ライブラリー　2007〜2010
2006　2007.10
2007　2008.2
2008　2009.2
2009-1　2010.2
2009-2　2010.2

社会事業彙報　不二出版　2010
第1巻〜第4巻　昭和2年6月号〜昭和5年6月号　復刻版　2010.10

シヤー作業者安全必携　中央労働災害防止協会編　中央労働災害防止協会　1999〜2008　⇒I–177
金属シヤー編　2訂第4版　2007.1
断裁機編　新版　改訂第6版　2008.12

JASRAC寄附講座講義録　明治大学法科大学院知的財産と法リサーチセンター　2006〜2009
2004年度　著作権制度概説および音楽著作権　2006.3
2006年度　デジタルコンテンツと諸課題　2008.12
2007年度　ネットワークと諸課題　2009.1
2008年度　著作権制度の現状と展望　2009.3

シャッター以前　岡村昭彦の会　岡村昭彦の会　1999〜2010　⇒I–177

v.4　2005.2
vol.5　特集:岡村文庫を読み解く　岡村昭彦2010 岡村ゼミの目指したもの　2010.2

自由灯　不二出版　2007
第10巻〜第13巻＋別巻1　第771号〜第1075号　復刻版　2007.3

主題書誌索引　日外アソシエーツ　2003〜2009　⇒I–177
2001-2007（中西裕編）　2009.11

出版をめぐる冒険　アーク出版　2004〜2005
◇利益を生みだす〈仕掛け〉と〈しくみ〉全解剖（長岡義幸著）　2004.6
2　ベストセラーの仕掛人―売れる本はどのように生まれるのか（植田康夫監修，新文化編集部編）　2005.12

出版状況クロニクル　小田光雄著　論創社　2009〜2010
◇　2009.5
2（2009年4月〜2010年3月）　2010.7

出版人に聞く　論創社　2010
1　「今泉棚」とリブロの時代（今泉正光著）　2010.9

出版人のための出版営業ハンドブック　出版企画研究所　2008
実践編（岡部一郎著）　2008.10

出版税務会計の要点　日本書籍出版協会出版経理委員会編著　日本書籍出版協会　2004〜2010
2005年（平成17年）　2004.10
2008年（平成20年）　2008.2
2009年（平成21年）　2009.2
2010年　2010.1

出版年鑑　出版年鑑編集部編　出版ニュース社　2001〜2009　⇒I–178
平成17年版 2（目録・索引）　2005.6
平成18年版 1（資料・名簿編）　2006.6
平成18年版 2（目録・索引編）　2006.6
平成19年版 1　資料・名簿編　2007.6

出版・書誌

平成19年版 2 　目録・索引編　2007.6
平成20年版 1 　資料・名簿編　2008.6
平成20年版 2 　目録・索引編　2008.6
平成21年版 1（資料・名簿編）　〔2009〕
平成21年版 2（目録・索引編）　2009.6

出版年鑑　日本図書センター　2007
第1巻（昭和元年版）（国際思潮研究会「読書人」編纂部編）　2007.10
第2巻（昭和2年版）（中泉春男編）　2007.10
第3巻（昭和3年版）（中泉春男編）　2007.10
第4巻（昭和4年版）（中泉春男編）　2007.10

出版のためのテキスト実践技法　西谷能英著　未来社　2001〜2009　⇒I-178
総集篇　2009.7

主要新聞雑誌記事総覧　日本図書センター　2007
第1巻（昭和戦前編）　2007.3
第2巻（昭和戦前編）　2007.3
第3巻（昭和戦前編）　2007.3
第4巻（昭和戦前編）　2007.3

湘南選書　湘南社　2009
vol.001　自分の本のつくり方─自費出版実践マニュアル（布施克彦著）　2009.10

情報リテラシー読本　日本図書館協会　2004〜2010　⇒I-178
◇文献調査法─調査・レポート・論文作成必携　第2版（毛利和弘著）　2006.7
◇文献調査法─調査・レポート・論文作成必携　第3版（毛利和弘著）　2008.7
◇文献調査法─調査・レポート・論文作成必携　第4版（毛利和弘著）　2010.7

書誌書目シリーズ　ゆまに書房　1976〜2010　⇒I-178
◇蔵書目録にみる仙台藩の出版文化（朝倉治彦監修, 小井川百合子編・解説）　2006.8
◇日本図書館協会選定 良書解題　2008.2
5　京都書林仲間記録　1　京都書林仲間小草紙証文帳　改版（宗政五十緒, 朝倉治彦編）　2002.12
5　京都書林仲間記録　2　京都書林行事上組重板類板出入済帳　改版（宗政五十緒, 朝倉治彦編）　2002.12
5　京都書林仲間記録　3　京都書林仲間諸証文　改版（宗政五十緒, 朝倉治彦編）　2002.12
5　京都書林仲間記録　4　京都書林行事上組諸証文標目　改版（宗政五十緒, 朝倉治彦編）　2002.12
5　京都書林仲間記録　5　京都書林行事上組済帳標目　改版（宗政五十緒, 朝倉治彦編）　2002.12
5　京都書林仲間記録　6　京都書林仲間記録解説及書名索引　改版（宗政五十緒, 朝倉治彦編）　2002.12
14　定本群書一覧　第1巻　改版　2002.12
14　定本群書一覧　第2巻　改版　2002.12
14　定本群書一覧　第3巻　改版　2002.12
14　定本群書一覧　補巻 1　改版　2002.12
14　定本群書一覧　補巻 2　改版　2002.12
14　定本群書一覧　補巻 3　改版　2002.12
14　定本群書一覧　別巻　改版　2002.12
15　典籍秦鏡　第1巻　改版（田口明良著, 書誌研究会編）　2002.12
15　典籍秦鏡　第2巻　改版（田口明良著, 書誌研究会編）　2002.12
15　典籍秦鏡　第3巻　改版（田口明良著, 書誌研究会編）　2002.12
15　典籍秦鏡　第4巻　改版（田口明良著, 書誌研究会編）　2002.12
15　典籍秦鏡　第5巻　改版（田口明良著, 書誌研究会編）　2002.12
15　典籍秦鏡　別巻　改版（田口明良著, 書誌研究会編）　2002.12
67　旧植民地図書館蔵書目録　台湾篇 第7巻（加藤聖文編）　2005.3
67　旧植民地図書館蔵書目録　台湾篇 第8巻　台中州立図書館図書目録 第1号（大正15年1月）　台中州立図書館図書目録 昭和2年12月1日現在　台中州立図書館図書目録 昭和2年12月1日昭和9年3月末日増加（加藤聖文編）　2005.3
67　旧植民地図書館蔵書目録　台湾篇 第9巻（加藤聖文編）　2005.3

70	彦根藩弘道館書籍目録（朝倉治彦監修） 2005.1	81	未刊蘭学資料の書誌的研究 2（片桐一男著） 2006.10
71	明治初期東京大学法理文学部図書館史（高野彰著） 2004.11	83	割印帳—東博本 影印版 第1巻（朝倉治彦監修） 2007.8
73	松平定信蔵書目録 第1巻（朝倉治彦監修） 2005.6	83	割印帳—東博本 影印版 第2巻（朝倉治彦監修） 2007.8
73	松平定信蔵書目録 第2巻（朝倉治彦監修） 2005.6	83	割印帳—東博本 影印版 第3巻（朝倉治彦監修） 2007.8
74	今昔 第1巻（昭和5年）-第6巻（昭和10年）（朝倉治彦監修） 2005.7	83	割印帳—東博本 影印版 第4巻（朝倉治彦監修） 2007.8
75	近世三河・尾張文化人蔵書目録 第1巻（藤井隆監修・編集・解説） 2005.12	83	割印帳—東博本 影印版 第5巻（朝倉治彦監修） 2007.8
75	近世三河・尾張文化人蔵書目録 第2巻（藤井隆監修・編集・解説） 2005.12	85	良書解題—日本図書館協会選定 上巻（日本図書館協会〔編〕） 2008.2
75	近世三河・尾張文化人蔵書目録 第3巻（藤井隆監修・編集・解説） 2005.12	85	良書解題—日本図書館協会選定 下巻（日本図書館協会〔編〕） 2008.2
75	近世三河・尾張文化人蔵書目録 第4巻（藤井隆監修・編集・解説） 2005.12	86	稀本・艶本・珍本解題 第1巻 稀籍考 2008.4
75	近世三河・尾張文化人蔵書目録 第5巻（藤井隆監修・編集・解説） 2005.12	86	稀本・艶本・珍本解題 第2巻 日本艶本解題 第1輯 2008.4
75	近世三河・尾張文化人蔵書目録 第6巻（藤井隆監修・編集・解説） 2005.12	86	稀本・艶本・珍本解題 第3巻 日本艶本解題 第2輯 2008.4
75	近世三河・尾張文化人蔵書目録 第7巻（藤井隆監修・編集・解説） 2005.12	86	稀本・艶本・珍本解題 第4巻 珍本物語 2008.4
75	近世三河・尾張文化人蔵書目録 第8巻（藤井隆監修・編集・解説） 2005.12	88	鶚軒文庫蔵書目録 上巻（朝倉治彦監修） 2008.10
76	世界珍書解題（世界エロティシズム文学 第1巻）（ベルンハルト・シュテルン＝シュザナ著, 佐々謙自訳） 2006.1	88	鶚軒文庫蔵書目録 下巻（朝倉治彦監修・解説） 2008.10
76	世界好色文学史 第1巻（世界エロティシズム文学 第2巻）（佐々謙自編著） 2006.1	89	武蔵屋本考—その他（藤木秀吉著, 戸板康二編） 2009.6
76	世界好色文学史 第2巻（世界エロティシズム文学 第3巻）（佐々謙自, 酒井潔, 梅原北明編著） 2006.1	90	米沢藩興譲館書目集成 第1巻 米沢藩官庫書目（岩本篤志編, 朝倉治彦監修） 2009.8
80	蔵書目録にみる仙台藩の出版文化 第1巻（朝倉治彦監修, 小井川百合子編集・解説） 2006.8	90	米沢藩興譲館書目集成 第2巻 興譲館書目（岩本篤志編, 朝倉治彦監修） 2009.8
80	蔵書目録にみる仙台藩の出版文化 第2巻（朝倉治彦監修, 小井川百合子編集・解説） 2006.8	90	米沢藩興譲館書目集成 第3巻 明治の興譲館書目（岩本篤志編, 朝倉治彦監修） 2009.8
80	蔵書目録にみる仙台藩の出版文化 第3巻（朝倉治彦監修, 小井川百合子編集・解説） 2006.8	90	米沢藩興譲館書目集成 第4巻 林泉文庫書目（岩本篤志編, 朝倉治彦監修） 2009.8
80	蔵書目録にみる仙台藩の出版文化 第4巻（朝倉治彦監修, 小井川百合子編集・解説） 2006.8	91	『現代日本小説大系』（河出書房版）解説集成 第1巻 写実主義/写実主義時代/浪漫主義時代/自然主義/新浪漫主義 2009.9

- 91 『現代日本小説大系』(河出書房版)解説集成 第2巻 新理想主義/新現実主義/プロレタリア文学 2009.9
- 91 『現代日本小説大系』(河出書房版)解説集成 第3巻 モダニズム/昭和十年代/戦後篇/人名・作品索引 2009.9
- 93 近代日本の出版印刷業 第1巻 日本印刷大観 2010.4
- 93 近代日本の出版印刷業 第2巻 名古屋印刷史ほか 2010.4
- 94 明治大正期稀書・珍籍書目解題集 第1巻 帝国図書館/内閣書記官室記録課(内閣文庫)/宮内省図書寮 2010.8
- 94 明治大正期稀書・珍籍書目解題集 第2巻 東京帝国大学附属図書館/東京帝国大学文科大学史料編纂掛・東京帝国大学文学部史料編纂掛/維新史料編纂会 2010.8
- 94 明治大正期稀書・珍籍書目解題集 第3巻 京都帝国大学 2010.8
- 94 明治大正期稀書・珍籍書目解題集 第4巻 東京帝室博物館/東京音楽学校/鹿児島高等農林学校図書館/国学院大学 2010.8
- 94 明治大正期稀書・珍籍書目解題集 第5巻 南葵文庫/東洋文庫/朝吹英二/佐佐木信綱/市河三陽/杉浦丘園 2010.8
- 94 明治大正期稀書・珍籍書目解題集 第6巻 仏教大学図書館/奈良県立図書館・南都仏教図書館/東大寺図書館/金剛峯寺/宗教大学/宗教大学附属図書館 2010.8
- 94 明治大正期稀書・珍籍書目解題集 第7巻 日本文庫協会/日本図書館協会/大阪図書館・大阪府立図書館/国書刊行会/通信博物館/長崎県立長崎図書館/稀書複製会(米山堂)/印刷文化展覧会/横浜市図書館 2010.8

書籍文化史 鈴木俊幸 2000〜2009 ⇒I-183
- 第6集(鈴木俊幸編輯) 2005.1
- 第7集(鈴木俊幸編輯) 2006.1
- 第8集(鈴木俊幸編輯) 2007.1
- 第9集(鈴木俊幸編輯) 2008.1
- 第10集(鈴木俊幸編) 2009.1

書店員の実務教育読本 出版メディアパル 2008 〔2008〕
- 2 書店員の実務教育(能勢仁著) 〔2008〕

書店ポップ術 梅原潤一著 試論社 2006〜2010
- ◇グッドセラーはこうして生まれる 2006.5
- グッドセラー死闘篇 2010.8

シリーズ 愛書・探書・蔵書 晶文社 2004〜2005 ⇒I-183
- ◇まだ名前のない小さな本(ホセ・アントニオ・ミリャン著, ペリーコ・パストール絵, 安藤哲行訳) 2005.2
- ◇古書の聖地(ポール・コリンズ著, 中尾真理訳) 2005.2

シリーズ・八重山に立つ 南山舎 2000〜2007 ⇒I-183
- no.5 八重山から。八重山へ。―八重山文化論序説(砂川哲雄著) 2007.11

新女性 不二出版 2010
第5巻〜第8巻 第19号〜第31号 復刻版 2010.12

榛地和装本 ウェッジ 2010
終篇(藤田三男著) 2010.3

神道書目叢刊 皇学館大学神道研究所 1994〜2008 ⇒I-183
- 7 山内文庫谷秦山・垣守・真潮関係書目録(吉崎久編) 2008.3

新・どの本で調べるか リブリオ出版 2006
2006年版(調べたい本がかならず探せる)(図書館流通センター編) 2006.5

新入社員のためのテキスト 日本書籍出版協会 2003〜2009 ⇒I-183
- 1 本づくり 第4版(日本書籍出版協会研修事業委員会編) 2009.3
- 2 出版営業入門 改訂版(日本書籍出版協会研修事業委員会編) 2008.3
- 3 出版社の日常用語集 第4版(日本書籍出版協会研修事業委員会編) 2008.3

人民文学　不二出版　2010
　第1巻〜第4巻　昭和25年11月‐昭和27年3月　復刻版　2010.11

新レイアウトデザイン見本帖　レイアウトデザイン研究会編　銀貨社　2003〜2004　⇒I–183
　パーツ編　2004.12

杉の子図書館蔵書目録　杉の子図書館作成　杉の子図書館　2006〜2007
　児童図書篇　分冊1（岩波少年文庫）（2005年12月31日現在）　2006.10
　児童図書篇　分冊10（図鑑・地図）（2007年7月31日現在）　2007.9

駿遠豆文献集成　川原崎次郎　2007
　◇郷土愛川原崎文庫蔵書目録（〔川原崎次郎〕〔編〕）　2007.10

製本加工ハンドブック　日本印刷技術協会　2006
　ソリューション編（製本加工編集委員会編著）　2006.10
　マネジメント編（製本加工編集委員会編著）　2006.11
　技術概論編（製本加工編集委員会編・著）　2006.9

世界の国際ブックフェア　出版文化国際交流会　出版文化国際交流会　1996〜2009　⇒I–184
　no.15（2005年10月—2006年10月）（現場からの報告）　2007.2
　no.16（2006年10月—2008年2月）（現場からの報告）　2008.4
　no.17（2008年度）（現場からの報告）　2009.4

全集・合集収載翻訳図書目録　日外アソシエーツ株式会社編　日外アソシエーツ　2009
　1992-2007 1　総記・人文・社会　2009.3
　1992-2007 2　科学・技術・産業　2009.3
　1992-2007 3　芸術・言語・文学　2009.3

全集講座内容総覧　日外アソシエーツ　2000〜2005　⇒I–184
　2000-2004（日外アソシエーツ株式会社編）　2005.3

全集・叢書総目録　日外アソシエーツ株式会社編　日外アソシエーツ　1999〜2007　⇒I–184
　1999-2004 1（総記）　2005.7
　1999-2004 2（人文）　2005.5
　1999-2004 3（社会）　2005.5
　1999-2004 4（科学・技術・産業）　2005.6
　1999-2004 5（芸術・言語・文学）　2005.6
　1999-2004 6（総索引）　2005.7
　明治・大正・昭和戦前期 1（総記・人文・社会）　2007.10
　明治・大正・昭和戦前期 2（科学・技術・産業・芸術・言語・文学）　2007.11

総合誌記事索引　日外アソシエーツ株式会社編　日外アソシエーツ　2001〜2007　⇒I–184
　2001-2003　2004.5
　2004-2006　2007.8

蔵書目録　大阪YWCA点字子ども図書室編　大阪YWCA点字子ども図書室　2004〜2010　〔点字資料〕　⇒I–184
　3 第1巻　2004.3
　3 第2巻　2004.3
　4 第1巻　2010.3
　4 第2巻　2010.3

大活字本目録　調布市立図書館　調布市立図書館　2004〜2010　⇒I–184
　平成17年度版　書名順　2005.10
　平成17年度版　著者名順　2005.10
　平成18年度版　著者名順　2006.10
　平成18年度版　書名順　2006.10
　平成19年度版　2008.1
　平成20年度版　2009.3
　平成21年度版　2010.3

高岡地区図書館郷土関係資料目録　高岡地区図書館連絡会事務局編　高岡地区図書館連絡会事務局　2005〜2007
　第2集　2005.10
　第3集　2007.3

出版・書誌　　　　　　　　　　　　　　　　　　　　　　　　　総記

高垣文庫貴重書目録　成城大学経済研究所　1983
　　～2008
　◇（成城大学高垣文庫）　1983.3
　補遺（old and rare books）（成城大学経済研究所）
　　2008.11

丹青　臨川書店　2007
　第1巻 第1号・第2巻 第2号　　復刻版（一水会編）
　　2007.10

地域研究・郷土資料図書目録　図書館流通センター
　企画編集室編　図書館流通センター　2001
上巻（北海道・東北・関東篇）　2001.10
中巻（中部・近畿篇）　2001.10
下巻（中国・四国・九州篇/索引篇）　2001.10

千葉県EL新聞記事情報リスト　エレクトロニック
　・ライブラリー編　エレクトロニック・ライブラ
　リー　2007～2010
2006-1　2007.10
2006-2　2007.10
2007-1　2008.2
2007-2　2008.2
2007-3　2008.2
2008-1　2009.2
2008-2　2009.2
2008-3　2009.2
2008-4　2009.2
2009-1　2010.2
2009-2　2010.2
2009-3　2010.2
2009-4　2010.2

千原大五郎資料目録　東京文化財研究所（2001年）
　文化財研究所東京文化財研究所国際文化財保
　存修復協力センター　2003～2005　⇒I-185
写真編　2005.3

中央経済社出版総目録　中央経済社　2009
　書籍編（since 1948～2009）（中央経済社編）　2009.
　　10

中国書籍総目録（全国総書目）　不二出版　1999～
　2007　⇒I-186

第106巻（2000年 1）　2004.11
第107巻（2000年 2）　2004.11
第108巻（2000年 3）　2004.11
第109巻（2000年 4）　2004.11
第110巻（2000年 5）　2004.11
第111巻（2000年 6）　2004.11
第112巻（2001年 1）　2005.4
第113巻（2001年 2）　2005.4
第114巻（2001年 3）　2005.4
第115巻（2001年 4）　2005.4
第116巻（2001年 5）　2005.4
第117巻（2001年 6）　2005.4
第118巻（2002年 1）　2005.11
第119巻（2002年 2）　2005.11
第120巻（2002年 3）　2005.11
第121巻（2002年 4）　2005.11
第122巻（2002年 5）　2005.11
第123巻（2002年 6）　2006.4
第124巻（2002年 7）　2006.4
第125巻（2002年 8）　2006.4
第126巻（2002年 9）　2006.4
第127巻（2002年 10）　2006.4
第128巻（2003年 1）　2006.11
第129巻（2003年 2）　2006.11
第130巻（2003年 3）　2006.11
第131巻（2003年 4）　2006.11
第132巻（2003年 5）　2006.11
第133巻（2003年 6）　2007.4
第134巻（2003年 7）　2007.4
第135巻（2003年 8）　2007.4
第136巻（2003年 9）　2007.4
第137巻（2003年 10）　2007.4

著作権研究所研究叢書　著作権情報センター
　2009～2010
no.19　著作権白書―著作権産業の側面からみて
　第3集　2009.6
no.20　知的財産に関するガワーズ・レビューに
　関する報告書（ガワーズ〔著〕,著作権情報セン
　ター附属著作権研究所〔編〕）　2010.3

no.21　著作権契約法現行コード—著作権契約法委員会（著作権情報センター附属著作権研究所〔著〕）　2010.3

著作権情報センター附属著作権研究所研究叢書　著作権情報センター　2001～2009　⇒I-177
no.13　公貸権制度に関する調査・研究—公貸権委員会（著作権情報センター附属著作権研究所〔著〕）　2005.3
no.14　著作権白書—著作権産業の側面からみて　第2集　2005.3
no.14 別冊　著作権白書—著作権産業の側面からみて　第2集 別冊（外国6報告書翻訳集）　2005.3
no.15　著作権法と独占禁止法に関する調査研究—著作権法と独禁法委員会（著作権情報センター附属著作権研究所〔著〕）　2006.3
no.16　著作権白書—著作権に関する条約の側面からみて（著作権情報センター附属著作権研究所〔著〕）　2007.3
no.17　著作者人格権に関する総合的考察—著作者人格権委員会（著作権情報センター附属著作権研究所〔著〕）　2007.3
no.18　パブリシティの権利をめぐる諸問題—肖像権委員会（著作権情報センター附属著作権研究所〔著〕）　2009.3
no.19 別冊　著作権白書—著作権産業の側面からみて　第3集 別冊（外国6報告書翻訳集）（著作権情報センター附属著作権研究所〔著〕）　2009.7

著作権・著作隣接権論文集　著作権情報センター　著作権情報センター　1999～2010
第2回　1999.11
第3回　2001.12
第4回　2003.12
第5回　2005.12
第6回　2007.12
第7回　2010.3

著作権文献・資料目録　大家重夫, 黒沢節男編　著作権情報センター　2005～2010
2003　2005.3
2004　2006.3
2005　2007.3
2006　2008.3
2007　2009.3
2008　2010.3

著作権法コンメンタール　勁草書房　2009～2010
1　1条～22条の2（半田正夫, 松田政行編）　2009.1
2　23条～90条の3（半田正夫, 松田政行編）　2009.1
3　91条～124条・附則, 著作権等管理事業法（半田正夫, 松田政行編）　2009.1
別冊　平成21年改正解説（池村聡著）　2010.5

珍稀古籍書影叢刊　北京図書館出版社　2005
6　訪書余録（和田維四郎編）　2005.3

陳コレクション図書等目録　滋賀県立大学人間文化学部地域文化学科, 滋賀県立大学図書情報センター編　滋賀県立大学人間文化学部地域文化学科　2007～2008
上　2007.3
下　2008.3

デザインスタイルシリーズ　ピエ・ブックス　2009
◇表紙のレイアウト　2009.1
◇文字組のレイアウト　2009.1
◇キャプション・チャートのレイアウト　2009.1

デザイン製本　印刷学会出版部　2005～2007
1　デザイナーと装丁（小泉弘著）　2005.11
2　製本探索（大貫伸樹著）　2005.9
3　古典籍の装幀と造本（吉野敏武著）　2006.5
4　デジタル技術と手製本（坂井えり著）　2007.3

点字図書目録　春日井市図書館　春日井市図書館　2006～2010
平成18年3月31日現在 書名順　〔2006〕
平成20年3月31日現在 著者名順　〔2008〕
平成20年3月31日現在 書名順　〔2008〕
平成21年3月31日現在 書名順　〔2009〕
平成22年3月31日現在 書名順　〔2010〕

点字図書・録音図書デイジー図書目録　秋田県点字図書館　秋田県点字図書館　2005～2010
追録第18号（2004年4月—2005年3月）　2005.6
追録第19号（2005年4月—2006年3月）　2006.7

出版・書誌　　　　　　　　　　　　　　　　　　総記

追録第20号（2006年4月―2007年3月）　2007.7
追録第21号（2007年4月―2008年3月）　2008.7
追録第22号（2008年4月―2009年3月）　2009.7
追録第23号（2009年4月―2010年3月）　2010.6

点字図書・録音図書目録　兵庫県点字図書館　兵庫県点字図書館　2002～2006
追録第3号（2000年4月―2002年3月）　〔2002〕
追録第4号（2002年4月―2004年3月）　〔2004〕
追録第5号（2004年4月―2006年3月）　〔2006〕

天理図書館叢書　八木書店　2005
第21輯　古義堂文庫目録　復刻版（天理大学附属天理図書館編）　2005.12

ドイツ－日本研究所文献目録シリーズ　Iudicium Verlag　2004
8　日本の大学所蔵特殊文庫解題目録―ドイツ語・日本語併記（マティアス・コッホ〔著〕）　2004

東京都「葛飾区・江戸川区」EL新聞記事情報リスト　エレクトロニック・ライブラリー編　エレクトロニック・ライブラリー　2008～2010
2007　2008.2
2008　2009.2
2009　2010.2

東京都「北区・荒川区・足立区」EL新聞記事情報リスト　エレクトロニック・ライブラリー編　エレクトロニック・ライブラリー　2008～2010
2007　2008.2
2008　2009.2
2009　2010.2

東京都「北区・荒川区・足立区・葛飾区・江戸川区」EL新聞記事情報リスト　エレクトロニック・ライブラリー　2007
2006（エレクトロニック・ライブラリー編）　2007.10

東京都「北多摩」EL新聞記事情報リスト　エレクトロニック・ライブラリー　2007
2006（エレクトロニック・ライブラリー編）　2007.10

東京都「北多摩1」EL新聞記事情報リスト　エレクトロニック・ライブラリー編　エレクトロニック・ライブラリー　2008～2010
2007　2008.2
2008　2009.2
2009　2010.2

東京都「北多摩2」EL新聞記事情報リスト　エレクトロニック・ライブラリー編　エレクトロニック・ライブラリー　2008～2010
2007　2008.2
2008　2009.2
2009　2010.2

東京都「江東区」EL新聞記事情報リスト　エレクトロニック・ライブラリー編　エレクトロニック・ライブラリー　2008～2010
2007　2008.2
2008　2009.2
2009　2010.2

東京都子供読書活動推進資料　東京都立多摩図書館　2009～2010
2008　ほん・本・ごほん　1　どうぶつだいしゅうごう・ふしぎなせかい（東京都立多摩図書館編）　2009.3
2009　ほん・本・ごほん　2　こんなひとしってる？・うれしいな、たのしいな（東京都立多摩図書館編）　2010.3

東京都「品川区・大田区」EL新聞記事情報リスト　エレクトロニック・ライブラリー編　エレクトロニック・ライブラリー　2007～2010
2006　2007.10
2007　2008.2
2008　2009.2
2009　2010.2

東京都「渋谷区」EL新聞記事情報リスト　エレクトロニック・ライブラリー編　エレクトロニック・ライブラリー　2008～2010
2007　2008.2
2008　2009.2

2009　2010.2

東京都「新宿区」EL新聞記事情報リスト　エレクトロニック・ライブラリー編　エレクトロニック・ライブラリー　2008～2010
2007　2008.2
2008　2009.2
2009　2010.2

東京都「新宿区・渋谷区」EL新聞記事情報リスト　エレクトロニック・ライブラリー　2007
2006（エレクトロニック・ライブラリー編）　2007.10

東京都「全域」EL新聞記事情報リスト　エレクトロニック・ライブラリー編　エレクトロニック・ライブラリー　2007～2010
2006-1　2007.10
2006-2　2007.10
2006-3　2007.10
2006-4　2007.10
2006-5　2007.10
2006-6　2007.10
2007-1　2008.2
2007-2　2008.2
2007-3　2008.2
2007-4　2008.2
2007-5　2008.2
2007-6　2008.2
2007-7　2008.2
2007-8　2008.2
2007-9　2008.2
2008-1　2009.2
2008-2　2009.2
2008-3　2009.2
2008-4　2009.2
2008-5　2009.2
2008-6　2009.2
2008-7　2009.2
2008-8　2009.2
2008-9　2009.2
2008-10　2009.2
2008-11　2009.2
2008-12　2009.2
2009-1　2010.2
2009-2　2010.2
2009-3　2010.2
2009-4　2010.2
2009-5　2010.2
2009-6　2010.2
2009-7　2010.2
2009-8　2010.2
2009-9　2010.2
2009-10　2010.2
2009-11　2010.2
2009-12　2010.2
2009-13　2010.2

東京都「台東区・墨田区」EL新聞記事情報リスト　エレクトロニック・ライブラリー編　エレクトロニック・ライブラリー　2008～2010
2007　2008.2
2008　2009.2
2009　2010.2

東京都「中央区」EL新聞記事情報リスト　エレクトロニック・ライブラリー編　エレクトロニック・ライブラリー　2008～2010
2007　2008.2
2008　2009.2
2009　2010.2

東京都「中央区・江東区」EL新聞記事情報リスト　エレクトロニック・ライブラリー　2007
2006（エレクトロニック・ライブラリー編）　2007.10

東京都「千代田区」EL新聞記事情報リスト　エレクトロニック・ライブラリー編　エレクトロニック・ライブラリー　2007～2010
2006　2007.10
2007-1　2008.2
2007-2　2008.2
2008　2009.2
2009-1　2010.2

出版・書誌　　　　　　　　　　　　　　　　　　　　　　　　　　　　　　総記

2009-2　2010.2

東京都「中野区・杉並区・板橋区・練馬区」EL新聞記事情報リスト　エレクトロニック・ライブラリー編　エレクトロニック・ライブラリー　2007～2010
2006　2007.10
2007　2008.2
2008　2009.2
2009　2010.2

東京都「文京区・台東区・墨田区・豊島区」EL新聞記事情報リスト　エレクトロニック・ライブラリー　2007
2006（エレクトロニック・ライブラリー編）　2007.10

東京都「文京区・豊島区」EL新聞記事情報リスト　エレクトロニック・ライブラリー編　エレクトロニック・ライブラリー　2008～2010
2007　2008.2
2008　2009.2
2009　2010.2

東京都「港区」EL新聞記事情報リスト　エレクトロニック・ライブラリー編　エレクトロニック・ライブラリー　2007～2010
2006　2007.10
2007-1　2008.2
2007-2　2008.2
2008　2009.2
2009-1　2010.2
2009-2　2010.2

東京都「南多摩」EL新聞記事情報リスト　エレクトロニック・ライブラリー編　エレクトロニック・ライブラリー　2007～2010
2006　2007.10
2007　2008.2
2008　2009.2
2009　2010.2

東京都「目黒区・世田谷区」EL新聞記事情報リスト　エレクトロニック・ライブラリー編　エレクトロニック・ライブラリー　2007～2010
2006　2007.10
2007　2008.2
2008　2009.2
2009　2010.2

東京都立多摩図書館録音図書・点字図書目録　東京都立多摩図書館　1999～2010　⇒I-188
2005年12月末現在（東京都立多摩図書館情報サービス係編）　2006.3
2007年12月末現在（東京都立多摩図書館情報サービス係視覚障害者サービス担当編）　2008.3
2009年12月末現在（東京都立多摩図書館情報サービス係視覚障害者サービス担当編）　2010.3
追録3（2003年1月―2004年12月）（東京都立多摩図書館編）　2005.3
追録4（2005年1月―2006年12月）（東京都立多摩図書館編）　2007.3
追録5（2007年1月―2008年12月）（東京都立多摩図書館編）　2009.3

東京都立中央図書館新聞・雑誌目録　東京都立中央図書館　2008
2008年11月現在　新聞・雑誌・主題分類索引（東京都立中央図書館編）　2008.12

東京都立中央図書館・多摩図書館新聞・雑誌目録　東京都立中央図書館編　東京都立中央図書館　2004～2008　⇒I-188
2005年2月末現在 1（新聞・雑誌（上））　2005.3
2005年2月末現在 2（雑誌（下）・主題分類索引）　2005.3
2006年2月末現在 1（新聞・雑誌（上））　2006.3
2006年2月末現在 2（雑誌（下）・主題分類索引）　2006.3
2007年2月末現在 1（新聞・雑誌（上））　2007.3
2007年2月末現在 2（雑誌（下）・主題分類索引）　2007.3
2008年2月末現在 1　新聞・雑誌（上）　2008.3

総記

出版・書誌

2008年2月末現在 2 雑誌(下)・主題分類索引 2008.3

東京都立中央図書館中国語図書目録　東京都立中央図書館編　東京都立中央図書館　1994〜2005　⇒I–188
補遺追加版　2005.1

東京ブックマップ　書籍情報社　2005
2005-2006年版(東京23区書店・図書館徹底ガイドネット対応版)(東京ブックマップ編集委員会編)　2005.3

東北アジア文献研究叢刊　東北アジア文献研究会　1999〜2010　⇒I–189
4　清韓論(O. N. デニー著, 岡本隆司校訂・訳註)　2010.2

東洋学研究情報センター叢刊　The Research and Information Center for Asian Studies, the institute of Oriental Culture, University of Tokyo　2002〜2009　⇒I–189
第7輯　Catalogue of Araki Shigeru collection owned by the institute of Oriental Culture (edited by Aoki Takeshi, Einoo Shingo)　2007.1
第9輯　Old maps of Tuva　1　The detailed map of the nomadic grazing patterns of total area of the Tannu-Uriankhai (edited by Todoriki Masahiko)　2008.2
第10輯　Old maps of Tuva　2　Tannu-Uriankhai maps in eighteenth century China (edited by Todoriki Masahiko)　2009.3

東洋学研究情報センター叢刊　東京大学東洋文化研究所附属東洋学研究情報センター　2003〜2010　⇒I–189
第5輯　東京大学東洋文化研究所所蔵上村勝彦文庫目録(石井裕, 永ノ尾信悟編)　2005.3
第6輯　明治の営業写真家山本讃七郎写真資料目録　その1(東京大学東洋文化研究所所蔵古写真資料目録　1)(平勢陸郎, 井上直美, 河村久仁子編)　2006.3
第8輯　伊藤義教氏転写・翻訳「デーンカルド」第3巻1(伊藤義教転写・翻訳, 青木健編)　2007.9
第11輯　伊藤義教氏転写・翻訳「デーンカルド」第3巻2(伊藤義教転写・翻訳, 青木健編)　2009.12
第12輯　東京大学東洋文化研究所所蔵滝川勉文庫目録(加納啓良, 河合由美子編)　2010.3

徳島県EL新聞記事情報リスト　エレクトロニック・ライブラリー編　エレクトロニック・ライブラリー　2007〜2010
2006　2007.10
2007　2008.2
2008　2009.2
2009-1　2010.2
2009-2　2010.2

特殊文献目録シリーズ　一橋大学経済研究所資料室　2005〜2007
no.20　マイクロフォーム統計資料目録――一橋大学経済研究所所蔵　南アジア・オセアニア篇(一橋大学経済研究所資料室編)　2005.2
no.21　森田優三文庫洋書目録――一橋大学経済研究所所蔵(一橋大学経済研究所資料室編)　2007.12

都市創成　不二出版　2005
第1巻〜第5巻　復刻版(堀田典裕解説)　2005.5

栃木県EL新聞記事情報リスト　エレクトロニック・ライブラリー編　エレクトロニック・ライブラリー　2007〜2010
2006　2007.10
2007-1　2008.2
2007-2　2008.2
2008-1　2009.2
2008-2　2009.2
2009-1　2010.2
2009-2　2010.2

鳥取県EL新聞記事情報リスト　エレクトロニック・ライブラリー編　エレクトロニック・ライブラリー　2007〜2010
2006　2007.10
2007　2008.2
2008　2009.2

出版・書誌　　　　　　　　　　　　　　　　　　　　　　　総記

2009-1　2010.2
2009-2　2010.2

富山県EL新聞記事情報リスト　エレクトロニック・ライブラリー編　エレクトロニック・ライブラリー　2007～2010
2006　2007.10
2007-1　2008.2
2007-2　2008.2
2008-1　2009.2
2008-2　2009.2
2009-1　2010.2
2009-2　2010.2
2009-3　2010.2
2009-4　2010.2

長崎県EL新聞記事情報リスト　エレクトロニック・ライブラリー編　エレクトロニック・ライブラリー　2007～2010
2006　2007.10
2007-1　2008.2
2007-2　2008.2
2008-1　2009.2
2008-2　2009.2
2009-1　2010.2
2009-2　2010.2

長野県EL新聞記事情報リスト　エレクトロニック・ライブラリー編　エレクトロニック・ライブラリー　2007～2010
2006-1　2007.10
2006-2　2007.10
2007-1　2008.2
2007-2　2008.2
2007-3　2008.2
2008-1　2009.2
2008-2　2009.2
2008-3　2009.2
2009-1　2010.2
2009-2　2010.2
2009-3　2010.2

奈良県EL新聞記事情報リスト　エレクトロニック・ライブラリー編　エレクトロニック・ライブラリー　2007～2010
2006　2007.10
2007　2008.2
2008　2009.2
2009-1　2010.2
2009-2　2010.2
2009-3　2010.2

奈良県内公共図書館等雑誌・新聞タイトル目録　奈良県図書館協会公共図書館部会　2007
2007年版（奈良県図書館協会）　2007.3

南洋群島　不二出版　2010
第19巻 - 第23巻　復刻版　2010.9

新潟県EL新聞記事情報リスト　エレクトロニック・ライブラリー編　エレクトロニック・ライブラリー　2007～2010
2006-1　2007.10
2006-2　2007.10
2007-1　2008.2
2007-2　2008.2
2007-3　2008.2
2007-4　2008.2
2008-1　2009.2
2008-2　2009.2
2008-3　2009.2
2008-4　2009.2
2009-1　2010.2
2009-2　2010.2
2009-3　2010.2
2009-4　2010.2

日経デザイン別冊　日経BP社　1999～2008　⇒I-189
◇編集デザインの教科書　改訂版（工藤強勝監修・エディトリアルデザイン、日経デザイン編）　2007.3
◇編集デザインの教科書　第3版（日経デザイン編、工藤強勝監修・エディトリアルデザイン）　2008.12

出版・書誌

日本エディタースクール講義ノート　日本エディタースクール出版部　2005〜2007
1　デジタル原稿の編集技能—Wordを使った原稿編集のノウハウ(小林敏著)　2005.5
2　常用漢字字体一覧(デジタル原稿の漢字の知識 1)(日本エディタースクール編)　2006.5
3　人名用漢字・表外漢字字体一覧(デジタル原稿の漢字の知識 2)(小林敏編)　2007.5

日本近代文学館所蔵資料目録　日本近代文学館編　日本近代文学館　1977〜2008　⇒I–189
29　片岡鉄兵コレクション目録　2005.5
30　結城信一コレクション目録　2006.12
31　野村胡堂文庫目録　2008.3

日本現存朝鮮本研究　京都大学学術出版会　2006
集部(藤本幸夫編)　2006.2

日本件名図書目録　日外アソシエーツ　1999〜2010　⇒I–189
2004 1 (人名・地名・団体名)(日外アソシエーツ株式会社編)　2005.5
2004 2 (一般件名)あ—しょ(日外アソシエーツ株式会社編)　2005.6
2004 2 (一般件名)しら—わ(日外アソシエーツ株式会社編)　2005.6
2005 1 (人名・地名・団体名)(日外アソシエーツ株式会社編)　2006.5
2005 2 (一般件名)あ—しょ(日外アソシエーツ株式会社編)　2006.6
2005 2 (一般件名)しら—わ(日外アソシエーツ株式会社編)　2006.6
2006 1 (人名・地名・団体名)(日外アソシエーツ株式会社編)　2007.5
2006 2 (一般件名)あ—しょ(日外アソシエーツ株式会社編)　2007.6
2006 2 (一般件名)しら—わ(日外アソシエーツ株式会社編)　2007.6
2007 1 (人名・地名・団体名)(日外アソシエーツ株式会社編)　2008.5
2007 2 (一般件名)あ—しょ(日外アソシエーツ株式会社編)　2008.6
2007 2 (一般件名)しら—わ(日外アソシエーツ株式会社編)　2008.6
2008 1 (人名・地名・団体名)(日外アソシエーツ株式会社編)　2009.5
2008 2 (一般件名)あ〜しょ(日外アソシエーツ株式会社編)　2009.6
2008 2 (一般件名)しら—わ(日外アソシエーツ株式会社編)　2009.6
2009 1 (人名・地名・団体名)(日外アソシエーツ株式会社編)　2010.5
2009 2 (一般件名)あ〜しょ(日外アソシエーツ株式会社編)　2010.6
2009 2 (一般件名)しら〜わ(日外アソシエーツ株式会社編)　2010.6

日本雑誌総目次要覧　日外アソシエーツ　2005
1994-2003 (深井人詩, 中西裕共編)　2005.7

日本出版史料　日本出版学会, 出版教育研究所共編　日本エディタースクール出版部　1995〜2005　⇒I–190
10 (制度・実態・人)　2005.10

日本書誌学大系　青裳堂書店　1978〜2010　⇒I–190
41-5　近代蔵書印譜　5編(中野三敏, 後藤憲二共編)　2007.2
67-6　東京大学所蔵草双紙目録　補編(近世文学読書会編)　2006.12
89-2　京阪文芸史料　第2巻(多治比郁夫著)　2005.1
89-3　京阪文芸史料　第3巻(多治比郁夫著)　2005.9
89-4　京阪文芸史料　第4巻(多治比郁夫著)　2006.7
89-5　京阪文芸史料　第5巻(多治比郁夫著)　2007.10
92-2　狩谷棭斎年譜　下(梅谷文夫著)　2006.2
93-1　中国蔵書印提要　印文篇(相島宏編著)　2006.2
94　田藩文庫目録と研究—田安徳川家伝来古典籍(人間文化研究機構国文学研究資料館編)　2006.3

出版・書誌

95-1　赤本黒本青本書誌　赤本以前之部（木村八重子著）　2009.3
96　松会版書目　増補（柏崎順子編）　2009.4
97　藤井文政堂板木売買文書（永井一彰著）　2009.6
98　蘆庵文庫目録と資料（蘆庵文庫研究会編）　2009.10
99-1　近世木活続貂　上（後藤憲二編）　2010.4
99-2　近世木活続貂　下（後藤憲二編）　2010.5

日本大学総合学術情報センター所蔵古典籍資料目録　貴重書・古典籍資料調査プロジェクト編　日本大学総合学術情報センター　2003～2008
⇒I-190
3（中古・中世散文編）　2004.10
4（歌書編2）　2006.3
5（歌書編3）　2008.3
6（近世小説編）　2006.3
7（草双紙編）　2007.3

日本著者名総目録　日外アソシエーツ株式会社編　日外アソシエーツ　2005～2007
2003-2004　1（個人著者名　あ―そ）　2005.3
2003-2004　2（個人著者名　た―わ）　2005.3
2003-2004　3（団体著者名）　2005.3
2003-2004　4（書名索引）　2005.4
2005-2006　1（個人著者名　あ―そ）　2007.3
2005-2006　2（個人著者名　た―わ）　2007.3
2005-2006　3（団体著者名）　2007.3
2005-2006　4（書名索引）　2007.4

ニュースボード　名雲純一編　名雲書店　2009～2010
第79号（a catalogue of antiquarian books）　2009.11
第81号（a catalogue of antiquarian books）　2010.7
第82号（a catalogue of antiquarian books）　2010.10

人魚通信　人魚書房　2003～2004
1　2003.11
2　2004.6

年譜年表総索引　日外アソシエーツ　2006
2001-2005（日外アソシエーツ株式会社編）　2006.10

白書出版産業　文化通信社　2010
◇　2010（データとチャートで読む出版の現在）（日本出版学会編）　2010.9

ハーバード燕京図書館書誌シリーズ　八木書店　2008
第13巻　ハーバード燕京図書館の日本古典籍（鈴木淳，マクヴェイ山田久仁子編著）　2008.6

原野コレクション　関西学院大学博物館開設準備室　2008～2009
1　本に貼られた版画―蔵書票の美（関西学院大学博物館開設準備室編）　2008.12
2　Ex libris（蔵書票）―夢二から現代作家まで（関西学院大学博物館開設準備室編）　2009.10

播但図書館連絡協議会雑誌・新聞総合目録　播但図書館連絡協議会　2005
2005（播但図書館連絡協議会資料作成委員会編）　2005.3

ビジネスファミ通　エンターブレイン，角川グループパブリッシング〔発売〕　2010
◇電子書籍革命の真実―未来の本　本のミライ（西田宗千佳著）　2010.12

兵庫県EL新聞記事情報リスト　エレクトロニック・ライブラリー編　エレクトロニック・ライブラリー　2007～2010
2006-1　2007.10
2006-2　2007.10
2006-3　2007.10
2006-4　2007.10
2007-1　2008.2
2007-2　2008.2
2007-3　2008.2
2007-4　2008.2
2007-5　2008.2
2008-1　2009.2
2008-2　2009.2

総記　　　　　　　　　　　　　　　　　　　　　　　　　　　　　　出版・書誌

2008-3	2009.2
2008-4	2009.2
2008-5	2009.2
2009-1	2010.2
2009-2	2010.2
2009-3	2010.2
2009-4	2010.2
2009-5	2010.2

弘前図書館蔵書目録　弘前市立弘前図書館　2010
松木文庫の部（弘前図書館）　2010.3

広島県EL新聞記事情報リスト　エレクトロニック・ライブラリー編　エレクトロニック・ライブラリー　2007〜2010

2006-1	2007.10
2006-2	2007.10
2006-3	2007.10
2006-4	2007.10
2007-1	2008.2
2007-2	2008.2
2007-3	2008.2
2007-4	2008.2
2007-5	2008.2
2008-1	2009.2
2008-2	2009.2
2008-3	2009.2
2008-4	2009.2
2009-1	2010.2
2009-2	2010.2
2009-3	2010.2
2009-4	2010.2
2009-5	2010.2

広島市行政資料目録　広島市公文書館　広島市公文書館　1999〜2006　⇒I-191
市政資料編　追録17　2006.3

福井県EL新聞記事情報リスト　エレクトロニック・ライブラリー編　エレクトロニック・ライブラリー　2007〜2010
2006　2007.10

2007	2008.2
2008	2009.2
2009-1	2010.2
2009-2	2010.2

福岡県EL新聞記事情報リスト　エレクトロニック・ライブラリー編　エレクトロニック・ライブラリー　2007〜2010

2006-1	2007.10
2006-2	2007.10
2006-3	2007.10
2006-4	2007.10
2007-1	2008.2
2007-2	2008.2
2007-3	2008.2
2007-4	2008.2
2007-5	2008.2
2008-1	2009.2
2008-2	2009.2
2008-3	2009.2
2008-4	2009.2
2008-5	2009.2
2009-1	2010.2
2009-2	2010.2
2009-3	2010.2
2009-4	2010.2
2009-5	2010.2

福岡県市町村研究所図書目録　福岡県市町村研究所　2005
2005（福岡県市町村研究所編）　2005.3

福岡県立図書館収集文書目録　福岡県立図書館編　福岡県立図書館　1986〜2005　⇒I-191
第7輯　2005.3

福島県EL新聞記事情報リスト　エレクトロニック・ライブラリー編　エレクトロニック・ライブラリー　2007〜2010

2006-1	2007.10
2006-2	2007.10
2007-1	2008.2
2007-2	2008.2

出版・書誌

2007-3	2008.2
2008-1	2009.2
2008-2	2009.2
2008-3	2009.2
2008-4	2009.2
2009-1	2010.2
2009-2	2010.2
2009-3	2010.2
2009-4	2010.2
2009-5	2010.2

復刻版 自由灯　不二出版　2006
第4巻〜第6巻　2006.9

船橋市西図書館所蔵資料資料解説　船橋市西図書館　2007
地図編（船橋市西図書館編）　2007.5

船橋市西図書館所蔵資料目録　船橋市西図書館　2009
追録1（船橋市西図書館編）　2009.12

古本探究　小田光雄著　論創社　2009〜2010
◇　2009.2
2　2009.8
3　2010.1

文献案内シリーズ　神奈川県立図書館　2003〜2007　⇒I-192
3　入門グレート・ブックス—神奈川県立図書館所蔵　西洋文芸編（神奈川県立図書館資料部図書課編）　2006.3
4　入門グレート・ブックス—神奈川県立図書館所蔵　日本文芸編（神奈川県立図書館資料部図書課編）　2007.3

文献解題目録　科学書院　2005〜2009
第1号　文化資源学に関する文献一覧　2005.5
第2号　文化資源学に関する文献一覧　2006.5
第3号　文化資源学に関する文献一覧　2007.5
第4号　文化資源学に関する文献一覧　2009.9

文庫文献類従　金沢文圃閣　1999〜2010　⇒I-192

5-3　占領期女性雑誌事典—解題目次総索引　第3巻（吉田健二編著）　2005.3
5-4　占領期女性雑誌事典—解題目次総索引　第4巻（吉田健二編著）　2005.9
5-5　占領期女性雑誌事典—解題目次総索引　第5巻（吉田健二編著）　2006.3
5-6　占領期女性雑誌事典—解題目次総索引　第6巻（吉田健二編著）　2006.9
5-7　占領期女性雑誌事典—解題目次総索引　第7巻（吉田健二編著）　2007.3
5-8　占領期女性雑誌事典—解題目次総索引　第8巻（吉田健二編著）　2007.11
5-9　占領期女性雑誌事典—解題目次総索引　第9巻（吉田健二編著）　2008.5
6-11　書籍雑誌商資料—内地・植民地／1937〜41　第1巻（戦時占領期出版関係史料集　4）　2004.11
6-12　書籍雑誌商資料—内地・植民地／1937〜41　第2巻（戦時占領期出版関係史料集　4）　2004.11
8-1　戦後初期の出版社と文化人一覧　第1巻（大久保久雄, 福島鋳郎監修）　2005.9
8-2　戦後初期の出版社と文化人一覧　第2巻（大久保久雄, 福島鋳郎監修）　2005.9
8-3　戦後初期の出版社と文化人一覧　第3巻（大久保久雄, 福島鋳郎監修）　2005.12
8-4　戦後初期の出版社と文化人一覧　第4巻（大久保久雄, 福島鋳郎監修）　2005.12
9　日本書誌の書誌　社会科学編（主題編3）（天野敬太郎編纂）　2006.9
10　ベルクソン書誌—日本における研究の展開（郡司良夫編著）　2007.1
11-1　日本書籍商史—明治大正昭和戦前期　第1巻（大久保久雄監修）　2007.9
11-2　日本書籍商史—明治大正昭和戦前期　第2巻（大久保久雄監修）　2007.9
12　出版・書籍商人物情報大観—昭和初期（大久保久雄監修）　2008.2
13　満州国出版目録　第1巻　官庁刊行物編　1（岡村敬二編・解題）　2008.8
13　満州国出版目録　第2巻　官庁刊行物編　2（岡村敬二編・解題）　2008.8

出版・書誌

13　満州国出版目録　第3巻　官庁刊行物編　3（岡村敬二編・解題）　2008.8
13　満州国出版目録　第4巻　官庁刊行物編　4（岡村敬二編・解題）　2009.2
13　満州国出版目録　第5巻　官庁刊行物編　5（岡村敬二編・解題）　2009.2
13　満州国出版目録　第6巻　統計資料編（岡村敬二編・解題）　2009.8
13　満州国出版目録　第7巻　民間出版物編　1（岡村敬二編・解題）　2009.8
13　満州国出版目録　第8巻　民間出版物編　2（岡村敬二編・解題）　2009.8
14　ブリティッシュ・ライブラリー図書館情報学研究開発報告目録—1965-2002（図書館情報学ビブリオグラフィーズ　1）（藤野寛之編集・解説）　2009.1
15-1　戦前東京/大阪出版業史　第1巻（大久保久雄監修）　2008.12
15-2　戦前東京/大阪出版業史　第2巻（大久保久雄監修）　2008.12
15-3　戦前東京/大阪出版業史　第3巻（大久保久雄監修）　2008.12
17　性・風俗・軟派文献書誌解題集成　近代編　第1巻（谷沢永一編・解題）　2009.11
17　性・風俗・軟派文献書誌解題集成　近代編　第3巻（谷沢永一編・解題）　2009.11
17　性・風俗・軟派文献書誌解題集成　近代編　第2巻（谷沢永一編・解題）　2010.3
17　性・風俗・軟派文献書誌解題集成　近代編　第4巻（谷沢永一編・解題）　2010.3
19　出版書籍商人物事典　第1巻（戦時占領期出版関係史料集　5）（帆刈芳之助著，金沢文圃閣編集部編）　2010.8
19　出版書籍商人物事典　第2巻（戦時占領期出版関係史料集　5）（帆刈芳之助著，金沢文圃閣編集部編）　2010.8

変態・資料　島村輝監修　ゆまに書房　2006
第1巻　1巻1号〜1巻4号　2006.10
第2巻　2巻1号〜2巻4号　2006.10
第3巻　2巻5号〜2巻7号　2006.10
第4巻　2巻8号〜2巻11号　2006.10
第5巻　3巻1号〜廃刊号/解説・総目次　2006.10

ホシザキグリーン財団収蔵資料目録　ホシザキグリーン財団　2004
1　白水隆文庫　その1（単行本・国内定期刊行物編）（ホシザキグリーン財団，白水文庫刊行会編）　2004.11

北海道EL新聞記事情報リスト　エレクトロニック・ライブラリー編　エレクトロニック・ライブラリー　2007〜2010
2006-1　2007.10
2006-2　2007.10
2006-3　2007.10
2006-4　2007.10
2006-5　2007.10
2006-6　2007.10
2006-7　2007.10
2007-1　2008.2
2007-2　2008.2
2007-3　2008.2
2007-4　2008.2
2007-5　2008.2
2007-6　2008.2
2007-7　2008.2
2007-8　2008.2
2007-9　2008.2
2008-1　2009.2
2008-2　2009.2
2008-3　2009.2
2008-4　2009.2
2008-5　2009.2
2008-6　2009.2
2008-7　2009.2
2008-8　2009.2
2009-1　2010.2
2009-2　2010.2
2009-3　2010.2
2009-4　2010.2
2009-5　2010.2
2009-6　2010.2

出版・書誌　　　　　　　　　　　　　　　　　　　　　　　　総記

2009-7　2010.2
2009-8　2010.2

本作りマニュアルシリーズ　太陽出版（発売）　2006
1　個人出版（自費出版）実践マニュアル—売れる本よりも売りたい本を　本を作ろう、どこにもない本を　2007年版（高石左京著）　2006.12
2　ブログを本にする本—逆説!ブログの使い方　ブログがあったら本にしよう! 人気サイトでなくてイイ（佐藤英典著）　2006.12

本と雑誌のデザインがわかる本　obscure inc.編　ソシム　2005〜2007
◇　2005.5
2　2007.7

本の探偵事典　あかぎかんこ著　フェリシモ　2005
いろの手がかり編　2005.2
ごちそうの手がかり編　2005.3
どうぐの手がかり編　2005.4
どうぶつの手がかり編　2005.5

本の手帳　本の手帳社　2008
第5号（特集:豆本女子　限定版）（田中栞責任編集）　2008.7

本の未来を考える=出版メディアパル　出版メディアパル　2003〜2010　⇒I-193
no.6　発禁・わいせつ・知る権利と規制の変遷—出版年表（橋本健午著）　2005.4
no.7　ニューヨークの書店ガイド—アメリカの書店事情最前線（大久保ићhiko編、前田直子著）　2005.9
no.8　7つの黄金ルールでだれでもベストセラーは出せる！（吉田浩著）　2005.11
no.9　編集者のためのInDesign入門—Windows版 Adobe InDesign CS2対応（高田信夫著）　2005.12
no.10　韓国の出版事情—初めて解き明かされる韓国出版界の現状（舘野晳、文[ヨン]珠著）　2006.5
no.11　編集デザイン入門—編集者・デザイナーのための視覚表現法（荒瀬光治著）　2007.4
no.12　中国・台湾の出版事情—初めて解き明かされる中国・台湾の出版界の現状（島崎英威著）　2007.6
no.13　ビギナーのためのInDesign CS3入門（高田信夫著）　2008.1
no.14　電子編集入門—編集者のためのsed活用術（浦山毅著）　2008.3
no.15　編集者のためのデジタル編集術入門—困ったときにすぐ活用できるノウハウ集（前川裕子著）　2008.9
no.16　本づくりこれだけは—失敗しないための編集術と実務　改訂3版（下村昭夫著）　2009.5
no.17　電子出版学入門—出版メディアのデジタル化と紙の本のゆくえ（湯浅俊彦著）　2009.6
no.18　出版営業ハンドブック—出版社のための本を売る知識と販売戦略　基礎編（岡部一郎著）　2010.6
no.19　編集者のためのInDesign入門—画面どおりの操作手順でDTP活用術が学べる便利帳　改訂増補版（高田信夫著）　2010.7
no.20　電子出版学入門—出版メディアのデジタル化と紙の本のゆくえ　改訂2版（湯浅俊彦著）　2010.9

翻訳図書目録　日外アソシエーツ株式会社編　日外アソシエーツ　2004〜2008
2000-2003 1（総記・人文・社会）　2004.8
2000-2003 2（科学・技術・産業）　2004.8
2000-2003 3（芸術・言語・文学）　2004.8
2000-2003 4（総索引）　2004.8
2004-2007 1　総記・人文・社会　2008.5
2004-2007 2　科学・技術・産業　2008.5
2004-2007 3　芸術・言語・文学　2008.5
2004-2007 4　総索引　2008.5
明治・大正・昭和戦前期 1（総記・人文・社会）　2006.12
明治・大正・昭和戦前期 2（科学・技術・産業）　2006.12
明治・大正・昭和戦前期 3（芸術・言語・文学）　2007.1
明治・大正・昭和戦前期 4（総索引）　2007.1

本はおもしろい別冊　神田外語大学附属図書館
　　2004～2008
◇留学生のための日本案内55冊（神田外語大学留学生別科，日本研究所編）　2004.10
◇アメリカが見えてくる50冊（神田外語大学異文化コミュニケーション研究所編）　2005.3
◇ジェンダー生と性を考える50冊（神田外語大学異文化コミュニケーション研究所編）　2006.3
◇留学生のための日本案内50冊　続（神田外語大学留学生別科，日本研究所編）　2008.7

三重県EL新聞記事情報リスト　エレクトロニック・ライブラリー編　エレクトロニック・ライブラリー　2007～2010
2006　2007.10
2007　2008.2
2008　2009.2
2009-1　2010.2
2009-2　2010.2

緑なす音羽の杜に　講談社社友会　2000～2009
⇒Ⅰ–194
4（社友会史刊行委員会編纂）　2005.6
5（講談社社友会記念文集刊行委員会編纂）　2009.12

宮城県EL新聞記事情報リスト　エレクトロニック・ライブラリー編　エレクトロニック・ライブラリー　2007～2010
2006-1　2007.10
2006-2　2007.10
2006-3　2007.10
2006-4　2007.10
2007-1　2008.2
2007-2　2008.2
2007-3　2008.2
2007-4　2008.2
2008-1　2009.2
2008-2　2009.2
2008-3　2009.2
2008-4　2009.2
2009-1　2010.2

2009-2　2010.2
2009-3　2010.2
2009-4　2010.2

宮崎県EL新聞記事情報リスト　エレクトロニック・ライブラリー編　エレクトロニック・ライブラリー　2007～2010
2006　2007.10
2007　2008.2
2008　2009.2
2009-1　2010.2
2009-2　2010.2

宮本常一文庫目録　広島大学地域連携センター　2009
書籍1　宮本常一著作関係（周防大島文化交流センター，高永茂編）　2009.5

明快案内シリーズ　自由国民社　2009
◇明治の名著　1　論壇の誕生と隆盛（読書入門）（小田切秀雄，渡辺澄子編）　2009.9
◇明治の名著　2　文芸の胎動と萌芽（読書入門）（渡辺澄子編）　2009.10

明治古典会七夕古書大入札会目録　明治古典会　明治古典会　2005～2010
平成17年　2005.7
平成18年　2006.7
平成19年　2007.7
平成20年　2008.7
平成21年　2009.7
平成22年　2010.7

明治大学図書館所蔵アフリカ文庫目録　明治大学図書館　2005
補遺版（1994年2月—2004年3月）　補遺版（明治大学図書館編）　2005.3

名簿情報源　日本能率協会総合研究所　2004
2004（日本のダイレクトリー）（日本能率協会総合研究所編）　2004.3

名簿・名鑑全情報　日外アソシエーツ　2005
1990-2004（日外アソシエーツ株式会社編）　2005.9

出版・書誌　　　　　　　　　　　　　　　　　　　　　　　　総記

物語講談社の100年　講談社社史編纂室編　講談
　社　2010
第1巻　草創—明治〜大正中期　2010.1
第2巻　発展—大正〜昭和20年　2010.1
第3巻　再生—昭和20年〜40年代　2010.1
第4巻　拡大—昭和30年代〜40年代　2010.1
第5巻　躍進—昭和30年代〜50年代　2010.1
第6巻　伸張—昭和40年代〜60年代　2010.1
第7巻　展開—昭和50年代〜平成　2010.1
第8巻　安定—昭和中期〜平成　2010.1
第9巻　充実—昭和60年代〜平成　2010.1
第10巻　飛躍—平成〜　2010.1

山形県EL新聞記事情報リスト　エレクトロニック
　・ライブラリー編　エレクトロニック・ライブラ
　リー　2007〜2010
2006-1　2007.10
2006-2　2007.10
2007-1　2008.2
2007-2　2008.2
2008-1　2009.2
2008-2　2009.2
2008-3　2009.2
2009-1　2010.2
2009-2　2010.2
2009-3　2010.2

山形県内出版物目録　山形県立図書館編　山形県
　立図書館　2005〜2010
平成16年版　2005.3
平成17・18年版　2007.2
平成19年版　2008.2
平成20年版　2009.2
平成21年版　2010.3

山口県EL新聞記事情報リスト　エレクトロニック
　・ライブラリー編　エレクトロニック・ライブラ
　リー　2007〜2010
2006　2007.10
2007　2008.2
2008-1　2009.2
2008-2　2009.2

2009-1　2010.2
2009-2　2010.2

山口県文書館特設文庫目録　山口県文書館　2002
　〜2004　⇒I-195
2　山口県文書館蔵雑誌文庫目録—近代（山口県文
　書館編）　2004.2

山田孝雄文庫目録　富山市立図書館　2007
和装本の部（富山市立図書館編）　2007.3

山梨県EL新聞記事情報リスト　エレクトロニック
　・ライブラリー編　エレクトロニック・ライブラ
　リー　2007〜2010
2006　2007.10
2007　2008.2
2008-1　2009.2
2008-2　2009.2
2009-1　2010.2
2009-2　2010.2

ヤングアダルト図書総目録　ヤングアダルト図書
　総目録刊行会　2004〜2010　⇒I-195
2006年版　2006.2
2007年版　2007.2
2008年版　2008.2
2009年版　2009.2
2010年版　2010.2

ヤングアダルトの本　日外アソシエーツ株式会社
　編　日外アソシエーツ　2008
1　中高生の悩みに答える5000冊　2008.12
2　社会との関わりを考える5000冊　2008.12
3　読んでみたい物語5000冊　2008.12

遊星群　谷沢永一著　和泉書院　2004〜2010
明治篇（時代を語る好書録）　2004.12
明治篇大正篇補遺（時代を語る好書録）　2010.2
大正篇（時代を語る好書録）　2004.12

有斐閣百年史　有斐閣　2008
追録3　創業121〜130年（有斐閣編）　2008.11

ユニ知的所有権ブックス　太田出版　2004〜2010

no.4　アメリカ著作権法の基礎知識（山本隆司著）　2004.2
no.5　判例から学ぶ著作権　新版（北村行夫著）　2004.8
no.6　Q&Aで学ぶ図書館の著作権基礎知識（黒沢節男著）　2005.2
no.7　新版肖像権（大家重夫（著））　2007.2
no.8　Q&Aで学ぶ図書館の著作権基礎知識　第2版（黒沢節男著）　2008.5
no.9　アメリカ著作権法の基礎知識　第2版（山本隆司著）　2008.10
no.10　「広告の著作権」実用ハンドブック—こんな時、どうする？（志村潔著、北村行夫監修）　2008.12
no.11　フェア・ユースの考え方（山本隆司編著、奥邨弘司著）　2010.8

よい絵本　全国学校図書館協議会絵本委員会編　全国学校図書館協議会　1999〜2008　⇒I-195
第23回（全国学校図書館協議会選定）　2005.11
第24回（全国学校図書館協議会選定）　2008.7

よくわかる音楽著作権ビジネス　安藤和宏著　リットーミュージック　2002〜2005　⇒I-195
基礎編　3rd ed.　2005.10
実践編　3rd ed.　2005.10

横浜開港資料館所蔵稲生典太郎文庫目録　横浜開港資料館　2006
第1集（和図書・史料・地図）（横浜開港資料館編）　2006.3

読みきかせのためのブックリスト　親子読書・地域文庫全国連絡会　2003
高学年版（親子読書・地域文庫全国連絡会編）　2003.7

ラテンアメリカ文献目録　上智大学イベロアメリカ研究所編　上智大学イベロアメリカ研究所　1999〜2007　⇒I-195
2002年　2005.3
2003年　2006.3
2004年　2007.3

レイアウトスタイルシリーズ　ピエ・ブックス　2005〜2006
v.1　目次のデザイン（三富仁、鍬田美穂編）　2005.11
v.2　タテ組本文のデザイン（三富仁、鍬田美穂編）　2005.11
v.3　キャプションのデザイン（三富仁、鍬田美穂編）　2005.11
v.4　扉のデザイン（山本章子、釣木沢美奈子、久保田裕子、織原靖子〔編〕）　2006.12
v.5　ヨコ組本文のデザイン（山本章子、釣木沢美奈子、久保田裕子、織原靖子〔編〕）　2006.12
v.6　表組・チャートのデザイン（山本章子、釣木沢美奈子、久保田裕子、織原靖子〔編〕）　2006.12
別冊　帯のデザイン　2006.1

レイアウトスタイルブック　ワークスコーポレーション　2006
v.6　2006.3
v.7（ワークスコーポレーション編）　2006.10

録音テープ目録　中央区教育委員会京橋図書館　1999〜2007
1997年—1998年度分（〔東京都〕中央区教育委員会京橋図書館編）　1999.3
2005年—2006年度分（〔東京都〕中央区教育委員会京橋図書館編）　2007.3

録音・点字資料目録　埼玉県立久喜図書館編　埼玉県立久喜図書館　2004〜2010
2003年（視覚に障害のある方のために）　2004.3
2003年（視覚に障害のある方のために）　2004.3
2004年（視覚に障害のある方のために）　2005.3
2004年（視覚に障害のある方のために）　2005.3
2005年（視覚に障害のある方のために）　2006.3
2005年（視覚に障害のある方のために）　2006.3
2006年（視覚に障害のある方のために）　2007.3
2006年（視覚に障害のある方のために）　2007.3
2007年（視覚に障害のある方のために）　2008.3
2007年（視覚に障害のある方のために）　2008.3
2008年（視覚に障害のある方のために）　2009.3
2008年（視覚に障害のある方のために）　2009.3

2009年（視覚に障害のある方のために）　2010.3
2009年（視覚に障害のある方のために）　2010.3

録音図書総合目録　東京都大田区立図書館　大田区立図書館　2005〜2010
2004年版　2005.5
2005年版　2006.5
2006年版　2007.5
2007年版　2008.5
2008年版　2009.8
2009年版　2010.8

録音図書総合目録　東京都台東区立中央図書館　台東区立中央図書館　2008〜2009
2008（視覚障害者サービス　カセットテープ・CD・DAISY）　2008.1
2009（視覚障害者サービス　カセットテープ・CD・DAISY）　2008.11
2010（視覚障害者サービス　カセットテープ・CD・DAISY）　2009.12

録音図書・点字図書目録　荒川区立南千住図書館　2008
2008年〔荒川区立図書館〔編〕〕　2008.4

録音図書・点字図書目録　東京都立中央図書館　2004〜2010
2002年1月—2003年12月　追録3（東京都立中央図書館）　2004.8
2004年1月—2005年12月　追録4（東京都立中央図書館情報サービス課視覚障害者サービス係編）　2006.8
2006年1月—2007年12月　追録5（東京都立中央図書館情報サービス課視覚障害者サービス係編）　2008.3
2006年1月—2007年12月　追録5（東京都立中央図書館情報サービス課視覚障害者サービス係編）　2008.8
2008年1月—2010年1月　追録6（東京都立中央図書館情報サービス課視覚障害者サービス係編）　2010.9

録音図書目録　春日井市図書館　春日井市図書館　2006〜2008

平成18年3月31日現在　著者名順　〔2006〕
平成18年3月31日現在　書名順　〔2006〕
平成20年3月31日現在　著者名順　〔2008〕
平成20年3月31日現在　書名順　〔2008〕

録音図書目録　調布市立図書館　調布市立図書館　2005〜2010
平成16年度版（一般貸出用）　2005.3
平成16年度版　2005.3
平成17年度版（一般貸出用）　2006.3
平成17年度版　2006.3
平成18年度版　2007.3
平成19年度版　2008.1
平成20年度版　2009.2
平成21年度版　2010.3

録音図書目録（デイジー）　春日井市図書館　春日井市図書館　2009〜2010
平成21年3月31日現在　請求番号順　〔2009〕
平成22年3月31日現在　請求番号順　〔2010〕

録音図書目録（テープ）　春日井市図書館　春日井市図書館　2009
平成21年3月31日現在　書名順　〔2009〕
平成22年3月31日現在　書名順　〔2010〕

鹿砦社ブックレット　鹿砦社　2000〜2004　⇒I-195
5　芸能界スキャンダル大戦争（鹿砦社芸能取材班編著）　2004.5
6　徹底暴露!!イラク侵略のホンネと嘘（もうひとつの反戦読本　2）（佐藤雅彦編著）　2004.8

ロングセラー目録　書店新風会編　書店新風会　2005〜2010
2010年版　2010.2
平成17年版（書店の棚づくりに役立つ）　2005.1
平成18年版（書店の棚づくりに役立つ）　2006.1
平成19年版（書店の棚づくりに役立つ）　2007.1
平成20年版（書店の棚づくりに役立つ）　2008.1
平成21年版　2009.1

総 記

出版・書誌

論文集内容細目総覧　日外アソシエーツ株式会社編　日外アソシエーツ　1993～2009　⇒I-196
- 1999-2003 1　記念論文集　2004.6
- 1999-2003 2　一般論文集　2004.7
- 1999-2003 3　シンポジウム・講演集　2004.7
- 2004-2008 1　記念論文集　2009.5
- 2004-2008 2　一般論文集　2009.6
- 2004-2008 3　シンポジウム・講演集　2009.7

和歌山県EL新聞記事情報リスト　エレクトロニック・ライブラリー編　エレクトロニック・ライブラリー　2007～2010
- 2006　2007.10
- 2007　2008.2
- 2008　2009.2
- 2009-1　2010.2
- 2009-2　2010.2

早稲田大学図書館文庫目録　早稲田大学図書館　1962～2007　⇒I-196
- 第18輯　今井卓爾文庫目録―文庫3A（早稲田大学図書館編）　2000.3
- 第19輯　角田柳作記念文庫目録―文庫27（早稲田大学図書館編）　2007.10

早稲田大学ロースクール著作権法特殊講義　成文堂　2010
- ◇著作権ビジネスの理論と実践（高林竜編著、上野達弘〔ほか〕共著）　2010.9

和本入門　橋口侯之介著　平凡社　2005～2007
- ◇千年生きる書物の世界　2005.10
- 続　2007.10

CRIC著作権研修講座講演録　著作権情報センター　2008～2010
- 2007　コンテンツ・ビジネスの推進と著作権制度　2008.3
- 2008　ネットワーク・ビジネスと著作権制度　2009.12
- 2009　著作権制度とコンテンツ・ビジネスのゆくえ　2010.3

CSEAS bibliographical series　京都大学東南アジア研究所　2006
- no.1　京都大学東南アジア研究所図書室所蔵マイクロ資料目録　逐次刊行物編（京都大学東南アジア研究所図書室編）　2006.12

CSEAS research report series　The Library, Center for Southeast Asian Studies, Kyoto University　1999～2005　⇒I-196
- no.103　Isan information in CSEAS Library Kyoto University（by Pornpimol Manochai）　2004
- 108　Selective annotated bibliography of books and other research materials on Myanmar agriculture（compiled by Wynn Lei Lei Than）　2005

DTP essential books　毎日コミュニケーションズ　2006～2007
- ◇現場で使えるカラーマネージメント実践ガイド（藤島健著）　2006.11
- ◇現場で使えるDTPシステム構築実践ガイド（林浩一郎著）　2006.12
- ◇現場で使えるPDF活用・入稿実践ガイド（佐々木剛著）　2007.1

DTP series　工学社　2005～2006
- ◇DTP＆印刷の標準知識（Professional DTP編集部編）　2005.12
- ◇DTPトラブル解決マニュアル―アプリケーションのトラブルから出力エラーまで（Professional DTP編集部編）　2006.1
- ◇Word・Excel・PowerPoint印刷発注マニュアル―データ作成のポイントからPDF/Xの活用まで（冨山詩曜著）　2006.6

DTPworld archives　ワークスコーポレーション　2008～2009
- ◇デザインのズバネタ―DTPにもWebにも使えるズバリお助けのテクニック＆素材が超満載!（ワークスコーポレーション別冊・書籍編集部編）　2008.6
- ◇文字は語る―デザインの前に耳を傾けるべきこと　2008.7

百科・雑学

◇本との話（青木克憲, 秋田寛, 秋山具義, 浅葉克己, 有山達也, 安西水丸, 伊藤桂司, 大塚いちお, 大橋歩, 勝井三雄, 工藤青石, 工藤強勝, 桑原茂夫, 佐藤直樹, 新谷雅弘, 杉浦康平, 戸田ツトム, 長崎訓子, 中島英樹, 羽良多平吉, 平野甲賀, 福田繁雄, 藤本やすし, 松田行正, 水野学, ミルキィ・イソベ, 村井康司, 本山賢司, 山口至剛, 渡辺良重〔著〕 2008.8

◇Design=social——デザインと社会とのつながり（柳本浩市著） 2008.11

◇Illustratorファーストステップ——明日から使える「実践知識」「表現技法」（深沢嘉彦, 渡辺淳矢, 野沢真梨子編） 2009.5

◇雑誌デザイン虎の巻——文字を組む, 版面を設計する（オブスキュアインク, 大橋幸二執筆） 2009.6

◇デザインの超ズバネタ+たっぷり素材集（ワークスコーポレーション書籍編集部編） 2009.8

Experimental formats　グラフィック社　2005
2 (books, brochures, catalogs)（Roger Fawcett-Tang編） 2005.3

GEK design library　ジーイー企画センター　2003〜2005
◇デザイン・印刷知識集DTP　第5版（ジーイー企画センター企画編集部編） 2003.3
◇デザイン・印刷知識集DTP　増補改訂版（ジーイー企画センター企画編集部編） 2004.7
◇色彩百科ビギナーズ　増補改訂版（ジーイー企画センター企画編集部編） 2005.2

LATEX 2ε階梯　藤田眞作著　ピアソン・エデュケーション　2009
上　第3版　2009.10
下　第3版　2009.10

MdN design basics　エムディエヌコーポレーション　2002〜2008　⇒I-197
◇文字アイデア見本帳（石田恭嗣著） 2004.12
◇チラシデザイン見本帳（芳賀正晴著） 2005.1
◇キーワードで引くデザインアイデア見本帳（大森裕二, Far, Inc.編著） 2005.5

◇配色イメージ見本帳（石田恭嗣著） 2005.7
◇デザイナーのための特殊印刷・加工見本帳（MdN編集部編, 大日本印刷監修） 2006.9
◇チラシデザイン講座——仕事に使える現場のテクニック（芳賀正晴著） 2007.2
◇デザイナーをめざす人の装丁・ブックデザイン（熊沢正人, 清原一隆共著） 2007.7
◇新詳説DTP基礎　改訂版（波多江潤子著） 2007.9
◇ちゃんと知りたい配色の手法（石田恭嗣著） 2007.9
◇新詳説DTP実践InDesign——CS3/CS2/CS対応（足立仁監修, 井手理絵著） 2008.1
◇知っておきたいレイアウトデザインの基本（内村光一著） 2008.2
◇新詳説DTP実践Illustrator——CS3/CS2/CS対応（足立仁監修, 井手理絵, 檜山佐知子共著） 2008.3
◇デザイナー・編集者のための紙の見本帳（石田純子著, MdN編集部編, 日本製紙株式会社監修） 2008.6

Pieria books　東京外国語大学出版会　2009
◇身体としての書物（今福竜太著） 2009.3

Style book series　ワークスコーポレーション　2005
◇レイアウトスタイルブック——デザイナーのための　v.4　2005.3
◇レイアウトスタイルブック　v.5　2005.8

百科・雑学

1秒の世界　ダイヤモンド社　2003〜2008
◇（山本良一責任編集, Think the earthプロジェクト編） 2003.6
2（山本良一責任編集, Think the earthプロジェクト編集・文） 2008.12

ウミガメのスープ　エクスナレッジ　2004〜2007
◇水平思考推理ゲーム（ポール・スローン, デス・マクヘール著, クリストファー・ルイス訳） 2004.

10
2 ポール・スローンの腕を送る男（ポール・スローン, デス・マクヘール著, 大須賀典子訳） 2005.10
3 ポール・スローンの札束を焼く強盗（ポール・スローン, デス・マクヘール著, 大須賀典子訳） 2006.3
4 借金をふみ倒せ（ポール・スローン, デス・マクヘール著, 西尾香猫訳） 2007.1

「思い出力」クイズ　小学館　2005
昭和30年代編〔脳活性!タイムトラベル〕（吉田正幸〔著〕）　2005.10

外国人物レファレンス事典 古代-19世紀2　日外アソシエーツ, 紀伊國屋書店〔発売〕　2009
1・2 欧文名（日外アソシエーツ編集部編）　2009.12

学説人名用語大辞典　高木斐川著　日本図書センター　2008
第1巻　哲学・倫理　2008.5
第2巻　教育・文芸, 科学・宗教　2008.5
第3巻　社会・政治・法律　2008.5
第4巻　経済・国際・生活　2008.5

起源の日本史　阿部猛著　同成社　2007〜2008
前近代篇　2008.10
近現代篇　2007.4

芸文類聚訓読付索引　大東文化大学東洋研究所「芸文類聚」研究班著　大東文化大学東洋研究所　1990〜2010 ⇒I-201
巻15　2005.2
巻16　2006.3
巻80　2007.3
巻81　2008.3
巻82　2009.3
巻83　2010.3

月刊ポプラディア合本　ポプラ社　2006〜2010
2004　2006.2
2005　2006.2
2006　2007.2
2007　2008.3

2009　2010.3

御存じですか?　植原路郎著　クレス出版　2009
事　2009.6
食　2009.6
知　2009.6
読　2009.6
味　2009.6

雑学3分間ビジュアル図解シリーズ　PHP研究所　2004〜2010 ⇒IV-169
◇日本史世界史並列年表—これであなたも歴史通になれる!（後藤寿一監修, PHP研究所編）　2004.11
◇哲学—常識として知っておきたい先哲の教え!（宇都宮輝夫, 坂井昭宏, 藤井教公監修, PHP研究所編）　2005.1
◇単位—世の中のカラクリがハッキリ見えてくる!（伊藤英一郎監修, PHP研究所編）　2005.2
◇相対性理論—天才・アインシュタインは何を考えていたのか?（菅野礼司, 市瀬和義著）　2005.3
◇心理学—ココロのルールをズバリ解説!人づきあいをラクにする大人の教科書（堀井俊章編著）　2005.4
◇仏教—ブッダの教えを「超整理」!（末木文美士監修, PHP研究所編）　2005.5
◇覚える!日本史—これならラクラク覚えられる!（前田秀幸著）　2005.6
◇デジタルとアナログ—「アナログは古い」-?!（木村暁朋, 長谷川昌紀, 安井健治郎著）　2005.7
◇憲法—憲法とはどんな「法」なのか?（PHP研究所編）　2005.8
◇覚える!世界史—「世界史の常識」を語呂合わせで覚えよう!（祝田秀全著）　2005.9
◇聖書—史上最大のベストセラー『聖書』とは、いったい、何なのか?（山我哲雄著）　2005.10
◇よくわかる!「うつ」—「うつ」ってなに?そんな疑問に答えます!（一ノ渡尚道, 久保田浩也監修, PHP研究所編）　2005.11
◇語源—ルーツを知れば思わずナットク!（山田俊幸編著）　2005.12

百科・雑学

◇金融——経済ニュースから資産運用までお金の流れはこれでバッチリ!(太斎利幸著) 2006.1
◇落語——落語が10倍楽しくなる!(三遊亭円歌監修, PHP研究所編) 2006.2
◇仏像——仏像鑑賞が10倍楽しくなる!(瓜生中監修, PHP研究所編) 2006.3
◇電子——「電気ポット」と「電子ポット」の違い、わかりますか?(由崎一監修, PHP研究所編) 2006.3
◇禅——迷える心に喝!(正木晃監修, PHP研究所編) 2006.5
◇日本神話——日本人の心のルーツが見えてくる!(吉田敦彦著) 2006.6
◇なるほど!民俗学——どうして敷居を踏んではいけないの?(新谷尚紀著) 2006.7
◇よくわかる!親鸞——なぜ、"悪人こそ救われる"のか?(今井雅晴監修, 内海準二著) 2006.8
◇超・姓名学——あなたの運命はすでに決まっている!(樹門幸宰監修, PHP研究所編) 2006.9
◇よくわかる!建築——日本の住宅寿命は平均41年なのに、イギリスは141年?(小見康夫編著, AE WORKS著) 2006.10
◇ギリシア神話——愛と憎しみの壮絶な物語!(吉田敦彦著) 2006.11
◇よくわかる!民法——イザというとき、コレを知らなければ損をする!(三瀬顕監修, PHP研究所編) 2007.2
◇ユング心理学——「偶然の一致」はなぜ起こる?(山中康裕監修, PHP研究所編) 2007.3
◇「だまし」の心理学——なぜ、人はだまされるのか?(安斎育郎著) 2007.5
◇心理療法(矢幡洋著) 2007.6
◇クルマのつくりかた(いのうえ・こーいち監修, 塚田勝弘編著) 2007.8
◇徹底比較江戸と上方——東京vs大阪の原点がここにある!(竹内誠監修, PHP研究所編) 2007.9
◇刑務所——元刑務官だけが知る塀の向こうの世界(坂本敏夫著) 2007.11
◇よくわかる!神社神宮(中尾伊早子, 正木晃監修, PHP研究所編) 2007.12
◇犯罪心理学——いったい何が、人を犯罪に走らせるのか?(福島章監修, PHP研究所編) 2008.2

◇マザー・テレサ——世界で一番影響を与えた女性(神渡良平監修, PHP研究所編) 2008.6
◇日本の皇室(久能靖著) 2008.9
◇日本人が知らない!ユダヤの秘密——ユダヤがわかれば、日本と世界がウラまで見える!(佐藤唯行著) 2009.5
◇よくわかる!手相——運命が一瞬で見える 仕事運、恋と結婚運、金運、健康運…あなたの手相を読む!(田口二州著) 2009.6
◇よくわかる!名字と家紋——あなたのルーツが見えてくる!名字の意外な歴史、家紋の誕生と系統を解き明かす!(PHP研究所編, 武光誠監修) 2009.7
◇宇宙のすべて——神秘のベールに科学が挑む!(三品隆司著) 2009.8
◇知らなかった!?大奥の秘密——徳川300年の封印を解く お世継ぎの誕生の裏側から、歴史に隠された女たちの真の姿を明らかにする。(畑尚子編著) 2009.9
◇ゼロからわかる!決算書——ビジネスパーソンの必須知識 ココだけ押さえれば大丈夫!決算書のツボが楽しく身につく!(石島洋一, 石島慎二郎著) 2009.10
◇しぐさのウラ読み——すぐに使える!身近な心理学 何気ない表情や行動から意外な本音がわかる!(PHP研究所編, 匠英一監修) 2009.11
◇「古代史」闇に消えた謎を解く——常識を覆す驚愕の真実とは!? 神話の時代から国家の誕生までを。歴史に隠されたミステリーに迫る!(関裕二著) 2010.1
◇知識ゼロからの株と証券——投資の基本がスラスラわかる 株・証券のしくみから賢い取引方法まで、これ1冊でOK!(西野武彦著) 2010.2
◇変わる!政治のしくみ——政権交代でどうなる?新しい時代の政治の動きを「歩く政治学者」が徹底解説!(福岡政行編著) 2010.3
◇もっと知りたい!ねこの気持ち——何気ないしぐさにも、深いワケがあった!ねこはあなたの知らない間に何をしているの?(石田卓夫監修) 2010.3
◇文系にも読める!宇宙と量子論——量子論が教える宇宙の神秘 超ミクロな粒子理論で最新の宇宙を描き出す!(竹内薫監修) 2010.5

総記　　　　　　　　　　　　　　　　　　　　　　　　　　　　　　　　　　　百科・雑学

◇知ってびっくり!世界の神々—神秘の裏に隠された本当の姿とは　浮気がやめられない神、嫉妬深い神…人間くさい神々の真実の姿を描く!(レッカ社編著, 一条真也監修)　2010.6
◇これでわかった!アインシュタインの世界—図で見ればよくわかる(三品隆司編著, 平井正則監修)　2010.6
◇特別列車のすべて—乗る楽しみが100倍になる!(梅原淳著)　2010.8
◇神社・寺院・茶室・民家違いがわかる!日本の建築—知恵と工夫がいっぱい!見どころを徹底解説!大きなワンルームの寝殿造風を生み出す京町家の工夫趣味を極める数寄屋造…こだわりの日本建築のすべて(宮元健次監修)　2010.9
◇もっと知りたい!いぬの気持ち—動き、表情から「いぬ語」をキャッチ!どんなサインでコミュニケーションしているの?(矢崎潤著)　2010.10

雑学大全　東京雑学研究会編著　東京書籍　2004～2007
◇　　2004.9
pt.2　2007.9

サルヂエ　ワニブックス　2004～2006　⇒I-201
v.3　2005.3
v.4　2005.7
v.5　2005.12
v.6　2006.3
v.7　2006.12

知ってる?シリーズ　近代科学社　2009～2010
◇人生に必要な数学50(トニー・クリリー著, 野崎昭弘監訳, 対馬妙訳)　2009.10
◇人生に必要な哲学50(ベン・デュプレ著, 近藤隆文訳)　2009.11
◇人生に必要な遺伝50(マーク・ヘンダーソン著, 斉藤隆央訳)　2010.1
◇人生に必要な物理50(ジョアン・ベイカー著, 和田純夫監訳, 西田美緒子訳)　2010.3
◇人生に必要な経営50(エドワード・ラッセル=ウォリング著, 月沢李歌子訳)　2010.4
◇人生に必要な心理50(エイドリアン・ファーナム著, 松本剛史訳)　2010.5

事物起源選集　紀田順一郎監修・解説　クレス出版　2004～2005　⇒I-201
9　2005.4
10　2005.4
11　2005.4
12　2005.4
13　2005.4

新訂増補 人物レファレンス事典 古代・中世・近世編　日外アソシエーツ, 紀伊国屋書店〔発売〕　2007
2　1996-2006(日外アソシエーツ編集部編)　2007.7

人物レファレンス事典 明治・大正・昭和編　日外アソシエーツ, 紀伊国屋書店〔発売〕　2010
2　2000-2009　新訂増補版(日外アソシエーツ編集部編)　2010.12

図解雑学シリーズ　ナツメ社　2005　⇒IV-52
◇水滸伝(松村昂, 小松謙著)　2005.4
◇経済指標(植月貢, 野本哲嗣著)　2005.4

世界大百科事典　平凡社　2007
1　ア—アレニ　2005年改訂版〔2005.2〕
1　ア—アレニ　改訂新版　2007.9
2　アレネ—イワ　2005年改訂版〔2005.2〕
2　アレネ—イワ　改訂新版　2007.9
3　イン—エン　2005年改訂版〔2005.2〕
3　イン—エン　改訂新版　2007.9
4　オ—カイ　2005年改訂版〔2005.2〕
4　オ—カイ　改訂新版　2007.9
5　カウ—カヘチ　2005年改訂版〔2005.2〕
5　カウ—カヘチ　改訂新版　2007.9
6　カヘナ—キス　2005年改訂版〔2005.2〕
6　カヘナ—キス　改訂新版　2007.9
7　キセ—キン　2005年改訂版〔2005.2〕
7　キセ—キン　改訂新版　2007.9
8　ク—ケホ　2005年改訂版〔2005.2〕
8　ク—ケホ　改訂新版　2007.9
9　ケマ—コウヒ　2005年改訂版〔2005.2〕
9　ケマ—コウヒ　改訂新版　2007.9
10　コウフ—コン　2005年改訂版〔2005.2〕

百科・雑学　　　　　　　　　　　　　　　　　　総記

10　コウフ―コン　改訂新版　2007.9
11　サ―サン　2005年改訂版　〔2005.2〕
11　サ―サン　改訂新版　2007.9
12　シ―シヤ　2005年改訂版　〔2005.2〕
12　シ―シヤ　改訂新版　2007.9
13　シユ―シヨエ　2005年改訂版　〔2005.2〕
13　シユ―シヨエ　改訂新版　2007.9
14　シヨオ―スキ　2005年改訂版　〔2005.2〕
14　シヨオ―スキ　改訂新版　2007.9
15　スク―セミ　2005年改訂版　〔2005.2〕
15　スク―セミ　改訂新版　2007.9
16　セム―タイシ　2005年改訂版　〔2005.2〕
16　セム―タイシ　改訂新版　2007.9
17　タイス―チキヨ　2005年改訂版　〔2005.2〕
17　タイス―チキヨ　改訂新版　2007.9
18　チキン―ツン　2005年改訂版　〔2005.2〕
18　チキン―ツン　改訂新版　2007.9
19　テ―トウン　2005年改訂版　〔2005.2〕
19　テ―トウン　改訂新版　2007.9
20　トウケ―トン　2005年改訂版　〔2005.2〕
20　トウケ―トン　改訂新版　2007.9
21　ナ―ニン　2005年改訂版　〔2005.2〕
21　ナ―ニン　改訂新版　2007.9
22　ヌ―ハホ　2005年改訂版　〔2005.2〕
22　ヌ―ハホ　改訂新版　2007.9
23　ハマ―ヒニ　2005年改訂版　〔2005.2〕
23　ハマ―ヒニ　改訂新版　2007.9
24　ヒヌ―フノ　2005年改訂版　〔2005.2〕
24　ヒヌ―フノ　改訂新版　2007.9
25　フハ―ヘン　2005年改訂版　〔2005.2〕
25　フハ―ヘン　改訂新版　2007.9
26　ホ―マキ　2005年改訂版　〔2005.2〕
26　ホ―マキ　改訂新版　2007.9
27　マク―ムン　2005年改訂版　〔2005.2〕
27　マク―ムン　改訂新版　2007.9
28　メ―ユウ　2005年改訂版　〔2005.2〕
28　メ―ユウ　改訂新版　2007.9
29　ユエ―リン　2005年改訂版　〔2005.2〕
29　ユエ―リン　改訂新版　2007.9
30　ル―ワン　2005年改訂版　〔2005.2〕
30　ル―ワン　改訂新版　2007.9
31　索引　2005年改訂版　〔2005.2〕
31　索引　改訂新版　2007.9

世界と日本の大図解　総合情報アクセス　2005～2008
第2集　2005.1
第3集　2008.4

大雑学　毎日新聞社　2004～2005　⇒Ⅳ-207
4　お天気のミステリー（日本雑学研究会著）　2004.12
5　食材たちの謎（日本雑学研究会著）　2005.2
6　ザ・メジャーリーグ（日本雑学研究会著）　2005.2
7　世界の秘密結社（日本雑学研究会著）　2005.3
8　地球の神秘（日本雑学研究会著）　2005.4
9　動物おもしろ性態学（日本雑学研究会著）　2005.5
10　世界史を彩る大恋愛（立石優著）　2005.6
11　日本の神々のナゾ（瓜生中著）　2005.7

「知」のビジュアル百科　あすなろ書房　2004～2008　⇒Ⅳ-68
12　神話入門（ニール・フィリップ著，松村一男日本語版監修）　2004.11
13　文字と書の歴史（カレン・ブルックフィールド著，浅葉克己日本語版監修）　2004.12
14　衣服の歴史図鑑（L. ローランド＝ワーン著，川成洋日本語版監修，リリーフ・システムズ翻訳協力）　2005.1
15　世界の建物事典（フィリップ・ウィルキンソン著，鈴木博之日本語版監修，三森ちかし訳）　2005.2
16　写真が語る第一次世界大戦（サイモン・アダムズ著，アンディ・クロフォード写真，猪口邦子日本語版監修）　2005.4
17　写真が語る第二次世界大戦（サイモン・アダムズ著，猪口邦子日本語版監修，アンディ・クロフォード写真）　2005.5
18　古代ギリシア入門（アン・ピアソン著，豊田和二日本語版監修）　2005.7
19　武器の歴史図鑑（マイケル・バイアム著，川成洋日本語版監修）　2005.8

20 中世ヨーロッパ騎士事典（クリストファー・グラヴェット著，森岡敬一郎日本語版監修）2005.9
21 ピラミッド事典（ジェームズ・パトナム著，鈴木八司日本語版監修，鈴木麻穂訳）2005.10
22 ルネサンス入門（アンドリュー・ラングリー著，森田義之日本語版監修）2005.11
23 写真でたどる中国の文化と歴史（アーサー・コットレル著，佐々木達夫日本語版監修，中村慎一訳）2006.1
24 古城事典（クリストファー・グラヴェット著，森岡敬一郎日本語版監修，坂本憲一訳）2006.2
25 中世ヨーロッパ入門（アンドリュー・ラングリー著，池上俊一日本語版監修）2006.3
26 海賊事典（リチャード・プラット著，朝比奈一郎訳）2006.4
27 スパイ事典（リチャード・プラット著，川成洋訳）2006.5
28 ホネ事典（スティーブ・パーカー著，伊藤恵夫日本語版監修）2006.6
29 写真が語るベトナム戦争（スチューアート・マレー著，赤尾秀子訳，村井友秀日本語版監修）2006.8
30 コインと紙幣の事典（ジョー・クリブ著，湯本豪一日本語版監修）2006.9
31 写真でみる聖書の世界（ジョナサン・N. タブ著，小川英雄日本語版監修，リリーフ・システムズ翻訳協力）2006.10
32 写真でたどるロシアの文化と歴史（キャスリーン・バートン・ミューレル著，栗原成郎日本語版監修，アンディ・クローフォード写真）2007.1
33 太古の生物図鑑（ウイリアム・リンゼー著，伊藤恵夫日本語版監修，ハリー・テイラー写真）2006.11
34 ヴァイキング事典（スーザン・M. マーグソン著，久保実訳，川成洋日本語版監修）2007.1
35 考古学入門（ジェーン・マッキントッシュ著，佐々木花江訳，田辺勝美日本語版監修）2007.2
36 アステカ・マヤ・インカ文明事典（エリザベス・バケダーノ著，川成洋日本語版監修，リリーフ・システムズ翻訳協力）2007.4
37 写真でみるアメリカ・インディアンの世界（デヴィッド・マードック著，スタンリー・A. フリード監修，富田虎男日本語版監修，吉枝彰久訳）2007.5
38 天気のしくみ事典（ブライアン・コスグローブ著，平沼洋司日本語版監修，リリーフ・システムズ翻訳協力）2007.7
39 写真でみる異常気象（ジャック・シャロナー著，平沼洋司日本語版監修，リリーフ・システムズ翻訳協力）2007.8
40 カウボーイ事典（デヴィッド・H. マードック著，高荷義之日本語版監修）2007.10
41 写真でみる農耕と畜産の歴史（ネッド・ハリー著，中村武久，河野友宏日本語版監修，ジェフ・ブライトリング写真）2007.11
42 写真でみる世界の舞踊（アンドレー・グロー著，宮尾慈良日本語版監修）2007.12
43 船の百科（エリック・ケントリー著，英国国立海事博物館監修，野間恒日本語版監修）2008.2
44 世界の鉄道事典（ジョン・コイリー著，英国国立鉄道博物館監修）2008.2
45 オリンピック大百科（クリス・オクスレード，デーヴィッド・ボールハイマー著，成田十次郎日本語版監修）2008.3
46 写真でみる発明の歴史（ライオネル・ベンダー著，高橋昌義日本語版監修）2008.4
47 知られざる難破船の世界（リチャード・プラット著，川成洋日本語版監修）2008.6
48 写真でみる探検の歴史（ルパート・マシューズ著，川成洋日本語版監修）2008.8
49 馬の百科（ジュリエット・クラットン=ブロック著，千葉幹夫日本語版監修）2008.9
50 恐竜事典（デビッド・ノーマン，アンジェラ・ミルナー著，伊藤恵夫日本語版監修）2008.10

つい誰かに出したくなる〇×クイズ777問　長戸勇人，仲野隆也著　ごま書房　2008
1　2008.6
2　2008.6

トリビアの泉　フジテレビトリビア普及委員会編　講談社　2003〜2007　⇒IV-794
第9巻（へぇの本）　2004.12
第10巻（へぇの本）　2004.12

第11巻（へぇの本）　2005.4
第12巻（へぇの本）　2005.4
第13巻（へぇの本）　2005.11
第14巻（へぇの本）　2005.11
第15巻（へぇの本）　2006.4
第16巻（へぇの本）　2006.4
第17巻（へぇの本）　2006.9
第18巻（へぇの本）　2006.9
第19巻（へぇの本）　2007.1

ポプラディア　ポプラ社　2005
プラス1（2005補遺）（総合百科事典）　2005.2

Chambers's information for the people　edited by William and Robert Chambers　Eureka Press　2005
v. 1　2005
v. 2　2005

The children's encyclopedia　edited by Arthur Mee　Eureka Press　2009
volume 1　2009
volume 2　2009
volume 3　2009
volume 4　2009
volume 5　2009
volume 6　2009
volume 7　2009
volume 8　2009
volume 9　2009
volume 10　2009

一般論文集・講演集・雑著

愛情果world series　愛情果　2009～2010
◇愛情果種―格差社会生きる辛さ（今関賀詠編）　2009.12
◇愛情果粒―男と女恋と愛の物語（今関賀詠編）　2009.12
◇愛情果海―泣いても笑っても自由人生こんな幸福な事はない（今関賀詠編）　2009.12
◇愛情果酒―華麗世界中陰謀小説（今関賀詠編）　2009.12
◇愛情果実（今関賀詠著）　2010.1

あかんたれより愛をこめて　橋口浩二著　鉱脈社　2001～2006
◇　2001.3
続　2006.3

憧れ　日本文学館編集部編　日本文学館　2006
v.1　2006.8
v.2　2006.9

葦のずいから　平野貞美著　平野貞美　2003～2006　⇒I-204
4（折々の記）　2005.8
5（折々の記）　2006.7

芦屋大学創立40周年記念論文集　創立40周年記念論文集編集委員会編　芦屋大学　2005
1　2005.6
2　2005.6

新しいバカドリル　タナカカツキ, 天久聖一著　ポプラ社　2008
上　2008.11
下　2008.11

あらためていま母を想う　かんき出版　1995～2005　⇒I-205
4　愛する母への感謝状（親を考える会, 近藤昌平編著）　2005.12

アルファベータブックス　アルファベータ　2000～2004　⇒I-205
5　ネタばらし！―他人には教えられない裏情報650（エンサイクロネット編）　2004.11

アンフィニッシュド　code編　code　2000～2003
1　2000.6
2　2001.5
3　2002.4
4　2003.10

総記　　　　　　　　　　　　　　　　　　　　　　　　　　一般論文集・講演集・雑著

イギリス人の地下活動について　ブイツーソリューション　2006
第1巻（http://d.hatena.ne.jp/qhnjt072/より日記体のまま）（福島篤子と増田健一著）　2006.8

一番町ロビーオープンカレッジ資料集　東北工業大学　2005～2006
1（2003年10月―2004年9月）（東北工業大学広報室編）　2005.1
2（2004年10月―2005年9月）（東北工業大学広報室編）　2006.3
3（2005年10月―2007年3月）（東北工業大学）　〔2007〕
4（2007年4月―2008年3月）（東北工業大学）　〔2008〕

イッセイ小話集　山下一正著　サンセン出版　2005
第1巻　ほどほどの人生　2005.2
第1巻　それぞれの人生　第2版　2005.9

一歩を進める　〔藤本十四秋〕　2006
続続々（藤本十四秋著）　2006.6

田舎魂　岡崎利孝著　岡崎利孝　2000～2010　⇒I-205
第9集（随筆・紀行シナリオ・写真）　2008.7
第10集（随筆・コント、シナリオ・写真）　2009.4
第12集（ずい筆・コラム紀行・写真ほか）　2010.10

医談世話　赤枝郁郎著　山陽新聞社　2003～2005
◇　2003.6
続　2005.4

愍懃無礼・枯淡の呟き・コラム　中西浩執筆・編集　〔中西浩〕　2005～2007
巻4　2005.3
巻5　2005.8
巻6　2006.3
巻7　2006.12
巻8　2007.7

梅沢鳳舞発言集　梅沢鳳舞資料館　2007
22　うめきち質問日記（梅沢鳳舞〔著〕）　2007.2

エッセイ集　岩国エッセイライターズ　2001～2005　⇒I-206
4　つれづれに（岩国エッセイライターズ編）　2005.9

エデンの片隅で　福田晋　2006
◇福田晋雑文集（福田晋〔著〕）　2006.3

江藤文夫の仕事　江藤文夫著，「江藤文夫の仕事」編集委員会編　影書房　2006～2007
1（1956-1965）　2006.9
2（1965-1971）　2006.11
3（1972-1982）　2007.7
4（1983-2004）　2006.7

遠藤三郎著作集　遠藤和男　2005
◇道は遥かに、想い出は遠くに（遠藤三郎〔著〕、遠藤和男編）　2005.12

O　大田垣晴子責任編集　筑摩書房　2003～2005　⇒I-230
no.7　築地市場散策　2004.12
no.8　スウィート！スウィーツ!!　2005.2
no.9　2005.4
no.10　2005.6
no.11　2005.8
no.12　2005.10

老亀の戯言　東京図書出版会　2004～2005　⇒I-206
3　共に生きよう人間たち―地球は運命共同体（吉田宏信著）　2005.9

大阪市立大学理工学部扇友会文集　大阪市立大学理工学部・1期生同窓会　2005
2（2005年）（大阪市立大学理工学部1期生同窓会）　2005.4

夫の定年、揺れる妻たち　高野慶子, 柴田真利子, 萩原けい子著　日本文学館　2004～2005
◇　2004.5
続　2005.8

全集・叢書総目録 2005-2010　187

一般論文集・講演集・雑著　　　　　　　　　　　　　　総記

大人の「常識力」　話題の達人倶楽部編　青春出版社　2008〜2009
◇これだけは知っておきたい！　2008.1
レベル2　2009.2

大人の本棚　みすず書房　2001〜2010　⇒I-207
◇アラン芸術について（アラン〔著〕，山崎庸一郎編訳）　2004.12
◇旅は驢馬をつれて（R. L. スティヴンスン〔著〕，小沼丹訳）　2004.12
◇グラン・モーヌ─ある青年の愛と冒険（アラン・フルニエ〔著〕，長谷川四郎訳）　2005.2
◇悪戯の愉しみ（アルフォンス・アレー〔著〕，山田稔訳）　2005.3
◇本の中の世界（湯川秀樹〔著〕）　2005.9
◇ガンビア滞在記（庄野潤三〔著〕）　2005.10
◇アラン島（J. M. シング〔著〕，栩木伸明訳）　2005.11
◇さみしいネコ（早川良一郎〔著〕）　2005.12
◇さまざまな愛のかたち（田宮虎彦〔著〕）　2006.2
◇明け方のホルン─西部戦線と英国詩人（草光俊雄〔著〕）　2006.2
◇ぼくの美術帖（原田治〔著〕）　2006.4
◇愛についてのデッサン─佐古啓介の旅（野呂邦暢〔著〕）　2006.6
◇ボードレールパリの憂鬱（シャルル・ボードレール〔著〕，渡辺邦彦訳）　2006.8
◇懐手して宇宙見物（寺田寅彦〔著〕，池内了編）　2006.9
◇むだ話、薬にまさる（早川良一郎〔著〕）　2006.9
◇小さな町（小山清〔著〕）　2006.10
◇ザボンの花（庄野潤三〔著〕）　2006.12
◇スピノザエチカ抄（ベネディクトゥス・デ・スピノザ〔著〕，佐藤一郎編訳）　2007.3
◇作家の本音を読む─名作はことばのパズル（坂本公延〔著〕）　2007.3
◇新編戦後翻訳風雲録（宮田昇〔著〕）　2007.6
◇宮川淳絵画とその影（宮川淳〔著〕，建畠晢編）　2007.11
◇ミル自伝（ジョン・スチュアート・ミル〔著〕，村井章子訳）　2008.1印刷

◇バラはバラの木に咲く─花と木をめぐる10の詞章（坂本公延〔著〕）　2009.11
◇カフカ自撰小品集（フランツ・カフカ〔著〕，吉田仙太郎訳）　2010.5
◇夕暮の緑の光─野呂邦暢随筆選（野呂邦暢〔著〕，岡崎武志編）　2010.5
◇のれんのぞき（小堀杏奴〔著〕）　2010.9
◇私の見た人（吉屋信子〔著〕）　2010.9
◇耄碌寸前（森於菟著）　2010.10

お悩み祭り　朝日新聞社　2005
ひょっとこ篇（みうらじゅん著）　2005.7

思い出のページめくり　山本景彦著　山本景彦　2001〜2005　⇒I-208
さらに　2004.12
たび[タビ]　2005.12

折り折りの記　友月書房　2000〜2007　⇒I-208
3（矢追多賀雄著）　2007.8

書いて遊ぶ　〔荒井明由〕　2005
第3集　生きて書いて八十年！─平成十年から平成十七年四月まで（荒井明由著）　2005.5

学長の呟き　池田正澄著　〔池田正澄〕　2004
式辞編　2004.3
随筆編　2004.3

画商のひとりごと　生活の友社　2003
続（秋山修著）　2003.5

風谷大青集　文芸社　2005
1　大いなる青い風が谷を吹き抜けていった（風谷大青著）　2005.5

兼本信知画文集　兼本信知著　ミル出版　2004
◇八重山伝承童戯　2004.1
◇八重山情景　2004.8
◇八重山抒情　2004.10

Girl's talk　ディスカヴァー・トゥエンティワン　2006〜2007
◇ボーイフレンド─男の子じゃないとだめなんだもの（やまだないと〔著〕）　2006.12

総 記　　　　　　　　　　　　　　　　　　　　　　一般論文集・講演集・雑著

◇どこか遠くへここではないどこかへ─私のセンチメンタル・ジャーニー（近代ナリコ〔著〕）　2007.4
◇女ともだち─dear my friend　2007.10

かわさき市民アカデミー講座ブックレット　川崎市生涯学習振興事業団かわさき市民アカデミー出版部　2000～2005　⇒Ⅳ-134
no.21　社会福祉思想の革新─福祉国家・セン・公共哲学（山脇直司著）　2005.3

貴志なるみ第二作品集　貴志なるみ著　日本文学館　2004～2005
◇　2004.1
◇　2005.6

喜寿を迎えて　岡亨著　創英社　2005
上巻　2005.8
下巻　2005.8

奇跡と不可思議　石岡剛著　石岡剛　2005～2007
no.1（ふしぎなできごとふつうの常識ではどうしても考えられないこと）　2005.2
no.2（からし種人は本を見る本は人を診る）　2006.12
no.3（脳にやさしい俳句作り10,000句心によろこびを365日）　2007.4
no.4（脳をたのしく365日あそび心でボケ予防100人のものの見方、考え方）　2007.6

きぼっこ　木村桂子　1999～2010　⇒Ⅰ-209
26号（おしゃべりサロン）　2004.12
27号（おしゃべりサロン）　2005.6
28号（おしゃべりサロン）　2005.12
29号（おしゃべりサロン）　2006.6
30号（おしゃべりサロン）　2006.12
31号（おしゃべりサロン）　2007.6
32号（おしゃべりサロン）　2007.12
33号（25周年記念号 part 1）（おしゃべりサロン）　2008.6
34号（25周年記念号 part 2）（おしゃべりサロン）　2008.12
35号（おしゃべりサロン）　2009.6
36号（おしゃべりサロン）　2009.12
37号（おしゃべりサロン）　2010.6

九のうた　三友社出版　2006
◇日・英語作品集（宇野喜伸著）　2006.10

今日の気づき　田淵順子著　日本文学館　2004～2006
◇　2004.7
2　2006.10

今日のつぶやき　宝島社　2008～2009
◇リリー・フランキーとロックンロールニュース　2008.2
2（リリー・フランキーとロックンロールニュース）　2009.2

クニエ・ニュース・ペーパー・ブック　mille books　2006
1（カンパラクニエ会著）　2006.7

熊本大学21世紀文学部フォーラム叢書　熊本出版文化会館　2010
1　越境する精神と学際的思考（熊本大学文学部研究推進・地域連携委員会編）　2010.3

くらしの詩をつづって　北海道新聞社編　北海道新聞社　2006～2008
◇道新生活面「いずみ」筆者113人の作品集　2006.9
2007（道新生活面「いずみ」筆者101人の作品集）　2007.8
2008（道新生活面「いずみ」筆者94人の作品集）　2008.8

くらしの中から　飯田市立中央図書館文章講座編　飯田市立中央図書館　2002～2009　⇒Ⅰ-210
第22集（文章講座作品集）　2004.9
第25集（文章講座作品集）　2007.9
第27集（文章講座作品集）　2009.9

ゲオルク・フォルスターコレクション　関西大学出版部　2008
◇自然・歴史・文化（ゲオルク・フォルスター〔著〕、森貴史, 船越克己, 大久保進共訳）　2008.3

一般論文集・講演集・雑著　　　　　　　　　　　　　　　　　　　　　　　総記

Gekidas激裏情報@大事典　激裏情報著　三才ブックス　2003〜2009
　◇　2003.7
　v.2　2005.6
　v.3　2007.6
　v.4　2009.10

Kのモノローグ　創英社　2004〜2006
　◇Kのモノローグ（〔高橋啓〕〔著〕，高橋雅枝構成）2004.9
　2　燦めく日々—rapid city revisited（高橋雅枝構成）2005.12
　3　金色の砂（高橋雅枝構成）2006.7

研究助成金贈呈式の記録　日本教育公務員弘済会支部宮城県教育公務員弘済会事務局編　五協商事　1999〜2006　⇒I-210
　第33回　現代を如何に生きるか　第9集　その1　2005
　第34回　現代を如何に生きるか　第9集　その2　2006

研究助成金贈呈式の記録　日本教育公務員弘済会支部宮城県教育公務員弘済会事務局編　日本教育公務員弘済会支部宮城県教育公務員弘済会事務局　2007
　第35回　現代を如何に生きるか　第9集　その3　2007
　第36回　現代を如何に生きるか　第10集　その1〔2008〕
　第37回　現代を如何に生きるか　第10集　その2〔2009〕
　第38回　現代を如何に生きるか　第10集　その3〔2010〕

現況　高等商船学校三期会　高等商船学校三期会　2005〜2007
　2005　2005.6
　2006　2006.6
　2007　2007.6

皇学館大学社会福祉学部月例文化講座　皇学館大学出版部　1999〜2007　⇒III-470

6（平成15年度）　世界と日本との懸橋—これからの教養（皇学館大学社会福祉学部編）2004.3
7（平成16年度）　21世紀初頭の家族・地域福祉と社会保障（皇学館大学社会福祉学部編）2005.3
8（平成17年度）　知に遊ぶ教養（皇学館大学社会福祉学部編）2006.3
9（平成18年度）　小さな政府論が提起する新しい福祉課題—「高齢者・子ども・障害者・地域社会・国家」を再考する（皇学館大学社会福祉学部編）2007.3

交響するコスモス　中村靖子編著　松籟社　2010
　上巻（人文学・自然科学編）　環境からマクロコスモスへ（戸田山和久〔ほか〕著）2010.3
　下巻（脳科学・社会科学編）　ミクロコスモスから環境へ（大平英樹〔ほか〕著）2010.3

高校生のための東大授業ライブ　東京大学教養学部編　東京大学出版会　2010
　純情編　2010.3
　熱血編　2010.3

広済堂ペーパーバックス　広済堂出版　2005〜2008
　◇呪われた写真—本当にあった恐怖体験!!（心霊現象研究会編）2005.8
　◇青木雄二の「漫画と図解!」ボロ儲けのカラクリ（青木雄二編著）2005.9
　◇ボクらの「死ぬほど知りたい!」Hな疑問321発!—誰にも聞けない「男と女の」アノ話!!（イロイロ教えて委員会編）2006.1
　◇青木雄二漫画短編集—完全版　1（ゼニの掟編）（青木雄二著）2006.2
　◇青木雄二漫画短編集—完全版　2（ゼニと欲望編）（青木雄二著）2006.5
　◇2つの違い、わかりますか?—似て非なるモノを見分けて快適生活（違いがわかる大集団編）2006.9
　◇青木雄二の「漫画と図解!」女とゼニのカラクリ（青木雄二編著）2007.1
　◇「はじめて」アレを生んだ仰天アイデア200—合コン・カラオケから、パチンコ・宝クジまで!（起源とヒラメキ大調査隊編）2007.2

◇頭のいい人は知っている!裏ワザ大事典—恋愛・料理・旅行ほか、達人の知恵・節約ワザ!(裏ワザ発見倶楽部編) 2007.2

◇おとなの日本地図—どっと目からウロコ!(地図ミステリー愛好会編) 2007.3

◇史上最強のムダ知識—「唐沢俊一の絶対にウケる!!雑学苑DS」公式本 必ず人に話したくなる!!(唐沢俊一著) 2007.4

◇大爆笑でウケまくり!Hクイズ&ゲーム—痛快ひっかけ問題&赤面イタズラ遊び大全集!!(イロイロ言わせ隊やらせ隊編) 2007.5

◇戦国検定—あなたの知識レベルは将軍級?足軽級?(戦国検定委員会編) 2007.6

◇笑えるけど超ヤバい!テレビ放送事故&ハプニング—言っちゃった禁止・H用語から、衝撃のトラブル映像まで!!(マイケル宮内著) 2007.7

◇死ぬほど聞くのが恥ずかしい!超常識—赤っ恥はもうかかない!使える知識満載!!(今さら聞けない常識研究会編) 2007.9

◇「理系の話題」がスッキリ!!わかる本(不思議大好き研究会編) 2007.10

◇幕末検定—知識レベルを判定!あなたは英雄級?それとも…!?(幕末検定委員会編) 2007.11

◇2つの違い、まだ知らないの?—似たモノの簡単見分け方!3つ、4つの違い付き!!(違いがわかる大集団編) 2007.12

◇知らない人はバカを見る!「超」裏ワザ大事典—ボロ儲け・マナー・料理・健康から、究極のトラブル解消法まで!!(裏ワザ発見倶楽部編) 2008.2

◇よくわかる「世界の幻獣」大事典—ドラゴン、ゴブリンから、スフィンクス、天狗まで(「世界の幻獣」を研究する会著,ブレインナビ編) 2008.2

◇絶対使える!悪魔の心理テクニック—恋愛・仕事・人間関係からギャンブルまで!!(内藤誼人著) 2008.3

◇テレビ封印ネタ&放送トラブル—ウケるけど超ヤバすぎ!女子アナ・アイドル・アニメ・ドラマほか、過激でHなハプニング&禁止用語!!(マイケル宮内監修,照巻五郎編) 2008.5

◇実体験!お笑い「刑務所生活」—出所したばかりの男が明かす、びっくり監獄世界&囚人列伝(西本裕隆著,大川伸郎監修) 2008.6

◇戦国武将検定—戦国の英傑たちの素顔を、どこまで知っているか?(戦国検定委員会編) 2008.7

◇よくわかる「世界のドラゴン」大事典—サラマンダー、応竜から、ナーガ、八岐大蛇まで(「世界のドラゴン」を追究する会著,ブレインナビ編) 2008.7

◇第二次世界大戦「幻の秘密兵器」大事典—極秘生産されて勝敗を決めた新兵器から、悲運の試作兵器まで(戦記兵器調査会編) 2008.8

◇死んでも恥ずかしくて聞けない!極常識—得する、バカにされない!役立つ知識を大収録!!(今さら聞けない常識研究会編) 2008.9

◇スポーツはちゃめちゃハプニング&衝撃事件—野球・サッカー・オリンピックほかスポーツの珍場面&封印ネタ!!(照巻五郎編) 2008.10

講座「いのちの教育」 同朋大学いのちの教育センター 同朋大学"いのちの教育"センター 2002〜2010 ⇒I-210

6(仏教・福祉・医療・文学・人権・ボランティア) 2005.3

7(仏教・福祉・医療・文学・人権・ボランティア) 2006.3

8(仏教・福祉・医療・文学・人権・ボランティア) 2007.3

9(仏教・福祉・医療・文学・人権・ボランティア) 2008.3

10(仏教・福祉・医療・文学・人権・ボランティア) 2009.3

11(仏教・福祉・医療・文学・人権・ボランティア) 2010.3

交詢社公開講座 交詢社 1996〜2009 ⇒I-210

vol.6 「幸齢化」を支える医学(交詢社公益委員会編) 2005.11

vol.7 「幸齢化」を支える医学(交詢社公益委員会編) 2007.12

vol.8 「幸齢化」を支える医学(交詢社事業委員会編) 2009.11

高知新聞ブックレット 高知新聞社 2007〜2010

no.1 土佐の自由民権運動入門(公文豪著) 2007.1

一般論文集・講演集・雑著

no.2 夢の甲子園—室戸高校野球部の挑戦（室戸高校野球部育成会編, 尾崎正敏著）2007.2
no.3 壊れる性 上 2007.3
no.4 高知の被爆者未来への伝言（岡村啓佐編著）2007.6
no.5 木浦の愛—田内千鶴子の遺したもの（高知田内千鶴子愛の会編著）2007.8
no.6 さよなら!土佐のガキ大将—私の「はらたいらさん」交友録（石川英昭著）2007.10
no.7 壊れる性 中（武内世生編）2007.12
no.8 激動!世界情勢（東敬生, 池滝和秀, 石井将勝, 大水祐介, 大八木清隆, 岸田芳樹, 鈴木克彦, 西村哲也著）2008.1
no.9 園長のひとりごと（川田珣子著）2008.1
no.10 えがおがいっぱい（高知医療センター小児科・小児外科著）2008.7
no.11 すかたんおかしい（土佐民話落語 1）（市原麟一郎文）2008.10
no.12 うげかやり楽しむ（土佐民話落語 2）（市原麟一郎文）2008.10
no.13 9条しあわせの扉（高知新聞企業文化出版局編）2008.11
no.14 反骨のジャーナリスト中島及と幸徳秋水（鍋島高明著）2010.1

紅梅堂豆本 紅梅堂 2006
第33冊 手づくり豆本と私（田中栞著）2006

国際シンポジウム 国際日本文化研究センター 1989～2010 ⇒I-211
第24集 世界の歴史空間を読む—GISを用いた文化・文明研究（宇野隆夫編）2006.6
第27集 日本の伝統工芸再考—外からみた工芸の将来とその可能性（稲賀繁美, パトリシア・フィスター編）2007.9
第32集 日本文化研究の過去・現在・未来—新たな地平を開くために 国際日本文化研究センター創立20周年記念国際シンポジウム（白幡洋三郎, 劉建輝編）2009.3
第35集 東アジア近代における概念と知の再編成（鈴木貞美, 劉建輝編）2010.3

総記

心がぽかぽかするニュース 日本新聞協会編 文芸春秋 2007～2010
2006 2007.8
2007 2008.7
2008（Happy news）2009.8
2009（HAPPY NEWS）2010.7

心にしみる話 南日本新聞社編 南日本新聞社 2001～2008 ⇒I-211
第8集（友）2005.10
第9集（兄弟姉妹）2006.10
第10集（恩師）2007.11
第11集（父母）2008.11

心のらしんばん 魚住克也著 幸友館 2007
上巻 2007.4
下巻 2007.4

コドモの常識ものしり事典 荒俣宏監修 日本図書センター 2010
1 ことばと文化のふしぎQ&A（エー）2010.4
2 くらしと歴史のふしぎQ&A（エー）2010.4
3 生きものと科学のふしぎQ&A（エー）2010.4

これだけは知っておきたい! ポプラ社 2003～2007 ⇒III-785
15 漢字の大常識（黒沢弘光監修, 神林京子, 五十嵐清治文）2005.2
17 乗りものの大常識（松沢正二監修, 山内ススム文）2005.2
18 発明・発見の大常識（板倉聖宣監修, 青木一平文）2005.1
19 古代日本の大常識（山岸良二監修, 青木滋一文）2005.4
20 宇宙の大常識（県秀彦監修, 安延尚文文）2005.3
21 地球の大常識（横山一己監修, 久保田暁文）2005.8
22 植物の大常識（高橋秀男監修, 大地佳子文）2005.10
23 地震の大常識（溝上恵監修, 佐々木ときわ, 大宮信光文）2005.11

総記　　　　　　　　　　　　　　　　　　　　　　　　　　　　一般論文集・講演集・雑著

24　イヌの大常識（中島真理監修，合津玲子文）
　　2005.10
25　戦国大名の大常識（小和田哲男監修，青木一平文）　2006.1
26　記号・マークの大常識（村越愛策監修，鎌田達也，グループ・コロンブス文）　2006.3
27　数の大常識（秋山仁監修，笠原秀文）　2006.2
28　忍者の大常識（黒井宏光監修，栗田芽生，グループ・コロンブス文）　2006.4
29　まんが・アニメの大常識（鈴木伸一監修，おかだえみこ，篠田英男，野中祐，藤本やす文）　2006.3
30　サッカーの大常識（田嶋幸三監修，吉田昭彦文）　2006.3
31　魚の大常識（林公義監修，安延尚文文）　2006.7
32　食べものの大常識（岡田哲監修，青木一平文）　2006.9
33　ネコの大常識（服部幸監修，野中祐，藤本やす文）　2006.11
34　日本語の大常識（金田一秀穂監修，秩父啓子文）　2006.11
35　星と星座の大常識（藤井旭監修，安延尚文文）　2006.12
36　トイレの大常識（平田純一監修，グループ・コロンブス，青木美加子文）　2006.12
37　鉄道の大常識（梅原淳監修，梅原淳，広田泉文）　2007.1
38　野球の大常識（鈴木英夫監修，木村修一文）　2007.1
39　病気の大常識（渡辺博監修，山内ススム文）　2007.2
40　ロボットの大常識（日本ロボット工業会監修，小林雅子，山内ススム文）　2007.3

財団法人鍋島報效会研究助成研究報告書　鍋島報效会　鍋島報效会　2006～2009
第2号　2006.1
第3号　2007.10
第4号　2009.10

佐々木利文の随想　〔佐々木利文〕　2006
第1集　心の休石（佐々木利文著）　2006.7

笹塚日記　目黒考二著　本の雑誌社　2003～2007
　　⇒I-212
うたた寝篇　2005.1
ご隠居篇　2007.3

さざれ石　服部正三著　服部正三　2000～2008
　　⇒I-213
6つ目　2005.3
7つ目　2008.4

雑文集　富岡義人　2006
1995-2006（富岡義人著）　2006.4

佐藤正二雑文集　〔佐藤正二〕　2006
◇（佐藤正二著）　2006.4

ザ・ベストハウス図鑑　扶桑社　2007～2009
1　2007.8
2　2008.1
3　2009.10

三愛新書　三愛会　1979～2009　⇒I-213
◇人間と文化―教養講演集　71　2005.12
◇人間と文化―教養講演集　72　2006.12
◇人間と文化―教養講演集　73　2007.12
◇市村清講演集（市村清〔述〕）　2008.12
◇人間と文化―教養講演集　74　2008.12
◇人間と文化―教養講演集　75　2009.12

紫牛雑叢　岩永季弘著　岩永季弘　2002～2006
　　⇒I-213
第4集　2006.2

自然の中の人間　〔森玉久爾男〕　2006
第5集（紀行随筆）（森玉久爾男著）　2006.3

死ぬかと思った　林雄司編著　アスペクト　2001～2010　⇒I-214
1　2009.3
2　2009.3
3　2009.7
4　2009.7
5　2010.2
6　2005.4

全集・叢書総目録 2005-2010　193

一般論文集・講演集・雑著　　　　　　　　　　　　　　　　　　　　　　　　　　　　　　総記

6　2010.2
7　2006.4
7　2010.7
8　2007.3
8　2010.7
9　2008.4
オリジナル　2009.12

市民講座・いまに問う　凱風社　2007
◇米軍再編と前線基地・日本（木村朗編）　2007.5
◇メディアは私たちを守れるか?—松本サリン・志布志事件にみる冤罪と報道被害（木村朗編）
　2007.11

小閑雑感　谷口雅宣著　世界聖典普及協会　2002～2010　⇒I-214
　part 4（2005年3月—6月）　2006.1
　part 5（2005年7月—10月）　2006.5
　part 6（2005年11月—2006年2月）　2006.11
　part 7（2006年3月—6月）　2007.5
　part 8（2006年7月—10月）　2007.9
　part 9（2006年11月—2007年2月）　2008.1
　part 10（2007年3月—6月）　2008.5
　part 11（2007年7月—11月）　2008.9
　part 12（2007年11月—2008年2月）　2009.1
　part 13（2008年3月—6月）　2009.5
　part 14（2008年7月—10月）　2009.11
　part 15（2008年11月—2009年2月）　2010.5
　part 16（2009年3月—7月）　2010.8
　part 17（2009年8月—12月）　2010.11

猩猩抄　中岡義著　〔中岡義〕　2007～2010
　巻5（オランウータン小史）　2007.6
　巻6（オランウータン小史）　2010.6

上毛新聞ひろば欄投稿文集　上毛新聞社出版局（製作）　2006
◇こすもす（堀越利子著）　2006.2
◇あの日あの時（小林禎仁著）　2006.2

シリーズ『岡山学』　岡山理科大学『岡山学』研究会編　吉備人出版　2002～2009　⇒V-430
　2　吉井川を科学する　2004.12

3　旭川を科学する　part.1　2005.12
4　旭川を科学する　part.2　2006.12
5　旭川を科学する　part.3　2007.12
6　旭川を科学する　part.4　2008.12
7　鬼ノ城と吉備津神社—「桃太郎の舞台」を科学する　2009.12

新規範発見塾講義録　東京財団　東京財団　2002～2007　⇒I-214
第20集（「新規範発見塾」lecture memo）　2004.12
第21集（「新規範発見塾」lecture memo）　2005.3
第22集（「新規範発見塾」lecture memo）　2005.7
第23集（「新規範発見塾」lecture memo）　2005.10
第24集（「新規範発見塾」lecture memo）　2006.1
第25集（「新規範発見塾」lecture memo）　2006.3
第26集（「新規範発見塾」lecture memo）　2006.12
第27集（「新規範発見塾」lecture memo）　2007.3
第28集（最終号）（「新規範発見塾」lecture memo）　2007.3

人生市場　東本三郎著　アドビジョン　2005
闇市篇　2005.10
朝市篇　2005.10

人生へのラブレター　愛知出版　2003～2004　⇒I-215, V-604
　3　あの歌・あの励ましがあったから—25人の心の扉（北展舎編）　2004.11

新農林叢書　新農林社　2004～2005
1　海外で活きる日本人技術者への漫談講義録—国際技術協力と留学生教育で考える日本と世界　日本とアジアNIEsが共生する21世紀産業市場構造　「逆OEM提携」と「平成の改新」　第1改訂版（坂井純著）　2004.6
2　論文執筆ロマンの勧め—毎月1報（九大定年退官十周年漫談講義録　2）（坂井純著）　2005.8

神陵文庫　三高自昭会　2007
別巻　新世紀に生きる—三高創立百三十五年記念講演集（三高自昭会編）　2007.12

神陵文庫・神陵文庫紅萌抄　三高自昭会編　三高自昭会　2001～2010　⇒I-215

合本6　神陵文庫　第21巻　神陵文庫紅萌抄 第12巻　2005.3
合本7　神陵文庫　第22巻　神陵文庫紅萌抄 第13巻　2006.9
合本8　神陵文庫　第23巻　神陵文庫紅萌抄 第14巻　2009.2
合本9　神陵文庫　第24巻　神陵文庫紅萌抄 第15巻　2010.3

すぎなみコミュニティカレッジ　杉並区教育委員会社会教育センター　2004〜2006
ver.16-3　ホームレスを知ろう—講座記録集（いんくるーしぶ杉並編）　2004.2
ver.16-4　子育て支援ボランティア養成講座—ベビーサインとコーチングで楽しく子育てしよう 講座記録（子育てヘルパー遊・きっず倶楽部編）　2005.5
ver.16-5　地域で活躍できる保育者養成講座記録集（プランニング∞遊編）　2005.7
ver.16-6　いぐさ川遊歩道をエコミュージアムにしよう—ビオトープづくりに挑戦（まちづくりに夢をつなぐ市民の会編）　2005.7
ver.17-2　てぬぐい体操指導者養成講座—講座記録集（グループあいびー編）　2006.1
ver.17-4　学校から広げよう‼地域の環境づくり—子どもの元気から地域の元気へ すぎなみコミュニティカレッジ講座記録　平成17年度（日本建築家協会（JIA杉並地域会）編）　2006.9
ver.17-8　地域子育てサポーター養成講座—身近で支える楽しい子育て　報告集（あすなろ会編）　2005.11

すてきなあなたに　大橋鎮子編著　暮しの手帖社　1975〜2006　⇒I-215
5巻　2006.3

生活と記録シリーズ　澪標　2000〜2006　⇒I-215
6　百歳、私のてくてく人生—熱田政子随筆集（熱田政子著）　2006.8

セオリーブックス　講談社　2007〜2010
◇百発百中の営業—お客様の星座をご存知ですか（飯島淳代, 渡辺明日香著）　2007.11
◇東京のどこに住むのが幸せか（山崎隆著）　2007.11
◇「やめさせない!」採用—かまってほしい若者たち（樋口弘和著）　2007.11
◇頂点のサービスへようこそ—リッツ・カールトンvs.ペニンシュラ（桐山秀樹著）　2007.11
◇人事はどこまで知っているのか?（岩瀬達哉著）　2008.4
◇ランチは儲からない飲み放題は儲かる—飲食店の「不思議な算数」（江間正和著）　2008.4
◇人を見る目がない人—なぜ人は人を見誤るのか?（植木理恵著）　2008.4
◇男はなぜ腕時計にこだわるのか（並木浩一著）　2008.8
◇その絵、いくら?—現代アートの相場がわかる（小山登美夫著）　2008.8
◇学歴社会の真実—偏差値と人生の相関関係（セオリープロジェクト編）　2008.8
◇東京土地のグランプリ（セオリープロジェクト編）　2008.12
◇人事のプロ（長尾基晴著）　2009.2
◇職場の法律は小説より奇なり（小嶌典明著）　2009.3
◇3秒で女を「買う気」にさせる魔法の言葉（森洋子著）　2009.5
◇何もしないでお金持ちになる方法—投資なんかやめなさい!（山崎隆著）　2009.7
◇「とりあえず、生!」が儲かる理由（ワケ）—飲食店の「不思議な算数」2（江間正和著）　2009.10
◇副業で始める「飲食店ビジネス」—会社を辞めずに年商2億円のノウハウ公開（高樹公一, 柏木珠希著）　2009.11
◇それでも強いルイ・ヴィトンの秘密（長沢伸也著）　2009.12
◇人を見抜く力—人を見る目がある人は、人のどこを見ているのか（セオリープロジェクト編）　2010.7

滝川学園論叢　滝川学園　滝川学園　2003〜2010　⇒I-217
no.4（わ和輪話）　2005.12
no.6（わ和輪話）　2010.2

一般論文集・講演集・雑著　　　　　　　　　　　　　　　　　総記

拓大一高での一齣　竹内英二編著　拓殖大学第一高等学校　2003〜2005　⇒I–217
3（人生意気に感ず）　2005.3

ためにならないけど自慢できる雑学ブック　主婦と生活社　2005
「アニマル」編（面白自然学会編）　2005.11
「面白漢字」編（グループ・コロンブス編）　2005.11

丹波学叢書　亀岡市　2005
◇亀岡生涯学習市民大学　平成15年度（亀岡市, 亀岡市教育委員会編）　2005.3

知と美のハーモニー　坂内正夫編　情報・システム研究機構国立情報学研究所　2005〜2008
3（平成16年度）（猪瀬ロッジからのメッセージ 軽井沢土曜懇話会講演集）　2005.10
4（平成17年度）（猪瀬ロッジからのメッセージ 軽井沢土曜懇話会講演集）　2006.10
5（平成18年度）（猪瀬ロッジからのメッセージ 軽井沢土曜懇話会講演集）　2007.11
6（平成19年度）（猪瀬ロッジからのメッセージ 軽井沢土曜懇話会講演集）　2008.11

中央大学学術シンポジウム研究叢書　中央大学出版部　1998〜2010　⇒I–218
5　リージョンの時代と島の自治―バルト海オーランド島と東シナ海沖縄島の比較研究（古城利明編）　2006.3
6　グローバル化と文化の横断（三浦信孝, 松本悠子編）　2008.3
7　失われた10年―バブル崩壊からの脱却と発展（建部正義, 高橋由明, 梅原秀継, 田中広滋編著, 石崎忠司監修）　2010.3

朝礼での話は難しい　大滝秀穂著　りん書房　2003〜2005
◇年寄りの繰り言　2003.1
続（年寄りの繰り言）　2005.7

追憶　文芸社　2005
◇伊吹厚子作品集（伊吹厚子著）　2005.5

強気な小心者ちゃん　鈴木ともこ著　メディアファクトリー　2005〜2006
◇　2005.4
2　2006.2

電気関係学会九州支部連合大会講演論文集　電気関係学会九州支部連合会　電気関係学会九州支部連合会　2003〜2005　⇒I–219
第57回（平成16年度）v.1　2004.9
第57回（平成16年度）v.2　2004.9
第57回（平成16年度）v.3　2004.9
第58回（平成17年度）　2005.9

天然日和　幻冬舎　2002〜2005
◇（石田ゆり子著）　2002.8
2　旅と小鳥と金木犀（石田ゆり子著）　2005.9

電脳番外地　バジリコ　2003〜2004　⇒I–219
4　ウミガメのスープ―推理クイズ道場（海亀素夫編著, 2ちゃんねる監修）　2004.8
5　死にたい　v.2（ラストワルツ）（タナトス編著, 五月女ケイ子絵）　2004.9

電波からの恋文　〔津村恒夫〕　2006　〔2006〕
その4（津村恒夫〔著〕）　〔2006〕

統合学研究叢書　晃洋書房　2003〜2007　⇒I–220
第2巻　複雑系, 諸学の統合を求めて―文明の未来, その扉を開く（統合学術国際研究所編）　2005.4
第3巻　「統合学」へのすすめ―生命と存在の深みから 文明の未来, その扉を開く（統合学術国際研究所編）　2007.1

土曜日の午後　近代文芸社　2005
4（小柴温子著）　2005.1

流れ　〔篠辺三郎〕　2009
2（篠辺三郎〔著〕）　2009.11

梨の花　新川寛　2002〜2006　⇒I–221
3（評論と随筆）（新川寛著）　2006.11

涙のしずく　日本文学館編集部編　日本文学館　2005

◇　2005.1
2　2005.5

ナレッジエンタ読本　メディアファクトリー　2007～2010
1　恐竜大戦!(荒木一成, 柳田理科雄著)　2007.11
2　近未来入門!(あさのあつこ, 福江純著)　2007.11
3　すごい駅!(横見浩彦, 牛山隆信著)　2007.11
4　科学バカ人生!(柳田理科雄著)　2008.1
5　空想キッチン!(ケンタロウ, 柳田理科雄著)　2008.1
6　サクサク現代史!(青木裕司, 片山まさゆき著)　2008.3
7　死体入門!(藤井司著)　2008.3
8　セクシィ古文!(田中貴子, 田中圭一著)　2008.5
9　空想科学入門!(福田沙紀, 柳田理科雄著)　2008.5
10　すごい列車!(川島令三, 横見浩彦著)　2008.7
11　ウケる数学!(大輪教授, 飯高茂著)　2008.7
12　すごい駅弁!(小林しのぶ, 矢野直美著)　2008.9
13　未確認生物学!(天野ミチヒロ, 武村政春著)　2008.11
14　密室入門!(有栖川有栖, 安井俊夫著)　2008.11
15　だましの技術!(ゆうきとも, 多田文明著)　2009.1
16　中国がわからない!―サクサク現代史! アジア激闘編(青木裕司, 片山まさゆき著)　2009.1
17　おいしさの秘密!(伏木亨, 飯島奈美著)　2009.3
18　毒と人体!(加藤雅俊著)　2009.3
19　人はなぜ恐怖するのか?(五味弘文著)　2009.6
20　史上最強のロボット!(高橋智隆, 柳田理科雄著)　2009.6
21　妖怪を科学する!(武村政春著)　2009.7
22　それは誤解だ戦国武将!(加来耕三編著, 嶋健一郎著)　2009.7
23　セックスする脳!(米山公啓, 二松まゆみ著)　2009.8
24　犯人は知らない科学捜査の最前線!(法科学鑑定研究所著)　2009.9
25　生命の謎は「タンパク質」で読み解ける!(白木賢太郎著)　2009.10
26　恋する幕末!(加来耕三編著, 嶋健一郎著)　2009.11
27　火災鑑定放火犯は自宅に火を放つ!(小林良夫著)　2009.12
28　DNA鑑定―暗殺, 冤罪, 浮気も暴くミクロの名探偵(桜井俊彦著)　2010.1
29　拷問するなら、されるなら(高平鳴海著)　2010.3
30　事故はなぜ起こる!?(石橋宏典著)　2010.3
31　あなたの隣の秘密結社(秦野啓著)　2010.6

新島講座　同志社新島基金運営委員会編　同志社　1983～2010　⇒I-221
第25回　ガバメントからガバナンスへ―「構造改革」は進んでいるのか(真山達志著)　2004.12
第25回　戦前の英語文化事情―新島講座第25回東京公開講演会(中井晨著)　2005.3
第26回(2006)　横井小楠の「天地公共の実理」をめぐって―幕末儒学と国際化(沖田行司著)　2007.2
第26回(2006)　山本悍右の世界―世界に誇る日本のシュールレアリスト写真家(田口哲也述)　2007.3
第27回(2008)　アメリカの政教分離を考える(森孝一著)　2009.3
第27回(2008)　明日の技術を担う人達―技術者の思いと仕事(中田喜文著)　2009.7
第28回(2009)　これからの人事管理と動機づけ(太田肇著)　2009.12
第28回(2009)　プレイフル・ラーニング―新しい学びをデザインする(上田信行著)　2010.4
第30回(2004)　西・西対立―米・欧関係の将来　国連改革は可能か?―その目的と方法(ドラゴリューブ・ナイマン著, 岡島貞一郎訳　ドラゴリューブ・ナイマン著, 岡島貞一郎訳)　2005.2
第31回(2007)　島社会とグローバリゼーション―ハワイと日本からの教訓(デービッド S. マクレーン著, 中村艶子訳)　2008.2
第32回(2009)　中日近・現代小説における「家」(于栄勝著)　2010.2

一般論文集・講演集・雑著　　　　　　　　　　　　　　　　　　　　総記

而今　〔中村勝範〕　2005　〔2005〕
第9巻〔〔中村勝範〕〔編〕〕　〔2005〕

而今　〔平成国際大学中村勝範研究室〕　2004
〔2004〕
第8巻〔〔中村勝範〕〔編〕〕　〔2004〕

21世紀へのはばたき　高知大学　2005
◇国立大学法人高知大学講演会報告集（高知大学）
　2005.8

二松学舎創立百三十周年記念論文集　今西幹一編
集委員代表　二松学舎　2008
1　2008.3
2　2008.3

2ちゃんねるplus books　コアマガジン　2004～
　2008　⇒I-222
no.2　泣ける2ちゃんねる　2（佐々木大柊, 2ちゃん
　ねる監修）　2005.4
no.3　泣ける2ちゃんねる　3（佐々木大柊, 2ちゃん
　ねる監修）　2007.6
no.4　マンガ泣ける2ちゃんねる—「ありがとう」
　って言いそびれたヤツ, いる？（ナケル漫画, 佐々
　木大柊, 2ちゃんねる監修）　2008.5

日本人の忘れもの　ウェッジ　2003～2004　⇒I-
　222
3（中西進著）　2004.12

ニホンちゃんしるブプレ　machina著　山田裕敏
　2009
◇国際情勢風刺寓話集　2009.3
2（2009 spring-summer）（国際情勢風刺寓話集）
　2009.11

人間やめられない　フロネーシス桜蔭社　2002～
　2004　⇒I-222
続々（喜峰歩けば　海外編）（矢吹喜峰著）　2004.5

年輪のかけら　〔光井武夫〕　2006
1（光井武夫著）　2006.7

ハッピーアイランドの本　FM沖縄, 多喜ひろみ編
　ボーダーインク　1991～2008　⇒I-223

7　2004.8
8　2008.8

母なる宇宙とともに　塩川香世著　かんぽうサー
　ビス　2007
1　2007.3
2　2007.4

はみだし天国　ぴあ　2004
1　2004.10

万籟選書　〔山形誠司〕　2005
◇風景の小市民感覚—エッセイ集（山形誠司著）
　2005.1

彦さんの人生読本　安岡俊彦著　〔安岡俊彦〕
　2006～2009
7　2006.9
8　2007.9
9　2008.10
10　2009.10

飛騨の山あいに　大江稔著　大江稔　1985～2005
　⇒I-224
第11集　桜サクラ山ざくら　2005.6

ひとに学びひとに生かす　みるめ書房　2004～
　2006　⇒I-224
4　市民の大学をめざして（神戸親和女子大学公開
　講座）（神戸親和女子大学生涯学習センター編）
　2006.3

日々ごはん　高山なおみ著　中央出版アノニマ・
　スタジオ　2004～2010　⇒I-224
3　2005.2
4　2005.6
5　2005.10
6　2006.3
7　2006.8
8　2007.1
9　2007.6
10　2008.5
11　2009.9
12　2010.8

総記　　　　　　　　　　　　　　　　　　　　　一般論文集・講演集・雑著

秘宝の館大全集　燃焼社　2006
1?（河内家菊水丸著, 辻則彦監修）　2006.7

150cmライフ。　たかぎなおこ著　メディアファクトリー　2004〜2006
2　2004.12
3　2006.1

風船　長沼士朗　1999〜2009　⇒I-224
第8号　2005.5
第9号　2006.5
第10号　2007.5
第12号　2009.6

風来坊　〔斎藤文夫〕　2004〜2009
第1部（人間万事塞翁が馬）（斎藤文夫著）　2004.2
第2部（人間万事塞翁が馬）（斎藤文夫著）　2005.2
第3部・第4部（人間万事塞翁が馬）（斎藤文夫著）〔2007〕
第5部（人間万事塞翁が馬）（斎藤文夫著）　2008.2
第6部（人間万事塞翁が馬）（斎藤文夫著）　2009.2

ふだん記新書　神奈川ふだん記グループ　2002〜2008　⇒I-225
312　歩々是道場—さらなる茶の道と小さな文化運動（足原三紀子著）　2006.12
314　愛川町の昔と今　2　2008.3

ふだん記新書　ふだん記全国グループ　2000〜2005　⇒I-225
309　撃たない二等兵の帰還—建築家から、いまボランティア漬け（小峰光平著）　2005.8
310　愛しみの風喜びの風（岡田和子著）　2005.11

ふだん記創書　ふだん記春日部グループ　2002〜2010　⇒I-225
20　ふるさとの山夫神岳（山浦利江著）　2006.12
21　わたしがカレー屋になったわけ（大森みどり著）　2006.12
27　雲のように—自分史・補遺（中里紀子著）　2008.1
29　文は手紙に始まる—橋本義夫先生からの便り（神屋瑩子編著）　2008.8

35　やっぱり・ありがとう（中山靖子著）　2009.12
39　光の中に（中里紀子著）　2010.9

ふだん記創書　ふだん記雲の碑グループ　2004〜2009　⇒I-225
23　翁草（安藤安江著）　2007.4
24　記録の戦後史—橋本義夫が遺した記録（増沢航著）　2007.4
26　あかね雲—撚糸屋に生まれて（上保光江著）　2007.12
31　菜の花の咲く頃—自分史補遺（大沢秀章著）　2008.11
32　凱遊門—私の後半生記（鹿島昭二著）　2009.8

ふだん記本　ふだん記全国グループ　2004〜2006　⇒I-225
173　コスモスの花が好き（岡部サト著）　2006.3

ふりかえったら風　北山修〔著〕　みすず書房　2005〜2006
1（きたやまおさむの巻）（対談1968-2005）　2005.11
2（キタヤマオサムの巻）（対談1968-2005）　2005.12
3（北山修の巻）（対談1968-2005）　2006.2

フリーペーパーコレクション　HK INTERNATIONAL VISION　2009
Vol.2（HK INTERNATIONAL VISON編集部編著）　2009.2
Vol.3（HK INTERNATIONAL VISION編集部編著）　2009.8

ふるさと今昔　杵築市メダカ会編　大分県杵築市メダカ会　2000〜2010　⇒I-225
第11集　2005.8
第12集　2010.8

文化情報学科記念論集　甲子園短期大学文化情報学科　2005
◇甲子園短期大学開学四十周年記念（甲子園短期大学）　2005.3

文化における〈自然〉　日独文化研究所　2006
◇　新装版（哲学と科学のあいだ 日独文化研究所シンポジウム）（芦津丈夫、木村敏、大橋良介編）

一般論文集・講演集・雑著

2006.11

文章を学ぶ鳥影の集い合同文集　文章を学ぶ鳥影
　の集い　1991〜2010　⇒I-225
第15集（2005年）　回転軸　2005.3
第16集（2006年）　陽跡　2006.3
第17集（2007年）　机上宝玉　2007.3
第18集（2008年）　蒸楼春朗　2008.3
第19集（2009年）　水色になる　2009.3
第20集（2010年）　錯覚の所産　2010.2

平和への想い　日本戦災遺族会　2005〜2010
　⇒I-225
2005（後世に伝えたい空襲・艦砲射撃の惨禍）
　〔2005〕
2006（後世に伝えたい空襲・艦砲射撃の惨禍）
　〔2006〕
2007（後世に伝えたい空襲・艦砲射撃の惨禍）
　〔2007〕
2008（後世に伝えたい空襲・艦砲射撃の惨禍）
　〔2008〕
2009（後世に伝えたい空襲・艦砲射撃の惨禍）
　〔2009〕
2010（後世に伝えたい空襲・艦砲射撃の惨禍）
　〔2010〕

Pocket　8plus企画・編集　8plus　2002〜2005
no.1　2002.12
no.2　Color or monochrome world　2005.11

ボタ山　清水鈴子著　文芸社　2003〜2005
　◇　2003.7
2　2005.4

本籍金沢　斉田直行著　斉田直行　2001〜2004
　◇エッセイ集　2001.5
続（エッセイ集）　2004.9

本屋さんでは買えない本　ひまこうざん著　赤見
　一郎　2006〜2008
　◇　2006.6

2　2008.9

毎日、ふと思う　浅見帆帆子著　グラフ社　2003
　〜2005　⇒I-226
4　今日もごきげん　2005.7

マクロビオティックの本　日本CI協会　2005
GO-4　健康の七大条件―正義について　復刻（桜
　沢如一著）　2005.4（第4刷）

街で村で旅で　木内治利著　教育出版センター（印
　刷）　2001〜2009　⇒I-226
第4集　2005.3
第5集　2009.8

窓　明窓出版編集部編　明窓出版　1991〜2009
　⇒I-226
第14集（エッセイ集）　2006.12
第15集（エッセイ集）　2009.4

マル決本　FM NACK5『鬼玉』スタッフ責任編集
　メディアファクトリー　2006〜2008
◇家族のしょぼい一大事を考えよう！(例)　2006.3
2　2007.3
3　2008.2

みえ熊野学フォーラム報告書　みえ熊野学研究会
　2003〜2006　⇒I-226
第4回　〔2003〕
第5回　〔2005〕
第6回　〔2006〕

澪標　石田吉保　1999
巻3　正（石田吉保〔著〕）　1999.2

霧山シリーズ　ダイシンプランニング　2005〜
　2007
8　霧山閑話―随筆・歌詞・俳句・写真　3（当津隆
　著）　2005.10
9　霧山閑話　4（暮らしと生物学）（当津隆著）
　2007.1

名?迷!歯科医がうち明ける・ここだけの話　谷口清著　西海出版　2005
　上　2005.12
　下　2005.12

明治大学公開文化講座　明治大学人文科学研究所編　明治大学人文科学研究所　1982～2010　⇒I-227
24　巡礼—その世界　2005.3
25　「生と死」の東西文化論　2006.3
26　人はなぜ旅に出るのか　2007.3
27　声なきことば・文字なきことば　2008.3
28　「映画」の歓び　2009.3
29　マンガ・アニメ・ゲーム・フィギュアの博物館学　2010.3

明星大学青梅校日本文化学部共同研究論集　明星大学日本文化学部　2005～2007
第8輯　批評と創作（和田正美編集責任，明星大学日本文化学部編）　2005.3
第9輯　理想と現実（和田正美編集責任，明星大学日本文化学部編）　2006.3
第10輯（10周年記念号）　言語と芸術（明星大学日本文化学部編，和田正美編集責任）　2007.3

明澄　嫩葉会　2004
第11集（嫩葉会）　2004.12

森博嗣の浮遊研究室　メディアファクトリー　2003～2005　⇒I-228
5（望郷編）（森博嗣著）　2005.7

山崎先生口上記　山崎博哉著　京都修学社　1999～2005
◇　1999.7
第2部　2005.2

やる夫　ワニブックス　2009
volume 1（お仕事・業界編）　2009.9

夕焼け小やけ　老松純子　2002～2006　⇒I-228
続・続（老松純子著）　2006.3

ヨコモレ通信　文芸春秋　2005～2007

◇（辛酸なめ子著）　2005.5
2　おでかけセレビッチ（辛酸なめ子著）　2007.1

よねざわ豆本　よねざわ豆本の会　1976～2007　⇒I-229
第74輯　昔のあかり考（山水秀一郎著）　2004.12
第75輯　吾妻健三郎伝（遠藤綺一郎著）　2005.5
第76輯　こけし（栗林一雪編，山中三平，栗林一雪写真）　2005.10
第77輯　後続跡に従う（鈴木道也著）　2006.8
第78輯　歴史からめて歌風景—米沢の伝承民謡・新民謡（小山内鴻著）　2007.7

裸木叢書シリーズ　裸木同人会　2004～2006　⇒IV-737
12　人色多色（志田幸枝著）　2006.4

ロス・タイム　吉村淳著　日本文学館　2004～2007
◇吉村淳作品集　2004.12
2（吉村淳作品集）　2005.12
3（吉村淳作品集）　2007.3

論文選集　矢島喜一　2008～2010
1　組織培養と形態形成（矢島喜一著）　2008.9
2　地方茶の利用形態と民俗（矢島喜一著）　2010.4

私が愛した人生 普通の市民二十一人の　編集工房ノア　2005
第5集　男の意地女の意地（伊勢田史郎編著）　2005.3

私が愛した人生 普通の市民二十二人の　編集工房ノア　2003
第4集　美男と美女の置き土産（伊勢田史郎編著）　2003.3

私の落穂拾い　鈴木実著　北方出版　2000～2009
◇わが顔ぶらさげて　2000.4
2　地の脈を切る　2001.3
3　戦争，そして敗戦後　2001.5
4　親の残すもの　2004.2

5　セピア色の児童画　2005.5
6　藁の逆襲　2009.3

ワタシの生活（微）向上作戦　中央公論新社　2005
2（清水ちなみ著）　2005.4

私のたからもの　日本文学館編集部編　日本文学館　2005
◇　2005.1
2　2005.3

渡良瀬河畔から　林幸雄著　つかもと書店　2004
〜2006
◇伊那谷の兄に送るメール便　2004.9
続（伊那谷へのメール便）　2006.5

Arcadia　美研インターナショナル　2006
◇つれづれうたごよみ（内久根嘉子著）　2006.6

Heart book series　ぶんか社　2001〜2007
⇒I-230
◇たいせつ。の本—special edition（竹本聖著）2006.5
◇おめでとう。の本—special edition（竹本聖著）2007.7

Science Council of Asia　アジア学術会議
Science Council of Asia Secretariat　2005〜2008
2005（foundation for sustainable development to a prosperous, harmonious and greener Asia）2005.6
2006（foundation for sustainable development to a prosperous, harmonious and greener Asia）2006.10
2007-2008（foundation for sustainable development to a prosperous, harmonious and greener Asia）2007.12
2008-2009（foundation for sustainable development to a prosperous, harmonious and greener Asia）2008.12

The Toyota Foundation: 30 years of history
トヨタ財団　The Toyota Foundation　2007
history（1974-2004）　c2007

record of grants（1974-2004）　c2007

To-day and to-morrow　Edition Synapse　2008
v.1　Civilization and mankind　2008
v.2　Civilization and mankind　2008
v.3　Women, marriage and the family　2008
v.4　Women, marriage and the family　2008
v.5　Home, clothes and food　2008
v.6　Child and education　2008
v.7　Child and education　2008
v.8　Science and medicine　2008
v.9　Science and medicine　2008
v.10　Science and medicine　2008
v.11　Psychology　2008
v.12　Industry and the machine　2008
v.13　Industry and the machine　2008
v.14　Society and the state　2008
v.15　Society and the state　2008
v.16　War and politics　2008
v.17　Religion and folklore　2008
v.18　Great Britain, the Empire and America　2008
v.19　Great Britain, the Empire and America　2008
v.20　Language and literature　2008
v.21　Language and literature　2008
v.22　Language and literature　2008
v.23　Art and architecture　2008
v.24　Music and drama　2008
v.25　Sport and leisure　2008

逐次刊行物

「学鐙」を読む　紅野敏郎著　雄松堂出版　2009
◇内田魯庵・幸田文・福原麟太郎ら　2009.1
続　中野好夫・白洲正子・富士川英郎ら　2009.10

活字の奔流　展望社　2004
焼跡雑誌篇（塩沢実信著）　2004.11

総記

戦線文庫　戦線文庫復刻版編纂室編　日本出版社　2005
　第3号（漢口広東陥落記念号）　復刻版　2005.7
　第53号　復刻版　2005.7

占領期雑誌資料大系　岩波書店　2008～2010
　大衆文化編 第1巻　虚脱からの目覚め（山本武利編者代表, 石井仁志, 谷川建司, 原田健一編）　2008.9
　大衆文化編 第2巻　デモクラシー旋風（山本武利編者代表, 石井仁志, 谷川建司, 原田健一編）　2008.11
　大衆文化編 第3巻　アメリカへの憧憬（山本武利編者代表, 石井仁志, 谷川建司, 原田健一編）　2009.2
　大衆文化編 第4巻　躍動する肉体（山本武利編者代表, 石井仁志, 谷川建司, 原田健一編）　2009.4
　大衆文化編 第5巻　占領から戦後へ（山本武利編者代表, 石井仁志, 谷川建司, 原田健一編）　2009.7
　文学編 第1巻　戦争と平和の境界—1945・8-1946・7（山本武利編者代表, 川崎賢子, 十重田裕一, 宗像和重編）　2009.11
　文学編 第2巻　表現される戦争と占領—1946・8-1947・7（山本武利, 川崎賢子, 十重田裕一, 宗像和重編）　2010.1
　文学編 第3巻　破壊から再建へ—1947・8-1948・7（山本武利, 川崎賢子, 十重田裕一, 宗像和重編）　2010.3
　文学編 第4巻　「戦後」的問題系と文学—1948・8-1949・12（山本武利, 川崎賢子, 十重田裕一, 宗像和重編）　2010.5
　文学編 第5巻　占領期文学の多面性（山本武利, 川崎賢子, 十重田裕一, 宗像和重編）　2010.8

中国年鑑　日本図書センター　2004～2006　⇒I-232
　第4巻　支那年鑑　第3回（大正7年 1）（東亜同文会調査編纂部編）　2005.2
　第5巻　支那年鑑　第3回（大正7年 2）（東亜同文会調査編纂部編）　2005.2
　第6巻　支那年鑑　第4回（大正9年 1）（東亜同文会調査編纂部編）　2005.2
　第7巻　支那年鑑　第4回（大正9年 2）（東亜同文会調査編纂部編）　2005.2
　第8巻　新篇支那年鑑　昭和2年版（昭和2年）1（東亜同文会調査編纂部編）　2006.3
　第9巻　新篇支那年鑑　昭和2年版（昭和2年）2（東亜同文会調査編纂部編）　2006.3
　第10巻　最新支那年鑑　昭和10年版（昭和10年）1（東亜同文会研究編纂部編）　2006.3
　第11巻　最新支那年鑑　昭和10年版（昭和10年）2（東亜同文会研究編纂部編）　2006.3
　第12巻　新支那年鑑　第7回（昭和17年）1（一宮房治郎編）　2006.3
　第13巻　新支那年鑑　第7回（昭和17年）2（一宮房治郎編）　2006.3

Daisanbunmei book extra report　第三文明社　2003～2005　⇒I-233
◇ウソをズバッと斬る!—"創価学会へのデマ"は裁判で断罪　〔2006〕
◇ウソ・デマを見破る本—創価学会をめぐる捏造事件の構図　c2005

団体・博物館

愛知大学東亜同文書院ブックレット　〔愛知大学東亜同文書院大学記念センター〕　2009
　別冊　東三河のミュージアム（愛知大学東亜同文書院大学記念センター編）　2009.3
　別冊　調査大旅行の追憶—第四十回調査大旅行 東亜同文書院大学生の1940年代「大旅行」アルバム（愛知大学東亜同文書院大学記念センター編）　2009.6

朝霞市博物館館有資料目録　朝霞市博物館　朝霞市博物館　1997～2007　⇒I-233
　5　2005.3
　6　2006.3
　7　2007.3

アルキストの本　創元社　2003～2006　⇒I-234
◇関西図書館マップ—関西の公立図書館361館を完全ガイド!!（内藤竜著）　2006.2

団体・博物館　　　　　　　　　　　　　　　　　　　総記

伊方町町見郷土館収蔵資料目録　伊方町町見郷土館　2009
第1集（伊方町町見郷土館編）　2009.3

茨城県自然博物館収蔵品目録　ミュージアムパーク茨城県自然博物館　2000～2009　⇒I-234
第2集（今村泰二コレクション：ミズダニ類）（動物標本目録）（ミュージアムパーク茨城県自然博物館動物研究室編）　2006.3
第3集　化石：細貝コレクション（地質標本目録）（ミュージアムパーク茨城県自然博物館地学研究室編）　2008.3
第3集　土壌動物　1（動物標本目録）（ミュージアムパーク茨城県自然博物館動物研究室編）　2009.3
第4集　コスタリカの植物（植物標本目録）（ミュージアムパーク茨城県自然博物館植物研究室編）　2007.3

茨城県ライオンズクラブ史　ライオンズクラブ国際協会2006-2007年度333-B地区地区ガバナー・キャビネット　2009
第2巻（1981年7月—2007年6月）（ライオンズ国際協会2006-2007年度333-B地区茨城県ライオンズクラブ史第二巻編集委員会編）　2009.6

岩手県立博物館収蔵資料目録　岩手県立博物館　岩手県文化振興事業団　1986～2010　⇒I-234
第18集　考古　7　2005.3
第19集　生物　5　2006.3
第20集　考古　8　2008.3
第21集　民俗　3　2009.3
第22集　地質　3　2010.3

奥会津博物館収蔵資料目録　南会津町教育委員会　2010
第1集　室井哲之輔家寄贈文書（南会津町教育委員会）　2010.9

解説資料　伊丹市立博物館編　伊丹市立博物館　1992～2010　⇒I-234
第50号　戦争と伊丹の人々—夏季企画展　2005.7
第51号　巡礼と街道—西国三十三所の旅　平成十七年度秋季企画展　2005.10
第52号　伊丹の商いとくらし—伊丹郷町から宮前商店街まで　平成18年度夏季企画展　2006.7
第54号　市民が写した昭和の子どもたち—元気な子どものアルバムから　夏季企画展　2007.7
第57号　大阪国際空港開港70周年記念—空港と歩んだ70年—夏季企画展　2009.7
第58号　古代の猪名野—伊丹台地に刻まれた開発の歴史　平成21年度秋季企画展　〔2009〕
第59号　伊丹市の70年—昭和・平成そして未来へ　2010夏季企画展　2010
第60号　阪神・淡路大震災15年—伊丹からの発信　平成22年度秋季企画展　2010.10

柏崎市立博物館調査報告書　柏崎市立博物館　1997～2010　⇒I-234
第4集　昭和30年代の柏崎—写真集　2009.3
第5集　文化財たちの「復興」—博物館がみた新潟県中越沖地震　平成22年度夏季特別展　2010.7

神奈川県立博物館調査研究報告　神奈川県立生命の星・地球博物館　1991～2008　⇒I-234
自然科学　第13号　箱根火山—箱根火山および箱根地域の新しい形成発達史　2008.3

館蔵品選集　鳥取市歴史博物館　2008
1（先人が遺してくれたもの）（鳥取市歴史博物館）　2008.3

京都文化会議報告書　京都文化会議組織委員会　京都文化会議組織委員会　2005～2008
2004（地球化時代のこころを求めて）　2005.3
2005（地球化時代のこころを求めて）　2006.3
2006（地球化時代のこころを求めて）　2007.3
2007（地球化時代のこころを求めて）　2008.3

神戸市立博物館蔵品目録　神戸市立博物館編　神戸市立博物館　1999～2010　⇒I-235
考古・歴史の部 21　神戸市関係版本　2　2005.3
考古・歴史の部 22　古文書　7　2006.3
考古・歴史の部 23　古文書　8　2007.3
考古・歴史の部 24　写真・絵葉書　5　2008.3
考古・歴史の部 25　古文書　9　2009.3
考古・歴史の部 26　写真・絵葉書　6　2010.3

美術の部 21　日本製陶磁器　2005.3
美術の部 22　近代絵画 2　彫刻　2006.3
美術の部 23　漆工品・ガラス工芸品　2007.3
美術の部 24　新収中近世絵画　2008.3
美術の部 25　池長孟・旧市立神戸美術館・旧神戸市立南蛮美術館収集近世絵画　1　2009.3
美術の部 26　池長孟・旧市立神戸美術館・旧神戸市立南蛮美術館収集近世絵画　2　2010.3

ことばと文化　国際文化フォーラム編　国際文化フォーラム　1997～2008
◇相互理解をめざして　1997.11
2　2008.3

収蔵品目録　福岡市博物館編　福岡市博物館　1999～2009　⇒I-237
19　平成13年度収集　2004.3
20　平成14年度収集　2005.3
21　平成15年度収集　2006.3
22　平成16年度収集　2007.3
23　平成17年度収集　2008.3
24　平成18年度収集　2009.3

しゅくがわ新書　夙川学院短期大学　2003～2005
◇まるごとヴェルディ―オペラ入門（河内正樹著,〔夙川学院短期大学〕広報企画課編）　2003.3
◇阪神間ミュージアムリレー講座　その1（広報委員会, 高島幸次編）　2004.8
◇阪神間ミュージアムリレー講座　その2（広報委員会, 高島幸次編）　2005.8

首都圏博物館ベストガイド　博物館探訪倶楽部著　メイツ出版　2008
文系編　2008.6
理系編　2008.6

城陽市歴史民俗資料館報告書　城陽市歴史民俗資料館　1995～2006　⇒I-237
3　城陽市民俗調査報告書　第3集（城陽市歴史民俗資料館編）　2006.1

調べ学習NAVI　同友館　2005
◇日本のミュージアム（こどもくらぶ編）　2005.8
◇東京のミュージアム（こどもくらぶ編）　2005.8

資料館資料　大磯町郷土資料館　1991～2008　⇒I-237
9　大磯町郷土資料館収蔵資料目録　民俗（生活）資料 食（大磯町郷土資料館編）　2005.3
10　大磯町郷土資料館収蔵資料目録　民俗（生活）資料 住（大磯町郷土資料館編）　2006.3
11　県立大磯城山公園の植物（ワークショップ"草と木の調査"活動報告書　1）（大磯町郷土資料館編）　2007.3
12　大磯町郷土資料館収蔵資料目録　民俗（生活）資料　自然物採集・稲作・畑作・山樵・製塩・養蚕・畜産（大磯町郷土資料館編）　2008.3

惜灯　〔熊本県立水俣高等学校定時制第3期生〕　2007
4（熊本県立水俣高等学校定時制第三期生卒業五十周年記念誌）（江口和伸, 大戸迫輝夫, 設楽登志男, 徳永常喜, 橋本操, 畑上正人, 林田武士, 松岡正夫, 松下重人編）　2007.9

全国各種団体名鑑　シバ編　シバ　1999～2006　⇒I-238
2006年版（第22版）上巻　2006.7
2006年版（第22版）中巻　2006.7
2006年版（第22版）下巻　2006.7
2006年版（第22版）別冊（索引）　2006.7

全国各種団体名鑑　原書房　2008～2009
2006年版 上巻（シバ編）　2008.2
2006年版 中巻（シバ編）　2008.2
2006年版 下巻（シバ編）　2008.2
2006年版 別冊索引（シバ編）　2008.2
2009年版 上巻（原書房編集部編）　2009.3
2009年版 中巻（原書房編集部編）　2009.3
2009年版 下巻（原書房編集部編）　2009.3
2009年版 別冊索引（原書房編集部編）　2009.3

全国大学博物館学講座開講実態調査報告書　全国大学博物館学講座協議会　1991～2007　⇒I-238
第10回（全国大学博物館学講座協議会）　2007.3

団体・博物館

千葉県立中央博物館重点研究リポート　千葉県立中央博物館　2007〜2008
no.1　「ちばの自然と文化の多様性」を調べる　2007.3
no.2　「ちばの自然と文化の多様性」を調べる　2　2008.3

デジタルアーカイブ白書　デジタルアーカイブ推進協議会　デジタルアーカイブ推進協議会,トランスアート〔発売〕　2001〜2005　⇒I-238　2005　2005.3

帝塚山大学附属博物館蔵品図版目録　帝塚山大学出版会　2010
考古 1（帝塚山大学附属博物館編）　2010.3

東京倶楽部物語　東京倶楽部　東京倶楽部　2004〜2005
◇ジェントルマンの120年　2004.4
補遺 1　2005.10

東京大学教養学部美術博物館資料集　東京大学教養学部美術博物館　2005
2（有職装束類）（東京大学教養学部美術博物館,東京大学史料編纂所附属画像史料解析センター編）　2005.5

東京都江戸東京博物館資料目録　東京都　2006〜2010
ガラス原板 1（東京都江戸東京博物館事業企画課資料・図書係編）　2006.3
錦絵　目録編（東京都江戸東京博物館事業企画課展示事業係編）　2009.3
長板中形型紙1・2（東京都江戸東京博物館事業企画課展示事業係編）　2008.3
動物編　ネコ（東京都江戸東京博物館事業企画課資料係編）　2010.3

トヨタ財団30年史　トヨタ財団　トヨタ財団　2006
助成実績編（昭和49—平成16）　2006.3
本文編（昭和49—平成16）　2006.3

名古屋市博物館資料叢書　名古屋市博物館　1992〜2010　⇒I-239
3　御鍬祭真景図略　2（猿猴庵の本）（名古屋市博物館編）　2005.2
3　笠寺出現宝塔絵詞伝（猿猴庵の本）（〔高力〕猿猴庵〔著〕,名古屋市博物館編）　2005.3
3　東街便覧図略　2（猿猴庵の本）（〔高力〕猿猴庵〔著〕,名古屋市博物館編）　2005.3
3　御船御行列之図・桜見与春之日置・絵本江崎之春（猿猴庵の本）（〔高力〕猿猴庵〔著〕,名古屋市博物館編）　2006.2
3　泉涌寺霊宝拝見図・嵯峨霊仏開帳志（猿猴庵の本）（〔高力〕猿猴庵〔著〕,名古屋市博物館編）　2006.3
3　絵本駱駝具誌（猿猴庵の本）（〔高力〕猿猴庵〔著〕,名古屋市博物館編）　2007.3
3　御鍬祭真景図略　3（猿猴庵の本）（名古屋市博物館編）　2008.3
3　萱津道場参詣記（猿猴庵の本）（〔高力〕猿猴庵〔著〕,名古屋市博物館編）　2008.9
3　東街便覧図略　巻3（猿猴庵の本）（〔高力〕猿猴庵〔著〕,名古屋市博物館編）　2010.3

日本・トルコ協会史　日本・トルコ協会　2008
1996年度—2006年度（追補）（日本・トルコ協会編）　2008.5

農村環境技術研究　農村環境整備センター　1999〜2007　⇒I-239
no.80　農業農村の多面的機能を活用した環境教育「田んぼの学校」活動事例集—「田んぼの学校」企画コンテスト入賞地区活動報告　第7回（平成18年度）（「田んぼの学校」支援センター企画・編集）　2007.2

博物館学シリーズ　大堀哲監修　樹村房　1999〜2004　⇒I-240
1　博物館概論　改訂（鈴木真理編,鈴木真理〔ほか〕共著）　2004.4

博物館学文献目録　全国大学博物館学講座協議会50周年記念・博物館学文献目録編纂委員会編　全国大学博物館学講座協議会　2007

2007　内容分類編　2007.5
2007　著者名分類編　2007.5

博物館・美術館のウラ・オモテ　慶友社　2005～2007
◇博物館・美術館のウラ・オモテ（清水久夫著）　2005.10
2　博物館学Q&A　続（清水久夫著）　2007.4

博物館基本文献集　大空社　2006
10・21,別巻（伊藤寿朗監修）　2006.12

博物館資料集　浜松市博物館編　浜松市博物館　1992～2005　⇒V-24
第14集　絵はがき　2005.1
第15集　戦前の学校　2005.11

博物館における施設管理・リスクマネージメントガイドブック　三菱総合研究所　2008
基礎編（博物館における施設管理・リスクマネージメントに関する調査研究報告書）（三菱総合研究所）　2008.3

博物館に関する基礎資料　文部科学省国立教育政策研究所社会教育実践研究センター　2006～2010
平成16年度（国立教育政策研究所社会教育実践研究センター）　〔2005〕
平成17年度（国立教育政策研究所社会教育実践研究センター編）　2006.4
平成18年度（国立教育政策研究所社会教育実践研究センター編）　2007.3
平成19年度（国立教育政策研究所社会教育実践研究センター編）　2008.3
平成20年度（国立教育政策研究所社会教育実践研究センター）　2009.3
平成21年度（国立教育政策研究所社会教育実践研究センター）　2010.3

博物館の望ましい姿シリーズ　日本博物館協会編　日本博物館協会　2004～2007
1　使命・計画作成の手引き　平成16年度　2004.3
2　資料取り扱いの手引き　平成16年度　2004.3

3　誰にもやさしい博物館づくり事業—外国人対応　平成16年度　2005.3
4　誰にもやさしい博物館づくり事業—バリアフリーのために　2005.3
5　誰にもやさしい博物館づくり事業—高齢者プログラム　平成16年度　2005.3
6　誰にもやさしい博物館づくり事業—外国人対応　平成17年度　2006.3
7　誰にもやさしい博物館づくり事業—バリアフリーのために　平成17年度　2006.3
8　誰にもやさしい博物館づくり事業—高齢者対応　平成17年度　2006.3
9　誰にもやさしい博物館づくり事業—外国人対応　平成18年度　2007.3
10　誰にもやさしい博物館づくり事業—バリアフリーのために　平成18年度　2007.3
11　誰にもやさしい博物館づくり事業—高齢者プログラム　平成18年度　2007.3
12　誰にもやさしい博物館づくり事業—欧米における博物館のアクセシビリティに関する報告書　平成18年度　2007.3

八戸市博物館収蔵資料目録　八戸市博物館編　八戸市博物館　1999～2010　⇒I-240
民俗編3　郷土人形・雛人形　2009.3
民俗編4　郵便切手・郵便はがき　2010.3

広島市郷土資料館資料解説書　広島市教育委員会　1988～2005　⇒IV-588
第18集　はかる道具—ものさし・枡・秤と尺貫法（広島市郷土資料館編）　2005.3

広島市郷土資料館調査報告書　広島市教育委員会　1989～2005　⇒IV-589
第18集　海のカキアルバム—古写真が語る広島湾の牡蠣養殖風景（広島市文化財団広島市郷土資料館編）　2005.12

琵琶湖博物館資料目録　滋賀県立琵琶湖博物館編　滋賀県立琵琶湖博物館　1999～2009　⇒I-240
11号　植物標本　4（村瀬忠義・植物標本目録・合弁花類）　2005.3

団体・博物館

12号　植物標本　5（村瀬忠義・植物標本目録・離弁花類）　2005.3
13号　民俗資料　1（琵琶湖水系漁撈習俗資料1）　2006.3
14号　民俗資料　2（琵琶湖水系漁撈習俗資料2）　2006.3
15号　魚類標本　5　2007.3
16号　魚類標本　6　2007.3
17号　民俗資料　3（衣食住）　2008.3
18号　民俗資料　4（生産生業）　2008.3
19号　民俗資料　5（生産生業（諸職）ほか）　2009.3

北大植物園資料目録　北海道大学北方生物圏フィールド科学センター植物園編　北海道大学北方生物圏フィールド科学センター植物園　2002〜2008　⇒I-240
第4号　アメリカ自然史博物館交換鳥類標本目録　2004.3
第5号　所蔵考古資料目録　1　旧豊平川右岸丘陵地出土土器の検討（松田宏介[編著]）　2004.7
第6号　アイヌ民族資料目録　2008.9
第6号　アイヌ民族資料目録　索引編　2008.9

北米の小さな博物館　北米エスニシティ研究会編　彩流社　2006〜2009
◇「知」の世界遺産　2006.6
2（「知」の世界遺産）　2009.3

三重県立博物館収蔵資料目録　三重県立博物館　2002〜2008　⇒I-241
◇山内繁太郎植物標本（三重県立博物館編）　2006.3
◇民俗資料目録　3（三重県立博物館編）　2006.3
◇大川親雄昆虫標本目録　1　2008.2
◇（財）日本カモシカセンターコレクションカモシカ類学術標本目録（三重県立博物館編）　2008.3
◇民俗資料目録　4（三重県立博物館編）　2008.3

三加和町文化財調査報告　三加和町教育委員会　2002　⇒IV-788
第15集　田中城跡　14　1999.3
第16集　田中城跡　15　2000.3
第17集　田中城跡　16　2001.3
第19集　田中城跡　17　2002.3

水辺のミュージアム　リバーフロント整備センター　2007〜2009
◇　2007.9
vol.2　2009.1

ミュージアムサイエンス　クバプロ　2002〜2004　⇒I-241
v.3（2004）（東京国立博物館コレクションの保存と修理）（東京国立博物館編）　2004.10

睦沢町立歴史民俗資料館研究紀要別冊　睦沢町立歴史民俗資料館　1999〜2000
◇第2回公開シンポジウム「地域博物館の現在」の記録（睦沢町立歴史民俗資料館編）　1999.3
◇第3回公開シンポジウム「小規模博物館の挑戦―小さくてもできる。小さいからやれる」の記録（睦沢町立歴史民俗資料館編）　2000.3

山形県立博物館収蔵資料目録　山形県立博物館編　山形県立博物館　1990〜2010　⇒I-241
動物資料目録7（鈴木庄一郎収集軟体動物コレクション）　2005.3
動物資料目録　8（加藤繁富貝類コレクション）　2009.10
動物資料目録9（昆虫4（川合市郎採集トンボ目））　2010.1

やまぶき　川越市立博物館　川越市立博物館　1991〜2005　⇒I-241
第10集（学校教育のための博物館活用の手引き）　2005.3

横浜国立大学過去・現在・未来　横浜国立大学広報室編　横浜国立大学広報室　2000〜2006　⇒I-241
2005　2005.6
2006　2006.6

ロータリー随想　出版文化社　1999〜2004　⇒I-242
再（その周辺とともに）（菅生浩三著）　2004.10

ジャーナリズム・新聞

朝日新聞外地版　坂本悠一監修・編　ゆまに書房　2010
- 50　「台湾版」一九四三年　2010.10
- 51　「南鮮版2」一九四三年　2010.10
- 52　「南鮮版1」一九四三年　2010.10
- 53　「西鮮版」一九四三年　2010.10
- 54　「北鮮版」一九四三年　2010.10
- 55　「中鮮版」一九四三年　2010.10
- 56　「北支版・中華版北・中国版北」一九四三年　2010.10
- 57　「中支版・中華版・中国版」一九四三年　2010.10
- 58　「満洲版」一九四三年　2010.10

英文対照 朝日新聞天声人語　原書房　2005〜2010
- 2004冬 VOL. 139（朝日新聞論説委員室著, 国際編集部訳）2005.3
- 2005春 VOL. 140（朝日新聞論説委員室編, 国際編集部訳）2005.5
- 2005夏 VOL. 141（朝日新聞論説委員室編, 国際編集部英訳）2005.9
- 2005秋 VOL. 142（朝日新聞論説委員室著, 国際編集部訳）2005.11
- 2006春 VOL. 144（朝日新聞論説委員室編, 国際編集部訳）2006.6
- 2006夏 VOL. 145（朝日新聞論説委員室編, 国際編集部訳）2006.9
- 2006秋 VOL. 146（朝日新聞論説委員室編, 国際編集部訳）2006.12
- 2006冬 VOL. 147（朝日新聞論説委員室編, 国際編集部訳）2007.3
- 2007春 VOL. 148（朝日新聞論説委員室編, 国際編集部訳）2007.6
- 2007夏 VOL. 149（朝日新聞論説委員室編, 国際編集部訳）2007.9
- 2007秋 VOL. 150（朝日新聞論説委員室編, 国際編集部訳）2007.11
- 2007冬 VOL. 151（朝日新聞論説委員室編, 国際編集部訳）2008.2
- 2008春 VOL. 152（朝日新聞論説委員室編, 国際編集部訳）2008.5
- 2008夏 VOL. 153（朝日新聞論説委員室編, 国際編集部訳）2008.8
- 2008秋 VOL. 154（朝日新聞論説委員室編, 国際編集部訳）2008.11
- 2008冬 VOL. 155（朝日新聞論説委員室編, 国際編集部訳）2009.2
- 2009春 VOL. 156（朝日新聞論説委員室編, 国際編集部訳）2009.5
- 2009夏 VOL. 157（朝日新聞論説委員室編, 国際編集部訳）2009.8
- 2009秋 VOL. 158（朝日新聞論説委員室編, 国際編集部訳）2009.11
- 2009冬 VOL. 159（朝日新聞論説委員室編, 国際編集部訳）2010.2
- 2010春 VOL. 160（朝日新聞論説委員室編, 国際編集部訳）2010.5
- 2010夏 VOL. 161（朝日新聞論説委員室編, 国際編集部訳）2010.8

オレンジの旗　新聞産業の退職者懇談会編　新聞産業の退職者懇談会　1992〜2008　⇒I-243
- 第8集（新聞OBわが人生）2006.7
- 第9集（新聞OBわが人生）2008.9

「可視化」のジャーナリスト　早稲田大学出版部　2009
- 2009（石橋湛山記念早稲田ジャーナリズム大賞記念講座）（花田達朗コーディネーター）2009.11

記者物語　東玲治著　創風社出版　2001〜2005
- ◇　2001.7
- 続　2005.4

キャパになれなかったカメラマン　平敷安常著　講談社　2008
- 上（ベトナム戦争の語り部たち）2008.9
- 下（ベトナム戦争の語り部たち）2008.9

ジャーナリズム・新聞

「境界」に立つジャーナリスト　早稲田大学出版部　2010
2010（石橋湛山記念早稲田ジャーナリズム大賞記念講座）（花田達朗コーディネーター）　2010.11

共同通信ニュース予定　共同通信社編集局予定センター編　共同通信社　2005〜2010
2006　2005.12
2007（明日の情報ナビゲーション）　2006.12
2008　2007.12
2009　2008.12
2010　2009.12
2011　2010.12

近代日本メディア人物誌　ミネルヴァ書房　2009
創始者・経営者編（土屋礼子編著）　2009.6

現代ビジネスブック　講談社　2010
◇Twitterの神々──新聞・テレビの時代は終わった（田原総一朗著）　2010.12

時事新報　竜溪書舎　2000〜2008　⇒I-244
23巻〜（7）　7425〜7455号　復刻版　2005.10
23巻〜（8）　7456〜7486号　復刻版　2005.10
23巻〜（9）　7487〜7516号　復刻版　2005.10
23巻〜（10）　7517〜7547号　2005.10
23巻〜（11）　7548〜7577号　復刻版　2005.10
23巻〜（12）　7578〜7608号　復刻版　2005.10
24巻　復刻版　2008.8

時事新報目録　八木書店　2004
文芸篇　大正期（池内輝雄編著）　2004.12

ジャーナリズムの条件　岩波書店　2005
1　職業としてのジャーナリスト（筑紫哲也責任編集）　2005.2
2　報道不信の構造（徳山喜雄責任編集）　2005.3
3　メディアの権力性（佐野眞一責任編集）　2005.4
4　ジャーナリズムの可能性（野中章弘責任編集）　2005.5

昭和初期新聞ジャーナリズム論集　有山輝雄監修　ゆまに書房　2005
第1巻　2005.5
第2巻　2005.5
第3巻　2005.5

シリーズ メディアの未来　ナカニシヤ出版　2010
1　メディア・コミュニケーション論（池田理知子, 松本健太郎編著）　2010.12

新聞販売黒書　花伝社　2006〜2007
◇新聞販売黒書（黒薮哲哉著）　2006.1
pt.2　崩壊する新聞──新聞狂時代の終わり（黒薮哲哉著）　2007.9

全国紙社説総覧　東京堂出版編集部編　東京堂出版　2005〜2010
5　2005年1月〜3月　2005.5
6　2005年4月〜6月　2005.8
7　2005年7月〜9月　2005.11
8　2005年10月〜12月　2006.2
9　2006年1月〜3月　2006.5
10　2006年4月〜6月　2006.8
11　2006年7月〜9月　2006.11
12　2006年10月〜12月　2007.2
13　2007年1月〜3月　2007.5
14　2007年4月〜6月　2007.8
16　2007年10月〜12月　2008.2
17　2008年1月〜3月　2008.5
18　2008年4月〜6月　2008.8
19　2008年7月〜9月　2008.11
20　2008年10月〜12月　2009.2
21　2009年1月〜3月　2009.5
22　2009年4月〜6月　2009.8
23　2009年7月〜9月　2009.11
24　2009年10月〜12月　2010.2

全国紙社説総覧　明文書房編集部編　明文書房　2010
2010・1　1月〜3月（朝日・毎日・読売・日経・産経）　2010.5
2010・2　4月〜6月（朝日・毎日・読売・日経・産経）　2010.8
2010・3　7月〜9月　2010.11

総記　　ジャーナリズム・新聞

叢書現代のメディアとジャーナリズム　ミネルヴァ書房　2003〜2010　⇒I-244
第2巻　ネットワーク社会（橋元良明，吉井博明責任編集）　2005.10
第4巻　大衆文化とメディア（吉見俊哉，土屋礼子責任編集）　2010.8
第5巻　新聞・雑誌・出版（山本武利責任編集）　2005.11
第7巻　放送と通信のジャーナリズム（井上宏，荒木功責任編集）　2009.9
第8巻　メディア研究とジャーナリズム21世紀の課題（津金沢聡広，武市英雄，渡辺武達責任編集）　2009.4

とっておきの話　日本記者クラブ　日本記者クラブ　2004〜2009
5（「日本記者クラブ会報」から）　2004.11
6（「日本記者クラブ会報」から）　2009.11

名古屋新聞・小山松寿関係資料集　竜溪書舎　2006
第6巻（山田公平編）　2006.7

日露戦争と明治のジャーナリズム　坂の上の雲ミュージアム　2010
1　新聞『日本』と子規—第4回企画展テーマ展示（坂の上の雲ミュージアム編）　2010.3

東アジア叢書　武田ランダムハウスジャパン　2010
◇『文芸春秋』とアジア太平洋戦争（鈴木貞美著）　2010.10

文明開化の錦絵新聞　国書刊行会　2008
◇東京日々新聞・郵便報知新聞全作品（千葉市美術館編）　2008.1

傍観者からの手紙　みすず書房　2005〜2010
◇from London 2003-2005（外岡秀俊〔著〕）　2005.8
2　アジアへ（外岡秀俊著）　2010.2

放送人権委員会判断基準　「BPO」放送倫理・番組向上機構放送と人権等に関する委員会　2009

追補（2009）（「BPO」放送倫理・番組向上機構放送と人権等権利に関する委員会編）　2009.7

放送番組委員会記録　放送倫理・番組向上機構　2003〜2007　⇒I-245
◇地方テレビ局の実情と課題　2004.10
◇富山地区の放送事業者と意見交換　2004.11
◇相次ぐ災害〜放送はどう伝えたか　2004.12
◇2004年の視聴者意見から放送を取り巻く法的状況　2005.1
◇制作プロダクションと放送局の関係　2005.2
◇委員会の今後のテーマについて　2005.3
◇視聴者意見の検討—リサーチ会社の利用は慎重に素朴な事実主義はテレビをつまらなくする総務省の行政指導について　2005.4
◇JR西日本脱線事故報道について・不祥事を起こしたタレントの復帰について　2005.5
◇「放送品位」を考える—事件・事故報道のあり方　2005.6
◇現代ジャーナリズムに求められるもの—学生アンケート調査から　2005.7
◇娯楽としてのテレビを考える—テレビを中心とした一家団欒はもうないのか　2005.9
◇選挙報道を考える　2005.10
◇福岡地区の放送事業者と意見交換　2005.11
◇番組トラブル防止を考える　2006.1
◇2006年今年のテレビに期待すること　2006.1
◇番組編成「視聴者の意向と局の独自性」　2006.2
◇私が考える"文化としてのテレビ論"　2006.3
◇新委員が語る「最近の放送界に思うこと」　2006.4
◇テレビジャーナリズムの現状と役割（テレビ報道を考える　その1）　2006.5
◇求められているのは"見張り"と"批評"の機能（テレビ報道を考える　その2）　2006.6
◇ワイドショーから情報ワイド番組へ—情報生ワイド担当者との意見交換（テレビ報道を考えるその3）　2006.7
◇放送の今日的課題—委員会の役割と今後のテーマ　2006.9
◇テレビと政治　2006.10
◇名古屋地区の放送事業者と意見交換　2006.11

ジャーナリズム・新聞　　　　　　　　　　　　　　　総記

◇「命令放送」, 日弁連がBPOに申し入れた「消費者金融・クレジット業者のテレビCM中止要請」2006.12
◇バラエティー番組の可能性「政治バラエティー」・問題提起「最近の総務省の動きとBPOの役割」2007.1
◇『発掘!あるある大事典2』問題—放送番組委員会・有識者委員「声明」2007.2
◇相次ぐ番組トラブル—どうしたらテレビ番組が良くなるか　2007.3
◇『発掘!あるある大事典2』問題　その2　2007.4
◇「放送番組委員会」を終えるにあたって—広場のルールは広場でつくる〜私たちは放送法の改定に反対します　2007.5

石橋湛山記念早稲田ジャーナリズム大賞記念講座講義録　早稲田大学出版部　2005〜2007
◇石橋湛山記念早稲田ジャーナリズム大賞記念講座講義録(原剛コーディネーター)　2005.5
2　ジャーナリズムの方法(原剛コーディネーター)　2006.11
3　ジャーナリストの仕事(原剛コーディネーター)　2007.11

本に拠る　凱風社　2010
1　ジャーナリズム考(米田綱路著)　2010.5

マスコミ・ジャーナリズムの本全情報　日外アソシエーツ　2001〜2007　⇒I-246
2001-2006(日外アソシエーツ株式会社編)　2007.1

マスコミの学校　ワック　2005
1　編集者!(花田紀凱著)　2005.3
2　不肖・宮嶋青春記(宮嶋茂樹著)　2005.3

マス・コミュニケーション研究　日本マス・コミュニケーション学会編　日本マス・コミュニケーション学会, 学文社〔発売〕　2005〜2010
66　特集 戦時におけるメディアと権力(日本を中心として)　2005.1
67　特集 メディア史研究の方法再考(メッセージの生産と受容の歴史)　2005.7
68　特集 メディア変容時代のジャーナリズム　2006.1
69　2006.7
70　2007.1
71　シンポジウム 水俣病事件報道を検証する　2007.7
72　特集「メディア法」はどこへゆくのか(メディア法研究者の認識)　2008.1
74　特集「ラジオの個性」を再考する(ラジオは過去のメディアなのか)　2009.1
75　特集 放送アーカイブをめぐるメディア研究の可能性　2009.7
76　特集「昭和」の記憶とメディア　2010.1
77　特集 世論と世論調査　2010.7

牟婁新報　毛利柴庵主筆　不二出版　2001〜2006　⇒I-246
第31巻〜第33巻・別冊1　復刻版　2006.1

メディアを思う日々　ロコモーションパブリッシング　2005
日が暮れてからの授業編(編集者の学校)(元木昌彦著)　2005.9

メディア総研ブックレット　花伝社　1998〜2008　⇒I-247
no.10　放送中止事件50年—テレビは何を伝えることを拒んだか(メディア総合研究所編)　2005.7
no.11　新スポーツ放送権ビジネス最前線(メディア総合研究所編)　2006.4
no.12　貧困報道—新自由主義の実像をあばく(メディア総合研究所編)　2008.10

もうひとつの広告批評　佐藤雅彦著　鹿砦社　2010
1　消費者をナメるなよ!編　2010.5
2　選挙民をナメるなよ!編　2010.6

4万号の遺伝史　神奈川新聞社編著　神奈川新聞社　2010
上巻(神奈川新聞120年)　2010.2
下巻(神奈川新聞120年)　2010.2

竜谷大学国際社会文化研究所叢書　彩流社　2010
第11巻　東アジアジャーナリズム論—官版漢字新聞から戦時中傀儡政権の新聞統制、現代まで(卓

総 記　　　　　　　　　　　　　　　　　　　　　　　　　　　一般叢書・全集

南生著）　2010.2

一般叢書・全集

ijデジタルbook　インプレスジャパン　2009～2010
◇キラリと輝くカード＆紙小物collection（ホーム）（インプレスPC編集部編）　2009.6
◇ネットブックらくらくスタートパック（ホーム）（水野寛之著）　2009.7
◇学校・自治会で使えるプリント＆イラスト3300—お知らせ・プリントが上手に、簡単に作れる!（ホーム）（インプレスPC編集部編）　2009.7
◇3D鉄道シミュレーション—RailSim 2でマイ列車を走らせよう（ホビー）（木下直紀監修）　2009.8
◇動く!びっくりペーパークラフト傑作集（ホビー）（篠崎均作）　2009.8
◇世界のフリーフォントセレクション—デザインの幅をもっと広げる（フォント）（インプレスPC編集部編）　2010.2
◇「通る」企画書の書き方・まとめ方—PowerPoint/Excel対応（ビジネス）（藤木俊明著）　2010.2
◇夢幻—ファンタジー素材集（〔デザイン〕）　2010.2
◇和モダン—バックグラウンド素材集（〔デザイン〕）　2010.2
◇TrueTypeフォントパーフェクトコレクション—Windows 7/Vista/XP/2000/Me/98/95/3.1/Mac OS 10/9/8対応　改訂5版（フォント）（深沢英次、インプレス編集部編）　2010.3
◇標準フリーフォントスーパーセレクション—デザインに効く!（フォント）（インプレスPC編集部編）　2010.5
◇かわいい花＆フルーツ—デザインパーツ素材集（〔デザイン〕）（ingectar-e著）　2010.6
◇ヨーロピアン・アンティーク—デザインパーツ素材集（デザイン）　2010.7
◇Photoshop Design Toolsブラシ＆パターン—瞬速デザイン素材集（デザイン）（インプレスPC編集部編）　2010.7

ICU21世紀COEシリーズ　国際基督教大学　2008
補冊　原爆の記（指田吾一著）　2008.4

ICU21世紀COEシリーズ　風行社　2007～2010
第1巻　平和のグランドセオリー序説（植田隆子、町野朔編）　2007.6
第2巻　近代化と寛容（村上陽一郎編）　2007.9
第3巻　ニューサイコセラピィ—グローバル社会における安全空間の創成（小谷英文編）　2008.4
第5巻　共生型マネジメントのために—環境影響評価係数JEPIXの開発（宮崎修行著）　2008.6
第6巻　分権・共生社会の森林ガバナンス—地産地消のすすめ（西尾隆編）　2008.8
第7巻　アジアから視るジェンダー（田中かず子編）　2008.1
第8巻　日本の植民地支配の実態と過去の清算—東アジアの平和と共生に向けて（笹川紀勝、金勝一、内藤光博編）　2010.3
第9巻　平和運動と平和主義の現在（千葉真編）　2008.2
第10巻　平和と和解のグランドデザイン—東アジアにおける共生を求めて（村上陽一郎、千葉真編）　2009.11
補冊 2　「平和・安全・共生」の理論と政策提言に向けて（ヴィルヘルム・フォッセ、下川雅嗣編）　2010.3

愛知大学経営総合科学研究所叢書　愛知大学経営総合科学研究所　1990～2010　⇒III-205
27　職業キャリアからの脱落—日本におけるフリーター創出のメカニズム（小浜ふみ子著）　2004.12
28　観光とまちづくり—長野県小布施町を対象にして（神頭広好、藤井孝宗、麻生憲一、角本伸晃著）　2006.4
29　観光都市，大都市および集積の経済（神頭広好著）　2006.4
30　北陸地域のまちづくり研究—富山市を対象にして（神頭広好，角本伸晃，麻生憲一，長橋透，藤井孝宗著）　2007.4
31　都市, 交通およびニュータウンの立地—平面幾何学の応用（神頭広好著）　2007.6

全集・叢書総目録 2005-2010　213

| 一般叢書・全集 | 総記 |

32　中部地域のまちづくり―主に長野県東信地域を対象にして（神頭広好, 成沢広幸, 藤井孝宗, 広田政一, 麻生憲一, 井出明著）2008.3

33　都市の立地と幾何学―新しい立地論の方向性（神頭広好著）2008.5

34　観光とまちづくり―岩国市、尾道市を中心にして（神頭広好, 角本伸晃, 麻生憲一著）2009.3

35　観光と産業のまちづくり―主に諏訪・岡谷を対象にして（神頭広好, 麻生憲一, 井出明, 広田政一著）2010.3

愛知大学綜合郷土研究所研究叢書　愛知大学綜合郷土研究所編　岩田書院　1999～2007　⇒IV-58

18　東海道交通施設と幕藩制社会（渡辺和敏著）2005.3

19　近世東海地域の農耕技術（有薗正一郎著）2005.12

20　持続する社会を求めて―生態系と地域の視点から（市野和夫著）2007.3

明石ライブラリー　明石書店　1997～2010　⇒III-1

68　在日の原風景―歴史・文化・人（崔碩義著）2004.10

69　紛争下のジェンダーと民族―ナショナル・アイデンティティをこえて（シンシア・コウバーン著, 藤田真利子訳）2004.10

70　アメリカの対日占領政策とその影響―日本の政治・社会の転換（マーク・カプリオ, 杉田米行編）2004.10

71　ヘレン・ケラーの急進的な生活―「奇跡の人」神話と社会主義運動（キム・E. ニールセン著, 中野善達訳）2005.1

72　冷戦後のアメリカ外交―クリントン外交はなぜ破綻したのか（ウィリアム・G. ハイランド著, 堀本武功, 塚田洋訳）2005.1

73　人類学の歴史と理論（アラン・バーナード著, 鈴木清史訳）2005.2

74　フェミニズムの歴史と女性の未来―後戻りさせない（エステル・フリードマン著, 安川悦子, 西山恵美訳）2005.2

75　コリアン・ディアスポラ―在日朝鮮人とアイデンティティ（ソニア・リャン著, 中西恭子訳）2005.3

76　20世紀のアメリカ黒人指導者（ジョン・ホープ・フランクリン, オーガスト・マイヤー編, 大類久恵, 落合明子訳）2005.4

77　世界最初のろう学校創設者ド・レペ―手話による教育をめざして（中野善達, 赤津政之著）2005.6

78　無のグローバル化―拡大する消費社会と「存在」の喪失（ジョージ・リッツア著, 正岡寛司監訳, 山本徹夫, 山本光子訳）2005.8

79　21世紀後半の世界の言語はどうなるのか―情報化・国際化のなかの言語（「二一世紀後半の言語」シンポジウム企画班編）2005.9

80　メディアの倫理と説明責任制度―「情報の自由」と「品質管理」のためのテキスト（クロード＝ジャン・ベルトラン著, 前沢猛訳）2005.9

81　イギリス労働者の貧困と救済―救貧法と工場法（安保則夫著, 井野瀬久美恵, 高田実編）2005.10

82　フランスとドイツの国籍とネーション―国籍形成の比較歴史社会学（ロジャース・ブルーベイカー著, 佐藤成基, 佐々木てる監訳）2005.10

83　アメリカの児童相談の歴史―児童福祉から児童精神医学への展開（キャスリーン・W. ジョーンズ著, 小野善郎訳）2005.11

84　差別論―偏見理論批判（佐藤裕著）2005.12

85　在日コリアンのアイデンティティと法的地位　新版（金敬得著）2005.12

86　繋がりと排除の社会学（好井裕明編著）2005.12

87　民主主義と多文化教育―グローバル化時代における市民性教育のための原則と概念（ジェームズ・A. バンクス, チェリー・A. マッギー・バンクス, カルロス・E. コルテス, キャロル・L. ハーン, メリー・M. メリフィールド, コギラ・A. ムードレイ, ステファン・マーフィー-シゲマツ, オードレイ・オスラー, カリン・パク, ウオルター・C. パーカー著, 平沢安政訳）2006.1

88　障害と文化―非欧米世界からの障害観の問いなおし（ベネディクト・イングスタッド, スーザ

ン・レイノルズ・ホワイト編著, 中村満紀男, 山口恵里子監訳) 2006.2

89 アメリカの中絶問題—出口なき論争 (緒方房子著) 2006.3

90 言語学とジェンダー論への問い—丁寧さとはなにか (サラ・ミルズ著, 熊谷滋子訳) 2006.3

91 欧州統合とシティズンシップ教育—新しい政治学習の試み (クリスティーヌ・ロラン=レヴィ, アリステア・ロス編著, 中里亜夫, 竹島博之監訳) 2006.3

92 世界のインクルーシブ教育—多様性を認め, 排除しない教育を (ハリー・ダニエルズ, フィリップ・ガーナー編著, 中村満紀男, 窪田真二監訳) 2006.3

93 諸刃の援助—紛争地での援助の二面性 (メアリー・B. アンダーソン著, 大平剛訳) 2006.3

94 エスニシティとナショナリズム—人類学的視点から (トーマス・ハイランド・エリクセン著, 鈴木清史訳) 2006.4

95 韓国フェミニズムの潮流 (チャン・ピルファ, クォン・インスク, キム・ヒョンスク, イ・サンファ, シン・オクヒ, シン・イルリョン, ユン・フジョン著, 西村裕美編訳) 2006.4

96 ブータンにみる開発の概念—若者たちにとっての近代化と伝統文化 (上田晶子著) 2006.5

97 破壊される世界の森林—奇妙なほど戦争に似ている (デリック・ジェンセン, ジョージ・ドラファン著, 戸田清訳) 2006.8

98 アメリカにおける白人意識の構築—労働者階級の形成と人種 (デイヴィッド・R. ローディガー著, 小原豊志, 竹中興慈, 井川真砂, 落合明子訳) 2006.8

99 日本の国籍制度とコリア系日本人 (佐々木てる著) 2006.9

100 グローバル化時代の日本型多文化共生社会 (駒井洋著) 2006.9

101 子どもの福祉とメンタルヘルス—児童福祉領域における子どもの精神保健への取り組み (小野善郎編著) 2006.10

102 チャイニーズ・ジレンマ—多民族国家マレーシアのアファーマティブ・アクション (イエ・リンシェン著, 朝倉和子訳) 2006.11

103 EUとイスラムの宗教伝統は共存できるか—「ムハンマドの風刺画」事件の本質 (森孝一編著) 2007.1

104 開発の思想と行動—「責任ある豊かさ」のために (ロバート・チェンバース著, 野田直人監訳) 2007.2

105 現代の貧困と不平等—日本・アメリカの現実と反貧困戦略 (青木紀, 杉村宏編著) 2007.2

106 戦後民主主義と教育の再生—いま, 教育に何が求められているのか? (坂本秀夫著) 2007.3

107 現代朝鮮の悲劇の指導者たち—分断・統一時代の思想と行動 (徐仲錫著, 林哲, 金美恵ほか訳) 2007.2

108 トランスナショナル・アイデンティティと多文化共生—グローバル時代の日系人 (村井忠政編著) 2007.4

109 イスラームの黒人奴隷—もう一つのブラック・ディアスポラ (ロナルド・シーガル著, 設楽国広監訳) 2007.5

110 国家社会主義の興亡—体制転換の政治経済学 (デービッド・レーン著, 溝端佐登史, 林裕明, 小西豊訳著) 2007.7

111 格差社会アメリカの教育改革—市場モデルの学校選択は成功するか (フレデリック・M. ヘス, チェスター・E. フィン Jr. 編著, 後洋一訳) 2007.7

112 現代モンゴル—迷走するグローバリゼーション (モリス・ロッサビ著, 小長谷有紀監訳, 小林志歩訳) 2007.7

113 偏見と差別の解剖 (エリザベス・ヤング=ブルーエル著, 栗原泉訳) 2007.8

114 現代生涯学習と社会教育史—戦後教育を読み解く視座 (相庭和彦著) 2007.10

115 アメリカの奴隷制と黒人—五世代にわたる捕囚の歴史 (アイラ・バーリン著, 落合明子, 大類久恵, 小原豊志訳) 2007.10

116 ことばとジェンダーの未来図—ジェンダー・バッシングに立ち向かうために (遠藤織枝編著) 2007.11

117 女性の人権とジェンダー—地球規模の視座に立って (マージョリー・アゴシン編著, 堀内光子, 神崎智子, 望月康恵, 力武由美, ベバリー・アン山本訳) 2007.12

一般叢書・全集　　　　　　　　　　　　　　　　総記

118　フェミニズム・人種主義・西洋（ジーラー・アイゼンステイン著, 奥田のぞみ訳）　2008.1
119　変容する参加型開発—「専制」を超えて（サミュエル・ヒッキィ, ジャイルズ・モハン編著, 真崎克彦監訳, 谷口英里共訳）　2008.2
120　ディズニー化する社会—文化・消費・労働とグローバリゼーション（アラン・ブライマン著, 能登路雅子監訳, 森岡洋二訳）　2008.6
121　アメリカ帝国のワークショップ—米国のラテンアメリカ・中東政策と新自由主義の深層（グレッグ・グランディン著, 松下洌監訳, 山根健至, 小林操史, 水野賢二訳）　2008.6
122　アメリカの中南米政策—アメリカ大陸の平和的構築を目指して（ロバート・A. パスター著, 鈴木康久訳）　2008.7
123　世界のフォスターケア—21の国と地域における里親制度（マシュー・コルトン, マーガレット・ウイリアムズ編, 庄司順一監訳）　2008.9
124　ユダヤ教・キリスト教・イスラームは共存できるか—一神教世界の現在（森孝一編）　2008.12
125　障害をもつ人と社会保障法—ノーマライゼーションを越えて（高藤昭著）　2009.1
126　アメリカのグローバル戦略とイスラーム世界（森孝一, 村田晃嗣編著）　2009.1
127　ドメスティック・バイオレンス—イギリスの反DV運動と社会政策（ジル・ヘイグ, エレン・マロス著, 堤かなめ監訳）　2009.3
128　格差社会アメリカの学校改革—連邦・州・学区・学校間の連携（A. ダトナウ, S. ラスキー, S. ストリングフィールド, C. テッドリー著, 後洋一訳）　2009.4
129　消費社会の魔術的体系—ディズニーワールドからサイバーモールまで（ジョージ・リッツア著, 山本徹夫, 坂田恵美訳）　2009.4
130　戦後沖縄の精神と思想（比屋根照夫著）　2009.4
131　人権の政治思想—デモクラシーの再確認（鷲見誠一著）　2009.6
132　「女性をつくりかえる」という思想—中東におけるフェミニズムと近代性（ライラ・アブー=ルゴド編著, 後藤絵美, 竹村和朗, 千代崎未央, 鳥山純子, 宮原麻子訳）　2009.7

133　非「教育」の論理—「働くための学習」の課題（元木健, 田中万年編著, 金子勝〔ほか〕執筆）　2009.12
134　変革的教育学としてのエスノグラフィ—教室の壁をこえて（ジューン・A. ゴードン著, 志水宏吉, ハヤシザキカズヒコ訳）　2010.1
135　経済から見た北朝鮮—北東アジア経済協力の視点から（小牧輝夫, 環日本海経済研究所編）　2010.3
136　文化と政治の翻訳学—異文化研究と翻訳の可能性（山本真弓編著）　2010.5
137　現代日本の貧困観—「見えない貧困」を可視化する（青木紀著）　2010.7
138　戦争と植民地支配を記憶する（三浦永光著）　2010.7
139　朝鮮の歴史から「民族」を考える—東アジアの視点から（康成銀著）　2010.8
140　貪欲に抗する社会の構築—近代合理主義をこえる仏教の叡智（駒井洋著）　2010.9
141　国際移住の社会学—東アジアのグローバル化を考える（田嶋淳子著）　2010.10

アカデミック・ライブラリー　　角川学芸出版　2010
◇看護とケア—心揺り動かされる仕事とは（三井さよ著）　2010.3
◇郷土史と近代日本（由谷裕哉, 時枝務編著）　2010.3
◇学校で役立つ臨床心理学—小説で考える子どものこころ（丸山広人編著）　2010.3
◇肥満の経済学（古郡鞆子著）　2010.4
◇社会が病気をつくる—「持続可能な未来」のために（玉城英彦著）　2010.9

あかね文庫　解放社　2000〜2005　⇒I-248
11　暗黒の21世紀に挑む—イラク戦争の意味（風森洸編著）　2005.3

あきたさきがけブック　秋田魁新報社　1993〜2007　⇒I-248
no.30　家庭でできる介護と応急手当て（「医学」シリーズ　3）（秋田大学医療技術短期大学部編）　1999.4

総記　　　　　　　　　　　　　　　　　　　　　　　　　　　　　　　　　　一般叢書・全集

no.31　羽州久保田の原風景―佐竹氏入部のころ　2版（「歴史」シリーズ　6）（土居輝雄著）　2006.10
no.32　秋田のプロボクサー―熱き闘いの記録（「スポーツ」シリーズ　1）（千葉雄著）　2002.4
no.33　佐竹義宣とその母・宝寿院―伊達政宗との葛藤の果て（「歴史」シリーズ　7）（伊藤美美著）　2003.4
no.35　北方教育の誕生―秋田の人づくり（「教育」シリーズ　4）（戸田金一著）　2004.6
no.36　千秋の鐘ものがたり（「歴史物語」シリーズ　1）（宮越郷平著）　2006.3
no.37　手軽に読めるスポーツ医学―もっと運動好きになるために（「医学」シリーズ　4）（関展寿著）　2007.3
no.38　雪国の知恵―安全安心なまちづくりのために（環境シリーズ　1）（奈良洋著）　2007.11

秋山清著作集　秋山清, 秋山清著作集編集委員会編　ぱる出版　2006～2007
第1巻　秋山清全詩集（秋山清著）　2006.12
第2巻　日本の反逆思想（秋山清著）　2006.4
第3巻　ニヒルとテロル（秋山清著）　2006.2
第4巻　反逆の信条（秋山清著）　2006.5
第5巻　大杉栄評伝（秋山清著）　2006.8
第6巻　竹久夢二（秋山清著）　2006.3
第7巻　自由おんな論争（秋山清著）　2006.6
第8巻　近代の漂泊（秋山清著）　2006.7
第9巻　目の記憶（秋山清著）　2006.9
第10巻　文学の自己批判（秋山清著）　2006.10
第11巻　アナキズム文学史（秋山清著）　2006.12
別巻　資料・研究篇　2007.3

朝日オリジナル　朝日新聞社　1992～2005　⇒I-248
◇大学の選び方　2005　2004.9
◇大学ランキング　2006年版　2005.4

旭川叢書　旭川市中央図書館編　旭川振興公社　1967～2009　⇒I-248
第30巻　上川屯田物語（金巻鎮雄著）　2005.3
第31巻　旭川の自然―動物たちの世界（出羽寛著, 旭川市中央図書館, 旭川市常磐公園編）　2007.3
第32巻　松平農場史―北の大地の華族農場（関秀志著, 旭川市中央図書館, 旭川市常磐公園編）　2009.3

朝日選書　朝日新聞社　1974～2008　⇒I-249
3　随筆ヴィナス（矢代幸雄著）　2005.6
31　異志倭人伝（山田宗睦著）　2007.1
35　ドストエフスキイと日本人（松本健一著）　2005.6
47　鉱毒農民物語（田村紀雄著）　2007.1
50　日本のルネッサンス人（花田清輝著）　2005.6
66　元禄の演出者たち（暉峻康隆著）　2005.6
68　フランス文壇史（渡辺一民著）　2005.6
92　大仏次郎―その精神の冒険（村上光彦著）　2005.6
94　日本ナショナリズムの前夜（安丸良夫著）　2005.6
105　『智囊』中国人の知恵（増井経夫著）　2005.6
117　両洋の眼―幕末明治の文化接触（吉田光邦著）　2005.6
121　幻景の明治（前田愛著）　2005.6
129　近代科学再考（広重徹著）　2007.1
147　哲学の旅から（上山春平著）　2005.6
152　自然観察者の手記　1（岩田久二雄著）　2005.6
153　自然観察者の手記　2（岩田久二雄著）　2005.6
161　京の人大阪の人（原田伴彦著）　2005.6
163　中国的自由人の系譜（増井経夫著）　2005.6
170　「悪」と江戸文学（野口武彦著）　2005.6
175　琉球処分以後　上（新川明著）　2005.6
176　琉球処分以後　下（新川明著）　2005.6
190　自然観察者の手記　3（岩田久二雄著）　2005.6
191　自然観察者の手記　4（岩田久二雄著）　2005.6
198　長谷川平蔵―その生涯と人足寄場（滝川政次郎著）　2005.6
207　混沌の海へ―中国的思考の構造（山田慶児著）　2005.6

全集・叢書総目録 2005-2010　217

一般叢書・全集　　　　　　　　　　　　　　　　　　　　　　　　　　　総記

208　沖縄の戦記(仲程昌徳著)　2005.6
209　海の城—海軍少年兵の手記(渡辺清著)　2004.11
210　生と死の思想—ヨーロッパ文明の核心(鯖田豊之著)　2005.6
222　道の思想史—人文篇(山田宗睦著)　2005.6
228　魯迅と日本人—アジアの近代と「個」の思想(伊藤虎丸著)　2005.6
235　兵士の歌(米田利昭著)　2005.6
248　民衆史の発見(色川大吉著)　2005.6
273　イスラム・スペイン建築への旅—薄明の空間体験(栗田勇著)　2005.6
284　私の花美術館(塚本洋太郎著)　2005.6
319　童話と樹木の世界—林学との接点を求めて(筒井迪夫著)　2005.6
333　江戸人の歴史意識(野口武彦著)　2005.6
358　明治・青春の夢—革新的行動者たちの日記(嶋岡晨著)　2005.6
363　江戸期のナチュラリスト(木村陽二郎著)　2005.6
389　野口英世(中山茂著)　2005.6
415　成島柳北(前田愛著)　2005.6
422　紫式部のメッセージ(駒尺喜美著)　2005.6
446　虫の文化誌(小西正泰著)　2005.6
592　パンの文化史(舟田詠子著)　2007.1
760　女性天皇論—象徴天皇制とニッポンの未来(中野正志著)　2004.9
765　報道電報検閲秘史—丸亀郵便局の日露戦争(竹山恭二著)　2004.12
766　ブレアのイラク戦争—イギリスの世界戦略(梅川正美, 阪野智一編著)　2004.12
767　「企業価値」はこうして創られる—IR(インベスター・リレーションズ)入門(本多淳著)　2005.1
768　兵士であること—動員と従軍の精神史(鹿野政直著)　2005.1
769　ネアンデルタール人の正体—彼らの「悩み」に迫る(赤沢威編著)　2005.2
770　土地の値段はこう決まる(井上明義著)　2005.2
771　脳はどこまでわかったか(井原康夫編著)　2005.3
772　塔と仏堂の旅—寺院建築から歴史を読む(山岸常人著)　2005.3
773　南極ってどんなところ?(国立極地研究所, 柴田鉄治, 中山由美著)　2005.4
774　パッチギ!対談篇—喧嘩、映画、家族、そして韓国(李鳳宇, 四方田犬彦著)　2005.4
775　日本史・世界史同時代比較年表—そのとき地球の裏側で(楠木誠一郎著)　2005.5
776　この国のすがたと歴史(網野善彦, 森浩一編著)　2005.5
777　雑兵たちの戦場—中世の傭兵と奴隷狩り　新版(藤木久志著)　2005.6
778　メディアは戦争にどうかかわってきたか—日露戦争から対テロ戦争まで(木下和寛著)　2005.6
779　世界遺産知床の素顔—厳冬期の野生動物王国をいく(佐古浩敏, 谷口哲雄, 山中正実, 岡田秀明編著)　2005.7
780　遣唐使の見た中国と日本—新発見「井真成墓誌」から何がわかるか(専修大学・西北大学共同プロジェクト編)　2005.7
781　経済ニュースの読み方(小林慶一郎著)　2005.8
782　違法の戦争、合法の戦争—国際法ではどう考えるか?(筒井若水著)　2005.8
783　われら以外の人類—猿人からネアンデルタール人まで(内村直之著)　2005.9
784　名僧たちの教え—日本仏教の世界(山折哲雄, 末木文美士編著)　2005.9
785　花街—異空間の都市史(加藤政洋著)　2005.10
786　里と森の危機—暮らし多様化への提言(佐藤洋一郎著)　2005.10
787　幕末狂乱—コレラがやって来た!(高橋敏著)　2005.11
788　才能の森—現代演劇の創り手たち(扇田昭彦著)　2005.11
789　テーマで読む現代史1945-2005(盛田真史編著)　2005.12

790 「白い光」のイノベーション—ガス灯・電球・蛍光灯・発光ダイオード（宮原諄二著）2005.12
791 絵はがき100年—近代日本のビジュアル・メディア（橋爪紳也著）2006.1
792 スウェーデンに学ぶ「持続可能な社会」—安心と安全の国づくりとは何か（小沢徳太郎著）2006.2
793 科学技術の国際競争力—アメリカと日本相剋の半世紀（中山茂著）2006.2
794 水戸黄門は旅嫌いだった!?—種明かし日本史20人の素顔（楠木誠一郎著）2006.3
795 映画のなかのアメリカ（藤原帰一著）2006.3
796 リベラルからの反撃—アジア・靖国・9条（『論座』編集部編）2006.4
797 競争やめたら学力世界一—フィンランド教育の成功（福田誠治著）2006.5
798 大人のジャズ再入門—マイルスとブルーノートを線で聴く（中山康樹著）2006.5
799 なるほど!これが韓国か—名言・流行語・造語で知る現代史（李泳采, 韓興鉄著）2006.6
800 テレビ政治—国会報道からTVタックルまで（星浩, 逢坂巌著）2006.6
801 大政翼賛会に抗した40人—自民党源流の代議士たち（楠精一郎著）2006.7
802 中国の頭脳清華大学と北京大学（紺野大介著）2006.7
803 アメリカ型不安社会でいいのか—格差・年金・失業・少子化問題への処方せん（橘木俊詔著）2006.8
804 もっと長い橋, もっと丈夫なビル—未知の領域に挑んだ技術者たちの物語（ヘンリー・ペトロスキー著, 松浦俊輔訳）2006.8
805 宇宙飛行士は早く老ける?—重力と老化の意外な関係（ジョーン・ヴァーニカス著, 向井千秋, 日本宇宙フォーラム監修, 白崎修一訳）2006.9
806 歴史物語朝鮮半島（姜在彦著）2006.9
807 メディア・ナショナリズムのゆくえ—「日中摩擦」を検証する（大石裕, 山本信人編著）2006.10
808 土一揆と城の戦国を行く（藤木久志著）2006.10
809 日本近代技術の形成—〈伝統〉と〈近代〉のダイナミクス（中岡哲郎著）2006.11
810 戦争責任と追悼（歴史と向き合う 1）（朝日新聞取材班著）2006.11
811 和解とナショナリズム—新版・戦後保守のアジア観（若宮啓文著）2006.12
812 昆虫にとってコンビニとは何か?（高橋敬一著）2006.12
813 「がんをくすりで治す」とは?—役に立つ薬理学（丸義朗著）2007.1
814 ミカドの外交儀礼—明治天皇の時代（中山和芳著）2007.1
815 ハリウッド100年のアラブ—魔法のランプからテロリストまで（村上由見子著）2007.2
816 スターリン, ヒトラーと日ソ独伊連合構想（三宅正樹著）2007.2
817 検定絶対不合格教科書古文（田中貴子著）2007.3
818 天才論—ダ・ヴィンチに学ぶ「総合力」の秘訣（茂木健一郎著）2007.3
819 「過去の克服」と愛国心（歴史と向き合う 2）（朝日新聞取材班著）2007.4
820 源氏物語の時代—一条天皇と后たちのものがたり（山本淳子著）2007.4
821 植物の生存戦略—「じっとしているという知恵」に学ぶ（「植物の軸と情報」特定領域研究班編）2007.5
822 国際シンポジウム溝口健二—没後50年「Mizoguchi 2006」の記録（蓮実重彦, 山根貞男編著）2007.5
823 憲法9条の思想水脈（山室信一著）2007.6
824 新聞資本と経営の昭和史—朝日新聞筆政・緒方竹虎の苦悩（今西光男著）2007.6
825 時代がつくる「狂気」—精神医療と社会（芹沢一也編著）2007.7
826 村上春樹のなかの中国（藤井省三著）2007.7
827 アルツハイマー病にならない!（井原康夫, 荒井啓行著）2007.8
828 宇宙開発の50年—スプートニクからはやぶさまで（武部俊一著）2007.8

一般叢書・全集　　　　　　　　　　　　　　　　総　記

829　ニッポン天才伝―知られざる発明・発見の父たち（上山明博著）　2007.9
830　峠の歴史学―古道をたずねて（服部英雄著）　2007.9
831　競争しても学力行き止まり―イギリス教育の失敗とフィンランドの成功（福田誠治著）　2007.10
832　国定忠治を男にした女俠―菊池徳の一生（高橋敏著）　2007.10
833　新聞記者―疋田桂一郎とその仕事（疋田桂一郎〔著〕，柴田鉄治，外岡秀俊編）　2007.11
834　毒ガス開発の父ハーバー―愛国心を裏切られた科学者（宮田親平著）　2007.11
835　政治を考えたいあなたへの80問―朝日新聞3000人世論調査から（佐々木毅監修，高木文哉，吉田貴文，前田和敬，峰久和哲著）　2007.12
836　湯川秀樹日記―昭和九年:中間子論への道（湯川秀樹著，小沼通二編）　2007.12
837　森と人間―生態系の森、民話の森（田嶋謙三，神田リエ著）　2008.1
838　オリンピック全大会―人と時代と夢の物語（武田薫著）　2008.2
839　西洋と朝鮮―異文化の出会いと格闘の歴史（姜在彦著）　2008.2
840　占領期の朝日新聞と戦争責任―村山長挙と緒方竹虎（今西光男著）　2008.3

朝日百科　朝日新聞社　1999〜2005　⇒V-1
◇日本の歴史　1（原始・古代）　人類の誕生と列島の自然　新訂増補　2005.1
◇日本の歴史　2（古代）　推古朝から壬申の乱へ　新訂増補　2005.1
◇日本の歴史　3（古代から中世へ）　平安京　新訂増補　2005.1
◇日本の歴史　4（中世 1）　源氏と平氏　新訂増補　2005.1
◇日本の歴史　5（中世 2）　後醍醐と尊氏　新訂増補　2005.1
◇日本の歴史　6（中世から近世へ）　信長と秀吉　新訂増補　2005.1
◇日本の歴史　7（近世 1）　元禄文化　新訂増補　2005.1
◇日本の歴史　8（近世 2）　祭りと休み日・若者組と隠居　新訂増補　2005.1
◇日本の歴史　9（近世から近代へ）　維新と明治の新政　新訂増補　2005.1
◇日本の歴史　10（近代 1）　鉄道と港　新訂増補　2005.1
◇日本の歴史　11（近代 2）　十五年戦争へ　新訂増補　2005.1
◇日本の歴史　12（現代）　「生命」の時代　新訂増補　2005.1
◇日本の歴史　13　総索引・総目次・総括年表　新訂増補　2005.1

アジア学叢書　大空社　1996〜2010　⇒I-253
106　植民地として観たる南洋群島の研究（上原轍三郎著）　2004.2
121　現代の朝鮮―東亜之大冨源（梶川半三郎著）　2004.11
122　支那食糧史（郎擎霄著，井東憲訳）　2004.11
123　朝鮮林野調査事業報告（朝鮮総督府農林局編）　2004.11
124　満蒙の森林及林業　北支那の林業概観（帝国森林会編　山内倭文夫，天野一郎共著）　2004.11
125　台湾林業史（台湾総督府殖産局編）　2004.11
126　南洋の林業（高山慶太郎著）　2004.11
127　南方の植産資源（南方植産資源調査会編）　2004.11
128　朝鮮鉱業誌（浅野犀涯編）　2004.11
129　満洲の探検と鉱業の歴史　満洲の探検及鉱物資源地図（南満洲鉄道株式会社北満経済調査所編　南満洲鉄道株式会社北満経済調査所編）　2004.11
130　比律賓の鉱業　比律賓の鉱業　補遺（海外鉱業協会編　海外鉱業協会編）　2004.11
131　南方地域の鉱物及鉱業（木下亀城著）　2004.11
132　太平洋地政学―地理歴史相互関係の研究（カルル・ハウスホーファー著，日本青年外交協会研究部訳）　2005.5
133　支那政治地理誌　上巻（大村欣一著）　2005.5
134　支那政治地理誌　下巻（大村欣一著）　2005.5

135	北支・蒙古の地理（保柳睦美著） 2005.5	158	東部蒙古誌補修草稿（関東都督府陸軍部編） 2006.9
136	タイ国地誌（能登志雄著） 2005.5	159	南方地名辞典（南洋事情研究会編） 2007.2
137	セイロン島事情（岩佐義夫著） 2005.5	160	ビルマ地名要覧（東亜研究所編） 2007.2
138	土耳古―シリア、パレスチナ、トランス・ヨルダン 世界地理政治大系（野間三郎著） 2005.5	161	大東亜南方圏地名集成（南洋経済研究所編） 2007.2
139	スマトラ経済地誌（木村操著） 2005.5	162	大東亜南方圏地名索引集（東亜研究所，南洋経済研究所編） 2007.2
140	新撰朝鮮地理誌（大田才次郎編著） 2005.5	163	大東亜南方圏地図帖（藤田元春著） 2007.2
141	樺太林業史（樺太林業史編纂会編） 2005.11	164	蒙古地名辞典（朝鮮銀行調査課編） 2007.2
142	千島森林誌―千島の国有林（帯広営林局編） 2005.11	165	西域南蛮美術東漸史（関衛著） 2007.9
143	朝鮮・満州・台湾林業発達史論（萩野敏雄著） 2005.11	165	東洋美術史の研究（沢村専太郎著） 2007.9
144	朝鮮林業逸誌（朝鮮山林会編著） 2005.11	167	東洋絵具考（塩田力蔵著） 2007.9
145	韓国森林視察復命書　韓国森林調査書　韓国森林調査書摘要 2005.11	168	東洋の彫刻（鎌倉芳太郎著） 2007.9
146	朝鮮の林藪（〔徳光宣之〕〔著〕） 2005.11	169	支那陶磁器史（渡辺素舟著） 2007.9
147	満洲林業外史―山樵夜話　満洲木材水送論（彼末徳雄著　彼末徳雄著） 2005.11	170	支那庭園（後藤朝太郎著） 2007.9
148	吉林省之林業（満鉄調査資料　第80編）（南満洲鉄道株式会社庶務部調査課編） 2005.11	171	印度の建築（天沼俊一著） 2007.9
149	露国林業視察復命書（〔道家充之〕〔著〕，農商務省山林局編） 2006.4	172	東洋音楽論（滝遼一著） 2007.9
150	西比利亜（極東地方）森林調査報告（外務省西比利亜経済援助部編） 2006.4	173	東洋の楽器とその歴史（岸辺成雄著） 2007.9
151	北樺太森林調査書（薩哈嗹軍政部編） 2006.4	174	アジア民族誌（F. ラッツェル著，向坂逸郎訳） 2008.1
152	清国及比律賓群島森林視察復命書　南洋諸島視察復命書（〔仙田桐一郎〕〔著〕，農商務省山林局編　〔金平亮三〕〔著〕，台湾総督府編） 2006.4	175	カムボヂァ民俗誌―クメール族の慣習（グイ・ポレ，エヴリーヌ・マスペロ著，大岩誠，浅見篤訳） 2008.1
153	南洋諸島林況視察復命書　南洋木材資源概要（〔千本停三郎〕〔著〕，農商務省山林局編　南洋経済研究所出版部編） 2006.4	176	シャン民俗誌（M. L. ミルン著，牧野巽，佐藤利子訳） 2008.1
154	馬来半島、セレベス、スマトラ及ジャワ諸島視察復命書（〔藤岡光長〕〔著〕，農商務省山林局編） 2006.4	177	ビルマ民族誌（シュウェイ・ヨー著，国本嘉平次，今永要訳） 2008.1
155	東部蒙古誌―草稿　上（関東都督府陸軍部編） 2006.9	178	ベンガル民族誌（ボンネルジャ著，民族学協会調査部訳） 2008.1
156	東部蒙古誌―草稿　中（関東都督府陸軍部編） 2006.9	179	アッサム史（エドワード・ゲイト著，民族学協会調査部訳） 2008.1
157	東部蒙古誌―草稿　下（関東都督府陸軍部編） 2006.9	180	イラク王国（荻野博著） 2008.1
		181	アジヤロシヤ民族誌（沼田市郎訳編） 2008.1
		182	西北蒙古誌　第2巻（民俗・慣習編）（G. N. ポターニン著，東亜研究所訳） 2008.1
		183	アジア写真集　1　中国大陸民衆風俗写真帖 2008.4
		184	アジア写真集　2　南満洲写真大観 2008.4
		185	アジア写真集　3　満洲写真帖　昭和2年版 2008.4

一般叢書・全集　　　　　　　　　　　　　　　　　　総記

186　アジア写真集　4　満洲国写真集　2008.4
187　アジア写真集　5　満鉄写真帖　2008.4
188　アジア写真集　6　写真帖朝鮮　2008.4
189　アジア写真集　7　台湾生蕃種族写真帖　2008.4
190　アジア写真集　8　南洋群島写真帖　2008.4
191　アジア写真集　9　北方大観　2008.9
192　アジア写真集　10　インドシナ写真集　2008.9
193　アジア写真集　11　印度仏蹟緬甸暹羅視察写真録　2008.9
194　アジア写真集　12　満洲国都・新京写真集　2008.9
195　アジア写真集　13　ハルピン写真集　2008.9
196　アジア写真集　14　中支写真集　2008.9
197　朝鮮総督府農事試験場二拾五周年記念誌　上巻（朝鮮総督府農事試験場編）　2009.4
198　朝鮮総督府農事試験場二拾五周年記念誌　下巻（朝鮮総督府農事試験場編）　2009.4
199　朝鮮の農村生活（板谷英生著）　2009.4
200　満洲の農村生活（満洲評論社、満洲事情案内所編）　2009.4
201　満洲の農業（南満洲鉄道株式会社総務部調査課編）　2009.4
202　満洲農業気象報告（南満洲鉄道株式会社殖産部農務課地方部農務課編）　2009.4
203　北方農業機具解説（常松栄著）　2009.4
204　水を中心として見たる北支那の農業（和田保著）　2009.4
205　生活習慣　北支那篇（中国を知る）（米田祐太郎著）　2009.9
206　生活習慣　中支那篇（中国を知る）（米田祐太郎著）　2009.9
207　生活習慣　南支那篇（中国を知る）（米田祐太郎著）　2009.9
208　支那風俗の話（中国を知る）（後藤朝太郎著）　2009.9
209　支那行脚記（中国を知る）（後藤朝太郎著）　2009.9
210　支那の体臭（中国を知る）（後藤朝太郎著）　2009.9
211　支那の山寺（中国を知る）（後藤朝太郎著）　2009.9
212　支那民間の神々（中国を知る）（沢村幸夫著）　2009.9
213　支那民俗風景（中国を知る）（E. D. ハーヴェイ著、高垣勉次郎訳）　2009.9
214　支那住宅志（中国を知る）（南満州鉄道株式会社経済調査会編）　2009.9
215　支那風俗　巻上（中国を知る）（井上紅梅著）　2010.1
216　支那風俗　巻中（中国を知る）（井上紅梅著）　2010.1
217　支那風俗　巻下（中国を知る）（井上紅梅著）　2010.1
218　支那商店と商慣習（中国を知る）（米田祐太郎著）　2010.1
219　支那の商人生活（中国を知る）（米田祐太郎著）　2010.1
220　支那広告宣伝の技術（中国を知る）（米田祐太郎著）　2010.1
221　支那通（中国を知る）（後藤朝太郎著）　2010.1
222　支那の下層民（中国を知る）（後藤朝太郎著）　2010.1
223　支那の奇習と異聞（中国を知る）（井出季和太著）　2010.1

アジア研究所叢書　亜細亜大学アジア研究所　1987～2010　⇒I-255
19　揺らぐ伝統—グローバル化の波の中で（増田義郎、湯浅博、野副伸一、柳沢悠、小林熙直著）　2005.3
20　中国の台頭と日本（小林熙直、友田錫、江畑謙介、津上俊哉、阿部純一、石川幸一、西沢正樹著）　2006.3
21　中国の台頭をアジアはどうみるか（小林熙直、石川幸一、野副伸一、後藤康浩、木村哲三郎著）　2007.3
22　東アジアの政治をどうみるか（阿部純一、野副伸一、助川成也、竹田いすみ、小林熙直著）　2008.3
23　東アジア共同体を考える（浦田秀次郎、渡辺利夫、石川幸一、西沢正樹、大西義久著）　2009.2

総記　　　　　　　　　　　　　　　　　　　　　　　　　　一般叢書・全集

24　世界金融危機とアジア(田村秀男,真田幸光,野副伸一,石川幸一,小林熙直著)　2010.2

あじあブックス　大修館書店　1998～2010　⇒I-255
57　南部絵暦を読む(岡田芳朗著)　2004.12
58　道教の神々と祭り(野口鉄郎,田中文雄編)　2004.12
59　纏足の発見—ある英国女性と清末の中国(東田雅博著)　2004.12
60　論語珠玉の三十章(〔ユハズ〕和順著)　2007.4
61　老荘の思想を読む(舘野正美著)　2007.4
62　天狗はどこから来たか(杉原たく哉著)　2007.11
63　北京を見る読む集める(森田憲司著)　2008.7
64　中国の復讐者たち—ともに天を戴かず(竹内康浩著)　2009.7
65　環境から解く古代中国(原宗子著)　2009.7
66　王朝滅亡の予言歌—古代中国の童謡(串田久治著)　2009.12
67　中国儒教社会に挑んだ女性たち(李貞徳著,大原良通訳)　2009.12
68　中国のことわざ(千野明日香著)　2010.3
69　中国映画のみかた(応雄編著)　2010.7

アジア文化選書　アジア文化総合研究所出版会　1992～2008　⇒I-256
12　ことばとこころ—随筆集(村上京子著)　2008.12

奄美文庫　奄美文化財団　1993～2007　⇒I-256
7　奄美のむかし話(本田碩孝著)　2007.3

Ariadne entertainment　アリアドネ企画　1995～2005　⇒I-256
◇熱闘!高校野球47の勢力図(手束仁著)　2005.7

アルケミスト双書　創元社　2009～2010
◇古代マヤの暦—予言・天文学・占星術(ジェフ・ストレイ著,駒田曜訳)　2009.4
◇ルーン文字—古代ヨーロッパの魔術文字(ポール・ジョンソン著,藤田優里子訳)　2009.4

◇錬金術—秘密の「知」の実験室(ガイ・オグルヴィ著,藤岡啓介訳)　2009.4
◇ストーンヘンジ—巨石文明の謎を解く(ロビン・ヒース著,桃山まや訳)　2009.11
◇黄金比—自然と芸術にひそむもっとも不思議な数の話(スコット・オルセン著,藤田優里子訳)　2009.11
◇ドラゴン—神話の森の小さな歴史の物語(ジョイス・ハーグリーヴス著,斎藤静代訳)　2009.11
◇リトル・ピープル—ピクシー、ブラウニー、精霊たちとその他の妖精(ポール・ジョンソン文,藤田優里子訳)　2010.4
◇宇宙入門—140億光年、時空への旅(マット・トゥイード著,駒田曜訳)　2010.5
◇数(かず)の不思議—魔方陣・ゼロ・ゲマトリア(ミランダ・ランディ著,桃山まや訳)　2010.6
◇錯視芸術—遠近法と視覚の科学(フィービ・マクノートン著,駒田曜訳)　2010.8
◇シンメトリー—対称性がつむぐ不思議で美しい物語(デーヴィッド・ウェード著,駒田曜訳)　2010.10
◇公式の世界—数学と物理の重要公式150(マシュー・ワトキンス著,マット・トゥイード絵,駒田曜訳)　2010.11

α.ラジオブック　エフエム京都　2004～2007
1　英語+αヨコ文字信仰タテ社会(佐藤弘樹著,桜風舎編集・製作)　2004.11
3　ことば+α—狂言ことば京都ことば今日のことば(茂山千三郎著)　2007.5
4　Cooking+α—毎日のかんたんレシピ(慶元まさ美著)　2007.1

α.ラジオブック　光村推古書院　2006
2　音楽365日+α(エフエム京都編著)　2006.12

粟津則雄著作集　思潮社　2006～2009
第1巻　詩人論(粟津則雄著)　2006.4
第2巻　絵画論(粟津則雄著)　2006.10
第3巻　美術論(粟津則雄著)　2007.2
第4巻　作家論(粟津則雄著)　2007.7
第5巻　文学論(粟津則雄著)　2007.12
第6巻　音楽論(粟津則雄著)　2008.4

第7巻　芸術論（粟津則雄著）　2009.1

石橋湛山全集　石橋湛山著，石橋湛山全集編纂委員会編　東洋経済新報社　2010
第1巻　2010.10
第2巻　2010.10
第3巻　2010.10
第4巻　大正10年〜大正12年　2010.12
第5巻　大正13年〜昭和2年　2010.12
第6巻　昭和2年〜昭和4年　2010.12

和泉選書　和泉書院　1979〜2010　⇒I-258
144　京都と文学—京都光華女子大学公開講座（京都光華女子大学日本語日本文学科編）　2005.3
145　在日コリアンの言語相（真田信治，生越直樹，任栄哲編）　2005.1
146　二十世紀旗手・太宰治—その恍惚と不安と（山内祥史，笠井秋生，木村一信，浅野洋編）　2005.3
147　南島へ南島から—島尾敏雄研究（高阪薫，西尾宣明編）　2005.4
148　白樺派の作家たち—志賀直哉・有島武郎・武者小路実篤（生井知子著）　2005.12
149　近代解放運動史研究—梅川文男とプロレタリア文学（尾西康充著）　2006.3
149　近代解放運動史研究—梅川文男とプロレタリア文学　増補改訂版（尾西康充著）　2008.3
150　風の文化誌（梅花女子大学日本文化創造学科「風の文化誌」の会編）　2006.3
151　小林秀雄美的モデルネの行方（野村幸一郎著）　2006.9
152　松崎天民の半生涯と探訪記—友愛と正義の社会部記者（後藤正人著）　2006.9
153　玉手箱と打出の小槌—改稿（浅見徹著）　2006.10
154　大学図書館の挑戦（田坂憲二著）　2006.11
155　阪田寛夫の世界（谷悦子著）　2007.3
156　犬養孝揮毫の万葉歌碑探訪（犬養孝，山内英正著）　2007.4
157　三島由紀夫の詩と劇（髙橋和幸著）　2007.3
158　太宰治の強さ—中期を中心に　太宰を誤解している全ての人に（佐藤隆之著）　2007.8
159　兼載独吟「聖廟千句」—第一百韻をよむ（大阪俳文学研究会編）　2007.8
160　文学史の古今和歌集（森正人，鈴木元編）　2007.7
161　島尾紀—島尾敏雄文学の一背景（寺内邦夫著）　2007.11
162　砂漠の海—清張文学の世界（加納重文著）　2008.5
163　「仕方がない」日本人（首藤基澄著）　2008.5
164　宮沢賢治との接点（池川敬司著）　2008.7
165　藤村小説の世界（金貞恵著）　2008.8
166　越境した日本語—話者の「語り」から（真田信治著）　2009.2
167　上海アラカルト（追手門学院大学アジア学科編）　2009.6
168　平家物語は何を語るか—平家物語の全体像 part 2（武久堅著）　2010.10

伊谷純一郎著作集　平凡社　2007〜2009
第1巻　日本霊長類学の誕生（伊谷純一郎著，太田至，沢近十九一，寺嶋秀明，山極寿一編）　2007.9
第2巻　類人猿を追って（伊谷純一郎著，太田至，沢近十九一，寺嶋秀明，山極寿一編）　2008.3
第3巻　霊長類の社会構造と進化（伊谷純一郎著，太田至，沢近十九一，寺嶋秀明，山極寿一編）　2008.6
第4巻　生態人類学の鼓動（伊谷純一郎著，太田至，沢近十九一，寺嶋秀明，山極寿一編集委員）　2008.11
第5巻　遊牧社会の自然誌（伊谷純一郎著，太田至，沢近十九一，寺嶋秀明，山極寿一編）　2009.4
第6巻　人類学と自然の旅（伊谷純一郎著，太田至，沢近十九一，寺嶋秀明，山極寿一編）　2009.8

1冊でわかる　岩波書店　2003〜2010　⇒I-259
◇知能（イアン・ディアリ〔著〕，繁枡算男訳）　2004.12
◇聖書（ジョン・リッチス〔著〕，池田裕訳・解説）　2004.12
◇ポストコロニアリズム（ロバート・J. C. ヤング〔著〕，本橋哲也訳）　2005.3

総記　　　　　　　　　　　　　　　　　　　　　　　　　　　　　　一般叢書・全集

◇政治哲学(デイヴィッド・ミラー〔著〕, 山岡竜一, 森達也訳)　2005.3
◇進化(ブライアン・チャールズワース, デボラ・チャールズワース〔著〕, 石川統訳・解説)　2005.6
◇グローバリゼーション(マンフレッド・B. スティーガー〔著〕, 桜井公人, 桜井純理, 高嶋正晴訳)　2005.6
◇建築(アンドリュー・バランタイン〔著〕, 西川健誠訳)　2005.9
◇コーラン(マイケル・クック〔著〕, 大川玲子訳)　2005.9
◇感情(ディラン・エヴァンズ〔著〕, 遠藤利彦訳・解説)　2005.12
◇古代のイギリス(ピーター・サルウェイ〔著〕, 南川高志訳・解説)　2005.12
◇ギリシャ・ローマの戦争(ハリー・サイドボトム〔著〕, 吉村忠典, 沢田典子訳)　2006.3
◇美術史(ダナ・アーノルド〔著〕, 鈴木杜幾子訳・解説)　2006.3
◇狂気(ロイ・ポーター〔著〕, 田中裕介, 鈴木瑞実, 内藤あかね訳)　2006.11
◇ファンダメンタリズム(マリーズ・リゾン〔著〕, 中村圭志訳)　2006.11
◇フーコー(ガリー・ガッティング〔著〕, 井原健一郎訳)　2007.2
◇医療倫理(トニー・ホープ〔著〕, 児玉聡, 赤林朗訳・解説)　2007.3
◇ハーバーマス(ジェームズ・ゴードン・フィンリースン〔著〕, 村岡晋一訳)　2007.10
◇古代エジプト(イアン・ショー〔著〕, 近藤二郎, 河合望訳)　2007.12
◇論理学(グレアム・プリースト〔著〕, 菅沼聡訳)　2008.2
◇カフカ(リッチー・ロバートソン〔著〕, 明星聖子訳・解説)　2008.3
◇科学哲学(サミール・オカーシャ〔著〕, 広瀬覚訳, 直江清隆解説)　2008.3
◇経済学(パーサ・ダスグプタ〔著〕, 植田和弘, 山口臨太郎, 中村裕子訳)　2008.7
◇プラトン(ジュリア・アナス〔著〕, 大草輝政訳)　2008.12

◇脳(マイケル・オーシェイ〔著〕, 山下博志訳・解説)　2009.2
◇ローマ帝国(クリストファー・ケリー〔著〕, 藤井崇訳)　2010.2
◇意識(スーザン・ブラックモア〔著〕, 信原幸弘, 筒井晴香, 西堤優訳)　2010.2
◇ゲーム理論(ケン・ビンモア〔著〕, 海野道郎, 金沢悠介訳・解説)　2010.3
◇グローバリゼーション　新版(マンフレッド・B. スティーガー〔著〕, 桜井公人, 桜井純理, 高嶋正晴訳)　2010.3

伊東俊太郎著作集　麗沢大学出版会　2008～2010
第1巻　初期科学史論文集(伊東俊太郎著)　2009.6
第2巻　ユークリッドとギリシアの数学(伊東俊太郎著)　2009.8
第3巻　中世科学から近代科学へ(伊東俊太郎著)　2009.10
第4巻　比較科学史(伊東俊太郎著)　2009.12
第5巻　科学論・科学哲学(伊東俊太郎著, 村上陽一郎〔ほか〕編)　2010.2
第6巻　ガリレオと科学・宗教(伊東俊太郎著, 村上陽一郎〔ほか〕編)　2010.4
第7巻　比較文明論　1(伊東俊太郎著)　2008.10
第8巻　比較文明論　2(伊東俊太郎著)　2008.12
第9巻　比較文明史(伊東俊太郎著, 村上陽一郎〔ほか〕編)　2009.2
第10巻　比較思想(伊東俊太郎著)　2009.4
第11巻　対談・エッセー・著作目録(伊東俊太郎著, 村上陽一郎〔ほか〕編)　2010.6
第12巻　欧文論文集(伊東俊太郎著, 村上陽一郎〔ほか〕編)　2010.8

稲沢市史資料　稲沢市史編纂委員会編　稲沢市教育委員会　1984～2010　⇒I-259
第41編　長光寺文書　2005.3
第42編　禅源寺文書　2006.3
第43編　性海寺文書　1(触留1)(稲沢市史編さん委員会編)　2007.3
第44編　性海寺文書　2　触留　2(稲沢市史編さん委員会編)　2008.3

一般叢書・全集　　　　　　　　　　　　　　　　　　　　　総記

第45編　性海寺文書　3　願達類　1（稲沢市史編さん委員会編）　2009.3
第46編　神明社文書・本源寺文書（稲沢市史編さん委員会編）　2010.3

INAX booklet　INAX出版　1999～2010　⇒Ⅳ-724
◇ハンガリーの建築タイル紀行―ジョルナイ工房の輝き（INAXギャラリー企画委員会企画）　2005.1
◇泥小屋探訪―奈良・山の辺の道（INAXギャラリー企画委員会企画）　2005.3
◇肥田せんせいのなにわ学―こどもの遊びおとなの楽しみ汲めども尽きぬ、なにわの文化（〔肥田晧三〕〔著〕, INAXギャラリー企画委員会企画）　2005.6
◇自給自邸―セルフビルド魂万歳（INAXギャラリー企画委員会企画）　2005.9
◇小さな骨の動物園（INAXギャラリー企画委員会企画）　2005.12
◇レプリカ―真似るは学ぶ（INAXギャラリー企画委員会企画）　2006.3
◇タワー―内藤多仲と三塔物語（INAXギャラリー企画委員会企画）　2006.6
◇『室内』の52年―山本夏彦が残したもの（INAXギャラリー企画委員会企画）　2006.9
◇世界あやとり紀行―精霊の遊戯（INAXギャラリー企画委員会企画）　2006.12
◇舟小屋―風土とかたち（INAXギャラリー企画委員会企画）　2007.3
◇バードハウス―小鳥を呼ぶ家（INAXギャラリー企画委員会企画）　2007.6
◇石はきれい、石は不思議―津軽・石の旅（INAXギャラリー企画委員会企画）　2007.9
◇工作の時代―『子供の科学』で大人になった（INAXギャラリー企画委員会企画）　2007.12
◇クモの網―what a wonderful web!（INAXギャラリー企画委員会企画）　2008.3
◇オコナイ―湖国・祭りのかたち（中島誠一監修）　2008.6
◇デザイン満開九州列車の旅（INAXギャラリー企画委員会企画）　2008.9
◇考えるキノコ―摩訶不思議ワールド（INAXギャラリー）（佐久間大輔監修）　2008.12
◇チェコのキュビズム建築とデザイン1911-1925―ホホル、ゴチャール、ヤナーク（INAXギャラリー）（鈴木豊写真）　2009.3
◇七宝―色と細密の世界（INAXギャラリー）　2009.6
◇ゑびす大黒―笑顔の神さま（Inaxギャラリー）（〔神崎宣武〕〔執筆〕）　2009.9
◇糸あやつりの万華鏡―結城座375年の人形芝居（Inaxギャラリー）　2009.12
◇植物化石―5億年の記憶（Inaxギャラリー）（佐治康生撮影, 塚腰実監修）　2010.3
◇幕末の探検家松浦武四郎と一畳敷（Inaxギャラリー）（〔高木崇世芝, 安村敏信, 坪内祐三, ヘンリー・スミス, 山本命〕〔文〕）　2010.6
◇夢見る家具―森谷延雄の世界（INAXギャラリー）（森谷延雄〔著〕, INAXギャラリー企画委員会企画）　2010.9
◇にっぽんの客船タイムトリップ　2010.12

岩波科学ライブラリー　岩波書店　1993～2010　⇒Ⅰ-259
101　エピジェネティクス入門―三毛猫の模様はどう決まるのか（佐々木裕之著）　2005.5
102　ほんとうに安全?現代の暗号（太田和夫, 国広昇著）　2005.5
103　賢くはたらく超分子―シャボン玉から未来のナノマシンまで（有賀克彦著）　2005.5
104　ウイルスと人間（山内一也著）　2005.5
105　ブックガイド〈心の科学〉を読む（岩波書店編集部編）　2005.5
106　社会を変える会計と投資（水口剛著）　2005.6
107　進化する自動車（原邦彦著）　2005.6
108　個体発生は進化をくりかえすのか（倉谷滋著）　2005.7
109　日本の動物はいつどこからきたのか―動物地理学の挑戦（京都大学総合博物館編）　2005.8
110　Y染色体からみた日本人（中堀豊著）　2005.9
111　予想脳（藤井直敬著）　2005.10
112　皮膚は考える（伝田光洋著）　2005.11

総記　　　　　　　　　　　　　　　　　　　　　　　　　　一般叢書・全集

113　ブックガイド〈数学〉を読む（岩波書店編集部編）　2005.11
114　宇宙怪人しまりす医療統計を学ぶ（佐藤俊哉著）　2005.12
115　新鉱物発見物語（松原聰著）　2006.1
116　ゲノム進化の読解法（岸野洋久著）　2006.2
117　よみがえる天才アルキメデス——無限との闘い（斎藤憲著）　2006.3
118　アクセントの法則（窪薗晴夫著）　2006.4
119　日曜ピアジェ赤ちゃん学のすすめ（開一夫著）　2006.5
120　金属なしでは生きられない——活性酸素をコントロールする（桜井弘著）　2006.6
121　免疫をもつコンピュータ——生命に倣うネットワークセキュリティ（溝口文雄，西山裕之著）　2006.7
122　クマムシ?!——小さな怪物（鈴木忠著）　2006.8
123　新薬スタチンの発見——コレステロールに挑む（遠藤章著）　2006.9
124　地球・環境・人間（石弘之著）　2006.10
125　相対論がプラチナを触媒にする（村田好正著）　2006.11
126　オイラー、リーマン、ラマヌジャン——時空を超えた数学者の接点（黒川信重著）　2006.12
127　異色と意外の科学者列伝（佐藤文隆著）　2007.1
128　こんどこそ!わかる数学（新井紀子著）　2007.2
129　後悔しない意思決定（繁桝算男著）　2007.3
130　海の波を見る——誕生から消滅まで（光易恒著）　2007.4
131　科学の社会化シンドローム（石黒武彦著）　2007.5
132　ブックガイド 文庫で読む科学（岩波書店編集部編）　2007.6
133　「あっ、忘れてた」はなぜ起こる——心理学と脳科学からせまる（梅田聡著）　2007.7
134　認知療法の世界へようこそ——うつ・不安をめぐるドクトルKの冒険（井上和臣著）　2007.8
135　伝説の算数教科書〈緑表紙〉——塩野直道の考えたこと（松宮哲夫著）　2007.9
136　科学を短歌によむ（諏訪兼位著）　2007.10
137　サステイナビリティ学への挑戦（小宮山宏編）　2007.11
138　活動期に入った地震列島　新版（尾池和夫著）　2007.12
139　新型インフルエンザH5N1（岡田晴恵，田代真人著）　2007.12
140　〈眠り病〉は眠らない——日本発!アフリカを救う新薬（山内一也，北潔著）　2008.1
141　地球・環境・人間　2（石弘之著）　2008.2
142　和算小説のたのしみ（鳴海風著）　2008.3
143　腸内環境学のすすめ（弁野義己著）　2008.4
144　ブラックホールを見る!（嶺重慎著）　2008.5
145　ワイルドライフ・マネジメント入門——野生動物とどう向きあうか（三浦慎悟著）　2008.6
146　科学が進化する5つの条件（市川惇信著）　2008.7
147　アストロバイオロジー——宇宙が語る〈生命の起源〉（小林憲正著）　2008.8
148　ユークリッド『原論』とは何か——二千年読みつがれた数学の古典（斎藤憲著）　2008.9
149　Google Earthでみる地球の歴史（後藤和久著）　2008.10
150　文明開化の数学と物理（蟹江幸博，並木雅俊著）　2008.11
151　ハダカデバネズミ——女王・兵隊・ふとん係（生きもの）（吉田重人，岡ノ谷一夫著）　2008.11
152　ブックガイド〈宇宙〉を読む（岩波書店編集部編）　2008.11
153　DNAロボット——生命のしかけで創る分子機械（萩谷昌己，西川明男著）　2008.12
154　キリンが笑う動物園——環境エンリッチメント入門（上野吉一著）　2009.1
155　再現!巨大隕石衝突——6500万年前の謎を解く 新版（松井孝典著）　2009.2
156　イメージ脳（乾敏郎著）　2009.3
157　猿橋勝子という生き方（米沢富美子著）　2009.4
158　環境を〈感じる〉——生物センサーの進化（郷康広，颯田葉子著）　2009.5

全集・叢書総目録 2005-2010　　227

一般叢書・全集　　　　　　　　　　　　　　　総記

159　フジツボ—魅惑の足まねき（生きもの）（倉谷うらら著）　2009.6
160　太陽は23歳!?—皆既日食と太陽の科学（日江井榮二郎著）　2009.7
161　鉄学137億年の宇宙誌（宮本英昭，橘省吾，横山広美著）　2009.8
162　ザリガニ—ニホン・アメリカ・ウチダ（生きもの）（川井唯史著）　2009.9
163　インドの科学者—頭脳大国への道（三上喜貴著）　2009.10
164　細胞寿命を乗り越える—ES細胞・iPS細胞，その先へ（帯刀益夫，杉本正信著）　2009.11
165　バナッハ＝タルスキーのパラドックス　新版（砂田利一著）　2009.12
166　笑い脳—社会脳へのアプローチ（苧阪直行著）　2010.1
167　花粉症のワクチンをつくる！（石井保之著）　2010.2
168　音のイリュージョン—知覚を生み出す脳の戦略（柏野牧夫著）　2010.4
169　にっぽん自然再生紀行—散策ガイド付き（鷲谷いづみ著）　2010.4
170　地球環境の事件簿（石弘之著）　2010.5
171　個性のわかる脳科学（金井良太著）　2010.6
172　寄り道の多い数学（大沢健夫著）　2010.7
173　天文学の誕生—イスラーム文化の役割（三村太郎著）　2010.8
174　アルベロス3つの半円がつくる幾何宇宙（奥村博，渡辺雅之著）　2010.9
175　どうする・どうなる口蹄疫（山内一也著）　2010.10
176　さえずり言語起源論—新版　小鳥の歌からヒトの言葉へ　新版（岡ノ谷一夫著）　2010.11
177　わたしの病気は何ですか？—病理診断科への招待（近藤武史，榎木英介著）　2010.12

岩波テキストブックス　岩波書店　1996～2010　⇒I-260

◇アメリカの経済　第2版（春田素夫，鈴木直次著）　2005.2
◇平和研究講義（高畠通敏著，五十嵐暁郎，佐々木寛編）　2005.9
◇比較政治学（岩崎美紀子著）　2005.10
◇近代日本政治史（坂野潤治著）　2006.1
◇国際機構（庄司克宏編）　2006.4
◇史料学入門（東京大学教養学部歴史学部会編）　2006.5
◇古典詩歌入門（鈴木健一著）　2007.4
◇オーラル・ヒストリー入門（御厨貴編）　2007.10
◇教育評価（田中耕治著）　2008.7
◇現代経済学—市場・制度・組織（吾郷健二，佐野誠，柴田徳太郎編）　2008.9
◇農業経済学　第3版（荏開津典生著）　2008.9
◇技術の哲学（村田純一著）　2009.7
◇環境経済学講義（吉田文和著）　2010.3
◇日本政治論（五十嵐暁郎著）　2010.9

岩波ブックレット　岩波書店　1982～2010　⇒I-261

no.638　大人なんかこわくない（赤川次郎〔著〕）　2004.11
no.639　憲法九条、いまこそ旬（井上ひさし〔ほか著〕）　2004.11
no.640　ハンディのある子どもの権利（小笠毅編）　2004.12
no.641　東アジアの平和のために国境を越えたネットワークを—沖縄での市民協議の試み（伊藤成彦編）　2004.12
no.642　もっと知りたい！国会ガイド（宮下忠安，小竹雅子〔著〕）　2005.1
no.643　イラクはどこへ行くのか（酒井啓子〔著〕）　2005.1
no.644　八ッ場ダムは止まるか—首都圏最後の巨大ダム計画（八ッ場ダムを考える会編）　2005.2
no.645　学校に自由の風を！—保護者、生徒、教師たちの声（都立学校を考えるネットワーク編）　2005.2
no.646　沖縄基地とイラク戦争—米軍ヘリ墜落事故の深層（伊波洋一，永井浩〔著〕）　2005.2
no.647　音楽は心で奏でたい—「君が代」伴奏拒否の波紋（福岡陽子〔著〕）　2005.3
no.648　東京大空襲60年母の記録—敦子よ涼子よ輝一よ（森川寿美子，早乙女勝元〔著〕）　2005.3

一般叢書・全集

no.649 年齢差別―仕事の場でなにが起きているのか(玄幡まみ〔著〕) 2005.4

no.650 格差社会をこえて(暉峻淑子〔著〕) 2005.4

no.651 保育園民営化を考える(汐見稔幸, 近藤幹生, 普光院亜紀〔著〕) 2005.5

no.652 《荒れ野の40年》以後(宮田光雄〔著〕) 2005.5

no.653 個人・家族が国家にねらわれるとき(憲法24条を活かす会編) 2005.6

no.654 エイズとの闘い―世界を変えた人々の声(林達雄〔著〕) 2005.6

no.655 これが犯罪?「ビラ配りで逮捕」を考える(内田雅敏〔著〕) 2005.7

no.656 津波防災を考える―「稲むらの火」が語るもの(伊藤和明〔著〕) 2005.7

no.657 憲法を変えて戦争へ行こうという世の中にしないための18人の発言(井筒和幸, 井上ひさし, 香山リカ, 姜尚中, 木村裕一, 黒柳徹子, 猿谷要, 品川正治, 辛酸なめ子, 田島征三, 中村哲, 半藤一利, ピーコ, 松本侑子, 美輪明宏, 森永卓郎, 吉永小百合, 渡辺えり子〔著〕) 2005.8

no.658 〈ワンコリア〉風雲録―在日コリアンたちの挑戦(鄭甲寿〔著〕) 2005.8

no.659 なぜ加害を語るのか―中国帰還者連絡会の戦後史(熊谷伸一郎〔著〕) 2005.8

no.660 都立大学に何が起きたのか―総長の2年間(茂木俊彦〔著〕) 2005.9

no.661 パートナー・ドクターを作ろう―100歳までの女性医療(種部恭子〔著〕) 2005.9

no.662 脱「中央」の選択―地域から教育課題を立ち上げる 検証地方分権化時代の教育改革(苅谷剛彦, 清水睦美, 藤田武志, 堀健志, 松田洋介, 山田哲也〔著〕) 2005.10

no.663 教育現場に「心の自由」を!―「君が代」強制を問う北九州の教職員(田中伸尚〔著〕) 2005.10

no.664 憲法九条、未来をひらく(井上ひさし, 梅原猛, 大江健三郎, 奥平康弘, 小田実, 加藤周一, 沢地久枝, 鶴見俊輔, 三木睦子〔著〕) 2005.11

no.665 公共交通が危ない―規制緩和と過密労働(安部誠治編) 2005.12

no.666 国に棄てられるということ―「中国残留婦人」はなぜ国を訴えたか(小川津根子, 石井小夜子〔著〕) 2005.12

no.667 後藤田正晴語り遺したいこと(後藤田正晴〔述〕) 2005.12

no.668 アスベスト問題―何が問われ、どう解決するのか(宮本憲一, 川口清史, 小幡範雄編) 2006.1

no.669 なぜ、いま代用監獄か―えん罪から裁判員制度まで(小池振一郎, 青木和子編) 2006.2

no.670 こう変わる!介護保険(小竹雅子〔著〕) 2006.2

no.671 〈心の病〉をくぐりぬけて(森実恵〔著〕) 2006.3

no.672 「欠陥」住宅は、なぜつくられるのか―安全なマンション・住まいを求めて(河合敏男〔著〕) 2006.3

no.673 アフガニスタンで考える―国際貢献と憲法九条 カラー版(中村哲〔著〕) 2006.4

no.674 憲法九条はなぜ制定されたか(古関彰一〔著〕) 2006.4

no.675 戦争って、環境問題と関係ないと思ってた(田中優〔著〕) 2006.5

no.676 米軍再編―その狙いとは(梅林宏道〔著〕) 2006.5

no.677 子どもたちの命―チェルノブイリからイラクへ カラー版(鎌田実, 佐藤真紀〔著〕) 2006.6

no.678 安全な空気を取り戻すために―目に見えない排ガス汚染の恐ろしさ(菱田一雄, 嵯峨井勝〔著〕) 2006.6

no.679 保育園と幼稚園がいっしょになるとき―幼保一元化と総合施設構想を考える(近藤幹生〔著〕) 2006.7

no.680 アメリカは何を考えているか―オイルとマネー(赤木昭夫〔著〕) 2006.7

no.681 住基ネットの〈真実〉を暴く―管理・監視社会に抗して(斎藤貴男〔著〕) 2006.8

no.682 新型インフルエンザ・クライシス(外岡立人〔著〕) 2006.8

no.683 「ゲド戦記」の世界(清水真砂子〔著〕) 2006.9

no.684　被爆者はなぜ原爆症認定を求めるのか(伊藤直子, 田部知江子, 中川重徳〔著〕)　2006.9

no.685　教育改革を評価する―犬山市教育委員会の挑戦 検証地方分権化時代の教育改革(苅谷剛彦, 安藤理, 内田良, 清水睦美, 藤田武志, 堀健志, 松田洋介, 山田哲也〔著〕)　2006.10

no.686　共謀罪とは何か(海渡雄一, 保坂展人〔著〕)　2006.10

no.687　私が見た憲法・国会はこうやって作られた(島静一〔著〕)　2006.11

no.688　教育改革のゆくえ―格差社会か共生社会か(藤田英典〔著〕)　2006.11

no.689　生きる力―神経難病ALS患者たちからのメッセージ(「生きる力」編集委員会編)　2006.11

no.690　これ以上、働けますか?―労働時間規制撤廃を考える(森岡孝二, 川人博, 鴨田哲郎〔著〕)　2006.12

no.691　「日の丸・君が代」を強制してはならない―都教委通達違憲判決の意義(沢藤統一郎〔著〕)　2006.12

no.692　開いて守る―安全・安心のコミュニティづくりのために(吉原直樹〔著〕)　2007.1

no.693　「平成の大合併」後の地域をどう立て直すか(保母武彦〔著〕)　2007.2

no.694　こう変わる!男女雇用機会均等法Q&A(日本弁護士連合会編)　2007.2

no.695　いじめ問題とどう向き合うか(尾木直樹〔著〕)　2007.3

no.696　アメリカ産牛肉から、食の安全を考える(岡田幹治〔著〕)　2007.3

no.697　国民投票―憲法を変える?変えない?(豊秀一〔著〕)　2007.4

no.698　イギリス「教育改革」の教訓―「教育の市場化」は子どものためにならない(阿部菜穂子〔著〕)　2007.4

no.699　非正規労働の向かう先(鴨桃代〔著〕)　2007.5

no.700　介護情報Q&A(小竹雅子〔著〕)　2007.5

no.701　放課後の居場所を考える―学童保育と「放課後子どもプラン」(下浦忠治〔著〕)　2007.5

no.702　この時代に生きること、働くこと―9・11犠牲者遺族とジャーナリストのメッセージ(中村佑, 島本慈子〔著〕)　2007.6

no.703　「ややこしい子」とともに生きる―特別支援教育を問う(河原ノリエ〔著〕)　2007.6

no.704　助産師と産む―病院でも、助産院でも、自宅でも(河合蘭〔著〕)　2007.7

no.705　公共事業は変われるか―千葉県三番瀬円卓・再生会議を追って(永尾俊彦〔著〕)　2007.7

no.706　首都圏の水があぶない―利根川の治水・利水・環境は、いま(大熊孝, 嶋津暉之, 吉田正人〔著〕)　2007.7

no.707　遺骨の戦後―朝鮮人強制動員と日本(内海愛子, 上杉聰, 福留範昭〔著〕)　2007.8

no.708　愛国心を考える(テッサ・モーリスースズキ〔著〕, 伊藤茂訳)　2007.9

no.709　変わる保育園―量から質の時代へ(普光院亜紀〔著〕)　2007.9

no.710　ホロコーストを次世代に伝える―アウシュヴィッツ・ミュージアムのガイドとして(中谷剛〔著〕)　2007.10

no.711　年金不安の時代に必要な知識と手間(磯村元史〔著〕)　2007.10

no.712　歴史教育と歴史研究をつなぐ(山田朗編)　2007.11

no.713　パレスチナはどうなるのか(土井敏邦編)　2007.11

no.714　世界史なんていらない?(南塚信吾〔著〕)　2007.12

no.715　教育の力―『教育基本法』改定下で、なおも貫きうるもの(安積力也〔著〕)　2007.12

no.716　高齢ドライバー―加害者にならない・しないために(毎日新聞生活報道センター〔著〕)　2008.1

no.717　病みながら老いる時代を生きる(吉武輝子〔著〕)　2008.1

no.718　壊れゆく医師たち(岡井崇, 川人博, 千葉康之, 塚田真紀子, 松丸正〔著〕)　2008.2

no.719　円と日本経済の実力(鈴木淑夫〔著〕)　2008.3

no.720　内部告発が社会を変える(桐山桂一〔著〕)　2008.3

no.721　使える9条―12人が語る憲法の活かしかた(マガジン9条編)　2008.4

no.722　信号機の壊れた「格差社会」（佐高信, 雨宮処凛, 森岡孝二〔著〕）　2008.4

no.723　もっと知りたい!本当の沖縄（前泊博盛〔著〕）　2008.5

no.724　北海道からみる地球温暖化（大崎満, 帰山雅秀, 中野渡拓也, 山中康裕, 吉田文和〔著〕）　2008.5

no.725　希望と勇気、この一つのもの——私のたどった戦後（沢地久枝著）　2008.6

no.726　格差社会と教育改革（苅谷剛彦, 山口二郎著）　2008.6

no.727　知る、考える裁判員制度（竹田昌弘著）　2008.6

no.728　子ども、あなどるべからず（きむらゆういち著）　2008.6

no.729　医者と患者の絆——いのちの対話（鎌田実, 日野原重明, 舘野泉, 村上信夫著）　2008.6

no.730　データブック貧困（西川潤著）　2008.6

no.731　憲法九条、あしたを変える——小田実の志を受けついで（井上ひさし, 梅原猛, 大江健三郎, 奥平康弘, 加藤周一, 沢地久枝, 鶴見俊輔, 三木睦子, 玄順恵著）　2008.7

no.732　死に方上手——いのちの対話（鎌田実, 山折哲雄, 嵐山光三郎, 加藤登紀子, 村上信夫著）　2008.7

no.733　データブック人口（西川潤著）　2008.7

no.734　教科書検定——沖縄戦「集団自決」問題から考える（石山久男著）　2008.8

no.735　はだしのゲンはヒロシマを忘れない（中沢啓治著）　2008.8

no.736　生命と食（福岡伸一著）　2008.8

no.737　データブック食料（西川潤著）　2008.8

no.738　杉並区立「和田中」の学校改革——検証地方分権化時代の教育改革（苅谷剛彦, 清水睦美, 藤田武志, 堀健志, 松田洋介, 山田哲也著）　2008.9

no.739　「ひきこもり」から家族を考える——動き出すことに意味がある（田中俊英著）　2008.9

no.740　世界金融危機（金子勝, アンドリュー・デウィット著）　2008.10

no.741　大人と子どもの絆——いのちの対話（鎌田実, 水谷修, 大平光代, 新沢としひこ, 村上信夫著）　2008.10

no.742　法に退けられる子どもたち（坂本洋子著）　2008.11

no.743　介護保険で利用できる福祉用具——電動ベッドから車いす・歩行器まで（東畠弘子著）　2008.11

no.744　若者たちに「住まい」を!——格差社会の住宅問題（日本住宅会議編）　2008.12

no.745　いま、日本の米に何が起きているのか（山本博史, 阿部淳也, 舘野広幸, 牧下圭貴, 渡辺吉樹著）　2008.12

no.746　労働、社会保障政策の転換を——反貧困への提言（遠藤公嗣, 河添誠, 木下武男, 後藤道夫, 小谷野毅, 今野晴貴, 田端博邦, 布川日佐史, 本田由紀著）　2009.1

no.747　全国学力テスト——その功罪を問う（志水宏吉著）　2009.1

no.748　「英語が使える日本人」は育つのか?——小学校英語から大学英語までを検証する（山田雄一郎, 大津由紀雄, 斎藤兆史著）　2009.2

no.749　学校から言論の自由がなくなる——ある都立高校長の「反乱」（土肥信雄, 藤田英典, 尾木直樹, 西原博史, 石坂啓編）　2009.2

no.750　空襲に追われた被害者たちの戦後——東京と重慶消えない記憶（沢田猛著）　2009.3

no.751　学校給食——食育の期待と食の不安のはざまで（牧下圭貴著）　2009.3

no.752　教員評価——検証地方分権化時代の教育改革（苅谷剛彦, 諸田裕子, 妹尾渉, 金子真理子著）　2009.3

no.753　教員免許更新制を問う（今津孝次郎著）　2009.4

no.754　脱「貧困」への政治（雨宮処凛, 中島岳志, 宮本太郎, 山口二郎, 湯浅誠著）　2009.4

no.755　子どもの声に耳をすませば——電話でつくる〈心の居場所〉（チャイルドライン支援センター編）　2009.5

no.756　チョコラ!——アフリカの路上に生きる子どもたち（小林茂編著）　2009.5

no.757　介護情報Q&A——介護保険を使いこなすために　第2版（小竹雅子著）　2009.5

no.758　脱「世界同時不況」——オバマは金融危機を克服できるか（金子勝, アンドリュー・デウィッ

一般叢書・全集　　　　　　　　　　　　　　　　　　　総記

ト著）　2009.6

no.759　キャラ化する/される子どもたち—排除型社会における新たな人間像（土井隆義著）　2009.6

no.760　地球温暖化—ほぼすべての質問に答えます！（明日香寿川著）　2009.6

no.761　母乳と環境—安心して子育てをするために（本郷寛子著）　2009.7

no.762　ガザの悲劇は終わっていない—パレスチナ・イスラエル社会に残した傷痕（土井敏邦著）　2009.7

no.763　希望と絆—いま、日本を問う（姜尚中著）　2009.7

no.764　教育を子どもたちのために（益川敏英, 小森陽一, 木附千晶, 藤田英典, 本田由紀著）　2009.8

no.765　性教育裁判—七生養護学校事件が残したもの（児玉勇二著）　2009.9

no.766　新型インフルエンザ・クライシス　新版（外岡立人著）　2009.9

no.767　荒れ野の40年—ヴァイツゼッカー大統領ドイツ終戦40周年記念演説　新版（リヒャルト・フォン・ヴァイツゼッカー〔述〕, 永井清彦訳）　2009.10

no.768　農山村再生—「限界集落」問題を超えて（小田切徳美著）　2009.10

no.769　パワーハラスメント—なぜ起こる？どう防ぐ？（金子雅臣著）　2009.11

no.770　介護認定—介護保険サービス、利用するには（小竹雅子, 水下明美著）　2009.11

no.771　加藤周一のこころを継ぐために（井上ひさし, 梅原猛, 大江健三郎, 奥平康弘, 沢地久枝, 鶴見俊輔, 成田竜一, 矢島翠著）　2009.12

no.772　国家とアイデンティティを問う（C. ダグラス・ラミス, 姜尚中, 萱野稔人著）　2009.12

no.773　『秘密の花園』ノート（梨木香歩著）　2010.1

no.774　民主党は日本の教育をどう変える（大内裕和著）　2010.4

no.775　保育園「改革」のゆくえ—「新たな保育の仕組み」を考える（近藤幹生著）　2010.1

no.776　災害からの暮らし再生—いま考えたい（山中茂樹著）　2010.1

no.777　子どもの共感力を育む—動物との絆をめぐる実践教育（柴内裕子, 大塚敦子著）　2010.2

no.778　「慰安婦」問題が問うてきたこと（大森典子, 川田文子著）　2010.2

no.779　グローバル資本主義と日本の選択—富と貧困の拡大のなかで（金子勝, 橘木俊詔, 武者陵司著）　2010.3

no.780　闇の中に光を見いだす—貧困・自殺の現場から（清水康之, 湯浅誠著）　2010.3

no.781　ノーマ・フィールドは語る—戦後・文学・希望（ノーマ・フィールド著, 岩崎稔, 成田竜一聞き手）　2010.4

no.782　いのちの選択—今、考えたい脳死・臓器移植（小松美彦, 市野川容孝, 田中智彦編）　2010.5

no.784　日本軍「慰安婦」制度とは何か（吉見義明著）　2010.6

no.785　〈生物多様性〉入門（鷲谷いづみ著）　2010.6

no.786　地域の力で自然エネルギー！（鳥越皓之, 小林久, 海江田秀志, 泊みゆき, 山崎淑行, 古谷桂信著）　2010.7

no.787　国民健康保険（結城康博著）　2010.7

no.788　爆撃（ハワード・ジン著, 岸本和世, 荒井雅子訳）　2010.8

no.789　まちに病院を！—住民が地域医療をつくる（伊関友伸著）　2010.8

no.790　いまこそ考えたい生活保障のしくみ（大沢真理著）　2010.9

no.791　女性を活用する国、しない国（竹信三恵子著）　2010.9

no.792　日米安保Q&A—「普天間問題」を考えるために（「世界」編集部編, 水島朝穂, 古関彰一, 屋良朝博, 明田川融, 前泊博盛, 久江雅彦, 半田滋著）　2010.9

no.793　死に至る地球経済（浜矩子著）　2010.9

no.794　ハイチ復興への祈り—80歳の国際支援（須藤昭子著）　2010.10

no.795　認知症30カ条—予防から介護まで（認知症予防財団編）　2010.10

no.796　骨の戦世（イクサユ）—65年目の沖縄戦 フォト・ドキュメント（比嘉豊光，西谷修編）　2010.10

no.797　それでもテレビは終わらない（今野勉，是枝裕和，境真理子，音好宏著）　2010.11

no.798　井上ひさしの言葉を継ぐために（井上ひさし，井上ユリ，梅原猛，大江健三郎，奥平康弘ほか著）　2010.12

no.799　壁を壊す!!—サッカー・ワールドカップ北朝鮮代表として（鄭大世著）　2010.12

岩波モダンクラシックス　岩波書店　2005～2009

◇心・脳・科学（ジョン・サール〔著〕，土屋俊訳）　2005.7
◇うつの論理（ダニエル・ヴィドロシェ〔著〕，古川冬彦訳）　2005.7
◇行為としての読書—美的作用の理論（ヴォルフガング・イーザー〔著〕，轡田収訳）　2005.7
◇シャドウ・ワーク—生活のあり方を問う（イヴァン・イリイチ〔著〕，玉野井芳郎，栗原彬訳）　2005.7
◇ジェンダー—女と男の世界（イヴァン・イリイチ〔著〕，玉野井芳郎訳）　2005.7
◇フランス歴史学革命—アナール学派1929-89年（ピーター・バーク〔著〕，大津真作訳）　2005.7
◇歴史学と精神分析—フロイトの方法の有効性（ピーター・ゲイ〔著〕，成田篤彦，森泉弘次訳）　2005.7
◇旧世界と新世界—1492-1650（ジョン・H. エリオット〔著〕，越智武臣，川北稔訳）　2005.7
◇人間の経済　1（カール・ポランニー〔著〕，玉野井芳郎，栗本慎一郎訳）　2005.7
◇人間の経済　2（カール・ポランニー〔著〕，玉野井芳郎，中野忠訳）　2005.7
◇自然法（A. P. ダントレーヴ〔著〕，久保正幡訳）　2006.10
◇世界と世界史（K. レーヴィット〔著〕，柴田治三郎訳）　2006.10
◇生きた隠喩（ポール・リクール〔著〕，久米博訳）　2006.10
◇ケインズ『一般理論』の形成（リチャード・カーン〔著〕，浅野栄一，地主重美訳）　2006.10
◇近代世界システム—農業資本主義と『ヨーロッパ世界経済』の成立　1（I. ウォーラーステイン〔著〕，川北稔訳）　2006.10
◇近代世界システム—農業資本主義と『ヨーロッパ世界経済』の成立　2（I. ウォーラーステイン〔著〕，川北稔訳）　2006.10
◇マルチカルチュラリズム（チャールズ・テイラー，ユルゲン・ハーバーマスほか著，エイミー・ガットマン編，佐々木毅，辻康夫，向山恭一訳）　2007.11
◇敗者の想像力—インディオのみた新世界征服（N. ワシュテル著，小池佑二訳）　2007.11
◇ラディカル・デモクラシー—可能性の政治学（C. ダグラス・ラミス著，加地永都子訳）　2007.11
◇フロイトとユング—精神分析運動とヨーロッパ知識社会（上山安敏著）　2007.11
◇日本思想という問題—翻訳と主体（酒井直樹著）　2007.11
◇近代日本の農村の起源（トマス C. スミス，大塚久雄監訳）　2007.11
◇デマの心理学（G. W. オルポート，L. ポストマン〔著〕，南博訳）　2008.10
◇ABC—民衆の知性のアルファベット化（I. イリイチ，B. サンダース〔著〕，丸山真人訳）　2008.10
◇学歴社会新しい文明病（R. P. ドーア〔著〕，松居弘道訳）　2008.10
◇アメリカ資本主義と学校教育—教育改革と経済制度の矛盾　1（S. ボウルズ，H. ギンタス〔著〕，宇沢弘文訳）　2008.10
◇アメリカの政治的伝統—その形成者たち　1（R. ホーフスタッター〔著〕，田口富久治，泉昌一訳）　2008.10
◇アメリカ資本主義と学校教育—教育改革と経済制度の矛盾　2（S. ボウルズ，H. ギンタス〔著〕，宇沢弘文訳）　2008.10
◇アメリカの政治的伝統—その形成者たち　2（R. ホーフスタッター著，田口富久治，泉昌一訳）　2008.10
◇ドイツの独裁—ナチズムの生成・構造・帰結　2（カール・ディートリヒ・ブラッハー著，山口定，高橋進訳）　2009.10
◇スペイン帝国の興亡—1469-1716（J. H. エリオット〔著〕，藤田一成訳）　2009.10

一般叢書・全集　　　　　　　　　　　　　　　　　　　総　記

◇ケインズ（R. スキデルスキー〔著〕, 浅野栄一訳）　2009.10
◇ドイツの独裁―ナチズムの生成・構造・帰結 1（K. D. ブラッハー〔著〕, 山口定, 高橋進訳）　2009.10
◇ドイツの独裁―ナチズムの生成・構造・帰結 2（K. D. ブラッハー〔著〕, 山口定, 高橋進訳）　2009.10

インディアス群書　現代企画室　1984〜2007 ⇒I-265
5巻　サパティスタの夢―たくさんの世界から成る世界を求めて（マルコス, イボン・ル・ボ著, 佐々木真一訳）　2005.4
13巻　グアヤキ年代記―遊動狩人アチェの世界（ピエール・クラストル著, 毬藻充訳）　2007.1

潮ライブラリー　潮出版社　1997〜2006　⇒I-266
◇江戸の冠婚葬祭（中江克己著）　2004.12
◇時習学館と戸田城聖―私の幼少年時代（山下肇著）　2006.2

内村剛介著作集　内村剛介著, 陶山幾朗編集・構成　恵雅堂出版　2008〜2010
第1巻　わが二十世紀茫々　2008.8
第2巻　モスクワ街頭の思想　2009.3
第3巻　ソビエト作家論　2009.9
第4巻　ロシア・インテリゲンチャとは何か　2010.3

海野弘コレクション　海野弘著　右文書院　2006
1　私の東京風景　2006.1
2　都市風景の発見―日本のアヴァンギャルド芸術 新版　2006.7
3　歩いて, 見て, 書いて―私の一〇〇冊の本の旅　2006.11

絵でみるシリーズ　日本能率協会マネジメントセンター　2005〜2009
◇絵でみる工場と生産管理―イメージできれば, 生産は面白い（山口文紀著）　2005.12
◇絵でみる石油ビジネスのしくみ（茂木源人著）　2006.3
◇絵でみる貿易のしくみ（片山立志著）　2007.2

◇絵でみるマーケティングのしくみ（安田貴志著）　2007.11
◇絵でみる簿記入門（南伸一著）　2007.11
◇絵でみる孫子の兵法（広州伸著）　2007.12
◇絵でみるキャッシュフローのしくみ―財務三表のつながりからファイナンスの初歩まで（高田直芳著）　2008.2
◇絵でみる原価計算のしくみ（小川正樹著）　2008.3
◇絵でみる広告ビジネスと業界のしくみ（大城勝浩, 高山英男著）　2008.3
◇絵でみる金属ビジネスのしくみ（馬場洋三著）　2008.3
◇絵でみる内部統制で仕事はこう変わる！（堀内正博監修, 広川敬祐著）　2008.6
◇絵でみる光触媒ビジネスのしくみ（神奈川科学技術アカデミー光触媒ミュージアム編, 西本俊介, 中田一弥, 野村知生著, 藤嶋昭, 村上武利監修・著）　2008.8
◇絵でみる食糧ビジネスのしくみ（柴田明夫監修, 榎本裕洋, 安部直樹著）　2008.8
◇絵でみる論語（安岡定子著, 田部井文雄監修）　2008.12
◇絵でみる失敗のしくみ（芳賀繁著）　2009.2
◇絵でみる在庫管理のしくみ（湯浅和夫編著）　2009.3
◇絵でみる排出権ビジネスのしくみ（三菱UFJ信託銀行株式会社著）　2009.6

江戸東京ライブラリー　教育出版　1998〜2005 ⇒I-266
24　江戸びとの情報活用術（中田節子著）　2005.8
25　江戸の声―話されていた言葉を聴く（鈴木丹士郎著）　2005.8

NHK趣味悠々　日本放送協会, 日本放送出版協会編集　日本放送出版協会　1997〜2010　⇒I-267
◇とってもやさしい！中高年のためのパソコン活用術入門（日本放送協会, 日本放送出版協会編）　2005.1

総記　　一般叢書・全集

◇中高年のためのゴルフが生きがい―飛ばしの12か条（日本放送協会，日本放送出版協会編）　2005.1
◇暮らしの中の茶―茶の湯 裏千家（日本放送協会，日本放送出版協会編）　2005.2
◇初めての社交ダンス（日本放送協会，日本放送出版協会編）　2005.2
◇てのひらで咲く小さな花―樹脂粘土クラフト（日本放送協会，日本放送出版協会編）　2005.4
◇中高年のためのとってもやさしい！デジタルカメラ入門（日本放送協会，日本放送出版協会編）　2005.4
◇あの素晴らしいフォークをもう一度―紙ふうせんのギター弾き語り入門（日本放送協会，日本放送出版協会編）　2005.4
◇沢松奈生子が贈る中高年のためのたのしいテニス（日本放送協会，日本放送出版協会編）　2005.4
◇茶事へのいざない―風炉正午の茶事 茶の湯武者小路千家（日本放送協会，日本放送出版協会編）　2005.6
◇中高年のためのパソコン出直し塾（日本放送協会，日本放送出版協会編）　2005.6
◇秘密のテクニック教えます！かっこよく弾く簡単ピアノレッスン（日本放送協会，日本放送出版協会編）　2005.6
◇中高年のための楽しい卓球レッスン（日本放送協会，日本放送出版協会編）　2005.7
◇鶴太郎流墨彩画塾　続（風景を描く）（日本放送協会，日本放送出版協会編）　2005.7
◇名人・高橋邦弘こだわりのそば打ち入門（日本放送協会，日本放送出版協会編）　2005.9
◇中高年のためのもっと知りたい携帯電話ABC（日本放送協会，日本放送出版協会編）　2005.9
◇犬と暮らしを楽しもう（日本放送協会，日本放送出版協会編）　2005.9
◇はじめての里山歩き（日本放送協会，日本放送出版協会編）　2005.9
◇山田香織のミニ盆栽でつくる小さな景色（日本放送協会，日本放送出版協会編）　2005.11
◇パソコンではがき絵・年賀状をつくろう（日本放送協会，日本放送出版協会編）　2005.11

◇パパイヤ鈴木のenjoyダンシング！（日本放送協会，日本放送出版協会編）　2005.11
◇市田ひろみのはじめてさんの着物塾（日本放送協会，日本放送出版協会編）　2005.12
◇中高年のためのパソコン出直し塾（日本放送協会，日本放送出版協会編）　2006.1
◇森口祐子の女子プロに学べ（日本放送協会，日本放送出版協会編）　2006.1
◇茶をたしなむ―茶の湯表千家（日本放送協会，日本放送出版協会編）　2006.2
◇大正琴で弾く！（日本放送協会，日本放送出版協会編）　2006.2
◇日帰りで楽しむ風景スケッチ（日本放送協会，日本放送出版協会編）　2006.4
◇はじめてでも簡単！デジタル一眼レフ撮影術入門（日本放送協会，日本放送出版協会編）　2006.4
◇楽しく弾こう！大人のエレキ・ギター（日本放送協会，日本放送出版協会編）　2006.4
◇中高年のらくらくスイミングゆったりきれいに気持よく（日本放送協会，日本放送出版協会編）　2006.4
◇中高年のためのパソコン講座ブログに挑戦してみよう！（日本放送協会，日本放送出版協会編）　2006.6
◇西村由紀江のやさしいピアノレッスン世界の名曲を弾いてみよう（日本放送協会，日本放送出版協会編）　2006.6
◇達人のワザ教えます！中高年のためのアウトドア入門（日本放送協会，日本放送出版協会編）　2006.6
◇涼を見つける―茶の湯裏千家（日本放送協会，日本放送出版協会編）　2006.7
◇もっと楽しめる！パソコンライフ―中高年のためのパソコン講座（日本放送協会，日本放送出版協会編）　2006.8
◇はんなり書道入門魅せる「かな」を書く（日本放送協会，日本放送出版協会編）　2006.9
◇四国八十八ヶ所はじめてのお遍路（日本放送協会，日本放送出版協会編）　2006.9
◇中高年のための楽しいサイクリング生活入門（日本放送協会，日本放送出版協会編）　2006.9

一般叢書・全集　　　　　　　　　　　　　　　　　総記

◇川崎景太のフラワーデザイン入門―暮らしを彩る花の演出（日本放送協会，日本放送出版協会編）　2006.11
◇パソコンアートを楽しもう！（日本放送協会，日本放送出版協会編）　2006.11
◇中高年のためのゴルフのこころと技を教えます（日本放送協会，日本放送出版協会編）　2006.11
◇落語をもっとたのしもう（日本放送協会，日本放送出版協会編）　2006.12
◇はじめての写経―般若心経を書く（日本放送協会，日本放送出版協会編）　2007.1
◇もっと楽しめる！パソコンライフ―中高年のためのパソコン講座（日本放送協会，日本放送出版協会編）　2007.1
◇ようこそ！鉄道模型の世界へ―レイアウト制作入門（日本放送協会，日本放送出版協会編）　2007.2
◇木彫りでつくる野鳥バードカービング（日本放送協会，日本放送出版協会編）　2007.2
◇五感で味わう茶の湯―茶の湯藪内家（日本放送協会，日本放送出版協会編）　2007.3
◇色鉛筆で楽しむ日帰り風景スケッチ（日本放送協会，日本放送出版協会編）　2007.4
◇デジタル一眼レフ風景撮影術入門（日本放送協会，日本放送出版協会編）　2007.4
◇遺跡ウオッチング―古代のロマンを訪ねて（日本放送協会，日本放送出版協会編）　2007.4
◇増田明美のウオーキング＆ジョギング入門（日本放送協会，日本放送出版協会編）　2007.4
◇中高年のための携帯電話活用術入門―もっと遊ぼう！楽しもう！（日本放送協会，日本放送出版協会編）　2007.6
◇荘村清志のギターで世界の名曲を―今日から弾き始めよう（日本放送協会，日本放送出版協会編）　2007.6
◇中高年のための楽しいバドミントン入門（日本放送協会，日本放送出版協会編）　2007.6
◇京に楽しむ夏の茶―茶の湯表千家（日本放送協会，日本放送出版協会編）　2007.7
◇中高年のためのいまさら聞けないパソコンABC（日本放送協会，日本放送出版協会編）　2007.8

◇服部名人直伝はじめての海釣り（日本放送協会，日本放送出版協会編）　2007.8
◇仏のこころを彫る（日本放送協会，日本放送出版協会編）　2007.9
◇おくのほそ道を歩こう（堀切実テキスト監修，日本放送協会，日本放送出版協会編）　2007.9
◇カシャッと一句！フォト五七五（日本放送協会，日本放送出版協会編）　2007.11
◇パソコンだからここまでできる！手作りカード・年賀状（日本放送協会，日本放送出版協会編）　2007.11
◇簡単！ソックリ！似顔絵塾（日本放送協会，日本放送出版協会編）　2007.11
◇氷上に心おどる！アイススケーティング―滑る楽しさを体感しよう（日本放送協会，日本放送出版協会編）　2007.11
◇茶の湯武者小路千家初釜を楽しむ（日本放送協会，日本放送出版協会編）　2008.1
◇中高年のためのいまさら聞けないパソコンABC（日本放送協会，日本放送出版協会編）　2008.1
◇はじめよう！社交ダンス（日本放送協会，日本放送出版協会編）　2008.1
◇石渡俊彦のスコアアップクリニック（日本放送協会，日本放送出版協会編）　2008.1
◇石飛博光のステップアップ現代書道（日本放送協会，日本放送出版協会編）　2008.2
◇鉄道模型でつくる思い出の風景―Nゲージ・レイアウト制作入門（日本放送協会，日本放送出版協会編）　2008.4
◇インターネット活用術入門（中高年のためのパソコンシリーズ）（日本放送協会，日本放送出版協会編）　2008.4
◇国府弘子の今日からあなたもジャズピアニスト（日本放送協会，日本放送出版協会編）　2008.4
◇太極拳でかっこいいカラダになれ！（日本放送協会，日本放送出版協会編）　2008.4
◇お気に入りをとじる―やさしい製本入門（日本放送協会，日本放送出版協会編）　2008.6
◇植物画の世界へようこそ―ボタニカルアート入門（日本放送協会，日本放送出版協会編）　2008.6

一般叢書・全集

◇ひと味違う!ダッチオーブン入門—名シェフ直伝のアウトドア料理(日本放送協会,日本放送出版協会編) 2008.6

◇パソコンソフト活用術入門(中高年のためのパソコンシリーズ)(日本放送協会,日本放送出版協会編) 2008.7

◇ペーパークラフトを楽しもう!(日本放送協会,日本放送出版協会編) 2008.8

◇はじめての水墨画(日本放送協会,日本放送出版協会編) 2008.8

◇涼を楽しむ—茶の湯藪内家 入門編(日本放送協会,日本放送出版協会編) 2008.8

◇地形図片手に日帰り旅—見かたがかわると景色がかわる(日本放送協会,日本放送出版協会編) 2008.9

◇シーン別デジタルカメラ撮影術入門(日本放送協会,日本放送出版協会編) 2008.10

◇はじめての西国三十三所巡り(日本放送協会,日本放送出版協会編) 2008.10

◇すぐに弾ける!たのしいウクレレ(日本放送協会,日本放送出版協会編) 2008.11

◇骨董を楽しもう(日本放送協会,日本放送出版協会編) 2008.11

◇万華鏡—鏡の中の宝石(日本放送協会,日本放送出版協会編) 2008.12

◇パソコンソフト活用術入門(中高年のためのパソコンシリーズ)(日本放送協会,日本放送出版協会編) 2009.1

◇阪田哲男のトップアマゴルフの流儀(日本放送協会,日本放送出版協会編) 2009.1

◇秋元康にっぽん作詞紀行—ことばを紡ぐ旅(日本放送協会,日本放送出版協会編) 2009.2

◇点前を楽しむ—裏千家(茶の湯)(日本放送協会,日本放送出版協会編) 2009.2

◇水彩で描くにっぽん絶景スケッチ紀行(日本放送協会,日本放送出版協会編) 2009.4

◇疑問解決!やりなおしパソコン講座(今年こそパソコンの達人 1)(日本放送協会,日本放送出版協会編) 2009.4

◇ヨガで元気に!—心も体もリフレッシュ(日本放送協会,日本放送出版協会編) 2009.4

◇石川鷹彦のもう一度はじめよう!フォークギター再入門(日本放送協会,日本放送出版協会編) 2009.4

◇指1本からはじめる!小原孝の楽しいクラシックピアノ(日本放送協会,日本放送出版協会編) 2009.6

◇今森光彦のすてきな切り紙—里山へようこそ(日本放送協会,日本放送出版協会編) 2009.7

◇安心安全!使いこなそうインターネット・メール(今年こそパソコンの達人 2)(日本放送協会,日本放送出版協会編) 2009.7

◇茶の湯のある暮らし—茶の湯・武者小路千家(日本放送協会,日本放送出版協会編) 2009.7

◇山で元気に!田部井淳子の登山入門(日本放送協会,日本放送出版協会編) 2009.8

◇動物を描く—竹内浩一の日本画入門(日本放送協会,日本放送出版協会(NHK出版)編) 2009.9

◇デジタル一眼レフで巡るローカル線の旅(日本放送協会,日本放送出版協会(NHK出版)編) 2009.9

◇デジタル写真徹底活用術—年賀状もXマスカードもアニメも(今年こそパソコンの達人 3)(日本放送協会,日本放送出版協会編) 2009.10

◇リコーダーで奏でる懐かしのオールディーズ—ドレミからはじめよう!(日本放送協会,日本放送出版協会(NHK出版)編) 2009.10

◇小倉百人一首を書こう—筆で味わう雅の世界(日本放送協会,日本放送出版協会(NHK出版)編) 2009.11

◇楳図かずおの今からでも描ける!4コマ漫画入門(日本放送協会,日本放送出版協会(NHK出版)編) 2009.11

◇めんそ〜れ!知名定男の三線入門(日本放送協会,日本放送出版協会編) 2009.12

◇疑問解決!やりなおしパソコン講座(今年こそパソコンの達人 1)(日本放送協会,日本放送出版協会(NHK出版)編) 2010.1

◇悩めるゴルファーのかけこみ道場—高松志門・奥田靖己が伝授(日本放送協会,日本放送出版協会(NHK出版)編) 2010.1

◇やきものの里で陶芸に親しむ(日本放送協会,日本放送出版協会(NHK出版)編) 2010.2

一般叢書・全集　　　　　　　　　　　　　　　　　　　　　　　　　　　　総記

◇表千家一期一会（茶の湯）（日本放送協会, 日本放送出版協会（NHK出版）編）　2010.2

NHKシリーズ　日本放送出版協会　1990～2010　⇒I-270
◇アジクマ&エダモンとつくろうアイデアりょうり（NHKひとりでできるもん!どこでもクッキング　1）（枝元なほみ, 森野熊八監修）　2004.8
◇わくわくゴロリのペットボトルでつくろう（NHKつくってあそぼ工作絵本）（ヒダオサム, 石崎友紀著）　2004.11
◇アジクマとめざせ!おりょうりじょうず（NHKひとりでできるもん!どこでもクッキング　2）（森野熊八監修）　2004.12
◇源義経の時代—歴史・文化ガイド（奥富敬之監修）　2004.12
◇戦国争乱の群像（NHKカルチャーアワー）（舘鼻誠著）　2005.1
◇ロシア幻想小説の読み方（NHKカルチャーアワー）（草野慶子著）　2005.1
◇妻恵信尼からみた親鸞—「恵信尼消息」を読む　下（NHKこころをよむ）（山崎竜明著）　2005.1
◇NHKみんなの手話　2005年1月—3月（日本放送協会, 日本放送出版協会編）　2005.1
◇宇宙から人間へ　生命論（NHKカルチャーアワー）（高柳雄一著）　2005.1
◇エダモンといっしょに!ごきげんレシピ（NHKひとりでできるもん!どこでもクッキング　3）（枝元なほみ監修）　2005.4
◇書簡からみた日蓮（NHKこころをよむ）（北川前肇著）　2005.4
◇古代ローマ生活誌（NHKカルチャーアワー　歴史再発見）（樋脇博敏著）　2005.4
◇芥川竜之介（NHKカルチャーアワー　文学探訪）（関口安義著）　2005.4
◇NHKアナウンサーのはなすきくよむ（日本放送協会, 日本放送出版協会編）　2005.4
◇モーツァルト（NHKスーパーピアノレッスン）（日本放送協会, 日本放送出版協会編）　2005.4
◇般若心経を語る　上（NHKこころの時代）（松原哲明著）　2005.4

◇仏教物語ジャータカをよむ　上（NHK宗教の時間）（田辺和子著）　2005.4
◇NHK日本の伝統芸能—歌舞伎/能・狂言/日本舞踊/文楽/入門　2005年度（日本放送協会, 日本放送出版協会編）　2005.4
◇NHKみんなの手話　2005年4月—6月（日本放送協会, 日本放送出版協会編）　2005.4
◇漢詩への誘い—季節を詠う　清明の巻（NHKカルチャーアワー）（石川忠久著, 日本放送協会編）　2005.4
◇NHKみんなの手話　2005年7月—9月（日本放送協会, 日本放送出版協会編）　2005.7
◇ショパン（NHKスーパーピアノレッスン）（日本放送協会, 日本放送出版協会編）　2005.8
◇わくわくゴロリのどうぶつをつくろう（NHKつくってあそぼ工作絵本）（ヒダオサム, 石崎友紀著）　2005.8
◇菩薩の願い—大乗仏教のめざすもの（NHKこころをよむ）（丘山新著）　2005.10
◇ハプスブルク家とヨーロッパ世界（NHKカルチャーアワー　歴史再発見）（西沢英男著）　2005.10
◇宮沢賢治（NHKカルチャーアワー　文学探訪）（栗原敦著）　2005.10
◇般若心経を語る　下（NHKこころの時代）（松原哲明著）　2005.10
◇仏教物語ジャータカをよむ　下（NHK宗教の時間）（田辺和子著）　2005.10
◇NHKみんなの手話　2005年10月—12月（日本放送協会, 日本放送出版協会編）　2005.10
◇漢詩への誘い—季節を詠う　寒露の巻（NHKカルチャーアワー）（石川忠久著, 日本放送協会, 日本放送出版協会編）　2005.10
◇大曲に挑む（NHKスーパーピアノレッスン）（日本放送協会, 日本放送出版協会編）　2005.12
◇山内一豊と千代—歴史・文化ガイド（小和田哲男監修）　2005.12
◇NHKみんなの手話　2006年1月—3月（日本放送協会, 日本放送出版協会編）　2006.1
◇老いるということ（NHKこころをよむ）（黒井千次著）　2006.4
◇ヨーロッパ中世の修道院文化（NHKカルチャーアワー　歴史再発見）（杉崎泰一郎著）　2006.4

◇太宰治（NHKカルチャーアワー 文学探訪）（渡部芳紀著） 2006.4
◇フランス音楽の光彩（NHKスーパーピアノレッスン）（日本放送協会,日本放送出版会編） 2006.4
◇歎異抄を語る 上（NHKこころの時代）（山崎竜明著） 2006.4
◇「詩編」をよむ 上（NHK宗教の時間）（木田献一著） 2006.4
◇NHK日本の伝統芸能—歌舞伎入門能・狂言入門文楽入門 2006年度（日本放送協会,日本放送出版協会編） 2006.4
◇NHKみんなの手話 2006年4月—6月（日本放送協会,日本放送出版協会編） 2006.4
◇漢詩への誘い—人生を詠う 行遊の巻（NHKカルチャーアワー）（石川忠久著,日本放送出版協会編） 2006.4
◇NHKアナウンサーのはなすきくよむ 豊かな日本語編（日本放送協会,日本放送出版協会編） 2006.4
◇景観から見た日本の心（NHKこころをよむ）（涌井雅之著） 2006.7
◇NHKみんなの手話 2006年7月—9月（日本放送協会,日本放送出版協会編） 2006.7
◇ロマン派を弾く（NHKスーパーピアノレッスン）（日本放送協会,日本放送出版協会編） 2006.8
◇わくわくゴロリのうごくのりものをつくろう（NHKつくってあそぶ工作絵本）（ヒダオサム,石崎友紀著） 2006.8
◇こころ医者入門（NHKこころをよむ）（なだいなだ著） 2006.10
◇近代日本外交のあゆみ（NHKカルチャーアワー 歴史再発見）（池井優著） 2006.10
◇横浜・鎌倉・湘南を歩く（NHKカルチャーアワー 文学探訪）（井上謙著） 2006.10
◇歎異抄を語る 下（NHKこころの時代）（山崎竜明著） 2006.10
◇「詩編」をよむ 下（NHK宗教の時間）（木田献一著） 2006.10
◇NHKアナウンサーのはなすきくよむ 実践新社会人編（日本放送協会,日本放送出版協会編） 2006.10

◇NHKみんなの手話 2006年10月—12月（日本放送協会,日本放送出版協会編） 2006.10
◇漢詩への誘い—人生を詠う 閑吟の巻（NHKカルチャーアワー）（石川忠久著,日本放送協会,日本放送出版協会編） 2006.10
◇NHKスーパーバレエレッスン—パリ・オペラ座永遠のエレガンス（日本放送協会,日本放送出版協会編） 2006.12
◇古典文学に読む,日本のこころ（NHKこころをよむ）（林望〔著〕） 2007.1
◇風林火山—NHK大河ドラマ歴史ハンドブック 2007.1
◇NHKみんなの手話 2007年1月—3月（日本放送協会,日本放送出版協会編） 2007.1
◇〈かなしみ〉と日本人（NHKこころをよむ）（竹内整一著） 2007.4
◇李白（NHK古典講読・漢詩）（宇野直人著） 2007.4
◇聖武天皇とその時代—天平の光と影（NHKカルチャーアワー 歴史再発見）（遠山美都男著） 2007.4
◇20世紀イギリス小説—その豊かさを探る（NHKカルチャーアワー 文学の世界）（小林章夫著） 2007.4
◇ショパン（NHKスーパーピアノレッスン）（日本放送協会,日本放送出版協会編） 2007.4
◇パウロの手紙を語る 上（NHKこころの時代）（太田愛人著） 2007.4
◇「ダンマパダ」をよむ—ブッダの教え「今ここに」 上（NHK宗教の時間）（片山一良著） 2007.4
◇NHK日本の伝統芸能—歌舞伎入門能・狂言入門文楽入門 2007年度（日本放送協会,日本放送出版協会編） 2007.4
◇NHKみんなの手話 2007年4月—6月（日本放送協会,日本放送出版協会編） 2007.4
◇NHKアナウンサーのはなすきくよむ 声の力を活かして編（日本放送協会,日本放送出版協会編） 2007.4
◇絵画の向こう側（NHKこころをよむ）（中村隆夫著） 2007.7
◇いまに生きる古代ギリシア（NHKカルチャーアワー 歴史再発見）（桜井万里子著） 2007.7

一般叢書・全集　　　　　　　　　　　　　　　　　　　総記

◇明治・大正・昭和のベストセラー（NHKカルチャーアワー 文学の世界）(太田治子著)　2007.7
◇NHKみんなの手話　2007年7月―9月（日本放送協会, 日本放送出版協会編）　2007.7
◇フランス音楽の光彩（NHKスーパーピアノレッスン）(日本放送協会, 日本放送出版協会編)　2007.8
◇万葉びととの対話（NHKこころをよむ）(上野誠著)　2007.10
◇杜甫（NHK古典講読・漢詩）(宇野直人著)　2007.10
◇皇帝たちの中国史（NHKカルチャーアワー 歴史再発見）(稲畑耕一郎著)　2007.10
◇イタリア文学への誘い―フィレンツェ・ルネサンスの文学と歴史（NHKカルチャーアワー 文学の世界）(野里紳一郎著)　2007.10
◇パウロの手紙を語る　下（NHKこころの時代）(太田愛人著)　2007.10
◇「ダンマパダ」をよむ―ブッダの教え「今ここに」　下（NHK宗教の時間）(片山一良著)　2007.10
◇NHKみんなの手話　2007年10月―12月（日本放送協会, 日本放送出版協会編）　2007.10
◇NHKスーパーバレエレッスン―パリ・オペラ座永遠のエレガンス（日本放送協会, 日本放送出版協会編）　2007.12
◇わくわくゴロリの牛乳パックでつくろう　3（NHKつくってあそぼ工作絵本）(ヒダオサム, 石崎友紀著)　2007.12
◇風景からの町づくり（NHKカルチャーアワー NHKこころをよむ）(中村良夫著)　2008.1
◇中世ヨーロッパ生活誌（NHKカルチャーアワー 歴史再発見）(堀越宏一著)　2008.1
◇日本古典文学・旅百景（NHKカルチャーアワー 文学の世界）(浅見和彦著)　2008.1
◇篤姫―NHK大河ドラマ歴史ハンドブック　2008.1
◇NHKみんなの手話　2008年1月―3月（日本放送協会, 日本放送出版協会編）　2008.1
◇"感覚的"マンガ論（NHKこころをよむ）(牧野圭一著)　2008.4

◇漢詩をよむ―漢詩の来た道（『詩経』から魏まで）（NHKカルチャーアワー）(宇野直人著, 日本放送協会, 日本放送出版協会編)　2008.4
◇武士の時代へ―東国武士団と鎌倉殿（NHKカルチャーアワー 歴史再発見）(関幸彦著)　2008.4
◇ブロンテ姉妹―その知られざる実像を求めて（NHKカルチャーアワー 文学の世界）(中岡洋著)　2008.4
◇NHKアナウンサーとともにことば力アップ（NHKアナウンス室, NHK放送研修センター日本語センター〔著〕, 日本放送協会, 日本放送出版協会編）　2008.4
◇ロマン派を弾く（NHKスーパーピアノレッスン）(日本放送協会, 日本放送出版協会編)　2008.4
◇道元のことば―「正法眼蔵随聞記」にきく　上（NHKこころの時代）(角田泰隆著)　2008.4
◇空海「秘蔵宝鑰」をよむ―心の秘宝を開く鍵　上（NHK宗教の時間）(福田亮成著)　2008.4
◇NHK日本の伝統芸能―歌舞伎入門能・狂言入門文楽入門　2008年度（日本放送協会, 日本放送出版協会編）　2008.4
◇NHKみんなの手話　2008年4月―6月（日本放送協会, 日本放送出版協会編）　2008.4
◇日本の息吹―しなやかに凛として（NHKこころをよむ）(山折哲雄著)　2008.7
◇移動と空間の世界史―グローバルに時代を読む（NHKカルチャーアワー 歴史再発見）(宮崎正勝著)　2008.7
◇紫式部のみた京都（NHKカルチャーアワー 文学の世界）(高橋文二著)　2008.7
◇NHKみんなの手話　2008年7月―9月（日本放送協会, 日本放送出版協会編）　2008.7
◇NHKおじゃる丸―マロがおじゃる丸でおじゃる（とっておき絵本）(犬丸りん原案, ぎゃろっぷ絵, このみ・プラニングゲーム)　2008.8
◇NHKおじゃる丸―カミナリキスケ（とっておき絵本）(犬丸りん原案, ぎゃろっぷ絵, このみ・プラニングゲーム)　2008.8
◇わくわくゴロリのうごく虫をつくろう（NHKつくってあそぼ工作絵本）(ヒダオサム, 石崎友紀著)　2008.8

一般叢書・全集

- 巨匠ピレシュのワークショップ（NHKスーパーピアノレッスン）（日本放送協会, 日本放送出版協会編） 2008.9
- 地球環境へのまなざし―あなたとあなたの愛する人のために（NHKこころをよむ）（宮脇昭著） 2008.10
- 漢詩をよむ―漢詩の来た道（魏晋南北朝・隋）（NHKカルチャーアワー）（宇野直人著, 日本放送協会, 日本放送出版協会編） 2008.10
- 田沼時代を生きた先駆者たち（NHKカルチャーアワー 歴史再発見）（鈴木由紀子著） 2008.10
- 新訳『カラマーゾフの兄弟』を読む―「父殺し」の深層（NHKカルチャーアワー 文学の世界）（亀山郁夫著） 2008.10
- 道元のことば―「正法眼蔵随聞記」にきく 下（NHKこころの時代）（角田泰隆著） 2008.10
- 空海「秘蔵宝鑰」をよむ―心の秘宝を開く鍵 下（NHK宗教の時間）（福田亮成著） 2008.10
- NHKみんなの手話 2008年10月―12月（日本放送協会, 日本放送出版協会編） 2008.10
- 映画監督たちの肖像―日本の巨匠10人の軌跡（NHKこころをよむ）（佐藤忠男著） 2009.1
- 日常の近世フランス史（NHKカルチャーアワー 歴史再発見）（長谷川輝夫著） 2009.1
- 万葉びとの言葉とこころ―万葉から万葉へ（NHKカルチャーアワー 文学の世界）（坂本信幸, 藤原茂樹著） 2009.1
- シフと挑むベートーベンの協奏曲（NHKスーパーピアノレッスン）（日本放送協会, 日本放送出版協会編） 2009.1
- 天地人―NHK大河ドラマ歴史ハンドブック 2009.1
- NHKみんなの手話 2009年1月―3月（日本放送協会, 日本放送出版協会編） 2009.1
- 人生百年女と男の花ごよみ（NHKこころをよむ）（樋口恵子著） 2009.4
- 漢詩をよむ―漢詩の来た道（唐代前期）（NHKカルチャーラジオ）（宇野直人著, 日本放送協会, 日本放送出版協会編） 2009.4
- 関ケ原合戦と直江兼続（NHKカルチャーラジオ 歴史再発見）（笠谷和比古著） 2009.4
- プルースト『失われた時を求めて』を読む（NHKカルチャーラジオ 文学の世界）（鈴木道彦著） 2009.4
- NHKアナウンサーとともにことば力アップ―NHKラジオ（日本放送協会, 日本放送出版協会編） 2009.4
- 法然を語る 上（NHKこころの時代）（町田宗鳳著） 2009.4
- 新約聖書イエスのたとえ話をよむ 上（NHK宗教の時間）（船本弘毅著） 2009.4
- NHK日本の伝統芸能―歌舞伎 能・狂言 文楽入門 2009年度（日本放送協会, 日本放送出版協会編） 2009.4
- NHKみんなの手話 2009年4月―6月（日本放送協会, 日本放送出版協会編） 2009.4
- NHKスーパーピアノレッスン 巨匠ピレシュのワークショップ（日本放送協会, 日本放送出版協会編） 2009.4
- シニアのための哲学―時代の忘れもの（NHKこころをよむ）（鷲田清一著） 2009.7
- 楔形文字がむすぶ古代オリエント都市の旅（NHKカルチャーラジオ 歴史再発見）（小林登志子著） 2009.7
- 「名作」はつくられる―川端康成とその作品（NHKカルチャーラジオ 文学の世界）（十重田裕一著） 2009.7
- NHKみんなの手話 2009年7月―9月（日本放送協会, 日本放送出版協会編） 2009.7
- わくわくゴロリのペットボトルでエコ工作（NHKつくってあそぼ工作絵本）（ヒダオサム, 石崎友紀著） 2009.8
- NHKスーパーバレエレッスン―ロイヤル・バレエの精華吉田都（日本放送協会, 日本放送出版協会編） 2009.9
- 教育を「江戸」から考える―学び・身体・メディア（NHKこころをよむ）（辻本雅史著） 2009.10
- 漢詩をよむ―漢詩の来た道（唐代後期）（NHKカルチャーラジオ）（宇野直人著, 日本放送協会, 日本放送出版協会編） 2009.10
- 世直し大江戸学（NHKカルチャーラジオ 歴史再発見）（石川英輔著） 2009.10

一般叢書・全集　　　　　　　　　　　　　　　　　　　　　　　　　　　　総記

◇大人のためのイギリス児童文学（NHKカルチャーラジオ 文学の世界）（小峰和子著）　2009.10
◇法然を語る　下（NHKこころの時代）（町田宗鳳著）　2009.10
◇新約聖書イエスのたとえ話をよむ　下（NHK宗教の時間）（船本弘毅著）　2009.10
◇NHKみんなの手話　2009年10月—12月（日本放送協会，日本放送出版協会編）　2009.10
◇トルコ情熱の巨匠フセイン・セルメット（NHKスーパーピアノレッスン）（日本放送協会，日本放送出版協会編）　2009.12
◇坂の上の雲—NHKスペシャルドラマ歴史ハンドブック　2009.12
◇伝説の名優たちその演技の力（NHKこころをよむ）（佐藤忠男著）　2010.1
◇千のイタリア—多様と豊穣の近代（NHKカルチャーラジオ 歴史再発見）（北村暁夫著）　2010.1
◇古事記への招待（NHKカルチャーラジオ 文学の世界）（三浦佑之著）　2010.1
◇竜馬伝—NHK大河ドラマ歴史ハンドブック　2010.1
◇NHKみんなの手話　2010年1月—3月（日本放送協会，日本放送出版協会編）　2010.1
◇四国遍路を考える—NHKラジオテキスト（NHKこころをよむ）（真鍋俊照著）　2010.4
◇漢詩をよむ—漢詩の来た道（宋代前期）（NHKカルチャーラジオ）（宇野直人著，日本放送協会，日本放送出版協会編）　2010.4
◇竜馬とその時代（NHKカルチャーラジオ 歴史再発見）（大石学著）　2010.4
◇ジェイン・オースティンとイギリス文化（NHKカルチャーラジオ 文学の世界）（新井潤美著）　2010.4
◇福音書のことば—旧約聖書から読み解く　上（NHKこころの時代）（雨宮慧著）　2010.4
◇「老子」「荘子」をよむ　上（NHK宗教の時間）（蜂屋邦夫著）　2010.4
◇NHK日本の伝統芸能—歌舞伎 能・狂言 文楽入門　2010年度（日本放送協会，日本放送出版協会（NHK出版）編）　2010.4
◇NHKみんなの手話　2010年4月—6月（日本放送協会，日本放送出版協会編）　2010.4

◇NHKアナウンサーとともにことば力アップ—NHKラジオ　20104〜20113（日本放送協会，日本放送出版協会（NHK出版）編）　2010.4
◇すこやかに老いる—NHKラジオテキスト（NHKこころをよむ）（塩田丸男著）　2010.7
◇「新約聖書」とその時代（NHKカルチャーラジオ 歴史再発見）（加藤隆著）　2010.7
◇三島由紀夫を読み解く（NHKカルチャーラジオ 文学の世界）（松本徹著）　2010.7
◇NHKみんなの手話　2010年7月—9月（日本放送協会，日本放送出版協会編）　2010.7
◇わくわくゴロリのペーパーしんでエコ工作（NHKつくってあそぼ工作絵本）（ヒダオサム，石崎友紀著）　2010.8
◇未来志向のこころとからだ—NHKラジオテキスト（NHKこころをよむ）（山内ід一郎著）　2010.10
◇漢詩をよむ—漢詩の来た道（宋代後期・元・明・清・近代）NHKラジオテキスト（NHKカルチャーラジオ）（宇野直人著，日本放送協会，日本放送出版協会編）　2010.10
◇木簡から読み解く平城京（NHKカルチャーラジオ 歴史再発見）（佐藤信著）　2010.10
◇アラビアンナイト—ファンタジーの源流を探る（NHKカルチャーラジオ 文学の世界）（西尾哲夫著）　2010.10
◇大正俳句のまなざし—多彩なる作家たち（NHKカルチャーラジオ 俳句をよむ）（小島健著）　2010.10
◇NHKスーパーバレエレッスン—ロイヤル・バレエの精華吉田都（日本放送協会，日本放送出版協会（NHK出版）編）　2010.10
◇福音書のことば—旧約聖書から読み解く　下（NHKこころの時代）（雨宮慧著）　2010.10
◇「老子」「荘子」をよむ　下（NHK宗教の時間）（蜂屋邦夫著）　2010.10
◇NHKみんなの手話　2010年10月—12月（日本放送協会，日本放送出版協会編）　2010.10

NHKスペシャル　日本放送出版協会　1999〜2008　⇒I-273

◇ヒト果てしなき冒険者（地球大進化　6）（NHK「地球大進化」プロジェクト編）　2004.11

◇誕生—ローマ世界の高まり（ローマ帝国　1）（青柳正規, NHK「ローマ帝国」プロジェクト著）　2004.11

◇繁栄—ポンペイの落書き（ローマ帝国　2）（青柳正規, NHK「ローマ帝国」プロジェクト著）　2004.11

◇光と影—帝国の終焉（ローマ帝国　3）（青柳正規, NHK「ローマ帝国」プロジェクト著）　2004.11

◇老化に挑むよみがえる脳、延びる寿命（NHK「老化に挑む」プロジェクト著）　2004.12

◇新シルクロード　1（NHK「新シルクロード」プロジェクト編著）　2005.2

◇新シルクロード　2（NHK「新シルクロード」プロジェクト編著）　2005.4

◇明治　1　変革を導いた人間力（NHK「明治」プロジェクト編著）　2005.5

◇日本の世界遺産秘められた知恵と力（NHK「世界遺産」プロジェクト著）　2005.6

◇明治　2　教育とものづくり、独創力をいかに育てるか（NHK「明治」プロジェクト編著）　2005.6

◇新シルクロード　3（NHK「新シルクロード」プロジェクト編著）　2005.6

◇明治　3　税制改革と政治参加、真価が問われる構想力（NHK「明治」プロジェクト編著）　2005.7

◇新シルクロード　4（NHK「新シルクロード」プロジェクト編著）　2005.10

◇新シルクロード　5（NHK「新シルクロード」プロジェクト編著）　2005.12

◇気候大異変—地球シミュレータの警告（NHK「気候大異変」取材班, 江守正多編著）　2006.11

◇それでも「好きなものだけ」食べさせますか?（田中葉子, 鈴木正成, 村田光範, 福岡秀興, 室田洋子, NHK「好きなものだけ食べたい」取材班著）　2007.1

◇プラネットアース—Planet Earth（アラステア・フォザギル著, 中原聡子訳, NHK「プラネットアース」取材班監修）　2007.1

◇赤ちゃん—成長の不思議な道のり（安川美杉著）　2007.2

◇グーグル革命の衝撃—検索があなたの人生を変える（NHK取材班著）　2007.5

◇アンデスミイラ（失われた文明）（恩田陸, NHK「失われた文明」プロジェクト著）　2007.6

◇インカ（失われた文明）（恩田陸, NHK「失われた文明」プロジェクト著）　2007.6

◇マヤ（失われた文明）（恩田陸, NHK「失われた文明」プロジェクト著）　2007.6

◇新シルクロード激動の大地をゆく　上（コーカサス・中央アジア・アラビア半島）（NHK「新シルクロード」プロジェクト編著）　2007.7

◇新シルクロード激動の大地をゆく　下（シリア・ヨルダン・レバノン・トルコ）（NHK「新シルクロード」プロジェクト編著）　2008.1

◇最強ウイルス—新型インフルエンザの恐怖（NHK「最強ウイルス」プロジェクト著）　2008.5

◇100年の難問はなぜ解けたのか—天才数学者の光と影（春日真人著）　2008.6

◇北極大変動—加速する氷解/資源ビジネスの野望（NHK「北極大変動」取材班著）　2008.11

NHKブックス　日本放送出版協会　1964～2010　⇒I-275

◇データで読む家族問題　新版（湯沢雍彦, 宮本みち子著）　2008.11

965　データで読む家族問題　新版（湯沢雍彦, 宮本みち子著）　2008.11

1016　自治体破産—再生の鍵は何か（白川一郎著）　2004.11

1017　保元・平治の乱を読みなおす（元木泰雄著）　2004.12

1018　日本人に合った精神療法とは（町沢静夫著）　2005.1

1019　現代日本人の意識構造　第6版（NHK放送文化研究所編）　2004.12

1020　義経の登場—王権論の視座から（保立道久著）　2004.12

1021　東は東、西は西—イギリスの田舎町からみたグローバリズム（小林章夫著）　2005.1

1022　科学哲学の冒険—サイエンスの目的と方法をさぐる（戸田山和久著）　2005.1

1023　英語力を鍛える（鈴木寛次著）　2005.2

1024　嗤う日本の「ナショナリズム」（北田暁大著）　2005.2
1025　評論入門のための高校入試国語（石原千秋著）　2005.3
1026　日本の女子中高生（千石保著）　2005.3
1027　アメリカ依存経済からの脱却（相沢幸悦著）　2005.4
1028　人類がたどってきた道—"文化の多様化"の起源を探る（海部陽介著）　2005.4
1029　夢窓疎石日本庭園を極めた禅僧（枡野俊明著）　2005.4
1030　知られざる日本—山村の語る歴史世界（白水智著）　2005.5
1031　メディア危機（金子勝, アンドリュー・デウィット著）　2005.6
1032　ブータン仏教から見た日本仏教（今枝由郎著）　2005.6
1033　間合い上手—メンタルヘルスの心理学から（大野木裕明著）　2005.6
1034　アンコール・王たちの物語—碑文・発掘成果から読み解く（石沢良昭著）　2005.7
1035　黒田悪党たちの中世史（新井孝重著）　2005.7
1036　国家と犠牲（高橋哲哉著）　2005.8
1037　不登校という生き方—教育の多様化と子どもの権利（奥地圭子著）　2005.8
1038　鳥たちの旅—渡り鳥の衛星追跡（樋口広芳著）　2005.9
1039　図説日本のマスメディア　第2版（藤竹暁編著）　2005.9
1040　捕虜たちの日露戦争（吹浦忠正著）　2005.9
1041　マルチチュード—〈帝国〉時代の戦争と民主主義　上（アントニオ・ネグリ, マイケル・ハート著, 幾島幸子訳, 水嶋一憲, 市田良彦監修）　2005.10
1042　マルチチュード—〈帝国〉時代の戦争と民主主義　下（アントニオ・ネグリ, マイケル・ハート著, 幾島幸子訳, 水嶋一憲, 市田良彦監修）　2005.10
1043　ITSの思想—持続可能なモビリティ社会を目指して（清水和夫著）　2005.10
1044　物質をめぐる冒険—万有引力からホーキングまで（竹内薫著）　2005.11
1045　王道楽土の戦争　戦前・戦中篇（吉田司著）　2005.11
1046　王道楽土の戦争　戦後60年篇（吉田司著）　2005.11
1047　分断される経済—バブルと不況が共存する時代（松原隆一郎著）　2005.12
1048　往生の書—来世に魅せられた人たち（寺林峻著）　2005.12
1049　結婚式幸せを創る儀式（石井研士著）　2005.12
1050　図書館の発見　新版（前川恒雄, 石井敦著）　2006.1
1051　企業倫理をどう問うか—グローバル化時代のCSR（梅田徹著）　2006.1
1052　少子化する高齢社会（金子勇著）　2006.2
1053　〈心〉はからだの外にある—「エコロジカルな私」の哲学（河野哲也著）　2006.2
1054　うぬぼれる脳—「鏡のなかの顔」と自己意識（ジュリアン・ポール・キーナン, ゴードン・ギャラップ・ジュニア, ディーン・フォーク著, 山下篤子訳）　2006.3
1055　スロー地震とは何か—巨大地震予知の可能性を探る（川崎一朗著）　2006.3
1056　〈子別れ〉としての子育て（根ケ山光一著）　2006.4
1057　イスラーム戦争の時代—暴力の連鎖をどう解くか（内藤正典著）　2006.4
1058　ハプスブルク文化紀行（倉田稔著）　2006.5
1059　アレクサンドロス大王東征を掘る—誰も知らなかった足跡と真実（エドヴァルド・ルトヴェラゼ著, 帯谷知可訳）　2006.5
1060　算数の発想—人間関係から宇宙の謎までで（小島寛之著）　2006.6
1061　恐竜ホネホネ学（犬塚則久著）　2006.6
1062　遺伝医療とこころのケア—臨床心理士として（玉井真理子著）　2006.12
1063　リスクのモノサシ—安全・安心生活はありうるか（中谷内一也著）　2006.7

1064 所有と国家のゆくえ(稲葉振一郎, 立岩真也著) 2006.8
1065 反空爆の思想(吉田敏浩著) 2006.8
1066 英語の感覚・日本語の感覚—〈ことばの意味〉のしくみ(池上嘉彦著) 2006.8
1067 日本という方法—おもかげ・うつろいの文化(松岡正剛著) 2006.9
1068 〈死にざま〉の医学(永田勝太郎著) 2006.10
1069 カイアシ類・水平進化という戦略—海洋生態系を支える微小生物の世界(大塚攻著) 2006.9
1070 「本当の自分」の現象学(山竹伸二著) 2006.10
1071 ロックを生んだアメリカ南部—ルーツ・ミュージックの文化的背景(ジェームス・M. バーダマン, 村田薫著) 2006.11
1072 集中講義!日本の現代思想—ポストモダンとは何だったのか(仲正昌樹著) 2006.11
1073 ニッポン青春外交官—国際交渉から見た明治の国づくり(犬塚孝明著) 2006.12
1074 東京から考える—格差・郊外・ナショナリズム(東浩紀, 北田暁大著) 2007.1
1075 ネパール王制解体—国王と民衆の確執が生んだマオイスト(小倉清子著) 2007.1
1076 〈つまずき〉のなかの哲学(山内志朗著) 2007.1
1077 漢文脈と近代日本—もう一つのことばの世界(斎藤希史著) 2007.2
1078 日本人になった祖先たち—DNAから解明するその多元的構造(篠田謙一著) 2007.2
1079 交流する身体—〈ケア〉を捉えなおす(西村ユミ著) 2007.2
1080 自治体破産—再生の鍵は何か 増補改訂版(白川一郎著) 2007.3
1081 幸福論—〈共生〉の不可能と不可避について(宮台真司, 鈴木弘輝, 堀内進之介著) 2007.3
1082 高松塚古墳は守れるか—保存科学の挑戦(毛利和雄著) 2007.3
1083 パトロンたちのルネサンス—フィレンツェ美術の舞台裏(松本典昭著) 2007.4
1084 ウェブ社会の思想—〈遍在する私〉をどう生きるか(鈴木謙介著) 2007.5
1085 人類は「宗教」に勝てるか——神教文明の終焉(町田宗鳳著) 2007.5
1086 マヤ文明を掘る—コパン王国の物語(中村誠一著) 2007.6
1087 目覚めよ仏教!—ダライ・ラマとの対話(上田紀行著, ダライ・ラマ〔術〕) 2007.6
1088 英文法の論理(斎藤兆史著) 2007.7
1089 外交と国益—包括的安全保障とは何か(大江博著) 2007.7
1090 マンダラとは何か(正木晃著) 2007.8
1091 虫食む人々の暮らし(野中健一著) 2007.8
1092 団塊の肖像—われらの戦後精神史(橋本克彦著) 2007.8
1093 内臓感覚—脳と腸の不思議な関係(福土審著) 2007.9
1094 〈個〉からはじめる生命論(加藤秀一著) 2007.9
1095 カメのきた道—甲羅に秘められた2億年の生命進化(平山廉著) 2007.10
1096 〈性〉と日本語—ことばがつくる女と男(中村桃子著) 2007.10
1097 哲学ディベート—〈倫理〉を〈論理〉する(高橋昌一郎著) 2007.11
1098 源氏物語と東アジア世界(河添房江著) 2007.11
1099 暴力はどこからきたか—人間性の起源を探る(山極寿一著) 2007.12
1100 国家論—日本社会をどう強化するか(佐藤優著) 2007.12
1101 考える技術としての統計学—生活・ビジネス・投資に生かす(飯田泰之著) 2007.12
1102 カンボジア絹絣の世界—アンコールの森によみがえる村(森本喜久男著) 2008.1
1103 泳ぐことの科学(吉村豊, 小菅達男著) 2008.1
1104 青花の道—中国陶磁器が語る東西交流(弓場紀知著) 2008.2
1105 十字軍という聖戦—キリスト教世界の解放のための戦い(八塚春児著) 2008.2

1106　未来派左翼—グローバル民主主義の可能性をさぐる　上（アントニオ・ネグリ著，広瀬純訳，ラフ・バルボラ・シェルジ編）　2008.3

1107　生きるための経済学—〈選択の自由〉からの脱却（安冨歩著）　2008.3

1108　フロイト思想を読む—無意識の哲学（竹田青嗣，山竹伸二著）　2008.3

1109　刺青とヌードの美術史—江戸から近代へ（宮下規久朗著）　2008.4

1110　未来派左翼—グローバル民主主義の可能性をさぐる　下（アントニオ・ネグリ著，広瀬純訳，ラフ・バルボラ・シェルジ編）　2008.4

1111　母は娘の人生を支配する—なぜ「母殺し」は難しいのか（斎藤環著）　2008.5

1112　ホモ・フロレシエンシス—1万2000年前に消えた人類　上（マイク・モーウッド，ペニー・ヴァン・オオステルチィ著，馬場悠男監訳，仲村明子訳）　2008.5

1113　ホモ・フロレシエンシス—1万2000年前に消えた人類　下（マイク・モーウッド，ペニー・ヴァン・オオステルチィ著，馬場悠男監訳，仲村明子訳）　2008.5

1114　現代「女の一生」—人生儀礼から読み解く（関沢まゆみ著）　2008.6

1115　最新・月の科学—残された謎を解く（渡部潤一編著）　2008.6

1116　細胞の意思—〈自発性の源〉を見つめる（団まりな著）　2008.7

1117　聖者たちの国へ—ベンガルの宗教文化誌（外川昌彦著）　2008.7

1118　偶然を生きる思想—「日本の情」と「西洋の理」（野内良三著）　2008.8

1119　宗像大社・古代祭祀の原風景（正木晃著）　2008.8

1120　集中講義!アメリカ現代思想—リベラリズムの冒険（仲正昌樹著）　2008.9

1121　欲望としての他者救済（金泰明著）　2008.9

1123　かたちの日本美—和のデザイン学（三井秀樹著）　2008.10

1124　現代帝国論—人類史の中のグローバリゼーション（山下範久著）　2008.11

1126　ロシア文学の食卓（沼野恭子著）　2009.1

1127　京都型ビジネス—独創と継続の経営術（村山裕三著）　2008.12

1128　寿命論—細胞から「生命」を考える（高木由臣著）　2009.1

1129　源氏将軍神話の誕生—襲う義経，奪う頼朝（清水真澄著）　2009.2

1130　思考する言語—「ことばの意味」から人間性に迫る　上（スティーブン・ピンカー著，幾島幸子，桜内篤子訳）　2009.3

1131　思考する言語—「ことばの意味」から人間性に迫る　中（スティーブン・ピンカー著，幾島幸子，桜内篤子訳）　2009.3

1132　思考する言語—「ことばの意味」から人間性に迫る　下（スティーブン・ピンカー著，幾島幸子，桜内篤子訳）　2009.4

1133　恐慌論入門—金融崩壊の深層を読みとく（相沢幸悦著）　2009.3

1134　塩の文明誌—人と環境をめぐる5000年（佐藤洋一郎，渡辺紹裕著）　2009.4

1135　シュルレアリスム絵画と日本—イメージの受容と創造（速水豊著）　2009.5

1136　社会学入門—〈多元化する時代〉をどう捉えるか（稲葉振一郎著）　2009.6

1137　カント信じるための哲学—「わたし」から「世界」を考える（石川輝吉著）　2009.6

1138　関ケ原前夜—西軍大名たちの戦い（光成準治著）　2009.7

1139　ストリートの思想—転換期としての1990年代（毛利嘉孝著）　2009.7

1140　現代日本の転機—「自由」と「安定」のジレンマ（高原基彰著）　2009.8

1141　冷泉家・蔵番ものがたり—「和歌の家」千年をひもとく（冷泉為人著）　2009.8

1142　オペラ・シンドローム—愛と死の饗宴（島田雅彦著）　2009.9

1143　百人一首の歴史学（関幸彦著）　2009.9

1144　水の科学　第3版（北野康著）　2009.10

1145　江戸に学ぶ日本のかたち（山本博文著）　2009.10

1146　天孫降臨の夢—藤原不比等のプロジェクト（大山誠一著）　2009.11

1147 「かなしみ」の哲学—日本精神史の源をさぐる(竹内整一著) 2009.12
1148 メディアスポーツ解体—〈見えない権力〉をあぶり出す(森田浩之著) 2009.12
1149 太陽の科学—磁場から宇宙の謎に迫る(柴田一成著) 2010.1
1150 発想のための論理思考術(野内良三著) 2010.1
1151 現代日本人の意識構造　第7版(NHK放送文化研究所編) 2010.2
1152 親鸞再考—僧にあらず, 俗にあらず(松尾剛次著) 2010.2
1153 歌舞伎の中の日本(松井今朝子著) 2010.3
1154 ODAの現場で考えたこと—日本外交の現在と未来(草野厚著) 2010.4
1155 アドラー人生を生き抜く心理学(岸見一郎著) 2010.4
1156 形の生物学(本多久夫著) 2010.5
1157 議論のルール(福沢一吉著) 2010.5
1158 ロボットという思想—脳と知能の謎に挑む(浅田稔著) 2010.6
1159 陰陽道の発見(山下克明著) 2010.6
1160 「韓流」と「日流」—文化から読み解く日韓新時代(クォン・ヨンソク著) 2010.7
1161 女たちの明治維新(鈴木由紀子著) 2010.7
1162 現代ロシアを見る眼—「プーチンの十年」の衝撃(木村汎, 袴田茂樹, 山内聡彦著) 2010.8
1163 日本的想像力の未来—クール・ジャパノロジーの可能性(東浩紀編) 2010.8
1164 進化思考の世界—ヒトは森羅万象をどう体系化するか(三中信宏著) 2010.9
1165 異端者たちの中世ヨーロッパ(小田内隆著) 2010.9
1166 快楽の哲学—より豊かに生きるために(木原武一著) 2010.10
1167 森と人間の文化史　新版(只木良也著) 2010.10
1168 法然・愚に還る喜び—死を超えて生きる(町田宗鳳著) 2010.11
1169 中東危機のなかの日本外交—暴走するアメリカとイランの狭間で(宮田律著) 2010.11
1170 山県有朋と明治国家(井上寿一著) 2010.12
別巻　思想地図　vol.1　特集・日本(東浩紀, 北田暁大編) 2008.4
別巻　思想地図　vol.2　特集・ジェネレーション(東浩紀, 北田暁大編) 2008.12
別巻　思想地図　vol.3　特集・アーキテクチャ(東浩紀, 北田暁大編) 2009.5
別巻　思想地図　vol.4　特集・想像力(東浩紀, 北田暁大編) 2009.11
別巻　思想地図　vol.5　特集・社会の批評(東浩紀, 北田暁大編) 2010.3

NHK文化セミナー　日本放送出版協会　1999 ⇒II–167
◇漢詩をよむ—詩と人生(閑適の巻)(石川忠久著, 日本放送協会編) 1999.10

NHKまる得マガジン　日本放送出版協会　2003〜2010　⇒I–279
◇誰でもできる簡単マジック(日本放送協会, 日本放送出版協会編) 2004.12
◇収納のコツ　和室・寝室・子ども部屋編(日本放送協会, 日本放送出版協会編) 2004.12
◇幸せ手作りチョコレート(日本放送協会, 日本放送出版協会編) 2005.2
◇ニューヨーカーが教える簡単ピラティス(日本放送協会, 日本放送出版協会編) 2005.4
◇コンテナ菜園を楽しもう　春編(日本放送協会, 日本放送出版協会編) 2005.4
◇柳生真吾の楽しい園芸のススメ　春・夏編(日本放送協会, 日本放送出版協会編) 2005.6
◇収納のコツ　モノ別編(日本放送協会, 日本放送出版協会編) 2005.7
◇マロンの料理のイロハ　おいしさひと工夫編(板井典夫〔著〕, 日本放送協会, 日本放送出版協会編) 2005.7
◇包んで楽しむふろしき(日本放送協会, 日本放送出版協会編) 2005.8
◇癒やしのツボエクササイズ　2(日本放送協会, 日本放送出版協会編) 2005.9
◇困ったときのパソコン虎の巻　パート3(日本放送協会, 日本放送出版協会編) 2005.9

◇コンテナ菜園を楽しもう　秋編（日本放送協会，日本放送出版協会編）　2005.9

◇おいしい中国茶を楽しむ（日本放送協会，日本放送出版協会編）　2005.11

◇おいしいチーズ―タイプ別にセレクト（日本放送協会，日本放送出版協会編）　2005.11

◇わが家の防犯マニュアル（日本放送協会，日本放送出版協会編）　2005.11

◇手づくり石けん&化粧品―ナチュラルが心地いい（日本放送協会，日本放送出版協会編）　2006.1

◇実践!わが家の防災対策　日ごろの備え編（日本放送協会，日本放送出版協会編）　2006.2

◇元世界チャンプ畑山隆則が教えるボクシング・フィットネス（日本放送協会，日本放送出版協会編）　2006.4

◇実践!わが家の防災対策　いざというときの行動編（日本放送協会，日本放送出版協会編）　2006.4

◇おいしい日本茶を楽しむ（日本放送協会，日本放送出版協会編）　2006.5

◇快適睡眠術―心もからだもすっきり!（日本放送協会，日本放送出版協会編）　2006.6

◇金田一秀穂先生のご近所コミュニケーション術（日本放送協会，日本放送出版協会編）　2006.6

◇甲野善紀の暮らしのなかの古武術活用法（日本放送協会，日本放送出版協会編）　2006.7

◇おいしい紅茶を楽しむ（日本放送協会，日本放送出版協会編）　2006.7

◇立花竜司がコーチする"若返り"トレーニング（日本放送協会，日本放送出版協会編）　2006.9

◇お菓子のようなジャムコンフィチュールをつくろう!（日本放送協会，日本放送出版協会編）　2006.9

◇柳生真吾の楽しい園芸のススメ　秋・冬編（日本放送協会，日本放送出版協会編）　2006.10

◇中高年の心と体をほぐすフェルデンクライス健康法（日本放送協会，日本放送出版協会編）　2006.11

◇暮らしにすぐに役立つひもとロープの結び方（日本放送協会，日本放送出版協会編）　2006.11

◇いつでもどこでも!ショー・コスギのタオルエクササイズ（日本放送協会，日本放送出版協会編）　2007.1

◇亀淵友香のボイストレーニング―魅力的な声で話そう!（日本放送協会，日本放送出版協会編）　2007.2

◇簡単ルールできれいな字を書く（日本放送協会，日本放送出版協会編）　2007.4

◇パートナーストレッチ―からだを伸ばして健康生活!（日本放送協会，日本放送出版協会編）　2007.5

◇ペットを撮る写真術（八二一講師，日本放送協会，日本放送出版協会編）　2007.8

◇ベリーダンス・エクササイズ―メリハリボディーをつくる（Maki講師，日本放送協会，日本放送出版協会編）　2007.8

◇きもちを伝えるラッピング（日本放送協会，日本放送出版協会編）　2007.11

◇1日5分だけ!らく楽エクササイズ（日本放送協会，日本放送出版協会編）　2007.11

◇伝えたい!季節の折り紙（日本放送協会，日本放送出版協会編）　2008.2

◇築地魚河岸直伝魚をさばく（日本放送協会，日本放送出版協会編）　2008.4

◇ケガを防ぐひとりで巻けるテーピング（日本放送協会，日本放送出版協会編）　2008.5

◇いつでも!どこでも!手帳スケッチ（日本放送協会，日本放送出版協会編）　2008.6

◇簡単ルールで大人の字を書く（日本放送協会，日本放送出版協会編）　2008.10

◇伊達公子のピラティスレッスン（日本放送協会，日本放送出版協会編）　2008.11

◇家庭でできる簡単しみ抜き術（日本放送協会，日本放送出版協会編）　2008.12

◇気持ちが伝わるケータイメール術（日本放送協会，日本放送出版協会編）　2009.4

◇住まいを飾るインテリア書入門（日本放送協会，日本放送出版協会編）　2009.5

◇アナウンサーが教える話し方上達法（日本放送協会，日本放送出版協会（NHK出版）編，NHK放送研修センター日本語センター監修）　2009.7

◇スマートな食べ方の流儀（日本放送協会，日本放送出版協会編）　2009.10

◇大人の消しゴムはんこ（日本放送協会，日本放送出版協会（NHK出版）編）　2009.11

◇エコで楽しいリメイク術—"タンスのこやし"が大変身!(日本放送協会, 日本放送出版協会(NHK出版)編) 2009.12
◇野菜のメキキ—築地のプロ直伝(日本放送協会, 日本放送出版協会(NHK出版)編) 2010.4
◇"ひも結び"で暮らしを彩る(日本放送協会, 日本放送出版協会編) 2010.5
◇思いのままに"自分流"ちぎり絵(日本放送協会, 日本放送出版協会(NHK出版)編) 2010.7
◇体のうちから元気力UP体幹エクササイズ(日本放送協会, 日本放送出版協会(NHK出版)編) 2010.10

NHK未来への提言 日本放送出版協会 2007〜2008
◇リサ・ランドール—異次元は存在する(リサ・ランドール, 若田光一著) 2007.5
◇レイ・カーツワイル—加速するテクノロジー(レイ・カーツワイル, 徳田英幸著) 2007.5
◇アルビン・トフラー—「生産消費者」の時代(アルビン・トフラー, 田中直毅著) 2007.7
◇オッリペッカ・ヘイノネン—「学力世界一」がもたらすもの(オッリペッカ・ヘイノネン, 佐藤学著) 2007.7
◇ロメオ・ダレール—戦禍なき時代を築く(ロメオ・ダレール, 伊勢崎賢治著) 2007.9
◇アーネスト・ダルコー—エイズ救済のビジネスモデル(アーネスト・ダルコー, 貫戸朋子著) 2007.9
◇ナンシー・アンドリアセン—心を探る脳科学(ナンシー・アンドリアセン, 吉成真由美著) 2007.11
◇レオナルド・ガレンテ—「長寿遺伝子」を解き明かす(レオナルド・ガレンテ, 白沢卓二著) 2007.11
◇ラジェンドラ・パチャウリ—地球温暖化IPCCからの警告(ラジェンドラ・パチャウリ, 原沢英夫著) 2008.1
◇ジョージ・ソロス—投資と慈善の哲学(ジョージ・ソロス, 山本正著) 2008.1
◇カリータ・ベッケメレム—男女格差のない社会(カリータ・ベッケメレム, 坂東真理子著) 2008.3

◇ジョゼット・シーラン—カップ1杯の給食が子どもを救う(ジョゼット・シーラン, 菊川怜著) 2008.3
◇ファルク・ピンゲル—和解のための歴史教科書(ファルク・ピンゲル, 近藤孝弘著) 2008.5
◇ジョン・アルパート—戦争の真実を映し出す(ジョン・アルパート, 青木冨貴子著) 2008.5
◇レンゾ・ピアノ×安藤忠雄—建築家の果たす役割(レンゾ・ピアノ, 安藤忠雄著) 2008.7

NHKライブラリー 日本放送出版協会 1995〜2007 ⇒I-280
184 風景を創る—環境美学への道(中村良夫著) 2004.6
190 陸游100選—漢詩をよむ(石川忠久著) 2004.12
191 自由人は楽しい—モーツァルトからケストナーまで(池内紀著) 2005.1
192 万葉の歌人たち(岡野弘彦著) 2005.2
193 道元禅師に学ぶ人生—典座教訓をよむ(青山俊董著) 2005.3
194 憲法論争(NHK編, 林修三, 小林直樹, 色川大吉, 江藤淳著) 2005.4
195 ブッダ永遠のいのちを説く(渡辺宝陽著) 2005.6
196 汝自身を知れ—古代ギリシアの知恵と人間理解(三嶋輝夫著) 2005.7
197 近代日本の仏教者たち(田村晃祐著) 2005.8
198 一遍の語録をよむ(梅谷繁樹著) 2005.9
199 縄文文化を掘る—三内丸山遺跡からの展開(NHK三内丸山プロジェクト, 岡田康博編) 2005.10
200 空海—平安のマルチ文化人(頼富本宏著) 2005.11
201 可能性の建築(岡部憲明著) 2005.12
202 司馬遼太郎について—裸眼の思索者(NHK出版編) 2006.1
203 旧約聖書を読み解く(雨宮慧著) 2006.2
204 ヨーロッパ知の巨人たち—古代ギリシアから現代まで(田中浩著) 2006.3
205 上方芸能と文化—都市と笑いと語りと愛(木津川計著) 2006.3

一般叢書・全集　　　　　　　　　　　　　　　　　総　記

206　書簡にみる日蓮心の交流（北川前肇著）2006.4
207　よみがえる芥川竜之介（関口安義著）2006.6
208　イギリス文学探訪（小池滋著）2006.7
209　戦国争乱を生きる―大名・村、そして女たち（舘鼻誠著）2006.12
210　地球村で共存するウイルスと人類（山内一也著）2006.9
211　読書からはじまる（長田弘著）2006.10
212　釈迦と女とこの世の苦（瀬戸内寂聴著）2006.10
213　芭蕉の旅、円空の旅（立松和平著）2006.11
214　子規のココア・漱石のカステラ（坪内稔典著）2006.11
215　ようこそ「マザーグース」の世界へ（鷲津名都江著）2007.1
216　巨大ヘッジファンドの攻防（NHKスペシャル マネー革命　第1巻）（相田洋、宮本祥子著）2007.1
217　金融工学の旗手たち（NHKスペシャル マネー革命　第2巻）（相田洋、茂田喜郎著）2007.2
218　リスクが地球を駆けめぐる（NHKスペシャル マネー革命　第3巻）（相田洋、藤波重成著）2007.3
219　英傑たちの『三国志』（伴野朗著）2007.3
220　菩薩の願い―大乗仏教のめざすもの（丘山新著）2007.4
221　王維100選―漢詩をよむ（石川忠久著）2007.5
222　陶淵明詩選―漢詩をよむ（石川忠久著）2007.6
223　1プードの塩―ロシアで出会った人々（小林和男著）2007.7

えひめブックス　森川国康監修　愛媛県文化振興財団　1986～2009　⇒I-282
25　伊予の俳人たち―江戸から明治へ（池内けい吾著）2005.3
26　えひめ・学・事典（横山昭市編著）2009.3

愛媛文化双書　愛媛文化双書刊行会　1970～2008　⇒I-282

52　愛媛の水をめぐる歴史（門田恭一郎著）2006.12
53　今日ありて―栗田樗堂その人と作品（GCM庚申庵倶楽部編著）2008.5

桜美林ブックス　桜美林学園出版部、はる書房〔発売〕2010
◇レバノン杉物語―「ギルガメシュ叙事詩」から地球温暖化まで（伊藤章治、岡本理子著、鍔山英次写真）2010.5
◇戯れ歌が謡う現代中国―「調和社会」への道（南雲智著）2010.5

淡海文庫　サンライズ出版　1994～2010　⇒I-282
◇近江の宿場町（八杉淳著）2009.2
32　伊吹百草（福永円澄著）2005.6
33　近江山の文化史―文化と信仰の伝播をたずねて（木村至宏著）2005.10
34　琵琶湖疏水―よもやまばなし（浅見素石著）2005.10
35　近江の民具―滋賀県立琵琶湖博物館の収蔵品から（長谷川嘉和著）2006.5
36　芋と近江のくらし（滋賀の食事文化研究会編）2006.10
37　遺跡が語る近江の古代史―暮らしと祭祀（田中勝弘著）2007.7
38　絵はがきのなかの彦根（細馬宏通著）2007.11
39　近江の峠道―その歴史と文化（木村至宏編著）2007.11
40　近江路を歩いた人々―旅日記にみる（江竜喜之著）2008.5
41　埋木舎と井伊直弼（大久保治男著）2008.9
42　湖国小宇宙―日本は滋賀から始まった（高谷好一著）2008.12
44　近江が生んだ知将石田三成（太田浩司著）2009.3
45　邪馬台国近江説―纏向遺跡「箸墓＝卑弥呼の墓」説への疑問（後藤聡一著）2010.2

大阪大学新世紀セミナー　大阪大学創立70周年記念出版実行委員会編　大阪大学出版会　2001～2005　⇒III-224

◇生物学が変わる!―ポストゲノム時代の原子生物学（倉光成紀, 増井良治, 中川紀子著） 2004.8
◇いのちの不思議（岸本忠三著） 2005.3

大阪大学新世紀レクチャー　大阪大学出版会　2003～2010　⇒V-803

◇現代能楽講義―能と狂言の魅力と歴史についての十講（天野文雄著） 2004.3
◇不確実・不確定性の数理（石井博昭, 森田浩, 斎藤誠慈著） 2004.6
◇新ウェルネス栄養学―「日本人の食事摂取基準（2005年版）」準拠　第2版（西原力編） 2005.9（第2刷）
◇飲酒/禁酒の物語学―アメリカ文学とアルコール（森岡裕一著） 2005.9
◇日本政治―過去と現在の対話（多胡圭一編） 2005.10
◇計算機マテリアルデザイン入門（笠井秀明, 赤井久純, 吉田博編） 2005.10
◇国際企業買収概論（西口博之著） 2006.5
◇熱力学（高城敏美, 岡本達幸, 西田耕介著） 2006.6
◇近代大阪経済史（阿部武司著） 2006.8
◇独占禁止法と経済学（荒井弘毅著） 2006.8
◇船この巨大で力強い輸送システム―船の世界史を知って現代の船を理解する本（野沢和男著） 2006.9
◇企業活動における知的財産（大阪大学大学院法学研究科附属法政実務連携センター編） 2006.9
◇産業再生と企業経営（浅田孝幸編） 2006.11
◇新・行動と脳（俣野彰三, 遠山正弥, 塩坂貞夫編） 2006.12
◇初級中国語（小門典夫, 深沢一幸著） 2007.10
◇赤外レーザー医工学（粟津邦男著） 2008.1
◇現代哲学の基礎概念（菅野盾樹編） 2008.3
◇言語文化学への招待（木村健治, 金崎春幸編） 2008.3
◇ドイツ語初級（斉藤渉著） 2008.3
◇国際公共政策学入門（高阪章編） 2008.3
◇英語リフレッシュ講座―学び直したいあなたへ教え直したいあなたへ（成田一編） 2008.4
◇脱・日本語なまり―英語（+α）実践音声学（神山孝夫著） 2008.4
◇固体高分子形燃料電池要素材料・水素貯蔵材料の知的設計（計算機マテリアルデザイン先端研究事例　1）（笠井秀明, 津田宗幸著） 2008.4
◇熱力学　新版（高城敏美編） 2008.7
◇授業づくりハンドブック―ロシア語（ロシア語教育研究会編著） 2008.12
◇大阪大学の歴史（高杉英一, 阿部武司, 菅真城編著） 2009.3
◇Academic topics for listening practice（渡部真一郎, 木村茂雄, ジェリー・ヨコタ編） 2009.3
◇トータル・イングリッシュ―インプット・アウトプット相互効果による総合的英語力増強法（杉田米行編） 2009.3
◇生成文法の展開―「移動現象」を通して（宮本陽一著） 2009.3
◇ジェンダー・スタディーズ―女性学・男性学を学ぶ（牟田和恵編） 2009.3
◇若年非正規雇用の社会学―階層・ジェンダー・グローバル化（太郎丸博著） 2009.6
◇対話の場をデザインする―科学技術と社会のあいだをつなぐということ（八木絵香著） 2009.8
◇日本国憲法を考える　第2版（松井茂記著） 2009.9
◇歯科補綴学模型実習マニュアル（矢谷博文, 前田芳信編著） 2010.2
◇アメリカ国際私法・国際取引法判例研究（松岡博著） 2010.3

大阪大学21世紀COEプログラム「インターフェイスの人文学」　大阪大学21世紀COEプログラム「インターフェイスの人文学」　2006

◇世界システムと海域アジア交通―2005年度報告書（桃木至朗責任編集, 佐藤貴保編集） 2006.2
◇言語の接触と混交―サハリンにおける日本語の残存（大阪大学21世紀COEプログラム「インターフェイスの人文学」編） 2006.3

大手前大学比較文化研究叢書　思文閣出版　2002～2010　⇒V-493

| 3 | ヴィクトリア朝英国と東アジア（川本皓嗣, 松村昌家編）　2006.4
| 4 | 夏目漱石における東と西（松村昌家編）　2007.3
| 5 | 阪神文化論（川本皓嗣, 松村昌家編）　2008.4
| 6 | 一九二〇年代東アジアの文化交流（川本皓嗣, 上垣外憲一編）　2010.3

岡山大学文学部研究叢書　岡山大学文学部　1987～2009　⇒I-283
| 20 | 在日留学生の異文化間ソーシャル・スキル学習（田中共子著）　2000.1
| 27 | 実存的人間学の源流と展開（稲村秀一著）　2008.2
| 28 | 現代アメリカ文学と仏教―西洋と東洋、宗教と文学を越境する（中谷ひとみ著）　2009.4

岡山文庫　日本文教出版　1964〜2010　⇒I-283
| 231 | 平賀元義を歩く（渡部秀人, 竹内佑宜編著）　2004.11
| 232 | 岡山の中学校運動場―抜粋（奥田澄二著）　2004.11
| 233 | おかやまの桃太郎（市川俊介著）　2005.2
| 234 | 岡山のイコン（植田心壮著）　2005.2
| 235 | 神島八十八ヵ所―拓本散策（坂本亜紀児著）　2005.7
| 236 | 倉敷ぶらり散策（倉敷ぶんか倶楽部編）　2005.7
| 237 | 作州津山維新事情（竹内佑宜著）　2005.11
| 238 | 坂田一男と素描―抽象絵画の先駆者（坂田一男〔画〕, 妹尾克己, イシイ省三編著）　2005.11
| 239 | 岡山の作物文化誌（臼井英治著）　2006.2
| 240 | 児島八十八ヶ所霊場巡り（倉敷ぶんか倶楽部編）　2006.2
| 241 | 岡山の花ごよみ（前川満著）　2006.7
| 242 | 英語の達人・本田増次郎（小原孝著）　2006.7
| 243 | 城下町勝山ぶらり散策（橋本惣司著, 倉敷ぶんか倶楽部編）　2006.11
| 244 | 高梁の散策（朝森要著）　2006.11
| 245 | 薄田泣菫の世界（黒川えみ著）　2007.2
| 246 | 岡山の動物昔話（立石憲利著, 江草昭治絵）　2007.2
| 247 | 岡山の木造校舎（河原馨著）　2007.7
| 248 | 玉島界隈ぶらり散策（小野敏也監修, 倉敷ぶんか倶楽部編）　2007.7
| 249 | 岡山の石橋（北脇義友著）　2007.11
| 250 | 哲西の先覚者―羽場鶴三・小坂弘（加藤章三著）　2007.11
| 251 | 作州画人伝（竹内佑宜著）　2008.2
| 252 | 笠岡諸島ぶらり散策（かさおか島づくり海社編）　2008.2
| 253 | 磯崎眠亀と錦莞筵（吉原睦著）　2008.6
| 254 | 岡山の考現学―街の断片調査（おかやま路上観察学会編）　2008.6
| 255 | 「備中吹屋」を歩く（前川満著）　2008.10
| 256 | 上道郡沖新田（安倉清博著）　2008.10
| 257 | 岡山の作物文化誌　続（臼井英治著）　2009.2
| 258 | 土光敏夫の世界―"メザシの土光さん"再び（猪木正実著, 石井編集事務所書肆亥工房編）　2009.2
| 259 | 吉備のたたら―地名から探る（岡山地名研究会編）　2009.6
| 260 | いろはで綴るボクの子供事典（赤枝郁郎著）　2009.6
| 261 | 民話の里鏡野町伝説紀行（立石憲利, 片田知宏著）　2009.10
| 262 | 笠岡界隈ぶらり散策（ぶらり笠岡友の会編）　2009.10
| 263 | つやま自然のふしぎ館―津山科学教育博物館（森本信一著）　2010.2
| 264 | 岡山の山野草と野生ラン（小林克己著）　2010.2
| 265 | 文化探検岡山の甲冑（臼井洋輔筆）　2010.6
| 266 | ママカリヒラにまったりサーラ―備讃瀬戸の醍醐味（窪田清一著）　2010.6
| 267 | 岡山の駅舎―カメラ紀行（河原馨著）　2010.10
| 268 | 守分十の世界―中国銀行第三代頭取（猪木正実著）　2010.10

沖縄研究資料　法政大学沖縄文化研究所　1982〜2010　⇒I-284
| 22 | 琉球八重山嶋取調書　2　2005.3
| 23 | 琉球八重山嶋取調書　3　2006.3
| 24 | 琉球八重山嶋取調書　付録　2007.2

25 沖縄近代俳句集成 1 『琉球新報』(明治31年―大正6年)篇 2008.3
26 沖縄近代俳句集成 2 『沖縄毎日新聞』(明治42年―大正3年)篇 2008.3
27 旧記書類抜萃・沖縄旧記書類字句註解書 2010.3

尾佐竹猛著作集 尾佐竹猛〔著〕,明治大学史資料センター監修 ゆまに書房 2005~2006
第1巻(法制史1) 2005.9
第2巻(法制史2) 2005.9
第3巻(法制史3) 2005.9
第4巻(法制史4) 2005.9
第5巻(法制史5) 2005.9
第6巻(法制史6) 2005.9
第7巻(憲政史1) 2006.1
第8巻(憲政史2) 2006.1
第9巻(憲政史3) 2006.1
第10巻(憲政史4) 2006.1
第11巻(憲政史5) 2006.1
第12巻(憲政史6) 2006.1
第13巻(維新史1) 2006.5
第14巻(維新史2) 2006.5
第15巻(維新史3) 2006.5
第16巻(維新史4) 2006.5
第17巻(維新史5) 2006.5
第18巻(維新史6) 2006.5
第19巻(文化・地方史1) 2006.9
第20巻(文化・地方史2) 2006.9
第21巻(文化・地方史3) 2006.9
第22巻(文化・地方史4) 2006.9
第23巻(文化・地方史5) 2006.9
第24巻(文化・地方史6) 2006.9

小田原ライブラリー 小田原ライブラリー編集委員会企画・編集 夢工房 2001~2010 ⇒V-497
14 トーマス栗原―日本映画の革命児(服部宏著) 2005.10
15 戦時下の箱根(井上弘,矢野慎一著) 2005.11
16 小田原事件―谷崎潤一郎と佐藤春夫(ゆりはじめ著) 2006.12
17 福田正夫・ペンの農夫―詩作品鑑賞を中心に(金子秀夫著) 2007.7
18 古代西相模の社会と暮らし(大上周三著) 2008.3
19 小田原地方の本土決戦(香川芳文著) 2008.8
20 西さがみの地名―風に聞き大地に読む郷土の歴史(田代道弥著) 2010.2

オフサイド・ブックス 彩流社 1998~2010 ⇒I-284
36 ジャズ選曲指南―秘伝「アルバム4枚セット」聴き(後藤雅洋著) 2004.11
37 ファンタジーのつくり方―エンターテインメントを創造するためのマニュアル(中村一朗著) 2004.12
38 「懐かしドラマ」が教えてくれるシナリオの書き方―"お気楽流"のノウハウで、8日間でシナリオが書けてしまう!(浅田直亮,仲村みなみ著) 2005.2
39 男泣きスタジアム! 激動のパ・リーグ編(オフサイド・ブックス編集部編) 2005.5
40 焼肉横丁を行く―コリアン・タウンのディープな歩き方(辛路地裏探検隊著) 2005.7
41 心をケアする仕事がしたい!―現場の本音を聞いて資格と仕事を選ぶ本 2006-2007年度版(斉藤弘子著) 2005.9
42 歴史古道の歩き方―ビジュアル・ガイド(井口一幸写真と文) 2005.10
43 映画なんでもランキング―おもわず人にすすめたくなる つぎ観るのはコレだ!(磯野テツ,富山飛男著) 2006.2
44 気になる症状別野菜の食べ方・選び方―現代病を予防する野菜からちょっと具合が悪いときの野菜まで(佐藤務監修,岡山慶子,斉藤弘子編) 2006.6
45 「戦争映画」が教えてくれる現代史の読み方―キーワードはユダヤ人問題(福井次郎著) 2007.2
46 新・心をケアする仕事がしたい!―現場の本音がわかる、やりたい仕事がみえてくる(斉藤弘子編著) 2007.11

47 子どもにやらせたいゲームはこれ!―わからないチチ・ハハのためのガイドブック（中村一朗著）2008.3

48 「懐かしドラマ」が教えてくれるシナリオの書き方―"お気楽流"のノウハウで、8日間でシナリオが書けてしまう! 増補版（浅田直亮,仲井みなみ著）2008.4

49 マイルスからはじめるjazz入門 増補版（後藤雅洋著）2008.10

50 昭和歌謡勝手にベストテン（宝泉薫編著）2009.3

51 新・心をケアする仕事がしたい! 2009-2010年度版（斉藤弘子編・著）2009.4

52 泣ける太宰笑える太宰―太宰治アンソロジー（太宰治〔著〕,宝泉薫編）2009.5

53 自転車でめぐる東京・江戸ガイド―「地元民」も太鼓判の24コース ママチャリでgo!（ご当地がっつき自転車愛好会編）2009.10

54 明日がわかるキーワード年表（細田正和,片岡義博著）2009.11

55 幕末明治の「戦争」全部解説します!（中村一朗,成田毅著）2010.2

56 自殺ブンガク選―名文で死を学ぶ（宝泉薫編）2010.6

57 マカロニ・ウエスタン銃器「熱中」講座（蔵臼金助著）2010.7

58 ほんとうは怖い賢治童話―宮沢賢治・厳選アンソロジー（宮沢賢治〔著〕,富永虔一郎編）2010.7

59 イラスト・哲学「仮想（ヴァーチャル）」大討論会―もし古今の哲学者20人が時空を超えて重要問題を議論したら（鷲田小弥太著）2010.9

開文社叢書 開文社出版 1963～2006 ⇒I-285

14 アメリカ作家の理想と現実―アメリカン・ドリームの諸相（里見繁美,池田志郎編著）2006.10

科学のことばとしての数学 朝倉書店 2004～2007 ⇒III-231

◇統計学のための数学入門30講（永田靖著）2005.3

◇機械工学のための数学 1（基礎数学）（東京工業大学機械科学科編）2007.3

◇機械工学のための数学 2（基礎数値解析法）（東京工業大学機械科学科編）2007.3

◇建築工学のための数学（加藤直樹,鉾井修一,高橋大弐,大崎純著）2007.10

学際レクチャーシリーズ 成文堂 1989～2005 ⇒I-286

1 社会科学のこころ―ゆらぎ文化の知を語る 補正版（永安幸正著）2005.3

27 共生と循環のコスモロジー―日本・アジア・ケルトの基層文化への旅（池田雅之編著）2005.6

学習院大学研究叢書 学習院大学 1984～2008 ⇒I-286

35 ペーター・ハントケの演劇―劇作品から見たハントケ像（狩野智洋著）2004.11

36 ドイツ観念論に於ける人間存在の把握（三宅剛一著,酒井潔,中川明博編）2006.11

37 詩と経験―ワーズワスからD.トマスまで（松島正一著）2006.11

38 危険犯（香川達夫著）2007.11

39 論理学講義（新潟高校講義）・科学概論（三宅剛一著,中川明博編）2008.11

学術叢書 学術出版会 2004～2010

◇考証論究近現代文学（山本洋著）2004.11

◇ジェンダーの驚き―シェイクスピアとジェンダー（浜名恵美著）2004.11

◇社会科歴史教科書成立史―占領期を中心に（梅野正信著）2004.12

◇巫女の人類学―「神語り」の記録と伝達（平山真著）2005.2

◇アメリカ日本人移民の越境教育史（吉田亮編著）2005.3

◇ラブホリックシェイクスピア―愛の軌跡（谷川二郎著）2005.3

◇武道の教育力―満洲国・建国大学における武道教育（志々田文明著）2005.3

◇日本人の求めた元神―現代科学と神道書『神令』を通して（小山惠子著）2005.3

◇我々は後世に何を遺してゆけるのか―内村鑑三『後世への最大遺物』の話（〔内村鑑三〕〔口演〕，鈴木範久著）　2005.5

◇「日本児童問題文献」解説　第1巻（津曲裕次編・解説）　2005.5

◇「日本児童問題文献」解説　第2巻（津曲裕次編・解説）　2005.5

◇「日本児童問題文献」解説　第3巻（津曲裕次編・解説）　2005.5

◇ニューディール体制論―大恐慌下のアメリカ社会（中部大学叢書）（河内信幸著）　2005.7

◇発達障害児教育実践論―占領期の教育職員再教育講習会等の「特殊教育講座」の検討（市沢豊著）　2005.10

◇人類共存を実現しよう（庄野弘全著）　2005.10

◇中国人の日本語学習史―清末の東文学堂（劉建雲著）　2005.11

◇社会政策の産業平和機能（渡部恒夫著）　2005.12

◇「国文学」の思想―その繁栄と終焉（笹沼俊暁著）　2006.2

◇Democracy and mass society—a Japanese debate（〔by〕Ryusaku Yamada）　2006.2

◇清沢洌―その多元主義と平和思想の形成（静岡大学人文学部研究叢書　第13号）（山本義彦著）　2006.2

◇東アジアの発展と中小企業―グローバル化のなかの韓国・台湾（名古屋大学国際経済動態研究センター叢書　11）（平川均，劉進慶，崔竜浩編著）　2006.3

◇日本の朝鮮統治―「一視同仁」の建前と実相（鈴木譲二著）　2006.4

◇新正統派ケインズ政策論の基礎―真理を簡明な論理と実証で（丹羽春喜著）　2006.5

◇天文民俗学序説―星・人・暮らし（北尾浩一著）　2006.5

◇企業再建整備期の昭和電工（麻島昭一著）　2006.7

◇人事労務管理制度の形成過程―高度成長と労使協議（岩田憲治著）　2006.7

◇太平洋戦争をめぐる日米外交と戦後の米ソ対立（本橋正著）　2006.8

◇丹羽文雄と田村泰次郎（浜川勝彦，半田美永，秦昌弘，尾西康充編著）　2006.10

◇シェイクスピア―変容の世界（加藤克彦著）　2006.10

◇韓国農業経済論―生産物・組織・政策の経済分析（成耆政著）　2006.10

◇幸田露伴論考（登尾豊著）　2006.10

◇臨時教育審議会―その提言と教育改革の展開（渡部蓊著）　2006.12

◇占領期社会事業従事者養成とケースワーク（小池桂著）　2007.3

◇中等教育と高等教育とのアーティキュレーション（兼松儀郎著）　2007.4

◇平和を求めて―戦中派は訴える（日野資純著）　2007.4

◇日本銀行総裁結城豊太郎―書簡にみるその半生（八木慶和著，斉藤寿彦監修）　2007.5

◇日本近代教育の思想史研究―国際化の思想系譜　新訂版（沖田行司著）　2007.5

◇言葉の文明開化―継承と変容（宮崎真素美, 遠山一郎, 山口俊雄著）　2007.5

◇イギリス王政復古期のシェイクスピアと女性演劇人（山崎順子著）　2007.6

◇公教育制度における教員管理規範の創出―「品行」規範に着目して（尾崎公子著）　2007.8

◇和田典子著作選集（和田典子〔著〕，和田典子著作選集編集委員会編）　2007.8

◇ヘーゲル哲学の思惟方法―弁証法の根源と課題（山口祐弘著）　2007.9

◇米国対日占領下における「教職追放」と教職適格審査（山本礼子著）　2007.9

◇近代日本教育会史研究（梶山雅史編著）　2007.9

◇英訳聖書の語学・文学・文化的研究（清水護著）　2007.10

◇イギリスにおける中間ケア政策―病院から地域へ（児島美都子著）　2007.10

◇社会情報学―情報技術と社会の共変（石井和平著）　2007.10

◇ハワイ日系2世とキリスト教移民教育―戦間期ハワイアン・ボードのアメリカ化教育活動（吉田亮著）　2008.2

一般叢書・全集　　　　　　　　　　　　　　　　　　　総記

◇英学の時代―その点景（高橋俊昭著）　2008.2
◇踊る羊と実る稲―日欧比較文化・日英比較言語への招待（平出昌嗣著）　2008.3
◇デジタル時代のアナログ力―問われる現代社会の人間力（浅間正通，山下厳編著）　2008.4
◇初期ストランド・マガジンの広告（辻照彦著）　2008.4
◇アメリカの大学開放―ウィスコンシン大学拡張部の生成と展開（五島敦子著）　2008.6
◇専門職養成の政策過程―戦後日本の医師数をめぐって（橋本鉱市著）　2008.7
◇サービス・ラーニング研究―高校生の自己形成に資する教育プログラムの導入と基盤整備（山田明著）　2008.8
◇国民国家システムの変容―トランスナショナル化した世界（吉川宏著）　2008.10
◇ラテンアメリカ農地改革論（石井章著）　2008.11
◇自由と行為の形而上学―ジュール・ラシュリエとモーリス・ブロンデル（佐藤国郎著）　2008.11
◇農村における後期中等教育の展開―新制高等学校分校制度を中心に（山岸治男著）　2009.2
◇大西祝『良心起原論』を読む―忘れられた倫理学者の復権（堀孝彦編著）　2009.6
◇二十世紀（にじゅっせいき）中国文学図志（楊義，張中良，中井政喜著，森山（麦生）登美江，星野幸代，中井政喜訳）　2009.6
◇近代日常生活の再発見―家族経済とジェンダー・家業・地域社会の関係（谷沢弘毅著）　2009.6
◇フランス近代初等教育制度史研究―1800-1815（神山栄治著）　2009.7
◇中国紡織機械製造業の基盤形成―技術移転と西川秋次（王穎琳著）　2009.10
◇遊びと創造性の研究―遊びの創造理論の構築（比嘉佑典著）　2009.11
◇戦後日本の平和教育の社会学的研究（村上登司文著）　2009.11
◇清代ハルハ・モンゴルの都市に関する研究―18世紀末から19世紀半ばのフレーを例に（佐藤憲行著）　2009.11
◇ロマンス語―新ラテン語の生成と進化（W. D. エルコック著，大高順雄訳）　2009.12

◇戦前知的障害者施設の経営と実践の研究（山田明著）　2009.12
◇ドイツ観念論の思索圏―哲学的反省の展開と広袤（山口祐弘著）　2010.2
◇ジッドとサン＝テグジュペリの文学―聖書との関わりを探りつつ（山本和道著）　2010.2
◇デューイ実験学校と教師教育の展開―シカゴ大学時代の書簡の分析（小柳正司著）　2010.3
◇韓国経済と労使関係―韓国財閥企業における労使関係の歴史的展開（尹敬勲著）　2010.3
◇雑誌『女人芸術』におけるジェンダー・言説・メディア（シュリーディーヴィ・レッディ著）　2010.3
◇大都市高齢者層の貧困・生活問題の創出過程―社会的周縁化の位相（山田知子著）　2010.4
◇上田薫の人間形成論―新しい教育言説の誕生（大野僚著）　2010.5
◇ルィセンコ主義はなぜ出現したか―生物学の弁証法化の成果と挫折（藤岡毅著）　2010.9
◇北海道金融史研究―戦前における銀行合同の分析（吉田賢一著）　2010.9
◇健康教育教科「保健科」成立の政策形成―均質的健康空間の生成（七木田文彦著）　2010.11
◇近代日本教員統制の展開―地方学務当局と小学校教員社会の関係史（山田恵吾著）　2010.11
◇続・近代日本教育会史研究（梶山雅史編著）　2010.11
◇東アジアの新産業集積―地域発展と競争・共生（平川均，多和田真，奥村隆平，家森信善，徐正解編著）　2010.11

梶原泉小論文集　百年社（印刷）　2001
◇（梶原泉〔著〕，梶原利康・悦子編）　2001.3

霞会館資料　霞会館資料展示委員会編　霞会館　1980〜2010　⇒I-287
第29輯　伊勢神宮の神宝―神宮展（二）　2006.7
第31輯　参宮・遷宮・伊勢神宮―鳥取と伊勢のつながり　2009.1
第33輯　伊勢神宮と東海のまつり―第六十二回式年遷宮記念特別展　2010.4

かすみ"新世紀"選書　霞出版社　1999〜2005　⇒III-614

総 記　　　　　　　　　　　　　　　　　　　　　　　　　　　　一般叢書・全集

◇蘇生の哲学—パラダイムとしての人間観（後藤隆一著）　2005.3

風ブックス　創風社出版　1994〜2008　⇒I-287
13　伊予の狸話（玉井葵著）　2004.10
14　石鎚を守った男—峰雲行男の足跡（藤井満著）　2006.2
15　ローカルTVニュースの夜明け—南海放送報道部外伝（余田実著）　2006.3
16　匿名報道の記録—あるローカル新聞社の試み（斉間満著）　2006.6
17　姜沆—宇和島城と豊国神社に落書きをした儒学者（柳哲雄著）　2008.4
18　芝不器男（堀内統義著）　2008.10
19　青年・松浦武四郎の四国遍路—宇和島伊達藩領内の見聞（木下博民著）　2008.10

Kazoku-sya・1000シリーズ　家族社　2002〜2005
2　フェミニズムから見たヒロシマ—戦争犯罪と戦争という犯罪のあいだ 2000年「女・核・平和」シンポジウム記録（上野千鶴子著）　2002.9
3　お気楽フェミニストは大忙し—不老少女コマタカのぼやき通信（駒尺喜美、中村隆子著）　2003.2
4　アジアで女性として生きるということ—韓国女性映画監督・ビョン・ヨンジュの世界（ビョン・ヨンジュ著、椿朋子訳、田端かや監訳）　2003.10
5　CR（意識覚醒）グループ—ガイドラインとファシリテーターの役割（田上時子著）　2004.7
6　山代巴—中国山地に女の沈黙を破って（小坂裕子著）　2004.7
7　〈魔女〉が読む源氏物語（駒尺喜美著）　2005.2
8　ジェンダーの憲法学—人権・平等・非暴力（若尾典子著）　2005.6

家族で読めるfamily book series　飛鳥新社　2009〜2010
001　日本人を直撃する大恐慌（たちまちわかる最新時事解説）（朝倉慶著）　2009.5
002　食卓からマグロが消える日（たちまちわかる最新時事解説）（良永知義著）　2009.5
003　エネルギー革命メタンハイドレート（たちまちわかる最新時事解説）（松本良著）　2009.5
004　民主党政権は日本をどう変えるのか（たちまちわかる最新時事解説）（上杉隆著）　2009.6
005　G8サミットの本当はスリリングな内幕（たちまちわかる最新時事解説）（王置和宏著）　2009.7
006　サルでもわかる日本核武装論（たちまちわかる最新時事解説）（田母神俊雄著）　2009.8
007　偽装農家（たちまちわかる最新時事解説）（神門善久著）　2009.8
008　公務員制度改革が日本を変える（たちまちわかる最新時事解説）（渡辺喜美著）　2009.8
009　不肖・宮嶋の「海上自衛隊ソマリア沖奮戦記」（たちまちわかる最新時事解説）（宮嶋茂樹著）　2009.9
010　グーグルが本を殺す（たちまちわかる最新時事解説）（竹内一正著）　2009.9
011　貧困のリアル（たちまちわかる最新時事解説）（稲葉剛、冨樫匡孝著）　2009.9
012　産みたい人はあたためて（たちまちわかる最新時事解説）（三砂ちづる著）　2009.10
013　新型インフルエンザかかっても慌てない知的対処術（たちまちわかる最新時事解説）（堀本泰介著）　2009.10
014　名古屋から革命を起す!（たちまちわかる最新時事解説）（河村たかし著）　2009.10
015　死ぬ作法死ぬ技術（生き方研究編）（飛鳥新社編集部編）　2009.11
016　反日組織・日教組の行状（たちまちわかる最新時事解説）（一止羊大著）　2009.11
017　脳ブームの迷信（たちまちわかる最新時事解説）（藤田一郎著）　2009.11
018　覚醒剤中毒の地獄（たちまちわかる最新時事解説）（近藤直樹著）　2009.12
019　ミツバチの不足と日本農業のこれから（たちまちわかる最新時事解説）（吉田忠晴著）　2009.12
020　日本経済を凋落させた七人—「失われた20年」を検証する!（たちまちわかる最新時事解説）（三橋貴明著）　2009.12
021　国境の島が危ない!（たちまちわかる最新時事解説）（山本皓一著）　2010.1
022　寺、墓、葬儀の費用はなぜ高い?（生き方研究編）（高橋繁行著）　2010.1

023 うつを癒やす(たちまちわかる最新時事解説)(大野裕著) 2010.2

学校で教えない教科書　日本文芸社　1997～2010　⇒I-288
◇面白いほどよくわかる世界の王室―激烈なるヨーロッパ中世・近代史を読み解く(鈴木晟著) 2004.12
◇面白いほどよくわかる世界を動かす科学の最先端理論―地震予知から生命の創造まで、「知の探求」最前線!(大宮信光著) 2005.1
◇面白いほどよくわかる世界の軍隊と兵器―アメリカの世界支配と各国の勢力図を読む(神浦元彰監修) 2005.1
◇面白いほどよくわかる臨床心理学―ストレス社会が引き起こす心の病をケアする手がかり(稲富正治著) 2005.2
◇面白いほどよくわかる般若心経―大乗仏教の精髄を解く262文字の大宇宙(武田鏡村著) 2005.4
◇面白いほどよくわかる日本の宗教―神道、仏教、新宗教―暮らしに役立つ基礎知識(山折哲雄監修, 田中治郎著) 2005.6
◇面白いほどよくわかるマキャヴェリの君主論―人間と組織の本質を説く権謀術数の書!(金森誠也監修) 2005.6
◇面白いほどよくわかる犯罪心理学―殺人、窃盗、暴力…人はなぜ罪を犯すのか(高橋良彰著) 2005.7
◇面白いほどよくわかる会社のしくみ―会社という組織のなりたちを図解でスンナリ理解(沢昭人監修) 2005.8
◇面白いほどよくわかるギリシャ神話―天地創造からヘラクレスまで、壮大な神話世界のすべて(吉田敦彦著) 2005.8
◇面白いほどよくわかる世界の戦争史―ナポレオン戦争からテロ・紛争まで、戦争で読む近現代史(世界情勢を読む会編著) 2005.9
◇面白いほどよくわかる人体のしくみ―複雑な「体内の宇宙」が図解とイラストで一目でわかる(山本真樹監修) 2005.9
◇面白いほどよくわかる民法のすべて―身近な法律知識が手に取るようにわかる!(山瀬和彦著) 2005.11
◇面白いほどよくわかるフロイトの精神分析―思想界の巨人が遺した20世紀最大の「難解な理論」がスラスラ頭に入る(立木康介監修) 2006.1
◇面白いほどよくわかる脳のしくみ―記憶力、発想力、集中力はすべて脳がつかさどる(高島明彦監修) 2006.1
◇面白いほどよくわかるローマ帝国―巨大帝国の栄光と衰亡の歴史(金森誠也監修) 2006.2
◇面白いほどよくわかる古事記―古代の神々・天皇が織り成す波瀾万丈の物語(吉田敦彦監修, 島崎晋著) 2006.2
◇面白いほどよくわかるアメリカ―歴史から社会問題まで本当の姿が見えてくる(鈴木晟, 荒木教夫共著) 2006.7
◇面白いほどよくわかる落語の名作100―あらすじで楽しむ珠玉の古典落語(金原亭馬生監修) 2006.8
◇面白いほどよくわかる日本の政治―国会、政党、官庁…政治の「現在」がみるみるわかる(世界情勢を読む会編著) 2006.8
◇面白いほどよくわかる簿記―帳簿記入から決算書作成まで自分でできる!(実務書シリーズ)(杉山義勝監修) 2006.10
◇面白いほどよくわかるクラシックの名曲100―有名作曲家の生涯と作品の聴きどころを読む(山本友重監修, 多田鏡子著) 2006.11
◇面白いほどよくわかる宇宙の不思議―地球、太陽系、銀河系のかなたまで、最新宇宙論が解く未知の世界(半田利弘監修, 金子隆一, 望獲つきよ著) 2006.11
◇面白いほどよくわかる決算書の読み方―しくみから指標まで、これだけ知っていれば大丈夫　新会計基準・会社法対応(実務書シリーズ)(平林亮子著) 2007.1
◇面白いほどよくわかる武士道―時代とともに受け継がれた日本人の精神の源流(森良之祐監修) 2007.1
◇面白いほどよくわかる数学の定理―日常生活で知らずに応用されている数学の定理の数々(伊藤裕之監修) 2007.2

◇面白いほどよくわかる古代エジプト―ピラミッドからツタンカーメンまで、知られざる古代文明のすべて(笈川博一著)　2007.3

◇面白いほどよくわかるイスラーム―教義・思想から歴史まで、すべてを読み解く(塩尻和子監修, 青柳かおる著)　2007.3

◇面白いほどよくわかる株式投資―基本用語から実際の売買まで株式投資のしくみがわかる(実務書シリーズ)(鈴木一治監修)　2007.3

◇面白いほどよくわかる気象のしくみ―風、雲、雨、雪…摩訶不思議な天気の世界(大宮信光著)　2007.4

◇面白いほどよくわかる飛行機のしくみ―離陸から着陸まで、「鉄の塊」を飛ばす最先端理論(中村寛治著)　2007.4

◇面白いほどよくわかる日本の神社―その発祥と日本の神々、名社・古社百社がよくわかる(鎌田東二監修, 渋谷申博著)　2007.5

◇面白いほどよくわかる日本の城―歴史とエピソードで読む全国250城(三浦正幸監修)　2007.5

◇面白いほどよくわかる世界地図の読み方―紛争、宗教から地理、歴史まで、世界を読み解く基礎知識　改訂新版(世界情勢を読む会編著)　2007.6

◇面白いほどよくわかる世界の秘密結社―秘密のベールに隠された謎の組織の全貌(有沢玲著)　2007.6

◇面白いほどよくわかる恐竜―その分類・生態から発掘史秘話・最新の恐竜研究まで(小畠郁生監修)　2007.6

◇面白いほどよくわかる自衛隊―最新装備から防衛システムまで、本当の実力を検証!　改訂新版(志方俊之監修)　2007.6

◇面白いほどよくわかる地球と気象―地球のしくみと異常気象・環境破壊の原因を探る(神奈川県立生命の星・地球博物館監修)　2007.6

◇面白いほどよくわかるジャズのすべて―ジャズの歴史から聴き方・楽しみ方まで(沢田俊祐監修)　2007.6

◇面白いほどよくわかる心理学のすべて―感覚・記憶・思考・情緒・性格…心の謎を科学的に読み解く(浜村良久監修)　2007.7

◇面白いほどよくわかる確率―身の回りの「数字」から数学思考が身につく!(野口哲典著)　2007.7

◇面白いほどよくわかる経理のしくみ―会社のお金に関する実務が図解でわかる!(実務書シリーズ)(落合孝裕著)　2007.7

◇面白いほどよくわかる日本史地図ドリル―脳を鍛える、歴史クイズ&問題集(加来耕三監修)　2007.8

◇面白いほどよくわかる世の中のしくみ―複雑な世の中を222テーマ別にしっかり理解できる　改訂新版(日本世相調査研究会編)　2007.8

◇面白いほどよくわかる世界の神々―奇想天外なエピソードと性格を読み解く(吉田敦彦監修, 森実与子著)　2007.9

◇面白いほどよくわかる保険のしくみ―自分のライフスタイルにあった保険が見つかる(実務書シリーズ)(山本俊成監修)　2007.10

◇面白いほどよくわかる日本の神様―古事記を彩る神々の物語を楽しむ(山折哲雄監修, 田中治郎著)　2007.11

◇面白いほどよくわかる会計のしくみ―会計がわかれば会社のしくみがみえてくる!(実務書シリーズ)(大串卓矢監修)　2007.11

◇面白いほどよくわかる年金のすべて―最低限知っておきたい年金の基礎知識からそのしくみまで(実務書シリーズ)(沢木明監修)　2007.11

◇面白いほどよくわかる世界の紛争地図―紛争・テロリズムから危険地帯まで、「世界の危機」を読み解く　改訂新版(世界情勢を読む会編著)　2007.12

◇面白いほどよくわかる手形・小切手・為替のしくみ―基本知識と実務上の取り扱いがマスターできる(実務書シリーズ)(増田茂行著)　2008.1

◇面白いほどよくわかるビジネス文書の書き方―そのまま使える実例で正しい書き方がよくわかる(実務書シリーズ)(東条文千代著)　2008.2

◇面白いほどよくわかるギリシャ哲学―ソクラテス、プラトン、アリストテレス…現代に生き続ける古典哲学入門(左近司祥子, 小島和男共著)　2008.3

◇面白いほどよくわかる企画書の書き方・まとめ方―成功する企画書のまとめ方がすぐわかる!(実

務書シリーズ）（経営データタンク編）　2008.3
◇面白いほどよくわかるビジネスマナー―ビジネスシーンで高感度を上げる基本マナーと応用技！（実務書シリーズ）（岩下宣子監修）　2008.3
◇面白いほどよくわかる相続・贈与のしくみ―具体的手続きから遺言書作り、節税対策までがよくわかる（実務書シリーズ）（御旅屋尚文著）　2008.4
◇面白いほどよくわかる会社をつくるメリット―自分でできる設立手続きと会社をつくる長所＆短所（実務書シリーズ）（松沢進著）　2008.4
◇面白いほどよくわかる親鸞―人間の弱さを救う他力思想を読み解く（菊村紀彦監修，田中治郎著）　2008.5
◇面白いほどよくわかる地球の寿命―地球温暖化・異常気象・酸性雨…環境破壊の問題点を探る（柴田敏隆監修）　2008.5
◇面白いほどよくわかる哲学・思想のすべて―人類が共有する「知」の絶対真理を読み解く（湯浅赳男著）　2008.5
◇面白いほどよくわかる発明の世界史―歴史を塗り変えてきた世紀の大発明のすべて（中本繁実監修）　2008.6
◇面白いほどよくわかる企業集団と業界地図―世界を席巻する巨大企業グループと産業市場の全貌！（大薗友和著）　2008.7
◇面白いほどよくわかるキリスト教―イエスの教えから現代に生きるキリスト教文化まで（宇都宮輝夫，阿部包共著）　2008.7
◇面白いほどよくわかる家紋のすべて―発祥の由来や歴史的背景から見えてくる家紋の姿（安達史人監修）　2008.7
◇面白いほどよくわかる簿記―帳簿記入から決算書作成まで自分でできる！　改訂新版（実務書シリーズ）（杉山義勝監修）　2008.7
◇面白いほどよくわかる歌舞伎―ルーツ・歴史から代表的な演目まで歌舞伎の魅力のすべて（宗方翔著）　2008.8
◇面白いほどよくわかる最新経済のしくみ―マクロ経済からミクロ経済まで素朴な疑問を一発解消（神樹兵輔著）　2008.8

◇面白いほどよくわかる神事・仏事のしきたり―冠婚葬祭、年中行事、日常の所作まで、知っておきたい日本人の心得（渋谷申博著）　2008.9
◇面白いほどよくわかる浄土真宗―宗祖・親鸞聖人の教え、真宗各派の歴史と仏事作法がよくわかる（菊村紀彦監修，田中治郎著）　2008.9
◇面白いほどよくわかる論語―日常生活に役立つ使える孔子の説いた生きる知恵（石田琢智監修）　2008.10
◇面白いほどよくわかるあらすじで読む世界の名作―1ストーリー10分でわかる名作のエッセンス（小島千晶監修）　2008.10
◇面白いほどよくわかる仏像の世界―仏像の種類・歴史から鑑賞のポイントまで（田中義恭著）　2008.11
◇面白いほどよくわかる心理学―心理学の基礎知識をカンタンに解説！（保坂隆監修）　2008.11
◇面白いほどよくわかる官庁＆官僚のすべて―日本の中枢、中央省庁・霞が関の姿が見えてくる（斎藤ヒサ子監修）　2008.12
◇面白いほどよくわかる流通のすべて―業種型から業態型へ移り変わる流通の姿（中村芳平監修）　2008.12
◇面白いほどよくわかる天皇と日本史―神武から昭和まで歴代天皇を知ると日本史がわかる（阿部正路監修）　2008.12
◇面白いほどよくわかる古代日本史―縄文文明・邪馬台国から藤原一族・武家の登場まで（鈴木旭著）　2008.12
◇面白いほどよくわかる電車のしくみ―車両のしくみと電車が走るメカニズム（所沢秀樹監修）　2009.3
◇面白いほどよくわかる世界の王朝興亡史―ギリシャ・ローマから中国・中東まで、王朝から読む世界史（時枝威勲著）　2009.4
◇面白いほどよくわかる五輪書―武蔵の兵法から学ぶ現代を生き抜くための英知（入野信照監修）　2009.4
◇面白いほどよくわかる密教―曼荼羅・仏像から修法、教理、寺院まで徹底解説（渋谷申博著，宮坂宥洪監修）　2009.5

◇面白いほどよくわかるネコの気持ち―知っていそうで知らない繊細な感情表現の世界（竹内徳知監修） 2009.6
◇面白いほどよくわかるイヌの気持ち―表情・しぐさ・行動から読み取る感情表現（藤井聡監修） 2009.6
◇面白いほどよくわかる世界の宗教―宗教が果たした役割、歴史的背景から教典の基礎知識まで（大野輝康監修） 2009.7
◇面白いほどよくわかる深層心理―フロイトの研究から脳科学との関連までを解説（渋谷昌三監修） 2009.7
◇面白いほどよくわかるマルクスの資本論―計画主義経済の利点とその問題点（土肥誠監修） 2009.8
◇面白いほどよくわかる船のしくみ―船の起源から、種類・構造・走るメカニズムまで（賞雅寛而編著） 2009.10
◇面白いほどよくわかるジャズの名演250―モダン・ジャズ黄金期を彩るプレイヤーの人生と魂の名演を徹底紹介!（アドリブ編, 中村誠一, 高平哲郎監修） 2009.12
◇面白いほどよくわかる歴史と人物でわかる仏教―現代に生きる仏教の起源から広がりまで、その鍵となる人物を軸に解説（田中治郎著） 2009.12
◇面白いほどよくわかる建築―住宅から高層建築・伝統建築まで…建築のすべてがわかる（樫野紀元著） 2010.1
◇面白いほどよくわかる漢字―漢字のルーツから由来・成り立ちまで一括総集（山口謠司編著） 2010.1
◇面白いほどよくわかる脳と心―最新の脳科学が人間の心の動きを徹底究明する（山元大輔監修） 2010.1
◇面白いほどよくわかるロボットのしくみ―世界を変える最先端ロボット工学のテクノロジー（大宮信光編著） 2010.3
◇面白いほどよくわかる電気のしくみ―電池、発電、エレクトロニクス…世界を動かす根源のパワーのすべて（山内ススム著） 2010.3

◇面白いほどよくわかる世界経済―日本を取り巻く世界経済の現状とその問題点（神樹兵輔著） 2010.5
◇面白いほどよくわかる時代小説名作100―江戸の人情、戦国の傑物、閃く剣!昭和期から平成の名作を紹介（細谷正充監修） 2010.6
◇人物でよくわかる聖書―名場面をあらすじとエピソードで解説（森実与子著） 2010.6
◇人物・事件でわかる太平洋戦争―重要人物から解き明かす日米決戦の真相（太平洋戦争研究会編著） 2010.7
◇面白いほどよくわかる自動車のしくみ―エンジンから電子システムまで、クルマの「走る」を科学する!（小俣雅史著） 2010.8
◇面白いほどよくわかる日本経済―今、日本が直面している経済の諸問題がズバリわかる!（福住多一編著） 2010.9
◇人物・事件でわかる日本史―史実の真相が時代の流れとともに理解できる（宮滝交二編著） 2010.11
◇人物・事件でわかる世界史―歴史上の人物をひもときながら史実を検証（中村宗悦編著） 2010.11
◇面白いほどよくわかる政治のしくみ―国会、政党、官僚、選挙制度…日本政治のすべてがわかる!（世界情勢を読む会編著） 2010.11
◇面白いほどよくわかる新幹線―線路から車両まで、世界最先端鉄道のすべて（小賀野実著） 2010.12
◇面白いほどよくわかる能・狂言―代表的演目の解説から鑑賞のポイントまで（三浦裕子著） 2010.12

かつしかブックレット　葛飾区郷土と天文の博物館　2001〜2006　⇒IV-55
15　帝釈人車鉄道―全国人車データマップ　2006.3

桂ブックレット　桂書房　1992〜2005　⇒I-290
no.14　幻の東本願寺両堂ソーラー瓦計画―環境問題と文化財のはざま（両堂屋根瓦のソーラー化を実現する会編） 2005.9

角川選書　角川書店　1968〜2005　⇒I-290

一般叢書・全集　　　　　　　　　　　　　　　　総記

369　飛鳥幻の寺、大官大寺の謎（木下正史著）
　　　2005.2
371　日本絵画の見方（榊原悟著）　2004.12
372　王朝生活の基礎知識—古典のなかの女性たち（川村裕子著）　2005.3
373　古代史の基礎知識（吉村武彦編著）　2005.3
374　源義経の合戦と戦略—その伝説と実像（菱沼一憲著）　2005.4
375　世界神話事典（大林太良、伊藤清司、吉田敦彦、松村一男編）　2005.3
376　夢から探る中世（酒井紀美著）　2005.3
377　日本王権神話と中国南方神話（諏訪春雄著）2005.7
380　闘う皇族—ある宮家の三代（浅見雅男著）2005.10

神奈川大学入門テキストシリーズ　神奈川大学編　御茶の水書房　2002〜2010　⇒IV-740
◇近代と反近代との相克—社会思想史入門（的場昭弘著）　2006.1
◇パン屋さんから学ぶ会計—簿記・原価計算から会計ビッグバンまで（柳田仁著）　2006.3
◇中国語を学ぶ魅力（山口建治、彭国躍、松村文芳、加藤宏紀著）　2008.9
◇化学の魅力—大学で何を学ぶか（松本正勝、杉谷嘉則、西本右子、加部義夫、大石不二夫著）　2010.2
◇刑法を学ぼうとしている人々へ（山火正則著）2010.2
◇化学の魅力—大学で何を学ぶか　2（木原伸浩、天野力、川本達也、平田善則、森和亮著）　2010.7
◇中国学の魅力（鈴木陽一、孫安石、蘇智良、陳天璽著）　2010.8

河北選書　河北新報出版センター　2010
◇南部杜氏の詩（バラード）（冨樫茂著、河北新報社編集局監修）　2010.6
◇日高見の時代—古代東北のエミシたち（野村哲郎著、河北新報社編集局監修）　2010.7
◇漁場が消える—三陸・マグロ危機（河北新報社編集局編）　2010.9
◇カタカナ語目からうろこ（大津幸一著）　2010.11

かまくら春秋双書　かまくら春秋社　2006
1　歪められる日本イメージ—ワシントンのパーセプション・ゲーム（近藤誠一著）　2006.1
2　ロシアにかける橋—モスクワ広場・文化交流ノート　改訂版（河東哲夫著）　2006.4

上方文庫　和泉書院　1986〜2010　⇒I-291
28　上方歌舞伎の風景（権藤芳一著）　2005.6
29　大阪の俳人たち　6（松岡ひでたかほか著、大阪俳句史研究会編）　2005.6
30　来山百句（来山を読む会編）　2005.7
31　薬の大阪道修町—今むかし（三島佑一著）2006.1
32　船場道修町—薬・商い・学の町（三島佑一著）2006.1
33　京大坂の文人　続々（管宗次著）　2008.4
34　岸和田古城から城下町へ—中世・近世の岸和田（大沢研一、仁木宏編）　2008.8
35　戦後関西能楽誌（権藤芳一著）　2009.3
36　京大坂の文人　続々々（管宗次著）　2010.2

かもがわブックレット　かもがわ出版　1987〜2010　⇒I-292
151　憲法24条+9条—なぜ男女平等がねらわれるのか（中里見博著）　2005.3
152　私の「不服従」—東京都の「命令」教育に抗して（高橋哲哉、「君が代強制反対訴訟」編集委員会編著）　2005.3
153　憲法—人生かけて守るもの（大江洸、三上満、小林洋二著）　2005.3
154　吉田松陰と現代（加藤周一著）　2005.9
155　早わかり日本国憲法（小林武著）　2005.8
156　家族で語る性教育—私たちの出前講座（赤松彰子、岸本喜代子、徳永桂子編著）　2005.11
157　9条と日中韓（加藤周一著）　2005.9
158　男の電話相談—男が語る・男が聴く（『男』悩みのホットライン編著）　2006.1
159　どう拓く日中関係—政冷経熱の現状と「文温」の可能性（加藤周一、王敏、王暁平、加藤千洋著）　2006.7
160　全員勝ったで!—原爆症近畿訴訟の全面勝訴を全国に（原爆症認定近畿訴訟弁護団著、安斎育

郎監修）　2006.7
161　聞こえますか命の叫び―戦没学生永田和生の「軍隊日誌」（児玉健次編著）　2006.8
162　障害をもつ人の参政権保障をもとめて（川崎和代著）　2006.12
163　北朝鮮の核実験をどう見るか（安斎育郎監修，リッツ・ピース・メッセンジャーズ著）　2006.12
164　改定教育基本法どう読みどう向きあうか（浦野東洋一，佐藤広美，中嶋哲彦，中田康彦著）　2007.4
165　イラクの混迷を招いた日本の"選択"―自衛隊がやっていることvs私たちがやるべきこと（自衛隊イラク派兵差止訴訟全国弁護団連絡会議編著）　2007.4
166　戦争と医の倫理―中・米・日の視点から（第27回日本医学会総会出展「戦争と医学」展実行委員会編）　2007.10
167　女優ムン・ソリ韓国映画の魅力を語る（RiCKSブックレット　1）（ムン・ソリ〔ほか述〕，立命館大学コリア研究センター編，徐勝監修）　2007.10
168　公共サービスが崩れてゆく―民営化の果てに（藤田和恵著）　2008.1
169　フィンランドに学ぶべきは「学力」なのか!（佐藤隆著，熊本子育て教育文化運動交流会編）　2008.7
170　消費税で福祉国家になれる?（消費税をなくす全国の会編）　2008.7
171　プロの保育者してますか?―保育者の悩み・専門性・労働（垣内国光著）　2008.8
172　チェ・ミンシク行動する役者（RiCKSブックレット　2）（チェ・ミンシク〔ほか述〕，立命館大学コリア研究センター編，徐勝監修）　2008.9
173　なくそう!スクール・セクハラ―教師のためのワークショップ（神戸大学大学院人間発達環境学研究科ヒューマン・コミュニティ創成研究センター、ジェンダー研究・学習支援部門編，朴木佳緒留監修）　2009.8
174　「慰安婦」問題と女性の人権―未来を見すえて（「慰安婦」問題と女性の人権を考える会編）　2009.11

175　アン・ソンギー韓国映画とその時代（Ricksブックレット　3）（アン・ソンギ〔ほか述〕，立命館大学コリア研究センター編，徐勝監修）　2009.10
176　音楽家だって労働者―委託も、請負も、みんな働く仲間だ!（全国労働組合総連合編）　2010.5
177　ジョーカー・安保―日米同盟の60年を問う（二見伸吾著）　2010.8
178　よくわかる子ども・子育て新システム―どうなる保育所・幼稚園・学童保育（中山徹著）　2010.11

かもがわCブックス　かもがわ出版　2004〜2009　⇒I-292
4　騙される人騙されない人（安斎育郎著）　2005.6
4　騙される人騙されない人　改訂版（安斎育郎著）　2006.6
4　騙される人騙されない人　新版（安斎育郎著）　2008.7
5　地球時代の教養と学力―学ぶとは、わかるとは（堀尾輝久著）　2005.8
6　みんなで一緒に「貧しく」なろう―斎藤貴男対談集（斎藤貴男著）　2006.5
7　幸福に驚く力（清水真砂子著）　2006.7
8　ことばの力平和の力―近代日本文学と日本国憲法（小森陽一著）　2006.10
10　「痛み」はもうたくさんだ!―脱「構造改革」宣言（山家悠紀夫著）　2007.4
12　豊かさへもうひとつの道（暉峻淑子著）　2008.11
13　科学にときめく―ノーベル賞科学者の頭の中（益川敏英著）　2009.6
14　憲法9条と25条・その力と可能性（渡辺治著）　2009.10

カルチャー図解　主婦と生活社　2008
◇日本のしきたりがわかる本（新谷尚紀監修）　2008.2
◇歌舞伎を楽しむ本（主婦と生活社編）　2008.2
◇般若心経がよくわかる本（松原哲明監修）　2008.2
◇禅を楽しむ本（ひろさちや監修）　2008.4
◇論語を楽しんで生かす本（佐久協監修）　2008.4

一般叢書・全集　　　　　　　　　　　　　　　　　総記

カルチャー・スタディーズ　朝日出版社　2002〜2009　⇒V-7
◇ヨガから始まる―心と体をひとつにする方法（ケン・ハラクマ著）　2008.7
◇自然の野菜は腐らない―これが本来の食（河名秀郎著）　2009.2
◇文化に投資する時代（亀田卓，寺嶋博礼著）　2009.2

河合ブックレット　河合文化教育研究所　1986〜2009　⇒I-293
34　戦後日本から現代中国へ―中国史研究は世界の未来を語り得るか（谷川道雄著）　2006.11
35　アートを通した言語表現―美術と言葉と私の関係（宮迫千鶴著）　2009.5

関西大学東西学術研究所研究叢刊　関西大学東西学術研究所　1967〜2010　⇒I-293
25　清代上海沙船航運史の研究（松浦章編著）　2004.11
26　参天台五台山記の研究（藤善真澄著）　2006.3
27　道教・民間信仰における元帥神の変容（二階堂善弘著）　2006.10
28　江戸時代の唐話に関する基礎研究（奥村佳代子著）　2007.3
30　清代内河水運史の研究（松浦章著）　2009.2
31　宋代思想の研究―儒教・道教・仏教をめぐる考察（吾妻重二著）　2009.3
32　東アジアの文人世界と野呂介石―中国・台湾・韓国・日本とポーランドからの考察（中谷伸生編著）　2009.3
33　清代帆船沿海航運史の研究（松浦章著）　2010.1
34　異界が口を開けるとき―来訪神のコスモロジー（浜本隆志編著）　2010.3
36　ソグド人の東方活動と東ユーラシア世界の歴史的展開（森部豊著）　2010.3
37　文化システムの磁場―16〜20世紀アジアの交流史（野間晴雄編著）　2010.3
38　文化交渉学と言語接触―中国言語学における周縁からのアプローチ（内田慶市著）　2010.9

漢字・漢文ブックス　明治書院　1999〜2005　⇒I-293
◇三国志・歴史をつくった男たち（竹田晃著）　2005.4

基礎シリーズ　実教出版　1998〜2010　⇒I-293
◇最新ハードウェア技術入門（小林一夫編修，小林一夫ほか著）　2005.8
◇最新ソフトウェア技術入門（小林一夫編修，小林一夫ほか著）　2005.8
◇最新マルチメディア技術とその応用（伏見正則監修，伏見正則，岩本洋ほか著）　2005.8
◇最新プログラミング技術入門〈C言語〉（伊理正夫監修，伊理正夫，岩本洋ほか著）　2005.8
◇最新情報産業と社会（伏見正則ほか著）　2006.2
◇最新情報と表現（伏見正則ほか著）　2006.2
◇最新情報システムの開発（伏見正則ほか著）　2006.2
◇最新コンピュータデザイン（中川憲造ほか著）　2006.2
◇最新ネットワークシステム（山下博通ほか著）　2006.2
◇最新モデル化とシミュレーション（正司和彦，高橋参吉ほか著）　2006.2
◇最新栄養学　最新版（五十嵐脩ほか著）　2006.4
◇最新ビジネス法務入門（加藤一郎編著，加藤一郎ほか著）　2007.4
◇最新電気機器入門（深尾正，新井芳明監修，深尾正，新井芳明ほか著）　2007.4
◇最新建築構造設計入門―力学から設計まで　新訂版（和田章，古谷勉監修，和田章，古谷勉ほか著）　2008.12
◇最新測量入門　新訂版（浅野繁喜，伊庭仁嗣編修，浅野繁喜，伊庭仁嗣ほか著）　2008.12
◇最新電気製図　新訂版（小池敏男ほか著）　2008.12
◇最新建築法規入門　2010年度版（松本光平監修）　2009.11
◇最新ビジネス法務入門　新訂版（加藤一郎編著）　2010.6
◇最新栄養学　新訂版（五十嵐脩ほか著）　2010.6

北見叢書 「北見叢書」刊行会 1991～2008 ⇒I-294
16 語りつぐ戦争体験—再び戦争をしないために（小林正, 伊藤公平編） 2005.8
17 常呂川風土記 1（伊藤公平, 小林正著） 2008.12

北見ブックレット 北網圏北見文化センター協力会 2000～2004 ⇒IV-97
第9号 古写真で語る北見の歴史 明治・大正編（いとうさとる著, 北網圏北見文化センター協力会博物部会編） 2004.3

貴重典籍叢書 国立歴史民俗博物館館蔵史料編集会編 臨川書店 1998～2001 ⇒I-294
文学篇 第9巻 私家集 3（国立歴史民俗博物館蔵） 2000.7
文学篇 第10巻 私家集 4（国立歴史民俗博物館蔵） 2001.9
歴史篇 第11巻 続日本紀 5（国立歴史民俗博物館蔵） 2000.7

金思燁全集 金思燁全集刊行委員会 2004
1（金思燁〔著〕） 2004.3
2（金思燁〔著〕） 2004.3
3（金思燁〔著〕） 2004.3
4（金思燁〔著〕） 2004.3
5（金思燁〔著〕） 2004.3
6（金思燁〔著〕） 2004.3
7（金思燁〔著〕） 2004.3
8（金思燁〔著〕） 2004.3
9（金思燁〔著〕） 2004.3
10（金思燁〔著〕） 2004.3
11（金思燁〔著〕） 2004.3
12（金思燁〔著〕） 2004.3
13（金思燁〔著〕） 2004.3
14（金思燁〔著〕） 2004.3
15（金思燁〔著〕） 2004.3
16（金思燁〔著〕） 2004.3
17（金思燁〔著〕） 2004.3
18（金思燁〔著〕） 2004.3
19（金思燁〔著〕） 2004.3
20（金思燁〔著〕） 2004.3
21（金思燁〔著〕） 2004.3
22（金思燁〔著〕） 2004.3
23（金思燁〔著〕） 2004.3
24（金思燁〔著〕） 2004.3
25（金思燁〔著〕） 2004.3
26（金思燁〔著〕） 2004.3
27（金思燁〔著〕） 2004.3
28（金思燁〔著〕） 2004.3
29（金思燁〔著〕） 2004.3
30（金思燁〔著〕） 2004.3
31（別巻 1） 2004.3
32（別巻 2） 2004.3

汲古選書 汲古書院 1992～2010 ⇒I-296
40 図説中国印刷史（米山寅太郎著） 2005.2
41 東方文化事業の歴史—昭和前期における日中文化交流（山根幸夫著） 2005.1
42 竹簡が語る古代中国思想—上博楚簡研究（浅野裕一編） 2005.4
43 『老子』考索（沢田多喜男著） 2005.7
44 わたしの中国—旅・人・書冊（多田狷介著） 2006.2
45 中国火薬史—黒色火薬の発明と爆竹の変遷（岡田登著） 2006.8
46 竹簡が語る古代中国思想—上博楚簡研究 2（浅野裕一編） 2008.9
47 服部四郎沖縄調査日記（服部四郎〔著〕, 服部旦編） 2008.9
48 出土文物からみた中国古代（宇都木章著） 2008.11
49 中国文学のチチェローネ—中国古典歌曲の世界（大阪大学中国文学研究室編） 2009.3
50 山陝の民衆と水の暮らし—その歴史と民俗（森田明著） 2009.12
51 竹簡が語る古代中国思想—上博楚簡研究 3（浅野裕一編） 2010.3
52 曹雪芹小伝（周汝昌著, 小山澄夫訳） 2010.7
54 癸卯旅行記訳注—銭稲孫の母の見た世界（銭単士釐撰, 鈴木智夫訳註） 2010.10
55 政論家施復亮の半生（平野正著） 2010.11

56 蘭領台湾史―オランダ治下38年の実情（林田芳雄著） 2010.11

九州産業大学公開講座 九州産業大学公開講座委員会編 九州大学出版会 1991〜2005 ⇒I-296

24 現代人の生活環境―その変化と展望 2005.2

九大アジア叢書 九州大学出版会 2006〜2009

6 スペイン市民戦争とアジア―遥かなる自由と理想のために（石川捷治，中村尚樹著） 2006.3
7 昆虫たちのアジア―多様性・進化・人との関わり（緒方一夫，矢田脩，多田内修，高木正見編著） 2006.10
8 国際保健政策からみた中国―政策実施の現場から（大谷順子著） 2007.3
9 中国のエネルギー構造と課題―石炭に依存する経済成長（楊慶敏，三輪宗弘著） 2007.3
9 中国のエネルギー構造と課題―石炭に依存する経済成長（楊慶敏，三輪宗弘著） 2007.10
10 グローバル経営の新潮流とアジア―新しいビジネス戦略の創造（永池克明著） 2008.2
10 グローバル経営の新潮流とアジア―新しいビジネス戦略の創造（永池克明著） 2008.3
11 モノから見た海域アジア史―モンゴル〜宋元時代のアジアと日本の交流（四日市康博編著） 2008.3
11 モノから見た海域アジア史―モンゴル〜宋元時代のアジアと日本の交流（四日市康博編著） 2008.4
12 香港の都市再開発と保全―市民によるアイデンティティとホームの再構築（福島綾子著） 2009.2
13 アジアと向きあう―研究協力見聞録（柳哲雄編著） 2009.2
14 変容する中国の労働法―「世界の工場」のワークルール（山下昇，龔敏編著） 2009.12

共愛学園前橋国際大学ブックレット 上毛新聞社事業局出版部 2009〜2010

1 地図とグラフで見るぐんまの方言（佐藤高司著） 2009.3
2 バドミントンを知る本（岸一弘著） 2010.2

京大人気講義シリーズ 丸善 2003〜2010 ⇒IV-18

◇現代を読み解く心理学（北岡明佳著） 2005.3
◇身体論のすすめ（菊地暁編） 2005.4
◇健康心理学（菅佐和子，十一元三，桜庭繁著） 2005.9
◇現代芸術の交通論―西洋と日本の間にさぐる（篠原資明編著） 2005.9
◇運動科学 実践編（小田伸午編） 2007.7
◇環境政策学のすすめ（松下和夫著） 2007.11
◇生体リズムと健康（若村智子編著） 2008.2
◇組織の危機管理入門―リスクにどう立ち向かえばいいのか（林春男，牧紀男，田村圭子，井ノ口宗成著） 2008.2
◇味覚と嗜好のサイエンス（伏木亨著） 2008.4
◇健康・医療の情報を読み解く―健康情報学への招待（中山健夫著） 2008.7
◇地球環境学へのアプローチ（京都大学地球環境学研究会著） 2008.7
◇健康心理学 第2版（菅佐和子，十一元三，桜庭繁著） 2008.9
◇漢字文化の源流（阿辻哲次著） 2009.12
◇エネルギー・環境・社会―現代技術社会論 第2版（京都大学大学院エネルギー科学研究科エネルギー社会・環境科学専攻著） 2010.5
◇こころの病理学（新宮一成，片田珠美，芝伸太郎，西口芳伯著） 2010.5

郷土館叢書 田布施町教育委員会 1994〜2005 ⇒I-296

第9集 田布施の名木（南敦著） 2005.3

京都女子大学研究叢刊 京都女子大学 1973〜2009 ⇒I-296

41 自己形成原論―「人間らしさ」を育む道徳原理の研究（田井康雄著） 2004.11
42 The effect of Japanese loanwords on the acquisition of the correct range of meanings of English words（〔by〕Masanori Kimura） 2004.11
43 国立公文書館蔵沢氏古文書（稲本紀昭編） 2006.2

総記　　　　　　　　　　　　　　　　　　　　　　　　一般叢書・全集

44　関西の日系ブラジル人学校における児童・生徒の言語能力意識とエスニック・アイデンティティについて―滋賀県S学園を事例として（木村正則著）　2006.2
45　管弦楽の為の「守破離」（安村好弘作曲）　2006.11
46　和解本善書の資料と研究（八木意知男著）　2007.2
47　高島屋「貿易部」美術染織作品の記録写真集（広田孝著）　2009.3

教報ブックス　教育報道社　1980～2008　⇒I-297
◇遊びの世界（石井昭二作）　2004.11
◇世界初・子宮筋腫が手で小さくなる（小松忠義,高須賀華生著）　2008.5

教養・文化シリーズ　日本放送出版協会　1997～2010　⇒I-297
◇オールイン―運命の愛　韓国ドラマ・ガイド　2004.7
◇「美しき日々」で学ぶ心のハングル―公式学習ブック（安岡明子監修,日本放送出版協会編）　2004.12
◇NHKスペシャル新シルクロード―徹底ガイド　2004.12
◇宮廷女官チャングムの誓い―韓国ドラマ・ガイド　前編　2005.2
◇宮廷女官チャングムの誓い―韓国ドラマ・ガイド　後編　2005.7
◇初恋―韓国ドラマ・ガイド　2005.8
◇男はつらいよパーフェクト・ガイド―寅次郎全部見せます　2005.9
◇チェオクの剣―韓国ドラマ・ガイド　2005.11
◇宮廷女官チャングムの誓い―韓国ドラマ・ガイド　特別編　2006.1
◇デスパレートな妻たちオフィシャル・ガイド（タッチストーンテレビジョン編）　2006.3
◇NHKメジャーリーグガイド　2006（村上雅則監修,NHK出版編）　2006.5
◇クッキ―韓国ドラマ・ガイド　2006.6
◇少女チャングムの夢オフィシャル・ガイド　2006.8
◇超最新・恐竜ワールド―NHK2006恐竜の夏徹底ガイド（小林快次監修）　2006.8
◇明日から使える「仕事術」―プロフェッショナル仕事の流儀スペシャル（NHK「プロフェッショナル」制作班編）　2007.4
◇NHKスペシャル新シルクロード―激動の大地をゆく　徹底ガイド　2007.4
◇NHKメジャーリーグガイド　2007（村上雅則監修,NHK出版編）　2007.4
◇北京バイオリン―中国ドラマ・ガイド　2007.7
◇かぐや月に挑む（NHK「かぐや」プロジェクト編）　2008.3
◇イケメン王子魅惑のレッスン―ダンス、フレンチ、自転車、書道―4つの国の王子様（NHK「4つの国の王子様」制作班編）　2008.11
◇スポットライト―韓国ドラマ・ガイド　2009.6
◇NHKヒミツのちからんど―からだ・アート・音楽のちから（NHK「ヒミツのちからんど」制作班編,ちからマスターズ監修）　2009.10
◇かつおぶしだよ人生は―「NHKみんなのうた」絵本（高田ひろお作詞,佐瀬寿一作曲,ぴっぷや絵）　2009.10
◇イ・サン―韓国ドラマ・ガイド　第1巻（KTT Worldwide Co., Ltd., NHK出版編）　2009.10
◇NHK連続人形活劇新・三銃士完全（パーフェクト）ガイドブック（NHK出版編）　2009.11
◇坂の上の雲―NHKスペシャルドラマ・ガイド　第1部　2009.12
◇NHKカシャッと一句!フォト575完全ガイド（NHK出版編,NHKエデュケーショナル,板見浩史監修）　2010.3
◇イ・サン―韓国ドラマ・ガイド　第2巻（KTT Worldwide Co., Ltd., NHK出版編）　2010.3
◇NHK新漢詩紀行ガイド　1（石川忠久監修）　2010.4
◇NHK新漢詩紀行ガイド　2（石川忠久監修）　2010.5
◇NHK新漢詩紀行ガイド　3（石川忠久監修）　2010.6
◇NHK新漢詩紀行ガイド　4（石川忠久監修）　2010.7

一般叢書・全集　　　　　　　　　　　　　　　　　総記

◇NHK連続人形活劇新・三銃士メモリアルブック
　（アレクサンドル・デュマ原作，三谷幸喜脚色，
　NHK出版編）　2010.8
◇教えて!ニュースのことば—NHK週刊こどもニュ
　ース（NHK「週刊こどもニュース」プロジェク
　ト編）　2010.8
◇NHK新漢詩紀行ガイド　　5（石川忠久監修）
　2010.8
◇トップリーダーの仕事学—NHK「仕事学のすす
　め」スペシャル（NHK「仕事学のすすめ」制作
　班編）　2010.9
◇イ・サン—韓国ドラマ・ガイド　第3巻（KTT
　Worldwide Co., Ltd., NHK出版編）　2010.9
◇NHK新漢詩紀行ガイド　　6（石川忠久監修）
　2010.9
◇坂の上の雲—NHKスペシャルドラマ・ガイド
　第2部　2010.11

教養ワイドコレクション　文元社　2004〜2005
　⇒I-297
◇万葉名歌（土屋文明著）　2004.2
◇芭蕉名句（荻原井泉水著）　2004.2
◇一茶名句（荻原井泉水著）　2004.2
◇今昔物語（西尾光一著）　2004.2
◇源氏物語入門　新版（池田亀鑑著）　2004.2
◇歎異抄入門（歎異抄研究会著）　2004.2
◇学問のすゝめ—現代語訳（福沢諭吉〔著〕，伊藤
　正雄訳）　2004.2
◇物語史記（司馬遷〔著〕，山崎純一編訳）　2004.2
◇東方見聞録（マルコ・ポーロ〔著〕，青木富太郎
　訳）　2004.2
◇ギリシャ神話（山室静著）　2004.2
◇ギリシア悲劇（呉茂一著）　2004.2
◇聖書物語（山室静著）　2004.2
◇ヘロドトス「歴史」物語（青木巌訳著）　2004.2
◇シャルルマーニュ伝説（ブルフィンチ〔著〕，市
　場泰男訳）　2004.2
◇ツァラトゥストラ（ニーチェ〔著〕，秋山英夫訳
　編）　2004.2
◇随想録（モンテーニュ〔著〕，関根秀雄訳編）
　2004.2
◇幸福論（アラン〔著〕，宗左近訳）　2004.2

◇中国怪異集（鈴木了三訳編）　2004.2
◇モンゴル国ものがたり—神話と伝説と挿話と（森
　田雄蔵著）　2004.2
◇フランス怪奇民話集（植田祐次，山内淳訳編）
　2004.2
◇ケルト妖精民話集（ジェイコブズ編，小辻梅子訳
　編）　2004.2
◇ケルト幻想民話集（小辻梅子訳編）　2004.2
◇バスク奇聞集—フランス民話（堀田郷弘訳編）
　2004.2
◇明治富豪史（横山源之助著）　2004.2
◇下層社会探訪集（横山源之助著，立花雄一編）
　2004.2
◇明治の東京（馬場孤蝶著）　2004.2
◇東京近郊一日の行楽（田山花袋著）　2004.2
◇現代金権史（山路愛山著）　2004.2
◇小野小町論（黒岩涙香著）　2004.2
◇弊風一斑蓄妾の実例（黒岩涙香著）　2004.2
◇東京震災記（田山花袋著）　2004.2
◇格言の花束（堀秀彦編）　2004.2
◇日本笑話集（武田明編著）　2004.2
◇日本のことわざ（金子武雄著）　2004.2
◇禅語百話（佐藤俊明著）　2004.2
◇中国笑話集（村山吉広訳編）　2004.2
◇中国の故事・ことわざ（芦田孝昭著）　2004.2
◇漢文入門（魚返善雄著）　2004.2
◇文章を書く技術　新版（平井昌夫著）　2004.2
◇学生に与う　新版（河合栄治郎著）　2004.2
◇非命の譜—神戸・堺浦両事件顛末（日向康著）
　2004.2
◇秩父困民党群像（井出孫六著）　2004.2
◇日本笑話集　続（武田明編著）　2004.2
◇日本のことわざ　続（金子武雄著）　2004.2
◇日本怪談集　幽霊篇（今野円輔編著）　2004.2
◇中国詩選　1　周詩〜漢詩　2004.8
◇中国詩選　2　魏・晋・六朝詩　2004.8
◇中国詩選　3　唐詩　2004.8
◇中国詩選　4　唐・五代〜現代　2004.8
◇ハリウッドとマッカーシズム（陸井三郎著）
　2004.11

◇二つの世界大戦―サラエボからヒロシマまで(山上正太郎著)　2004.11
◇落語地名事典(北村一夫著)　2005.1
◇落語人物事典　上(北村一夫著)　2005.1
◇落語風俗事典　上(北村一夫著)　2005.1
◇落語人物事典　下(北村一夫著)　2005.1
◇落語風俗事典　下(北村一夫著)　2005.1
◇小さい人魚姫(アンデルセンの童話と詩　1)(アンデルセン〔著〕,山室静訳)　2005.4
◇みにくいアヒルの子(アンデルセンの童話と詩　2)(アンデルセン〔著〕,山室静訳)　2005.4
◇氷姫(アンデルセンの童話と詩　3)(アンデルセン〔著〕,山室静訳)　2005.4
◇水子の譜―ドキュメント引揚孤児と女たち(上坪隆著)　2005.10
◇記録なき囚人―皇軍に志願した朝鮮人の戦い(呉林俊著)　2005.10

近未来科学ライブラリー　近未来社　1993〜2009　⇒I-299
11　崩壊の場所―大規模崩壊の発生場所予測(千木良雅弘著)　2007.10
12　内陸地震はなぜ起こるのか?(飯尾能久著)　2009.2

KUARO叢書　九州大学出版会　2002〜2005　⇒IV-146
4　中国現代文学と九州―異国・青春・戦争(岩佐昌暲編著)　2005.3
5　村の暮らしと砒素汚染―バングラデシュの農村から(谷正和著)　2005.3

釧路新書　釧路市史編さん事務局編　釧路市　1981〜2008　⇒I-299
28　釧路から―国語教師のメッセージ(小田島本有著,釧路市地域史料室編)　2007.3
29　釧路湿原　新版(釧路市地域史料室編)　2008.3

釧路叢書　釧路叢書編纂事務局編　釧路市　1960〜2010　⇒I-299
第36巻　根釧台地と釧路湿原の地質(岡崎由夫著,釧路市総務部地域史料室編)　2010.3

別冊　釧路捕鯨史(釧路市総務部地域史料室編)　2006.3
別巻　釧路捕鯨史　第2版(釧路市総務部地域史料室編)　2007.3

熊日新書　熊本日日新聞社　1999〜2010　⇒IV-147
◇五足の靴の旅ものがたり(小野友道著)　2007.11
◇重賢公逸話(川口恭子著)　2008.6
◇くまもと城下の地名(熊本地名研究会編著,鈴木喬,松本寿三郎監修)　2008.9
◇至宝の徳冨蘆花(熊本県立大学編著)　2009.6
◇「こうのとりのゆりかご」を見つめて(熊本県立大学編著)　2009.8
◇身小夢大―ハシゲンのWEB連載コラム集(橋元俊樹著)　2010.6

熊本大学ブックレット　熊本日日新聞社　2007〜2010
◇人生をよりよく生きるノウハウ探し―対人関係づくりの社会心理学(知のフロンティア講座　1)(吉田道雄〔著〕,熊本大学政策創造研究教育センター企画・編集)　2007.11
◇エーゲ海のライフスタイル―食と住の今昔(知のフロンティア講座　2)(伊藤重剛〔述〕,熊本大学政策創造研究教育センター企画・編集)　2008.2
◇ぐっすり眠っていますか?―脳科学から見た眠りの世界(知のフロンティア講座　3)(粂和彦〔著〕,熊本大学政策創造研究教育センター企画・編集)　2008.4
◇国宝・青井阿蘇神社―豊かな装飾の世界(知のフロンティア講座　4)(伊東竜一著,熊本大学政策創造研究教育センター企画・編集)　2009.5
◇源氏物語と〈もののけ〉(知のフロンティア講座　5)(森正人著,熊本大学政策創造研究教育センター企画・編集)　2009.5
◇心血管疾患と癌の最先端診断―技術から治療まで(知のフロンティア講座　6)(山下康行著,熊本大学政策創造研究教育センター企画・編集)　2009.5
◇雷さまの華麗なる技―環境を浄化し、がん治療をめざすパルスパワー(知のフロンティア講座　7)(秋山秀典著,熊本大学政策創造研究教育セン

一般叢書・全集　　　　　　　　　　　　　　　　　総記

ター企画・編集）　2010.3
◇60兆の細胞が織りなす造形美─ヒトのからだの不思議（知のフロンティア講座　8）（小椋光著，熊本大学政策創造研究教育センター企画・編集）2010.3

熊本文化研究叢書　熊本県立大学文学部日本語日本文学研究室編　熊本県立大学日本語日本文学研究室　2006～2007
第3輯　近世熊本の食品・料理集─熊本県立大学文学部蔵歳時記文化一四年写（米谷隆史編集責任）2006.3
第4輯　西山宗因自筆資料集（西山宗因〔著〕，鈴木元，尾崎千佳，鳥津亮二編）　2007.3

蛍翔手づくり文庫　蛍翔出版俱楽部　1988～2010　⇒I-300
第64集　いのちみつめて─医療と介護（土居昌宜著）　2005.1
第65集　心変わり（佐川殉著）　2005.4
第66集　道ひとすじ（三好博著）　2005.7
第67集　レクイエム（佐川敬編）　2005.9
第68集　私の幸福論（佐川敬編）　2005.11
第69集　灯は消えず（土居重喜著）　2006.2
第70集　蛍の宿のいい話（佐川敬編）　2006.6
第71集　大島有情（佐々木亨著）　2006.8
第72集　蛍の宿のいい話　第2集（佐川敬編）2006.11
第73集　蛍の宿のいい話　第3集（佐川敬編）2007.1
第74集　北陸路の旅（高須賀和恵著）　2007.5
第75集　感謝（戸井純子著）　2007.7
第76集　蛍の宿のいい話　第4集（佐川敬編）2007.9
第77集　折節の記（高須賀和恵著）　2007.12
第78集　みんなよい顔よい心（大本毅著）2008.2
第79集　航跡─詩集（柳原省三著）　2008.3
第80集　夜桜相撲（佐川殉著）　2008.4
第81集　時待ち人　上（佐川殉著）　2008.6
第82集　時待ち人　下（佐川殉著）　2008.6
第83集　出会い・二十五年（川内中央読書会著）2008.11
第84集　出会い─『出会い・二十五年』への読者からの手紙（佐川敬編）　2009.3
第85集　蛍の宿のいい話　第5集（佐川敬編）2009.4
第86集　一栄の五七五─一炊の夢（矢野一栄著）2009.7
第87集　人間恋歌（大本毅著）　2009.9
第88集　いのちときめくとき（山本英文著）　2009.10
第89集　浜木綿（はまゆう読書会著）　2009.12
第90集　夜光虫の航跡─詩集（柳原省三著）　2010.1
第91集　父母への思い（西本まなる，西本順一著）2010.4
第92集　瀬戸内の楽園（佐伯真登著）　2010.6
第93集　魚鳥恋唄（佐伯真登著）　2010.7
第94集　翔ばない鳥（河内美子著）　2010.8

研究双書　アジア経済研究所　1990～2010　⇒I-300
no.541　アジアにおける環境政策と社会変動─産業化・民主化・グローバル化（寺尾忠能，大塚健司編）　2005.2
no.542　エジプトの開発戦略とFTA政策（山田俊一編）　2005.2
no.543　アフリカ経済実証分析（平野克己編）2005.3
no.544　ポスト・エドサ期のフィリピン（川中豪編）2005.9
no.545　ラオス一党支配体制下の市場経済化（天川直子，山田紀彦編）　2005.9
no.546　ミャンマー移行経済の変容─市場と統制のはざまで（藤田幸一編）　2005.10
no.547　現代中国の政治変容─構造的変化とアクターの多様化（佐々木智弘編）　2005.10
no.548　新興工業国の社会福祉─最低生活保障と家族福祉（宇佐見耕一編）　2005.11
no.549　中国・ASEAN経済関係の新展開─相互投資とFTAの時代へ（大西康雄編）　2006.1
no.550　人間の安全保障の射程─アフリカにおける課題（望月克哉編）　2006.2

no.551　東アジアの挑戦―経済統合・構造改革・制度構築（平塚大祐編）　2006.2

no.552　移行期ベトナムの産業変容―地場企業主導による発展の諸相（藤田麻衣編）　2006.7

no.553　後発ASEAN諸国の工業化―CLMV諸国の経験と展望（天川直子編）　2006.9

no.554　アジアの二輪車産業―地場企業の勃興と産業発展ダイナミズム（佐藤百合，大原盛樹編）　2006.9

no.555　西・中央アジアにおける亀裂構造と政治体制（間寧編）　2006.10

no.556　東アジアのIT機器産業―分業・競争・棲み分けのダイナミクス（今井健一，川上桃子編）　2006.12

no.557　マハティール政権下のマレーシア―「イスラーム先進国」をめざした22年（鳥居高編）　2006.12

no.557　アジア開発途上諸国の投票行動―亀裂と経済（間寧編）　2009.2

no.558　経済危機後の韓国―成熟期に向けての社会・経済的課題（奥田聡編）　2007.1

no.559　国際ルール形成と開発途上国―グローバル化する経済法制改革（今泉慎也編）　2007.3

no.560　グローバル化と途上国の小農（重冨真一編）　2007.8

no.561　マラウイの小農―経済自由化とアフリカ農村（高根務著）　2007.8

no.562　ラテンアメリカ新一次産品輸出経済論―構造と戦略（星野妙子編）　2007.10

no.563　中国経済の勃興とアジアの産業再編（岡本信広，桑森啓，猪俣哲史編）　2007.11

no.564　統治者と国家―アフリカの個人支配再考（佐藤章編）　2007.12

no.565　新興工業国における雇用と社会保障（宇佐見耕一編）　2007.12

no.566　アジアにおける分権化と環境政策（寺尾忠能，大塚健司編）　2008.1

no.567　障害と開発―途上国の障害当事者と社会（森壮也編）　2008.2

no.568　タイ政治・行政の変革―1991-2006年（玉田芳史，船津鶴代編）　2008.2

no.569　開発と農村―農村開発論再考（水野正己，佐藤寛編）　2008.3

no.570　アジアにおけるリサイクル（小島道一編）　2008.3

no.571　アジア諸国の鉄鋼業―発展と変容（佐藤創編）　2008.10

no.572　韓国主要産業の競争力（奥田聡，安倍誠編）　2008.10

no.573　戦争と平和の間―紛争勃発後のアフリカと国際社会（武内進一編）　2008.11

no.574　台湾の企業と産業（佐藤幸人編）　2008.12

no.575　オーストラリアの対外経済政策とASEAN（岡本次郎著）　2008.12

no.576　岐路に立つIMF―改革の課題，地域金融協力との関係（国宗浩三編）　2009.2

no.578　地域の振興―制度構築の多様性と課題（西川芳昭，吉田栄一編）　2009.3

no.579　変容するベトナムの経済主体（坂田正三編）　2009.10

no.580　インド民主主義体制のゆくえ―挑戦と変容（近藤則夫編）　2009.11

no.581　現代アフリカ農村と公共圏（児玉由佳編）　2009.11

no.582　ポスト民主化期の台湾政治―陳水扁政権の8年（若林正丈編）　2010.1

no.583　開発途上国と財政―歳入出，債務，ガバナンスにおける諸課題（柏原千英編）　2010.1

no.584　新興民主主義国における政党の動態と変容（佐藤章編）　2010.2

no.585　アジア諸国の障害者法―法的権利の確立と課題（小林昌之編）　2010.9

no.586　国際リサイクルをめぐる制度変容―アジアを中心に（小島道一編）　2010.10

no.587　メキシコのビジネスグループの進化と適応―その軌跡とダイナミズム（星野妙子著）　2010.10

no.588　中国の水環境保全とガバナンス―太湖流域における制度構築に向けて（大塚健司編）　2010.11

no.589　アジアの産業発展と技術者（佐藤幸人編）　2010.11

no.590　中東アラブ諸国における民間部門の発展（土屋一樹編）　2010.12

研究叢書　桃山学院大学総合研究所　1991～2010　⇒I-300
20　芸術・芸能の社会的基盤（岸本裕一，北川紀男，中村秀之，原田達，宮本孝二共著）　2005.3
21　激動する世界，翻弄される日本（松村昌広著）　2005.9
22　善隣協会の日々―都竹武年雄氏談話記録（都竹武年雄述，小長谷有紀，原山煌，Philip Billingsley編）　2006.3
23　オホーハラへと『薬師経』の関係―ヤクシーケクヮの成立に連動して起こったハラへの変貌（小林信彦著）　2006.3
24　文献研究―わが国1980年以降の会計学（小林哲夫，清水信匡，坂口順也，河合隆治，中村恒彦，金光明雄共著）　2007.3
25　The publication of the first quarto of Othello（〔by〕Yoshiko Ono）　2007.3
26　エレアのゼノン―鼎談（平井啓之，村田全，山川偉也著）　2009.3
27　国債の謎（一ノ瀬篤著）　2010.3

言語文化研究叢書　九州大学大学院言語文化研究院　2004～2008
9　社会開発学をめぐって（徳見道夫編）　2004.2
11　日本におけるアメリカ南部文学研究書誌，1994-2001（小谷耕二，吉崎泰博著）　2004.2
12　発話と意味解釈（大津隆広著）　2004.2
13　ジェンダーを超えるヒロインたち―子どもの本における多様な女性像の提示を目指して（谷口秀子著）　2004.2
18　慶安三，四年の日本における出島商館医シャムベルゲルの活動及び初期カスパル流外科について（ヴォルフガング・ミヒェル著）　2008.3

現代アジア叢書　田畑書店　1986～2010　⇒I-301
◇中国・食と地名の雑学考（桜井澄夫編）　2005.6
39　中国への長い旅―元外交官の備忘録　《日・米・中三角形》論へのアプローチ（吉田重信著）　2010.6

現代社白鳳選書　現代社　1987～2010　⇒I-301
2　育児の生理学―医学から説く科学的育児論　改訂版（瀬江千史著）　2007.3
19　なんごうつぐまさが説く看護学科・心理学科学生への"夢"講義―看護と武道の認識論　第1巻（南郷継正著）　2006.1
20　看護のための「いのちの歴史」の物語（本田克也，加藤幸信，浅野昌充，神庭純子著）　2007.1
24　医学教育概論―医学生・看護学生に学び方を語る　第1巻（瀬江千史，本田克也，小田康友著）　2006.7
25　医学教育概論―医学生・看護学生に学び方を語る　第2巻（瀬江千史，本田克也，小田康友著）　2007.1
26　なんごうつぐまさが説く看護学科・心理学科学生への"夢"講義―看護と武道の認識論　第2巻（南郷継正著）　2007.4
27　自然死を創る終末期ケア―高齢者の最期を地域で看取る（川上嘉明著）　2008.3
28　なんごうつぐまさが説く看護学科・心理学科学生への"夢"講義―看護と武道の認識論　第3巻（南郷継正著）　2009.5
29　医学教育概論―医学生・看護学生に学び方を語る　第3巻（瀬江千史，本田克也，小田康友著）　2009.10
30　初学者のための『看護覚え書』―看護の現在をナイチンゲールの原点に問う　第1巻（神庭純子著）　2010.10

現代選書　信山社　2008～2009
1　現代ドイツの外交と政治（森井裕一著）　2008.12
2　大地震から都市をまもる（三井康寿著）　2009.9

現代叢書　東洋書店　2005～2010
1　ヒトゲノム完全解読から「ヒト」理解へ―アダムとイヴを科学する（服部正平著）　2005.4
2　サッカー「王国」ブラジル―ペレ，ジーコからロナウジーニョまで（矢持善和著）　2006.4
3　昔ここにラジオがあった―四谷村物語（QRラジオマン・グループ編著）　2006.10

総記　　　　　　　　　　　　　　　　　　　　　　　　　　　一般叢書・全集

4　危機管理―しあわせの条件（平野敏右著）
　　2007.9
5　『雪国』の汽車は蒸気機関車だったか?―鉄道・
　　文学・戦前の東京（酒井明司著）　2009.12
6　核なき世界論（塩原俊彦著）　2010.7

幻冬舎実用書　幻冬舎　2002～2009　⇒IV-159
◇しぐさでわかる愛犬の医学―応急対応から治療、
　介護、日常の注意まで 病気丸わかり百科（芽が
　でるシリーズ）（武内ゆかり監修）　2005.7
◇知識ゼロからの手帳術（芽がでるシリーズ）（弘
　兼憲史著）　2005.11
◇知識ゼロからの着物と暮らす入門（芽がでるシ
　リーズ）（石橋富士子著）　2005.11
◇知識ゼロからの百人一首入門（芽がでるシリー
　ズ）（有吉保監修）　2005.11
◇もう迷わない!ひと目でわかる!シンプルマナー
　生活（芽がでるシリーズ）（辰巳渚著）　2006.4
◇知識ゼロからのスイミング入門（芽が出るシリー
　ズ）（平井伯昌著）　2006.6
◇頭を鍛える右脳フル回転ドリル（芽がでるシリー
　ズ）（児玉光雄著）　2006.8
◇知識ゼロからのミネラルウォーター入門（芽が出
　るシリーズ）（日本天然水研究会編著）　2006.9
◇知識ゼロからの俳句入門（芽がでるシリーズ）（金
　子兜太著, 古谷三敏画）　2006.11
◇知識ゼロからのシャンパン入門（芽がでるシリー
　ズ）（弘兼憲史著）　2006.12
◇知識ゼロからの数字でわかる日本経済のよみ方
　（芽がでるシリーズ）（長谷川慶太郎著）　2006.12
◇知識ゼロからのミュージカル入門（塩田明弘著）
　2009.9

幻冬舎セレクト　幻冬舎　2006
◇直感力―カリスマの条件（津本陽著）　2006.1
◇生命のアナ（杉浦昭義著）　2006.1
◇10万時間の自由―定年後のライフプラン（紀平
　正幸著）　2006.1
◇野菜ソムリエの美味しい経営学（福井栄治著）
　2006.1
◇百歳まで歩く（田中尚喜著）　2006.1

◇ハンバーガーを待つ3分間の値段―ゲームクリ
　エーターの発想術（斎藤由多加著）　2006.1
◇困った隣人（中嶋真澄著）　2006.10
◇信頼される人のキメのひと言（浦野啓子著）
　2006.10

研文選書　研文出版　1978～2010　⇒I-301
42　近代文学としての明治漢詩　新版（入谷仙介
　　著）　2006.10
94　中国の肖像画文学（小川陽一著）　2005.3
95　中国の文人像（中嶋隆蔵著）　2006.2
96　台湾文学のおもしろさ（松永正義著）　2006.6
97　章炳麟と明治思潮―もう一つの近代（小林武
　　著）　2006.11
98　フランス東洋学ことはじめ―ボスフォラスの
　　かなたへ（菊地章太著）　2007.9
99　台湾を考えるむずかしさ（松永正義著）　2008.
　　7
100　中国古典と現代（興膳宏著）　2008.10
101　中国古典文学彷徨（川合康三著）　2008.10
102　唐代科挙の文学世界（高木重俊著）　2009.2
103　橋と異人―境界の中国中世史（相田洋著）
　　2009.9
104　更に尽くせ一杯の酒―中国古典詩拾遺（後藤
　　秋正著）　2009.10
105　春秋左氏伝―その構成と基軸（野間文史著）
　　2010.3
106　並木頼寿著作選　1　東アジアに「近代」を
　　問う（並木頼寿著）　2010.8

県民カレッジ叢書　富山県民生涯学習カレッジ
　1989～2010　⇒I-301
93　日本の漫画はなぜ世界を制したか（里中満智子
　　〔述〕, 富山県民生涯学習カレッジ編）　2005.2
94　森と暮らす、森に学ぶ（柳生博〔述〕, 富山県
　　民生涯学習カレッジ編）　2005.2
95　聖地カイラス巡礼（青木新門〔述〕, 富山県民
　　生涯学習カレッジ編）　2005.2
96　慈悲について（玄侑宗久〔述〕, 富山県民生涯
　　学習カレッジ編）　2006.3
97　二十一世紀に求められるもの―それは二十世
　　紀に失ったもの（中尾哲雄〔述〕, 富山県民生涯

全集・叢書総目録 2005-2010　　273

一般叢書・全集　　　　　　　　　　　　　　　　　　　　　　　　　　　　総記

学習カレッジ編〕　2006.3
98　社会に背を向ける若者たち（斎藤環〔述〕，富山県民生涯学習カレッジ編）　2007.2
99　壁の向こう側（養老孟司〔述〕，富山県民生涯学習カレッジ編）　2007.2
100　地域があなたを待っている（瀬沼克彰〔述〕，富山県民生涯学習カレッジ編）　2008.2
101　頭と心を活かす勉強法（和田秀樹〔述〕，富山県民生涯学習カレッジ編）　2009.2
102　生命を考えるキーワード，それは「動的平衡」（福岡伸一〔述〕，富山県民生涯学習カレッジ編）　2010.2

皇学館大学講演叢書　皇学館出版部　2002～2005
第107輯　英語のコミュニケーション──言語行動と非言語行動（豊住誠〔著〕）　2002.9
第108輯　現代人の想像力は衰退したのか？（森真一〔著〕）　2002.9
第109輯　経済体制と情報の伝達（竹本晃〔著〕）　2002.11
第110輯　コミュニケーションの断絶？（山田やす子〔著〕）　2002.11
第111輯　賀茂社と貴船社（白山芳太郎〔著〕）　2003.7
第112輯　獅子・狛犬の源流を訪ねて（上杉千郷〔著〕）　2004.2
第113輯　妙見宮のこと（河野訓〔著〕）　2004.2
第114輯　万葉集のことば（大島信生〔著〕）　2005.3

公共哲学叢書　東京大学出版会　2002～2008　⇒III-256
8　公共哲学の古典と将来（宮本久雄，山脇直司編）　2005.1
9　グローカル公共哲学──「活私開公」のヴィジョンのために（山脇直司著）　2008.1

講談社選書メチエ　講談社　1994～2010　⇒I-302
316　統合失調症あるいは精神分裂病──精神医学の虚実（計見一雄著）　2004.12
317　馬賊で見る「満洲」──張作霖のあゆんだ道（渋谷由里著）　2004.12
318　日本人の起源──古人骨からルーツを探る（中橋孝博著）　2005.1
319　夢の分析──生成する〈私〉の根源（川嵜克哲著）　2005.1
320　その後の慶喜──大正まで生きた将軍（家近良樹著）　2005.1
321　トラウマの発見（森茂起著）　2005.2
322　瀬戸内の海賊──村上武吉の戦い（山内譲著）　2005.2
323　テクノリテラシーとは何か──巨大事故を読む技術（斎藤了文著）　2005.2
324　抗争する人間（ホモポレミクス）（今村仁司著）　2005.3
325　〈学級〉の歴史学──自明視された空間を疑う（柳治男著）　2005.3
326　よみがえるロマノフ家（土肥恒之著）　2005.3
327　日本を意識する──東大駒場連続講義（斎藤希史編）　2005.4
328　〈育てる経営〉の戦略──ポスト成果主義への道（高橋伸夫著）　2005.4
329　他界からのまなざし──臨生の思想（古東哲明編）　2005.4
330　フロイト＝ラカン（知の教科書）（新宮一成，立木康介編）　2005.5
331　倭国神話の謎──天津神・国津神の来歴（相見英咲著）　2005.5
332　パウロとペテロ（小河陽著）　2005.5
333　レヴィナス無起源からの思考（斎藤慶典著）　2005.6
334　南朝全史──大覚寺統から後南朝へ（森茂暁著）　2005.6
335　ブッダ論理学五つの難問（石飛道子著）　2005.7
336　「株式会社」長崎出島（赤瀬浩著）　2005.7
337　イタリア的──「南」の魅力（ファビオ・ランベッリ著）　2005.8
338　ミシシッピ＝アメリカを生んだ大河（ジェームス・M．バーダマン著，井出野浩貴訳）　2005.8
340　ハプスブルクの文化革命（山之内克子著）　2005.9
341　論理の哲学（知の教科書）（飯田隆編）　2005.9

342 会津戦争全史（星亮一著）　2005.10	369 近代日本の陽明学（小島毅著）　2006.8
343 武器としての〈言葉政治〉―不利益分配時代の政治手法（高瀬淳一著）　2005.10	370 項羽と劉邦の時代―秦漢帝国興亡史（藤田勝久著）　2006.9
344 共視論―母子像の心理学（北山修編）　2005.10	371 階級社会―現代日本の格差を問う（橋本健二著）　2006.9
345 神と自然の科学史（川崎謙編）　2005.11	372 イエズス会の世界戦略（高橋裕史著）　2006.10
346 大英帝国の大事典作り（本田毅彦著）　2005.11	373 連歌とは何か（綿抜豊昭著）　2006.10
349 江戸美人の化粧術（陶智子著）　2005.12	374 満鉄全史―「国策会社」の全貌（加藤聖文著）　2006.11
350 稲作の起源―イネ学から考古学への挑戦（池橋宏著）　2005.12	375 政治診断学への招待（将基面貴巳著）　2006.11
351 帝国論（山下範久編著）　2006.1	376 身体の哲学―精神医学からのアプローチ（野間俊一著）　2006.12
352 江戸の英吉利熱―ロンドン橋とロンドン時計（タイモン・スクリーチ著，村山和裕訳）　2006.1	377 銀座四百年―都市空間の歴史（岡本哲志著）　2006.12
353 喧嘩両成敗の誕生（清水克行著）　2006.2	378 文学の誕生―藤村から漱石へ（大東和重著）　2006.12
354 手塚治虫＝ストーリーマンガの起源（竹内一郎著）　2006.2	379 楊貴妃になりたかった男たち―〈衣服の妖怪〉の文化誌（武田雅哉著）　2007.1
355 会社のカミ・ホトケ―経営と宗教の人類学（中牧弘允著）　2006.2	380 大江戸調査網（栗原智久著）　2007.1
356 信長とは何か（小島道裕著）　2006.3	381 中国現代アート―自由を希求する表現（牧陽一著）　2007.2
357 聖なるもの俗なるもの（ブッディスト・セオロジー　1）（立川武蔵著）　2006.3	382 聖徳太子の歴史学―記憶と創造の一四〇〇年（新川登亀男著）　2007.2
358 マンダラという世界（ブッディスト・セオロジー　2）（立川武蔵著）　2006.4	383 仏とは何か（ブッディスト・セオロジー　3）（立川武蔵著）　2007.3
359 歴史をどう書くか―東大駒場連続講義（甚野尚志編）　2006.4	384 戦場に舞ったビラ―伝単で読み直す太平洋戦争（一ノ瀬俊也著）　2007.3
360 起請文の精神史―中世世界の神と仏（佐藤弘夫著）　2006.4	385 知の遠近法―東大駒場連続講義（ヘルマン・ゴチェフスキ編）　2007.4
361 人物を読む日本中世史―頼朝から信長へ（本郷和人著）　2006.5	386 日本軍のインテリジェンス―なぜ情報が活かされないのか（小谷賢著）　2007.4
362 日本海海戦とメディア―秋山真之神話批判（木村勲著）　2006.5	387 未完のレーニン―〈力〉の思想を読む（白井聡著）　2007.5
363 名匠と名品の陶芸史（黒田草臣著）　2006.6	388 合理的とはどういうことか―愚かさと弱さの哲学（岡部勉著）　2007.5
364 色で読む中世ヨーロッパ（徳井淑子著）　2006.6	389 トクヴィル平等と不平等の理論家（宇野重規著）　2007.6
365 南の思想―地中海的思考への誘い（フランコ・カッサーノ著，ファビオ・ランベッリ訳）　2006.7	390 ホワイトヘッドの哲学（中村昇著）　2007.6
366 儒教と近代国家―「人倫」の日本，「道徳」の韓国（朴倍暎著）　2006.7	
367 東京裁判への道　上（粟屋憲太郎著）　2006.7	
368 東京裁判への道　下（粟屋憲太郎著）　2006.8	

一般叢書・全集　　　　　　　　　　　　　　　　　　　　総記

391　誓いの精神史—中世ヨーロッパの〈ことば〉と〈こころ〉（岩波敦子著）2007.7
392　日中戦争下の日本（井上寿一著）2007.7
393　古代メソアメリカ文明—マヤ・テオティワカン・アステカ（青山和夫著）2007.8
394　空の実践（ブッディスト・セオロジー　4）（立川武蔵著）2007.8
395　「弱い父」ヨセフ—キリスト教における父権と父性（竹下節子著）2007.8
396　近代日本の右翼思想（片山杜秀著）2007.9
397　世界の小国—ミニ国家の生き残り戦略（田中義晧著）2007.9
398　加耶と倭—韓半島と日本列島の考古学（朴天秀著）2007.10
399　善悪は実在するか—アフォーダンスの倫理学（河野哲也著）2007.10
400　平清盛福原の夢（高橋昌明著）2007.11
401　アイヌの歴史—海と宝のノマド（瀬川拓郎著）2007.11
402　完全解読ヘーゲル『精神現象学』（竹田青嗣、西研著）2007.12
403　「歓待」の精神史—北欧神話からフーコー、レヴィナスの彼方へ（八木茂樹著）2007.12
404　「漢奸」と英雄の満洲（渋谷由里著）2008.1
405　「国語」入試の近現代史（石川巧著）2008.1
406　唱歌と国語—明治近代化の装置（山東功著）2008.2
407　本草学者平賀源内（土井康弘著）2008.2
408　ゾロアスター教（青木健著）2008.3
409　記憶の中のファシズム—「火の十字団」とフランス現代史（剣持久木著）2008.3
410　日本人の脳に主語はいらない（月本洋著）2008.4
411　稲作渡来民—「日本人」成立の謎に迫る（池橋宏著）2008.4
412　漁民の世界—「海洋性」で見る日本（野地恒有著）2008.5
413　崇高の美学（桑島秀樹著）2008.5
414　パーソナリティ障害（矢幡洋著）2008.6
415　会計とは何か—進化する経営と企業統治（山本昌弘著）2008.6
416　イタリア現代思想への招待（岡田温司著）2008.6
417　『正法眼蔵』を読む—存在するとはどういうことか（南直哉著）2008.7
418　シオニズムとアラブ—ジャボティンスキーとイスラエル右派一八八〇〜二〇〇五年（森まり子著）2008.7
419　経済倫理＝あなたは、なに主義?（橋本努著）2008.8
420　世界のなかの日清韓関係史—交隣と属国、自主と独立（岡本隆司著）2008.8
421　江戸歌舞伎の怪談と化け物（横山泰子著）2008.9
422　時間の正体—デジャブ・因果論・量子論（郡司ペギオー幸夫著）2008.9
423　来るべき精神分析のプログラム（十川幸司著）2008.10
424　性欲の文化史　1（井上章一編）2008.10
425　性欲の文化史　2（井上章一編）2008.11
426　対話の哲学—ドイツ・ユダヤ思想の隠れた系譜（村岡晋一著）2008.11
427　複数の日本語—方言からはじめる言語学（工藤真由美、八亀裕美著）2008.11
428　儒教・仏教・道教—東アジアの思想空間（菊地章太著）2008.12
429　ヨーガと浄土（ブッディスト・セオロジー　5）（立川武蔵著）2008.12
430　観光人類学の挑戦—「新しい地球」の生き方（山下晋司著）2009.1
431　島津久光＝幕末政治の焦点（町田明広著）2009.1
432　ヨーガの思想（山下博司著）2009.2
433　幕末の将軍（久住真也著）2009.2
434　伊勢神宮と出雲大社—「日本」と「天皇」の誕生（新谷尚紀著）2009.3
435　丸山真男を読みなおす（田中久文著）2009.3
436　浜口雄幸と永田鉄山（川田稔著）2009.4
437　江戸の病（氏家幹人著）2009.4
438　アーリア人（青木健著）2009.5
439　鷹と将軍—徳川社会の贈答システム（岡崎寛徳著）2009.5

一般叢書・全集

440　日本陸軍と内蒙工作—関東軍はなぜ独走したか（森久男著）2009.6
441　聖遺物崇敬の心性史—西洋中世の聖性と造形（秋山聡著）2009.6
442　パロール・ドネ（クロード・レヴィ＝ストロース著，中沢新一訳）2009.6
443　〈代表〉と〈統治〉のアメリカ政治（待鳥聡史著）2009.7
444　奈良貴族の時代史—長屋王家木簡と北宮王家（森公章著）2009.7
445　日本語は論理的である（月本洋著）2009.7
446　イスラーム教「異端」と「正統」の思想史（菊地達也著）2009.8
447　薩摩藩士朝鮮漂流日記—「鎖国」の向こうの日朝交渉（池内敏著）2009.8
448　近代ヨーロッパの誕生—オランダからイギリスへ（玉木俊明著）2009.9
449　〈弱さ〉と〈抵抗〉の近代国学—戦時下の柳田国男，保田与重郎，折口信夫（石川公弥子著）2009.9
450　「女装と男装」の文化史（佐伯順子著）2009.10
451　近代政治の脱構築—共同体・免疫・生政治（ロベルト・エスポジト著，岡田温司訳）2009.10
452　自由だけではなぜいけないのか—経済学を考え直す（荒井一博著）2009.10
453　日露戦争と新聞—「世界の中の日本」をどう論じたか（片山慶隆著）2009.11
454　トマス・アクィナス『神学大全』（稲垣良典著）2009.11
455　『西遊記』XYZ—このへんな小説の迷路をあるく（中野美代子著）2009.12
456　自由と平等の昭和史—一九三〇年代の日本政治（坂野潤治編）2009.12
457　マイケル・ポランニー「暗黙知」と自由の哲学（佐藤光著）2010.1
458　ヒンドゥー教の〈人間学〉（マドレーヌ・ビアルドー著，七海由美子訳）2010.1
459　宗教で読む戦国時代（神田千里著）2010.2
460　「象徴天皇」の戦後史（河西秀哉著）2010.2
461　本居宣長『古事記伝』を読む　1（神野志隆光著）2010.3
462　カント『純粋理性批判』—完全解読（竹田青嗣著）2010.3
463　海から見た日本人—海人で読む日本の歴史（後藤明著）2010.4
464　洋服・散髪・脱刀—服制の明治維新（刑部芳則著）2010.4
465　アテネ民主政—命をかけた八人の政治家（沢田典子著）2010.4
466　武力による政治の誕生（シリーズ選書日本中世史　1）（本郷和人著）2010.5
467　自由にしてケシカラン人々の世紀（シリーズ選書日本中世史　2）（東島誠著）2010.6
468　将軍権力の発見（シリーズ選書日本中世史　3）（本郷恵子著）2010.9
469　僧侶と海商たちの東シナ海（シリーズ選書日本中世史　4）（榎本渉著）2010.10
471　ハプスブルクとオスマン帝国—歴史を変えた〈政治〉の発明（河野淳著）2010.5
472　台湾ナショナリズム—東アジア近代のアポリア（丸川哲史著）2010.5
473　甦るリヴァイアサン（梅田百合香著）2010.6
474　近代日本の戦争と宗教（小川原正道著）2010.6
475　ピラミッドへの道—古代エジプト文明の黎明（大城道則著）2010.7
476　日本人の階層意識（数土直紀著）2010.7
477　湾岸産油国—レンティア国家のゆくえ（松尾昌樹著）2010.8
478　ギリシア文明とはなにか（手嶋兼輔著）2010.8
479　満州事変と政党政治—軍部と政党の激闘（川田稔著）2010.9
480　ことばと身体—「言語の手前」の人類学（菅原和孝著）2010.9
481　儒教と中国—「二千年の正統思想」の起源（渡辺義浩著）2010.10
482　〈主体〉のゆくえ—日本近代思想史への一視角（小林敏明著）2010.10
483　昭和の思想（植村和秀著）2010.11

一般叢書・全集　　　　　　　　　　　　　　　　　　　　　　　　総記

484　僧兵=祈りと暴力の力（衣川仁著）　2010.11
485　マニ教（青木健著）　2010.11
486　室町幕府論（早島大祐著）　2010.12
487　完全解読 カント『実践理性批判』（竹田青嗣著）　2010.12
488　仏陀 南伝の旅（白石凌海著）　2010.12

講談社トレジャーズ　講談社　2007〜2008
◇フランク・ロイド・ライト・ポートフォリオ—素顔の肖像、作品の真実（マーゴ・スタイプ著、隈研吾監修、酒井泰介訳）　2007.4
◇スター・ウォーズ・ヴォールト—貴重写真と製作秘話、秘蔵品レプリカが語る、歴史的映画の30年（スティーヴン・J. サンスイート、ピーター・ヴィルマー共著, 武田英明訳）　2007.10
◇世界の野鳥—本から聞こえる200羽の歌声（レス・ベレツキー文, 酒井泰介訳）　2008.7

講談社ビジネス　講談社　1986〜2006　⇒I-309
◇2006年日本はこうなる（UFJ総合研究所著）　2005.10
◇2007年日本はこうなる（三菱UFJリサーチ&コンサルティング著）　2006.11

高等研選書　国際高等研究所　1999〜2010　⇒IV-370
21　岩倉具視—『国家』と『家族』—米欧巡回中の「メモ帳」とその後の家族の歴史（岩倉具忠著）　2006.10
22　地震を知って震災に備える—京阪奈地域を中心として（尾池和夫著）　2009.10
24　核なき世界を生きる—トリウム原子力と国際社会（亀井敬史著）　2010.6

高等研報告書　国際高等研究所　2004〜2010　⇒IV-76
0207　臨床哲学の可能性（野家啓一研究代表）　2005.3
0304　プロテオミクスとバイオインフォマティクス（情報生物学講義 2（タンパク質構造と情報科学））（谷口寿章著）　2005.3
0501　東西の恋愛文芸（青木生子研究代表）　2006.3
0502　種族維持と個体維持のあつれきと提携（岡田益吉研究代表）　2006.3
0601　災害観の文明論的考察（小堀鐸二研究代表）　2007.1
0603　途上国における日本人長期政策アドバイザー体験記（橋本日出男研究代表）　2007.2
0701　「一つの世界」の成立とその条件（中川久定研究代表）　2007.12
0703　スキルの科学（岩田一明研究代表）　2007.7
0704　動・植物における分化全能性（原田宏研究代表）　2007.12
0706　途上国に対する日本人長期政策アドバイザー論（橋本日出男研究代表）　2008.3
0707　国際比較からみた日本社会における自己決定と合意形成（田中成明研究代表）　2007.12
0708　隙間—自然・人間・社会の現象学（鳥海光弘研究代表）　2008.8
0711　コア・エグゼキュティブと幹部公務員制度の研究（村松岐夫研究代表）　2007.11
0802　ダイナミックスからみた生命的システムの進化と意義（津田一郎研究代表）　2008.8
0804　宇宙問題への人文・社会科学からのアプローチ（国際高等研究所, 宇宙航空研究開発機構〔編〕, 木下冨雄研究代表）　2009.3
0902　多元的世界観の共存とその条件（石川文康研究代表）　2010.2
0903　19世紀東アジアにおける国際秩序観の比較研究（吉田忠研究代表）　2010.6
0904　近未来の法モデルと法情報（北川善太郎研究代表）　2010.3
0905　認識と運動における主体性の数理脳科学（沢田康次研究代表）　2010.8

甲南大学総合研究所叢書　甲南大学総合研究所　1986〜2010　⇒I-310
32　アジア研究—文化の多様性と現代化　2008.2
76　複合国際ビジネスとグローバル経済の理論化研究　2005.4
77　環境教材の国際ネットワーク化（谷口文章編著）　2005.3
78　日本語・中国語・英語の言語表現習慣に見る文化相違の研究　2005.3

- 79 宗教と大英帝国 2005.10
- 80 Environment and literature 2005.3
- 81 グローバリゼーション下の各国社会保障改革比較 2005.5
- 82 マックス・ヴェーバーにおける「民族」問題とその周辺 2005.3
- 83 イギリスと日本 2005.3
- 84 ミッション・ネットワークと大英帝国 2006.9
- 85 日本・中国・沖縄における民間文化交流の研究 2006.3
- 86 道徳と科学のインターフェース—近代化の一側面 2006.4
- 88 NPOとコミュニティ・ビジネス—ボランタリー・ネットワークの実態に関する比較研究 2006.3
- 89 男女共同参画社会の実現とその条件—働き方の考察を中心に 2007.2
- 90 少年保護政策と日本、韓国、欧米、オセアニアの比較 2007.3
- 91 知的情報ネットワークと知的意思決定支援システムに関する研究 2006.10
- 92 生成文法と文理解の相互関係 2007.2
- 93 九鬼哲学の研究と九鬼文庫のアーカイブ化 2007.3
- 94 社会の安全と公共政策 2008.3
- 95 明治日本とイギリス 2008.1
- 96 媽祖等にみる海事信仰の文化と伝播—日本・琉球・中国・韓国における民間文化交流の研究 2008.3
- 97 現代の青少年問題への対応について 2008.2
- 98 インターネットによる多言語Eラーニングコンテンツの研究 2009.1
- 99 故伊藤正雄教授文書の整理と研究 2009.2
- 100 道徳哲学の現在—社会と倫理 2009.3
- 101 21世紀の刑事司法—アジアの中の日本司法 2009.2
- 102 これからの外国語教育をめぐって 2009.2
- 103 日韓食文化の比較研究 2008.12
- 104 痛みの情報処理過程における鍼鎮痛の作用機序—多チャンネル脳波計による責任部位の同定 2009.12
- 105 バルク敏感光電子分光による1次元構造を持つホーランダイト型バナジウム酸化物に見られる金属絶縁体転移の起源解明 2010.1

神戸学院大学人文学部人間文化研究叢書 人文書院 1992〜2006 ⇒I-311
◇アメリカ都市教育政治の研究—20世紀におけるシカゴの教育統治改革（小松茂久著） 2006.8
◇近世日本武芸思想の研究（前林清和著） 2006.12

神戸国際大学経済文化研究所叢書 ミネルヴァ書房 1992〜2009 ⇒I-311
- 7 大卒フリーター問題を考える（居神浩, 三宅義和, 遠藤竜馬, 松本恵美, 中山一郎, 畑秀和著） 2005.3
- 8 安全・安心でゆたかなくらしを考える—学際的アプローチ（中島克己, 三好和代編著） 2005.3
- 9 八代斌助の思想と行動を考える—日本聖公会神戸教区の成立と活動（桑田優, 平尾武之, 山本祐策編著） 2006.3
- 10 日本経済の再生を考える—学際的アプローチ（中島克己, 三好和代編著） 2007.1
- 11 21世紀の地域コミュニティを考える—学際的アプローチ（三好和代, 中島克己編著） 2008.3
- 12 日本経済の課題と将来を考える—学際的アプローチ（三好和代, 中島克己編著） 2009.3

神戸市外国語大学研究叢書 神戸市外国語大学外国学研究所 1990〜2010 ⇒I-311
- 第34冊 中国小説史略考証（中島長文著） 2004.3
- 第35冊 新たな経済開発論への試行と再生可能エネルギー（和田幸子著） 2004.3
- 第36冊 自由主義と社会主義—社会編成原理における自由と計画（大島和夫著） 2005.3
- 第37冊 『老アントニオのお話』を読む（小林致広著） 2005.3
- 第38冊 コータン出土8-9世紀のコータン語世俗文書に関する覚え書き（吉田豊著） 2006.3
- 第39冊 国際商取引における契約不履行に関する研究—英米物品売買契約をめぐる商学的考察（中村嘉孝〔著〕） 2006.3
- 第40冊 16世紀ドイツ福音教会カテキズム出版環境におけるバルト諸語訳ルター小教理問答書の

一般叢書・全集

位置—資料と展望（井上幸和著） 2007.3
第41冊 「日本人」と「民主主義」—エッセー風モノグラフ（村田邦夫著） 2007.3
第42冊 日本の資本市場の現状と法の課題（大島和夫著） 2008.3
第43冊 チノ語文法（悠楽方言）の記述研究（林範彦著） 2009.3
第44冊 文型の意味（和田四郎著） 2009.3
第45冊 ロシア語への道（村上光昭著・訳編） 2010.3
第46冊 メキシコ・ラカンドン密林地域における先住民族の自治・自立の試み—持続的開発と多様なサパティスモ（小林致広著） 2010.3

国際広報メディア研究科・言語文化部研究報告叢書 北海道大学言語文化部 2005〜2007

57 インターネットと国際高速回線で結ぶ遠隔協調学習の教授法研究—「国境のない教室」の歩み（西堀ゆり編著） 2005.3
60 遍在するメタファー—その原理と展開（佐藤拓夫編） 2005.3
61 都市公共性と文学（筑和正格編） 2005.3
62 バーチャル・リアリティの力（西村竜一編） 2005.3
63 英語教育のニュー・フロンティア—発信型英語の基礎作りを目指して（伊藤章, 河合靖編） 2006.1
64 ことばを科学する—人間の再発見（奥聡著） 2006.3
65 観光創造へのアプローチ—平成17年度サービス産業人材育成事業（集客交流経営人材育成に係るカリキュラム等開発事業）「成果報告書」（杉浦秀一, 山田吉二郎編著） 2006.6
66 リージョン／カルチャー／コミュニケーション—どこから来てどこへ行くのか（筑和正格, 内田純一編） 2006.6
67 オーラル・プレゼンテーションワークショップの試み（奥聡, 小早川譲編著） 2007.3

国民会館叢書 国民会館 1991〜2010 ⇒I-311

57 構造改革の主役（大宅映子著） 2004.10
58 どうなる日本経済（加藤寛著） 2005.2
59 今年の国際情勢と日本外交（岡崎久彦著） 2005.4
60 ライブドア騒動の問題提起—武藤山治の企業防衛（松田尚士著） 2005.6
61 戦没者の慰霊と遺骨収集—ソロモン・沖縄を再び訪れて（所功著） 2005.7
62 日露戦争勝利の世界史に及ぼした影響（中村勝範著） 2005.11
63 現代日本の病根（渡部昇一著） 2006.1
64 戦争犯罪と靖国問題（上坂冬子著） 2006.2
65 武藤山治と芸術（武藤治太著） 2006.7
66 武藤山治と行財政改革—普選の選挙ポスターを手掛かりに（玉井清著） 2006.7
67 日本の国家像と国民の思想（八木秀次著） 2006.11
68 いま日本に期待すること（金美齢著） 2007.1
69 日本が世界を幸せにする（日下公人著） 2007.3
70 武藤山治の足跡（武藤治太著） 2007.6
71 創造的破壊の企業家（水木楊著） 2007.6
72 「こころ」を失った競争経済（佐伯啓思著） 2007.9
73 日本の安保に求められる「戦後精神からの脱却」（中西輝政著） 2007.10
74 大丈夫か, わが国の危機管理（志方俊之著） 2007.11
75 今後の国際情勢と日本の外交（中西寛著） 2007.12
76 「国民の祝日」の来歴検証と国際比較（所功著） 2008.3
77 今年の国際情勢の展望（岡崎久彦著） 2008.3
78 イスラム世界の現状と将来（臼杵陽著） 2008.4
79 福田内閣と官僚制の終焉（屋山太郎著） 2008.8
80 武藤山治の先見性（武藤治太著） 2008.11
81 混迷を深める世界と日本—どうなる日米同盟（坂元一哉著） 2009.1
82 政治を改革する男—鐘紡の武藤山治（松田尚士著） 2009.3

83　世界の中の日本—危機と改革（鳥居泰彦著）
　　　2009.4
　　84　日本を良い国と言って何が悪い（田母神俊雄著）　2009.10
　　85　どうなる鯨とさかな（小松正之著）　2010.1
　　86　志ある外交戦略—普天間問題と日米同盟の将来（谷内正太郎著）　2010.9
　別冊　軍事救護法と優遇改善案—武藤山治の活動（松田尚士著）　2005.3

コミュニティ・ブックス　日本地域社会研究所
　　1985〜2010　⇒I-319
◇サステナブル経営—みんなが生き続けるシステムと戦略（日本地域社会研究所編）　2004.5
◇東京お寺も〜で—楽しい仏教ワールドのおすすめスポット!!（此経啓助, 安東玲子著）　2004.11
◇富と活力を生む!コミュニティビジネス—地域・市民の夢と経済を実現する! だれでもできる!（大川新人, コミュニティビジネス研究会編）　2005.3
◇広報力が地域を変える!—地域経営時代のソーシャル・コミュニケーション（電通プロジェクト・プロデュース局ソーシャルプロジェクト室編）　2005.5
◇図書館森時代!—人に役立ち、地域に貢献し、地球を救う（山本宣親編, 山本宣親ほか著）　2005.10
◇千年の学校—ひろげよう!全国へ ふるさとの歴史・文化を未来へ（千年の学校編）　2005.12
◇校庭芝生化のすすめ—子供たちの笑顔や元気な声が絶えない緑のグラウンドづくり（ゴルファーの緑化促進協力会編）　2006.12
◇団塊世代のミッションビジネス—定年後の社会事業型NPOのすすめ（大川新人編著）　2007.4
◇元気な市民大学—生涯学習と人・地域の活性化 磨く!育む!創る!輝く!（瀬沼克彰著）　2007.6
◇大学が知域社会を拓く—成功する大学エクステンション事業の実践展開（西湖秀明著）　2007.11
◇ふるさと遺産—地域固有の自然・歴史・文化資源を見直す ジャパン・コンテンツ（塚原正彦編著）　2007.11
◇市民シンクタンクのすすめ—みんなの調査力・情報力で地域を変えよう!（高原稔編）　2007.12

◇超やさしい合唱指導法—みんなで明るく楽しく合唱力を高めよう!（小高臣彦著）　2008.2
◇観光・レジャー施設の集客戦略—利用者行動からみた!人を呼ぶ"魅力的な空間"づくり（山口有次著）　2008.4
◇人気を呼ぶ!協創・協働の生涯学習—住民と行政が連携する共生・元気プロジェクト!!（瀬沼克彰著）　2008.5
◇モンゴルの光と風—蒼き環境・観光大国の挑戦（岩田伸人編）　2008.6
◇明日のニュータウン—様々な課題の解決と将来の展望（東北産業活性化センター編）　2008.7
◇企業立地と地域再生—人材育成と産学官連携による企業誘致戦略（東北産業活性化センター編）　2008.8
◇病いと障害の語り—臨床現場からの語りの生成論（中井孝章, 清水由香編著）　2008.9
◇認知症を予防・改善する臨床美術の実践—美術による地域福祉・社会貢献活動の展開!（大橋啓一, 芸術造形研究所編）　2008.12
◇高尾界隈—知って得する三つ星観光地高尾駅周辺情報（富樫康明著）　2008.12
◇おいしい年の食いかた—人生二元論のすすめ（蓮井昌雄著）　2009.5
◇世界に一冊しかない自分史をつくる本—自分の本を書いて歴史に残そう!（加藤迪男著）　2009.5
◇ユートエコトピア—地球生命共同体思想の実践 21世紀の新しき理想郷（井上昭夫編）　2009.5
◇超やさしい合唱指導法—みんなで明るく楽しく合唱力を高めよう!　増補改訂版（小高臣彦著）　2009.6
◇敗け組の論理—環境資本主義が未来を拓く 人と地域・地球にやさしい（平田耕一著）　2009.7
◇天恵の音楽—夢の世界へのかけはしたけしの輝ける音色（子供に伝えるクラシック制作委員会編）　2009.8
◇色の日本語いろいろ辞典—コトバにも色がある!（加藤迪男編著）　2009.9
◇「拾い」の美学—インドに学ぶ（木村昭平著）　2009.10
◇地域資源を生かす滞在型ビジネス—観光から定住まで!都市住民との縁結び（東北産業活性化セ

一般叢書・全集　　　　　　　　　　　　　　　　総記

ンター編）2009.11
◇マネされない地域・企業のブランド戦略—Prosper study中本繁実の発明教室 特許・商標でまち・むらおこし！（中本繁実著）2009.11
◇ケータイで自分史を書こう—手軽にあなたのドキュメンタリーやライフヒストリーができる！（加藤迪男著）2009.11
◇主婦と若い殺人者—裁くのは誰か（小山紗都子著）2009.11
◇創々たる!!小さな世界企業—技術が光る!東京のスマートカンパニー物語（中央線沿線楽会編）2009.12
◇十二支（えと）のことわざ事典（加藤迪男編）2010.1
◇日本再生ブランド—デフレに負けない企業経営・地域経営（小出正三, 小出ユリ子著）2010.3
◇「縁育て」の楽校—みんなが輝く生涯学習実践記（すぎなみ大人塾だがしや楽校編集委員会編）2010.7
◇発明魂—大衆発明家の父・豊沢豊雄の生涯（中本繁実著）2010.7
◇環境衛生工学の実践—美しい街づくりをめざして（中本繁実著）2010.11

五柳叢書　五柳書院　1986〜2010　⇒I-319
◇ボイスから始まる（菅原教夫著）2004.11
◇いつも鳥が飛んでいる（ばくきょんみ著）2004.12
◇ダブリンの緑（建畠晢著）2005.5
◇詩は生きている（福間健二著）2005.6
◇斎藤茂吉から塚本邦雄へ（坂井修一著）2006.12
◇われわれはみな外国人である—翻訳文学という日本文学（野崎歓著）2007.6
◇歩きながら考えた。—やさしい演劇論集（川村毅著）2007.7
◇絵画の近代の始まり—カラヴァッジオ、フェルメール、ゴヤ（千葉成夫著）2008.6
86　なにもかもなくしてみる（太田省吾著）2005.11
87　速度ノ花—ダンス・エッセイ集（山田せつ子著）2005.12

92　プルースト逍遥—世界文学シュンポシオン（室井光広著）2009.7
93　おもしろければOKか？—現代演劇考（三浦基著）2010.1
94　旅学的な文体（赤坂憲雄著）2010.3

コロナ・ブックス　平凡社　1996〜2010　⇒I-320
114　ヘッセの水彩画（ヘルマン・ヘッセ著）2004.9
115　京の色事典330（藤井健三監修, コロナ・ブックス編集部編）2004.12
116　まめほん—世界で一番ちいさな盆栽（山本順三著）2005.3
117　画狂人ホルスト・ヤンセン—北斎へのまなざし（ホルスト・ヤンセン著）2005.3
118　植草甚一スタイル（コロナ・ブックス編集部編）2005.5
119　作家の食卓（コロナ・ブックス編集部編）2005.7
120　日本の香り（松栄堂監修, コロナ・ブックス編集部編）2005.9
121　茶の湯のススメ（コロナ・ブックス編集部編）2005.12
122　昭和モダンの器たち（佐藤由紀子, クニエダヤスエ, 泉麻人, 赤堀正俊, 到津伸子著）2006.1
123　京の坪庭を楽しむ（コロナ・ブックス編集部編）2006.3
124　作家の猫（コロナ・ブックス編集部編）2006.6
125　結婚・二人のしあわせ（中原淳一エッセイ画集　3）（中原淳一文・画, 中原蒼二監修）2006.6
126　フレンチ上海—東洋のパリを訪ねる（にむらじゅんこ文, 菊地和男写真）2006.7
127　日本の色（コロナ・ブックス編集部編）2006.9
128　寂聴さんがゆく—瀬戸内寂聴の世界（瀬戸内寂聴著, 伊藤千晴写真）2006.11
129　渋沢竜彦の古寺巡礼（渋沢竜彦, 渋沢竜子著）2006.11
130　フランス庭園の旅—150の優雅と不思議（巌谷国士文・写真）2006.12
131　木村伊兵衛の眼—スナップショットはこう撮れ！（木村伊兵衛〔写真〕）2007.2
132　稲垣足穂の世界—タルホスコープ（コロナ・ブックス編集部編）2007.3

133 作家の犬(コロナ・ブックス編集部編) 2007.6
134 日本のかたち(コロナ・ブックス編集部編) 2007.7
135 クレーの旅(パウル・クレー,新藤信,奥田修,林綾野著) 2007.9
136 植田正治の世界(植田正治〔写真〕) 2007.10
137 パリのパサージュ──過ぎ去った夢の痕跡(鹿島茂著) 2008.2
138 猫の絵画館(コロナ・ブックス編集部編) 2008.3
139 玩物草子──スプーンから薪ストーブまで,心地良いデザインに囲まれた暮らし(柏木博,平地勲著) 2008.1
140 神坂雪佳の世界──発見!琳派からモダンデザインへの架け橋(神坂雪佳〔作〕,コロナ・ブックス編集部編) 2008.6
141 金子國義の世界──l'elegance(金子國義著,平地勲写真) 2008.7
142 春画の見かた──10のポイント(早川聞多著) 2008.8
143 日本の美100(コロナ・ブックス編集部編) 2008.10
144 作家のおやつ(コロナ・ブックス編集部編) 2009.1
145 日本の文様(コロナ・ブックス編集部編) 2009.3
146 魯山人でもてなす。(伊藤千晴写真,コロナ・ブックス編集部編) 2009.5
147 堀内誠一旅と絵本とデザインと(コロナ・ブックス編集部編) 2009.6
148 とりあわせを楽しむ日本の色(コロナ・ブックス編集部編) 2009.9
149 パリの晩ごはん(安田知子文・写真) 2009.10
150 作家の酒(コロナ・ブックス編集部編) 2009.11
151 にっぽん木造駅舎の旅100選(萩原義弘写真・文) 2009.12
152 広東料理の名店「[ヨン]記(ヨンキー)酒家」──香港・食のパノラマ(菊地和男写真・文) 2010.2
153 フランスの色(コロナ・ブックス編集部編) 2010.4
154 ル・コルビュジエの愛したクルマ(岡田邦雄著) 2010.10
155 京のおばんざい100選──京都下鴨松永料理教室(松永佳子料理,西村浩一写真) 2010.6
156 作家の家(コロナ・ブックス編集部編) 2010.11

斎藤正二著作選集 斎藤正二著 八坂書房 2001～2006 ⇒I-321
4 日本的自然観の研究 4 2006.7

相模女子大学研究活動報告 相模女子大学研究委員会編 相模女子大学 1999～2010 ⇒III-664
第7集 2005.12
第8集 2008.2
第9集 2010.3

さきがけ選書 秋田魁新報社 2010
1 秋田近代小説そぞろ歩き(高橋秀晴著) 2010.3
2 若者ことば不思議のヒミツ(桑本裕二著) 2010.7
3 ケアの心看護の力(中村順子著) 2010.10

索引叢書 和泉書院 1984～2004 ⇒I-321
51 私撰集作者索引 続編(名古屋和歌文学研究会編) 2004.12

サラ・ブックス 二見書房 1990～2010 ⇒I-323
◇新東大生100人が教える中学生の勉強法 英語篇(東京大学「学習効率研究会」編著) 2006.3
◇中高一貫校卒の東大生60人が教える中学生の勉強法(東京大学「学習効率研究会」編著) 2010.3
◇免疫ミルクはなぜリウマチ,ガン,感染症に効くのか 改訂新版(旭丘光志著) 2010.4
◇新 東大生100人が教える小学生の勉強法 総合篇──これ1冊で全教科6年分!(東京大学「学習効率研究会」編著) 2010.7

山陰研究シリーズ 清文堂出版 2009
3 銀山社会の解明──近世石見銀山の経営と社会(仲野義文著) 2009.3

一般叢書・全集　　　　　　　　　　　　　　　　　　　　総記

山陰研究シリーズ　島根大学法文学部山陰研究センター〔編〕　ワン・ライン　2006〜2008
1　出雲国名所歌集—翻刻と解説（富永芳久編, 芦田耕一, 蒲生倫子著）　2006.6
2　出雲国産物帳—島根県古代文化センター蔵（田籠博著）　2008.3

産経新聞社の本　産経新聞出版　2006〜2010
◇地域よ, 蘇れ！—再生最前線の試み（産経新聞取材班著）　2006.10
◇やっぱりすごい関西の会社（産経新聞大阪経済部編著）　2008.1
◇東京特派員—国際派記者のTokyo再発見（湯浅博著）　2009.2
◇知の超人対談—岡本行夫・佐藤優の「世界を斬る」（岡本行夫, 佐藤優著, 高畑昭男編著）　2009.2
◇対馬が危ない—対馬を席巻する韓国資本（宮本雅史編著）　2009.2
◇新聞人福沢諭吉に学ぶ—現代に生きる『時事新報』（鈴木隆敏編著）　2009.3
◇ひなちゃんの日常　4（産経コミック）（南ひろこ著）　2009.3
◇民主党解剖—この国を本当に任せられるのか？（産経新聞政治部著）　2009.7
◇奥薗寿子の読むレシピ—今日の献立がすぐ決まる　2（奥薗寿子著）　2009.7
◇ひなちゃんの歳時記（産経コミック）（南ひろこ著, 久保田裕道解説）　2009.12
◇ひなちゃんの日常　6（産経コミック）（南ひろこ著）　2009.12
◇ひなちゃんの日常　7（産経コミック）（南ひろこ著）　2010.3
◇ひなちゃんの日常　8（産経コミック）（南ひろこ著）　2010.7

サンケイブックス　三恵書房　1977〜2010　⇒I-324
◇よくわかるオート車券戦術（柴田和義著）〔2004〕
◇競馬・競輪・競艇・オート全選手名鑑（三恵書房編集部編）〔2007〕

◇伊沢ハチロー驚異の舟券1点勝負—誰にでも簡単にできる厳選投資法（伊沢ハチロー著）　2004.6
◇3連単狙い撃ち馬王3—新馬券的中の秘密は"ハロン指数"（大鞍乗著）　2004.7
◇よくわかる競艇のすべて—初級・中級向　改訂版（藤野悌一郎著）　2004.11
◇よくわかるオートレースのすべて（水田薫著）　2004.12
◇九星オッズ3連単馬券的中の秘密（岩波智生著）　2005.3
◇最強の男の100万馬券—馬券で本当に儲けるノウハウ（大谷内泰久著）　2005.4
◇オートレース最強の攻略術—儲けるには何が… 勝つには何が必要？（大戸麗輔著）　2005.5
◇ロト6完全攻略rub outの法則（クラーク・K・小林著）　2005.6
◇競艇24場完全攻略ガイド—的中舟券おしえます！（桧村賢一著）　2005.7
◇SC競輪3連単驚異の出目（有吉まこと著）　2005.8
◇競艇に勝つプロの手口とヨミ方—「出走表」こそが勝ち負けの鍵をにぎる！（桧村賢一著）　2005.9
◇強運暦—幸運をつかむ！　平成18年版（西田気学研究所編）　2005.10
◇軸馬の条件決定的に違うプロの目—3連単馬券を効率よく的中させる！（川崎光二著）　2005.12
◇ロト6を予知する「魔の数字」—金運の秘策九星・六曜・五黄殺（鮎川幹夫著）　2005.12
◇思いっきりジョッキー競馬!!—知らなきゃ損する！騎手の本当の実力（河田貴一著）　2006.3
◇よくわかる競艇のすべて　改訂新版（藤野悌一郎著）　2006.4
◇三原永晃脚質別3連単車券（三原永晃著）　2006.6
◇不屈の相場師魂が蘇える—九重野線の底力（沼田大貴著）　2006.8
◇中央競馬全厩舎完全データ—最強の馬券戦略（大谷内泰久著）　2006.8
◇PV式馬券3連単必勝法—馬券プロ秘伝（卯月十三著）　2006.10

284　全集・叢書総目録 2005-2010

◇強運暦—吉方位・吉時間帯つき　平成19年版（西田気学研究所編）　2006.10

◇気学九星術「超」開運法　改訂新版（西田順平著）　2006.11

◇競輪予想こんなデータが欲しかった（野呂修次郎著）　2006.12

◇ロト6驚異の出現率「魔の数字」—九星＋六曜別54パターン（鮎川幹夫著）　2007.1

◇夢じゃない!一獲千金ロト6—狙って獲る「数字」はコレだ!　改訂版;第4版（五木田忠之著）　2007.6

◇競艇3連単MBの極意—出目表/MBカード付（ミラクル研究会著）　2007.7

◇ミニロト必勝465 Wの法則（谷川孝著）　2007.9

◇3点で狙い獲る「超」秘密兵器　再版（西田順平著）　2007.9

◇リレイティブ・ファクター高率馬券—RF連対表で買い目が決まる!（三原永晃著）　2007.10

◇強運暦—幸運をつかむ!　平成20年版（西田気学研究所編）　2007.11

◇騎手で狙い獲るプロの手—騎手と厩舎で軸が決まる!（河田貴一著）　2007.12

◇競艇3連単MBの極意（ミラクル研究会著）　2008.1

◇ロト6を狙う3つの数字—ズバリ!!2億円を狙え（山内健司著）　2008.1

◇競艇24場完全攻略ガイド—全国競艇勝ち歩き（桧村賢一著）　2008.2

◇九星馬券術の秘密（岩波智生著）　2008.3

◇予想屋が明かす車券のウラ側—変わったぜboxケイリン（北村幸治著）　2008.4

◇よくわかる競輪のすべて—新編（野呂修次郎著）　2008.4

◇レースを読む競艇プロの秘訣—舟券はズバリ18の格言で決まる!（鈴木隆史著）　2008.6

◇ロト6を狙うK3高確率数字—常勝こそが億万長者への近道（山内健司著）　2008.7

◇ロト6九星配列表の秘密—ラブアウトが当せんゾーンを予測する（クラーク・K・小林著）　2008.9

◇強運暦—幸運をつかむ!　平成21年版（西田気学研究所編）　2008.10

◇ミニロト必勝運命数の秘密—狙う数字を予知できる!（谷川孝著）　2008.12

◇JRA全コースこれが勝つ最強パターン—コースを制する者が馬券を制す（山中茂紀著）　2009.1

◇ケイリン爆走3番手—出走表だけでVラインを見抜く!（前田ミツル著）　2009.1

◇究極の4点馬券OK（オーケー）式—これぞ出目の集大成だ!!　中央・公営（OK式研究会著）　2009.3

◇ロト6完全攻略rub outの法則—当選数字を予測する裏ワザ　改訂新版（クラーク・K・小林著）　2009.4

◇気学競馬教室—大本命が消える!これは偶然ではない（西田気学研究所編）　2009.5

◇ナンバーズを獲る黄金数字—ナンバーズを極める（田中裕介著）　2009.6

◇競艇1点勝負枠—舟券プロ秘中のワザ　2009年版（弾貴司著）　2009.6

◇ロト6常識破りの新法則（坂本祥郎著）　2009.9

◇強運暦—幸運をつかむ!　平成22年版（西田気学研究所編）　2009.10

◇夢じゃない!一獲千金ロト6—狙って獲る数字はコレだ　改訂新版（五木田忠之著）　2009.10

◇競艇1点勝負枠—舟券プロ秘中のワザ　2010年版（弾貴司著）　2009.12

◇ロト6を予知する新「魔の数字」—金運の秘策九星・六曜・五黄殺（鮎川幹夫著）　2010.1

◇神秘の出目馬券—ベクトル表で軸が決まる（金井銀平著）　2010.1

◇ロト6「魔の数字」の出現力—九星＋六曜別54パターン（鮎川幹夫著）　2010.2

◇ロト6で常勝を狙う法則—高確率数字ベスト10が決め手（山内健司著）　2010.3

◇九星馬券のすべて—激走する穴馬をみつける（岩波智生著）　2010.5

◇ロト6完全予測で一獲千金—1等を狙うのはこの数字だ（山内健司著）　2010.5

◇競艇確勝テクニック（大島武斗著）　2010.6

◇三原永晃 プロ車券の奥義—車券プロの手ほどき（三原永晃著）　2010.8

◇強運暦—幸運をつかむ!　平成23年版（西田気学研究所編）　2010.10

◇ミニロト 究極の新法則（坂本祥郎著） 2010.10

産研シリーズ　早稲田大学産業経営研究所　1976〜2009　⇒III-270

no.36　ダイレクト・マーケティング研究（海外ジャーナル抄訳集　no.2）（亀井昭宏, ルディー和子, 日本通信販売協会監修）　2005.5

no.37　「会計ビッグバン」の意義と評価—実証分析によるアプローチ（辻正雄編著）　2006.3

no.38　現代経済学の最前線　2006.3

no.39　ダイレクト・マーケティング研究（海外ジャーナル抄訳集　no.3）（亀井昭宏, ルディー和子, 日本通信販売協会監修）　2006.5

no.40　サービス多国籍企業の人的資源管理—カルフールの国際展開を事例として（江夏健一編）　2006.8

no.41　移行経済における日系企業—日本精工（株）の事例研究（鈴木宏昌, 川辺信雄編）　2007.6

no.42　ダイレクト・マーケティング研究（海外ジャーナル抄訳集　no.4）（亀井昭宏, ルディー和子, 日本通信販売協会監修）　2007.9

no.43　日系流通企業の中国展開—「世界の市場」への参入戦略（川辺信雄, 櫨山健介編）　2008.3

no.44　ダイレクト・マーケティング研究（海外ジャーナル抄訳集　no.5）（亀井昭宏, ルディー和子, 日本通信販売協会監修）　2009.7

山日ライブラリー　山梨日日新聞社　2000〜2008　⇒III-786

◇現代語訳樋口一葉（樋口一葉〔著〕, 秋山佐和子編著）　2005.7

◇蛇笏・竜太の希求—四季の一句（福田甲子雄編著）　2005.8

◇山梨のサッカー—過去・現在・未来をつなぐパス（「山梨のサッカー」編集委員会編著）　2005.12（第2刷）

◇山梨の歌人たち（中沢玉恵著）　2006.8

◇盲学校物語（長谷部薫著）　2006.9

◇近代山梨の光と影（福岡哲司著）　2006.12

◇偉大な言論人石橋湛山（浅川保著）　2008.4

◇甲斐の歴史をよみ直す—開かれた山国　改版（網野善彦著）　2008.9

資格ガイドシリーズ　経林書房　2004〜2006　⇒I-326

57　知りたい!放射線取扱主任者（経林書房資格試験研究会編, 安田竜平監修, 平田明良著）　2004.12

58　知りたい!日本語文書処理技能検定（経林書房資格試験研究会編, 波形克彦監修, 原田弘子著）　2005.1

59　知りたい!コンピュータサービス技能評価試験（経林書房資格試験研究会編, 波形克彦監修, 金丸正子著）　2005.1

60　知りたい!U. S. CPA「米国公認会計士」（経林書房資格試験研究会編, 波形克彦監修, 岡本良彦著）　2005.1

61　知りたい!ビジネスコンピューティング検定試験（経林書房資格試験研究会編, 波形克彦監修, 広瀬昌利著）　2005.2

62　知りたい!電気主任技術者（経林書房資格試験研究会編, 波形克彦監修, 清水博史著）　2005.2

63　知りたい!高圧ガス製造保安責任者（経林書房資格試験研究会編, 安田竜平監修, 平田明良著）　2005.5

64　知りたい!日本語教育能力検定（経林書房資格試験研究会編, 波形克彦監修, 荒武謙一郎著）　2005.5

65　知りたい!中国語検定（経林書房資格試験研究会編, 波形克彦監修, 荒木さと子著）　2005.5

66　知りたい!保育士（経林書房資格試験研究会編, 波形克彦監修, 的場秀夫著）　2005.5

67　知りたい!CAD利用技術者（経林書房資格試験研究会編, 波形克彦監修, 浜松一弘著）　2005.6

68　知りたい!数検（経林書房資格試験研究会編, 波形克彦監修, 京盛真信著）　2005.6

69　知りたい!土木施工管理技士（経林書房資格試験研究会編, 波形克彦監修, 田中弘一著）　2005.8

70　知りたい!ケアマネジャー（経林書房資格試験研究会編, 経営創研（株）監修, 鈴木由美子著）　2006.2

静岡学術出版教養新書　ITSC静岡学術出版事業部　2007〜2010

総記　　　　　　　　　　　　　　　　　　　　　　　一般叢書・全集

◇うつ病になった魚—目からウロコ!うつ病、絶望の淵からの生還2008（山内麻莉著）　2007.11
◇「気づく」能力—時代の風を読み、ヒトを動かす（相原憲一、舘岡康雄、弘中史子著）　2007.12
◇女性のための一人でステイする海外マニュアル（井村祥恵著）　2007.12
◇卒業論文の作り方—複合領域分野における経営学研究の進め方（岸野清孝、山田尚史、佐々木桐子著）　2008.2
◇物流の視点から考えたアジアのグローバル化—ワンラックカー（30万円自動車）の衝撃と新「ガンダーラの道」構想（岩間正春著）　2008.4
◇ライダーズストーリー—僕は、オートバイを選んだ バイク小説短編集（武田宗徳著）　2008.4
◇感性を活かす—時代が求める新規事業創出へのカギ（静岡大学大学院工学研究科事業開発マネジメント専攻編）　2008.9
◇イノベーションを加速するオープンソフトウェア（相原憲一、松田順著）　2008.12
◇あしたのつづき—あしたのつづきってなあに?あしたの向こうに待っている素敵な何か…（竹内としみ著）　2009.5
◇結構イイ加減節—世相語から見た戦後日本（土方草介著）　2009.7
◇学校で見た女性の心理—職場の女性と上手に仕事をするためのヒント（北島一郎著）　2009.7
◇英国初等学校の創造性教育　上（Anthony Wilson編著、弓野憲一、渋谷恵監訳、中野左知子、矢野淳、内田恵、平石徳己、山浦一保、益川弘如訳）　2009.8
◇英国初等学校の創造性教育　下（Anthony Wilson編著、弓野憲一、渋谷恵監訳、中野左知子、矢野淳、内田恵、平石徳己、山浦一保、益川弘如訳）　2009.8
◇求められる新世代のジェネラリスト—日本型経営に欠かせないジェネラリストの存在（平田周著）　2009.9
◇生かされて…そして今—二度のガンと心筋梗塞を乗り越えた私の記録（宮地保富著）　2010.7

自然の中の人間シリーズ　農林水産省農林水産技術会議事務局監修　樋口春三編　農山漁村文化協会　2000〜2005　⇒I-328
花と人間編 6　花と人間のかかわり—花の文化史（田中宏著）　2005.4
花と人間編 7　花に魅せられた人々—発見と分類（大場秀章著）　2005.9
花と人間編 8　花を生ける—花と芸術（安達瞳子著）　2004.12
花と人間編 9　日本の庭・世界の庭—暮らしと庭（鈴木誠著）　2005.3
花と人間編 10　環境をつくる花—都市環境と花（奥水肇著）　2005.9

《思想・多島海》シリーズ　法政大学出版局　2004〜2010　⇒V-168
3　共和国幻想—レチフとサドの世界（植田祐次著）　2004.9
4　ニーチェ私論—道化、詩人と自称した哲学者（岡田紀子著）　2004.11
5　記憶・暴力・システム—メディア文化の政治学（伊藤守著）　2005.7
6　存在と知覚—バークリ復権と量子力学の実在論（瀬戸明著）　2006.4
7　原初からの問い—バシュラール論考（及川馥著）　2006.9
8　モダンという時代—宗教と経済（竹田純郎著）　2007.1
9　崇高の哲学—情感豊かな理性の構築に向けて（牧野英二著）　2007.9
10　バークリ—観念論・科学・常識（戸田剛文著）　2007.12
11　生きられる歴史的世界—ディルタイ哲学のヴィジョン（塚本正明著）　2008.8
12　散歩の文化学　1　ホモ・アンブランスの誕生（前野佳彦著）　2009.1
13　散歩の文化学　2　東洋的都市経験の深層（前野佳彦著）　2009.1
14　〈内なる光〉と教育—プラグマティズムの再構築（斎藤直子著）　2009.2
15　主体と空間の表象—砂漠・エクリチュール・魂（谷川多佳子著）　2009.6

一般叢書・全集　　　　　　　　　　　　　　　　　　　　　　　　　　総記

16　事件の現象学　1　非日常性の定位構造（前野佳彦著）　2009.11

17　事件の現象学　2　因縁と天命の情念型（前野佳彦著）　2009.11

18　形而上の中世都市—散歩の文化学　中世篇（前野佳彦著）　2010.10

実践女子学園学術・教育研究叢書　実践女子学園
　2001〜2008　⇒IV-584

15　上田秋成の紀行文—研究と注解（加藤裕一著）　2008.2

16　中世英国ロマンス文学—ケルト逍遙（大関啓子著）　2008.12

18　不登校に関する研究—心理・社会的視点からの考察（秋山博介著）　2008.11

実用百科　実業之日本社　1967〜2010　⇒I-329

◇外国為替投資自動売買超入門　2004.12

◇ビーズワークス—手づくりビーズアクセサリーの本　7　2004.12

◇Dr.コパの夢をかなえ（富）を築く2005年風水術（Dr.コパ著）　2005.1

◇血液型パーフェクト行動分析&心理テスト（実業之日本社編）　2005.1

◇今、この株を買おう　2005年 新春号（実業之日本社編）　2005.1

◇株のネットトレードで月に30万円以上儲ける！（実業之日本社編）　2005.2

◇Nail venus　v.2　2005.2

◇ジャスダックマザーズヘラクレス新興3市場ズバリ!儲ける株　v.3（実業之日本社編）　2005.2

◇ロト&ナンバーズ必勝の極意—数字選択式宝くじ　2005年 開運スペシャル号　2005.2

◇春夏かんたんソーイング—ミセス版　2005　2005.4

◇今、この株を買おう　2005年 前半号（実業之日本社編）　2005.4

◇幸せのウエディングビーズジュエリー（ビーズワークス・シス）（yoko〔著〕）　2005.5

◇Nail venus　v.3　2005.5

◇ロト&ナンバーズ必勝の極意—数字選択式宝くじ　v.29（ロト大研究号）　2005.5

◇夏のかんたんソーイング—手作り大好き！　2005　2005.5

◇Dr.コパの鬼門風水術　2005年版（Dr.コパ著）　2005.6

◇ジャスダックマザーズヘラクレス新興3市場ズバリ!儲ける株　v.4（実業之日本社編）　2005.6

◇コモディティ投資—自動売買超入門　2005.7

◇血液型パーフェクト行動分析&心理テスト　v.2　実業之日本社編）　2005.8

◇Nail venus　v.4　2005.8

◇ロト&ナンバーズ必勝の極意—数字選択式宝くじ　v.30（2005年 夏号）　2005.8

◇教えてDr.コパ!これからの運と夢をつかむ風水術　2006年 幸せ準備号（Dr.コパ小林祥晃著）　2005.8

◇今、この株を買おう　2005年 後半号（実業之日本社編）　2005.8

◇大人の小粋なニット—風の色を編む北村恵美子の世界（北村恵美子〔著〕）　2005.9

◇ジャスダックマザーズヘラクレス新興3市場ズバリ!儲ける株　v.5（実業之日本社編）　2005.10

◇秋冬かんたんソーイング—ミセス版 S〜LLサイズ　2005　2005.10

◇手編み大好き！　2005-2006　2005.10

◇株のケータイ電話トレードで週10万円儲ける！（実業之日本社編）　2005.11

◇Nail venus　v.5　2005.11

◇ロト&ナンバーズ必勝の極意—数字選択式宝くじ　v.31（2005年 秋冬号）　2005.11

◇Dr.コパの開運縁起の風水術　2006年版（小林祥晃著）　2005.11

◇ロト6&ミニロト必勝の極意—数字選択式宝くじ保存版 2006年　2005.12

◇今、この株を買おう　2006年 新春号（実業之日本社編）　2005.12

◇新興3市場全銘柄投資診断—ジャスダック・ヘラクレス・マザーズ1196銘柄 今こそお宝銘柄をゲットしよう（実業之日本社編）　2006.1

◇デトックスできれいになる！—かんたんテクでとことん毒出し（実業之日本社編）　2006.1

288　全集・叢書総目録 2005-2010

一般叢書・全集

◇Dr.コパの夢をかなえ〈富〉を築く2006年風水術（小林祥晃著） 2006.1
◇ベッドの上で簡単にできる「寝ヨガ」レッスン（内藤景代監修） 2006.2
◇下ヨシ子の流生命福運術 v.3（下ヨシ子著） 2006.2
◇血液型パーフェクト行動分析&心理テスト v.3（実業之日本社編） 2006.2
◇ジャスダックマザーズヘラクレス新興3市場ズバリ!儲ける株 v.6（実業之日本社編） 2006.2
◇Nail venus v.6 2006.2
◇ロト&ナンバーズ必勝の極意—数字選択式宝くじ v.32（2006年 開運スペシャル号） 2006.2
◇退職金がっちり運用 2006年版（神戸孝監修） 2006.2
◇株のネットトレードで月に30万円以上儲ける!必勝編（実業之日本社編） 2006.2
◇今、この株を買おう 2006年 前半号（実業之日本社編） 2006.3
◇手ぬい手あみのベビーウエア—赤ちゃんの肌に触れても安心の素材で作る 0〜24ヵ月 2006.4
◇外貨で年10%の金利を稼ぐ本—FX投資のツボとコツを、すべて教えます!（野村雅道監修） 2006.4
◇春夏かんたんソーイング—ミセス版 2006 2006.4
◇新興3市場全銘柄投資診断 v.2（実業之日本社編） 2006.5
◇ジャスダックマザーズヘラクレス新興3市場ズバリ!儲ける株 v.7（実業之日本社編） 2006.5
◇Nail venus v.7 2006.5
◇ロト&ナンバーズ必勝の極意—数字選択式宝くじ v.33（2006年 春夏号） 2006.5
◇夏のかんたんソーイング—手作り大好き! 2006 2006.5
◇憧れの手作りウエディングドレス 2006.6
◇教えてDr.コパ!これからの運と夢をつかむ風水術 2007年幸せ準備号（Dr.コパ小林祥晃著） 2006.6
◇行動分析・血液型・心理テストですべてわかる!パーフェクト相性診断（実業之日本社編） 2006.7

◇今、この株を買おう 2006年 後半号（実業之日本社編） 2006.7
◇Nail venus v.8 2006.8
◇ロト6&ミニロト必勝の極意—数字選択式宝くじ v.34（2006年 福運爆発号） 2006.8
◇ジャスダックマザーズヘラクレス新興3市場ズバリ!儲ける株 v.8（実業之日本社編） 2006.9
◇あなたもフラガール—DVDで学ぶはじめてのフラレッスン 2006.10
◇秋冬かんたんソーイング—ミセス版 S〜LLサイズ 2006 2006.10
◇手編み大好き! 2006-2007 2006.10
◇東洋証券ではじめるカンタン株トレード 2006.11
◇すこやかベビーのラブリーニット—0〜24ヵ月 2006.11
◇Nail venus v.9 2006.11
◇ロト&ナンバーズ必勝の極意—数字選択式宝くじ v.35（2006-2007年 新戦法特集号） 2006.11
◇Dr.コパの開運縁起の風水術 2007年版（小林祥晃著） 2006.11
◇今、この株を買おう 2006-2007 年末年始号（実業之日本社編） 2006.11
◇誰でもわかるやさしい免疫（KYG協会編） 2006.12
◇あなたの前世がわかる本 2006.12
◇紫月香歩の風水まるごと金運生活 2007年版（紫月香歩監修） 2006.12
◇Dr.コパ!の夢をかなえ〈富〉を築く2007年風水術（小林祥晃著） 2007.1
◇今、この株を買おう 2007年 上半期号（実業之日本社編） 2007.2
◇ロト6&ミニロト必勝の極意—数字選択式宝くじ v.36（2007年 新法則特集号） 2007.3
◇手編み大好き!—1枚編んだら、やめられない 2007 spring&summer 2007.4
◇春夏かんたんソーイング—ミセス版 2007 2007.4
◇かんたんFX投資実戦マニュアル 2007.5

一般叢書・全集　　　　　　　　　　　　　　　　　　　総記

◇夏のかんたんソーイング―手作り大好き！ヤング版　2007　2007.5
◇今、この株を買おう　2007年 初夏号（実業之日本社編）　2007.5
◇下ヨシ子の流生命福運術　大開運スペシャル号（下ヨシ子著）　2007.5
◇Dr.コパの「和」の心で幸せを呼び込む風水術（小林祥晃著）　2007.7
◇塩・パワーストーン・お札自分でできる！お清め＆お祓い百科（実業之日本社編）　2007.8
◇今、この株を買おう　2007年 夏―秋号（実業之日本社編）　2007.8
◇まるわかり！カラオケbox儲けの構造―繁盛店が決して明かさない、安定・確実なビジネスモデル全公開!!（スタジオ・クー企画・編集）　2007.10
◇ロト6＆ミニロト必勝の極意―数字選択式宝くじ保存版　v.37（2007-2008年 新戦略号）　2007.10
◇秋冬かんたんソーイング―ミセス版 S～LLサイズ　2007　2007.10
◇手編み大好き！―1枚編んだら、やめられない　2007-2008 autumn & winter　2007.10
◇Dr.コパの開運縁起の風水術　2008年版（小林祥晃著）　2007.11
◇冬のかんたんソーイング―手作り大好き！ヤング版　2007-2008　2007.11
◇今、この株を買おう　2007年 秋―冬号（実業之日本社編）　2007.11
◇開運・パワーストーン事典（森村あこ監修）　2007.12
◇Dr.コパの夢をかなえ（富）を築く2008年風水術（Dr.コパ著）　2008.1
◇記録するだけダイエット（砂山聡監修）　2008.2
◇核内栄養成分―理想の栄養素は細胞核内にあった!!DNA・RNA・プロタミン・ポリアミン（KYG協会編）　2008.2
◇今、この株を買おう　2008年 冬―春号（実業之日本社編）　2008.2
◇Deco venus　v.1　2008.4
◇ロト6＆ミニロト必勝の極意―数字選択式宝くじ　v.38（2008年 激アツ当選号）　2008.4

◇手編み大好き！―1枚編んだら、やめられない　2008 spring & summer　2008.4
◇春夏かんたんソーイング―ミセス版　2008　2008.4
◇夏のかんたんソーイング―手作り大好き！ヤング版　2008　2008.5
◇今、この株を買おう　2008年 初夏号（実業之日本社編）　2008.5
◇ネイルアートbible　2008　2008.6
◇超カンタンはじめての株ネット取引　2008.7
◇手作りフラドレスと小もの　2008.7
◇下ヨシ子の幸せを呼ぶ流生命（下ヨシ子著）　2008.7
◇Dr.コパの方位と間取り風水―決定版（Dr.コパ著）　2008.7
◇手作りのウエディングビーズジュエリー（ビーズワークス・シス）（yoko作品デザイン・作品制作）　2008.7
◇「銘柄スクリーニング」で見つける秋冬相場大ヒット候補株（実業之日本社編）　2008.9
◇Deco venus　v.2　2008.10
◇ロト6＆ミニロト必勝の極意―数字選択式宝くじ　v.39（2008年後半ドリーム号）　2008.10
◇秋冬かんたんソーイング―ミセス版 S～LLサイズ　2008　2008.10
◇Dr.コパの開運縁起の風水術　2009年版（小林祥晃著）　2008.10
◇手編み大好き！―1枚編んだら、やめられない　2008-2009 autumn & winter　2008.10
◇生田悦子のやさしいゆび編み―楽しく編んで若さを保ち、うれしい脳トレ（生田悦子〔著〕）　2008.11
◇かんたんソーイング―手作り大好き！ヤング版　2008冬―2009春　2008.11
◇Dr.コパの夢をかなえ（富）を築く2009年金運風水（Dr.コパ著）　2008.12
◇ナチュラルおそうじの基本―重曹、ビネガー、せっけんで、家じゅうピカピカ（岩尾明子監修）　2008.12
◇Deco venus　v.3　2009.1

総記　　　　　　　　　　　　　　　　　　　　　　　　　　　一般叢書・全集

◇スロトレ記録式ダイエット（砂山聡監修）　2009.2
◇プロが教えるFX投資即戦マニュアル　2009.3
◇手編み大好き!―1枚編んだら、やめられない '09　2009.4
◇ネイルアートbible　2009　2009.4
◇春夏かんたんソーイング―ミセス版　2009　2009.4
◇ロト6 & ミニロト必勝の極意―数字選択式宝くじ　09年前半的中快進撃号　新法則「当選インターバル」で1等当選を目指せ!　2009.4
◇夏のかんたんソーイング―手作り大好き! ヤング版 '09　2009.5
◇確実にわかる!あなたの家の年金額ケーススタディ90　平成21年度最新版　2009.5
◇Dr.コパの厄落とし・厄祓い盛り塩風水―決定版　幸せを入れて厄を押し出せ!（Dr.コパ小林祥晃著）　2009.7
◇歌の大全集―最新版　2009.7
◇Deco venus　vol.4　2009.7
◇今こそ買いどき!!金投資まるわかりガイド―各国の大量国債発行でインフレ懸念が台頭　2009.8
◇エー・ブルームミュージックプラス―華流ビジュアル&インタビューマガジン　2009　2009.8
◇素敵な手あみ秋冬ニット　2009.9
◇キャシー中島のパッチワーク大好き!　vol.2　あったかキルト（キャシー中島著）　2009.9
◇ジェルネイルperfect lesson　2009.10
◇秋冬かんたんソーイング '09 ミセス版　2009.10
◇Dr.コパの開運縁起の風水術　2010年版（小林祥晃著）　2009.10
◇手編み大好き!―1枚編んだら、やめられない 2009-2010 autumn & winter　2009.10
◇ロト6 & ミニロト必勝の極意―数字選択式宝くじ　09年後半～10年前半狙え高額当選番号「数字の個性」を把握して、4億円ゲット!　2009.10
◇私の編みものレッスン帳―はじめてでも、だいじょうぶ 手編みの基礎がこの1冊でわかります!　2009.11
◇Dr.コパの夢をかなえ（富）（ロマン）を築く2010年金運風水（Dr.コパ著）　2009.12
◇オールヒットソング　2010年版　2009.12
◇ネイルアートbible EX―人気アートを集めたネイルチップのサンプル集　2010.1
◇下ヨシ子の流生命福運術　浄霊スペシャル号（下ヨシ子著）　2010.1
◇本当にくびれる!お酢ダイエット―お酢が脂肪を燃やす!だからエクササイズの効果もアップ!!（尾関紀輝監修）　2010.2
◇キャシー中島のパッチワーク大好き!　vol.3（キャシー中島著）　2010.2
◇おしゃれな手編み春夏ニット　2010.3
◇ネイルアートperfect lesson　2010.4
◇手編み大好き!―1枚編んだら、やめられない '10　2010.4
◇夏のかんたんソーイング―手作り大好き! ヤング版 '10　2010.4
◇春夏かんたんソーイング―ミセス版　2010　2010.4
◇野球道具天国―野球を愛してやまない人のためのベースボールギア・マガジン　2010.5
◇自転車と旅　vol.1　2010.5
◇ロト6&ミニロト必勝の極意―数字選択式宝くじ 2010年夢の4億円当選号　ロト6（第462回）2等2801万6500円ズバリ的中!　2010.5
◇Dr.コパのインテリア&方位金運風水―決定版　幸せになる金運を育てよう!（小林祥晃著）　2010.7
◇盛りまつ毛VENUS　2010.7
◇歌の大全集―最新版　〔2010年〕　2010.7
◇少年野球コーチングバイブル―子どもの野球が見違えるほどうまくなる!（実業之日本社編）　2010.8
◇日本一デカい!クロスワードbig　vol.1　2010.8
◇自転車と旅　vol.2　総力特集:キャンピングの旅、教えます!　2010.8
◇秋冬ニット―ミセスの手編み '10-'11　2010.9
◇この冬あみたい毛糸の小もの―1玉からのかわいい手あみ　2010.9

一般叢書・全集　　　　　　　　　　　　　　　　　　　総記

◇ファイヤーキングとアメリカンビンテージ　2010.9
◇秋冬かんたんソーイング　'10 ミセス版　特集：はきやすくてきれいシルエットの「手作りパンツ」　2010.10
◇手編み大好き!―1枚編んだら、やめられない　'10-'11　2010.10
◇にんにくでガン予防!（有賀豊彦, 浜内千波著）　2010.11
◇Dr.コバの開運縁起の風水術　2011年版（小林祥晃著）　2010.11
◇ロト6&ミニロト必勝の極意―数字選択式宝くじ10年後半～11年前半絶対当選GET号　本誌「袋とじ大予測」絶好調!2回に1回は当選!　2010.11

自分流選書　自分流文庫　1995～2001　⇒I-332
◇四国遍路―六十五歳から四国八十八札所千四百キロ歩いた記録（庭野隆雄著）　2001.1（第2刷）

清水信文学選　清水信〔著〕　〔伊藤伸司〕　2004
84号　緑雨百年　2004　2004.12
86号　詩のある舞台　2004.11

十八世紀叢書　中川久定, 村上陽一郎責任編集　国書刊行会　1997～2008　⇒V-455
第10巻　秘教の言葉―もうひとつの底流（今野喜和人, 長谷川光明訳）　2008.8

主婦の友百科シリーズ　主婦の友社　1981～2008　⇒I-333
◇家庭の医学―すぐ役立つよくわかる　新版　2004.10
◇365日きょうのおかず大百科―毎日使える一生役立つ　2004.10
◇365日野菜のおかず百科―決定版　2006.4
◇365日のおかず百科―毎日の献立3品がすぐ決まる!　2007.3
◇食べてやせて元気になる料理大百科　2008.3
◇育てる楽しむ食べる野菜づくり大百科（新井敏夫監修）　2008.3
◇ほぐすいやす治す安心医学大百科（主婦の友社編）　2008.3
◇365日おべんとう百科―決定版　2008.4
◇主婦の友毎日のおかずレシピbest 600―今日のおかず即決!失敗なしの安心レシピ　2008.11
◇主婦の友365日の暮らし上手百科　2008.11

樹立社ライブラリー　樹立社　2003～2005　⇒V-61
◇四万十川に生きる（立松和平文・写真）　2005.4
◇カブトムシに会える森（岡部優子文, 筒井学写真）　2005.7

樹立社ライブラリー・スペシャル　樹立社　2005～2007
◇旭山動物園物語（古舘謙二文, 篠塚則明写真）　2005.3
◇メッセージ（都はるみ著）　2006.8
◇知床の四季を歩く（立松和平文・写真）　2007.5

樹林舎叢書　人間社　2010
◇猿まわしの系図（飯田道夫著）　2010.3
◇ぼくたちは何を失おうとしているのか―ホンネの生物多様性（関口威人著）　2010.6

翔年たちへ　アーティストハウスパブリッシャーズ　2005
◇海を飛ぶ夢（ラモン・サンペドロ著, 轟志津香, 宮崎真紀, 中川紀子訳）　2005.4
◇55歳からの生きがいづくり（翔年社編）　2005.6

食の文化フォーラム　ドメス出版　1983～2010　⇒I-334
23　食と科学技術（舛重正一編）　2005.9
24　味覚と嗜好（伏木亨編）　2006.12
25　食を育む水（虻田正博編）　2007.9
26　米と魚（佐藤洋一郎編）　2008.9
27　伝統食の未来（岩田三代編）　2009.9
28　医食同源―食とからだ・こころ（津金昌一郎編）　2010.9

Shotor museum　小学館　1995～2009　⇒I-334
◇モディリアーニモンパルナスの伝説（宮下規久朗著）　2008.3
◇日本縦断個性派美術館への旅（なかやまあきこ写真・文）　2008.4

総記　　　　　　　　　　　　　　　　　　　　　　　　　　　一般叢書・全集

◇ピカソ描かれた恋—8つの恋心で読み解くピカソの魅力（結城昌子著）　2008.10
◇ラリックをめぐるフランスの旅（南川三治郎写真・文，池田まゆみ監修）　2009.5
◇ラリックをめぐるフランスの旅（南川三治郎写真・文，池田まゆみ監修）　2009.6
◇クリムト金色の交響曲（宮下誠著）　2009.7

Shotor library　小学館　1993〜2008　⇒I-334
◇Guinnessアイルランドが産んだ黒いビール（こゆるぎ次郎著）　2005.10
◇失敗しない宝石選び（Sook book）（岡本憲将著）　2008.3
◇京町家・杉本家の献立帖—旨いおかずの暦（杉本節子著）　2008.6
◇はじめての『般若心経』（サライ編集部編）　2008.12

シリーズ近江文庫　新評論　2007〜2010
◇近江骨董紀行—城下町彦根から中山道・琵琶湖へ（筒井正夫著）　2007.6
◇琵琶湖をめぐるスニーカー—お気楽ウォーカーのひとりごと（山田のこ著）　2009.4
◇滋賀の巨木めぐり—歴史の生き証人を訪ねて（滋賀の名木を訪ねる会編）　2009.11
◇ほんがら松明復活—近江八幡市島町・自立した農村集落への実践（水野馨生里著）　2010.2
◇台所を川は流れる—地下水脈の上に立つ針江集落（小坂育子著）　2010.7

シリーズ〈オペレーションズ・リサーチ〉　今野浩，茨木俊秀，伏見正則，高橋幸雄，腰塚武志編　朝倉書店　2007〜2009
1　戦略的意思決定手法AHP（木下栄蔵，大屋隆生著）　2007.9
2　データマイニングとその応用（加藤直樹，羽室行信，矢田勝俊著）　2008.9
3　離散凸解析とゲーム理論（田村明久著）　2009.11

シリーズ ここからはじまる　青海社　2004〜2005　⇒V-64

◇私たちの先生は子どもたち!—子どもの「悲嘆」をサポートする本（細谷亮太監修，リンダ・エスピー著，下稲葉かおり訳）　2005.1

シリーズ「自伝」my life my world　ミネルヴァ書房　2010
◇精神医学から臨床哲学へ（木村敏著）　2010.4
◇生物学の夢を追い求めて（毛利秀雄著）　2010.4
◇情報を読む力，学問する心（長尾真著）　2010.7
◇新しい歴史像を探し求めて（角山栄著）　2010.11

シリーズ・未来へのつばさ　ポプラ社　2004〜2005　⇒IV-186
2　1948年のスケッチブック—あるスイス人画家と少女が描いた日本の光（ふなこしゆり著）　2004.12
3　ちかい家族とおい家族—東京・ドヤ街物語（今西乃子著）　2005.9
4　ユウキ—世界で8番目のたたかいに勝った男の物語（岸川悦子著）　2005.12

信山社叢書　信山社出版　1998〜2005　⇒I-336
◇ケルゼン研究　2（長尾龍一著）　2005.6

新釈漢文大系　明治書院　1960〜2010　⇒I-336
24　易経　中　5版（今井宇三郎著）　2008.4
40　史記　3上（十表 1）（寺門日出男著）　2005.7
63　易経　下（今井宇三郎，堀池信夫，間嶋潤一著）　2008.11
92　史記　12（列伝 5）（青木五郎著）　2007.9
98　白氏文集　2上（岡村繁著）　2007.7
103　白氏文集　7上（岡村繁著）　2008.7
104　白氏文集　8（岡村繁著）　2006.8
105　白氏文集　9（岡村繁著）　2005.7
108　白氏文集　12上（岡村繁著）　2010.6
116　史記　3下（十表 2）（寺門日出男著）　2008.6
117　白氏文集　2下（岡村繁著）　2007.7

新修森有礼全集　文泉堂書店　1999〜2005　⇒I-336
別巻 3（外交公信篇）（森有礼〔著〕，大久保利謙監修，上沼八郎，犬塚孝明共編）　2005.6

新書漢文大系　明治書院　1996〜2007　⇒I-336

全集・叢書総目録 2005-2010　**293**

一般叢書・全集　　　　　　　　　　　　　　　　　　　　　　　　　　　　　総記

28　蒙求（早川光三郎著, 三沢勝己編）　2005.5
29　論衡（山田勝美著, 田辺淳編）　2005.5
30　唐宋八大家文読本〈韓愈〉（星川清孝著, 白石真子編）　2006.5
31　史記〈世家〉（吉田賢抗著, 滝康秀編）　2006.5
32　史記〈世家〉　2（吉田賢抗著, 滝康秀編）　2006.5
33　墨子（山田琢著, 山辺進編）　2007.5
34　淮南子（楠山春樹著, 本田千恵子編）　2007.5
35　文選〈文章篇〉（原田種成, 竹田晃著, 小嶋明紀子編）　2007.5

新潮選書　新潮社　1967～2010　⇒I-337
◇仏教に学ぶ老い方・死に方（ひろさちや著）　2004.11
◇ギャンブル依存とたたかう（帚木蓬生著）　2004.11
◇世界文学を読みほどく―スタンダールからピンチョンまで（池澤夏樹著）　2005.1
◇ゲーテに学ぶ幸福術（木原武一著）　2005.1
◇野鳥を呼ぶ庭づくり（藤本和典著）　2005.3
◇江戸の閨房術（渡辺信一郎著）　2005.3
◇日本語の手ざわり（石川九楊著）　2005.5
◇こころと体に効く漢方学（三浦於菟著）　2005.5
◇キプロス島歴史散歩（渋沢幸子著）　2005.5
◇天才がどんどん生まれてくる組織（斎藤孝著）　2005.7
◇武士道と日本型能力主義（笠谷和比古著）　2005.7
◇カネが邪魔でしょうがない―明治大正・成金列伝（紀田順一郎著）　2005.7
◇「里」という思想（内山節著）　2005.9
◇モノが語るドイツ精神（浜本隆志著）　2005.9
◇あの航空機事故はこうして起きた（藤田日出男著）　2005.9
◇発酵は錬金術である（小泉武夫著）　2005.11
◇危険な脳はこうして作られる（吉成真由美著）　2005.11
◇アンデルセンの生涯　改版14刷（山室静著）　2005.12

◇日本人はなぜ日本を愛せないのか（鈴木孝夫著）　2006.1
◇「アメリカ抜き」で世界を考える（堀武昭著）　2006.1
◇学生と読む『三四郎』（石原千秋著）　2006.3
◇パラサイト式血液型診断（藤田紘一郎著）　2006.5
◇「密息」で身体が変わる（中村明一著）　2006.5
◇江戸の性愛術（渡辺信一郎著）　2006.5
◇絵のなかの魂―評伝・田中一村（湯原かの子著）　2006.5
◇真っ当な日本人の育て方（田下昌明著）　2006.6
◇泥の文明（松本健一著）　2006.6
◇植物力―人類を救うバイオテクノロジー（新名惇彦著）　2006.7
◇ドイツ病に学べ（熊谷徹著）　2006.8
◇渋滞学（西成活裕著）　2006.9
◇お念仏とは何か（ひろさちや著）　2006.9
◇木を植えよ!（宮脇昭著）　2006.11
◇醜い日本の私（中島義道著）　2006.12
◇41歳からのクラシック（みつとみ俊郎著）　2007.1
◇宇宙に果てはあるか（吉田伸夫著）　2007.1
◇五〇〇〇年前の日常―シュメル人たちの物語（小林登志子著）　2007.2
◇日本人の老後（長山靖生著）　2007.3
◇逆立ち日本論（養老孟司, 内田樹著）　2007.5
◇江戸の温泉学（松田忠徳著）　2007.5
◇名城と合戦の日本史（小和田哲男著）　2007.5
◇ファーブル巡礼（津田正夫著, 奥本大三郎監修）　2007.5
◇核時代の想像力（大江健三郎著）　2007.5
◇二十世紀から何を学ぶか　上（寺島実郎著）　2007.5
◇二十世紀から何を学ぶか　下（寺島実郎著）　2007.5
◇お殿様たちの出世―江戸幕府老中への道（山本博文著）　2007.6
◇テロと救済の原理主義（小川忠著）　2007.6
◇秘伝大学受験の国語力（石原千秋著）　2007.7
◇地球システムの崩壊（松井孝典著）　2007.8

◇野の鳥は野に―評伝・中西悟堂（小林照幸著）2007.8
◇日本売春史―遊行女婦からソープランドまで（小谷野敦著）2007.9
◇六十歳から家を建てる（天野彰著）2007.9
◇江戸の媚薬術（渡辺信一郎著）2007.10
◇ウイスキー通（土屋守著）2007.10
◇戦国武将を育てた禅僧たち（小和田哲男著）2007.12
◇拷問と処刑の西洋史（浜本隆志著）2007.12
◇戦後日本経済史（野口悠紀雄著）2008.1
◇日本人の愛した色（吉岡幸雄著）2008.1
◇老いてますます楽し―貝原益軒の極意（山崎光夫著）2008.2
◇銀文字聖書の謎（小塩節著）2008.2
◇老いてますます楽し―貝原益軒の極意（山崎光夫著）2008.3
◇恋愛哲学者モーツァルト（岡田暁生著）2008.3
◇謎ときシェイクスピア（河合祥一郎著）2008.3
◇卍の魔力、巴の呪力―家紋おもしろ語り（泡坂妻夫著）2008.4
◇北村薫の創作表現講義―あなたを読む、わたしを書く（北村薫著）2008.5
◇『十五少年漂流記』への旅（椎名誠著）2008.5
◇地球最後のオイルショック（デイヴィッド・ストローン著, 高遠裕子訳）2008.5
◇天下の副将軍―水戸藩から見た江戸三百年（長山靖生著）2008.5
◇人間通（谷沢永一著）2008.5
◇マックス・ヴェーバー物語―二十世紀を見抜いた男（長部日出雄著）2008.5
◇処女の文化史（アンケ・ベルナウ著, 夏目幸子訳）2008.6
◇「死体」が語る中国文化（樋泉克夫著）2008.6
◇やまと教―日本人の民族宗教（ひろさちや著）2008.7
◇年をとって、初めてわかること（立川昭二著）2008.7
◇がん検診の大罪（岡田正彦著）2008.7
◇魂の古代学―問いつづける折口信夫（上野誠著）2008.8

◇故国を忘れず新天地を拓く―移民から見る近代日本（天沼香著）2008.8
◇とりかへばや、男と女（河合隼雄著）2008.8
◇輿論と世論―日本的民意の系譜学（佐藤卓己著）2008.9
◇追跡・アメリカの思想家たち（会田弘継著）2008.9
◇歴史のなかの未来（山内昌之著）2008.9
◇証言・フルトヴェングラーかカラヤンか（川口マーン恵美著）2008.10
◇マキノ雅弘―映画という祭り（山根貞男著）2008.10
◇光の場、電子の海―量子場理論への道（吉田伸夫著）2008.10
◇無駄学（西成活裕著）2008.11
◇中国の性愛術（土屋英明著）2008.11
◇戦国武将の死生観（篠田達明著）2008.12
◇自爆する若者たち―人口学が警告する驚愕の未来（グナル・ハインゾーン著, 猪股和夫訳）2008.12
◇凍った地球―スノーボールアースと生命進化の物語（田近英一著）2009.1
◇不干斎ハビアン―神も仏も棄てた宗教者（釈徹宗著）2009.1
◇怯えの時代（内山節著）2009.2
◇ダンディズムの系譜―男が憧れた男たち（中野香織著）2009.2
◇小説作法（さほう）ABC（島田雅彦著）2009.3
◇西太后（せいたいごう）の不老術（宮原桂著）2009.3
◇テロとユートピア―五・一五事件と橘孝三郎（長山靖生著）2009.4
◇住まいと暮らしの質問室（「室内」編集部著）2009.4
◇サルコジ―マーケティングで政治を変えた大統領（国末憲人著）2009.5
◇無差別殺人の精神分析（片田珠美著）2009.5
◇麻薬とは何か―「禁断の果実」五千年史（佐藤哲彦, 清野栄一, 吉永嘉明著）2009.5
◇自然はそんなにヤワじゃない―誤解だらけの生態系（花里孝幸著）2009.5

一般叢書・全集　　　　　　　　　　　　　　　　　　総記

◇自殺予防学（河西千秋著）　2009.6
◇モサド—暗躍と抗争の六十年史（小谷賢著）　2009.6
◇人生に効く漱石の言葉（木原武一著）　2009.6
◇中東危機の震源を読む（池内恵著）　2009.7
◇作家と戦争—城山三郎と吉村昭（森史朗著）　2009.7
◇創られた「東京裁判」（竹内修司著）　2009.8
◇零式艦上戦闘機（清水政彦著）　2009.8
◇手妻のはなし—失われた日本の奇術（藤山新太郎著）　2009.8
◇日本はなぜ貧しい人が多いのか—「意外な事実」の経済学（原田泰著）　2009.9
◇春本を愉しむ（出久根達郎著）　2009.9
◇パリの日本人（鹿島茂著）　2009.10
◇「3」の発想—数学教育に欠けているもの（芳沢光雄著）　2009.10
◇強い者は生き残れない—環境から考える新しい進化論（吉村仁著）　2009.11
◇進化考古学の大冒険（松木武彦著）　2009.12
◇靖国神社の祭神たち（秦郁彦著）　2010.1
◇身体の文学史（養老孟司著）　2010.2
◇万葉びとの奈良（上野誠著）　2010.3
◇ウイスキー起源への旅（三鍋昌春著）　2010.4
◇団地の時代（原武史, 重松清著）　2010.5
◇韓国併合百年と「在日」（金賛汀著）　2010.5
◇漱石はどう読まれてきたか（石原千秋著）　2010.5
◇思考の飛躍—アインシュタインの頭脳（吉田伸夫著）　2010.5
◇裸はいつから恥ずかしくなったか—日本人の羞恥心（中野明著）　2010.5
◇人間にとって科学とは何か（村上陽一郎著）　2010.6
◇黒人はなぜ足が速いのか—「走る遺伝子」の謎（若原正己著）　2010.6
◇なぜ北朝鮮は孤立するのか—金正日破局へ向かう「先軍体制」（平井久志著）　2010.7
◇西洋医がすすめる漢方（新見正則著）　2010.8
◇貨幣進化論—「成長なき時代」の通貨システム（岩村充著）　2010.9
◇三島由紀夫と司馬遼太郎—「美しい日本」をめぐる激突（松本健一著）　2010.10
◇戦後日本漢字史（阿辻哲次著）　2010.11
◇ヒトはなぜ拍手をするのか—動物行動学から見た人間（小林朋道著）　2010.12
◇昆虫未来学—「四億年の知恵」に学ぶ（藤崎憲治著）　2010.12

真福寺善本叢刊　国文学研究資料館編　臨川書店　1998〜2008　⇒V-609
第2期　第1巻（目録部 2）　真福寺古目録集　2　2005.2
第2期　第3巻（仏法部 6）　中世先徳著作集　2006.11
第2期　第4巻（仏法部 7）　中世唱導資料集　2　2008.11
第2期　第5巻（史伝部 1）　聖徳太子伝集　2006.3
第2期　第8巻（神祇部 3）　伊勢神道集　2005.11
第2期　第10巻（記録部 4）　東大寺本末相論史料（古文書集　2）　2008.4
第2期　第11巻（記録部 5）　法儀表白集　2005.6
第2期　第12巻（文筆部 3）　性霊集注　2007.2

人文研ブックレット　中央大学人文科学研究所　1993〜2008　⇒I-339
17　ドイツロマン主義と文化学—シンポジウム（トーマス・アルトハウス, デトレフ・クレーマー, エルンスト・リパット著, 伊藤秀一訳）　2005.2
18　イギリス小説のやすらぎ—談話会（深沢俊著）　2005.12
19　文学と音楽—談話会（松本道介著）　2006.2
20　映画、眼差しと記憶—公開研究会（伊藤洋司, 佐藤歩著）　2006.8
21　抹香臭いか、英国詩—十九紀英詩人の世界観探究　談話会（森松健介著）　2007.2
22　オニールと女性—女性の意味するもの　談話会（長田光展著）　2007.6
23　中世の「キリスト教神話」を求めて—神話・神秘・信仰　公開講演会（フィリップ・ヴァルテール著, 渡辺浩司訳）　2008.2
24　ブーライユと文通した日本人—大屋久寿雄のこと　談話会（高橋治男著）　2008.2

ずいそうしゃブックレット　随想舎　1988〜2008
⇒IV-383
13　福田県政の四年間—検証と提言（とちぎ地域・自治研究所編）　2004.10
14　新・渡良瀬遊水池—自然と歴史の野外博物館に（渡良瀬遊水池を守る利根川流域住民協議会編）　2005.9
15　分権・自治・協働の社会へ—県政への提言　第二次県政白書（とちぎ地域・自治研究所編）　2008.9

図説・中国文化百華　農山漁村文化協会　2002〜2009　⇒V-332
第1巻　漢字の文明　仮名の文化—文字からみた東アジア（石川九楊著）　2008.12
第7巻　王朝の都　豊饒の街—中国都市のパノラマ（伊原弘著）　2006.7
第8巻　日中を結んだ仏教僧—波濤を超えて決死の渡海（頼富本宏著）　2009.3
第9巻　癒す力をさぐる—東の医学と西の医学（遠藤次郎，中村輝子，マリア・サキム著）　2006.4
第10巻　火の料理　水の料理—食に見る日本と中国（木村春子著）　2005.3
第11巻　東アジア四千年の永続農業—中国・朝鮮・日本　上（F. H. キング著，杉本俊朗訳）　2009.1
第12巻　東アジア四千年の永続農業—中国・朝鮮・日本　下（F. H. キング著，杉本俊朗訳）　2009.1
第13巻　「天下」を目指して—中国多民族国家の歩み（王柯著）　2007.3
第15巻　風水という名の環境学—気の流れる大地（上田信著）　2007.5
第16巻　歴史の海を走る—中国造船技術の航跡（山形欣哉著）　2004.11
第17巻　君当に酔人を恕すべし—中国の酒文化（蔡毅著）　2006.11

青弓社ライブラリー　青弓社　2004〜2010
35　不妊と男性（村岡潔〔ほか〕著）　2004.11
36　ブルマーの社会史—女子体育へのまなざし（高橋一郎，萩原美代子，谷口雅子，掛水通子，角田聡美著）　2005.4
37　お笑い進化論（井山弘幸著）　2005.5
38　児童虐待と動物虐待（三島亜紀子著）　2005.6

39　企業スポーツの栄光と挫折（沢野雅彦著）　2005.6
40　プロレスファンという装置（小田亮，亀井好恵編著）　2005.8
41　浮遊する「記憶」（矢野敬一，木下直之，野上元，福田珠己，阿部安成著）　2005.9
42　まなざしに管理される職場（大野正和著）　2005.10
43　死と死別の社会学—社会理論からの接近（沢井敦著）　2005.11
44　図書館の政治学（東条文規著）　2006.1
45　「ジェンダー」の危機を超える!—徹底討論! バックラッシュ（若桑みどり，加藤秀一，皆川満寿美，赤石千衣子編著）　2006.8
46　「開発」の変容と地域文化（水内俊雄，鈴木勇一郎，大門正克，森田真也，岡本真佐子著）　2006.10
47　機械＝身体のポリティーク（中山昭彦，吉田司雄編著）　2006.11
48　美術館の政治学（暮沢剛巳著）　2007.4
49　ひきこもりの〈ゴール〉—「就労」でもなく「対人関係」でもなく（石川良子著）　2007.9
50　スポーツする身体とジェンダー（谷口雅子著）　2007.10
51　「家族」はどこへいく（沢山美果子，岩上真珠，立山徳子，赤川学，岩本通弥著）　2007.12
52　恋愛の社会学—「遊び」とロマンティック・ラブの変容（谷本奈穂著）　2008.4
53　ライブハウス文化論（宮入恭平著）　2008.5
54　健康優良児とその時代—健康というメディア・イベント（高井昌吏，古賀篤著）　2008.6
55　ポスト・プライバシー（阪本俊生著）　2009.1
56　拡散するサブカルチャー—個室化する欲望と癒しの進行形（谷川建司，王向華，呉咏梅編著）　2009.5
57　越境するポピュラーカルチャー—リコウランからタッキーまで（谷川建司，王向華，呉咏梅編著）　2009.7
58　劇場型社会の構造—「お祭り党」という視点（新井克弥著）　2009.7
59　〈普通〉という希望（山田真茂留著）　2009.7

60 食文化から社会がわかる!(原田信男, 江原絢子, 竹内由紀子, 中村麻理, 矢野敬一著) 2009.10
61 男性学の新展開(田中俊之著) 2009.12
62 夜食の文化誌(西村大志編著) 2010.1
63 家族と格差の戦後史——一九六〇年代日本のリアリティ(橋本健二編著) 2010.1
64 女はポルノを読む——女性の性欲とフェミニズム(守如子著) 2010.2
65 学生野球憲章とはなにか——自治から見る日本野球史(中村哲也著) 2010.8

成蹊大学アジア太平洋研究センター叢書　日本評論社　1999～2008　⇒IV-310
◇家族の変容とジェンダー——少子高齢化とグローバル化のなかで(富田武, 李静和編) 2006.12
◇差別禁止法の新展開——ダイヴァーシティの実現を目指して(森戸英幸, 水町勇一郎編著) 2008.9

成蹊大学人文叢書　風間書房　2003～2010　⇒V-617
3 病と文化(成蹊大学文学部学会編) 2005.3
4 公助・共助・自助のちから——武蔵野市からの発信(成蹊大学文学部学会編) 2006.5
6 ミステリーが生まれる(成蹊大学文学部学会編) 2008.4
7 探究するファンタジー——神話からメアリー・ポピンズまで(成蹊大学文学部学会編) 2010.3

成蹊大学人文叢書　彩流社　2008
5 明治・大正・昭和の大衆文化——「伝統の再創造」はいかにおこなわれたか(成蹊大学文学部学会編) 2008.3

西洋古典叢書　京都大学学術出版会　1997～2010　⇒I-341
◇歴史　1(ポリュビオス〔著〕, 城江良和訳) 2004.12
◇動物部分論　動物運動論　動物進行論(アリストテレス〔著〕, 坂下浩司訳　アリストテレス〔著〕, 坂下浩司訳　アリストテレス〔著〕, 坂下浩司訳) 2005.2
◇初期ストア派断片集　4(クリュシッポス〔著〕, 中川純男, 山口義久訳) 2005.3
◇弁論家の教育　1(クインティリアヌス〔著〕, 森谷宇一, 戸高和弘, 渡辺浩司, 伊達立晶訳) 2005.5
◇ピレボス(プラトン〔著〕, 山田道夫訳) 2005.6
◇ヒッポクラテスとプラトンの学説　1(ガレノス〔著〕, 内山勝利, 木原志乃訳) 2005.10
◇初期ストア派断片集　5(クリュシッポス他〔著〕, 山口義久, 中川純男訳) 2006.3
◇弁論集　1(デモステネス〔著〕, 加来彰俊, 北嶋美雪, 杉山晃太郎, 田中美知太郎, 北野雅弘訳) 2006.5
◇ローマ皇帝群像　2(アエリウス・スパルティアヌス他〔著〕, 桑山由文, 井上文則, 南川高志訳) 2006.6
◇学者たちへの論駁　2(セクストス・エンペイリコス〔著〕, 金山弥平, 金山万里子訳) 2006.8
◇英雄伝　1(プルタルコス〔著〕, 柳沼重剛訳) 2007.6
◇トピカ(アリストテレス〔著〕, 池田康男訳) 2007.7
◇歴史　2(ポリュビオス〔著〕, 城江良和訳) 2007.9
◇ギリシア教訓叙事詩集(アラトス, ニカンドロス, オッピアノス〔著〕, 伊藤照夫訳) 2007.10
◇英雄伝　2(プルタルコス〔著〕, 柳沼重剛訳) 2007.11
◇饗宴　パイドン(プラトン〔著〕, 朴一功訳　プラトン〔著〕, 朴一功訳) 2007.12
◇モラリア　7(プルタルコス〔著〕, 田中竜山訳) 2008.2
◇植物誌　1(テオプラストス〔著〕, 小川洋子訳) 2008.3
◇古代音楽論集(アリストクセノス, プトレマイオス〔著〕, 山本建郎訳) 2008.5
◇ローマ建国以来の歴史　3(リウィウス〔著〕, 毛利晶訳) 2008.6
◇モラリア　1(プルタルコス〔著〕, 瀬口昌久訳) 2008.7
◇レウキッペとクレイトポン(アキレウス・タティオス〔著〕, 中谷彩一郎訳) 2008.9

◇ローマ建国以来の歴史 1（リウィウス〔著〕, 岩谷智訳） 2008.10

◇プラトン哲学入門（アルビノス他〔著〕, 中畑正志編, 鎌田雅年, 久保徹, 国方栄二, 脇条靖弘, 木下昌巳, 村上正治訳） 2008.12

G061 モラリア 5（プルタルコス〔著〕, 丸橋裕訳） 2009.3

G062 弁論集 2（デモステネス〔著〕, 木曽明子訳） 2010.1

G063 テュアナのアポロニオス伝 1（ピロストラトス〔著〕, 秦剛平訳） 2010.6

G064 学者たちへの論駁 3 自然学者たちへの論駁 倫理学者たちへの論駁（セクストス・エンペイリコス〔著〕, 金山弥平, 金山万里子訳） 2010.11

L018 弁論家の教育 2（クインティリアヌス〔著〕, 森谷宇一, 戸高和弘, 渡辺浩司, 伊達立晶訳） 2009.4

L019 ローマ皇帝群像 3（アエリウス・スパルティアヌス他〔著〕, 井上文則, 桑山由文訳） 2009.5

Sekaishiso seminar 世界思想社 1974～2010
⇒I-342

◇介護ライフスタイルの社会学（春日井典子著） 2004.9

◇柳田国男の政治経済学—日本保守主義の源流を求めて（佐藤光著） 2004.9

◇「わたし」を生きる女たち—伝記で読むその生涯（楠瀬佳子, 三木草子編） 2004.9

◇老いと障害の質的社会学—フィールドワークから（山田富秋編） 2004.9

◇保健と医療の人類学—調査研究の手引き（A.ハルドン他〔著〕, 石川信克, 尾崎敬子監訳） 2004.10

◇変貌する韓国経済（朴一編） 2004.10

◇法と文化の歴史社会学（小田桐忍, 塚本潔, 原信芳著） 2004.10

◇現代家族のアジェンダ—親子関係を考える（井上真理子編） 2004.10

◇ヘーゲル『精神現象学』を読む（寄川条路著） 2004.11

◇スピリチュアリティの社会学—現代世界の宗教性の探求（伊藤雅之, 樫尾直樹, 弓山達也編） 2004.11

◇「福祉コミュニティ」と地域社会（平川毅彦著） 2004.11

◇世論の政治心理学—政治領域における意見と行動（ドナルド・R. キンダー著, 加藤秀治郎, 加藤祐子訳） 2004.12

◇ルイス＝クラーク探検—アメリカ西部開拓の原初的物語（明石紀雄著） 2004.12

◇交換の社会学—G・C・ホーマンズの社会行動論（橋本茂著） 2005.3

◇他者性の時代—モダニズムの彼方へ（河上正秀編） 2005.4

◇中国型経済システム—経済成長の基本構造（唱新著） 2005.4

◇日本の近代化とグリム童話—時代による変化を読み解く（奈倉洋子著） 2005.4

◇揺らぐ社会の女性と子ども—文化社会学的考察（細辻恵子著） 2005.4

◇家族とこころ—ジェンダーの視点から（浅川千尋, 千原雅代, 石飛和彦著） 2005.4

◇文明史と「日本国のかたち」—憲法教養学序説（塚本潔編） 2005.5

◇現代生殖医療—社会科学からのアプローチ（上杉富之編） 2005.5

◇日本のアヴァンギャルド（和田博文編） 2005.5

◇自己意識の現象学—生命と知をめぐって（新田義弘, 河本英夫編） 2005.6

◇日本の狩猟採集文化—野生生物とともに生きる（池谷和信, 長谷川政美編） 2005.7

◇身体の社会学—フロンティアと応用（大野道邦, 油井清光, 竹中克久編） 2005.7

◇集合住宅デモクラシー—新たなコミュニティ・ガバナンスのかたち（竹井隆人著） 2005.7

◇万葉論集—石見の人麻呂他（清水克彦著） 2005.9

◇インタビュー調査への招待（河西宏祐著） 2005.10

◇現代に甦る知識人たち（鈴木良, 上田博, 広川禎秀編） 2005.10

一般叢書・全集　　　　　　　　　　　　　　　　　総記

◇開発援助の社会学（佐藤寛著）　2005.11
◇現代芸術は難しくない——豊かさの芸術から「場」の芸術へ（田淵晋也著）　2005.12
◇文学の植民地主義——近代朝鮮の風景と記憶（南富鎮著）　2006.1
◇子どものウェルビーイングと家族（畠中宗一, 木村直子著）　2006.2
◇健康社会学への誘い——地域看護の視点から（桝本妙子著）　2006.3
◇『貨幣の哲学』という作品——ジンメルの価値世界（岩崎信彦, 庁茂編）　2006.3
◇性と生殖の女性学（鎌田明子著）　2006.3
◇第一次大戦とイギリス文学——ヒロイズムの喪失（清水一嘉, 鈴木俊次編）　2006.3
◇近代性論再考——パーソンズ理論の射程（進藤雄三著）　2006.4
◇構築主義の社会学——実在論争を超えて　新版（平英美, 中河伸俊編）　2006.5
◇男らしさの社会学——揺らぐ男のライフコース（多賀太著）　2006.5
◇「反戦」のメディア史——戦後日本における世論と輿論の拮抗（福間良明著）　2006.5
◇現代スポーツを読む——スポーツ考現学の試み（佐伯年詩雄著）　2006.6
◇イエスの現場——苦しみの共有（滝沢武人著）　2006.7
◇古代日本海文明交流圏——ユーラシアの文明運動の中で（小林道憲著）　2006.8
◇現代青少年の社会学——対話形式で考える37章（渡部真著）　2006.9
◇教育の哲学——ソクラテスから〈ケアリング〉まで（ネル・ノディングス著, 宮寺晃夫監訳）　2006.10
◇クリティカル・シンキングと教育——日本の教育を再構築する（鈴木健, 大井恭子, 竹前文夫編）　2006.11
◇フリーターとニートの社会学（太郎丸博編）　2006.12
◇ジャーナリズムと権力（大石裕編）　2006.12
◇格と態の認知言語学——構文と動詞の意味（二枝美津子著）　2007.1

◇情緒的自立の社会学（畠中宗一著）　2007.2
◇グローバリゼーションと文化変容——音楽, ファッション, 労働からみる世界（遠藤薫編）　2007.3
◇リスクとしての教育——システム論的接近（石戸教嗣著）　2007.3
◇作ることの哲学——科学技術時代のポイエーシス（伊藤徹著）　2007.3
◇〈外地〉日本語文学論（神谷忠孝, 木村一信編）　2007.3
◇「神」という謎——宗教哲学入門　第2版（上枝美典著）　2007.4
◇公害湮滅の構造と環境問題（畑明郎, 上園昌武編）　2007.4
◇外来語の社会言語学——日本語のグローカルな考え方（陣内正敬著）　2007.6
◇メディア学の現在　新訂（山口功二, 渡辺武達, 岡満男編）　2007.6
◇解放のソーシャルワーク（横田恵子編）　2007.7
◇ひきこもりの社会学（井出草平著）　2007.9
◇コンテンツ学（長谷川文雄, 福冨忠和編）　2007.9
◇グローバル化とパラドックス（宮永国子編）　2007.9
◇現代中国産業経済論（佐々木信彰編）　2007.10
◇人間の哲学の再生にむけて——相互主体性の哲学（宇都宮芳明著）　2007.10
◇プロパテント政策と大学（宮田由紀夫著）　2007.10
◇現代青年の心理学——若者の心の虚像と実像（岡田努著）　2007.10
◇ソシオロジカル・スタディーズ——現代日本社会を分析する（張江洋直, 大谷栄一編）　2007.12
◇親密性の社会学——縮小する家族のゆくえ（筒井淳也著）　2008.2
◇子どもたちは変わったか（小谷敏著）　2008.3
◇変わりゆく日本のスポーツ（大谷善博監修, 三本松正敏, 西村秀樹編）　2008.3
◇「満洲」経験の社会学——植民地の記憶のかたち（坂部晶子著）　2008.3
◇実践社会調査入門——今すぐ調査を始めたい人へ（玉野和志著）　2008.4

◇働くこととジェンダー(倉地克直, 沢山美果子編) 2008.4
◇読者の台頭と文学者―イギリス一八世紀から一九世紀へ(清水一嘉, 小林英美編) 2008.4
◇支援論の現在―保健福祉領域の視座から(大下由美著) 2008.5
◇フランス女性の世紀―啓蒙と革命を通して見た第二の性(植田祐次編) 2008.6
◇母語教育という思想―国語科解体/再構築に向けて(難波博孝著) 2008.6
◇第一次世界大戦とモダニズム―数の衝撃(荒木映子著) 2008.7
◇ジェンダー学の最前線(R. コンネル著, 多賀太監訳) 2008.7
◇西洋余暇思想史(瀬沼克彰著) 2008.7
◇人類学とは何か(トーマス・ヒランド・エリクセン〔著〕, 鈴木清史訳) 2008.8
◇ヘミングウェイ『われらの時代に』読釈―断片と統一(武藤脩二著) 2008.9
◇健康不安の社会学―健康社会のパラドックス 改訂版(上杉正幸著) 2008.9
◇自閉症の社会学―もう一つのコミュニケーション論(竹中均著) 2008.9
◇知識と実在―心と世界についての分析哲学(中才敏郎, 美濃正編) 2008.10
◇ドラッグの社会学―向精神物質をめぐる作法と社会秩序(佐藤哲彦著) 2008.10
◇自己形成の心理学―他者の森をかけ抜けて自己になる(溝上慎一著) 2008.10
◇インド経済のマクロ分析(佐藤隆広編) 2009.1
◇医療IT化と生命倫理―情報ネットワーク社会における医療現場の変容(ケネス・W. グッドマン編, 板井孝壱郎監訳) 2009.2
◇家族とこころ―ジェンダーの視点から 改訂増補版(浅川千尋, 千原雅代, 石飛和彦著) 2009.2
◇能狂言の文化史―室町の夢(原田香織著) 2009.3
◇ホッブズから「支配の社会学」へ―ホッブズ、ウェーバー、パーソンズにおける秩序の理論(池田太臣著) 2009.3
◇嫉妬と羨望の社会学(石川実著) 2009.4
◇戦後詩のポエティクス―1935～1959(和田博文編) 2009.4
◇カントの哲学―「私は、人間として、何であるか」への問い(岩隈敏著) 2009.4
◇言語ゲームが世界を創る―人類学と科学(中川敏著) 2009.6
◇感情の発達と障害―感情のコントロール(沢田瑞也編) 2009.8
◇「児童虐待」へのまなざし―社会現象はどう語られるのか(内田良著) 2009.8
◇スポーツにおける抑制の美学―静かなる強さと深さ(西村秀樹著) 2009.9
◇フリーターの心理学―大卒者のキャリア自立(白井利明, 下村英雄, 川崎友嗣, 若松養亮, 安達智子著) 2009.9
◇古典の精髄(林和利編) 2009.9
◇国際機構 第4版(家正治, 小畑郁, 桐山孝信編) 2009.10
◇スポーツ観戦学―熱狂のステージの構造と意味(橋本純一編) 2010.2
◇サポート・ネットワークの臨床論(大下由美著) 2010.3
◇日本列島の野生生物と人(池谷和信編) 2010.3
◇福祉社会のアミューズメントとスポーツ―身体からのパースペクティブ(松田恵示, 松尾哲矢, 安松幹展編) 2010.3
◇私説・教育社会学(渡部真著) 2010.4
◇ジャーナリズムの政治社会学―報道が社会を動かすメカニズム(伊藤高史著) 2010.4
◇中国経済論(堀口正著) 2010.5
◇トランスポジションの思想―文化人類学の再想像 増補版(太田好信著) 2010.7
◇先端医療の社会学(佐藤純一, 土屋貴志, 黒田浩一郎編) 2010.7
◇キーコンセプト文化―近代を読み解く(鏡味治也著) 2010.10
◇作ることの日本近代―一九一〇-四〇年代の精神史(伊藤徹編) 2010.10
◇構造転換期の中国経済(佐々木信彰編) 2010.12
◇会話分析基本論集―順番交替と修復の組織(H. サックス, E. A. シェグロフ, G. ジェファソン,

一般叢書・全集

西阪仰訳, S. サフト翻訳協力) 2010.12

碩学叢書　碩学舎　2010
◇病院組織のマネジメント（猪本良夫, 水越康介編著）2010.3
◇百貨店のビジネスシステム変革（新井田剛著）2010.4
◇国際マーケティング（小田部正明, K. ヘルセン著, 栗木契訳）2010.6
◇メガブランド―グローバル市場の価値創造戦略（張智利著）2010.8

関野昂著作選　関野昂著　現代図書　2005〜2009
1 関野昂哲学論集（関野昂著）2005.8
2 機巧館殺人事件　2007.8
3 形式主義文学大全　ラーレン・ガダマー　2009.8

せりかクリティク　せりか書房　2002〜2006
⇒III-519
◇戦後世相の経験史（桜井厚編）2006.5
◇科学技術実践のフィールドワーク―ハイブリッドのデザイン（上野直樹, 土橋臣吾編）2006.12

センシビリティbooks　同文書院　1992〜2007
⇒I-345
49 コレステロールを下げるおいしい食べ物―コレステロールと上手につきあうコツ（小川晶子監修）2004.6
50 栄養効果アップの食べ合わせ―血液サラサラ！免疫力アップ！（則岡孝子監修）2004.10
51 高血圧の予防と改善に役立つおいしい食べ物―今日からできる！血圧を下げるコツ（佐藤ミヨ子監修）2005.7
52 中性脂肪を減らすおいしい食べ物―血液肥満をスッキリ解消！（水野文夫監修）2005.10
53 免疫力を上げるコツ―心と体をサポートする食事・運動・睡眠のヒント（出村博監修, 菊池真由子著）2006.5
54 肝機能を高めるおいしい食べ物―あなたの代謝力・解毒力をパワーアップ！（幣憲一郎監修）2007.1
55 高脂血症の予防と改善に役立つおいしい食べ物―メタボリックシンドロームも解消！（奥田恵子監修）2007.4
56 がん予防に役立つ食事・運動・生活習慣―がんを寄せつけない体を作る！（菊池真由子著）2007.5
57 メタボリックシンドロームを予防・改善する食事・運動・生活習慣（高橋徳江監修）2007.7

専門基礎ライブラリー　実教出版　2005〜2010
◇基礎物理　1　運動・力・エネルギー（金原粲編著）2005.11
◇基本流通論（中田信哉, 橋本雅隆編著）2006.3
◇電気・電子の基礎（毛塚博史編著）2006.4
◇現代マーケティング論（武井寿, 岡本慶一編著）2006.4
◇工業力学（金原粲監修, 末益博志, 金原勲, 鈴木浩治〔著〕）2006.4
◇基礎化学　1　物質の構成と変化（金原粲監修, 吉田泰彦ほか執筆）2006.4
◇基礎化学　2　化学反応と有機材料（金原粲監修, 吉田泰彦ほか執筆）2006.9
◇環境科学（金原粲監修）2006.10
◇基礎物理　2　電磁気・波動・熱（金原粲監修）2006.10
◇国際化時代のマクロ経済（吟谷泰裕, 高屋定美, 中野正裕, 西山博幸著）2006.11
◇経営学（高柳暁, 牛丸元, 金森剛, 高橋真, 宇野斉, 高柳美香, 梅田和彦, 小沢伸光, 丹野勲執筆）2006.12
◇機械力学（金原粲監修, 末益博志, 金原勲, 青木義男, 荻原慎二, 久保光徳執筆）2007.1
◇生命科学（金原粲監修, 矢尾板仁, 石井茂, 石川正英, 宇佐美誠, 福島康正, 吉田泰彦執筆）2007.1
◇経済系のための情報活用―Excelによる経済統計分析（菊地進, 岩崎俊夫編著, 藤原新, 岡部桂史, 田浦元〔執筆〕）2007.1
◇エンジニアのための哲学・倫理（金原粲監修）2007.2
◇電磁気学（金原粲監修, 梶谷剛, 浜島高太郎, 塚田啓二, 杉本秀彦執筆）2007.2

総記　　　　　　　　　　　　　　　　　　　　　　　　　　　　　　一般叢書・全集

◇ベンチャービジネス論（太田一樹，池田潔，文能照之編著，石木慎一，越村惣次郎，木村重夫ほか執筆）2007.4
◇グローバル化の経営学（丹野勲，榊原貞雄著）2007.5
◇ロジスティクス概論（中田信哉，橋本雅隆，嘉瀬英昭編著）2007.10
◇電気回路（金原粲監修，高田進，加藤政一，佐野雅敏，田井野徹，鷹野致和，和田成夫執筆）2008.2
◇基本簿記（蛭川幹夫執筆）2008.5
◇基本簿記演習（蛭川幹夫，山根三郎，山本貴之，小泉勝，清水秀輝執筆）2008.5
◇電気数学（金原粲監修，吉田貞史，石谷善博，菊池昭彦，松田七美男，明連広昭，矢口裕之執筆）2008.9
◇電気電子工学通論―生活を豊かにした歴史にふれながら（乾昭文，山本充義，川口芳弘，大地昭生執筆）2008.10
◇現代企業論（関智宏，中条良美編著）2008.12
◇入門ミクロ経済学―これだけはおさえたい経済学のエッセンス（小林弘明，斎藤雅己，佐野晋一，武田巧，山田久著）2008.12
◇経営学 1 企業の本質（プラスnavi）（周佐喜和，竹川宏子，辻井洋行，仲本大輔執筆）2009.1
◇経営学 2 グローバル・環境・情報化社会とマネジメント（プラスnavi）（周佐喜和，竹川宏子，辻井洋行，仲本大輔執筆）2009.1
◇流体力学―シンプルにすれば「流れ」がわかる（築地徹浩〔ほか〕執筆，金原粲監修）2009.3
◇経済系のための情報活用―Excel 2007（菊地進，岩崎俊夫編著，藤原新，岡部桂史，田浦元著）2009.10
◇入門会計学―財務諸表を読むためのエッセンス（片山覚，井出健二郎，高久隆太，成岡浩一，山内暁著）2009.11
◇入門マクロ経済学―大きくつかむ経済学のエッセンス（小林弘明，山田久，佐野晋一，武田巧著）2010.2
◇経済系のための情報処理（菊地進，岩崎俊夫編著，鈴木みゆき，小西純著）2010.10
◇情報科学の基礎　改訂版（井内善臣，梅田茂樹，大道卓，山本誠次郎著，石田晴久監修）2010.10

総合政策学ワーキングペーパーシリーズ　慶応義塾大学大学院政策・メディア研究科　2003～2008 ⇒I-346

no.53　先進国の治安政策と「人間の安全保障」―EU司法・内務政策を巡る考察（中林啓修〔著〕）2004.9
no.57　開発援助（ODA）のもたらすマクロ経済問題―総合政策学アプローチに向けて（白井早由里〔著〕）2005.1
no.58　援助配分・供与についての新しいアプローチ―ヒューマン・セキュリティとミレニアム開発目標の達成に向けて（白井早由里〔著〕）2005.1
no.59　多変量保険リスク管理への共単調性アプローチ―ヒューマンセキュリティへの基盤研究（小暮厚之〔著〕）2005.4
no.60　動的投資決定のための多期間ポートフォリオ最適化モデル―ヒューマンセキュリティへの基盤研究（枇々木規雄〔著〕）2005.4
no.61　変額年金保険のリスク管理（現状と課題）―ヒューマンセキュリティへの基盤研究（松山直樹〔著〕）2005.4
no.62　EIA（株価指数連動型年金）に含まれるオプション性について―ヒューマンセキュリティへの基盤研究（工藤康祐，小守林克哉〔著〕）2005.4
no.63　第三分野保険（医療，就業不能，介護）の経験表の作成について―ヒューマンセキュリティへの基盤研究（田中周二〔著〕）2005.4
no.64　大論争「現行アクチュアリー実務は間違っているのか」―ヒューマンセキュリティへの基盤研究（田中周二〔著〕）2005.4
no.65　衛星データによる砂漠化進行の時系列分析と農業政策による影響の考察―中国内蒙古自治区ホルチン砂地を事例として（厳網林，宮坂隆文〔著〕）2005.4
no.66　司法・内務分野におけるEUの対中東欧支援政策―「人間の安全保障」実現にむけた国際協力構築の一形式（中林啓修〔著〕）2005.4
no.67　宇宙の軍事利用を規律する国際法の現状と課題（青木節子〔著〕）2005.4
no.68　適法な宇宙の軍事利用決定基準としての国会決議の有用性（青木節子〔著〕）2005.4

一般叢書・全集　　　　　　　　　　　　　　　　　　　　　　　　　　　　　　　総記

no.69　金融部門の深化と経済発展—多国データを用いた実証分析（岡部光明，光安孝将〔著〕）2005.4

no.70　日本の家計はバブル崩壊以降危険回避的であったのか?（森平爽一郎，神谷信一〔著〕）2005.4

no.71　将来生命表の統計モデリング:Lee-Carter法とその拡張—ヒューマンセキュリティへの基盤研究（小暮厚之，長谷川知弘〔著〕）2005.4

no.72　取引システムが価格形成に与える影響の分析—総合政策学の視点による研究（山田悠，小暮厚之〔著〕）2005.7

no.73　住宅バウチャー:アメリカの経験に学ぶ（駒井正晶〔著〕）2005.7

no.74　「ヒューマンセキュリティの基盤」としての言語政策（安井綾，平高史也〔著〕）2005.7

no.75　インドネシアにおけるジルバブの現代的展開における総合政策学的研究—イスラームと向き合う世俗高学歴層の女性たち（野中葉，奥田敦〔著〕）2005.7

no.76　伝統的「政策」から社会プログラムへ（総合政策学の確立に向けて　1）（岡部光明〔著〕）2005.8

no.77　理論的基礎・研究手法・今後の課題（総合政策学の確立に向けて　2）（岡部光明〔著〕）2005.8

no.78　ネットワークと総合政策学（国領二郎〔著〕）2005.8

no.79　総合政策学による環境ガバナンスの実践—東アジアにおける環境問題と国際政策協調スキームの構築（小島朋之，厳網林〔著〕）2005.8

no.80　開発援助政策のマクロ経済学と制度アプローチの融合—総合政策学によるメソッドの提案（白井早由里〔著〕）2005.8

no.81　ヒューマンセキュリティと総合政策学（梅垣理郎〔著〕）2005.11

no.82　問題解決実践と総合政策学—中間支援組織という場の重要性（大江守之，平高史也〔著〕）2005.11

no.83　総合政策学としての言語政策（平高史也〔著〕）2005.11

no.84　日本企業:進化する行動と構造—総合政策学の視点から（岡部光明〔著〕）2005.11

no.85　中国の人民元改革と変動相場制への転換—経済発展と為替制度の総合政策学アプローチ（白井早由里〔著〕）2006.2

no.86　異文化間ビジネスコミュニケーションにおける通訳者の役割—日本語・英語の場合（椎名佳代，平高史也〔著〕）2006.2

no.90　北九州市若松大庭方式にみる本人本位に基づくサービス提供—包括地域ケアシステムの実現に向けた総合政策学アプローチ（石井大一朗，沢岡詩野，舟谷文男，大江守之〔著〕）2006.3

no.91　金利と日本経済—金融の量的緩和政策の評価と展望（岡部光明〔著〕）2006.3

no.92　EU諸国のエネルギー地域特性に基づく京都目標へのコミットメント—ヒューマンセキュリティに向けたEU諸国の取組み（鄭雨宗〔著〕）2006.3

no.93　第一期ブッシュ政権の大量破壊兵器管理政策にみる「多国間主義」（青山節子〔著〕）2006.3

no.94　テクスト意味空間分析法を実現するTextImiの紹介（舘野昌一，深谷昌弘〔著〕）2006.3

no.95　構文情報を利用した意見表示モジュールの提案—総合政策学の新研究手法の開発に向けて（秋山優，深谷昌弘，舘野昌一〔著〕）2006.3

no.96　人々の意味世界から読み解く日本人の自然観（深谷昌弘，桝田晶子〔著〕）2006.3

no.97　日中友好植林活動のCDM国際認証に向けて—地球温暖化対策・国際協調のガイドライン論議における実践的総合政策学（早見均，小島朋之，王雪萍〔著〕）2006.3

no.98　日本政府と国内の「人間の安全保障」認識の乖離—国会の議論を中心に（山影統，小島朋之〔著〕）2006.3

no.99　遠隔会議を取り入れた外国語教育カリキュラムの問題点—ヒューマンセキュリティへの基盤研究（重松淳，伴野崇生，曽怡華，黄佳瑩〔著〕）2006.3

no.100　高齢者の居住形態に関する人口学的研究—高齢者の配偶関係を考慮した所属世帯変動分析と将来推計（白井泉，大江守之〔著〕）2006.3

no.101　東アジアの通貨・金融協力―東アジア共同体とヒューマンセキュリティの発展に向けて（白井早由里〔著〕）2006.6

no.102　総合政策学ワークショップの論点要約 1（実践知の学問の確立）（中野智仁，秋山優，小川美香子，中村健史〔著〕）2006.6

no.103　総合政策学ワークショップの論点要約 2（フィールドにおけるヒューマンセキュリティ）（渡辺大輔，渡部厚志，伊藤裕一，正司光則〔著〕）2006.6

no.104　総合政策学ワークショップの論点要約 3（当事者支援による問題解決の仕組みづくり）（古城隆雄，石井大一朗，中島民恵子，伴英美子〔著〕）2006.6

no.105　総合政策学ワークショップの論点要約 4（総合政策学のすすめ方）（中林啓修，折田明子，古川園智樹〔著〕）2006.6

no.107　日本における企業M&A（合併および買収）の効果―経営の安定化と効率化に関する実証分析（岡部光明，関晋也〔著〕）2006.6

no.108　生活安定化の課題としての不安―成熟社会におけるヒューマンセキュリティ（権永詞〔著〕）2007.1

no.109　UNHCR（国連難民高等弁務官事務所）の帰還民支援政策（奥本将勝，香川敏幸〔著〕）2007.1

no.110　国境を越えた環境協力の実践―中国瀋陽市における日中植林CDM実証実験を中心に（王雪萍〔著〕）2007.1

no.111　退職後の日常生活と当事者のニーズ―藤沢市郊外における一事例を通して（渡辺大輔〔著〕）2007.1

no.112　日本における若年失業問題―「社会的排除」の視点からの考察（伊藤裕一〔著〕）2007.1

no.113　大都市郊外地域におけるコミュニティ・ケアの仕組みづくり―横浜市地域ケアプラザ地域交流事業の評価と地域構造分析を通して（石井大一朗，藤井多希子〔著〕）2007.1

no.114　高齢者ケア従事者のソーシャル・サポートとメンタルヘルスに対する上司コーチング研修と面談の効果―パイロット・スタディ（伴英美子〔著〕）2007.1

no.115　大量テクストの意味分析を可能とする日本語テクスト解析ツールTextImiの開発（中野智仁〔著〕）2007.1

no.116　政策形成と評価における「学」の役割と総合政策学の研究手法（秋山美紀〔著〕）2007.1

no.117　地域に開かれた異文化間教育―公立小学校における異文化間教育授業実践から（石田えり，平高史也〔著〕）2007.3

no.120　シンポジウム「総合政策学のベスト・プラクティス」の要点要約　1（新たな視点による重要な社会的問題発見）（渡辺大輔，伊藤裕一，王雪萍〔著〕）2007.3

no.121　シンポジウム「総合政策学のベスト・プラクティス」の要点要約　2（問題解決のための仕組み）（石井大一朗，伴英美子，藤井多希子〔著〕）2007.3

no.122　シンポジウム「総合政策学のベスト・プラクティス」の要点要約　3（ネットワーク社会の新たな研究手法）（中野智仁，秋山美紀〔著〕）2007.3

no.123　シンポジウム「総合政策学のベスト・プラクティス」の要点要約　4（総合政策学展開の戦略）（上原和甫，坂戸宏太，裴潤，渡辺悟史〔著〕）2007.3

no.124　日中におけるCDMプロジェクト―環境ガバナンス的アプローチ（ベ・ユン，小島朋之〔著〕）2007.4

no.127　日本企業とM&A（合併および買収）―総合政策学の視点から（岡部光明〔著〕）2007.4

no.133　地域若者サポートステーションにおけるキャリアカウンセラーの役割（伊藤裕一〔著〕）2008.1

no.135　コスト論への対抗軸を示す新しいコミュニティ論―自治体アンケート調査とミクロ観察を通して（阪口健治〔著〕）2008.1

no.136　言語教育における多様性について―初等・中等教育における政策と実践　1（古石篤子編著）2008.1

no.137　言語教育における多様性について―初等・中等教育における政策と実践　2（古石篤子編著）2008.1

一般叢書・全集　　　　　　　　　　　　　　　　　　　　　　　　　総 記

no.146　総合政策学・政策科学の到達と課題（川口清史〔著〕）2008.3
no.147　国際シンポジウム"Policy innovation initiatives and practices in Japan and Asia"の論点要約　1（藤井多希子, 石井大一朗, 坂戸宏太〔著〕）2008.3
no.148　国際シンポジウム"Policy innovation initiatives and practices in Japan and Asia"の論点要約　2（秋山優, 古城隆雄, 中野智仁〔著〕）2008.3
no.149　国際シンポジウム"Policy innovation initiatives and practices in Japan and Asia"の論点要約　3（渡辺悟史, 上原和甫〔著〕）2008.3
no.150　国際シンポジウム"Policy innovation initiatives and practices in Japan and Asia"の論点要約　4（折田明子, 伊藤裕一, 渡辺大輔, ベ・ユン〔著〕）2008.3

叢書・ウニベルシタス　法政大学出版局　1957～2010　⇒I–348

23　群衆と権力　上　新装版（エリアス・カネッティ〔著〕, 岩田行一訳）2010.9
23　群衆と権力　下　新装版（エリアス・カネッティ〔著〕, 岩田行一訳）2010.9
29　欲望の現象学——ロマンティークの虚像とロマネスクの真実　新装版（ルネ・ジラール著, 古田幸男訳）2010.11
40　書物の本——西欧の書物と文化の歴史 書物の美学（ヘルムート・プレッサー著, 轡田収訳）2008.5
75　文明化の過程　上　ヨーロッパ上流階層の風俗の変遷　改装版（ノルベルト・エリアス著, 赤井慧爾, 中村元保, 吉田正勝訳）2010.10
76　文明化の過程　下　社会の変遷/文明化の理論のための見取図（ノルベルト・エリアス著, 波田節夫, 溝辺敬一, 羽田洋, 藤平浩之訳）2010.10
81　時間と空間　新装版（エルンスト・マッハ〔著〕, 野家啓一編訳）2008.7
87　ミニマ・モラリア——傷ついた生活裡の省察　新装版（テーオドル・W. アドルノ〔著〕, 三光長治訳）2009.11
95　推測と反駁——科学的知識の発展　新装版（カール・R. ポパー〔著〕, 藤本隆志, 石垣寿郎, 森博訳）2009.12

103　物の体系——記号の消費　新装版（ジャン・ボードリヤール〔著〕, 宇波彰訳）2008.6
112　知覚の現象学　新装版（モーリス・メルロ＝ポンティ〔著〕, 中島盛夫訳）2009.11
136　シミュラークルとシミュレーション　新装版（ジャン・ボードリヤール〔著〕, 竹原あき子訳）2008.6
170　身代りの山羊　新装版（ルネ・ジラール著, 織田年和, 富永茂樹訳）2010.11
176　真理と方法——哲学的解釈学の要綱　2（ハンス＝ゲオルク・ガダマー〔著〕, 轡田収, 巻田悦郎訳）2008.3
200　カント政治哲学の講義　新装版（ハンナ・アーレント著, ロナルド・ベイナー編, 浜田義文監訳, 伊藤宏一, 多田茂, 岩尾真知子訳）2009.12
244　知識人の終焉（ジャン＝フランソワ・リオタール著, 原田佳彦, 清水正訳）2010.6
322　裸体とはじらいの文化史　新装版（文明化の過程の神話　1）（ハンス・ペーター・デュル〔著〕, 藤代幸一, 三谷尚子訳）2006.7
400　バベルの後に——言葉と翻訳の諸相　下（ジョージ・スタイナー〔著〕, 亀山健吉訳）2009.6
418　秘めごとの文化史　新装版（文明化の過程の神話　2）（ハンス・ペーター・デュル〔著〕, 藤代幸一, 津山拓也訳）2006.7
449　神・死・時間　新装版（エマニュエル・レヴィナス著, 合田正人訳）2010.7
470　宗教論——現代社会における宗教の可能性　新装版（ニクラス・ルーマン〔著〕, 土方昭, 土方透訳）2009.10
492　スポーツと文明化——興奮の探求　新装版（ノルベルト・エリアス, エリック・ダニング著, 大平章訳）2010.12
530　他者のような自己自身　新装版（ポール・リクール〔著〕, 久米博訳）2010.5
574　性と暴力の文化史　新装版（文明化の過程の神話　3）（ハンス・ペーター・デュル〔著〕, 藤代幸一, 津山拓也訳）2006.7
653　男たちの妄想　2（クラウス・テーヴェライト〔著〕, 田村和彦訳）2004.11

一般叢書・全集

684 バイオフィーリアをめぐって（スティーヴン・R. ケラート，エドワード・O. ウィルソン編，荒木正純，時実早苗，船倉正憲訳）　2009.9
708 ネオ唯物論（フランソワ・ダゴニェ〔著〕，大小田重夫訳）　2010.3
711 他性と超越　新装版（エマニュエル・レヴィナス著，合田正人，松丸和弘訳）　2010.7
740 認識の分析　新装版（エルンスト・マッハ〔著〕，広松渉編訳）　2008.7
744 非人間的なもの──時間についての講話（ジャン＝フランソワ・リオタール著，篠原資明，上村博，平芳幸浩訳）　2010.6
756 トリックスターの系譜（ルイス・ハイド〔著〕，伊藤誓，磯山甚一，坂口明徳，大島由紀夫訳）　2005.1
762 コペルニクス的宇宙の生成　2（ハンス・ブルーメンベルク〔著〕，小熊正久，座小田豊，後藤嘉也訳）　2008.7
771 哲学の余白　上（ジャック・デリダ〔著〕，高橋允昭，藤本一勇訳）　2007.2
772 哲学の余白　下（ジャック・デリダ〔著〕，藤本一勇訳）　2008.2
778 文化の場所──ポストコロニアリズムの位相（ホミ・K. バーバ〔著〕，本橋哲也，正木恒夫，外岡尚美，阪元留美訳）　2005.2
793 正義の他者──実践哲学論集（アクセル・ホネット〔著〕，加藤泰史，日暮雅夫他訳）　2005.5
794 虚構と想像力──文学の人間学（ヴォルフガング・イーザー〔著〕，日中鎮朗，木下直也，越谷直也，市川伸二訳）　2007.9
795 世界の尺度──中世における空間の表象（ポール・ズムトール〔著〕，鎌田博夫訳）　2006.10
800 社会の芸術（ニクラス・ルーマン〔著〕，馬場靖雄訳）　2004.11
802 人間の将来とバイオエシックス（ユルゲン・ハーバーマス〔著〕，三島憲一訳）　2004.11
803 他者の受容──多文化社会の政治理論に関する研究（ユルゲン・ハーバーマス〔著〕，高野昌行訳）　2004.11
804 革命詩人デゾルグの錯乱──フランス革命における一ブルジョワの上昇と転落（ミシェル・ヴォヴェル〔著〕，立川孝一，印出忠夫訳）　2004.10

805 大都会のない国──戦後ドイツの観相学的パノラマ（カール・ハインツ・ボーラー〔著〕，高木葉子訳）　2004.10
806 方法の原理──知識の統合を求めて（サミュエル・テイラー・コウルリッジ〔著〕，小黒和子編訳）　2004.10
807 アトラス──現代世界における知の地図帳（ミッシェル・セール〔著〕，及川馥，米山親能，清水高志訳）　2004.10
808 モン・サン・ミシェルとシャルトル（ヘンリー・アダムズ〔著〕，野島秀勝訳）　2004.12
809 タイノ人──コロンブスが出会ったカリブの民（アーヴィング・ラウス〔著〕，杉野目康子訳）　2004.12
810 デリダとの対話──脱構築入門（ジャック・デリダ〔述〕，ジョン・D. カプート編，高橋透，黒田晴之，衣笠正晃，胡屋武志訳）　2004.12
811 探偵小説の哲学（ジークフリート・クラカウアー〔著〕，福本義憲訳）　2005.1
812 救済の解釈学──ベンヤミン，ショーレム，レヴィナス（スーザン・A. ハンデルマン〔著〕，合田正人，田中亜美訳）　2005.2
813 現出の本質　上（ミシェル・アンリ〔著〕，北村晋，阿部文彦訳）　2005.7
814 現出の本質　下（ミシェル・アンリ〔著〕，北村晋，阿部文彦訳）　2005.7
815 フッサール『幾何学の起源』講義（モーリス・メルロ＝ポンティ〔著〕，加賀野井秀一，伊藤泰雄，本郷均訳）　2005.3
816 ピエール・ベール伝（ピエール・デ・メゾー〔著〕，野沢協訳）　2005.3
817 天への憧れ──ロマン主義，クレー，リルケ，ベンヤミンにおける天使（フリートマル・アーペル〔著〕，林捷訳）　2005.4
818 ベルクソンとバシュラール（マリー・カリウ〔著〕，永野拓也訳）　2005.4
819 世界の体験──中世後期における旅と文化的出会い（フォルカー・ライヒェルト〔著〕，井本晌二，鈴木麻衣子訳）　2005.5
820 哲学者エディプス──ヨーロッパ的思考の根源（ジャン＝ジョセフ・クロード・グー〔著〕，内藤雅文訳）　2005.7

一般叢書・全集　　　　　　　　　　　　　　　　　　　　　　　　　　　総　記

821　中世の死—生と死の境界から死後の世界まで(ノルベルト・オーラー〔著〕,一条麻美子訳) 2005.7

822　ゲーテと出版者—一つの書籍出版文化史(ジークフリート・ウンゼルト〔著〕,西山力也,坂巻隆裕,関根裕子訳) 2005.7

823　ハイデガーとフランス哲学(トム・ロックモア〔著〕,北川東子,仲正昌樹監訳) 2005.10

824　ライフ・イズ・ミラクル—現代の迷信への批判的考察(ウェンデル・ベリー〔著〕,三国千秋訳) 2005.9

825　森のフォークロア—ドイツ人の自然観と森林文化(アルブレヒト・レーマン〔著〕,識名章喜,大淵知直訳) 2005.10

826　歴史を考えなおす(キース・ジェンキンズ〔著〕,岡本充弘訳) 2005.9

827　キリスト受難詩と革命—1840~1910年のフィリピン民衆運動(レイナルド・C. イレート〔著〕,清水展,永野善子監修,川田牧人,宮脇聡史,高野邦夫訳) 2005.9

828　大英帝国の伝説—アーサー王とロビン・フッド(ステファニー・L. バーチェフスキー〔著〕,野崎嘉信,山本洋訳) 2005.10

829　記号学を超えて—テクスト,文化,テクノロジー(ナイオール・ルーシー〔著〕,船倉正憲訳) 2005.12

830　心・身体・世界—三つ撚りの綱/自然な実在論(ヒラリー・パトナム〔著〕,野本和幸監訳,関口浩喜,渡辺大地,入江さつき,岩沢宏和訳) 2005.10

831　世界の読解可能性(ハンス・ブルーメンベルク〔著〕,山本尤,伊藤秀一訳) 2005.11

832　討議倫理(ユルゲン・ハーバーマス〔著〕,清水多吉,朝倉輝一訳) 2005.11

833　センス・オブ・ウォールデン(スタンリー・カベル〔著〕,斎藤直子訳) 2005.10

834　さまよえるユダヤ人—アースヴェリュス(エドガール・キネ〔著〕,戸田吉信訳) 2005.12

835　現実を語る小説家たち—バルザックからシムノンまで(ジャック・デュボア〔著〕,鈴木智之訳) 2005.12

836　ソクラテスの宗教(マーク・L. マックフェラン〔著〕,米沢茂,脇条靖弘訳) 2006.2

837　越境者の思想—トドロフ,自身を語る(ツヴェタン・トドロフ〔著〕,小野潮訳) 2006.1

838　健康の神秘—人間存在の根源現象としての解釈学的考察(ハンス=ゲオルク・ガダマー〔著〕,三浦国泰訳) 2006.2

839　生命科学の歴史—イデオロギーと合理性(ジョルジュ・カンギレム〔著〕,杉山吉弘訳) 2006.3

840　方法 5　人間の証明(エドガール・モラン〔著〕,大津真作訳) 2006.4

841　思索日記 1(1950-1953)(ハンナ・アーレント〔著〕,ウルズラ・ルッツ,インゲボルク・ノルトマン編,青木隆嘉訳) 2006.3

842　思索日記 2(1953-1973)(ハンナ・アーレント〔著〕,ウルズラ・ルッツ,インゲボルク・ノルトマン編,青木隆嘉訳) 2006.5

843　ライプニッツの国語論—ドイツ語改良への提言(ゴットフリート・ヴィルヘルム・ライプニッツ〔著〕,高田博行,渡辺学編訳) 2006.3

844　ロック政治論集(ジョン・ロック〔著〕,マーク・ゴルディ編,山田園子,吉村伸夫訳) 2007.6

845　社会を越える社会学—移動・環境・シチズンシップ(ジョン・アーリ〔著〕,吉原直樹監訳) 2006.5

846　ライプニッツ哲学序説—その原理観と演繹論の発展(ホセ・オルテガ・イ・ガセット〔著〕,杉山武訳) 2006.4

847　事実/価値二分法の崩壊(ヒラリー・パトナム〔著〕,藤田晋吾,中村正利訳) 2006.7

848　悪の記憶・善の誘惑—20世紀から何を学ぶか(ツヴェタン・トドロフ〔著〕,大谷尚文訳) 2006.6

849　セルバンテスとスペイン生粋主義—スペイン史のなかのドン・キホーテ(アメリコ・カストロ〔著〕,本田誠二訳) 2006.6

850　狼男の言語標本—埋葬語法の精神分析 付・デリダ序文《Fors》(ニコラ・アブラハム,マリア・トローク〔著〕,港道隆,森茂起,前田悠希,宮川貴美子訳) 2006.7

851　物語の森へ—物語理論入門(マティアス・マルティネス,ミヒャエル・シェッフェル〔著〕,林

捷, 末永豊, 生野芳徳訳) 2006.7
852 小枝とフォーマット—更新と再生の思想(ミッシェル・セール〔著〕, 内藤雅文訳) 2006.8
853 芸術の真理—文学と哲学の対話(ハンス=ゲオルク・ガダマー〔著〕, 三浦国泰編訳) 2006.9
854 承認の行程(ポール・リクール〔著〕, 川崎惣一訳) 2006.11
855 運動イメージ(シネマ 1)(ジル・ドゥルーズ〔著〕, 財津理, 斎藤範訳) 2008.10
856 時間イメージ(シネマ 2)(ジル・ドゥルーズ〔著〕, 宇野邦一, 石原陽一郎, 江沢健一郎, 大原理志, 岡村民夫訳) 2006.11
857 解釈の射程—〈空白〉のダイナミクス(ヴォルフガング・イーザー〔著〕, 伊藤誓訳) 2006.11
858 偶像崇拝—その禁止のメカニズム(モッシェ・ハルバータル, アヴィシャイ・マルガリート〔著〕, 大平章訳) 2007.1
859 中世の旅芸人—奇術師・詩人・楽士(ヴォルフガング・ハルトゥング〔著〕, 井本晌二, 鈴木麻衣子訳) 2006.11
860 レヴィナスと政治哲学—人間の尺度(ジャン=フランソワ・レイ〔著〕, 合田正人, 荒金直人訳) 2006.12
861 人類再生—ヒト進化の未来像(ミッシェル・セール〔著〕, 米山親能訳) 2006.11
862 存在と人間—存在論的経験の本質について(オイゲン・フィンク〔著〕, 座小田豊, 信太光郎, 池田準訳) 2007.4
863 ヨーロッパ意識群島(アレクシス・フィロネンコ〔著〕, 大出敦, 大庭克夫, 川那部保明, 栗原仁, 清水まさ志, 西原英人, 藤井陽子訳) 2007.3
864 スタンダールの生涯(ヴィクトール・デル・リット〔著〕, 鎌田博夫, 岩本和子訳) 2007.3
865 存在論抜きの倫理(ヒラリー・パトナム〔著〕, 関口浩喜, 渡辺大地, 岩沢宏和, 入江さつき訳) 2007.4
866 白熱するもの—宇宙の中の人間(ミッシェル・セール〔著〕, 豊田彰訳) 2007.7
867 正義をこえて(公正の探求 1)(ポール・リクール〔著〕, 久米博訳) 2007.6
868 受肉—〈肉〉の哲学(ミシェル・アンリ著, 中敬夫訳) 2007.7

869 敗北の文化—敗戦トラウマ・回復・再生(ヴォルフガング・シヴェルブシュ〔著〕, 福本義憲, 高本教之, 白木和美訳) 2007.8
870 チュルゴーの失脚—1776年5月12日のドラマ 上(エドガール・フォール〔著〕, 渡辺恭彦訳) 2007.9
871 チュルゴーの失脚—1776年5月12日のドラマ 下(エドガール・フォール〔著〕, 渡辺恭彦訳) 2007.9
872 哲学の始まり—初期ギリシャ哲学講義(ハンス=ゲオルク・ガダマー〔著〕, 箕浦恵了, 国嶋貴美子訳) 2007.10
873 ニュートンの宗教(フランク・E. マニュエル〔著〕, 竹本健訳) 2007.11
874 したこととすべきこと(迷宮の岐路 5)(コルネリュウス・カストリアディス〔著〕, 江口幹訳) 2007.10
875 教皇と魔女—宗教裁判の機密文書より(ライナー・デッカー〔著〕, 佐藤正樹, 佐々木れい訳) 2007.11
876 リヴァイアサン序説(マイケル・オークショット〔著〕, 中金聡訳) 2007.12
877 新しい学 1(ジャンバッティスタ・ヴィーコ〔著〕, 上村忠男訳) 2007.12
878 新しい学 2(ジャンバッティスタ・ヴィーコ〔著〕, 上村忠男訳) 2008.4
879 新しい学 3(ジャンバッティスタ・ヴィーコ〔著〕, 上村忠男訳) 2008.6
880 異郷に生きる者(ツヴェタン・トドロフ〔著〕, 小野潮訳) 2008.1
881 〈未開〉からの反論(文明化の過程の神話 5)(ハンス・ペーター・デュル〔著〕, 津山拓也, 藤代幸一訳) 2008.1
882 マルクスとフランス革命(フランソワ・フュレ〔著〕, 今村仁司, 今村真介訳) 2008.2
883 ユダヤ女ハンナ・アーレント—経験・政治・歴史(マルティーヌ・レイボヴィッチ〔著〕, 合田正人訳) 2008.3
884 絶対の冒険者たち(ツヴェタン・トドロフ〔著〕, 大谷尚文訳) 2008.3
885 スペイン紀行(テオフィル・ゴーチエ〔著〕, 桑原隆行訳) 2008.4

886 マルコ・ポーロと世界の発見（ジョン・ラーナー〔著〕，野崎嘉信，立崎秀和訳） 2008.5

887 身体と政治——イギリスにおける病気・死・医者，1650-1900（ロイ・ポーター〔著〕，目羅公和訳） 2008.5

888 カインのポリティック——ルネ・ジラールとの対話（ルネ・ジラール，ドメーニカ・マッツほか〔著〕，内藤雅文訳） 2008.8

889 フェティシュ諸神の崇拝（シャルル・ド・ブロス〔著〕，杉本隆司訳） 2008.11

890 アインシュタインとロブソン——人種差別に抗して（フレッド・ジェローム，ロジャー・テイラー著，豊田彰訳） 2008.6

891 グリム兄弟メルヘン論集（ヤーコプ・グリム，ヴィルヘルム・グリム〔著〕，高木昌史，高木万里子編訳） 2008.7

892 シニェポンジュ（ジャック・デリダ〔著〕，梶田裕訳） 2008.7

893 言葉の暴力——「よけいなもの」の言語学（ジャン=ジャック・ルセルクル〔著〕，岸正樹訳） 2008.8

894 近代の再構築——日本政治イデオロギーにおける自然の概念（ジュリア・アデニー・トーマス〔著〕，杉田米行訳） 2008.7

895 啓蒙の精神——明日への遺産（ツヴェタン・トドロフ〔著〕，石川光一訳） 2008.7

896 雲の理論——絵画史への試論（ユベール・ダミッシュ〔著〕，松岡新一郎訳） 2008.9

897 共通価値——文明の衝突を超えて（シセラ・ボク〔著〕，小野原雅夫監訳，宮川弘美訳） 2008.9

898 水と夢——物質的想像力試論（ガストン・バシュラール〔著〕，及川馥訳） 2008.9

899 真理の場所/真理の名前（エティエンヌ・バリバール〔著〕，堅田研一，沢里岳史訳） 2008.10

900 カントの航跡のなかで——二十世紀の哲学（トム・ロックモア〔著〕，牧野英二監訳，斎藤元紀，相原博，平井雅人，松井賢太郎，近堂秀訳） 2008.9

901 ヘルダーリン研究——文献学的認識についての論考を付す（ペーター・ソンディ〔著〕，ヘルダーリン研究会訳） 2009.1

902 ポール・ヴァレリー——1871-1945（ドニ・ベルトレ〔著〕，松田浩則訳） 2008.11

903 生命の哲学——有機体と自由（ハンス・ヨーナス〔著〕，細見和之，吉本陵訳） 2008.11

904 アーレントとティリッヒ（アルフ・クリストファーセン，クラウディア・シュルゼ編著，深井智朗，佐藤貴史，兼松誠訳） 2008.12

905 困難な自由——増補版・定本全訳（エマニュエル・レヴィナス〔著〕，合田正人監訳，三浦直希訳） 2008.12

906 十八世紀研究者の仕事——知的自伝（セルゲイ・カルプ編，中川久定，増田真監訳） 2008.12

907 ほつれゆく文化——グローバリゼーション，ポストモダニズム，アイデンティティ（マイク・フェザーストン〔著〕，西山哲郎，時安邦治訳） 2009.2

908 王——神話と象徴（ジャン=ポール・ルー〔著〕，浜崎設夫訳） 2009.2

909 葛藤の時代について——スペイン及びスペイン文学における体面のドラマ（アメリコ・カストロ〔著〕，本田誠二訳） 2009.6

910 フロイトの伝説（サミュエル・ウェーバー〔著〕，前田悠希訳） 2009.3

911 フランスの現象学（ベルンハルト・ヴァルデンフェルス〔著〕，佐藤真理人監訳） 2009.4

912 理性への希望——ドイツ啓蒙主義の思想と図像（ヴェルナー・シュナイダース〔著〕，村井則夫訳） 2009.5

913 ドイツ哲学史1831-1933（ヘルベルト・シュネーデルバッハ〔著〕，舟山俊明，朴順南，内藤貴，渡辺福太郎訳） 2009.4

914 ムージル伝記 1（カール・コリーノ〔著〕，早坂七緒，北島玲子，赤司英一郎，堀田真紀子，渡辺幸子訳） 2009.4

917 サバタイ・ツヴィ伝——神秘のメシア 上（ゲルショム・ショーレム〔著〕，石丸昭二訳） 2009.6

917 サバタイ・ツヴィ伝——神秘のメシア 下（ゲルショム・ショーレム〔著〕，石丸昭二訳） 2009.6

918 定着者と部外者——コミュニティの社会学（ノルベルト・エリアス，ジョン・L. スコットソン〔著〕，大平章訳） 2009.7

919 カルパッチョ——美学的探究（ミッシェル・セール〔著〕，阿部宏慈訳） 2009.7

920　引き裂かれた西洋(ユルゲン・ハーバーマス〔著〕, 大貫敦子, 木前利秋, 鈴木直, 三島憲一訳)　2009.7

921　社会の社会　1(ニクラス・ルーマン〔著〕, 馬場靖雄, 赤堀三郎, 菅原謙, 高橋徹訳)　2009.9

922　社会の社会　2(ニクラス・ルーマン〔著〕, 馬場靖雄, 赤堀三郎, 菅原謙, 高橋徹訳)　2009.9

923　理性への回帰(スティーヴン・トゥールミン〔著〕, 藤村竜雄訳)　2009.8

924　アウシュヴィッツ以後の神(ハンス・ヨーナス〔著〕, 品川哲彦訳)　2009.9

925　美的経験(リュディガー・ブプナー〔著〕, 竹田純郎監訳, 菅原潤, 斎藤直樹, 大塚良貴訳)　2009.10

926　人間とは何か―その誕生からネット化社会まで(ノルベルト・ボルツ, アンドレアス・ミュンケル編, 寿福真美訳)　2009.10

927　社会の科学　1(ニクラス・ルーマン〔著〕, 徳安彰訳)　2009.12

928　社会の科学　2(ニクラス・ルーマン〔著〕, 徳安彰訳)　2009.12

929　文学が脅かされている(ツヴェタン・トドロフ〔著〕, 小野潮訳)　2009.11

930　科学と実在論―超越論的実在論と経験主義批判(ロイ・バスカー著, 式部信訳)　2009.11

931　感性的なもののパルタージュ―美学と政治(ジャック・ランシエール〔著〕, 梶田裕訳)　2009.12

932　啓蒙・革命・ロマン主義―近代ドイツ政治思想の起源1790-1800年(フレデリック・C. バイザー〔著〕, 杉田孝夫訳)　2010.3

933　文化の意味論―現代のキーワード集(マーティン・ジェイ〔著〕, 浅野敏夫訳)　2010.3

934　プレソクラティクス―初期ギリシア哲学研究(エドワード・ハッセイ〔著〕, 日下部吉信訳)　2010.4

935　権威の概念(アレクサンドル・コジェーヴ〔著〕, 今村真介訳)　2010.4

936　自然界における両性―雌雄の進化と男女の教育論(アントワネット・ブラウン・ブラックウェル〔著〕, 小川真里子, 飯島亜衣訳)　2010.6

937　ショーペンハウアー哲学の再構築―『充足根拠律の四方向に分岐した根について』(第一版)訳解　新装版(アルトゥール・ショーペンハウアー〔著〕, 鎌田康男, 斎藤智志, 高橋陽一郎, 臼木悦生訳著)　2010.5

938　湖水地方案内(ウィリアム・ワーズワス〔著〕, 小田友弥訳)　2010.6

939　エピクロスの園のマルクス(フランシーヌ・マルコヴィッツ〔著〕, 小井戸光彦訳)　2010.7

940　ギヨーム・ポステル―異貌のルネサンス人の生涯と思想(ウィリアム・J. ブースマ〔著〕, 長谷川光明訳)　2010.7

941　象徴形式の形而上学(エルンスト・カッシーラー遺稿集　第1巻)(エルンスト・カッシーラー〔著〕, 笠原賢介, 森淑仁訳)　2010.8

942　自動車と移動の社会学―オートモビリティーズ(M. フェザーストン, N. スリフト, J. アーリ編著, 近森高明訳)　2010.9

943　吐き気―ある強烈な感覚の理論と歴史(ヴィンフリート・メニングハウス〔著〕, 竹峰義和, 知野ゆり, 由比俊行訳)　2010.8

944　存在なき神(ジャン=リュック・マリオン〔著〕, 永井晋, 中島盛夫訳)　2010.8

945　ガリレオの振り子―時間のリズムから物質の生成へ(ロジャー・ニュートン〔著〕, 豊田彰訳)　2010.10

946　中世の知識と権力―知は力となる(マルティン・キンツィンガー著, 井本晌二, 鈴木麻衣子訳)　2010.11

947　アーカイヴの病―フロイトの印象(ジャック・デリダ著, 福本修訳)　2010.11

948　ウィーン五月の夜(レオ・ペルッツ著, ハンス=ハラルト・ミュラー編, 小泉淳二, 田代尚弘訳)　2010.12

949　ダーウィンの珊瑚―進化論のダイアグラムと博物学(ホルスト・ブレーデカンプ著, 浜中春訳)　2010.12

950　ロマン主義―あるドイツ的な事件(リュディガー・ザフランスキー著, 津山拓也訳)　2010.12

叢書記号学的実践　水声社　1985～2007　⇒I-355

一般叢書・全集　　　　　　　　　　　　　　　　　　　　　　　　　　　総記

21　フィクションとディクション―ジャンル・物語論・文体（ジェラール・ジュネット著，和泉涼一，尾河直哉訳）　2004.12
22　レーニンの言語（ヴィクトル・シクロフスキイ，ボリス・エイヘンバウム，レフ・ヤクビンスキイ，ユーリイ・トゥイニャーノフ，ボリス・カザンスキイ，ボリス・トマシェフスキイ著，桑野隆訳）　2005.6
23　映画における意味作用に関する試論―映画記号学の基本問題（クリスチャン・メッツ著，浅沼圭司監訳）　2005.9
24　可能世界・人工知能・物語理論（マリー＝ロール・ライアン著，岩松正洋訳）　2006.1
25　ソシュールのアナグラム―語の下に潜む語（ジャン・スタロバンスキー著，金沢忠信訳）　2006.3
26　神話の詩学（エレアザール・メレチンスキー著，津久井定雄，直野洋子訳）　2007.1

叢書言語の政治　水声社　1986～2010　⇒I-355
14　絵葉書―ソクラテスからフロイトへ、そしてその彼方　1（ジャック・デリダ著，若森栄樹，大西雅一郎訳）　2007.7
16　第二の手、または引用の作業（アントワーヌ・コンパニョン著，今井勉訳）　2010.3

叢書コムニス　NTT出版　2006～2010
1　メディアと倫理―画面は慈悲なき世界を救済できるか（和田伸一郎著）　2006.1
2　情報と戦争（江畑謙介著）　2006.4
3　情報の私有・共有・公有―ユーザーからみた著作権（名和小太郎著）　2006.6
4　心が芽ばえるとき―コミュニケーションの誕生と進化（明和政子著）　2006.10
5　情報倫理の思想（西垣通，竹之内禎編著訳）　2007.5
6　神はなぜいるのか？（パスカル・ボイヤー著，鈴木光太郎，中村潔訳）　2008.3
7　建築と音楽（五十嵐太郎，菅野裕子著）　2008.10
8　「場所」論―ウェブのリアリズム、地域のロマンチシズム（丸田一著）　2008.12
9　サイバーシティ（M.クリスティーヌ・ボイヤー著，田畑暁生訳）　2009.8
10　自然淘汰論から中立進化論へ―進化学のパラダイム転換（斎藤成也著）　2009.12
11　ラディカル構成主義（エルンスト・フォン・グレーザーズフェルド著，橋本渉訳，西垣通監修）　2010.2
12　〈時と場〉の変容―「サイバー都市」は存在するか？（若林幹夫著）　2010.2
13　コミュニケーションするロボットは創れるか―記号創発システムへの構成論的アプローチ（谷口忠大著）　2010.3

叢書・地球発見　ナカニシヤ出版　2005～2010
1　地球儀の社会史―愛しくも、物憂げな球体（千田稔著）　2005.12
2　東南アジアの魚とる人びと（田和正孝著）　2006.2
3　『ニルス』に学ぶ地理教育―環境社会スウェーデンの原点（村山朝子著）　2005.12
4　世界の屋根に登った人びと（酒井敏明著）　2005.12
5　インド・いちば・フィールドワーク―カースト社会のウラオモテ（溝口常俊著）　2006.1
6　デジタル地図を読む（矢野桂司著）　2006.8
7　近代ツーリズムと温泉（関戸明子著）　2007.8
8　東アジア都城紀行（高橋誠一著）　2007.5
9　子どもたちへの開発教育―世界のリアルをどう教えるか（西岡尚也著）　2007.4
10　世界を見せた明治の写真帖（三木理史著）　2007.9
11　生きもの秘境のたび―地球上いたるところにロマンあり（高橋春成著）　2008.4
12　日本海はどう出来たか（能田成著）　2008.5
13　韓国・伝統文化のたび（岩鼻通明著）　2008.6
14　バンクーバーはなぜ世界一住みやすい都市なのか（香川貴志著）　2010.2

叢書・二十世紀ロシア文化史再考　水声社　1998～2006　⇒I-355
◇記号としての文化―発達心理学と芸術心理学（レフ・セミョーノヴィチ・ヴィゴツキイ著，柳町裕子，高柳聡子訳）　2006.2

一般叢書・全集

叢書・文化学の越境　森話社　1996〜2009　⇒V-628
11　ケガレの文化史—物語・ジェンダー・儀礼（服藤早苗, 小嶋菜温子, 増尾伸一郎, 戸川点編）2005.3
12　琉球王国と倭寇—おもろの語る歴史（吉成直樹, 福寛美著）2006.1
13　女と子どもの王朝史—後宮・儀礼・縁（服藤早苗編）2007.4
14　狩猟と供犠の文化誌（中村生雄, 三浦佑之, 赤坂憲雄編）2007.5
15　声とかたちのアイヌ・琉球史（吉成直樹編）2007.6
16　琉球王国誕生—奄美諸島史から（吉成直樹, 福寛美著）2007.12
17　日琉交易の黎明—ヤマトからの衝撃（谷川健一編）2008.10
18　沖縄文化はどこから来たか—グスク時代という画期（高梨修, 阿部美菜子, 中本謙, 吉成直樹著）2009.6

叢書ベリタス　八朔社　1991〜2006　⇒I-355
◇ドイツ過去の克服—ナチ独裁に対する1945年以降の政治的・法的取り組み（ペーター・ライヒェル著, 小川保博, 芝野由和訳）2006.11

叢書l'esprit nouveau　白地社　1991〜2010　⇒I-355
17　供犠と権力（臼田乃里子〔著〕）2006.12
18　宮崎駿の地平—広場の孤独・照葉樹林・アニミズム（野村幸一郎〔著〕）2010.4
19　ポエティカ/エコノミカ（宗近真一郎〔著〕）2010.6

祖先の足跡　〔東京都〕練馬区教育委員会社会教育課編　練馬区教育委員会　1975〜2008　⇒I-355
◇練馬の集団学童疎開資料集　2（〔練馬区教育委員会〕生涯学習部生涯学習文化財係, 練馬区郷土資料室編）2005.3
◇練馬の伝説　改訂版（〔練馬区教育委員会〕生涯学習部生涯学習文化財係, 練馬区郷土資料室編）2006.3

◇絵図にみる練馬　1（生涯学習部生涯学習文化財係練馬区郷土資料室編）2007.3
◇絵図にみる練馬　2（生涯学習部生涯学習文化課練馬区郷土資料室編）2008.3

ゾラ・セレクション　ゾラ〔著〕　宮下志朗, 小倉孝誠責任編集　藤原書店　2002〜2010　⇒I-355
第8巻　文学論集—1865-1896（ゾラ〔著〕, 佐藤正年編訳）2007.3
第9巻　美術論集（三浦篤編=解説, 三浦篤, 藤原貞朗訳）2010.7

尊経閣善本影印集成　前田育徳会尊経閣文庫編　八木書店　1993〜2010　⇒I-356
35-1　交替式　2005.1
35-1・2　交替式・法曹類林　2005.1
35-2　法曹類林（〔藤原通憲〕〔編〕）2005.1
36　政事要略（〔惟宗允亮〕〔編纂〕）2006.2
37　類聚三代格　1（巻1 上〜巻4）2005.6
38　類聚三代格　2（巻5 上〜巻10）2005.8
39　類聚三代格　3（巻12 上〜巻18）2006.8
40　日本霊異記（〔景戒〕〔編〕）2007.3
41-1　三宝絵（〔源為憲〕〔撰〕）2007.10
41-2　日本往生極楽記（〔慶滋保胤〕〔著〕）2007.10
42　新猿楽記（〔藤原明衡〕〔著〕）2010.6
43　三宝感応要略録（〔非濁〕〔撰〕）2008.6
44　江談抄（〔大江匡房〕〔談〕, 〔藤原実兼〕〔記〕）2008.8
45　中外抄（〔藤原忠実〕〔述〕, 〔中原師元〕〔記〕）2008.1
46　内裏式（〔藤原冬嗣〕〔ほか編〕）2010.8

大活字本シリーズ　埼玉福祉会　1984〜2010　⇒I-356
◇朱の丸御用船（吉村昭著）2004.11
◇ナイン（井上ひさし著）2004.11
◇妖恋—男と女の不可思議な七章（皆川博子著）2004.11
◇徳川千姫哀感（吉田知子著）2004.11
◇イヌ・ネコ・ネズミ—彼らはヒトとどう暮してきたか（戸川幸夫著）2004.11
◇碁打秀行—私の履歴書（藤沢秀行著）2004.11

一般叢書・全集　　　　　　　　　　　　　　　　　　　総記

◇小川未明童話集―赤いろうそくと人魚　上（小川未明著）　2004.11
◇仁淀川　上（宮尾登美子著）　2004.11
◇本所しぐれ町物語　上（藤沢周平著）　2004.11
◇華やかな喪服　上（土屋隆夫著）　2004.11
◇女ざかり　上（丸谷才一著）　2004.11
◇私生活　上（神吉拓郎著）　2004.11
◇暗い落日　上（結城昌治著）　2004.11
◇江戸風狂伝　上（北原亞以子著）　2004.11
◇部長の大晩年　上（城山三郎著）　2004.11
◇太閤豊臣秀吉　上（桑田忠親著）　2004.11
◇わが荷風　上（野口冨士男著）　2004.11
◇寂しい声―西脇順三郎の生涯　上（工藤美代子著）　2004.11
◇華やかな喪服　中（土屋隆夫著）　2004.11
◇女ざかり　中（丸谷才一著）　2004.11
◇小川未明童話集―赤いろうそくと人魚　下（小川未明著）　2004.11
◇仁淀川　下（宮尾登美子著）　2004.11
◇本所しぐれ町物語　下（藤沢周平著）　2004.11
◇華やかな喪服　下（土屋隆夫著）　2004.11
◇女ざかり　下（丸谷才一著）　2004.11
◇私生活　下（神吉拓郎著）　2004.11
◇暗い落日　下（結城昌治著）　2004.11
◇江戸風狂伝　下（北原亞以子著）　2004.11
◇部長の大晩年　下（城山三郎著）　2004.11
◇太閤豊臣秀吉　下（桑田忠親著）　2004.11
◇わが荷風　下（野口冨士男著）　2004.11
◇寂しい声―西脇順三郎の生涯　下（工藤美代子著）　2004.11
◇雑木林のモーツァルト（串田孫一著）　2005.5
◇深い河　上（遠藤周作著）　2005.5
◇崩れる　上（佐野洋著）　2005.5
◇燃えよ剣　1（司馬遼太郎著）　2005.5
◇デュアル・ライフ　上（夏樹静子著）　2005.5
◇天湖　上（石牟礼道子著）　2005.5
◇箱の中　上（阿刀田高著）　2005.5
◇もどり橋　上（沢田ふじ子著）　2005.5
◇おれは清海入道―集結!真田十勇士　上（東郷隆著）　2005.5
◇冥途・旅順入城式　上（内田百間著）　2005.5

◇明治の人物誌　上（星新一著）　2005.5
◇法廷解剖学　上（和久峻三著）　2005.5
◇霊長類ヒト科動物図鑑　上（向田邦子著）　2005.5
◇燃えよ剣　2（司馬遼太郎著）　2005.5
◇デュアル・ライフ　中（夏樹静子著）　2005.5
◇おれは清海入道―集結!真田十勇士　中（東郷隆著）　2005.5
◇明治の人物誌　中（星新一著）　2005.5
◇深い河　下（遠藤周作著）　2005.5
◇崩れる　下（佐野洋著）　2005.5
◇燃えよ剣　3（司馬遼太郎著）　2005.5
◇デュアル・ライフ　下（夏樹静子著）　2005.5
◇天湖　下（石牟礼道子著）　2005.5
◇箱の中　下（阿刀田高著）　2005.5
◇もどり橋　下（沢田ふじ子著）　2005.5
◇おれは清海入道―集結!真田十勇士　下（東郷隆著）　2005.5
◇冥途・旅順入城式　下（内田百間著）　2005.5
◇明治の人物誌　下（星新一著）　2005.5
◇法廷解剖学　下（和久峻三著）　2005.5
◇霊長類ヒト科動物図鑑　下（向田邦子著）　2005.5
◇燃えよ剣　4（司馬遼太郎著）　2005.5
◇燃えよ剣　5（司馬遼太郎著）　2005.5
◇上海（林京子著）　2005.11
◇浅草紅団　上（川端康成著）　2005.11
◇冬の蝉　上（杉本苑子著）　2005.11
◇浄瑠璃坂の仇討ち　上（高橋義夫著）　2005.11
◇兵庫頭の叛乱　上（神坂次郎著）　2005.11
◇取調室―静かなる死闘　上（笹沢左保著）　2005.11
◇江戸は廻灯籠　上（佐江衆一著）　2005.11
◇機関車先生　上（伊集院静著）　2005.11
◇小説・十五羽左衛門　上（竹田真砂子著）　2005.11
◇天使たちの探偵　上（原寮著）　2005.11
◇五年の梅　上（乙川優三郎著）　2005.11
◇ビタミンF　上（重松清著）　2005.11
◇日本語と私　上（大野晋著）　2005.11

総記　　　　　　　　　　　　　　　　　　　　　　　　一般叢書・全集

◇医者がすすめる不養生　上（遠山高史著）　2005.11
◇ヴェテラン　上（海老沢泰久著）　2005.11
◇夏目家の糠みそ　上（半藤末利子著）　2005.11
◇浄瑠璃坂の仇討ち　中（高橋義夫著）　2005.11
◇浅草紅団　下（川端康成著）　2005.11
◇冬の蝉　下（杉本苑子著）　2005.11
◇浄瑠璃坂の仇討ち　下（高橋義夫著）　2005.11
◇兵庫頭の叛乱　下（神坂次郎著）　2005.11
◇取調室―静かなる死闘　下（笹沢左保著）　2005.11
◇江戸は廻灯籠　下（佐江衆一著）　2005.11
◇機関車先生　下（伊集院静著）　2005.11
◇小説・十五世羽左衛門　下（竹田真砂子著）　2005.11
◇天使たちの探偵　下（原寮著）　2005.11
◇五年の梅　下（乙川優三郎著）　2005.11
◇ビタミンF　下（重松清著）　2005.11
◇日本語と私　下（大野晋著）　2005.11
◇医者がすすめる不養生　下（遠山高史著）　2005.11
◇ヴェテラン　下（海老沢泰久著）　2005.11
◇夏目家の糠みそ　下（半藤末利子著）　2005.11
◇水無月の墓（小池真理子著）　2006.5
◇石の来歴（奥泉光著）　2006.5
◇遊びと日本人（多田道太郎著）　2006.5
◇交差点で石蹴り（群ようこ著）　2006.5
◇事件　上（大岡昇平著）　2006.5
◇浮かれ三亀松　上（吉川潮著）　2006.5
◇群青の湖　上（芝木好子著）　2006.5
◇花あざ伝奇　上（安西篤子著）　2006.5
◇逢わばや見ばや　上（出久根達郎著）　2006.5
◇秋草の渡し　上（伊藤桂一著）　2006.5
◇かかし長屋　上（半村良著）　2006.5
◇秘剣奔る―静山剣心帳　上（新宮正春著）　2006.5
◇損料屋喜八郎始末控え　上（山本一力著）　2006.5
◇日本語の論理　上（外山滋比古著）　2006.5
◇食卓のつぶやき　上（池波正太郎著）　2006.5
◇ノモンハンの夏　上（半藤一利著）　2006.5

◇事件　中（大岡昇平著）　2006.5
◇浮かれ三亀松　中（吉川潮著）　2006.5
◇群青の湖　中（芝木好子著）　2006.5
◇ノモンハンの夏　中（半藤一利著）　2006.5
◇事件　下（大岡昇平著）　2006.5
◇浮かれ三亀松　下（吉川潮著）　2006.5
◇群青の湖　下（芝木好子著）　2006.5
◇花あざ伝奇　下（安西篤子著）　2006.5
◇逢わばや見ばや　下（出久根達郎著）　2006.5
◇秋草の渡し　下（伊藤桂一著）　2006.5
◇かかし長屋　下（半村良著）　2006.5
◇秘剣奔る―静山剣心帳　下（新宮正春著）　2006.5
◇損料屋喜八郎始末控え　下（山本一力著）　2006.5
◇日本語の論理　下（外山滋比古著）　2006.5
◇食卓のつぶやき　下（池波正太郎著）　2006.5
◇ノモンハンの夏　下（半藤一利著）　2006.5
◇蝋涙（原田康子著）　2006.11
◇人生論ノート（三木清著）　2006.11
◇医者という仕事（南木佳士著）　2006.11
◇孔子　上（井上靖著）　2006.11
◇鎌倉のおばさん　上（村松友視著）　2006.11
◇ガラスの麒麟　上（加納朋子著）　2006.11
◇水鳥の関　上（平岩弓枝著）　2006.11
◇遊動亭円木　上（辻原登著）　2006.11
◇槍持ち佐五平の首　上（佐藤雅美著）　2006.11
◇峠越え　上（羽太雄平著）　2006.11
◇炎流れる彼方　1（船戸与一著）　2006.11
◇富島松五郎伝　上（岩下俊作著）　2006.11
◇旧約聖書入門―光と愛を求めて　上（三浦綾子著）　2006.11
◇30年の物語　上（岸恵子著）　2006.11
◇きょうもいい塩梅　上（内館牧子著）　2006.11
◇孔子　中（井上靖著）　2006.11
◇水鳥の関　中（平岩弓枝著）　2006.11
◇炎流れる彼方　2（船戸与一著）　2006.11
◇孔子　下（井上靖著）　2006.11
◇鎌倉のおばさん　下（村松友視著）　2006.11
◇ガラスの麒麟　下（加納朋子著）　2006.11

全集・叢書総目録 2005-2010　　315

一般叢書・全集　　　　　　　　　　　　　　　　　　　総記

◇水鳥の関　下（平岩弓枝著）　2006.11
◇遊動亭円木　下（辻原登著）　2006.11
◇槍持ち佐五平の首　下（佐藤雅美著）　2006.11
◇峠越え　下（羽太雄平著）　2006.11
◇炎流れる彼方　3（船戸与一著）　2006.11
　富島松五郎伝　下（岩下俊作著）　2006.11
◇旧約聖書入門―光と愛を求めて　下（三浦綾子著）　2006.11
◇30年の物語　下（岸恵子著）　2006.11
◇きょうもいい塩梅　下（内館牧子著）　2006.11
◇炎流れる彼方　4（船戸与一著）　2006.11
◇異人たちとの夏（山田太一著）　2007.5
◇三十一文字のパレット（俵万智著）　2007.5
◇なじみの店（池内紀著）　2007.5
◇戦いすんで日が暮れて　上（佐藤愛子著）　2007.5
◇三鬼の剣　上（鳥羽亮著）　2007.5
◇路地　上（三木卓著）　2007.5
◇三屋清左衛門残日録　上（藤沢周平著）　2007.5
◇長安牡丹花異聞　上（森福都著）　2007.5
◇きのうの空　上（志水辰夫著）　2007.5
◇幽恋舟　上（諸田玲子著）　2007.5
◇藩校早春賦　上（宮本昌孝著）　2007.5
◇あやし　上（宮部みゆき著）　2007.5
◇遠き落日　1（渡辺淳一著）　2007.5
◇「般若心経」講義　上（紀野一義著）　2007.5
◇心のくすり箱　上（徳永進著）　2007.5
◇母の万年筆　上（太田治子著）　2007.5
◇三屋清左衛門残日録　中（藤沢周平著）　2007.5
◇遠き落日　2（渡辺淳一著）　2007.5
◇戦いすんで日が暮れて　下（佐藤愛子著）　2007.5
◇三鬼の剣　下（鳥羽亮著）　2007.5
◇路地　下（三木卓著）　2007.5
◇三屋清左衛門残日録　下（藤沢周平著）　2007.5
◇長安牡丹花異聞　下（森福都著）　2007.5
◇きのうの空　下（志水辰夫著）　2007.5
◇幽恋舟　下（諸田玲子著）　2007.5
◇藩校早春賦　下（宮本昌孝著）　2007.5
◇あやし　下（宮部みゆき著）　2007.5

◇遠き落日　3（渡辺淳一著）　2007.5
◇「般若心経」講義　下（紀野一義著）　2007.5
◇心のくすり箱　下（徳永進著）　2007.5
◇母の万年筆　下（太田治子著）　2007.5
◇遠き落日　4（渡辺淳一著）　2007.5
◇王朝懶夢譚（田辺聖子著）　2007.11
◇寺暮らし（森まゆみ著）　2007.11
◇町奉行日記　上（山本周五郎著）　2007.11
◇富豪刑事　上（筒井康隆著）　2007.11
◇智恵子飛ぶ　上（津村節子著）　2007.11
◇マークスの山　1（高村薫著）　2007.11
◇戦鬼たちの海―織田水軍の将・九鬼嘉隆　上（白石一郎著）　2007.11
◇破門　上（羽山信樹著）　2007.11
◇秋の猫　上（藤堂志津子著）　2007.11
◇豪姫夢幻　上（中村彰彦著）　2007.11
◇輓馬　上（鳴海章著）　2007.11
◇辛夷の花―父小泉信三の思い出　上（秋山加代著）　2007.11
◇スカウト　上（後藤正治著）　2007.11
◇独酌余滴　上（多田富雄著）　2007.11
◇マークスの山　2（高村薫著）　2007.11
◇戦鬼たちの海―織田水軍の将・九鬼嘉隆　中（白石一郎著）　2007.11
◇豪姫夢幻　中（中村彰彦著）　2007.11
◇スカウト　中（後藤正治著）　2007.11
◇町奉行日記　下（山本周五郎著）　2007.11
◇富豪刑事　下（筒井康隆著）　2007.11
◇智恵子飛ぶ　下（津村節子著）　2007.11
◇マークスの山　3（高村薫著）　2007.11
◇戦鬼たちの海―織田水軍の将・九鬼嘉隆　下（白石一郎著）　2007.11
◇破門　下（羽山信樹著）　2007.11
◇秋の猫　下（藤堂志津子著）　2007.11
◇豪姫夢幻　下（中村彰彦著）　2007.11
◇輓馬　下（鳴海章著）　2007.11
◇辛夷の花―父小泉信三の思い出　下（秋山加代著）　2007.11
◇スカウト　下（後藤正治著）　2007.11
◇独酌余滴　下（多田富雄著）　2007.11
◇マークスの山　4（高村薫著）　2007.11

一般叢書・全集

- ◇心で見る世界（島崎敏樹著）　2008.5
- ◇素人庖丁記（嵐山光三郎著）　2008.5
- ◇四十八歳の抵抗　上（石川達三著）　2008.5
- ◇相棒に気をつけろ　上（逢坂剛著）　2008.5
- ◇退屈姫君伝　上（米村圭伍著）　2008.5
- ◇蔵　1（宮尾登美子著）　2008.5
- ◇胡蝶の剣　上（津本陽著）　2008.5
- ◇扇形のアリバイ　上（山村美紗著）　2008.5
- ◇おすず—信太郎人情始末帖　上（杉本章子著）　2008.5
- ◇本多の狐—徳川家康の秘宝　上（羽太雄平著）　2008.5
- ◇艶めき　上（藤田宜永著）　2008.5
- ◇破軍の星　上（北方謙三著）　2008.5
- ◇まわりみち極楽論—人生の不安にこたえる　上（玄侑宗久著）　2008.5
- ◇芸づくし忠臣蔵　上（関容子著）　2008.5
- ◇のちの思いに　上（辻邦生著）　2008.5
- ◇蔵　2（宮尾登美子著）　2008.5
- ◇破軍の星　中（北方謙三著）　2008.5
- ◇四十八歳の抵抗　下（石川達三著）　2008.5
- ◇相棒に気をつけろ　下（逢坂剛著）　2008.5
- ◇退屈姫君伝　下（米村圭伍著）　2008.5
- ◇蔵　3（宮尾登美子著）　2008.5
- ◇胡蝶の剣　下（津本陽著）　2008.5
- ◇扇形のアリバイ　下（山村美紗著）　2008.5
- ◇おすず—信太郎人情始末帖　下（杉本章子著）　2008.5
- ◇本多の狐—徳川家康の秘宝　下（羽太雄平著）　2008.5
- ◇艶めき　下（藤田宜永著）　2008.5
- ◇破軍の星　下（北方謙三著）　2008.5
- ◇まわりみち極楽論—人生の不安にこたえる　下（玄侑宗久著）　2008.5
- ◇芸づくし忠臣蔵　下（関容子著）　2008.5
- ◇のちの思いに　下（辻邦生著）　2008.5
- ◇蔵　4（宮尾登美子著）　2008.5
- ◇多甚古村（井伏鱒二著）　2008.11
- ◇いつか王子駅で（堀江敏幸著）　2008.11
- ◇昨日の恋—爽太捕物帳（北原亜以子著）　2008.11
- ◇新人生論ノート（木田元著）　2008.11
- ◇わたしのおせっかい談義（沢村貞子著）　2008.11
- ◇山の頂の向こうに（田部井淳子著）　2008.11
- ◇赤い影法師　上（柴田錬三郎著）　2008.11
- ◇諸葛孔明　1（陳舜臣著）　2008.11
- ◇絆　上（小杉健治著）　2008.11
- ◇海神—孫太郎漂流記　上（安部竜太郎著）　2008.11
- ◇愛をこうひと　上（下田治美著）　2008.11
- ◇似せ者　上（松井今朝子著）　2008.11
- ◇家族善哉　上（島村洋子著）　2008.11
- ◇送り火　上（重松清著）　2008.11
- ◇無宿人別帳　上（松本清張著）　2008.11
- ◇どくとるマンボウ青春記　上（北杜夫著）　2008.11
- ◇敗れざる者たち　上（沢木耕太郎著）　2008.11
- ◇諸葛孔明　2（陳舜臣著）　2008.11
- ◇赤い影法師　下（柴田錬三郎著）　2008.11
- ◇諸葛孔明　3（陳舜臣著）　2008.11
- ◇絆　下（小杉健治著）　2008.11
- ◇海神—孫太郎漂流記　下（安部竜太郎著）　2008.11
- ◇愛をこうひと　下（下田治美著）　2008.11
- ◇似せ者　下（松井今朝子著）　2008.11
- ◇家族善哉　下（島村洋子著）　2008.11
- ◇送り火　下（重松清著）　2008.11
- ◇無宿人別帳　下（松本清張著）　2008.11
- ◇どくとるマンボウ青春記　下（北杜夫著）　2008.11
- ◇敗れざる者たち　下（沢木耕太郎著）　2008.11
- ◇諸葛孔明　4（陳舜臣著）　2008.11
- ◇千曲川のスケッチ（島崎藤村著）　2009.5
- ◇漱石夫人は占い好き（半藤末利子著）　2009.5
- ◇無思想の発見（養老孟司著）　2009.5
- ◇人生の四季に生きる（日野原重明著）　2009.5
- ◇他人同士　上（阿刀田高著）　2009.5
- ◇高瀬川女船歌　上（沢田ふじ子著）　2009.5
- ◇遠い幻影　上（吉村昭著）　2009.5
- ◇一瞬の魔　上（夏樹静子著）　2009.5
- ◇てのひらの闇　上（藤原伊織著）　2009.5
- ◇高山右近　上（加賀乙彦著）　2009.5

全集・叢書総目録 2005-2010　　317

一般叢書・全集　　　　　　　　　　　　　　　　　　　　　　　　　総記

◇中央構造帯　上（内田康夫著）　2009.5
◇馬喰八十八伝　上（井上ひさし著）　2009.5
◇霧笛荘夜話　上（浅田次郎著）　2009.5
◇武家用心集　上（乙川優三郎著）　2009.5
◇ことばで「私」を育てる　上（山根基世著）
　2009.5
◇遠い日のこと　上（飯田竜太著）　2009.5
◇てのひらの闇　中（藤原伊織著）　2009.5
◇中央構造帯　中（内田康夫著）　2009.5
◇馬喰八十八伝　中（井上ひさし著）　2009.5
◇他人同士　下（阿刀田高著）　2009.5
◇高瀬川女船歌　下（沢田ふじ子著）　2009.5
◇遠い幻影　下（吉村昭著）　2009.5
◇一瞬の魔　下（夏樹静子著）　2009.5
◇てのひらの闇　下（藤原伊織著）　2009.5
◇高山右近　下（加賀乙彦著）　2009.5
◇中央構造帯　下（内田康夫著）　2009.5
◇馬喰八十八伝　下（井上ひさし著）　2009.5
◇霧笛荘夜話　下（浅田次郎著）　2009.5
◇武家用心集　下（乙川優三郎著）　2009.5
◇ことばで「私」を育てる　下（山根基世著）
　2009.5
◇遠い日のこと　下（飯田竜太著）　2009.5
◇眠る鯉（伊集院静著）　2009.11
◇周公旦（酒見賢一著）　2009.11
◇こころの天気図（五木寛之著）　2009.11
◇男子の本懐　上（城山三郎著）　2009.11
◇東京少年　上（小林信彦著）　2009.11
◇お鳥見女房　上（諸田玲子著）　2009.11
◇秘太刀馬の骨　上（藤沢周平著）　2009.11
◇生家へ　上（色川武大著）　2009.11
◇五人女捕物くらべ　上（平岩弓枝著）　2009.11
◇ほんくら　上（宮部みゆき著）　2009.11
◇江戸打入り　上（半村良著）　2009.11
◇硝子のハンマー　上（貴志祐介著）　2009.11
◇花々と星々と　上（犬養道子著）　2009.11
◇私の古典詩選　上（大岡信著）　2009.11
◇救命センターからの手紙―ドクター・ファイル
　から　上（浜辺祐一著）　2009.11
◇五人女捕物くらべ　中（平岩弓枝著）　2009.11

◇ほんくら　中（宮部みゆき著）　2009.11
◇硝子のハンマー　中（貴志祐介著）　2009.11
◇男子の本懐　下（城山三郎著）　2009.11
◇東京少年　下（小林信彦著）　2009.11
◇お鳥見女房　下（諸田玲子著）　2009.11
◇秘太刀馬の骨　下（藤沢周平著）　2009.11
◇生家へ　下（色川武大著）　2009.11
◇五人女捕物くらべ　下（平岩弓枝著）　2009.11
◇ほんくら　下（宮部みゆき著）　2009.11
◇江戸打入り　下（半村良著）　2009.11
◇硝子のハンマー　下（貴志祐介著）　2009.11
◇花々と星々と　下（犬養道子著）　2009.11
◇私の古典詩選　下（大岡信著）　2009.11
◇救命センターからの手紙―ドクター・ファイル
　から　下（浜辺祐一著）　2009.11
◇楽園後刻（甘糟幸子著）　2010.5
◇感動する脳（茂木健一郎著）　2010.5
◇遠い朝の本たち（須賀敦子著）　2010.5
◇銀座諸事折々（鈴木真砂女著）　2010.5
◇ひとり旅は楽し（池内紀著）　2010.5
◇馬上少年過ぐ　上（司馬遼太郎著）　2010.5
◇セント・メリーのリボン　上（稲見一良著）　2010.
　5
◇君を見上げて　上（山田太一著）　2010.5
◇恋に散りぬ　上（安西篤子著）　2010.5
◇照柿　1（高村薫著）　2010.5
◇信長の棺　上（加藤廣著）　2010.5
◇螺旋階段のアリス　上（加納朋子著）　2010.5
◇鬼女の鱗　上（泡坂妻夫著）　2010.5
◇牛込御門余時　上（竹田真砂子著）　2010.5
◇榎本武揚　上（安部公房著）　2010.5
◇昭和史七つの謎　上（保阪正康著）　2010.5
◇散りぎわの花　上（小沢昭一著）　2010.5
◇照柿　2（高村薫著）　2010.5
◇信長の棺　中（加藤廣著）　2010.5
◇馬上少年過ぐ　下（司馬遼太郎著）　2010.5
◇セント・メリーのリボン　下（稲見一良著）　2010.
　5
◇君を見上げて　下（山田太一著）　2010.5
◇恋に散りぬ　下（安西篤子著）　2010.5

◇照柿　3（高村薫著）　2010.5
◇信長の棺　下（加藤広著）　2010.5
◇螺旋階段のアリス　下（加納朋子著）　2010.5
◇鬼女の鱗　下（泡坂妻夫著）　2010.5
◇牛込御門余時　下（竹田真砂子著）　2010.5
榎本武揚　下（安部公房著）　2010.5
◇昭和史七つの謎　下（保阪正康著）　2010.5
◇散りぎわの花　下（小沢昭一著）　2010.5
◇照柿　4（高村薫著）　2010.5
◇瑠璃色の石（津村節子著）　2010.11
◇長さではない命の豊かさ（日野原重明著）　2010.11
◇春の数えかた（日高敏隆著）　2010.11
◇寿司屋のかみさんおいしい話（佐川芳枝著）　2010.11
◇仇討ち　上（池波正太郎著）　2010.11
◇ジョゼと虎と魚たち　上（田辺聖子著）　2010.11
◇駆けこみ交番　上（乃南アサ著）　2010.11
◇海狼伝　上（白石一郎著）　2010.11
◇長城のかげ　上（宮城谷昌光著）　2010.11
◇澪つくし　上（明野照葉著）　2010.11
◇子づれ兵法者　上（佐江衆一著）　2010.11
◇灰の男　1（小杉健治著）　2010.11
◇陰の絵図　1（新宮正春著）　2010.11
◇はずれの記　上（宮尾登美子著）　2010.11
◇英国に就て　上（吉田健一著）　2010.11
◇海狼伝　中（白石一郎著）　2010.11
◇灰の男　2（小杉健治著）　2010.11
◇陰の絵図　2（新宮正春著）　2010.11
◇仇討ち　下（池波正太郎著）　2010.11
◇ジョゼと虎と魚たち　下（田辺聖子著）　2010.11
◇駆けこみ交番　下（乃南アサ著）　2010.11
◇海狼伝　下（白石一郎著）　2010.11
◇長城のかげ　下（宮城谷昌光著）　2010.11
◇澪つくし　下（明野照葉著）　2010.11
◇子づれ兵法者　下（佐江衆一著）　2010.11
◇灰の男　3（小杉健治著）　2010.11
◇陰の絵図　3（新宮正春著）　2010.11
◇はずれの記　下（宮尾登美子著）　2010.11
◇英国に就て　下（吉田健一著）　2010.11

◇灰の男　4（小杉健治著）　2010.11
◇陰の絵図　4（新宮正春著）　2010.11

大正大学まんだらライブラリー　ティー・マップ　2005〜2009
5　ホスピタリティー入門（海老原靖也著）　2005.6
6　雅楽のこころ音楽のちから（東儀秀樹著）　2005.10
7　伝教大師の生涯と教え（天台宗教学振興委員会, 多田孝正編）　2006.10
8　宗教のえらび方―後悔しないために（星川啓慈著）　2007.4
9　脳が先か、心が先か（養老孟司, 滝川一広, 星川啓慈, 林田康順, 長谷川智子, 司馬春英編）　2009.8

大東急記念文庫善本叢刊　中村幸彦責任編修　大東急記念文庫　1976〜2009　⇒I-360
中古中世篇　第1巻　物語（井上宗雄責任編集）　2007.2
中古中世篇　第2巻　物語草子　1（島津忠夫責任編集）　2004.11
中古中世篇　第3巻　物語草子　2（島津忠夫責任編集）　2005.3
中古中世篇　第5巻　和歌　2（井上宗雄責任編集）　2008.4
中古中世篇　第6巻　和歌　3（井上宗雄責任編集）　2008.11
中古中世篇　第7巻　和歌　4（井上宗雄責任編集）　2005.12
中古中世篇　第9巻　連歌　2（島津忠夫責任編集）　2009.10
中古中世篇　第12巻　類書　1（築島裕責任編集）　2005.8
中古中世篇　第16巻　聖徳太子伝（築島裕責任編集）　2008.1
中古中世篇　別巻1〔第1巻〕　延慶本平家物語―重要文化財　第1巻（島津忠夫責任編集）　2006.5
中古中世篇　別巻1〔第2巻〕　延慶本平家物語―重要文化財　第2巻（島津忠夫責任編集）　2006.8
中古中世篇　別巻1〔第3巻〕　延慶本平家物語―重要文化財　第3巻（島津忠夫責任編集）　2006.11

一般叢書・全集　　　　　　　　　　　　　　　総記

中古中世篇 別巻1〔第4巻〕　延慶本平家物語―重要文化財　第4巻（島津忠夫責任編集）　2007.4
中古中世篇 別巻1〔第5巻〕　延慶本平家物語―重要文化財　第5巻（島津忠夫責任編集）　2007.10
中古中世篇 別巻1〔第6巻〕　延慶本平家物語―重要文化財　第6巻（島津忠夫責任編集）　2008.5

Dime books　小学館　1987～2005　⇒I-360
◇愛知県館総合プロデューサー・山根一真の愛知万博愛知県館「でら」ガイド（山根一真著）　2005.4
◇ブランドデザインが会社を救う！（ボブ・スリーヴァ著）　2005.10

高橋巌著作集　岡沢幸雄　2009
第1巻（1950年―1968年）（高橋巌著，岡沢幸雄編纂）　2009.10

拓殖大学研究叢書　弘文堂　2007
社会科学 32　インターネット通信販売と消費者政策―流通チャネル特性と企業活動（丸山正博著）　2007.12

拓殖大学研究叢書　拓殖大学　2005～2009
人文科学 15　サイクロトロンから原爆へ―核時代の起源を探る（日野川静枝著）　2009.8
自然科学 6　軽量形鋼成形技術―Visual C++によるロールの自動設計（小奈弘著）　2005.8

館林市史　館林市史編さん委員会編　館林市　2004～2010　⇒IV-708
特別編 第2巻　絵図と地図にみる館林　2006.3
特別編 第3巻　館林の自然と生きもの　2008.3
特別編 第4巻　館林城と中近世の遺跡　2010.3
資料編 2 中世　佐貫荘と戦国の館林　2007.3
資料編 4 近世 2　館林の城下町と村　2009.3
資料編 6 近現代 2　鉱毒事件と戦争の記録　2010.3

地域研究叢書　京都大学学術出版会　1996～2010　⇒I-361
15　周縁を生きる人びと―オラン・アスリの開発とイスラーム化（信田敏宏著）　2004.12
16　バングラデシュ農村開発のなかの階層変動―貧困削減のための基礎研究（藤田幸一著）　2005.1
17　境界の社会史―国家が所有を宣言するとき（石川登著）　2008.3
18　東南アジア多民族社会の形成（坪内良博著）　2009.2
19　〈境域〉の実践宗教―大陸部東南アジア地域と宗教のトポロジー（林行夫編著）　2009.2
20　軍政ビルマの権力構造―ネー・ウィン体制下の国家と軍隊1962-1988（中西嘉宏著）　2009.6
21　世界システムと地域社会―西ジャワが得たもの失ったもの 1700‐1830（大橋厚子著）　2010.7

智慧の海叢書　勉誠出版　2003～2005　⇒V-640
5　エマソンと三人の魔女（吉田とよ子著）　2004.6
6　金色堂はなぜ建てられたか―金色堂に眠る首級の謎を解く（高井ふみや著）　2004.6
7　江戸三大奇書と共に（江口孝夫著）　2004.6
8　応天門炎上伴大納言（長野甞一著）　2004.7
9　芥川竜之介王朝物の背景（長野甞一著）　2004.7
10　ひらいてみよう古典の小箱（梅花女子大学日本文化創造学科編）　2004.7
11　多文化国家米国の高等教育への挑戦（遠藤克弥著）　2004.7
12　日中の風穴―未来に向かう日中関係（矢吹晋著）　2004.9
13　アメリカの永久革命―共和党と民主党が生むダイナミズム（松尾弌之著）　2004.11
14　草枕と旅の源流を求めて―万葉の多胡・田子浦の歌（吉田金彦著）　2004.12
15　夢みる人―作曲家フォスターの一生（藤野幸雄著）　2005.1
16　インド宗教の坩堝（武藤友治著）　2005.3
17　長崎出島の遊女―近代への窓を開いた女たち（白石広子著）　2005.4
18　義経の東アジア（小島毅著）　2005.9
19　「敬語」論―ウタから敬語へ（浅田秀子著）　2005.9

ちくまプリマーブックス　筑摩書房　1987～2006　⇒I-362
◇女の日本語 男の日本語（佐々木瑞枝著）　1999.6
◇空を見る（平沼洋司文，武田康男写真）　2001.1

総記　　　　　　　　　　　　　　　　　　　　　　　　　　　　　　　　一般叢書・全集

◇通訳席から世界が見える（新崎隆子著）　2001.3
◇絵画史料で歴史を読む（黒田日出男著）　2004.1
◇考えるヒト（養老孟司著）　2006.4

知性のbasicシリーズ　ダイヤモンド社　2000〜
　2010　⇒IV-210
◇3日でわかる聖書　新版（中村芳子著, 鹿嶋春平太監修）　2010.3
◇3日でわかる世界史　新版（ダイヤモンド社編, 桜井清彦監修）　2010.3
◇3日でわかる日本史　新版（ダイヤモンド社編, 武光誠監修）　2010.3

「知の再発見」双書　創元社　1990〜2010　⇒I-362

117　ロシア革命（ニコラ・ヴェルト著, 石井規衛監修, 遠藤ゆかり訳）　2004.8
118　ノストラダムス―予言の真実（エルヴェ・ド レヴィヨン, ピエール・ラグランジュ著, 伊藤進監修, 後藤淳一訳）　2004.9
119　エミール・ガレ―ガラスの詩人（フィリップ・ティエボー著, 鈴木潔監修, 藤井麻利訳）　2004.11
120　チェ・ゲバラ―革命を生きる（ジャン・コルミエ著, 太田昌国監修, 松永りえ訳）　2004.12
121　ジョルジュ・ド・ラ・トゥール―再発見された神秘の画家（ジャン＝ピエール・キュザン, ディミトリ・サルモン著, 高橋明也監修, 遠藤ゆかり訳）　2005.2
122　ヨーロッパ統合―歴史的大実験の展望（バンジャマン・アンジェル, ジャック・ラフィット著, 田中俊郎監修, 遠藤ゆかり訳）　2005.3
123　グラフィック・デザインの歴史（アラン・ヴェイユ著, 柏木博監修, 遠藤ゆかり訳）　2005.8
124　ロダン―神の手を持つ男（エレーヌ・ピネ著, 高階秀爾監修, 遠藤ゆかり訳）　2005.11
125　カミーユ・クローデル―天才は鏡のごとく（レーヌ＝マリー・パリス, エレーヌ・ピネ著, 湯原かの子監修, 南条郁子訳）　2005.11
126　ル・コルビュジエ―終わりなき挑戦の日々（ジャン・ジャンジェ著, 藤森照信監修, 遠藤ゆかり訳）　2006.2

127　宝石の歴史（パトリック・ヴォワイヨ著, ヒコ・みづの監修, 遠藤ゆかり訳）　2006.6
128　ターナー―色と光の錬金術（オリヴィエ・メスレー著, 藤田治彦監修, 遠藤ゆかり訳）　2006.8
129　紙の歴史―文明の礎の二千年（ピエール＝マルク＝ドゥ・ビアシ著, 丸尾敏雄監修, 山田美明訳）　2006.9
130　ダリ―シュルレアリスムを超えて（ジャン＝ルイ・ガイユマン著, 伊藤俊治監修, 遠藤ゆかり訳）　2006.10
131　アラビア科学の歴史（ダニエル・ジャカール著, 吉村作治監修, 遠藤ゆかり訳）　2006.12
132　色彩―色材の文化史（フランソワ・ドラマール, ベルナール・ギノー著, 柏木博監修, ヘレンハルメ美穂訳）　2007.2
133　ロートレック―世紀末の闇を照らす（クレール・フレーシュ, ジョゼ・フレーシュ著, 千足伸行監修, 山田美明訳）　2007.3
134　死海文書入門（ジャン＝バティスト・アンベール, エステル・ヴィルヌーヴ著, 秦剛平監修, 遠藤ゆかり訳）　2007.9
135　ヨーロッパ古城物語（ジャン・メスキ著, 堀越孝一監修, 遠藤ゆかり訳）　2007.10
136　大聖堂ものがたり―聖なる建築物をつくった人々（アラン・エルランド＝ブランダンブルグ著, 池上俊一監修, 山田美明訳）　2008.3
137　マネ―近代絵画の誕生（フランソワーズ・カシャン著, 藤田治彦監修, 遠藤ゆかり訳）　2008.5
138　ダダ―前衛芸術の誕生（マルク・ダシー著, 藤田治彦監修, 遠藤ゆかり訳）　2008.6
139　ニュートン―宇宙の法則を解き明かす（ジャン＝ピエール・モーリ著, 田中一郎監修, 遠藤ゆかり訳）　2008.8
140　ガリレオ―はじめて「宇宙」を見た男（ジャン＝ピエール・モーリ著, 田中一郎監修, 遠藤ゆかり訳）　2008.9
141　ギザの大ピラミッド―5000年の謎を解く（ジャン＝ピエール・コルテジアーニ著, 吉村作治監修, 山田美明訳）　2008.10
142　フリーダ・カーロ―痛みこそ, わが真実（クリスティーナ・ビュリュス著, 堀尾真紀子監修, 遠藤ゆかり訳）　2008.12

全集・叢書総目録 2005-2010　　321

一般叢書・全集　　　　　　　　　　　　　　　　　　　総　記

143　アンリ・カルティエ＝ブレッソン―20世紀最大の写真家（SG絵で読む世界文化史）（クレマン・シェレル著，遠藤ゆかり訳，伊藤俊治監修）2009.4
144　アメリカ大統領―その権力と歴史（ヴァンサン・ミシュロ著，遠藤ゆかり訳，藤本一美監修）2009.6
145　ミロ―絵画を超えた絵画（SG絵で読む世界文化史）（ジョアン・プニェット・ミロ，グロリア・ロリビエ＝ラオラ著，遠藤ゆかり訳，大高保二郎監修）2009.9
146　ルルドの奇跡―聖母の出現と病気の治癒（SG絵で読む世界文化史）（エリザベート・クラヴリ著，遠藤ゆかり訳，船本弘毅監修）2010.1
147　エゴン・シーレ―傷を負ったナルシス（SG絵で読む世界文化史）（ジャン＝ルイ・ガイユマン著，遠藤ゆかり訳，千足伸行監修）2010.5
148　モンスターの歴史（ステファヌ・オードギー著，池上俊一監修，遠藤ゆかり訳）2010.7
149　アメリカ黒人の歴史―自由と平和への長い道のり（パップ・ンディアイ著，明石紀雄監修，遠藤ゆかり訳）2010.10

千葉学ブックレット　県土と県民の豊かな未来に向けて　千葉日報社　2007～2009
◇手賀沼発農業で沼の水を浄化する（都市と農業　1）（高垣美智子，丸尾達〔著〕，千葉大学房総研究会編）2007.5
◇ミツバツツジはささやく―房総・里山の社会生態学（都市と自然環境　1）（小林達明，古賀陽子〔著〕，千葉大学房総研究会編）2007.5
◇千葉版―企業とつくる先端キャリア教育（千葉の教育と文化　1）（藤川大祐著）2008.6
◇子どもの地球探検隊（千葉の教育と文化　2）（高橋典嗣，山崎良雄著）2008.6
◇房総の伝説を「鉄」で読む（房総の歴史と文化　1）（井上孝夫著）2008.6
◇千葉っ子を犯罪から守る（都市と自然環境　2）（中村攻，近江屋一朗〔著〕）2008.6
◇生物資源を活かしたまちづくり―山武町バイオマスタウン構想からの発信（都市と農業　2）（篠山浩文著）2008.6

◇房総半島の地学散歩―海から山へ　第1巻（房総の自然　1）（宮内崇裕，〔千葉大学大学院〕理学研究科地球科学コース編）2008.8
◇房総半島の地学散歩―海から山へ　第2巻（房総の自然　2）（宮内崇裕，〔千葉大学大学院〕理学研究科地球科学コース編）2009.3

中央大学学術図書　中央大学出版部　1980～2010　⇒I-364
59　アメリカ演劇と「再生」（長田光展著）2004.11
60　イギリス小説の知的背景（松本啓著）2005.9
61　男子体操競技―その成立と技術の展開（市場俊之著）2005.9
62　芭蕉という精神（野崎守英著）2006.3
63　文学作品と伝説における近親相姦モチーフ―文学的創作活動の心理学の基本的特徴（オットー・ランク〔著〕，前野光弘訳）2006.3
64　再生産論研究（富塚良三著）2007.3
66　文学への洗礼（須磨一彦著）2007.5
67　日本の大学総長制（島田次郎著）2007.6
68　アン・ブロンテ―二十一世紀の再評価（大田美和著）2007.11
69　言葉の現場へ―フランス16世紀における知の中層（高橋薫著）2007.11
70　Looking back and looking forward（by Chengting Thomas Wang，服部竜二編）2008.8
71　世紀転換期のアメリカ文学と文化（武藤脩二著）2008.10
72　パブリック・アクセス・テレビ―米国の電子演説台（ローラ・R．リンダー著，松野良一訳）2009.3
73　ジョンソンとボズウェル―事実の周辺（諏訪部仁著）2009.8
74　合弁企業のマーケティング戦略―アジア地域における日系企業と欧米系企業の比較研究（奥本勝彦著）2010.1
76　近世イギリス文学と"自然"―シェイクスピアからブレイクまで（森松健介著）2010.12

中央大学人文科学研究所研究叢書　中央大学人文科学研究所編　中央大学出版部　1986〜2010　⇒I-364

◇映像表現の地平　2010.12
35　民国後期中国国民党政権の研究　2005.3
36　現代中国文化の軌跡　2005.3
37　アジア史における社会と国家　2005.3
38　ケルト口承文化の水脈　2006.3
39　ツェラーンを読むということ―詩集『誰でもない者の薔薇』研究と注釈　2006.3
40　剣と愛と―中世ロマニアの文学　続　2006.11
41　モダニズム時代再考　2007.2
42　アルス・イノヴァティーヴァ―レッシングからミュージック・ヴィデオまで　2008.2
43　メルヴィル後期を読む　2008.2
44　カトリックと文化―出会い・受容・変容　2008.3
45　「語り」の諸相―演劇・小説・文化とナラティヴ　2009.3
46　档案の世界　2009.3
47　伝統と変革―一七世紀英国の詩泉をさぐる　2010.3
48　中華民国の模索と苦境―1928〜1949　2010.3
49　現代中国文化の光芒　2010.3
50　アフロ・ユーラシア大陸の都市と宗教　2010.3

中京大学文化科学叢書　中京大学文化科学研究所　2001〜2010　⇒V-254

第6輯　楽は楽なり―中国音楽論集（明木茂夫主編）　2005.3
第7輯　空間・人・移動―文学からの視線（伊藤進、郡伸哉、栩正行著）　2006.2
第8輯　楽は楽なり―中国音楽論集―古楽の復元 2（明木茂夫主編）　2007.3
第9輯　地域をつくる―東海の歴史的社会的点描（大橋博明、赤坂暢穂、ましこ・ひでのり著）　2008.3
第10輯　メディアの中の子ども（原国人、酒井敏、甘露純規編著）　2009.3
第11輯　学校文法の語らなかった英語構文（足立公也、都築雅子編著）　2010.3

中国学芸叢書　戸川芳郎、林田慎之助責任編集　創文社　1996〜2010　⇒I-364
13　中国古代の祭祀と文学（牧角悦子著）　2006.10
14　明清文学の人びと―職業別文学誌（大木康著）　2008.8
15　六朝の文学覚書（林田慎之助著）　2010.7

中国古典新書続編　明徳出版社　1986〜2006　⇒I-365
28　明史（川越泰博〔著〕）　2004.9
29　勧学篇（〔張之洞〕〔著〕，浜久雄，那智安敬〔訳〕）　2006.11

中東協力センター資料　中東協力センター　1976〜2010　⇒I-365
no.382　UAE（ドバイ、アブダビ）の投資環境調査―平成19年度報告書　2008.2
no.383　中東等産油国投資等促進事業（調査事業）中東主要産油国の職業教育研修需要実態調査報告書　平成19年度　2008.3
no.386　イランフリートレードゾーン調査―平成19年度報告書　2008.3
no.387　日本・サウジアラビアビジネスカウンシル合同委員会記録　第9回　2008.10
no.391　中東ビジネス・フォーラム2008実施報告書　2008.3
no.394　日本・サウジアラビアビジネスカウンシル合同委員会記録　第10回　2009.3
no.396　A guide to investment-related organisations involved in the UAE industrial sector―平成20年度中東等産油国投資等促進事業（調査事業）　2009.3
no.402　日本・サウジアラビアビジネスカウンシル記録　第11回　2010.3
no.403　サウジアラビアの新エネルギー開発における本邦企業の役割の検討調査―平成21年度報告書　2010.3

中部大学ブックシリーズアクタ　中部大学　2005〜2010
4　千年の時空をこえて―長安からやって来た琵琶奏者（宗婷婷著）　2005.3

一般叢書・全集　　　　　　　　　　　　　　　　　　　　　　　　　　総記

5　「なぜだろう?」がとまらない―理系のセンスで考える(吉福康郎著)　2005.3
6　事件とシネマ―模倣する映画・模倣される映画(内藤誠著)　2006.1
7　図書館はだれのものか―豊かなアメリカの図書館を訪ねて(松林正己著)　2007.2
8　スウェーデン人の観た日本(延岡繁著)　2007.3
9　中欧史エッセンツィア(小島亮著)　2007.11
10　数学が好きになる15の話(小林礼人著)　2008.8
11　「主語」とは何か?―英語と日本語を比べて(大門正幸著)　2008.12
12　放浪の作家安藤盛と「からゆきさん」(青木澄夫著)　2009.3
13　図書館はだれのものか　続(松林正己著)　2010.3
14　名古屋の"お値打ち"サービスを探る―喫茶店からスーパー銭湯まで(山元貴継著)　2010.4
15　恵那からの花綴り(南基泰編著)　2010.7
16　なぜ英語の発音はむずかしい?―サウンド・ステップス美発音塾(三浦陽一著)　2010.9

超簡単!資格取得シリーズ　日本メディカルスクール著　小学館スクウェア　2003～2007　⇒I-365
v.1　社会福祉士　2006　2005.4
v.1　社会福祉士　2007　2006.5
v.2　介護福祉士　2006　2005.4
v.2　介護福祉士　2007　2006.5
v.4　管理栄養士　2006　2005.9
v.4　管理栄養士　2007　2006.8
v.5　保育士　2005　2005.1
v.5　保育士　2006　2006.1
v.5　保育士　2007　2007.3

調査研究報告　学習院大学東洋文化研究所編　学習院大学東洋文化研究所　1977～2009　⇒I-365
no.53　石阿松氏『サオ語語彙4000』―仮名が記録した太平洋の"危機言語"(石阿松〔著〕, 安部清哉, 新居田純野編)　2007.9
no.54　サオ語(台湾・邵部)語彙(英語・日本語索引付)(サオ語研究資料　2)(安部清哉, 長嶋善郎, 新居田純野編, 土田滋監修)　2008.10
no.55　日本と韓国における, 全要素生産性, ICTの貢献, 及び資源再配分の効果(深尾京司, 宮川努, Hak K. Pyo, Keun H. Rhee〔著〕)　2009.9

超☆サプライズ　ヒカルランド　2010
001　脳がヨロコブ生き方―楽しめばすべてがうまく行く(茂木健一郎著)　2010.8
002　アップルだけがなぜ売れる!?―iPhone、iPadだけじゃない。(竹内薫, 神尾寿著)　2010.11

Tsuchiya books　土屋書店　1990～2008　⇒I-366
◇おもしろ雑学best　book(雑学セミナー編)　2005.3
◇上司・同僚のスピーチ―みんなをジーンとさせる　結婚披露宴(日本スピーチライターズクラブ編著)　2006.5
◇主賓・来賓のスピーチ―みんなをジーンとさせる　結婚披露宴(日本スピーチライターズクラブ編著)　2006.5
◇先輩・友人のスピーチ―みんなをジーンとさせる　結婚披露宴(日本スピーチライターズクラブ編著)　2006.5
◇両親・親族のスピーチ―みんなをジーンとさせる　結婚披露宴(日本スピーチライターズクラブ編著)　2006.5
◇媒酌人のスピーチ―みんなをグッと感動させる　結婚披露宴(日本スピーチライターズクラブ編著)　2006.5
◇司会者のスピーチ―会場をグッと盛り上げる　結婚披露宴(日本スピーチライターズクラブ編著)　2006.5
◇かわいい犬のしつけと訓練―毎日が楽しくなる(斉藤文治監修)　2008.7

ディスカヴァー携書　ディスカヴァー・トゥエンティワン　2007～2010
1　水はなんにも知らないよ(左巻健男〔著〕)　2007.2
2　なぜ日本にはいい男がいないのか21の理由(森川友義〔著〕)　2007.2

3 嶋浩一郎のアイデアのつくり方（嶋浩一郎〔著〕）2007.2
4 猪口さん、なぜ少子化が問題なのですか？（猪口邦子, 勝間和代〔著〕）2007.4
5 子どもは若殿、姫君か？―現代教育批判（川嶋優〔著〕）2007.3
6 もし部下がうつになったら（松崎一葉〔著〕）2007.5
7 何が時代を動かすのか―ポスト消費社会の価値観を求めて（栗田哲也〔著〕）2007.5
8 塾不要親子で挑んだ公立中高一貫校受験（鈴木亮〔著〕）2007.6
9 人より20歳若く見えて、20年長く生きる！（沢登雅一〔著〕）2007.6
10 教育3.0誰が教育を再生するのか？（宮川俊彦, 寺脇研〔著〕）2007.8
11 自分と向き合う心理学―意志心理学入門（田嶋清一〔著〕）2007.8
12 ビジネスマンのための「発見力」養成講座―こうすれば、見えないものが見えてくる（小宮一慶〔著〕）2007.9
13 ビジネスマンのための「聖書」入門―バイブルは今も国際社会のバイブルである（白取春彦〔著〕）2007.9
14 なぜか好かれる人の話し方なぜか嫌われる人の話し方（ディスカヴァー・コミュニケーション・ラボラトリー編）2007.11
15 最強の小・中・高・大一貫教育（小田卓爾〔著〕）2007.11
16 人間力を高める読書案内（三輪裕範〔著〕）2007.12
17 問題は「タコつぼ」ではなく「タコ」だった!?―「自分経営」入門（友安真一〔著〕）2008.1
18 世界一愚かなお金持ち、日本人（マダム・ホー〔著〕）2008.1
19 強育論（宮本哲也〔著〕）2008.2
20 ビジネスマンのための「数字力」養成講座―これで、もっともっと見えてくる（小宮一慶〔著〕）2008.3
21 「婚活」時代（山田昌弘, 白河桃子〔著〕）2008.3
22 勝間和代のインディペンデントな生き方実践ガイド（勝間和代〔著〕）2008.3
23 女性の見識（神谷ちづ子〔著〕）2008.5
24 外交官の父が伝える素顔のアメリカ人の生活と英語（小原雅博〔著〕）2008.5
25 ビジネスマンのための「解決力」養成講座―こうすれば、「打つ手」はすぐに見えてくる（小宮一慶〔著〕）2008.6
26 国語力のある子どもに育てる3つのルールと3つの方法（水島醉〔著〕）2008.8
27 消える学力、消えない学力―算数で一生消えない論理思考力を育てる方法（田中保成〔著〕）2008.8
28 ビジネスマンのための「読書力」養成講座―小宮流頭をよくする読書法（小宮一慶〔著〕）2008.9
29 非論理的な人のための論理的な文章の書き方入門（飯間浩明〔著〕）2008.12
30 ビタミンCはガンに効く―「ビタミンC大量点滴療法」のすべて（沢登雅一〔著〕）2008.10
31 再生治療で歯並びを治す（吉野敏明〔著〕）2009.1
32 1日6分痩せる体をつくる楽体（らくだ）エクササイズ（ハル常住著, 沢登雅一監修）2009.2
33 越前敏弥の日本人なら必ず誤訳する英文―あなたはこれをどう訳しますか？（越前敏弥〔著〕）2009.2
34 どんな時代もサバイバルする会社の「社長力」養成講座（小宮一慶〔著〕）2009.3
35 使える学力使えない学力―国語で一生使える論理的表現力を育てる方法（田中保成〔著〕）2009.3
36 若者は、選挙に行かないせいで、四〇〇〇万円も損してる!?―35歳くらいまでの政治リテラシー養成講座（森川友義〔著〕）2009.5
37 どうする！依存大国ニッポン―35歳くらいまでの政治リテラシー養成講座（森川友義〔著〕）2009.7
38 危ないダイエット―一億総ダイエットブームにひそむ危険な罠（阿部純子〔著〕）2009.6
39 できる男の活力マネジメント―男のアンチエイジング58の最新常識（朝倉匠子〔著〕）2009.6

一般叢書・全集　　　　　　　　　　　　　　　　　　　　　　　　　　総記

40　立ち上がれ中小零細企業—時代は俺たちのものだ(小林延行〔著〕)　2009.7
41　もうアメリカ人になろうとするな—脱アメリカ21世紀型日本主義のすすめ(柴田治呂〔著〕)　2009.8
42　命は誰のものか(香川知晶〔著〕)　2009.8
43　婚活マーケティング—いい男はマーケティングで見つかる(江藤あおい,永島もえ〔著〕)　2009.8
44　幸福の方程式—新しい消費のカタチを探る(山田昌弘,電通チームハピネス〔著〕)　2009.9
45　職業"振り込め詐欺"(NHKスペシャル「職業"詐欺"」取材班〔著〕)　2009.10
46　どんな時代もサバイバルする人の「時間力」養成講座(小宮一慶〔著〕)　2009.11
47　ずるい!?—なぜ欧米人は平気でルールを変えるのか(青木高夫〔著〕)　2009.12
48　電子書籍の衝撃—本はいかに崩壊し、いかに復活するか?(佐々木俊尚〔著〕)　2010.4
49　ビジネスマンのための「勉強力」養成講座—こうすれば、人生のステージが上がる(小宮一慶〔著〕)　2010.5
50　強欲資本主義を超えて—17歳からのルネサンス(神谷秀樹〔著〕)　2010.5
51　国境なき大学選び—日本の大学だけが大学じゃない!(山本敬洋〔著〕)　2010.7
52　経理以外の人のための日本一やさしくて使える会計の本(久保憂希也〔著〕)　2010.8
53　悪徳官僚に学ぶ「戦略的ゴマすり力」(中野雅至〔著〕)　2010.8

テオリア叢書　平凡社　1986～2006　⇒I-366
◇政治的無意識—社会的象徴行為としての物語(フレドリック・ジェイムソン著,大橋洋一,木村茂雄,太田耕人訳)　2006.8

帝塚山大学出版会叢書　帝塚山大学出版会　2008～2009
◇日韓の瓦(森郁夫,金誠亀共著,梁淙鉉訳)　2008.3
◇国際知的財産法の潮流(松岡博編著)　2008.3

◇国際契約における書式の闘い—実質法および国際私法の視点から(松永詩乃美著)　2009.3
◇こころのケアとサポートの教育—大学と地域の協働(蓮花一己,三木善彦編)　2009.6

哲学選書　哲学書房　2003～2005　⇒V-74
2　善の研究—実在と自己(西田幾多郎,香山リカ著)　2005.7

寺田寅彦全集　寺田寅彦著　岩波書店　1996～2010　⇒I-366
第1巻　随筆1　創作・回想記　2009.9
第2巻　随筆2　自然　2009.10
第3巻　随筆3　生活　2009.11
第4巻　随筆4　生活・紀行　2009.12
第5巻　随筆5　科学1　2010.1
第6巻　随筆6　科学2　2010.2
第7巻　随筆7　社会　2010.3
第8巻　随筆8　絵画・映画論　2010.4
第9巻　随筆9　ローマ字の巻　2010.5
第10巻　科学論　2010.6
第11巻　俳諧及び和歌　2010.7
第12巻　俳諧論ほか　2010.8
第13巻　短章　2010.9
第14巻　科学雑纂1　2010.10
第15巻　科学雑纂2　2010.11
第16巻　書評・序文ほか　2010.12

展示図録　京都府立山城郷土資料館編　京都府立山城郷土資料館　1982～2009　⇒I-366
27　そして『王』になった。—京都・古代国家への道　2005.11
28　寺田いも—南山城とさつまいも文化　2006.10
29　南山城の俳諧—芭蕉・蕪村・樗良　開館25周年記念特別展　2007.10
30　保存科学と考古学—埋蔵文化財を未来へ　2008.10
30　甘柿・干し柿・柿渋—南山城の柿栽培と柿渋文化　2009.10

総記

東京外国語大学大学院21世紀COEプログラム「史資料ハブ地域文化研究拠点」研究叢書　The 21st Century Centre of Excellence Programme "the Centre for Documentation & Area-Transcultural Studies", Tokyo University of Foreign Studies　2005〜2006
◇Creating an archive today（edited by Toshie Awaya）　2005.1
◇Rethinking international history from Asian perspectives—volume of papers, CHIR（Commission of History of International Relations）, Tokyo Conference 2004（edited by Hirotaka Watanabe）　2005.6
◇Debating the past—conference of research scholars from Japan and India（edited by Brij Tankha, Toshie Awaya, Yuriko Yoshida）　2005.10
◇Landscapes reflected in old Mongolian maps（edited by Futaki Hiroshi, Kamimura Akira）　2005.11
◇The catalogue of materials on Myanmar history in microfilms—deposited in the Centre for East Asian Cultural Studies　v.2（edited by Thu Nandar）　2005.12
◇Enriching the past—preservation, conservation and study of Myanmar manuscripts proceedings of the International Symposium on Preservation of Myanmar Traditional Manuscripts January 14-15, 2006 Yangon（edited by Teruko Saito, Thaw Kaung）　2006.10
◇Percepciones y representaciones del Otro—Espana-Magreb-Asia en los siglos 19 y 20（editado por Grupo de Materiales Impresos, Hirotaka Tateishi）　2006.10
◇Proceedings of the SOAS/TUFS Postgraduate Symposium—London, 20-21 February 2006（〔organized by〕SOAS, TUFS, edited by Justin Watkins, Masami Arai）　2006.10

東京大学東洋文化研究所報告　東京大学東洋文化研究所　1967〜2007　⇒I-367

◇ユーラシアにおける文化の交流と転変（羽田正編）　2007.3

東京電力文庫　東京電力お客さま相談室　1990〜2006　⇒I-367
◇自分らしく生きる—四人の人生模様から（戸田奈津子, セーラ・マリ・カミングス, 堀田力, 菅聡子〔述〕）　2005.6
◇心と体に磨きをかける（本多京子, 佐藤達夫, 米井嘉一, 茂木健一郎〔述〕）　2006.5

東西交流叢書　雄松堂出版　1986〜2008　⇒I-367
1　開国の使者—ハリスとヒュースケン（宮永孝著）　2007.6
4　幕末の駐日外交官・領事官（川崎晴朗著）　2008.2
7　踏み絵—外国人による踏み絵の記録（島田孝右, 島田ゆり子著）　2007.6
8　ポルスブルック日本報告——八五七——八七〇　オランダ領事の見た幕末事情（ポルスブルック〔著〕, ヘルマン・ムースハルト編著, 生熊文訳）　2007.5
11　W・G・アストン—日本と朝鮮を結ぶ学者外交官（楠家重敏著）　2005.10
12　禁教国日本の報道—『ヘラルド』誌（1825年—1873年）より（塩野和夫訳・解説）　2007.2

同志社大学ヒューマン・セキュリティ研究叢書　萌書房　2004〜2009
◇科学技術の行方—知の競争とヒューマン・セキュリティ（石黒武彦著）　2004.12
◇科学と人文系文化のクロスロード（石黒武彦編著）　2008.3
◇社会と感情（山形頼洋編著）　2008.3
◇社会の安全と不安全—保護されるとはどういうことか（ロベール・カステル著, 庭田茂吉, アンヌ・ゴノン, 岩崎陽子訳）　2009.4

道新選書　北海道新聞社　1987〜2010　⇒I-367
39　戦禍の記憶—戦後六十年百人の証言（北海道新聞社編）　2005.9
40　もうひとつの知床—戦後開拓ものがたり（菊地慶一著）　2005.9

一般叢書・全集　　　　　　　　　　　　　　　　　　　　　　　　　総記

41　道展・全道展・新道展創造への軌跡（吉田豪介著）　2005.10
42　大君の刀―ブリュネが持ち帰った日本刀の謎（合田一道著）　2007.2
43　幻の木製戦闘機キ106（田中和夫著）　2008.7
44　北海道の捕虜収容所―もう一つの戦争責任（白戸仁康著）　2008.8
45　男爵薯の父川田竜吉伝　新版（館和夫著）　2008.9
46　根釧パイロットファームの光と影（芳賀信一著）　2010.7

東電文庫　東京電力　1981～2009　〔点字資料〕　⇒I-367
107　こころの空き地―都市と「こどもの目」序説（熊谷雄二著）　2004.10
108　音楽の話をしよう（なかにし礼著）　2004.10
109　作家の恋文（宇佐美斉著）　2004.10
110　伴侶喪失―悲しみを乗り越えて一人で生きる（浅妻正美著）　2004.10
111　ワインデイズ（マーク・ピーターセン著）　2005.9
112　欧州百鬼夜行抄―「幻想」と「理性」のはざまの中世ヨーロッパ（杉崎泰一郎著）　2005.9
113　おいしい店とのつきあい方―サカキシンイチロウの秘密のノート（サカキシンイチロウ著）　2005.9
114　さおだけ屋はなぜ潰れないのか?―身近な疑問からはじめる会計学（山田真哉著）　2005.9
115　鉄道の文学紀行―茂吉の夜汽車、中也の停車場（佐藤喜一著）　2006.10
116　日本の花（柳宗民著）　2006.10
117　孫が読む漱石（夏目房之介著）　2006.10
118　99.9%は仮説―思いこみで判断しないための考え方（竹内薫著）　2006.10
119　団塊生活―転ばぬ先のつまようじ（弘兼憲史著）　2007.10
120　つっこみ力（パオロ・マッツァリーノ著）　2007.10
121　数をめぐる50のミステリー―数学夜話（ジョージ・G.スピロ著，寺嶋英志訳）　2007.10
122　「関係の空気」「場の空気」（冷泉彰彦著）　2007.10
123　華麗なる騙しのテクニック―世界no.1詐欺師が教える（フランク・W.アバグネイル著，高橋則明訳）　2008.10
124　愛と妄想のクラシック（鈴木淳史著）　2008.10
125　青果店「築地御厨」直伝野菜の選び方、扱い方。―料理上手の基礎知識（内田悟著）　2008.10
126　もっとすごい!!『このミステリーがすごい!』―20周年記念永久保存版（『このミステリーがすごい!』編集部編）　2008.10
127　「まじめ」は寿命を縮める「不良」長寿のすすめ（奥村康著）　2009.10
128　平成落語論―12人の笑える男（滝口雅仁著）　2009.10
129　日本のお米、日本のご飯―The Japanese rice cooking book（土井善晴著）　2009.10
130　鉄道の音（向谷実著）　2009.10

東南アジア研究叢書　長崎大学東南アジア研究所　1968～1999　⇒I-368
32　Nagasaki in the Asian bullion trade networks〔by〕Geoffrey C. Gunn）　1999

東方選書　東方書店　1979～2010　⇒I-368
37　中国語を歩く―辞書と街角の考現学（荒川清秀著）　2009.10
38　大月氏―中央アジアに謎の民族を尋ねて　新装版（小谷仲男著）　2010.3
39　三国志演義の世界　増補版（金文京著）　2010.5
40　書誌学のすすめ―中国の愛書文化に学ぶ（高橋智著）　2010.9

東北大学出版会叢書　東北大学出版会　1997～2005　⇒I-368
9　津波の恐怖―三陸津波伝承録（山下文男著）　2005.3

東洋学叢書　創文社　1971～2009　⇒I-368
◇朱子学の新研究―近世士大夫の思想史的地平（吾妻重二著）　2004.9

328　全集・叢書総目録 2005-2010

総記　　　　　　　　　　　　　　　　　　　　　　　　　　　一般叢書・全集

◇中唐詩壇の研究（赤井益久著）　2004.10
◇六朝文学への思索（斯波六郎著）　2004.10
◇説文以前小学書の研究（福田哲之著）　2004.12
◇文心雕竜の研究（門脇広文著）　2005.3
◇清朝考証学の群像（吉田純著）　2006.12
◇宋詞研究　南宋篇（村上哲見著）　2006.12
◇庾信と六朝文学（安藤信広著）　2008.12
◇宋代文人の詩と詩論（横山伊勢雄著）　2009.6

東洋叢書　東京大学出版会　1987〜2005　⇒I-368
4　チベット　下　改訂版（山口瑞鳳著）　2004.6
12　罪の文化―インド史の底流（小谷汪之著）　2005.7
13　イスラーム世界の創造（羽田正著）　2005.7

東洋文庫　平凡社　1963〜2010　⇒I-368
731　長生殿―玄宗・楊貴妃の恋愛譚（洪昇〔著〕, 岩城秀夫訳）　2004.10
732　太平記秘伝理尽鈔　3（今井正之助, 加美宏, 長坂成行校注）　2004.11
733　宋詩選注　3（銭鍾書著, 宋代詩文研究会訳注）　2004.12
734　東インド巡察記（ヴァリニャーノ〔著〕, 高橋裕史訳）　2005.1
735　広益俗説弁　続編（井沢蟠竜〔著〕, 白石良夫, 湯浅佳子校訂）　2005.2
736　南アフリカでのサッティヤーグラハの歴史　1（非暴力不服従運動の誕生）（M. K. ガーンディー著, 田中敏雄訳注）　2005.3
737　宋詩選注　4（銭鍾書著, 宋代詩文研究会訳注）　2005.4
738　南アフリカでのサッティヤーグラハの歴史　2（非暴力不服従運動の展開）（M. K. ガーンディー著, 田中敏雄訳注）　2005.5
739　イザベラ・バード　極東の旅　1（イザベラ・バード〔著〕, 金坂清則編訳）　2005.6
740　マナス―キルギス英雄叙事詩　壮年篇〔サグィムバイ・オロズバコーフ〕〔吟唱〕, 若松寛訳）　2005.7
741　明治文学―随筆　1（政治篇・文学篇）（柳田泉著, 谷川恵一他校訂）　2005.8

742　明治文学―随筆　2（文学篇・人物篇）（柳田泉著, 谷川恵一他校訂）　2005.9
743　イザベラ・バード　極東の旅　2（イザベラ・バード〔著〕, 金坂清則編訳）　2005.10
744　明治文学―随筆　3（人物篇・叢話篇）（柳田泉著, 谷川恵一他校訂）　2005.11
745　歌麿（エドモン・ド・ゴンクール著, 隠岐由紀子訳）　2005.12
746　本居宣長　1　増補（村岡典嗣著, 前田勉校訂）　2006.1
747　弥勒浄土論　極楽浄土論（松本文三郎著　松本文三郎著）　2006.2
748　本居宣長　2　増補（村岡典嗣著, 前田勉校訂）　2006.3
749　ペルシア王スレイマーンの戴冠（J. シャルダン〔著〕, 岡田直次訳注）　2006.4
750　催馬楽（木村紀子訳注）　2006.5
751　択里志―近世朝鮮の地理書（李重煥著, 平木実訳）　2006.6
752　世界の一環としての日本　1　増補/林淑美/校訂（戸坂潤著）　2006.7
753　世界の一環としての日本　2　増補/林淑美/校訂（戸坂潤著）　2006.8
754　制度通　1（伊藤東涯著, 礪波護, 森華校訂）　2006.9
755　制度通　2（伊藤東涯著, 礪波護, 森華校訂）　2006.10
756　アーネスト・サトウ神道論（アーネスト・サトウ〔著〕, 庄田元男編訳）　2006.11
757　良寛詩集（良寛〔著〕, 入矢義高訳注）　2006.12
758　和歌職原鈔―付・版本職原抄（今西祐一郎校注）　2007.1
759　私の見た明治文壇　1　増補（野崎左文著, 青木稔弥, 佐々木亨, 山本和明校訂）　2007.2
760　私の見た明治文壇　2　増補（野崎左文著, 青木稔弥, 佐々木亨, 山本和明校訂）　2007.3
761　中国昔話集　1（馬場英子, 瀬田充子, 千野明日香編訳）　2007.4
762　中国昔話集　2（馬場英子, 瀬田充子, 千野明日香編訳）　2007.5

763　太平記秘伝理尽鈔　4（今井正之助, 加美宏, 長坂成行校注）　2007.6
764　明代詩文　増補／井上進／補注（入矢義高著）　2007.7
765　エットゥトハイ—古代タミルの恋と戦いの詩（高橋孝信訳）　2007.8
766　中国とインドの諸情報　1（第一の書）（家島彦一訳注）　2007.9
767　馮友蘭自伝—中国現代哲学者の回想　1（馮友蘭〔著〕, 吾妻重二訳注）　2007.10
768　馮友蘭自伝—中国現代哲学者の回想　2（馮友蘭〔著〕, 吾妻重二訳注）　2007.11
769　中国とインドの諸情報　2（第二の書）（〔アブー・ザイド・アルハサン〕〔著〕, 家島彦一訳注）　2007.12
770　古今集遠鏡　1（本居宣長著, 今西祐一郎校注）　2008.1
771　バラガンサン物語—モンゴルの滑稽ばなし（若松寛訳）　2008.2
772　古今集遠鏡　2（本居宣長著, 今西祐一郎校注）　2008.3
773　中華飲酒詩選（青木正児著）　2008.4
774　上代支那正楽考—孔子の音楽論（江文也著）　2008.5
775　古書通例—中国文献学入門（余嘉錫著, 古勝隆一, 嘉瀬達男, 内山直樹訳注）　2008.6
776　明治日本旅行案内　東京近郊編（アーネスト・サトウ編著, 庄田元男訳）　2008.7
777　知恵の七柱　1　完全版（T. E. ロレンス〔著〕, J. ウィルソン編, 田隅恒生訳）　2008.8
778　流行性感冒—「スペイン風邪」大流行の記録（内務省衛生局編）　2008.9
779　知恵の七柱　2　完全版（T. E. ロレンス〔著〕, J. ウィルソン編, 田隅恒生訳）　2008.10
780　マカーマート—中世アラブの語り物　1（アル・ハリーリー〔著〕, 堀内勝訳）　2008.11
781　知恵の七柱　3　完全版（T. E. ロレンス〔著〕, J. ウィルソン編, 田隅恒生訳）　2008.12
782　マカーマート—中世アラブの語り物　2（アル・ハリーリー〔著〕, 堀内勝訳）　2009.1
783　知恵の七柱　4　完全版（T. E. ロレンス〔著〕, J. ウィルソン編, 田隅恒生訳）　2009.2
784　シーボルトの日本報告（シーボルト〔著〕, 栗原福也編訳）　2009.3
785　マカーマート—中世アラブの語り物　3（アル・ハリーリー〔著〕, 堀内勝訳）　2009.4
786　タイガを通って—極東シホテ・アリニ山脈横断記（アルセーニエフ著, 田村俊介訳）　2009.6
787　知恵の七柱　5　完全版（T. E. ロレンス〔著〕, J. ウィルソン編, 田隅恒生訳）　2009.7
788　子不語　1（袁枚〔著〕, 手代木公助訳）　2009.8
789　ヴォルガ・ブルガール旅行記（イブン・ファドラーン〔著〕, 家島彦一訳注）　2009.9
790　子不語　2（袁枚〔著〕, 手代木公助訳）　2009.10
791　清末政治思想研究　1（小野川秀美著）　2009.12
792　子不語　3（袁枚〔著〕, 手代木公助訳）　2009.12
793　清末政治思想研究　2（小野川秀美著）　2010.1
794　子不語　4（袁枚〔著〕, 手代木公助訳）　2010.2
795　子不語　5（袁枚〔著〕, 手代木公助訳）　2010.4
796　洪吉童（ホンギルトン）伝（伝許筠著, 野崎充彦訳注）　2010.6
797　果樹園（ブースターン）—中世イランの実践道徳詩集（サアディー〔著〕, 黒柳恒男訳）　2010.7
798　笑雲入明記—日本僧の見た明代中国（笑雲瑞訢著, 村井章介, 須田牧子訳）　2010.10
799　清国作法指南—外国人のための中国生活案内（W. G. ウォルシュ〔著〕, 田口一郎訳）　2010.9
800　訓民正音（趙義成訳注）　2010.11
801　蕪村句集講義　1（内藤鳴雪, 正岡子規, 高浜虚子, 河東碧梧桐ほか著, 佐藤勝明校注）　2010.12

十日町市郷土資料双書　十日町情報館　2001〜2009　⇒IV-756

総記　　　　　　　　　　　　　　　　　　　　　　　　　　　　　一般叢書・全集

14　地すべりに挑んだ村人たち(田村タニ家資料1)(十日町市博物館友の会古文書グループ編)　2006.3
15　縮問屋加賀屋の世界―古文書から読み解くふるさとの歴史(十日町情報館編)　2009.3

とき選書　新潟日報事業社　1999〜2006　⇒V-657
◇越のうた散歩―詩歌歳時記(大滝貞一著)　2004.12
◇古老百話―新潟の町(沢村洋編著)　2005.6
◇宰相田中角栄の真実(新潟日報報道部編)　2006.10

徳島の自然と歴史ガイド　徳島県立博物館　2000〜2006　⇒IV-91
no.3　化石―常設展の中の四国周辺地域産化石(辻野泰之編, 中尾賢一執筆)　2005.3
no.4　徳島大空襲(山川浩実編集・執筆)　2005.12
no.5　徳島の銅鐸　2006.3

特別展図録　京都府立丹後郷土資料館編　京都府立丹後郷土資料館　1981〜2005　⇒I-371
36　天橋立紀行―その歴史と美術 京都府立丹後郷土資料館開館三十五周年記念秋季特別展　2005.9

読本シリーズ　東洋経済新報社　1957〜2010　⇒I-372
◇日本産業読本　第8版(三菱総合研究所産業・市場戦略研究本部編)　2006.3
◇証券市場読本　第2版(米沢康博編)　2006.8
◇金融読本　第26版(呉文二, 島村高嘉, 中島真志著)　2007.4
◇日本経済読本　第17版(金森久雄, 香西泰, 加藤裕己編)　2007.4
◇日本経済地理読本　第8版(竹内淳彦編著)　2008.12
◇金融読本　第27版(島村高嘉, 中島真志著)　2009.4
◇アジア経済読本　第4版(渡辺利夫編)　2009.12
◇日本経済読本　第18版(金森久雄, 香西泰, 加藤裕己編)　2010.4

図書寮叢刊　宮内庁書陵部　1971〜2010　⇒I-372
◇九条家本玉葉　10([九条兼実]〔著〕)　2005.3
◇看聞日記　3([伏見宮貞成親王]〔著〕)　2006.3
◇九条家本玉葉　11([九条兼実]〔著〕)　2007.3
◇看聞日記　4([伏見宮貞成親王]〔著〕)　2008.3
◇九条家本玉葉　12([九条兼実]〔著〕)　2009.3
◇看聞日記　5([伏見宮貞成親王]〔著〕)　2010.3

図書寮叢刊　宮内庁書陵部編　明治書院　1970〜2010　⇒I-373
◇九条家本玉葉　6([九条兼実]〔著〕, 宮内庁書陵部編)　2000.4
◇九条家本玉葉　10([九条兼実]〔著〕, 宮内庁書陵部編)　2005.4
◇看聞日記　3([伏見宮貞成親王]〔著〕, 宮内庁書陵部編)　2006.4
◇九条家本玉葉　11([九条兼実]〔著〕, 宮内庁書陵部編)　2007.4
◇看聞日記　4([伏見宮貞成親王]〔著〕, 宮内庁書陵部編)　2008.4
◇九条家本玉葉　12([九条兼実]〔著〕, 宮内庁書陵部編)　2009.4
◇看聞日記　5([伏見宮貞成親王]〔著〕, 宮内庁書陵部編)　2010.4

灯叢書　豆本灯の会　1977〜2008　⇒I-373
第42編　画廊の一隅(今井徳七著)　2005.3
第43編　二つの殉難碑(仙賀松雄著)　2006.3
第44編　忘られては困る月日(仙賀松雄著)　2008.3

とんぼの本　新潮社　1983〜2010　⇒I-373
◇フランスロマネスクを巡る旅(中村好文, 木俣元一著)　2004.11
◇やさしい「禅」入門(立松和平ほか著)　2004.11
◇国宝　11刷改訂増補(芸術新潮編集部編)　2005.1
◇フランスゴシックを仰ぐ旅(都築響一, 木俣元一著)　2005.1
◇星野道夫と見た風景(星野道夫, 星野直子著)　2005.1

全集・叢書総目録 2005-2010　　331

一般叢書・全集　　　　　　　　　　　　　　　　　　　　　総記

◇皇居の森（姉崎一馬，今森光彦，叶内拓哉ほか著）2005.3
◇誕生—新たな視覚のはじまり（写真の歴史入門 第1部）（三井圭司，東京都写真美術館著）2005.3
◇こんなに面白い東京国立博物館（新潮社編，東京国立博物館監修）2005.4
◇スノーモンキー（岩合光昭写真，岩合日出子文）2005.5
◇創造—モダンエイジの開幕（写真の歴史入門 第2部）（藤村里美，東京都写真美術館監修）2005.5
◇ベルリン美術散歩（水沢勉，津田孝二著）2005.6
◇アデレード—南オーストラリアのユートピアアデレード（菊間潤吾著，上釜一郎写真）2005.6
◇東京・居酒屋の四季（太田和彦著，飯田安国写真）2005.7
◇再生—戦争と12人の写真家（写真の歴史入門 第3部）（鈴木佳子，東京都写真美術館監修）2005.7
◇混沌—現代、そして未来へ（写真の歴史入門 第4部）（中村浩美，東京都写真美術館監修）2005.9
◇バルテュスの優雅な生活（節子・クロソフスカ・ド・ローラ，夏目典子，芸術新潮編集部編）2005.9
◇藤沢周平心の風景（藤沢周平，佐藤賢一，山本一力，八尾坂弘喜著）2005.9
◇歌麿の謎美人画と春画（リチャード・レイン，林美一ほか著）2005.11
◇台湾好吃大全（平野久美子著）2005.11
◇谷内六郎昭和の想い出（谷内六郎，谷内達子，橋本治，芸術新潮編集部著）2006.1
◇琵琶湖里山ふるさと散歩（今森光彦，今森洋輔著）2006.1
◇「完本」大江戸料理帖（福田浩，松藤庄平著）2006.3
◇奈良世界遺産散歩（小川光三著）2006.3
◇永井荷風ひとり暮らしの贅沢（永井永光，水野恵美子，坂本真典著）2006.5
◇一日で鑑賞するルーヴル美術館（小池寿子，芸術新潮編集部著）2006.5
◇小堀遠州綺麗さびの極み（小堀宗実，熊倉功夫，磯崎新，竜居竹之介ほか著）2006.6
◇ファーブル昆虫記の旅（奥本大三郎，今森光彦著）2006.7

◇天才青山二郎の眼力（白洲信哉編）2006.8
◇手塚治虫原画の秘密（手塚プロダクション編）2006.9
◇有元利夫絵を描く楽しさ（有元利夫，有元容子，山崎省三著）2006.9
◇遠藤周作と歩く「長崎巡礼」（遠藤周作，芸術新潮編集部編）2006.9
◇宇野千代女の一生（宇野千代，小林庸浩ほか著）2006.11
◇直島瀬戸内アートの楽園（秋元雄史，安藤忠雄ほか著）2006.11
◇フィレンツェ・ルネサンス55の至宝（森田義之，芸術新潮編集部著）2007.1
◇パウル・クレー絵画のたくらみ（前田富士男，宮下誠，いしいしんじほか著）2007.1
◇つくる、たべる、昔野菜（岩崎政利文，関戸勇写真）2007.3
◇タヌキのひとり—森の獣医さんの診療所便り（竹田津実著）2007.3
◇昭和の風景（東京都写真美術館編）2007.4
◇毎日つかう漆のうつわ（赤木明登，高橋みどり，日置武晴著）2007.5
◇ひらがなの美学（石川九楊著）2007.5
◇ディック・ブルーナのデザイン（芸術新潮編集部編）2007.7
◇LPジャケット美術館—クラシック名盤100選（高橋敏郎著）2007.7
◇渋沢竜彦のイタリア紀行（渋沢竜彦，渋沢竜子，小川煕著）2007.9
◇フリーダ・カーロのざわめき（森村泰昌，藤森照信，芸術新潮編集部著）2007.9
◇洲之内徹絵のある一生（洲之内徹，関川夏央，丹尾安典，大倉宏ほか著）2007.10
◇星新一空想工房へようこそ（最相葉月監修）2007.11
◇クマグスの森—南方熊楠の見た宇宙（松居竜五著，ワタリウム美術館編）2007.11
◇異能の画家伊藤若冲（狩野博幸，森村泰昌ほか著）2008.1
◇豆腐百珍（福田浩，杉本伸子，松藤庄平著）2008.1

◇モディリアーニの恋人（橋本治，宮下規久朗著）2008.3
◇白洲正子と歩く京都（白洲正子，牧山桂子ほか著）2008.3
◇ビートルズへの旅（リリー・フランキー，福岡耕造著）2008.4
◇日本民芸館へいこう（坂田和実，尾久彰三，山口信博著）2008.5
◇メモリーズ・オブ・アメリカン・ドリーム（東京都写真美術館編）2008.6
◇ド・ローラ節子の和と寄り添う暮らし（節子・クロソフスカ・ド・ローラ著）2008.7
◇私の青春文学紀行（松本侑子著）2008.7
◇シチリアへ行きたい（小森谷慶子，小森谷賢二著）2008.8
◇お能の見方 改訂版（白洲正子，吉越立雄著）2008.8
◇バーンスタイン名盤100選（LPジャケット美術館2）（佐渡裕，高橋敏郎著）2008.9
◇源氏物語―天皇になれなかった皇子のものがたり（三田村雅子著，芸術新潮編集部編）2008.9
◇パリ中世の美と出会う旅（木俣元一著，芸術新潮編集部編）2008.9
◇細川家の700年永青文庫の至宝（細川護煕，竹内順一他著，芸術新潮編集部編）2008.10
◇巡礼高野山（永坂嘉光，山陰加春夫，中上紀著）2008.11
◇フランスの庭奇想のパラダイス（横田克己著，松永学ほか写真）2009.1
◇大琉球料理帖（高木凛著）2009.1
◇無頼の画家曽我蕭白（狩野博幸，横尾忠則著）2009.1
◇沖縄琉球王国ぶらぶらぁ散歩（おおき・ゆうこう，田名真之著）2009.3
◇台北（タイペイ）国立故宮博物院を極める（板倉聖哲，伊藤郁太郎著）2009.4
◇沖縄染織王国へ（与那嶺一子著）2009.5
◇あの画家に会いたい個人美術館（大竹昭子著）2009.5
◇荒木経惟トーキョー・アルキ（荒木経惟著）2009.6

◇石本正（しょう）と楽しむ裸婦デッサン（石本正，浜田市立石正美術館著）2009.7
◇東京オリンピック1964（フォート・キシモト，新潮社編）2009.8
◇太宰治と旅する津軽（太宰治，小松健一著，新潮社編）2009.9
◇須賀敦子が歩いた道（須賀敦子，松山巌，アレッサンドロ・ジェレヴィーニ，芸術新潮編集部著）2009.9
◇古伊万里磁器のパラダイス（青柳恵介，荒川正明著）2009.9
◇蕪村放浪する「文人」（佐々木丞平，佐々木正子，小林恭二，野中昭夫著）2009.11
◇ルイス・バラガンの家―世界の名作住宅をたずねる（ワタリウム美術館編）2009.11
◇一生ものの台所道具―決定版（平松洋子著）2009.11
◇ローマ古代散歩（小森谷慶子，小森谷賢二著）2009.12
◇利休入門（木村宗慎著）2010.1
◇カラヴァッジョ巡礼（宮下規久朗著）2010.1
◇韓国の美しいもの（小沢典代文・構成，森隆志写真）2010.3
◇神の木―いける・たずねる（川瀬敏郎，光田和伸著）2010.3
◇池波正太郎と歩く京都（池波正太郎，重金敦之著，とんぼの本編集部編）2010.4
◇香港うまっ!食大全（菊地和男著）2010.6
◇反骨の画家河鍋暁斎（きょうさい）（狩野博幸，河鍋楠美著）2010.7
◇画家たちの「戦争」（神坂次郎，福富太郎，河田明久，丹尾安典著）2010.7
◇イタリア古寺巡礼―ミラノ→ヴェネツィア（金沢百枝，小沢実著）2010.9
◇ジャパニーズウイスキー（土屋守，茂木健一郎，輿水精一著）2010.9
◇作家と猫のものがたり（yom yom編集部編）2010.9
◇白洲正子祈りの道（白洲信哉編）2010.9
◇三島由紀夫の愛した美術（宮下規久朗，井上隆史著）2010.10

| 一般叢書・全集 | 総 記 |

◇林芙美子―女のひとり旅（角田光代，橋本由起子著）　2010.11

◇「戦争」が生んだ絵、奪った絵（野見山暁治，橋秀文，窪島誠一郎著）　2010.11

長崎県立大学研究叢書　長崎県立大学学術研究会　1993～2008　⇒I-374

13　最近のリスクマネジメントと保険の展開（赤堀勝彦著）　2005.3

14　経済システムと正義（古河幹夫著）　2008.3

15　郊外からみた都市圏空間―郊外化・多核化のゆくえ（石川雄一著）　2008.3

長崎純心大学学術叢書　九州大学出版会　1997～2005　⇒I-374

7　岐路に立つ教育（ジャック・マリタン著，荒木慎一郎訳）　2005.3

長崎純心大学博物館研究　長崎純心大学博物館　1994～2010　⇒I-374

第13輯　平和を～永井隆―長崎純心大学博物館所蔵永井隆関連写真集（〔永井隆〕〔作〕，長崎純心大学博物館編）　2005.3

第14輯　長崎学の人々（越中哲也著）　2005.9

第15輯　長崎開港とその発展の道（結城了悟著）　2006.11

第16輯　キリシタン時代からの声（結城了悟著）　2007.12

第17輯　長崎の文化史を訪ねて―長崎純心大学博物館リニューアルオープン記念企画展（長崎純心大学博物館編）　2008.12

第18輯　長崎初期キリシタンの一考察（越中哲也著）　2009.12

第19輯　長崎におけるコミュニケーションの研究（越中哲也著）　2010.10

名古屋学院大学研究叢書　勁草書房　2008

22　現代産業に生きる技―「型」と創造のダイナミズム（十名直喜著）　2008.4

ナショナルジオグラフィック　日経ナショナルジオグラフィック社，日経BP出版センター〔発売〕　2005～2009

◇世界の宗教―信仰の歴史と聖地への旅（スーザン・タイラー・ヒッチコック，ジョン・L．エスポズィート共著）　2005.6

◇はじめてのポケット図鑑 恐竜（本多成正著，長谷川善和監修）　2006.7

◇プロの撮り方 家族の写真（ジョエル・サートレィ著，ジョン・ヒーレー協力，関梨枝子，北村京子訳）　2008.6

◇恐竜図鑑（マイケル・K．ブレット＝サーマン著，富田京一日本語版翻訳・監修）　2009.7

南島叢書　海風社　1982～2009　⇒I-375

85　わが奄美―奄美随想（長田須磨著，須山名保子，大島信徳，見目正克監修）　2004.10

86　ひとりぼっちじゃないよ―まなざしの島「ネィラ」をめぐる物語（榊原洋史著）　2006.7

87　南島の畑作文化―畑作穀類栽培の伝統と現在（賀納章雄著）　2007.10

88　テニアンの瞳―南洋いくさ物語（儀間比呂志文・絵）　2008.5

89　根の国（ニライ・カナイ）へ―秀三の奄美語り（清真人著）　2008.10

90　板付け舟で都会（まち）を行く（盛岡茂美著）　2009.1

南島文化叢書　第一書房　1981～2006　⇒I-375

23　奄美大島の口承説話―川畑豊忠翁、二十三夜の語り（川畑豊忠〔述〕，田畑千秋著）　2005.3

24　奄美与路島の「住まい」と「空間」（石原清光著）　2006.2

西日本新聞ブックレット　西日本新聞社　2004～2010　⇒IV-221

◇食卓の向こう側　別冊 キャンパス編（西日本新聞社「食くらし」取材班著）　2006.2

◇まるごといただきます―ホールフードのすすめ（シリーズ・食卓の向こう側）（タカコ・ナカムラ，吉田俊道著）　2008.1

no.4　食卓の向こう側　4（西日本新聞社「食くらし」取材班著）　2004.12

no.5　僕は人を殺めた―少年事件・更生と償い（西日本新聞社「少年事件・更生と償い」取材班著）　2005.3

no.6　食卓の向こう側　5（西日本新聞社「食くらし」取材班著）　2005.7
no.7　竹田読本—まちとむら、農と食を結ぶ。（シリーズ・地域に学ぶ）（佐藤弘，森千鶴子著）　2005.11
no.8　食卓の向こう側　6（西日本新聞社「食くらし」取材班著）　2005.12
no.9　生ごみ先生のおいしい食育（シリーズ・食卓の向こう側）（吉田俊道著）　2005.12
no.10　食卓の向こう側　7（西日本新聞社「食くらし」取材班著）　2006.3
no.11　食卓の向こう側　8（西日本新聞社「食くらし」取材班著）　2006.7
no.12　ゼロから始める玄米生活—高取保育園の食育実践レシピ集（シリーズ・食卓の向こう側）（高取保育園監修・協力）　2006.8
no.13　食卓の向こう側　第9部（西日本新聞社「食くらし」取材班著）　2007.3
no.14　大牟田新時代—石炭のまちから環境都市へ（シリーズ・地域に学ぶ）（西日本新聞社「大牟田新時代」取材班著）　2007.3
no.15　おいしさ以上のもの（シリーズ・食卓の向こう側）（金丸佐佑子著）　2007.5
no.16　ゼロから始める玄米生活—高取保育園の食育実践レシピ集　2（おかず編）（シリーズ・食卓の向こう側）（高取保育園〔監修・協力〕）　2007.7
no.17　食卓の向こう側　第10部（西日本新聞社「食くらし」取材班著）　2007.8
no.18　天気と食は西から変わる（シリーズ・食卓の向こう側）（手嶋洋司著）　2007.11
no.19　佐賀人—時代を継ぎ次代を拓く（西日本新聞社佐賀総局編）　2007.11
no.20　そこが知りたい!パワハラ対策の極意（福岡ジェンダー研究所著）　2008.1
no.21　漬け物のある暮らし（シリーズ・食卓の向こう側）（西日本新聞社編著，築上町町民つけもの博覧会実行委員会監修）　2008.3
no.22　弁当の日—食べ盛りの君たちへ（シリーズ・食卓の向こう側）（佐藤剛史編）　2008.4
no.23　食卓の向こう側　第12部　価格の向こう側（西日本新聞社「食くらし」取材班著）　2009.8
no.24　なぜ、子どもはピーマンが嫌いなのか?—まくうち流70点の食育講座（シリーズ・食卓の向こう側）（幕内秀夫著）　2010.3
no.25　食卓の向こう側　第13部（西日本新聞社「食くらし」取材班著）　2010.6
no.26　大学では教えてくれない大学生のための22の大切なコト（シリーズ・食卓の向こう側）（佐藤剛史編）　2010.7

西宮市文化財資料　西宮市教育委員会　1983〜2009　⇒I-376
第49号　山口町のモリアオガエル—西宮市立山口中学校による30年間の飼育記録（西宮市立郷土資料館編）　2005.3
第50号　中津の漁業—兵庫県西宮市の中津の漁業調査報告書（西宮市教育委員会編）　2006.3
第53号　高畑町遺跡試掘・確認調査報告書（西宮市教育委員会編）　2009.3
第54号　高畑町遺跡確認調査報告書　平成19年（西宮市教育委員会編）　2009.3

21世紀の教養　培風館　1999〜2008　⇒III-541
5　知の根源を問う（青木孝夫，坂田省吾，林光緒，平手友彦，森本康彦共編）　2008.3

日日草　徳沢愛子編　徳沢愛子　2003〜2010　⇒I-376
第52号（個人詩誌）　2005.6
第53号（個人詩誌）　2006.6
第54号（個人詩誌）　2007.9
第55号（個人詩誌）　2008.1
第56号（個人詩誌）　2008.5
第57号（個人詩誌）　2009.2
第58号（個人詩誌）　2009.5
第59号（個人詩誌）　2010.6

日文研叢書　国際日本文化研究センター　1993〜2010　⇒I-376
34　東寿院阿弥陀如来像像内納入品資料（青木淳編）　2005.3
35　小学校で椅子に座ること—〈もの〉と〈身体〉からみる日本の近代化（西村大志著）　2005.3

36 表現における越境と混淆―国際日本文化研究センター共同研究報告（井波律子，井上章一編）　2005.9

37 桂坂謡曲談義―高砂・定家・三井寺・弱法師・鞍馬天狗（国際日本文化研究センター共同研究報告）（ジェイ・ルービン，田代慶一郎，西野春雄編）　2006.3

38 連歌の発想―連想語彙用例辞典と，そのネットワークの解析（山田奬治，岩井茂樹編著）　2006.10

39 恋歌の歴史―日本における恋歌観の変遷（岩井茂樹著）　2007.3

40 近世艶本資料集成　4月岡雪鼎1　女今川おへし文（A. ガーストル著，早川聞多編）　2007.6

41 日本の住まいと風土性―国際日本文化研究センター共同研究報告（オギュスタン・ベルク編）　2007.8

42 古代東アジア交流の総合的研究―国際日本文化研究センター共同研究報告（王維坤，宇野隆夫編）　2008.12

43 旅と日本発見―移動と交通の文化形成力（国際日本文化研究センター共同研究報告書）（白幡洋三郎編）　2009.3

44 日文研所蔵近世艶本資料集成　5月岡雪鼎2　艶道日夜女宝記（早川聞多編集・翻刻，アンドリュー・ガーストル解説・英訳）　2010.3

45 石川淳と戦後日本（ウィリアム・J. タイラー，鈴木貞美編著）　2010.4

46 明治期「新式貸本屋」目録の研究（浅岡邦雄，鈴木貞美編）　2010.11

47 「近代の超克」と京都学派―近代性・帝国・普遍性（酒井直樹，磯前順一編著）　2010.11

日文研フォーラム　国際日本文化研究センター編　国際日本文化研究センター　1999～2010　⇒V-257

第134回　日本語の「カゲ（光・蔭）」外―日本文化のルーツを探る（辛容泰〔述〕）　2001.9

第138回　中日姓名の比較について―親族の血縁性と社会性（李卓〔述〕）　2001.9

第145回　大庭みな子「三匹の蟹」―ミニスカート文化の中の女と男（チグサ・キムラ・スティーブン〔述〕）　2005.3

第146回　親日仏教と韓国社会（申昌浩〔述〕）　2003.1

第147回　近代詩における擬声語について（マシミリアーノ・トマシ〔述〕）　2003.3

第150回　禅心理学的生命観―人間の生命現象を中心に（李光濬〔述〕）　2004.12

第151回　中日関係と相互理解（魯義〔述〕）　2002.12

第153回　近世後期『美人風俗図』の絵画的特徴―日韓比較（李美林〔述〕）　2005.2

第155回　神代文字と日本キリスト教―国学運動と国字改良（金文吉〔述〕）　2003.12

第160回　旧満州における戦前日本の町づくり活動（ビル・スウェル〔述〕）　2003.11

第171回　知られざる歌麿―「百千鳥狂歌合はせ」の詩的，文法的分析（ヴィクトル・ヴィクトロヴィッチ・リビン〔述〕）　2004.12

第177回　僕はこの暗号を不気味に思ひ…―芥川竜之介『歯車』、ストリンドベリ、そして狂気（マッツ・アーネ・カールソン〔述〕）　2005.8

第178回　アジアにおけるメディア文化の交通―中国人大学生が見た日本のテレビドラマをめぐって（呉咏梅〔述〕）　2006.1

第179回　中世能楽論における「道」の概念―能役者が歩むべき「道」（ノエル・ジョン・ピニントン〔述〕）　2005.9

第182回　韓日につきまとう歴史の影とその克服のための試み（鄭在貞〔述〕）　2006.1

第196回　お札が語る日本人の神仏信仰（ヨセフ・キブルツ〔述〕）　2007.5

第198回　日印関係とインドにおける日本研究―宮沢賢治の菜食主義の思想（プラット・アブラハム・ジョージ〔述〕）　2007.4

第200回　楽しみの茶と嗜みの茶―中国から見た茶の湯文化（陸留弟〔述〕）　2007.6

第201回　国境を越えた日本の学校文化（モハメッドレザ・サルカール アラニ〔述〕）　2007.7

第202回　唐代文学における日本のイメージ（張哲俊〔述〕）　2009.8

第203回　「気」の思想・「こころ」の文化―言語学からみた日本人とタイ人の心のあり方（チャワー

リン・サウェッタナン〔述〕）　2007.10
第204回　淡路島における災害と記憶の文化―荒神信仰を中心に（シンシア・ネリ・ザヤス〔述〕）2007.12
第214回　ヨーロッパ人の日本宗教へのアプローチ―エミールギメと日本の僧侶、神主との問答（フレデリック・ジラール〔述〕）　2010.9
第215回　万葉集と風土記に見られる不思議な言葉と上代日本列島に於けるアイヌ語の分布（アレキサンダー・ヴォヴィン〔述〕）　2009.3
第216回　韓国における日本研究が語るもの（金弼東〔述〕）　2008.11
第218回　日本における禅浄双修―黄檗宗を中心として（ジェームズ・バスキンド〔述〕）　2009.1
第226回　日本の技術者とフランスの技術者―技術革新の担い手（野原博淳〔述〕）　2010.2
第228回　世俗化から見た近代仏教―日本とベトナムとの比較（ファム ティ トゥ ザン〔述〕）2010.2
第232回　東アジアにおける雅楽の流れ（趙維平〔述〕）　2010.6
第235回　「訳する」とはどういうことか？―翻訳を歴史的現象として考える（ジェフリー・アングルス〔述〕）　2010.10

日本古典偽書叢刊　現代思潮新社　2004～2005　⇒I-377
第1巻　和歌古今灌頂巻　玉伝深秘巻　伊勢物語髄脳（小川豊生責任編集）　2005.1

日本人の知性　学術出版会　2010
1　亀井勝一郎（亀井勝一郎著）　2010.3
2　谷川徹三（谷川徹三著）　2010.3
3　小林秀雄（小林秀雄著）　2010.3
4　鈴木大拙（鈴木大拙著）　2010.3
5　和辻哲郎（和辻哲郎著）　2010.3
6　中野好夫（中野好夫著）　2010.5
7　長谷川如是閑（長谷川如是閑著）　2010.5
8　清水幾太郎（清水幾太郎著）　2010.5
9　小泉信三（小泉信三著）　2010.5
10　大宅壮一（大宅壮一著）　2010.5
11　天野貞祐（天野貞祐著）　2010.10
12　南博（南博著）　2010.10
13　高橋義孝（高橋義孝著）　2010.10
14　中村光夫（中村光夫著）　2010.10
15　奥野信太郎（奥野信太郎著）　2010.10

日本大学文理学部叢書　日本大学文理学部　2001～2008　⇒V-669
3　中国語の教え方・学び方―中国語科教育法概説（輿水優著）　2005.11
4　マテリアルサイエンスにおける超高圧技術と高温超伝導研究（高橋博樹著）　2006.1
5　Japan Textures―Sight and word（マーク・グレシャム撮影、ロバート・リー文）　2007.3
6　美と感性の心理学―ゲシュタルト知覚の新しい地平（野口薫編）　2007.6
7　ファイナンス・保険数理の現代的課題（黒田耕嗣編著）　2008.10
8　南極から美ら海まで―エッセイとアルバムで世界をめぐる 第1部（小元久仁夫著）　2008.12

日本地理学会『海外地域研究叢書』　古今書院　2003～2009　⇒IV-728
3　アメリカ大平原―食糧基地の形成と持続性　増補版（矢ケ崎典隆、斎藤功、菅野峰明編著）　2006.4
4　現代の牧畜民―乾燥地域の暮らし（池谷和信編著）　2006.7
5　南アジアの定期市―カースト社会における伝統的流通システム（石原潤、溝口常俊著）　2006.10
6　現代アフリカ農村―変化を読む地域研究の試み（島田周平編著）　2007.10
7　自然と共生するメコンデルタ（春山成子著）　2009.10

ニューライフ選書　不昧堂出版　1994～2005　⇒I-377
no.11　活力生活を育む生涯学習―生かされ活きるライフスタイル創り（佐野豪著）　2005.5

人間科学叢書　刀水書房　1981～2010　⇒I-377
22　東北開発120年　増補版（岩本由輝著）　2009.3
38　雲南のタイ族―シプソンバンナー民族誌（姚荷生著、多田狷介訳）　2004.11

一般叢書・全集

39 中国宗教とキリスト教の対話(ハンス・キュング, ジュリア・チン共著, 森田安一訳者代表, 藤井潤, 大川裕子, 楊暁捷訳) 2005.5
40 貧乏貴族と金持貴族(マイケル・L.ブッシュ著, 永井三明監訳, 和栗了, 和栗珠里訳) 2005.12
41 アメリカの世紀—それはいかにして創られたか?(オリヴィエ・ザンズ著, 有賀貞, 西崎文子共訳) 2005.6
42 シビリアン・コントロールとデモクラシー(L.ダイアモンド, M.F.プラットナー編, 中道寿一監訳) 2006.3
43 世紀末ウィーンのユダヤ人—1867-1938(スティーヴン・ベラー著, 桑名映子訳) 2007.12
44 階級という言語—イングランド労働者階級の政治社会史1832-1982年(G.ステッドマン・ジョーンズ著, 長谷川貴彦訳) 2010.7

人間選書 農山漁村文化協会 1977〜2010 ⇒I-378
254 農の営みから(「創造的である」ということ 上)(内山節著) 2006.3
255 地域の作法から(「創造的である」ということ 下)(内山節著) 2006.3
258 戦後精神の探訪—日本が凝り固まらないために(鈴木正著) 2005.3
260 田んぼの虫の言い分—トンボ・バッタ・ハチが見た田んぼ環境の変貌(むさしの里山研究会編) 2005.3
261 木材革命—ほんとうの「木の文化の国」が始まる(村尾行一著) 2005.10
262 昭和農業技術史への証言 第4集(昭和農業技術研究会, 西尾敏彦編) 2005.9
263 一流の田舎町—二流の都会づくりをやめた町(森沢茂著) 2006.3
264 子どもたちの建築デザイン—学校・病院・まちづくり(鈴木賢一著) 2006.7
265 いま「食べること」を問う—本能と文化の視点から(サントリー次世代研究所企画・編集, 伏木亨, 山極寿一編著) 2006.11
266 昭和農業技術史への証言 第5集(昭和農業技術研究会, 西尾敏彦編) 2006.12

267 紀州備長炭に生きる—聞き書き ウバメガシの森から(阪本保喜語り, かくまつとむ聞き書き) 2007.3
268 生態学の「大きな」話(川那部浩哉〔著〕) 2007.7
269 昭和農業技術史への証言 第6集(昭和農業技術研究会, 西尾敏彦編) 2008.1
270 伝統技法で茅葺き小屋を建ててみた—『木の家は三百年』実践記(原田紀子著) 2008.9
271 昭和農業技術史への証言 第7集(西尾敏彦編) 2009.2
272 昭和農業技術史への証言 第8集(西尾敏彦編) 2010.10

のじぎく文庫 神戸新聞総合出版センター 1986〜2010 ⇒I-379
◇男たちの宝塚—夢を追った研究生の半世紀(辻則彦著) 2004.12
◇別所一族の興亡—「播州太平記」と三木合戦(橘川真一著, 西川卓男校訂) 2004.12
◇神戸と居留地—多文化共生都市の原像(神戸外国人居留地研究会編) 2005.4
◇ひょうご全史—ふるさと7万年の旅 上(神戸新聞「兵庫学」取材班編) 2005.4
◇はりま陰陽師紀行(播磨学研究所編) 2006.4
◇ひょうご全史—ふるさと7万年の旅 下(神戸新聞「兵庫学」取材班編) 2006.4
◇懐かし写真館—昭和の兵庫あの日、あの時(神戸新聞社編) 2006.11
◇兵庫県の難読地名がわかる本(神戸新聞総合出版センター編) 2006.11
◇風土記からみる古代の播磨(坂江渉編著, のじぎく文庫編) 2007.3
◇ひょうごの山菜—おいしい食べ方とエピソード(清水美重子著) 2007.3
◇兵庫のキノコ(兵庫きのこ研究会編著) 2007.12
◇神戸レトロコレクションの旅—デザインにみるモダン神戸(石戸信也著, のじぎく文庫編) 2008.11
◇牧野富太郎と神戸(白岩卓巳著) 2008.11
◇兵庫ふるさとスケッチ—残しておきたい建物と風景(沢田伸画・文) 2009.3

総記　　　　　　　　　　　　　　　　　　　　　　　　一般叢書・全集

◇神戸の花街・盛り場考—モダン都市のにぎわい（加藤政洋著，のじぎく文庫編）　2009.11
◇先山千光寺への道—淡路の民俗文化を語り継ぐ（浜岡きみ子著）　2009.11
◇故郷七十年　新装版（柳田国男著，のじぎく文庫編）　2010.3
◇山田錦物語—人と風土が育てた日本一の酒米（兵庫酒米研究グループ編著）　2010.4
◇こうべ文学散歩（神戸新聞総合出版センター編，橘川真一監修）　2010.4
◇男たちの宝塚—夢を追った研究生の半世紀　新版（辻則彦著）　2010.5

Bilingual books　講談社インターナショナル　1996〜2010　⇒I-379
◇英語で話す「日本」Q&A　大活字版（講談社インターナショナル株式会社，翻訳情報センター編著）　2003.4
◇英語で話す「日本」Q&A　増補改訂第3版　大活字版（講談社インターナショナル株式会社，翻訳情報センター編著）　2005.2
◇英語で読む日本史　増補改訂第2版（英文日本大事典編，河野康子監修）　2006.3
◇英語で話す日本ビジネスQ&A—ここが知りたい，日本のカイシャ　改訂第2版（米山司理，リチャード・ネイサン著）　2006.8
◇英語で話す国際経済Q&A—一目で分かる最新キーワード　改訂第2版（国際経済プロジェクト著，ナンシー・ロス訳）　2006.8
◇英語で読む日本史　増補改訂第2版　大活字版（英文日本大事典編，河野康子監修）　2006.10
◇英語で話す「日本の謎」Q&A—外国人が聞きたがる100のwhy　改訂第2版（板坂元監修）　2006.11
◇英語で読む日本史　人物編（森村宗冬著，カースティン・マカイヴァー訳）　2007.2
◇英語で話す日本経済Q&A（日本経済プロジェクト著）　2008.1
◇外国人が見た古き良き日本（内藤誠編著）　2008.1
◇英語でガイドする東京（トム・ディラン著，星野真理訳）　2008.5

1　英語で話す「日本」Q&A　増補改訂第3版（講談社インターナショナル株式会社，翻訳情報センター編著）　2004.12
17　イラスト日本（にっぽん）まるごと事典　改訂第3版（インターナショナル・インターンシップ・プログラムス著）　2010.3
73　英語で話す日本の名所（松本美江著）　2009.2
74　日本を愛した外国人たち（内藤誠，内藤研共著，カースティン・マカイヴァー訳）　2009.6
75　五輪書（ごりんしょ）（宮本武蔵著，ウィリアム・スコット・ウィルソン英訳，松本道弘現代語訳）　2009.6

バウンダリー叢書　海鳴社　2009〜2010
◇さあ数学をはじめよう（村上雅人著）　2009.9
◇オリンピック返上と満洲事変（梶原英之著）　2009.9
◇合気解明—フォースを追い求めた空手家の記録（炭粉良三〔著〕）　2010.2
◇分子間力物語（岡村和夫〔著〕）　2010.2
◇どんぐり亭物語—子ども達への感謝と希望の日々（加藤久雄〔著〕）　2010.4
◇英語で表現する大学生活—入学から卒論まで（盛香織〔著〕）　2010.5
◇永久（とわ）に生きるとは—シュメール語のことわざを通して見る人間社会（室井和男〔著〕）　2010.7
◇合気真伝—フォースを追い求めた空手家のその後（炭粉良三〔著〕）　2010.7
◇はじめての整数論（村上雅人著）　2010.12

爆笑問題のニッポンの教養　太田光，田中裕二著　講談社　2007〜2008
1　生命のかたちお見せします—発生生物学（爆問学問）（浅島誠著）　2007.9
2　現代の秘境は人間の"こころ"だ—芸術人類学（爆問学問）（中沢新一著）　2007.9
3　宇宙人はどこにいるのか?—惑星科学（爆問学問）（井田茂著）　2007.9
4　人間は動物である。ただし…—社会心理学（爆問学問）（山岸俊男著）　2007.9

一般叢書・全集　　　　　　　　　　　　　　　　　　　　　　　　　総記

5　ヒトはなぜ死ぬのか?―生化学(爆問学問)(田沼靖一著)　2007.10
6　教授が造ったスーパーカー―環境工学(爆問学問)(清水浩著)　2007.10
7　哲学ということ―哲学(爆問学問)(野矢茂樹著)　2007.12
8　人間は失敗作である―比較解剖学(爆問学問)(遠藤秀紀著)　2007.12
9　ロボットに人間を感じるとき…―知能ロボット学(爆問学問)(石黒浩著)　2007.12
10　タイムマシンは宇宙の扉を開く―宇宙物理学(爆問学問)(佐藤勝彦著)　2007.12
11　生物が生物である理由―分子生物学(爆問学問)(福岡伸一著)　2008.1
12　万物は渋滞する―渋滞学(爆問学問)(西成活裕著)　2008.1
13　異形のモノに美は宿る―日本美術史(爆問学問)(辻惟雄著)　2008.2
14　人間は考える腸である―腸管免疫学(爆問学問)(上野川修一著)　2008.2
15　ひきこもりでセカイが開く時―精神医学(爆問学問)(斎藤環著)　2008.3
16　生き残りの条件≠強さ―数理生態学(爆問学問)(吉村仁著)　2008.3
17　深海に四〇億年前の世界を見た!―地球微生物学(爆問学問)(高井研著)　2008.4
18　人類の明日は晴れか雨か?―気象学(爆問学問)(高藪縁著)　2008.4
19　この世はすべて錯覚だ―知覚心理学(爆問学問)(北岡明佳著)　2008.5
20　コトバから逃げられないワタクシ―言語学(爆問学問)(田中克彦著)　2008.5
21　「体内時計」はいま何時?―システム生物学(爆問学問)(上田泰己著)　2008.6
22　科学的分身の術―バーチャルリアリティ学(爆問学問)(舘暲著)　2008.6
23　平和は闘いだ―平和構築学(爆問学問)(伊勢崎賢治著)　2008.7
24　「脱出したい!」のココロ―海洋生命科学(爆問学問)(塚本勝巳著)　2008.7
25　人類の希望は美美美―美学(爆問学問)(佐々木健一著)　2008.8
26　みんなの憲法入門―憲法学(爆問学問)(長谷部恭男著)　2008.8
27　脳を創る男―カオス工学(爆問学問)(合原一幸著)　2008.10
28　スポ根なんていらない?―スポーツ心理学(爆問学問)(高妻容一著)　2008.10
29　検索エンジンは脳の夢を見る―連想情報学(爆問学問)(高野明彦著)　2008.11
30　我働くゆえに幸あり?―教育社会学(爆問学問)(本田由紀著)　2008.11

柏艪舎エルクシリーズ　　柏艪舎　2006～2010
◇超スローなさんすう指導―自分で自分に拍手するAちゃんの実践をとおして(佐藤嘉昭著)　2006.6
◇つぶやく女(高井かほる著)　2006.7
◇茸の森の私空間(本間善久著)　2006.9
◇きんちゃん(中川きん子著)　2006.10
◇皮膚の悩みに光を!(三戒堂水宝編著)　2006.12
◇独力登山は「芸術」だ! 2(黒島礼一郎著)　2007.2
◇藪椿(岩淵津弥子著)　2007.3
◇3人8脚 さくら前線にっぽん旅(長瀬千年著)　2007.4
◇でも・しか教師の独り言―子どもとともに育つ教師でありたい(平田礼一著)　2007.5
◇森に棲む―飛んでほっつきある記(勝田鴉杖著)　2007.6
◇原始林は「拓かれて」残された。(仙北富志和著)　2007.7
◇騙し絵な奴(宮森閏司著)　2007.7
◇さしつさされつ(中田耀子, 土倉裕之著)　2007.9
◇報国のとき―築別炭山物語(酒井明著)　2007.9
◇空のまつり―三宅知子詩集(三宅知子著, ジャン・ガリクソン英文監修)　2007.12
◇有島武郎論―二〇世紀の途絶した夢とその群像の物語(北村巌著)　2007.12
◇金子喜一とその時代(北村巌著)　2007.12
◇私の体験したこと―中学校教育と国際貢献(斎藤述史著)　2008.1

◇雪の曙―幕末に散った松前藩士たち（土屋竜司著） 2008.3
◇命の存続―心臓リハビリテーション整体に懸ける（山本一成著） 2008.3
◇女性に効く漢方（井上亮一著） 2008.6
◇ペギの紋章（八瀬知生著） 2008.6
◇元禄なごや犯科帳（新家獻佑著） 2008.10
◇五贤帝館百話（北江亜音著） 2008.10
◇気づきの旅―スペイン巡礼の道（小田島彩子文・写真） 2008.11
◇不登校力―「学びの場」で変わっていく子どもたちとの15年（札幌自由が丘学園編著） 2008.11
◇国税労働者（大内誠著） 2009.1
◇成功する営業マン―どぶ板営業で3%を5%に（飯島孝道著） 2009.2
◇雪の曙―幕末に散った松前藩士たち 新装版（土屋竜司著） 2009.2
◇科学のこころ―この世は案外おもしろい（細川敏幸文・写真） 2009.3
◇赤い蛾に乗った女（鹿俣政三著） 2009.8
◇過ぎ往く日々と八重子さん（椚千恵子著） 2010.5
◇空を拓く―ある戦後開拓の物語（行宗登美著） 2010.12

橋川文三著作集　筑摩書房　2000〜2001　⇒I-382
4　歴史意識の問題・歴史と世代　増補版（橋川文三著） 2001.1

畑田家住宅活用保存会出版シリーズ　畑田家住宅活用保存会　2003〜2009
no.1　アフガニスタンの美術―文明の十字路の古代と現代（肥塚隆〔著〕） 2003.11
no.2　古い日本住宅に見られる生活の工夫（畑田耕一〔著〕） 2004.11
no.3　キレない、健康なこころと脳を育てるのに、何が大切？―食事や栄養に関する知識は必須アイテム（杉田義郎〔著〕） 2006.2
no.4　セレンディピティーを知っていますか（白川英樹〔述〕） 2006.12
no.5　哲学は面白い、哲学を楽しもう（鷲田清一〔述〕） 2008.1
no.6　読書の楽しみ（柏木隆雄〔述〕） 2008.11
no.7　インターネットを正しく使うには（宮原秀夫〔述〕） 2009.12

塙新書　塙書房　1966〜2005　⇒I-382
29　日本の隠者　オンデマンド版（桜井好朗著） 2005.9

羽仁もと子著作集　婦人之友社　2007
第15巻（信仰篇）　新版（羽仁もと子著） 2007.5

パーフェクト・メモワール　リイド社　2004〜2010
◇勝つ会社プロのコツ―「勝ち組」になるための必携バイブル（松田修著） 2004.5
◇オフィシャルブック鬼平犯科帳　人物編（コミック乱編集部特別班編） 2004.7
◇特捜!!世界の謎とミステリー―この世のあらゆる事象は神秘に満ちている　2005.7
◇特捜!!世界の謎とミステリー―超次元からの伝言オーパーツとUMA　2005.11
◇けんてーごっこ―おもしろ検定で脳のトレーニング　2007.10
◇Deco rich!―ラグジュアリー・デコレーション完全ガイド（日本モバイルデザイナー協会監修） 2008.11
◇激ウマ!餃子ぐる巡り―完全保存版!　2009.10
◇Girlsism magazine　vol.01　春の「マストトレンド」完全制覇!　2010春夏注目8ブランド新着アイテム×人気モデル8人スペシャルファッションシューティング　2010.3

パルテノン多摩資料叢書　多摩市文化振興財団　2004〜2008　⇒IV-92
第3集　太田伊三郎家文書―多摩市一ノ宮小野神社旧神主家の文書群（桜井昭男監修, 多摩市文化振興財団編） 2007.3
第4集　多摩村青年団の記録―復刻『多摩青年』『新生タマセイネン』『青春』 2008.2

阪南大学叢書　晃洋書房　2004〜2010　⇒III-414
74　社会的エートスと社会倫理（村田充八著） 2005.3
80　国際関係とメディアクライシス―地球共生コミュニケーションの座標軸（山本武信著） 2007.1

一般叢書・全集　　　　　　　　　　　　　　　　　　　　　　　　　　　　総記

82　ブランド価値の創造―情報価値と経験価値の観点から（平山弘著）　2007.3
86　アメリカ型市場原理主義の終焉―現代社会と人間のゆくえ（山本武信著）　2009.2
88　宗教の発見―日本社会のエートスとキリスト教（村田充八著）　2010.3

阪南大学叢書　　築地書館　2006
79　世界銀行とNGOs―ナルマダ・ダム・プロジェクト中止におけるアドボカシーNGOの影響力（段家誠著）　2006.3

阪南大学叢書　　同文舘出版　1999〜2006　⇒III-335
77　日本の零細小売商業問題（馬場雅昭著）　2006.1

阪南大学叢書　　二瓶社　2006
76　マルチメディア情報学概論（田上博司著）　2006.1

阪南大学叢書　　不磨書房　2005
73　カリフォルニア政治と「マイノリティ」―住民提案に見られる多民族社会の現状（賀川真理著）　2005.3

B&Tブックス　　日刊工業新聞社　1995〜2010　⇒I-382
◇中小企業の突破力!―隣の経営者はなぜ成功したか（野口恒, 小林秀雄著）　2004.11
◇戦略的技術経営（MOT）のすすめ―この1冊で実践できる!（植之原道行著）　2004.11
◇図解よくわかる個人情報保護法（松田政行監修・著, IT企業法務研究所編）　2004.11
◇図解よくわかるデータマイニング（石井一夫著）　2004.12
◇トコトンやさしい作業改善の本（今日からモノ知りシリーズ）（岡田貞夫著）　2004.12
◇図解よくわかるCSR―企業の社会的責任（米山秀隆著）　2004.12
◇必ず相手を納得させる図解ロジカル・プレゼンテーション　第2版（彼谷浩一郎著）　2005.1
◇トコトンやさしいエネルギーの本（今日からモノ知りシリーズ）（山崎耕造著）　2005.2
◇儲けるメカニズム―即実践できる経営の極意172（神谷泰久著）　2005.2
◇「創造と変化」に挑んだ6人の創業者（志村和次郎著）　2005.2
◇一人でできる特許の取り方・活かし方―成功事例が教える　第2版（平井工著）　2005.2
◇野口禎一郎のミッション経営―イオンが育てた企業内起業家（服部吉伸著）　2005.3
◇テスト形式!やり直しの数学―算数から数2まで（波多江茂樹著）　2005.3
◇図解よくわかる公共マーケット・ビジネス―再び注目を集める20兆円市場（井熊均編著）　2005.3
◇トコトンやさしい脳の本（今日からモノ知りシリーズ）（田中冨久子編著）　2005.3
◇図解よくわかるWEEE & RoHS指令とグリーン調達―欧州環境規制で取引先が選別される（WEEE & RoHS研究会編著）　2005.3
◇トコトンやさしいコストダウンの本（今日からモノ知りシリーズ）（岡田貞夫, 田中勇次, 信岡義邦著）　2005.4
◇視聴スタイルとビジネスモデル―デジタル放送が変える!（西正著）　2005.4
◇ジャパンポスト―郵政民営化 40万組織の攻防（八木沢徹著）　2005.4
◇トコトンやさしい電気の本（今日からモノ知りシリーズ）（谷腰欣司著）　2005.6
◇目で見てわかるキヤノンの大常識　改訂第2版（今日からモノ知りシリーズ）（日刊工業新聞社編）　2005.6
◇図解よくわかる在庫起点経営―ウォルマートに打ち勝つ日本型流通システム（関口寿一, 三上慎太郎, 寺嶋正尚著）　2005.6
◇弁理士が答える知って得する知的財産権Q&A（日本弁理士会監修, 日本弁理士会近畿支部編著）　2005.6
◇「もったいない」の復活　続（坂田竜松著）　2005.6
◇自分が売れれば何でも売れる（タット・イノウエ著）　2005.7
◇トコトンやさしい核融合エネルギーの本（今日からモノ知りシリーズ）（井上信幸, 芳野隆治著）　2005.7

一般叢書・全集

◇金型ジャパンブランド宣言―世界に勝つモノづくり（横田悦二郎著） 2005.8
◇たかがビールされどビール―アサヒスーパードライ、18年目の真実（松井康雄著） 2005.9
◇トコトンやさしい地球科学の本（今日からモノ知りシリーズ）（地球科学研究会編著） 2005.9
◇団塊世代のノウハウを会社に残す31ステップ―スッキリ理解＋シッカリ実践（野間彰著） 2005.9
◇トコトンやさしい戦略物流の本（今日からモノ知りシリーズ）（角井亮一著） 2005.9
◇「発明」ビジネス化テクニック―弁理士が明かす（丹羽宏之著） 2005.9
◇東京発強い中小・ベンチャー―研究開発型企業50社の現場レポート（日刊工業新聞中小・ベンチャー特別取材班編） 2005.10
◇超簡単!プライバシーマーク―たった1枚のリストで取得できる（5 Doors'編） 2005.10
◇トコトンやさしい熱処理の本（今日からモノ知りシリーズ）（坂本卓著） 2005.10
◇歯からはじめよう!アンチエイジング―若さと美しさは、まず口元から（佐藤孝著） 2005.10
◇トコトンやさしいTPMの本（今日からモノ知りシリーズ）（中野金次郎編著，TPMトコトン研究会著） 2005.11
◇日本橋美人―きれいを磨く34のエッセンス（山田晃子著） 2005.11
◇ブレークする科学技術者はココが違う―発想のヒントをつかめ!（山崎征男著） 2005.11
◇乳ガン110番―最新国際ガイドラインをやさしく解説 第2版（南雲吉則，岩瀬哲著） 2005.11
◇あなたは何ができますか pt.3（日刊工業新聞特別取材班編） 2005.11
◇大野耐一の改善魂―トヨタ強さの原点 保存版（日刊工業新聞社編） 2005.12
◇トコトンやさしい免疫・アレルギーの本（今日からモノ知りシリーズ）（村口篤編著） 2005.12
◇図解よくわかるエコビル―快適居住環境とコスト削減を実現する法（高橋俊介監修，エコビル推進研究会編著） 2005.12
◇技術者のためのやさしい知的財産入門（原嶋成時郎著） 2005.12

◇マンガでよくわかる社員みんなで情報セキュリティ（中田光信著） 2005.12
◇道に迷えば歴史に問え（山本一元著） 2005.12
◇ぶっちぎり世界記録保持者の記憶術―円周率10万桁への挑戦（原口証著） 2006.1
◇青色発光ダイオードは誰のものか（谷光太郎著） 2006.1
◇NTT民営化の功罪―巨人の「独占回帰」を問う（神崎正樹著） 2006.1
◇絵解きすぐわかる物流のしくみ（鈴木邦成著） 2006.1
◇トヨタイズムを支える「トヨタ」情報システム（戸田雅章著） 2006.1
◇トコトンやさしい摩擦の本（今日からモノ知りシリーズ）（角田和雄著） 2006.2
◇これからはじめるやさしい知財入門（真島宏明著） 2006.2
◇限界を突き破る戦略的事業連携37ステップ―スッキリ理解＋シッカリ実践（池田裕一著） 2006.2
◇図解でわかる京都議定書で加速されるエネルギービジネス（井熊均編著） 2006.2
◇トコトンやさしいミネラルの本（今日からモノ知りシリーズ）（谷腰欣司著） 2006.3
◇トコトンやさしい血液の本（今日からモノ知りシリーズ）（毛利博編著） 2006.3
◇トコトンやさしい5Sの本（今日からモノ知りシリーズ）（平野裕之，古谷誠著） 2006.3
◇図解・早わかりベトナム・ビジネス（ベトナム経済研究所編，窪田光純著） 2006.3
◇日本力をリードするナノテク企業精選74社（日刊工業新聞特別取材班，大阪科学技術センター関西ナノテクノロジー推進会議編） 2006.3
◇図解わかりやすい液晶ディスプレイ―技術とビジネスのトレンド（北原洋明著） 2006.3
◇企業ファンサイト入門―「極楽クラブ」の秘密ファンが集まるネットマーケティング（川村隆一著） 2006.4
◇世界知財戦略―日本と世界の知財リーダーが描くロードマップ（荒井寿光，カミール・イドリス著，ェアクレーレン訳） 2006.4
◇図解よくわかる排出権取引ビジネス 第3版（みずほ情報総研著） 2006.4

全集・叢書総目録 2005-2010　343

一般叢書・全集　　　　　　　　　　　　　　　　　　　　　　　　　　　　　　　総記

◇制定!住生活基本法—変わるぞ住宅ビジネス&マーケット!（米山秀隆著）　2006.5
◇世界を駆けろ日本自動車部品企業—欧米からBRICsへ拡大する市場競争（小林英夫, 大野陽男編著）　2006.6
◇本物の会議（山田豊, 笠井洋著）　2006.6
◇図解物流の最新常識—あっ!という間にわかる　第2版（鈴木邦成著）　2006.6
◇石油最終争奪戦—世界を震撼させる「ピークオイル」の真実（石井吉徳著）　2006.7
◇テスト形式!やり直しの日本語—日本語初段から師範まで（小野博監修, 佐藤尚子, 田島ますみ, 小林佳代子編著）　2006.7
◇スピードの科学—おもしろサイエンス（小笠原政次著）　2006.8
◇トコトンやさしい機械の本（今日からモノ知りシリーズ）（朝比奈奎一, 三田純義著）　2006.8
◇中国エネルギービジネス—日本を呑み込むリスクとチャンス（井熊均, 王婷著）　2006.8
◇新幹線安全神話はこうしてつくられた—SKS was born in Nippon（斎藤雅男著）　2006.9
◇変貌する中国知財現場—「ニセモノ大国」から「知財大国」へ（馬場錬成, 経志強著）　2006.9
◇図解日本版SOX法〈徹底解説〉—マネジメントのための内部統制報告制度（松原恭司郎著）　2006.9
◇トコトンやさしい洗浄の本（今日からモノ知りシリーズ）（日本産業洗浄協議会洗浄技術委員会編）　2006.9
◇トコトンやさしい流通の本（今日からモノ知りシリーズ）（鈴木邦成著）　2006.9
◇トコトンやさしいめっきの本（今日からモノ知りシリーズ）（榎本英彦著）　2006.9
◇あなたの心筋梗塞・脳梗塞の危険度と予防策（毛利博著）　2006.9
◇国連専門機関（ITU）の事務総局長が"勝つ"ための国際交渉術教えます!（内海善雄著）　2006.10
◇トコトンやさしいプラズマディスプレイの本（今日からモノ知りシリーズ）（次世代PDP開発センター編）　2006.10
◇世界の自動車を造った男—荻原映丈、50年のモノづくり人生（生江有二著）　2006.10
◇「トヨタ流」現場の人づくり—トヨタ元生産調査部部長が明かす（田中正知編著）　2006.11
◇トコトンやさしい電気回路の本（今日からモノ知りシリーズ）（谷腰欣司著）　2006.11
◇テスト形式!やり直しのやさしい数学（波多江茂樹著）　2006.11
◇図解「中国・台湾・香港」の主要企業と業界地図　第2版（エヌ・エヌ・エー編著）　2006.12
◇再発見江戸の数学—日本人は数学好きだった（桐山光弘, 歳森宏著）　2006.12
◇トコトンやさしいカビの本（今日からモノ知りシリーズ）（佐々木正実監修, カビと生活研究会編著）　2006.12
◇インベスト神奈川—企業誘致への果敢なる挑戦（松沢成文著）　2006.12
◇見える経営—VM（Visual management）（五十嵐瞭著）　2006.12
◇テスト形式!やり直しの理科　物理編（理科問題研究会編）　2006.12
◇トコトンやさしい太陽電池の本（今日からモノ知りシリーズ）（産業技術総合研究所太陽光発電研究センター編著）　2007.1
◇リスクマネジメントシステム—この一冊ですべてがわかる　第2版（鈴木敏正, RMコンソーシアム21著）　2007.1
◇トコトンやさしいタンパク質の本（今日からモノ知りシリーズ）（東京工業大学大学院生命理工学研究科編）　2007.2
◇トコトンやさしい触媒の本（今日からモノ知りシリーズ）（触媒学会編）　2007.2
◇レアメタル資源争奪戦—ハイテク日本の生命線を守れ!（中村繁夫著）　2007.2
◇建物の科学—おもしろサイエンス（高橋俊介監修, 高層建築研究会編著）　2007.2
◇トコトンやさしい振動・騒音の本（今日からモノ知りシリーズ）（山田伸志著）　2007.3
◇トコトンやさしい石油の本（今日からモノ知りシリーズ）（藤田和男監修, 難波正義, 井原博之, 島村常男, 箭内克俊編著）　2007.3
◇トコトンやさしい金型の本（今日からモノ知りシリーズ）（吉田弘美著）　2007.3

◇トヨタとインドとモノづくり─トヨタ流インドビジネスの真髄（島田卓，日刊工業新聞社編著）　2007.3
◇成功事例が教える一人でできる個人発明で儲ける方法（平井工著）　2007.3
◇ひと目でわかる!図解ソニー─モノづくりに回帰，オリジナリティをさらに追求（星川博樹著）　2007.3
◇調達力・購買力の基礎を身につける本─製造業の現場バイヤーが教える バイヤー必読（坂口孝則著）　2007.4
◇なぜ，CRMは店舗の売上アップにつながらないのか？（斎藤孝太著）　2007.4
◇絵解きすぐできる流通在庫の管理・削減（鈴木邦成著）　2007.4
◇未来兵器の科学─おもしろサイエンス（防衛技術協会編）　2007.4
◇だから日本の新エネルギーはうまくいかない！─日本の技術&ビジネスの真価を問う（井熊均編著）　2007.5
◇図解早わかりBRICs自動車産業（小林英夫，太田志乃編著）　2007.6
◇日本版SOX法で会計─財務報告に係る内部統制講座　内部統制基準完全対応!（松原恭司郎著）　2007.6
◇おいしい水の科学─おもしろサイエンス（佐藤正監修，生活と水の研究会編著）　2007.6
◇トコトンやさしいユニバーサルデザインの本（今日からモノ知りシリーズ）（宮入賢一郎，横尾良笑著，日本ユニバーサルデザイン研究機構監修）　2007.7
◇トコトンやさしい鉄道の本（今日からモノ知りシリーズ）（佐藤建吉編著，日本技術史教育学会著）　2007.7
◇ひと目でわかる!図解旭化成─人びとの"いのち"と"くらし"に貢献（日刊工業新聞特別取材班編）　2007.7
◇蚊の科学─おもしろサイエンス（荒木修著）　2007.8
◇トコトンやさしい味の本（今日からモノ知りシリーズ）（中村弘著）　2007.8

◇ひと目でわかる!図解松下電器─暮らしや社会に価値あるアイディアを提供し，"グローバルエクセレンス"へ（日刊工業新聞社編）　2007.8
◇貴金属の科学─おもしろサイエンス（菅野照造監修，貴金属と文化研究会編著）　2007.8
◇快眠と不眠のメカニズム（田中匡著）　2007.8
◇トコトンやさしい流体力学の本（今日からモノ知りシリーズ）（久保田浪之介著）　2007.9
◇トコトンやさしい太陽の本（今日からモノ知りシリーズ）（山崎耕造著）　2007.9
◇ロボットのいるくらし（ロボLDK実行委員会編）　2007.10
◇石油ピークが来た─崩壊を回避する「日本のプランB」（石井吉徳著）　2007.10
◇モノづくり解体新書─select　1（日刊工業新聞社編）　2007.10
◇眼科119番─目のトラブル…そんなとき，まず開く本　第2版（中村友昭編著，社会保険中京病院眼科医師著）　2007.11
◇調達・購買実践塾─製造業の現場バイヤーが教える バイヤー必読（坂口孝則著）　2007.11
◇トコトンやさしい計量の本（今日からモノ知りシリーズ）（今井秀孝監修）　2007.11
◇科学する心─日本の女性科学者たち（岩男寿美子，原ひろ子編）　2007.11
◇いい店見つけた─料理は作った人の味がする（椎名勲著）　2007.11
◇絵解きすぐできる物流コスト削減（鈴木邦成著）　2007.12
◇ひと目でわかる!図解NTTデータ─ITで豊かな社会に貢献（八木沢徹著）　2008.1
◇トコトンやさしい発光ダイオードの本（今日からモノ知りシリーズ）（谷腰欣司著）　2008.1
◇ディープWebを浮上させろ！─アクセス数を10倍にするWeb 2.0の次の波（木村幹夫著）　2008.1
◇図解REACH規則と企業対応（REACH研究会編著）　2008.2
◇トコトンやさしい鉄の本（今日からモノ知りシリーズ）（菅野照造監修，鉄と生活研究会編著）　2008.2
◇だったら，世界一の購買部をつくってみろ！─製造業の現場バイヤーが教える バイヤー必読（坂

一般叢書・全集　　　　　　　　　　　　　　　　　　　　　総記

口孝則, 野町直弘著）　2008.2
◇早わかりインドビジネス（プレム・モトワニ, 坂田修次著）　2008.2
◇だから、あなたの会社の「SCM」は失敗する—supply chain management（石川和幸著）　2008.2
◇海の科学—おもしろサイエンス（中原紘之, 村田武一郎, 近藤健雄監修, NPO大阪湾研究センター海域環境研究委員会編）　2008.3
◇トコトンやさしい天然ガスの本（今日からモノ知りシリーズ）（藤田和男監修, 井原博之, 佐々木詔雄, 島村常男, 本村真澄編著）　2008.3
◇こんな原価管理は役に立たない！（堀口敬著）　2008.3
◇日本版内部統制"成功"の秘訣—SOX法成功体験者にしか書けない（榎本吉伸著）　2008.3
◇モノづくり解体新書—select 2（日刊工業新聞社編）　2008.3
◇トコトンやさしい有機ELの本（今日からモノ知りシリーズ）（森竜雄著）　2008.4
◇トコトンやさしい塗料の本（今日からモノ知りシリーズ）（中道敏彦, 坪田実著）　2008.4
◇海洋船舶の科学—おもしろサイエンス（菅野照造監修, 船と海の研究会編著）　2008.4
◇だから、あなたの会社の「品質ISO」は失敗する（中村伸著）　2008.4
◇トコトンやさしい水素の本（今日からモノ知りシリーズ）（新エネルギー・産業技術総合開発機構監修, 水素エネルギー協会編）　2008.6
◇図解よくわかる非製造業もトヨタ生産方式（トヨタ生産方式を考える会編）　2008.6
◇トコトンやさしいバイオエタノールの本（今日からモノ知りシリーズ）（坂西欣也, 沢山茂樹, 遠藤貴士, 美濃輪智朗編著）　2008.6
◇現場の「やり抜く力」！—決めたことを守り通す組織作りのために（内海政嘉著）　2008.6
◇雷の科学—おもしろサイエンス（妹尾堅一郎監修, 雷研究会編）　2008.7
◇トコトンやさしい発酵の本（今日からモノ知りシリーズ）（協和発酵工業（株）編）　2008.7
◇レアメタルの科学—おもしろサイエンス（山口英一監修, レアメタルと地球の研究会編著）　2008.7

◇絵解きすぐできる商品管理・物流管理—WMS導入で業務を効率化（遠藤八郎, 鈴木邦成著）　2008.8
◇図解森精機—ひと目でわかる！工作機械で『グローバル・ワン』を目指す（日刊工業新聞社編）　2008.9
◇フィージビリティスタディ入門—基礎から財務分析までみるみるわかる（西田純著）　2008.9
◇図解よくわかる排出権取引ビジネス　第4版（みずほ情報総研著）　2008.10
◇早わかりベトナム・ビジネス　第2版（ベトナム経済研究所編, 窪田光純著）　2008.10
◇トコトンやさしいトランジスタの本（今日からモノ知りシリーズ）（谷腰欣司著）　2008.11
◇結局どうすりゃ、コストは下がるんですか？—調達・購買バイヤー必読　値上げ時代に打ち勝つ（6+1）人のコスト削減原論（坂口孝則編著）　2008.11
◇だから、あなたの会社の「コストダウン」は失敗する（坂田慎一著）　2008.11
◇観光統計からみえてきた地域観光戦略（額賀信著）　2008.11
◇早わかりロシアビジネス（高橋浩著）　2008.12
◇図解ニッポンのものづくり—「ものづくり白書」早わかり（日刊工業新聞社編, 経済産業省監修）　2008.12
◇実用スピード計算〈速算法〉—公式応用でわかる（前野昌弘著）　2008.12
◇パンデミックから身を守る—新型インフルエンザ対策（荒岡敏著）　2008.12
◇照明の科学—おもしろサイエンス（照明と生活の研究会著, 高橋俊介監修）　2008.12
◇トコトンやさしい機能めっきの本（今日からモノ知りシリーズ）（榎本英彦, 松村宗順著）　2008.12
◇アナタの会社の埋蔵金（ムダ）を利益に変える本（堀内智彦著）　2009.1
◇日本のモノづくりイノベーション—大田区から世界の母工場へ（山田伸顕著）　2009.1
◇岐路に立つ半導体産業—激変する海外メーカの戦略と日本メーカの取るべき選択（佐野昌著）　2009.1

- ◇"見える化"して"仕組み化"する優良顧客を育てる高品質サービス（斎藤孝太著）　2009.1
- ◇図解日本アムウェイ—ひと目でわかる！ 成功を望むすべての人々にその機会を提供（日刊工業新聞社編）　2009.2
- ◇波に乗れにっぽんの太陽電池—温暖化のリスクをチャンスに変えるシナリオ（桜井啓一郎著）　2009.2
- ◇図解住友化学—ひと目でわかる！ 豊かな明日を支える創造的ハイブリッド・ケミストリー（日刊工業新聞特別取材班編）　2009.3
- ◇だから、あなたの会社の「在庫改善」は失敗する（石川和幸著）　2009.3
- ◇だから、あなたの会社の「クレーム対応」は失敗する（雨宮利春著）　2009.3
- ◇トリプルaの中小企業経営者たち—格付け取得から見えてくるその戦略（藤坂浩司著）　2009.3
- ◇調達・モノを買う仕事—はじめて読む知識 やさしく丁寧に解説（野町直弘著）　2009.3
- ◇あなたは何ができますか　part 4（日刊工業新聞特別取材班編）　2009.3
- ◇トコトンやさしい石炭の本（今日からモノ知りシリーズ）（秋本明光，島田荘平，島村常男，鷹觜利公，藤岡昌司，牧野英一郎編著，藤田和男監修）　2009.4
- ◇椅子の科学—おもしろサイエンス（心地よい椅子を科学する研究会編著）　2009.4
- ◇幻想のバイオ燃料—科学技術的見地から地球環境保全対策を斬る（久保田宏，松田智著，日刊工業新聞社編）　2009.4
- ◇トコトンやさしい半導体の本（今日からモノ知りシリーズ）（谷腰欣司著）　2009.4
- ◇トコトンやさしいセラミックスの本（今日からモノ知りシリーズ）（日本セラミックス協会編）　2009.5
- ◇図解よくわかる電車線路のはなし（大塚節二，猿谷応司，鈴木安男著）　2009.5
- ◇絵解きすぐわかる産業廃棄物処理と静脈物流（鈴木邦成著）　2009.6
- ◇S&OP入門—グローバル競争に勝ち抜くための7つのパワー（松原恭司郎著）　2009.6
- ◇The調達・仕入れの基本帳77—製造業・小売業のバイヤーが教える（坂口孝則，藤野香織著）　2009.6
- ◇トコトンやさしいバイオガスの本（今日からモノ知りシリーズ）（沢山茂樹著）　2009.6
- ◇改正省エネルギー法とその対応策—グリーン企業・グリーン市民になるための基礎知識（福田遵著）　2009.7
- ◇技術には専門の監査が必要だ！—〈技術監査人と業務監査〉監査信頼回復への提言（地域と行政を支える技術フォーラム編著）　2009.7
- ◇トコトンやさしい気象の本（今日からモノ知りシリーズ）（入田央著）　2009.7
- ◇グリーン・ニューディールで始まるインフラ大転換（井熊均編著）　2009.7
- ◇トコトンやさしい表面処理の本（今日からモノ知りシリーズ）（仁平宣弘著）　2009.8
- ◇江戸・キューバに学ぶ"真"の持続型社会（内藤耕，石川英輔，吉田太郎，岸上祐子，枝広淳子著）　2009.8
- ◇知らなきゃヤバイ!飲料水争奪時代がやってくる（岡崎稔著）　2009.9
- ◇知らなきゃヤバイ!石油ピークで食糧危機が訪れる（石井吉徳著）　2009.9
- ◇知らなきゃヤバイ!レアメタルが日本の生命線を握る（日本のレアメタルを考える会編著，山口英一監修）　2009.9
- ◇トコトンやさしいバイオプラスチックの本（今日からモノ知りシリーズ）（日本バイオプラスチック協会編）　2009.9
- ◇人と組織を動かすカリスマな質問力（横山太郎著）　2009.9
- ◇トコトンやさしい化粧品の本（今日からモノ知りシリーズ）（福井寛著）　2009.10
- ◇知らなきゃヤバイ!イスラム金融—利子禁止の金融手法が世界を席巻する（永井隆昭著，楠本博，勅使川原明監修）　2009.10
- ◇トコトンやさしい電気自動車の本（今日からモノ知りシリーズ）（広田幸嗣著）　2009.11
- ◇知らなきゃヤバイ!民主党—新経済戦略の光と影（The Journal編集部編，高野孟監修）　2009.11

一般叢書・全集　　　　　　　　　　　　　　　　　　　　総記

◇知らなきゃヤバイ!温室効果ガス削減と排出量取引(みずほコーポレート銀行,みずほ情報総研編著)　2009.11

◇トコトンやさしい溶接の本(今日からモノ知りシリーズ)(安田克彦著)　2009.12

◇トコトンやさしい回路設計の本(今日からモノ知りシリーズ)(谷腰欣司著)　2009.12

◇図解次世代農業ビジネス—逆境をチャンスに変える新たな農業モデル(井熊均,三輪泰史編著)　2009.12

◇トコトンやさしい水処理の本(今日からモノ知りシリーズ)(オルガノ(株)開発センター編)　2009.12

◇アルミの科学—おもしろサイエンス(アルミと生活研究会編著,山口英一監修)　2009.12

◇トコトンやさしい風力発電の本(今日からモノ知りシリーズ)(牛山泉著)　2010.1

◇地球温暖化を理解するための異常気象学入門(増田善信著)　2010.1

◇病院長が教える賢く病院と付き合う方法(毛利博著)　2010.1

◇トコトンやさしい2次電池の本(今日からモノ知りシリーズ)(細田条著)　2010.2

◇知らなきゃヤバイ!電気自動車は新たな市場をつくれるか(御堀直嗣著)　2010.2

◇図解よくわかる植物工場(高辻正基著)　2010.2

◇知らなきゃヤバイ!食品流通が食の安全を脅かす(米虫節夫,野口英雄,平井由美子著)　2010.2

◇あのスーパーロボットはどう動く—スパロボで学ぶロボット制御工学(金岡克弥編著,菊植亮〔ほか〕著)　2010.3

◇早わかりトルコビジネス(日本貿易振興機構(ジェトロ)編)　2010.3

◇トコトンやさしい航空工学の本(今日からモノ知りシリーズ)(高木雄一,小塚竜馬,松島丈弘,谷村康行著)　2010.3

◇一人でできる特許出願・手続補正書・意見書の書き方(平井工著)　2010.3

◇知らなきゃヤバイ!食品自給率40%が意味する日本の危機(吉田太郎著)　2010.3

◇知らなきゃヤバイ!太陽光発電ビジネス、大競争時代を乗り越えろ(資源総合システム編著,一木修監修)　2010.3

◇トコトンやさしい暗号の本(今日からモノ知りシリーズ)(伊豆哲也,岩田哲,佐藤証,田中実,花岡悟一郎著,今井秀樹監修)　2010.4

◇知らなきゃヤバイ!半導体、この成長産業を手放すな(津田建二著)　2010.4

◇教えて…テクノ君!電気自動車—EV(Electric Vehicle)(広田幸嗣編著,小田ビンチ漫画)　2010.4

◇鉄鋼の科学—おもしろサイエンス(鉄鋼と生活研究会編著,菅野照造監修)　2010.5

◇中国環境都市—中国の環境産業戦略とエコシティビジネス(井熊均,王婷著)　2010.5

◇トコトンやさしいねじの本(今日からモノ知りシリーズ)(門田和雄著)　2010.6

◇調達・購買戦略決定入門—あと10年を生き抜くための、決定版!調達・購買・理論本(坂口孝則編著,倉布惇,四宮知之,牧野直哉著)　2010.6

◇トコトンやさしい包装の本(今日からモノ知りシリーズ)(石谷孝佑,水口真一,大須賀弘著)　2010.6

◇スマートグリッド解体新書—動き出した巨大産業と企業戦略(日刊工業新聞特別取材班編)　2010.6

◇トコトンやさしい膜分離の本(今日からモノ知りシリーズ)(伊東章著)　2010.7

◇トコトンやさしいカメラの本(今日からモノ知りシリーズ)(谷腰欣司著)　2010.7

◇中小製造業の中国進出はこうありたい—グローバル時代に乗り遅れるな!(安部春之,魚谷礼保著)　2010.7

◇生物多様性の基礎知識—いきものと人が暮らす生態系を守ろう 知らなきゃヤバイ!(草刈秀紀編著)　2010.8

◇トコトンやさしい太陽エネルギー発電の本(今日からモノ知りシリーズ)(山崎耕造著)　2010.8

◇マンガで教えて…テクノ君!金型—Die & Mold(吉田弘美編著,横井謙仁漫画)　2010.8

◇幻想のバイオマスエネルギー—科学技術の視点から森林バイオマス利用の在り方を探る(久保田宏,松田智著)　2010.8

◇トコトンやさしい非鉄金属の本(今日からモノ知りシリーズ)(非鉄金属研究会編著, 山口英一監修) 2010.8
◇トコトンやさしい熱力学の本(今日からモノ知りシリーズ)(久保田浪之介著) 2010.9
◇図解国際物流のしくみと貿易の実務(鈴木邦成著) 2010.9
◇トコトンやさしい界面活性剤の本(今日からモノ知りシリーズ)(阿部正彦, 坂本一民, 福井寛著) 2010.9
◇マンガで教えて…テクノ君!機械のしくみ(朝比奈奎一, 三田純義編著, 横井謙仁漫画) 2010.9
◇キミが大人になる頃を。—環境も人も豊かにする暮らしのかたち(石田秀輝, 古川柳蔵, 電通グランドデザイン・ラボラトリー著) 2010.9
◇トコトンやさしい切削加工の本(今日からモノ知りシリーズ)(海野邦昭著) 2010.10
◇王道省エネ推進—リーダーのための省エネルギーマネジメント(小林彰著) 2010.10
◇土壌の科学—おもしろサイエンス(土壌と生活研究会編著, 生源寺眞一監修) 2010.10
◇炭のふしぎ—マンガで教えて…テクノ君!(炭活用研究会編著, ヨギリリ漫画, 立本英機監修) 2010.10
◇マンガで教えて…カイゼン君!トヨタ生産方式(トヨタ生産方式を考える会編著, 輪島正裕画) 2010.10
◇動き出したレアメタル代替戦略(原田幸明, 河西純一著) 2010.11
◇図解 日立製作所—ひと目でわかる!次の100年へ—。社会イノベーション事業をグローバルに展開(明豊著) 2010.11
◇図解よくわかるFTA(嶋正和著) 2010.11
◇欧州ファブレス半導体産業の真実—ニッポン復活のヒントを探る!(津田建二著) 2010.11
◇マンガで教えて…カイゼン君!5S(平野裕之, 古谷誠編著, 輪島正裕画) 2010.12

PHPノンフィクション PHP研究所 2005〜2008
◇ハトの大研究—古代から人とともに生きてきた鳥(国松俊英文, 関口シュン絵) 2005.4
◇公園のふしぎ観察記—小さな児童公園の365日(岩崎京子著, やまねぐうぐイラスト) 2005.6
◇ツルの大研究—人に幸せをはこぶ鳥のひみつ(国松俊英文) 2006.2
◇フクロウの大研究—知恵と学問の神といわれる鳥(国松俊英文) 2006.3
◇子どものための偉人伝 福沢諭吉(北康利著) 2007.12
◇声をなくした紙しばい屋さん(関朝之作, 吉川聡子絵) 2008.8

比較社会文化叢書 花書院 2006〜2010
1 大江健三郎論—〈神話形成〉の文学世界と歴史認識(蘇明仙著) 2006.1
2 中世韓国語文法—15世紀語を主として(李崇寧著, 松原孝俊監修, 石橋道訳) 2006.2
3 議論法—探求と弁論 第3版(ジョージ・W. ジーゲルミューラー, ジャック・ケイ著, 井上奈良彦監訳, 九州大学大学院比較社会文化学府言語コミュニケーション研究室訳) 2006.3
4 A formal theory of roles(三隅一人著) 2007.3
5 ヘルダー論集(嶋田洋一郎著) 2007.3
6 名著から探るグローバル化時代の市民像—九州大学公開講座講義録(九州大学政治哲学リサーチコア編) 2007.3
7 The Politics of Occupational Welfare in Korea(Ilcheong Yi著) 2007
8 日露同盟の時代—1914〜1917年 「例外的な友好」の真相(バールィシェフ・エドワルド著) 2007.11
9 近代日本の改革派キリスト教—植村正久と高倉徳太郎の思想史的研究(崔炳一著) 2007.12
10 谷崎における女性美の変遷—西洋文学との関係を中心として(吉美顕著) 2007.12
11 「総力戦」下の人材養成と日本語教育(松永典子著) 2008.2
12 憲法の現代的意義—アメリカのステイト・アクション法理を手掛かりに(榎透著) 2008.2
13 縄文・弥生・中世・近現代人の成長パターン—未成人骨格資料から探る形態発現と生活環境(岡崎健治著) 2009.2

一般叢書・全集　　　　　　　　　　　　　　　　　　　　　　総記

14　宮沢賢治のユートピア志向―その生成、崩壊と再構築（黄英著）　2009.2
15　戦時下の文学と〈日本的なもの〉―横光利一と保田与重郎（河田和子著）　2009.3
16　越境する文学―朝鮮児童文学の生成と日本児童文学者による口演童話活動（金成妍著）　2010.3
17　尾崎紅葉と翻案―その方法から読み解く「近代」の具現と限界（酒井美紀著）　2010.3
18　人間の安全保障と中央アジア（大杉卓三, 大谷順子編著）　2010.2

比較文化フィールドワーク（タイ）調査報告　愛知大学国際コミュニケーション学部　2001～2006
1　タイ国ピサヌローク県ナレースワン大学新キャンパス周辺商店街調査報告書（加納寛編）　2001.3
2　タイ国ピサヌローク県ナレースワン大学新キャンパス周辺農村調査報告書（加納寛編）　2002.3
3　タイ国ピサヌローク県ナレースワン大学新キャンパス周辺農村生活調査報告書（加納寛編）　2003.3
4　タイ国ピサヌローク県市街地生活調査報告書（加納寛編）　2006.3

ビジュアル偉人伝シリーズ　近代日本をつくった人たち　生活情報センター　2007
◇孤高の「国民作家」夏目漱石（佐藤嘉尚文）　2007.1
2　熱血「ワンマン」宰相 吉田茂（老川芳明文）　2007.1

ビズ・アップロード選書　アップロード　2010
1　Wat 16（ワット シックスティーン）（樋口明雄著）　2010.3
2　麺食力（田中健介著）　2010.3

ひと目でわかる!図解　主婦と生活社　1996～2008　⇒I-390
◇猫こんなとき緊急マニュアル100（高野瀬順子著, 越久田活子監修）　2004.12
◇愛犬をかしこく、丈夫に育てる健康ごはん入門（高崎計哉監修, Deco著）　2005.11

◇「生ゴミ堆肥」ですてきに土づくり（門田幸代著）　2006.3
◇永田農法でかんたん、おいしい野菜づくり（永田照喜治, 杉原葉子監修）　2007.2
◇別れたあとで後悔しない離婚と手続き　改訂版（田中早苗編著）　2007.5
◇コンパニオンプランツで野菜づくり―仲よし植物を育てる（木嶋利男監修）　2007.10
◇永田農法でコンテナ野菜―めんどうな土づくりをしなくてもおいしさがぎゅっと詰まった野菜がつくれる―（永田照喜治監修）　2008.3

白夜ライブラリー　白夜書房　2008
◇サイコロジカル・ボディ・ブルース解凍―僕は生まれてから5年間だけ格闘技を見なかった（菊地成孔著）　2008.8
◇東京大学「80年代地下文化論」講義（宮沢章夫著）　2008.8

ヒューマニティーズ　岩波書店　2009～2010
◇哲学（中島隆博著）　2009.5
◇歴史学（佐藤卓己著）　2009.5
◇法学（中山竜一著）　2009.7
◇教育学（広田照幸著）　2009.7
◇経済学（諸富徹著）　2009.9
◇女性学/男性学（千田有紀著）　2009.11
◇外国語学（藤本一勇著）　2009.11
◇古典を読む（小野紀明著）　2010.6

ヒューマン双書　ヒューマン刊行会　1986～2007　⇒I-390
18　さんぽ樹の道―詩画集（三好亜樹, 長谷川道子共著）　2007.1
20　山に憩えば　1（香川節著）　2007.10
21　山に憩えば　2（香川節著）　2007.11

平塚市博物館・ガイドブック　平塚市博物館　1995～2005　⇒I-391
22　地学ハイクへの誘い　2005.3

平塚市博物館資料　平塚市博物館　1978～2008　⇒I-391
no.54　植物資料目録―果実と種子　2005.3

350　全集・叢書総目録 2005-2010

総 記　　　　　　　　　　　　　　　　　　　　　　　　　一般叢書・全集

no.55　平塚市博物館所蔵地質資料目録　3　岩石　2006.12
no.56　動物資料目録　3　甲虫類　2008.3

広島修道大学学術選書　多賀出版　2004　⇒II-40
25　科学的虚偽検出の最前線（松田俊編著）　2004.11

広島修道大学研究叢書　広島修道大学総合研究所　1979～2007　⇒I-391
第132号　中国経済の持続的発展（広島修道大学東アジア経済研究会編著）　2005.8
第133号　文化とアイデンティティをめぐるポリティクス（狩谷あゆみ編著）　2005.8
第134号　社会保障の動学分析——世代重複モデルによる基礎的研究（前田純一著）　2005.8
第135号　多期間確率的在庫モデルの研究（坂口通則, 児玉正憲共著）　2006.6
第136号　スピノザ形而上学の基本構造（松田克進著）　2006.6
第137号　主要通貨の適正レートとSDR・GDP平価の考察（神田善弘著）　2006.8
第138号　航空需要の増大と航空・空港問題（木谷直俊著）　2007.5

弘大ブックレット　弘前大学出版会　2006～2009
no.1　転換の時代の教師・学生たち——青森師範学校・弘前大学教育学部祝辞・答辞集（佐藤三三, 星野美興編著）　2006.9
no.2　青森県のフィールドから——野外動物生態学への招待（佐原雄二編著）　2007.9
no.3　Dr.中路の健康医学講座——寿命を読み解けば健康が見えてくる（中路重之著）　2007.10
no.4　いまベトナムは——経済の移行と発展への道のり（秋葉まり子編）　2008.3
no.5　津軽から発信!国際協力キャリアを生きるJICA編（弘前大学人文学部柑本英雄ゼミ編, 柑本英雄, 佐藤菜穂子監修）　2008.12
no.6　まち育てのススメ（北原啓司著）　2009.7

Ferris books　フェリス女学院大学　2001～2010　⇒V-92

8　あたりまえの未来を奪うやつ——暴力と闘う平和学（横山正樹著）　2005.3
9　言わなかったことば——沈黙もコミュニケーション（饒平名尚子著）　2005.12
10　草木のなびき、心の揺らぎ——源氏物語絵巻を読み直す（三田村雅子著）　2006.3
11　破壊と再生はワーグナーから——いまを生きつづけるオペラ（蔵田雅之著）　2006.12
12　横浜をめぐる七つの物語——地域からみる歴史と世界（大西比呂志著）　2007.3
13　正しいか?誤りか?それは問題じゃない——話しことばのフィールドワーク（斎藤孝滋著）　2008.10
14　主人公はいない——文学って何だろう（佐藤裕子著）　2009.3
15　100年先の暮らし?——ミクロの世界から環境問題がみえてくる（佐藤輝著）　2009.8
16　はるかな星をめざして——芸術が僕にくれたもの（黒川浩著）　2010.2
17　髪を切ってベルリンを駆ける!——ワイマール共和国のモダンガール（田丸理砂著）　2010.9

For beginnersシリーズ　現代書館　1981～2010　⇒I-392
99　住基ネットと人権——イラスト版オリジナル（藤田悟文, ふなびきかずこイラスト）　2005.6
100　ユダヤ教——イラスト版オリジナル（チャールス・スズラックマン文・イラスト, 中道久純訳）　2006.6
101　ハンナ・アーレント——イラスト版オリジナル（杉浦敏子文, ふなびきかずこイラスト）　2006.12
102　誤解だらけの個人情報保護法——イラスト版オリジナル（藤田悟文, ふなびきかずこイラスト）　2008.4
103　北一輝の革命——天皇の国家と対決し「日本改造」を謀った男（松本健一文, ふなびきかずこイラスト）　2008.10
104　民俗学の愉楽——神と人間と自然の交渉の学、谷川民俗学の真髄（谷川健一文, 清重伸之イラスト）　2008.10

全集・叢書総目録 2005-2010　351

一般叢書・全集　　　　　　　　　　　　　　　　　　　　　総記

105　世界を変える非暴力—暴力連鎖は人類の破滅だ。今こそ非暴力を!! 日本オリジナル版（阿木幸男文，橋本勝イラストレーション）　2010.3

福本和夫著作集　　こぶし書房　2008～2010
第1巻　マルクス主義の理論的研究　1（福本和夫著，石見尚，小島亮，清水多吉，八木紀一郎編）2010.7
第2巻　マルクス主義の理論的研究2（福本和夫著）2010.11
第3巻　初期文化史研究（福本和夫著，石見尚，小島亮，清水多吉，八木紀一郎編）2008.11
第4巻　農林業論（福本和夫著，石見尚，小島亮，清水多吉，八木紀一郎編）2009.3
第5巻　葛飾北斎論（福本和夫著）2008.2
第6巻　中国思想の位相論（福本和夫著，石見尚，小島亮，清水多吉，八木紀一郎編）2009.7
第7巻　カラクリ技術史・捕鯨史（福本和夫著，石見尚，小島亮，清水多吉，八木紀一郎編）2008.6
第9巻　日本ルネッサンス史論（福本和夫著，石見尚，小島亮，清水多吉，八木紀一郎編）2009.11
第10巻　自主性・人間性の回復をめざして（福本和夫著，石見尚，小島亮，清水多吉，八木紀一郎編）2010.3

ふくろうの本　　河出書房新社　1998～2010　⇒I-392
◇図説浮世絵義経物語（藤原千恵子編）2004.11
◇図説世界のオペラ50　新装改訂版（後藤真理子著）2004.12
◇図説ツタンカーメン王（仁田三夫著）2005.1
◇図説ヨーロッパの王朝（加藤雅彦著）2005.2
◇図説コーランの世界—写本の歴史と美のすべて（大川玲子著）2005.3
◇図説従軍画家が描いた日露戦争（太平洋戦争研究会編，平塚柾緒著）2005.3
◇図説アジア文字入門（東京外国語大学アジア・アフリカ言語文化研究所編）2005.4
◇図説太平洋戦争　増補改訂版（池田清編，太平洋戦争研究会著）2005.4
◇図説永井荷風（川本三郎，湯川説子著）2005.5

◇図説琉球の染めと織り（児玉絵里子著，天空企画編）2005.6
◇図説太平洋戦争16の大決戦（太平洋戦争研究会編，森山康平著）2005.6
◇図説シャーロック・ホームズ　増補改訂版（小林司，東山あかね著）2005.6
◇図説グリム童話（虎頭恵美子編）2005.7
◇図説西洋建築の歴史—美と空間の系譜（佐藤達生著）2005.8
◇図説着物の歴史（橋本澄子編）2005.8
◇図説小松崎茂ワールド（根本圭助編著）2005.11
◇図説スコットランド（佐藤猛郎，岩田託子，富田理恵編著）2005.12
◇図説時計の歴史（有沢隆著）2006.1
◇図説江戸の学び（市川寛明，石山秀和著）2006.2
◇図説駅の歴史—東京のターミナル（交通博物館編）2006.2
◇図説モーツァルト—その生涯とミステリー（後藤真理子著）2006.4
◇図説童謡唱歌の故郷を歩く（井筒清次著）2006.4
◇図説バルカンの歴史　改訂新版（柴宜弘著）2006.4
◇図説落語の歴史（山本進著）2006.5
◇図説「満洲」都市物語—ハルビン・大連・瀋陽・長春　増補改訂版（西沢泰彦著）2006.5
◇図説宮中柳営の秘宝（松平乗昌編）2006.6
◇図説ヨーロッパの王妃（石井美樹子著）2006.6
◇図説占領下の東京—Occupation forces in Tokyo, 1945-52（佐藤洋一著）2006.7
◇図説海賊（増田義郎著）2006.7
◇図説アメリカ軍が撮影した占領下の日本　改訂新版（太平洋戦争研究会編）2006.8
◇図説百人一首（石井正己著）2006.10
◇図説チェコとスロヴァキア（薩摩秀登著）2006.11
◇図説英国ナショナル・トラスト紀行（小野まり著）2006.12
◇図説アインシュタイン（金子務監修，千葉透文）2007.1

総記　　　　　　　　　　　　　　　　　　　　　　　　　　　一般叢書・全集

◇図説浮世絵に見る江戸吉原　新装版(佐藤要人監修，藤原千恵子編)　2007.1
◇図説江戸文字入門(橘右橘著)　2007.2
◇図説マザーグース(藤野紀男著)　2007.3
◇図説不思議の国のアリス(桑原茂夫著)　2007.4
◇図説指揮者列伝—世界の指揮者100人(玉木正之，平林直哉著)　2007.5
◇図説東京都市と建築の一三〇年(初田亨著)　2007.6
◇図説江戸東京怪異百物語(湯本豪一著)　2007.7
◇図説ガウディ—地中海が生んだ天才建築家(入江正之著)　2007.7
◇図説英国コッツウォルズ—憧れのカントリーサイドのすべて(小野まり著)　2007.8
◇図説イギリスの王室(石井美樹子著)　2007.8
◇図説日本の近代化遺産(北河大次郎，後藤治編著)　2007.9
◇図説江戸っ子のたしなみ(藤原千恵子編)　2007.9
◇図説ギリシア—エーゲ海文明の歴史を訪ねて　新装版(周藤芳幸著)　2007.9
◇図説百鬼夜行絵巻をよむ　新装版(田中貴子，花田清輝，渋沢竜彦，小松和彦著)　2007.10
◇図説日本の職人(神山典士文，杉全泰写真)　2007.10
◇図説ドイツの歴史(石田勇治編著)　2007.10
◇図説「史記」の世界(山口直樹写真・編，益満義裕文)　2007.11
◇図説アール・ヌーヴォー建築—華麗なる世紀末(橋本文隆著)　2007.11
◇図説飛鳥の古社を歩く—飛鳥・山辺の道(和田萃文，森和彦写真)　2007.12
◇図説ヴェルサイユ宮殿—太陽王ルイ14世とブルボン王朝の建築遺産(中島智章著)　2008.1
◇図説英国貴族の城館—カントリー・ハウスのすべて　新装版(田中亮三文，増田彰久写真)　2008.1
◇図説聖書考古学　旧約篇(杉本智俊著)　2008.3
◇図説ウィリアム・モリス—ヴィクトリア朝を越えた巨人(ダーリング・ブルース，ダーリング・常田益代著)　2008.5
◇図説古事記(石井正己著，篠山紀信写真)　2008.6

◇図説フィレンツェ—「花の都」2000年の物語(中嶋浩郎著，中嶋しのぶ写真)　2008.6
◇図説満州帝国の戦跡(太平洋戦争研究会編，水島吉隆著)　2008.7
◇図説伊勢神宮(松平乗昌編)　2008.8
◇図説浮世絵に見る江戸の一日　新装版(佐藤要人，高橋雅夫監修，藤原千恵子編)　2008.8
◇図説大航海時代(増田義郎著)　2008.9
◇図説イタリアの歌劇場—オペラハウス(牧野宣彦著)　2008.9
◇図説教育の歴史(横須賀薫監修，横須賀薫，千葉透，油谷満夫著)　2008.10
◇図説日本建築の歴史—寺院・神社と住宅(玉井哲雄著)　2008.11
◇図説イエス・キリスト—聖地の風を聞く　新装版(河谷竜彦著)　2008.12
◇図説パリ名建築でめぐる旅(中島智章著)　2008.12
◇図説帝政ロシア—光と闇の200年(土肥恒之著)　2009.2
◇図説妖怪画の系譜(兵庫県立歴史博物館，京都国際マンガミュージアム編)　2009.4
◇図説神聖ローマ帝国(菊池良生著)　2009.6
◇図説ロンドン都市と建築の歴史(渡辺研司著)　2009.7
◇図説　宮沢賢治　新装版(上田哲，関山房兵，大矢邦宣，池野正樹著)　2009.8
◇図説英国貴族の暮らし(田中亮三著)　2009.9
◇図説世界100の市場を歩く(森枝卓士著)　2009.9
◇図説みちのくの古布の世界(田中忠三郎著)　2009.11
◇図説ソウルの歴史—漢城・京城・ソウル都市と建築の六〇〇年(砂本文彦著)　2009.11
◇図説世界の文字とことば(町田和彦編)　2009.12
◇図説日本鉄道会社の歴史(松平乗昌編)　2010.1
◇図説ヨーロッパ宮廷の愛人たち(石井美樹子著)　2010.1
◇図説台湾都市物語—台北・台中・台南・高雄(王恵君，二村悟著，後藤治監修)　2010.2
◇図説ショパン(伊熊よし子著)　2010.2

全集・叢書総目録 2005-2010　353

一般叢書・全集

◇図説日本100名城の歩き方(小和田哲男, 千田嘉博著, 日本城郭協会監修) 2010.3
◇図説英国湖水地方―ナショナル・トラストの聖地を訪ねる(小野まり著) 2010.3
◇図説ヨーロッパ服飾史(徳井淑子著) 2010.3
◇図説鉄道パノラマ地図―〈沿線案内〉にみる美しき日本(石黒三郎, アイランズ編) 2010.4
◇図説ボタニカルアート(大場秀章著) 2010.5
◇図説ロシアの歴史(栗生沢猛夫著) 2010.5
◇図説浮世絵に見る日本の二十四節気(藤原千恵子編) 2010.6
◇図説 宗教改革(森田安一著) 2010.6
◇図説船の歴史(庄司邦昭著) 2010.7
◇図説満州帝国 新装版(太平洋戦争研究会著) 2010.7
◇図説フリーメイソン(吉村正和著) 2010.8
◇図説バロック―華麗なる建築・音楽・美術の世界(中島智章著) 2010.8
◇図説漢詩の世界 新装版(山口直樹写真・文) 2010.9
◇図説アール・デコ建築―グローバル・モダンの力と誇り(吉田鋼市著) 2010.10
◇図説写真で見る満州全史(太平洋戦争研究会編, 平塚柾緒著) 2010.11
◇図説 伊能忠敬の地図をよむ 改訂増補版(渡辺一郎, 鈴木純子著) 2010.12
◇図説 北欧の建築遺産―都市と自然に育まれた文化(伊藤大介著) 2010.12

藤田省三対話集成 藤田省三〔著〕 みすず書房 2006～2007
1 2006.7
2 2006.10
3 2007.5

扶桑拾葉集 人間文化研究機構国文学研究資料館文学形成研究系本文共有化の研究プロジェクト 2005
◇本文共有化の研究プロジェクト報告書(〔徳川光圀〕〔編〕, 中村康夫編) 2005.3

府中市郷土の森博物館ブックレット 府中文化振興財団府中市郷土の森博物館 2001～2010 ⇒V-695
6 古代武蔵国府(府中文化振興財団府中市郷土の森博物館編) 2005.2
7 馬場大門のケヤキ並木―国指定天然記念物(府中文化振興財団府中市郷土の森博物館編) 2005.4
8 あすか時代の古墳―検証!府中発見の上円下方墳(府中文化振興財団府中市郷土の森博物館編) 2006.4
9 宮本常一の見た府中(宮本常一[撮影], 府中文化振興財団府中市郷土の森博物館編) 2007.3
10 代官川崎平右衛門―時代が求めた才覚の人 府中で生まれた幕府代官(府中文化振興財団府中市郷土の森博物館編) 2009.1
11 多摩川中流域自然地理ガイド―府中周辺(府中文化振興財団府中市郷土の森博物館編) 2009.3
12 武蔵府中と鎌倉街道―歴史の道を歩く(府中文化振興財団府中市郷土の森博物館編) 2009.4
13 お稲荷さんの世界(府中文化振興財団府中市郷土の森博物館編) 2010.5

Fukkan.com ブッキング 2004～2009 ⇒V-787
◇魔法使いの本(世界の民話館)(ルース・マニング=サンダーズ著, 西本鶏介訳) 2004.6
◇竜の本(世界の民話館)(ルース・マニング=サンダーズ著, 西本鶏介訳) 2004.6
◇魔女の本(世界の民話館)(ルース・マニング=サンダーズ著, 西本鶏介訳) 2004.10
◇王と女王の本(世界の民話館)(ルース・マニング=サンダーズ著, 西本鶏介訳) 2004.10
◇レゴの本―創造力をのばす魔法のブロック(ヘンリー・ヴィンセック著, 成川善継訳) 2004.10
◇とんぼとりの日々(長谷川集平〔作〕) 2004.10
◇愛蔵版 女神転生 デジタル・デビル・ストーリー(西谷史著) 2005.8
◇リズーム(イシュトバン・バンニャイ著) 2005.10
◇ピカピカのぎろちょん(佐野美津男著) 2005.10
◇戸川純―Jun Togawa as only a lump of meat(戸川純プロデュース・文, 三沢哲也撮影) 2005.10

| 総記 | 一般叢書・全集 |

◇海時間のマリン(名木田恵子作) 2005.12
◇番長学園‼大吟醸(ブッキングTRPGシリーズ)(寺田とものり著) 2006.5
◇クリスタニアRPG(ブッキングTRPGシリーズ)(水野良,グループSNE著) 2006.6
◇愛蔵版 女神転生 デジタル・デビル・ストーリー 2(西谷史作,北爪宏幸絵) 2006.7
◇コンタロウのひみつのでんわ(安房直子作,田中槙子絵) 2007.11
◇私説三国志 天の華・地の風 完全版 9(江森備著) 2008.4
◇私説三国志 天の華・地の風 完全版 10(江森備著) 2008.4
◇エスパークス スタンダード・エディション(サンエックス製作・監修,征矢浩志絵・文) 2009.9
◇元祖温泉ガッパドンバ—完全版 上(御童カズヒコ著) 2009.9
◇元祖温泉ガッパドンバ—完全版 下(御童カズヒコ著) 2009.9

仏教大学総合研究所紀要別冊 仏教大学総合研究所編 仏教大学総合研究所 2003〜2008 ⇒IV-238
◇近代国家と民衆統合の研究—祭祀・儀礼・文化 2004.8
◇一切経の歴史的研究 2004.12
◇後水尾法皇下賜正明寺蔵初刷『黄檗版大蔵経』目録 2004.12
◇介護保険の施行とその課題—京都府下市町村の動向と介護問題の現状 2005.2
◇仏教と自然 2005.3
◇浄土教典籍の研究 2006.12
◇京都市における中心市街地の再生—中心市街地と商業組織の果たす機能と役割の社会学的分析 2007.3
◇京都における日本近代文学の生成と展開 2008.12

ブックレット群馬大学 上毛新聞社事業局出版部 2007〜2009
1 群馬に多い病気—生活習慣病を知り,克服する(小島至ほか著) 2007.8

2 「医療都市—前橋」の実現に向けて—「小型重粒子線治療装置」の導入を足掛かりに街おこしを(森下靖雄著) 2007.11
3 地方都市再生への提言—群馬の県都・前橋市をモデルとした地方都市再生論(久保原禅著) 2008.9
4 角砂糖とエネルギー—エネルギーと工学の身近な接点を探る(新井雅隆著) 2009.3
5 外来植物の脅威—群馬県における分布・生態・諸影響と防除方法(石川真一,清水義彦,大森威宏,増田和明,柴宮朋和著) 2009.4

ブックレットシリーズ 全国消費生活相談員協会 (製作・発売) 1991〜2010 ⇒I-396
63 クレジットナビ 2005.2
64 誰でもわかる医療保険 2006.2
65 もうかる?もうからない!サイドビジネス 2006.2
66 これだけは知っておきたい"消費者問題基礎知識" 2006.2
67 はい!こちら消費生活センターです—初心者のための消費生活相談マニュアル パート2 2007.2
68 どうつきあう?健康食品—健康生活の補助になるかサプリメント 2007.2
69 クリーニングトラブル—解決の手引き 〔200-〕
70 ぼくもしょうひしゃ わたしも消費者—小学校低学年向け 2008
71 ごみから見つめるエコライフ 2008
72 今,知っておきたい!表示とマーク 2009.2
73 育てよう消費者知力—家庭でできる10才からの消費者教育 2009.2
74 正義をさがそう—法を学ぼう・はじめの・一歩 2009.2
75 賃貸住宅Q&A—相談現場からのヒント 2010.2
76 なごみちゃん犬を飼う—犬との出会いから別れまで(浅野明子監修) 2010.2

ふるさと真壁文庫 真壁町歴史民俗資料館 2000〜2002 ⇒IV-698

全集・叢書総目録 2005-2010 **355**

一般叢書・全集　　　　　　　　　　　　　　　　　総記

no.3　北椎尾天神塚古墳とその時代（真壁町歴史民俗資料館編）　2001.3
no.4　江戸時代の真壁（真壁町歴史民俗資料館編）　2002.3
no.5　真壁町の城館（真壁町歴史民俗資料館編）　2002.10

Bourdieu library　藤原書店　1990～2010　⇒I-396
◇住宅市場の社会経済学（ピエール・ブルデュー〔著〕，山田鋭夫，渡辺純子訳）　2006.2
◇リフレクシヴ・ソシオロジーへの招待——ブルデュー，社会学を語る（ピエール・ブルデュー，ロイック・J. D. ヴァカン〔著〕，水島和則訳）　2007.1
◇実践理性——行動の理論について（ピエール・ブルデュー〔著〕，加藤晴久，石井洋二郎，三浦信孝，安田尚訳）　2007.10
◇結婚戦略——家族と階級の再生産（ピエール・ブルデュー〔著〕，丸山茂，小島宏，須田文明訳）　2007.12
◇国家の神秘——ブルデューと民主主義の政治（P. ブルデュー，L. ヴァカンほか〔著〕，L. ヴァカン編，水島和則訳）　2009.1
◇パスカル的省察（しょうさつ）（ブルデュー〔著〕，加藤晴久訳）　2009.9
◇科学の科学——コレージュ・ド・フランス最終講義（ブルデュー〔著〕，加藤晴久訳）　2010.10

プレイブックス　青春出版社　1989～2010　⇒I-396
◇40歳からの飛距離アップ・ストレッチ（山本忠雄著）　2004.12
◇これから注意すべき地震・噴火——緊急警告 阪神・新潟・三宅…を予測した方程式が示す危機（木村政昭著）　2004.12
◇大地震の前兆こんな現象が危ない——動物・植物・気象・家電製品…に起こる兆候　改訂（池谷元伺著）　2005.9
◇七田式「脳」が元気になる大人の記憶力ドリル——もう、人の名前・言葉に詰まらない！（七田厚著）　2006.7
◇ケータイ「殖える！貯まる！」裏ワザ術（岩田昭男著）　2006.10
◇仕事で差がつく！魔法の敬語集（唐沢明著）　2007.4
◇身体意識を鍛える——決定版（高岡英夫著）　2007.4
◇「頼み方」＆「断り方」にはツボがある！（井垣利英著）　2007.8
◇食品保存の早ワザ・裏ワザ（ホームライフセミナー編）　2007.8
P-898　脳と体の健康1分チェック——医者も家で実践している！脳の老化から心臓・肝臓、高血圧、糖尿、骨粗鬆症まで…（松原英多監修）　2009.2
P-899　80の壁を破る！ゴルフ超バッティングの極意（永井延宏著）　2009.4
P-900　七田式脳が冴えわたる！大人の日本語ドリル（七田厚著）　2009.5
P-901　「婚活」の会話にはツボがある！——男のための話し方トレーニング（大橋清朗著）　2009.6
P-902　たった1通で人を動かすメールの仕掛け——ビジネス、人脈づくり、婚活…これで落ちない人はいない！（浅野ヨシオ著）　2009.9
P-903　この一冊で「考える力」と「話す力」が面白いほど身につく！——図解1分ドリル（知的生活追跡班編）　2009.9
P-904　ゴルフ"タイガー・ライン"スイング理論（重田栄作著）　2009.10
P-905　ゴルフ超ハーフスイングの法則——いまの技術でシングルになる（永井延宏著）　2010.2
P-906　「図形力」トレーニング——見方を変えれば問題解決！（久伊豆好男，頭脳ゲーム研究会著）　2010.4
P-907　この一冊で「読む力」と「書く力」が面白いほど身につく！——図解1分ドリル（知的生活追跡班編）　2010.4
P-908　朝からうまっ1分ごはん（きじまりゅうた著）　2010.6
P-909　クイズIQ（あいきゅう）東大脳にチャレンジ！（東京大学クイズ研究会著）　2010.7
P-910　保存容器でつくる「おハコ」レシピ——まぜてチンするだけ（検見崎聡美著）　2010.7
P-911　この一冊で「学ぶ力」と「伝える力」が面白いほど身につく！——図解1分ドリル（知的生活追跡班編）　2010.8

P-912　頭のいい速読力—"大事なこと"がしっかりアタマに残る!(佐藤泰正著)　2010.8

P-913　1分で疲れがとれる!指ヨガ呼吸法(竜村修著)　2010.9

P-914　この一冊で「モノ」と「思考」を整理する力がいっぺんに身につく!—図解1分ドリル(知的生活追跡班編)　2010.9

P-915　速く深くざっくりつかむ〈出口式〉読書法—面白いほど頭に入る!(出口汪著)　2010.10

P-916　新人OL、つぶれかけの会社をまかされる(佐藤義典著)　2010.10

ブレインズ叢書　メディア総合研究所　2008～2010

1　「批評」とは何か?—批評家養成ギブス(佐々木敦著)　2008.12

2　散文世界の散漫な散策—二〇世紀の批評を読む(大谷能生著)　2008.12

3　未来のダンスを開発する—フィジカル・アート・セオリー入門(木村覚著)　2009.10

4　質疑応答のプロになる!—映画に参加するために(松江哲明著)　2010.10

文化とまちづくり叢書　水曜社　2004～2010　⇒III-106

◇まちづくりオーラル・ヒストリー—「役に立つ過去」を活かし、「懐かしい未来」を描く(後藤春彦, 佐久間康富, 田口太郎著)　2005.3

◇まちづくり人国記—パイオニアたちは未来にどう挑んだのか(「地域開発ニュース」編集部編)　2005.4

◇文化的景観を評価する—世界遺産富山県五箇山合掌造り集落の事例(垣内恵美子著)　2005.4

◇文化行政法の展開—文化政策の一般法原理(根木昭著)　2005.7

◇芸術創造拠点と自治体文化政策—京都芸術センターの試み(松本茂章著)　2006.1

◇団地再生まちづくり—建て替えずによみがえる団地・マンション・コミュニティ(団地再生研究会, 合人社計画研究所編著)　2006.4

◇IBAエムシャーパークの地域再生—「成長しない時代」のサスティナブルなデザイン(永松栄編著, 沢田誠二監修)　2006.10

◇まちづくりと共感、協育としての観光—地域に学ぶ文化政策(井口貢編著)　2007.3

◇フランスの文化政策—芸術作品の創造と文化的実践(クサビエ・グレフ著, 垣内恵美子監訳)　2007.3

◇指定管理者は今どうなっているのか(中川幾郎, 松本茂章編著)　2007.5

◇アーツ・マーケティング入門—芸術市場に戦略をデザインする(山田真一著)　2008.6

◇文化政策と臨地まちづくり(織田直文編著)　2009.4

◇アーツ・マネジメント概論　3訂版(小林真理, 片山泰輔監修・編, 伊藤裕夫, 中川幾郎, 山崎稔恵編)　2009.4

◇団地再生まちづくり　2(団地再生産業協議会, NPO団地再生研究会, 合人社計画研究所編著)　2009.7

◇創造都市と社会包摂—文化多様性・市民知・まちづくり(佐々木雅幸, 水内俊雄編著)　2009.8

◇ライネフェルデの奇跡—まちと団地はいかによみがえったか(Wolfgang Kil文, Gerhard Zwickertフォトエッセー, 沢田誠二, 河村和久訳)　2009.9

◇文化政策学入門(根木昭著)　2010.3

◇デジタルアーカイブ—基点・手法・課題(笠羽晴夫著)　2010.10

文屋文庫　文屋　2003～2006　⇒IV-698

第5巻　うつくしむくらし—窪島誠一郎ひとり語り(かたりあう近未来ベーシックノート小布施v.5)(窪島誠一郎〔著〕)　2006.6

平凡社選書　平凡社　1971～2010　⇒I-401

◇パロディの精神(富士正晴著)　2006.8

223　修験と念仏—中世信仰世界の実像(上田さち子)　2005.9

224　閑居と乱世—中世文学点描(佐竹昭広著)　2005.11

225　兵学と朱子学・蘭学・国学—近世日本思想史の構図(前田勉著)　2006.3

一般叢書・全集　　　　　　　　　　　　　　　　　　　　　　総記

226　兼好法師の虚像―偽伝の近世史(川平敏文著) 2006.9
227　江戸の読書熱―自学する読者と書籍流通(鈴木俊幸著) 2007.2
228　江戸の転勤族―代官所手代の世界(高橋章則著) 2007.7
229　牧民の思想―江戸の治者意識(小川和也著) 2008.8
230　絵草紙屋 江戸の浮世絵ショップ(鈴木俊幸著) 2010.12

平凡社ライブラリー　平凡社　2004〜2010
◇里の国の中世―常陸・北下総の歴史世界(網野善彦著) 2004.9
◇経済成長がなければ私たちは豊かになれないのだろうか(C. ダグラス・ラミス著) 2004.9
◇新ジャズ西遊記(山下洋輔著，相倉久人編) 2004.9
◇検証アメリカ500年の物語(Offシリーズ)(猿谷要著) 2004.10
◇ザッヘル＝マゾッホの世界(種村季弘著) 2004.11
◇源義経―源平内乱と英雄の実像(上横手雅敬著) 2004.11
◇私の戦後音楽史―楽士の席から(林光著) 2004.12
◇フェルディドゥルケ(ヴィトルド・ゴンブローヴィッチ著，米川和夫訳) 2004.12
◇「新編」十代に何を食べたか(Offシリーズ)(平凡社，未来社編) 2004.12
◇デリダ論―『グラマトロジーについて』英訳版序文(ガヤトリ・C. スピヴァク著，田尻芳樹訳) 2005.1
◇日本八景―八大家執筆(幸田露伴，吉田絃二郎，河東碧梧桐，田山花袋，北原白秋，高浜虚子，菊池幽芳，泉鏡花著) 2005.3
520　遊牧の世界―トルコ系遊牧民ユルックの民族誌から(松原正毅著) 2004.11
525　谷川岳に逝ける人びと(安川茂雄著，遠藤甲太編) 2005.1
526　学歴の社会史―教育と日本の近代(天野郁夫著) 2005.1

527　純粋理性批判　上(イマヌエル・カント著，原佑訳) 2005.2
528　ヴァレリー・セレクション　上(ポール・ヴァレリー著，東宏治，松田浩則編訳) 2005.2
529　韓国の食　新版(黄慧性，石毛直道著) 2005.2
530　中・高校生のための狂言入門(Offシリーズ)(山本東次郎，近藤ようこ著) 2005.2
532　子どもの替え歌傑作集(鳥越信著) 2005.3
533　　猿猴川に死す―つり随筆(森下雨村著) 2005.3
534　源氏物語を読むために(西郷信綱著) 2005.4
535　ヴァレリー・セレクション　下(ポール・ヴァレリー著，東宏治，松田浩則編訳) 2005.4
536　私の絵本ろん―中・高校生のための絵本入門(Offシリーズ)(赤羽末吉著) 2005.4
537　競馬学への招待　増補(山本一生著) 2005.5
538　こまった人たち―チャペック小品集(カレル・チャペック著，飯島周編訳) 2005.5
539　純粋理性批判　中(イマヌエル・カント著，原佑訳) 2005.5
540　　コルチャック先生―決定版(近藤二郎著) 2005.6
541　歴史のなかの米と肉―食物と天皇・差別(原田信男著) 2005.6
542　　雨のふる日はやさしくなれる―少年院から届いた詩集(Offシリーズ)(平凡社編) 2005.6
543　レヴィ＝ストロース講義―現代世界と人類学(C. レヴィ＝ストロース著，川田順造，渡辺公三訳) 2005.7
544　荷風文学(日夏耿之介著) 2005.7
545　「新編」山紀行と随想(大島亮吉著，大森久雄編) 2005.7
546　どうして色は見えるのか―色彩の科学と色覚(池田光男，芦沢昌子著) 2005.8
547　シュルレアリスムと性(グザヴィエル・ゴーチエ著，三好郁朗訳) 2005.8
548　寺山修司幻想劇集(寺山修司著) 2005.9
549　エル・アレフ(ホルヘ・ルイス・ボルヘス著，木村栄一訳) 2005.9

550 細野晴臣インタビュー the endless talking（細野晴臣著, 北中正和編） 2005.9
551 ニーチェ・セレクション（フリードリヒ・W. ニーチェ著, 渡辺二郎編） 2005.9
552 逝きし世の面影（渡辺京二著） 2005.9
553 純粋理性批判 下（イマヌエル・カント著, 原佑訳） 2005.9
554 古代蝦夷の英雄時代（工藤雅樹著） 2005.10
555 都市の視線—日本の写真1920-30年代 増補（飯沢耕太郎著） 2005.10
556 イエスと現代 増補（八木誠一著） 2005.12
557 シュルツ全小説（ブルーノ・シュルツ著, 工藤幸雄訳） 2005.11
558 詩人たちユリイカ抄（伊達得夫著） 2005.11
559 中・高校生のための中国の歴史（Offシリーズ）（鈴木亮, 二谷貞夫, 鬼頭明成著） 2005.11
560 荷風のあめりか（末延芳晴著） 2005.12
561 わが旧牧師館への小径（ナサニエル・ホーソーン著, 斉藤昇訳・解説） 2005.12
562 星の王子さま（アントワーヌ・ド・サン＝テグジュペリ著, 稲垣直樹訳） 2006.1
563 富士案内 芙蓉日記（野中至著, 大森久雄編 野中千代子著, 大森久雄著） 2006.1
564 金沢城のヒキガエル—競争なき社会に生きる（奥野良之助著） 2006.1
565 悪魔の手紙（C. S. ルイス著, 中村妙子訳） 2006.2
566 ボディ・サイレント（ロバート・F. マーフィー著, 辻信一訳） 2006.2
567 詩人たちの絵（Offシリーズ）（窪島誠一郎著） 2006.2
568 古代ローマの女たち—ある種の行動の祭祀的にして神話的な起源（ピエール・クロソフスキー著, 千葉文夫訳） 2006.2
569 象徴主義の文学運動—完訳（アーサー・シモンズ著, 山形和美訳） 2006.3
570 南の探検（蜂須賀正氏著） 2006.3
571 外法と愛法の中世（田中貴子著） 2006.3
572 顔を持つまで—王女プシケーと姉オリウアルの愛の神話（C. S. ルイス著, 中村妙子訳） 2006.4
573 オペラの誕生（戸口幸策著） 2006.4
574 黄金伝説 1（ヤコブス・デ・ウォラギネ著, 前田敬作, 今村孝訳） 2006.5
575 世界の調律—サウンドスケープとはなにか（R. マリー・シェーファー著, 鳥越けい子, 小川博司, 庄野泰子, 田中直子, 若尾裕訳） 2006.5
576 嗚呼!!明治の日本野球（Offシリーズ）（横田順弥編著） 2006.5
577 源頼朝像—沈黙の肖像画（米倉迪夫著） 2006.6
578 黄金伝説 2（ヤコブス・デ・ウォラギネ著, 前田敬作, 山口裕訳） 2006.6
579 「父の娘」たち—森茉莉とアナイス・ニン（矢川澄子著） 2006.7
580 江戸和竿職人歴史と技を語る—竹, 節ありて強し（松本三郎, かくまつとむ著） 2006.7
581 東京・京都・大阪—よき日古き日（吉井勇著） 2006.7
582 黄金伝説 3（ヤコブス・デ・ウォラギネ著, 前田敬作, 西井武訳） 2006.8
583 日本の童画家たち（Offシリーズ）（上笙一郎著） 2006.8
584 人間とヘビ—かくも深き不思議な関係（R. & D. モリス著, 小原秀雄監修, 藤野邦夫訳） 2006.8
585 和魂洋才の系譜—内と外からの明治日本 上（平川祐弘著） 2006.9
586 短編小説のアメリカ52講—こんなにおもしろいアメリカン・ショート・ストーリーズ秘史（青山南著） 2006.9
587 和辻哲郎の面目（吉沢伝三郎著） 2006.9
588 幻のキネマ満映—甘粕正彦と活動屋群像（山口猛著） 2006.9
589 日本橋檜物町（小村雪岱著） 2006.9
590 アンリ・ルソー楽園の謎（岡谷公二著） 2006.10
591 和魂洋才の系譜—内と外からの明治日本 下（平川祐弘著） 2006.10
592 黄金伝説 4（ヤコブス・デ・ウォラギネ著, 前田敬作, 山中知子訳） 2006.10
593 溝口健二の世界（佐藤忠男著） 2006.11

一般叢書・全集　　　　　　　　　　　　　　　　　　　　　　　　　　　　　　　総 記

594　青柳瑞穂の生涯―真贋のあわいに（青柳いづみこ著）　2006.11
595　民族のことばの誕生（日本語の歴史　1）（亀井孝, 大藤時彦, 山田俊雄編）　2006.11
596　ハイデッガーカッセル講演（マルティン・ハイデッガーほか著, 後藤嘉也訳）　2006.12
597　老いへのまなざし―日本近代は何を見失ったか（天野正子著）　2006.12
598　マヤコフスキイ・ノート　新版（水野忠夫著）　2006.12
599　ベートーヴェン〈不滅の恋人〉の探究―決定版（青木やよひ著）　2007.1
600　京のみち（瀬戸内寂聴紀行文集　1）（瀬戸内寂聴著）　2007.1
601　文字とのめぐりあい（日本語の歴史　2）（亀井孝, 大藤時彦, 山田俊雄編）　2007.1
602　試験の社会史―近代日本の試験・教育・社会　増補（天野郁夫著）　2007.2
603　響きの考古学―音律の世界史からの冒険　増補（藤枝守著）　2007.2
604　クオーレ（エドモンド・デ・アミーチス著, 和田忠彦訳）　2007.2
605　もうひとつのルネサンス（岡田温司著）　2007.3
606　嵯峨野みち（瀬戸内寂聴紀行文集　2）（瀬戸内寂聴著）　2007.3
607　言語芸術の花ひらく（日本語の歴史　3）（亀井孝, 大藤時彦, 山田俊雄編）　2007.3
608　視覚論（ハル・フォスター編, 榑沼範久訳）　2007.4
609　可能性としての「戦後」―日本人は廃墟からどのように「自由」を追求したか　増補（桜井哲夫著）　2007.4
610　レオナルド・ダ・ヴィンチと受胎告知（岡田温司, 池上英洋著）　2007.4
611　洪水と治水の河川史―水害の制圧から受容へ　増補（大熊孝著）　2007.5
612　移りゆく古代語（日本語の歴史　4）（亀井孝, 大藤時彦, 山田俊雄編）　2007.5
613　アフリカの印象（レーモン・ルーセル著, 岡谷公二訳）　2007.6
614　仏のみち（瀬戸内寂聴紀行文集　3）（瀬戸内寂聴著）　2007.6
615　シェイクスピア　シェイクスピア詩集（吉田健一著　シェイクスピア[原著], 吉田健一著）　2007.7
616　近代語の流れ（日本語の歴史　5）（亀井孝, 大藤時彦, 山田俊雄編）　2007.7
617　江戸俳諧歳時記　上（加藤郁乎著）　2007.8
618　巡礼みち（瀬戸内寂聴紀行文集　4）（瀬戸内寂聴著）　2007.8
619　漢詩一日一首　春（一海知義著）　2007.9
620　日本幻想文学史（須永朝彦著）　2007.9
621　韋駄天夫人（白洲正子著）　2007.9
622　江戸俳諧歳時記　下（加藤郁乎著）　2007.9
623　新しい国語への歩み（日本語の歴史　6）（亀井孝, 大藤時彦, 山田俊雄編）　2007.9
624　ファーブル植物記　上（J.＝H. ファーブル著, 日高敏隆, 林瑞枝訳）　2007.10
625　漢詩一日一首　夏（一海知義著）　2007.10
626　美のみち（瀬戸内寂聴紀行文集　5）（瀬戸内寂聴著）　2007.10
627　ファーブル植物記　下（J.＝H. ファーブル著, 日高敏隆, 林瑞枝訳）　2007.11
628　漢詩一日一首　秋（一海知義著）　2007.11
629　世界のなかの日本語（日本語の歴史　7）（亀井孝, 大藤時彦, 山田俊雄編）　2007.11
630　普遍論争―近代の源流としての（山内志朗著）　2008.1
631　漢詩一日一首　冬（一海知義著）　2007.12
632　ワイン物語―芳醇な味と香りの世界史　上（ヒュー・ジョンソン著, 小林章夫訳）　2008.2
633　江戸はネットワーク（田中優子著）　2008.1
634　言語史研究入門（日本語の歴史　別巻）（亀井孝, 大藤時彦, 山田俊雄編）　2008.1
635　機関銃の社会史（ジョン・エリス著, 越智道雄訳）　2008.2
636　ワイン物語―芳醇な味と香りの世界史　中（ヒュー・ジョンソン著, 小林章夫訳）　2008.3
637　北八ッ彷徨―随想八ヶ岳（山口耀久著）　2008.3

総記　　　　　　　　　　　　　　　　　一般叢書・全集

638　ワイン物語—芳醇な味と香りの世界史　下（ヒュー・ジョンソン著, 小林章夫訳）2008.4
639　素白随筆集—山居俗情・素白集（岩本素白著）2008.4
640　古代人と死—大地・葬り・魂・王権（西郷信綱著）2008.5
641　中国怪異譚閲微草堂筆記　上（紀昀著, 前野直彬訳）2008.5
642　開化の浮世絵師清親（酒井忠康著）2008.6
643　中国怪異譚閲微草堂筆記　下（紀昀著, 前野直彬訳）2008.6
644　書を読んで羊を失う　増補（鶴ヶ谷真一著）2008.7
645　芸術作品の根源（マルティン・ハイデッガー著, 関口浩訳）2008.7
646　検非違使—中世のけがれと権力　増補（丹生谷哲一著）2008.8
647　怠ける権利（ポール・ラファルグ著, 田淵晋也訳）2008.8
648　源氏物語—ウェイリー版　1（紫式部[作], アーサー・ウェイリー英語訳, 佐復秀樹日本語訳）2008.9
649　ルイ・ボナパルトのブリュメール18日（カール・マルクス著, 植村邦彦訳）2008.9
650　八ヶ岳挽歌—続・随想八ヶ岳（山口耀久著）2008.9
651　三つのエコロジー（フェリックス・ガタリ著, 杉村昌昭訳）2008.9
652　英雄が語るトロイア戦争—heroikos（ピロストラトス著, 内田次信訳）2008.10
653　「新編」古本屋の手帖（八木福次郎著）2008.10
654　青年マルクス論（広松渉著）2008.11
655　古語雑談（佐竹昭広著）2008.11
656　源氏物語—ウェイリー版　2（紫式部[作], アーサー・ウェイリー英語訳, 佐復秀樹日本語訳）2008.11
657　ベンヤミン子どものための文化史（ヴァルター・ベンヤミン著, 小寺昭次郎, 野村修訳）2008.12

658　ジャン・ブラスカの日記（ヴァンバ著, 池上俊一訳）2008.12
659　フッサール・セレクション（エトムント・フッサール著, 立松弘孝編）2009.1
660　洛中洛外の群像—失われた中世京都へ　増補（瀬田勝哉著）2009.1
661　源氏物語—ウェイリー版　3（紫式部〔著〕, アーサー・ウェイリー英語訳, 佐復秀樹日本語訳）2009.1
662　マルクスと批判者群像（良知力著）2009.2
663　形の生命　改訳（アンリ・フォション著, 杉本秀太郎訳）2009.2
664　ガリア戦記（カエサル著, 石垣憲一訳）2009.3
665　現代イタリアの思想をよむ（上村忠男著）2009.3
666　源氏物語—ウェイリー版　4（紫式部〔著〕, アーサー・ウェイリー英語訳, 佐復秀樹日本語訳）2009.3
667　技術屋（エンジニア）の心眼（E. S. ファーガソン著, 藤原良樹, 砂田久吉訳）2009.4
668　甦るフレーブニコフ（亀山郁夫著）2009.4
669　素白随筆遺珠・学芸文集（岩本素白著）2009.5
670　プルードン・セレクション（P. -J. プルードン〔著〕, 河野健二編）2009.5
671　昭和史　1926-1945（半藤一利著）2009.6
672　昭和史　戦後篇（1945-1989）（半藤一利著）2009.6
673　密教の神々—その文化史的考察（佐藤任著）2009.7
674　精神について—ハイデッガーと問い（ジャック・デリダ著, 港道隆訳）2009.7
675　大伴家持（北山茂夫著）2009.8
676　怠惰への讃歌（バートランド・ラッセル著, 堀秀彦, 柿村峻訳）2009.8
677　会社はこれからどうなるのか（岩井克人著）2009.9
678　広松渉哲学論集（広松渉著, 熊野純彦編）2009.9

全集・叢書総目録 2005-2010　　361

一般叢書・全集　　　　　　　　　　　　　　　　　　　　　　　　総記

679　ルバーイヤート（オマル・ハイヤーム著, 岡田恵美子編訳）　2009.9
680　聊斎志異―中国怪異譚　1（蒲松齢著, 増田渉, 松枝茂夫, 常石茂訳）　2009.9
681　聊斎志異―中国怪異譚　2（蒲松齢著, 増田渉, 松枝茂夫, 常石茂訳）　2009.9
682　書かれる手（堀江敏幸著）　2009.10
683　クワイン―ホーリズムの哲学（丹治信春著）　2009.10
684　聊斎志異―中国怪異譚　3（蒲松齢著, 増田渉, 松枝茂夫, 常石茂, 古瀬敦訳）　2009.10
685　江戸の本屋さん―近世文化史の側面（今田洋三著）　2009.11
686　聊斎志異―中国怪異譚　4（蒲松齢著, 増田渉, 松枝茂夫, 常石茂訳）　2009.11
687　オーウェル評論集　1　象を撃つ（ジョージ・オーウェル著, 川端康雄編）　2009.11
688　オーウェル評論集　2　水晶の精神（ジョージ・オーウェル著, 川端康雄編）　2009.11
689　古本綺譚　大増補（出久根達郎著）　2009.12
690　聊斎志異―中国怪異譚　5（蒲松齢著, 増田渉, 松枝茂夫, 常石茂, 稲田孝訳）　2009.12
691　オーウェル評論集　3　鯨の腹のなかで（ジョージ・オーウェル著, 川端康雄編）　2009.12
692　オーウェル評論集　4　ライオンと一角獣（ジョージ・オーウェル著, 川端康雄編）　2009.12
693　フォークの歯はなぜ四本になったか―実用品の進化論（ヘンリー・ペトロスキー著, 忠平美幸訳）　2010.1
694　聊斎志異―中国怪異譚　6（蒲松齢著, 増田渉, 松枝茂夫, 常石茂, 稲田孝訳）　2010.1
695　健康問答―平成の養生訓（五木寛之, 帯津良一著）　2010.2
696　養生問答―平成の養生訓（五木寛之, 帯津良一著）　2010.2
697　榎本武揚シベリア日記―現代語訳（榎本武揚著, 諏訪部揚子, 中村喜和編注）　2010.3
698　政治的無意識―社会的象徴行為としての物語（フレドリック・ジェイムソン著, 大橋洋一, 木村茂雄, 太田耕人訳）　2010.4

699　完訳肉蒲団（〔李笠翁〕〔著〕, 伏見冲敬訳）　2010.5
700　丸山真男セレクション（丸山真男著, 杉田敦編）　2010.4
701　藤田省三セレクション（藤田省三著, 市村弘正編）　2010.5
702　名言で楽しむ日本史（半藤一利著）　2010.6
703　つばき、時跳び（梶尾真治著）　2010.6
704　我々はなぜ戦争をしたのか―米国・ベトナム敵との対話（東大作著）　2010.7
705　幻のアフリカ（ミシェル・レリス著, 岡谷公二, 田中淳一, 高橋達明訳）　2010.7
706　絶対製造工場（カレル・チャペック著, 飯島周訳）　2010.8
707　朱子伝（三浦国雄著）　2010.8
708　資本論の哲学（広松渉著）　2010.9
709　ゼムクリップから技術の世界が見える―アイデアが形になるまで（ヘンリー・ペトロスキー著, 忠平美幸訳）　2010.9
710　史記（一海知義著）　2010.10
711　再生産について―イデオロギーと国家のイデオロギー諸装置　上（ルイ・アルチュセール著, 西川長夫, 伊吹浩一, 大中一弥, 今野晃, 山家歩訳）　2010.10
712　再生産について―イデオロギーと国家のイデオロギー諸装置　下（ルイ・アルチュセール著, 西川長夫, 伊吹浩一, 大中一弥, 今野晃, 山家歩訳）　2010.10
713　精神について―ハイデッガーと問い　新版（ジャック・デリダ著, 港道隆訳）　2010.10
714　史記列伝　1（司馬遷著, 野口定男訳）　2010.11
715　カルロ・レーヴィ『キリストはエボリで止まってしまった』を読む―ファシズム期イタリア南部農村の生活（上村忠男著）　2010.11
716　美の遍歴（白洲正子著）　2010.12
717　江戸の罪と罰（平松義郎著）　2010.12
718　史記列伝　2（司馬遷著, 野口定男訳）　2010.12

ベストヒットシリーズ　ガリバープロダクツ　1996〜2009　⇒I-402

総記 一般叢書・全集

◇おちょろ女と虚無僧(碓井静照著) 2005.8

◇ピョンヤンの春—望春—北朝鮮の核廃絶と被爆者医療(碓井静照著) 2009.9

Best mook series ベストセラーズ 1990〜2010 ⇒I-402

vol.1 mellow—ゆるりと暮らす、手作り生活 v.1 2005.4

vol.4 世界のキッズ雑貨book—おしゃれな子ども雑貨とおもちゃ1200 2005.7

vol.5 最強のPOG青本!—2005〜2006年ペーパーオーナーゲーム完全ガイド(丹下日出夫特別編集) 2005.6

vol.7 極楽!源泉の湯宿 2006年度最新版(別冊一個人) 2005.7

vol.8 韓国ラブSeoul v.1 2005.7

vol.10 mellow—「ゆるりと暮らす」手作り生活 v.2 2005.8

vol.15 韓国ラブSeoul v.3 2005.11

vol.17 これぞ本物!至福の宿 2006年度 冬春版(別冊一個人) 2005.12

vol.20 韓国ラブSeoul v.4 2006.1

vol.22 古寺巡りを愉しむ(別冊一個人) 2006.3

vol.23 韓国ラブSeoul v.5 2006.3

vol.26 韓国ラブSeoul v.6 2006.5

vol.28 最強のPOG青本—ペーパーオーナーゲーム完全ガイド 2006-2007年 2006.6

vol.30 韓国ラブSeoul v.7 2006.7

vol.31 韓国ラブSeoul v.8 2006.9

vol.32 大事な人と和む極上の湯宿 2007年最新版(別冊一個人) 2006.11

vol.34 パチンコ究極ボタン攻略 2007.1

vol.35 大人のラーメングランプリ245杯—完全保存版 2007年度版(別冊一個人) 2007.5

vol.36 最強のPOG青本—ペーパーオーナーゲーム完全ガイド 2007-2008年 2007.6

vol.37 今、最もおいしいワイン(別冊一個人) 2007.6

vol.40 緊急出版!ヤバイ年金!完全取り戻しマニュアル(柴田友都監修) 2007.8

vol.41 気ままに!ひとり旅(別冊一個人)(一個人編集部編) 2007.10

vol.42 エヌエスアイズオン—Nomura Seiichi presents internet magazine no.1(野村誠一企画・責任編集) 2007.12

vol.43 ツ・タ・エ・ル—むかしから今へ伝える日本人の暮らしの知恵 2008.1

vol.45 今、最高においしいワイン—Best 300 2008年度版(別冊一個人) 2008.6

vol.46 最強のPOG青本—ペーパーオーナーゲーム完全ガイド 2008-2009年 2008.6

vol.47 日本一の手みやげグランプリ(別冊一個人) 2008.7

vol.48 ゴー!ゴー!!バカ画像max—おかわり。(村橋ゴロー, Circus編集部著) 2008.7

vol.51 ゴー!ゴー!!バカ画像max—考えるな、感じるんだ!! とりぷる。(村橋ゴロー, Circus編集部著) 2009.1

vol.53 個室寝台列車を完全乗り比べ—豪華決定版 2009.4

vol.54 ゴー!ゴー!!バカ画像max—考えるな、感じるんだ!! くわとろ。(村橋ゴロー, Circus編集部著) 2009.6

vol.55 最強のPOG青本—ペーパーオーナーゲーム完全ガイド 2009〜2010年(丹下日出夫特別編集) 2009.7

vol.57 ゴー!ゴー!!バカ画像max—考えるな、感じるんだ!! ふぁいぶ。(村橋ゴロー, Circus編集部著) 2009.9

vol.61 歴史人坂本竜馬の真実—永久保存版 2010.1

vol.62 ゴー!ゴー!!バカ画像max—考えるな、感じるんだ!! しっくす。(村橋ゴロー, Circus編集部著) 2010.2

vol.72 仏像入門—永久保存版 2010.5

vol.73 歴史人戦国武将の知略と生き様—永久保存版 2010.5

vol.76 最強のPOG青本—ペーパーオーナーゲーム完全ガイド 2010〜2011年(丹下日出夫特別編集) 2010.5

vol.83 最高の京都案内(別冊一個人) 2004.3

vol.85 旨い!本格焼酎飲み比べ(別冊一個人) 2004.5

一般叢書・全集　　　　　　　　　　　　　　　　　　　　　　　　　　　総記

vol.87　極楽!源泉の湯宿　2004年度版（別冊一個人）　2004.7
vol.92　体の中からきれいになる穀物・野菜生活（健康一個人）　2004.11
vol.96　魚市場の朝ごはん（別冊一個人）　2005.1

ポイエーシス叢書　未来社　1990〜2009　⇒I-403
16　ニュー・クリティシズム以後の批評理論　上（フランク・レントリッキア著, 村山淳彦, 福士久夫訳）　2009.5（第2刷）
41　ハーバマスと公共圏（クレイグ・キャルホーン編, 山本啓, 新田滋訳）　2008.5
53　名を救う—否定神学をめぐる複数の声（ジャック・デリダ著, 小林康夫, 西山雄二訳）　2005.10
54　エコノミメーシス（ジャック・デリダ著, 湯浅博雄, 小森謙一郎訳）　2006.2
55　私に触れるな—ノリ・メ・タンゲレ（ジャン＝リュック・ナンシー著, 荻野厚志訳）　2006.4
56　無調のアンサンブル（上村忠男著）　2007.3
57　メタ構想力—ヴィーコ・マルクス・アーレント（木前利秋著）　2008.3
58　応答する呼びかけ—言葉の文学的次元から他者関係の次元へ（湯浅博雄著）　2009.9
59　自由であることの苦しみ—ヘーゲル『法哲学』の再生（アクセル・ホネット著, 島崎隆, 明石英人, 大河内泰樹, 徳地真弥訳）　2009.11

北大文学研究科ライブラリ　北海道大学出版会　2010
1　言葉のしくみ—認知言語学のはなし（高橋英光著）　2010.2
2　北方を旅する—人文学でめぐる九日間（北村清彦編著）　2010.3
3　死者の結婚—祖先崇拝とシャーマニズム（桜井義秀著）　2010.3

ポストモダン・ブックス　岩波書店　2004〜2008　⇒III-563
◇ハイデガーとナチス（ジェフ・コリンズ著, 大田原真澄訳）　2004.11
◇ウィトゲンシュタインと精神分析（ジョン・M. ヒートン著, 土平紀子訳）　2004.12
◇リオタールと非人間的なもの（ステュアート・シム著, 加藤匠訳）　2005.1
◇マクルーハンとヴァーチャル世界（クリストファー・ホロックス著, 小畑拓也訳）　2005.4
◇ラカンとポストフェミニズム（エリザベス・ライト著, 椎名美智訳）　2005.9
◇ダーウィンと原理主義（メリル・ウィン・デイヴィズ著, 藤田祐訳）　2006.1
◇デリダと歴史の終わり（ステュアート・シム著, 小泉朝子訳）　2006.10
◇エコロジーとポストモダンの終焉（ジョージ・マイアソン著, 野田三貴訳）　2007.7
◇バルトと記号の帝国（ピーター・P. トリフォナス著, 志渡岡理恵訳）　2008.7

ホセ・マルティ選集　日本経済評論社　1998〜2005　⇒I-404
第2巻　飛翔する思想（ホセ・マルティ〔著〕, 青木康征, 柳沼孝一郎訳）　2005.2

北海道大学大学院文学研究科研究叢書　北海道大学図書刊行会　2002〜2005　⇒V-812
7　人麻呂の方法—時間・空間・「語り手」（身崎寿著）　2005.1
8　東北タイの開発と文化再編（桜井義秀著）　2005.5

北海道ブックス　岩崎正昭著　北海道問題研究所　1986〜2007　⇒I-404
50　北海道から動きだした道州制—明治維新の中央集権から, 平成の地方分権改革へ　2（道州制移行に道はソフトランデングを求めている）　2005.1
51　小泉圧勝と北海道の運命—小泉旋風はなぜ北海道で吹かなかった　9・11総選挙の結果から日本の今後の方向を予言する　2005.12
52　正念場に来た道州制—明治維新の中央集権から, 平成の地方分権改革へ（北海道から動きだした道州制　3）　2007.3

ポップカルチュア選書　風塵社　2007〜2010
◇それぞれのファン研究—I am a fan（レッセーの荒野）（東園子, 岡井崇之, 小林義寛, 玉川博章,

辻泉, 名藤多香子著) 2007.7
◇ポピュラーTV（レッセーの荒野）（大淵裕美, 小林直毅, 小林義寛, 島岡哉, 平井智尚, 藤田真文著) 2009.3
◇レッスル・カルチャー――格闘技からのメディア社会論（レッセーの荒野）（岡井崇之編) 2010.1

ポプラディア情報館　ポプラ社　2005〜2010
◇日本地理（保岡孝之監修) 2005.3
◇世界地理（田辺裕監修) 2005.3
◇日本国憲法（角替晃監修) 2005.3
◇自動車（竹内裕一監修) 2005.3
◇昔のくらし（田中力監修) 2005.3
◇日本の歴史人物（佐藤和彦監修) 2006.3
◇衣食住の歴史（西本豊弘監修) 2006.3
◇アジア・太平洋戦争（森武麿監修) 2006.3
◇国際組織（渡部茂己, 阿部浩己監修) 2006.3
◇米（石谷孝佑監修) 2006.3
◇食と健康（豊川裕之監修) 2006.3
◇人のからだ（坂井建雄監修) 2006.3
◇ごみとリサイクル（安井至監修) 2006.3
◇天気と気象（武田康男監修) 2006.3
◇伝統工芸（伝統的工芸品産業振興協会監修) 2006.3
◇昆虫のふしぎ（寺山守監修) 2007.3
◇宇宙（渡部潤一監修) 2007.3
◇日本の農業（石谷孝佑監修) 2007.3
◇仕事・職業（渡辺三枝子監修) 2007.3
◇伝統芸能（三隅治雄監修) 2007.3
◇方言（佐藤亮一監修) 2007.3
◇世界遺産（稲葉信子, 斎藤英俊監修) 2007.3
◇世界の料理（サカイ優佳子, 田平恵美編) 2007.3
◇理科の実験・観察　生物・地球・天体編（横山正監修) 2007.3
◇理科の実験・観察　物質とエネルギー編（横山正監修) 2007.3
◇動物のふしぎ（今泉忠明監修) 2008.3
◇魚・水の生物のふしぎ（井田斉, 岩見哲夫監修) 2008.3
◇日本の水産業（小松正之監修) 2008.3
◇日本の工業（三沢一文監修) 2008.3
◇ことわざ――慣用句・故事成語・四字熟語（倉島節尚監修) 2008.3
◇短歌・俳句――季語辞典（中村幸弘, 藤井圀彦監修) 2008.3
◇日本の文学（西本鶏介監修) 2008.3
◇郷土料理（竜崎英子監修) 2009.3
◇年中行事（新谷尚紀監修) 2009.3
◇日本の歴史　1　旧石器〜平安時代　2009.3
◇日本の歴史　2　鎌倉〜安土桃山時代　2009.3
◇日本の歴史　3　江戸時代　2009.3
◇日本の歴史　4　幕末〜昭和時代（前期）　2009.3
◇日本の歴史　5　昭和時代（後期）〜現代　2009.3
◇北海道・東北地方――都道府県別日本地理 北海道・青森県・岩手県・宮城県・秋田県・山形県・福島県（小松陽介, 伊藤徹哉, 鈴木厚志監修) 2010.3
◇関東地方――都道府県別日本地理 茨城県・栃木県・群馬県・埼玉県・千葉県・東京都・神奈川県（小松陽介, 伊藤徹哉, 鈴木厚志監修) 2010.3
◇中部地方――都道府県別日本地理 新潟県・富山県・石川県・福井県・山梨県・長野県・岐阜県・静岡県・愛知県（小松陽介, 伊藤徹哉, 鈴木厚志監修) 2010.3
◇近畿地方――都道府県別日本地理 三重県・滋賀県・京都府・大阪府・兵庫県・奈良県・和歌山県（小松陽介, 伊藤徹哉, 鈴木厚志監修) 2010.3
◇中国・四国地方――都道府県別日本地理 鳥取県・島根県・岡山県・広島県・山口県・徳島県・香川県・愛媛県・高知県（小松陽介, 伊藤徹哉, 鈴木厚志監修) 2010.3
◇九州地方――都道府県別日本地理 福岡県・佐賀県・長崎県・熊本県・大分県・宮崎県・鹿児島県・沖縄県（小松陽介, 伊藤徹哉, 鈴木厚志監修) 2010.3

ホームパルブックス　小学館　1996〜2005　⇒I-405
◇愛犬の介護と飼い方――今すぐできる愛犬の体と心のケア（ドッグメディカ）（永岡勝好監修) 2005.3
◇最高の名前が見つかる赤ちゃんの命名事典　増補改訂版（田宮規雄著) 2005.5
◇ねこの健康事典――子猫から高齢猫まで一生安心（長谷川正昭監修) 2005.12

一般叢書・全集　　　　　　　　　　　　　　　　　　　　　総記

本田財団レポート　本田財団　2004～2010　⇒I-405
no.108　研究進捗レポート:最良の食生活を求めて（ウォルター・C. ウィレット〔述〕）〔2004〕
no.109　バイオニクスへの挑戦（軽部征夫〔述〕）〔2005〕
no.110　非線形科学の発展（和達三樹〔述〕）〔2005〕
no.111　環境と環世界（日高敏隆〔述〕）〔2005〕
no.112　社会的要請にこたえるロボット工学と知能システム—第26回本田賞授与式記念講演（ラジ・レディ〔述〕）〔2005〕
no.113　ジオマティックスのすすめ（飯坂譲二〔述〕）〔2005〕
no.114　日本の活力と風格（石田寛人〔述〕）〔2006〕
no.115　がんになりやすい人なりにくい人（津金昌一郎〔述〕）〔2006〕
no.116　異説、地球温暖化—生命と地球の進化論（丸山茂徳〔述〕）〔2006〕
no.117　日本という方法（松岡正剛〔述〕）〔2006〕
no.118　人間のノウハウの不均等進化—第27回本田賞授与式記念講演（リチャード・R. ネルソン〔述〕）〔2006〕
no.119　フロネシスとしての戦略（野中郁次郎〔述〕）〔2007〕
no.120　脳とこころを科学する（宮下保司〔述〕）〔2007〕
no.121　市中の山居—茶の湯の本質（千宗守〔述〕）〔2007〕
no.122　ラパロスコピー—外科医のもう一つの眼もう一つの手術を考える眼 第28回本田賞授与式記念講演（フィリップ・ムレ〔述〕）〔2007〕
no.123　史上最大の新薬"スタチン"の発見と開発（遠藤章〔述〕）〔2007〕
no.124　インドの自信は本物か（近藤正規〔述〕）〔2008〕
no.125　日本の森を蘇らすため、今私達に出来ること（宮脇昭〔述〕）〔2008〕
no.126　マグネシウム・エネルギー社会の到来（矢部孝〔述〕）〔2008〕
no.127　日本低炭素社会のシナリオ—二酸化炭素70％削減への道筋（西岡秀三〔述〕）〔2009〕
no.128　超伝導で夢を叶える（北沢宏一〔述〕）〔2009〕
no.129　収差補正による電子顕微鏡の新次元—第29回本田賞授与式記念講演（マキシミリアン・ハイダー, ハラルド・ローズ, クヌート・ウルバン〔述〕）〔2008〕
no.130　世界が求める日本の水システムと技術（大垣真一郎〔述〕）〔2009〕
no.131　21世紀における東アジアと日本のリーダーシップ（朴哲熙〔述〕）〔2009〕
no.132　生命王国と物質帝国の交易—革新的科学技術の展開に向けて（和田昭允〔述〕）〔2010〕
no.133　免疫を通じたがんの予防—その過去・現在・未来 第30回本田賞授与式記念講演（イアン・フレイザー〔述〕）〔2009〕
no.134　脳の世紀—未開の地に向かう脳研究の今（伊藤正男〔述〕）〔2010〕

毎日が発見ブックス　角川SSコミュニケーションズ　2005～2010
◇モーツァルトで免疫力を高める老化を防止する快眠へといざなう!(和合治久監修・選曲)　2005.8
◇えんぴつでなぞり書き 声に出して読んで脳が五歳若返る詩歌百選 決定版（古賀良彦監修, 福田紅苑書）　2006.11
◇脳を鍛える大人の練習帳（古賀良彦監修）　2006.11
◇大人の折り紙—脳のトレーニング　2007.7
◇花の折り紙—脳のアンチエイジング　2008.7
◇脳が冴える・思考力を磨く大人の授業—デザインQ進化形（馬場雄二〔著〕）　2008.11
◇若く生きる—食こそ情熱を燃やす糧（三浦雄一郎〔著〕）　2008.12
◇ひざ・腰・肩が楽になる一生健康7秒体操（湯浅景元著）　2009.3
◇いつでもどこでも血管ほぐし健康法—自分でできる簡単マッサージ（井上正康著）　2009.8
◇バンクーバーに恋をする—大人の旅案内 カナダ ブリティッシュコロンビア（桐島洋子著）　2010.2

◇ビオファームまつきの野菜塾—手をかけすぎずに有機でおいしく(松木一浩著) 2010.4
◇消しゴムで和のはんこ(がなはようこ著) 2010.11

My book　文化創作出版　1981〜2009　⇒I-406
◇たべてやせるマクロビオティック(ローラ小林著) 2004.7
◇自己実現誰も知らなかった方法—"第四の意識"を刺激せよ！ 改訂新版(村田昌謙著) 2004.10
◇Dr.鶴田のアンチエイジング(鶴田光敏著) 2004.12
◇健康になる靴病気をつくる靴—よい靴と正しい歩行が現代病を治す(健康シューズ研究会著, 山名敏監修) 2005.5
◇ヤツメウナギが世界の眼を救う—その驚くべき抗老化パワー(秋好憲一著) 2006.3
◇ざぶとんブルブル整体法(柴田直也著) 2006.10
◇幸福への波動—幸福を掴む四つの想い, 絶対法則(鶴田光敏著) 2009.10

巻町双書　巻町教育委員会　1991〜2005　⇒I-407
第40集　巻町むかしむかし(前山精明, 相田泰臣共著) 2005.9

丸善ブックス　丸善　1994〜2006　⇒I-407
104　イギリス大聖堂・歴史の旅(石原孝哉, 市川仁, 内田武彦著) 2005.6
105　南スペイン・アンダルシアの風景(川成洋, 坂東省次編) 2005.9
106　台湾映画のすべて(戸張東夫, 廖金鳳, 陳儒修著) 2006.1
107　スペインと日本人(福岡スペイン友好協会監修, 川成洋, 坂東省次編) 2006.7

丸善ライブラリー　丸善　1991〜2010　⇒I-408
226　異文化間コミュニケーション入門(鍋倉健悦著) 2009.3
360　応用倫理学のすすめ(加藤尚武著) 2010.2
365　ブレイクスルー思考のすすめ(日比野創, 日比野省三著) 2004.8
366　イギリス人の国家観・自由観(名古忠行著) 2005.2
367　インターネットが電話になった(山田茂樹, 橋爪宏達, 藤岡淳, 佐藤健著) 2005.3
368　情報セキュリティと法制度(東倉洋一, 岡村久道, 高村信, 岡田仁志, 曽根原登著) 2005.3
369　明日を拓く人間力と創造力(末松安晴著) 2005.3
370　ユビキタス社会のキーテクノロジー(東倉洋一, 山本毅雄, 上野晴樹, 三浦謙一著) 2005.6
371　バイオ・情報の最前線(藤山秋佐夫, 根岸正光, 高野明彦, 安達淳著) 2005.6
372　デジタルが変える放送と教育(曽根原登, 新井紀子, 丸山勝巳, 山本毅雄著) 2005.8
373　新・環境倫理学のすすめ(加藤尚武著) 2005.8
374　考えるコンテンツ「スマーティブ」(本位田真一, 吉岡信和, 由利伸子著) 2006.3
375　ようこそ量子—量子コンピュータはなぜ注目されているのか(根本香絵, 池谷瑠絵著) 2006.12
376　c-Japan宣言—情報を糧とした日本の未来ビジョン(曽根原登, 東倉洋一, 小泉成史著) 2008.3
377　ロボットのおへそ(稲邑哲也, 瀬名秀明, 池谷瑠絵著) 2009.1
378　石頭なコンピュータの眼を鍛える—コーパスで人間の視覚にどこまで迫れるか(佐藤真一, 斎藤淳著) 2009.12
379　からくりインターネット—アレクサンドリア図書館から次世代ウェブ技術まで(相沢彰子, 内山清子, 池谷瑠絵著) 2010.3

丸山真男話文集　丸山真男〔著〕, 丸山真男手帖の会編　みすず書房　2008〜2009
1　2008.5
2　2008.8
3　2008.11
4　2009.3

ミネルヴァ・アーカイブズ　ミネルヴァ書房　2008〜2009
◇船場—風土記大坂(宮本又次著) 2008.7
◇江州中井家帖合の法(小倉栄一郎著) 2008.7

一般叢書・全集　　　　　　　　　　　　　　　　　　　　　　　　　　　　　総記

◇木地師支配制度の研究（杉本寿著）　2008.7
◇文化と社会（レイモンド・ウィリアムズ著，若松繁信，長谷川光昭訳）　2008.7
◇日本私有鉄道史研究—都市交通の発展とその構造　増補版（中西健一著）　2009.7
◇社会事業の基本問題　全訂（孝橋正一著）　2009.7
◇旧制高等学校教育の成立（筧田知義著）　2009.7
◇社会福祉実践の共通基盤（H. M. バートレット著，小松源助訳）　2009.7
◇コミュニティ—社会学的研究:社会生活の性質と基本法則に関する一試論（R. M. マッキーヴァー著，中久郎，松本通晴監訳）　2009.7

MINERVA人文・社会科学叢書　ミネルヴァ書房
1994〜2010　⇒I–412, III–385

◇東アジア共同体の構築（西口清勝，夏剛編著）2006.8
◇反米の系譜学—近代思想の中のアメリカ（ジェームズ・W. シーザー著，村田晃嗣，伊藤豊，長谷川一年，竹島博之訳）2010.7
◇戦後日本の地方議会—1955‐2008（馬渡剛著）2010.9
87　プラグマティズムの展開（G. H. ミード著，加藤一己，宝月誠編訳）2003.12
96　成熟都市の活性化—世界都市から地球都市へ（成田孝三著）2005.2
97　現代法理論論争—R.ドゥオーキン対法実証主義（深田三徳著）2004.11
98　近代ドイツ社会調査史研究—経験的社会学の生成と脈動（村上文司著）2005.2
99　離脱・発言・忠誠—企業・組織・国家における衰退への反応（A. O. ハーシュマン著，矢野修一訳）2005.6
100　近代・労働・市民社会（近代日本の歴史認識1）（東条由紀彦著）2005.2
101　後発工業国の経済史—キャッチアップ型工業化論（アレクサンダー・ガーシェンクロン著，絵所秀紀，雨宮昭彦，峯陽一，鈴木義一訳）2005.5
102　政党—組織と権力（A. パーネビアンコ著，村上信一郎訳）2005.6
103　スラッファ経済学研究（白杉剛著）2005.4

104　日本におけるスウェーデン研究（猿田正機編著）2005.5
105　在郷町の歴史人口学—近世における地域と地方都市の発展（高橋美由紀著）2005.5
106　アメリカ政治とマイノリティ—公民権運動以降の黒人問題の変容（松岡泰著）2006.1
107　21世紀の安全保障と日米安保体制（菅英輝，石田正治編著）2005.7
108　かの高貴なる政治の科学—19世紀知性史研究（S. コリーニ，D. ウィンチ，J. バロウ著，永井義雄，坂本達哉，井上義朗訳）2005.7
109　現代国家と市民社会—21世紀の公共性を求めて（立命館大学人文科学研究所研究叢書　第17輯）（山口定，中島茂樹，松葉正文，小関素明編著）2005.11
110　被占領期社会福祉分析（菅沼隆著）2005.12
111　中国・改革開放の政治経済学（三宅康之著）2006.2
112　カール・ポランニーの社会哲学—『大転換』以後（佐藤光著）2006.4
113　明治経済史再考（高村直助著）2006.7
114　公共政策決定の理論（イェヘッケル・ドロア著，足立幸男訳，木下貴文訳）2006.8
116　転換期の政治経済倫理序説—経済社会と自然法（野尻武敏著）2006.10
117　現代資本主義と福祉国家（加藤栄一著）2006.10
118　先祖祭祀と家の確立—「半檀家」から一家一寺へ（森本一彦著）2006.10
119　経済発展と産地・市場・制度—明治期絹織物業の進化とダイナミズム（橋野知子著）2007.2
120　20世紀日本と東アジアの形成—1867〜2006（伊藤之雄，川田稔編著）2007.5
121　インドと中国の真実（星野進保，中西洋著）2007.3
122　市民社会と法—変容する日本と韓国の社会（棚瀬孝雄編著）2007.4
123　近代日本とドイツ—比較と関係の歴史学（望田幸男編著）2007.4
124　マイノリティとは何か—概念と政策の比較社会学（岩間暁子，ユ・ヒョヂョン編著）2007.5

総 記　　　　　　　　　　　　　　　　　　　　　一般叢書・全集

125　福祉国家システム（加藤栄一著）　2007.6
126　業績管理の変容と人事管理―電機メーカーにみる成果主義・間接雇用化（佐藤厚編著）　2007.5
127　中国をめぐる安全保障（村井友秀，阿部純一，浅野亮，安田淳編著）　2007.7
128　マックス・ウェーバーにおける歴史科学の展開（犬飼裕一著）　2007.7
129　社会保障改革―日本とドイツの挑戦（土田武史，田中耕太郎，府川哲夫編著）　2008.1
131　日本的雇用慣行―全体像構築の試み（野村正実著）　2007.8
132　現代イギリス労使関係の変容と展開―個別管理の発展と労働組合（上田真士著）　2007.9
133　韓国社会事業史―成立と展開（朴貞蘭著）　2007.11
134　汚職・腐敗・クライエンテリズムの政治学（河田潤一編著）　2008.7
135　日本の家族とライフコース―「家」生成の歴史社会学（平井晶子著）　2008.1
136　ケンブリッジ学派のマクロ経済分析―マーシャル・ピグー・ロバートソン（伊藤宣広著）　2007.12
137　東アジアの持株会社（下谷政弘編著）　2008.5
138　ドイツ自由主義経済学の生誕―レプケと第三の道（藤本建夫著）　2008.3
139　アメリカ帝国とは何か―21世紀世界秩序の行方（ロイド・ガードナー，マリリン・ヤング編著，松田武，菅英輝，藤本博訳）　2008.4
140　企業分析と現代資本主義（工藤章，井原基編）　2008.5
141　アメリカ民主主義の過去と現在―歴史からの問い（紀平英作編）　2008.5
142　古典経済学の地平―理論・時代・背景（毛利健三著）　2008.9
143　学問とは何か―『マックス・ヴェーバーの犯罪』その後（羽入辰郎著）　2008.6
146　ニューディール労働政策と従業員代表制―現代アメリカ労使関係の歴史的前提（伊藤健市，関口定一編）　2009.2
147　カール・シュミット再考―第三帝国に向き合った知識人（中道寿一著）　2009.4

148　多言語国家スペインの社会動態を読み解く―人の移動と定着の地理学が照射する格差の多元性（竹中克行編著）　2009.2
149　日本合成洗剤工業のアジア進出―マーケティングと経営移転（井原基著）　2009.3
150　統合主義―政治の基本原則（平尾透著）　2009.7
151　現代世界経済の構図（馬場宏二，工藤章編）　2009.6
152　現代アメリカの医療改革と政党政治（天野拓著）　2009.9
153　人事制度の日米比較―成果主義とアメリカの現実（石田光男，樋口純平著）　2009.10
154　グローバル・タックスの可能性―持続可能な福祉社会のガヴァナンスをめざして（上村雄彦著）　2009.11
155　日本の鉄道草創期―明治初期における自主権確立の過程（林田治男著）　2009.11
156　土地希少化と勤勉革命の比較史―経済史上の近世（大島真理夫編著）　2009.12
157　政党内閣の崩壊と満洲事変―1918～1932（小林道彦著）　2010.2
158　会津という神話―〈二つの戦後〉をめぐる〈死者の政治学〉（田中悟著）　2010.3
159　東アジア福祉システムの展望―7カ国・地域の企業福祉と社会保障制度（末広昭編著）　2010.3
160　比較経済分析―市場経済化と国家の役割（岩崎一郎，鈴木拓著）　2010.4
161　アジアにおける大統領の比較政治学―憲法構造と政党政治からのアプローチ（粕谷祐子編著）　2010.4
162　第一次世界大戦期のイラン金融―中東経済の成立（水田正史著）　2010.4

Minerva21世紀ライブラリー　ミネルヴァ書房
　1992～2009　⇒I-414, III-385
79　人間存在論―現象学と仏教に基づく存在論の試み（竹原弘著）　2004.5
82　パレスチナ―紛争と最終的地位問題の歴史（阿部俊哉著）　2004.11
83　現代日本のアジア外交―対米協調と自主外交のはざまで（宮下明聡，佐藤洋一郎編）　2004.12

一般叢書・全集　　　　　　　　　　　　　　　　　　　総　記

84　「朝鮮半島」危機の構図―半島統一と日本の役割（田中良和著）　2006.3
85　政治思想のデッサン―思想と文化の間（中道寿一著）　2006.9
86　東洋的な生きかた―無為自然の道（小坂国継著）　2008.5
87　ローマ法の歴史（ウルリッヒ・マンテ著, 田中実, 滝沢栄治訳）　2008.10
88　古典で読み解く哲学的恋愛論（竹原弘著）　2009.4
89　倫理と宗教の相剋―善人がなぜ苦しむのか（小坂国継著）　2009.10

みやま文庫　みやま文庫　1990～2010　⇒I-415
161　新田太田史帖（史帖シリーズ　11）（正田喜久著）　2000.9
176　群馬の俳句と俳句の群馬（林桂著）　2004.12
177　八州廻りと上州の無宿・博徒（中島明著）　2004.12
178　ぐんまの昭和史　下（石原征明著）　2005.8
179　群馬の峠（須田茂著）　2005.8
180　中島知久平と国政研究会　上巻（手島仁著）　2005.12
181　ぐんまの新聞（清水吉二著）　2005.12
182　富岡製糸場の歴史と文化（今井幹夫著）　2006.9
183　上州と横山大観（小板橋良平, 小林二三雄共著）　2006.9
184　伊藤信吉―群馬における文化的足跡（野口武久編）　2006.11
185　ぐんまの福祉―社会救済の視点から（杉山了著）　2006.11
186　群馬県農業史　上（宮崎俊弥著）　2007.6
187　陸軍岩鼻火薬製造所の歴史―県立公園「群馬の森」の過去をさぐる（菊池実, 原田雅純著）　2007.7
188　高山彦九郎―明治維新の先導者（正田喜久著）　2007.11
189　中島知久平と国政研究会　下巻（手島仁著）　2007.11
190　群馬県兵士のみた日露戦争（丑木幸男著）　2008.7
191　群馬の浄土信仰（近藤義雄著）　2008.7
192　戦争と群馬―古代～近代の戦場と民衆（岩根承成編著）　2008.11
193　萩原朔太郎撮影写真集―完全版（萩原朔太郎〔撮影〕, 野口武久編）　2009.1
194　シルクカントリー群馬の建造物史―絹産業建造物と近代建造物（村田敬一著）　2009.8
195　山口薫―色と形に託した魂の日記（黒田亮子著）　2009.8
196　群馬県農業史　下（宮崎俊弥著）　2009.10
197　群馬を舞台にした小説（群馬県立土屋文明記念文学館編）　2009.10
198　登山家W. ウェストンと清蔵（小林二三雄著）　2010.6
199　加部安左衛門"江戸期在郷商人の事績"（丸山不二夫著）　2010.6

〈ムック〉の本　ロングセラーズ　1990～2010　⇒I-416
◇わくわくする自分に出会う本（自分セラピー　2）（柴崎嘉寿隆著）　2003.11
◇失恋セラピー―あなたは今が, ほんとうに美しい（松本一起著）　2004.8
◇自律神経を整えるから快眠できる、やせる、きれいになる（Dr.ユキ新・磁気健康法　3）（臼井由妃著）　2004.9
◇元気セラピー―読むだけでヤル気がみなぎる（大谷由里子著）　2005.4
◇禁煙セラピーらくらく成功日誌365（アレン・カー著, 阪本章子訳）　2006.7
◇あなたの心配グセを治す安心セラピー（アレン・カー著, 阪本章子訳）　2006.11
◇幸せセラピー―読むだけでどんどん明るくなる（斎藤一人著）　2006.12
◇お金儲けセラピー―読むだけでどんどん豊かになる（斎藤一人著）　2006.12
◇風水開運セラピー―幸せが次の幸せを連れてくる（小林祥晃著）　2006.12
◇七田式頭を鍛えるダ・ヴィンチ・メソッド（七田真著）　2007.1
◇禁煙セラピー―イラスト版（アレン・カー著, 阪本章子訳）　2007.4

総記　　　　　　　　　　　　　　　　　　　　　　　　　　　　　一般叢書・全集

◇愛のセラピー―読むだけで心がホワッとしてくる（斎藤一人著）　2007.5
◇読むだけで誰でもすぐに幸せになっちゃうセラピー（マギー司郎著）　2007.5
◇若がえりセラピー―読むだけで心と体がどんどん変わる（浅川雅晴著）　2007.9
◇ツキを呼ぶセラピー―読むだけでどんどん良くなるうまくいく（斎藤一人著）　2008.3
◇斎藤一人人生楽らくセラピー（舛岡はなゑ著）　2008.3
◇《イラスト版》女性のための禁煙セラピー（アレン・カー著，阪本章子訳）　2008.3
◇斎藤一人悩みから宝が生まれる（斎藤一人〔述〕，みっちゃん先生著）　2008.6
◇漢字でゼッタイ恥をかかない本―10日間で完璧マスター！（コンデックス情報研究所著）　2009.2
◇敬語でゼッタイ恥をかかない本―どんな状況でも即対応できる！（福田健著）　2009.2
◇話し方でゼッタイ恥をかかない本―人間関係に自信がつく！（福田健監修）　2009.2
◇漢字でゼッタイ恥をかかない本　その2（現代漢字研修センター著）　2009.2
◇冠婚葬祭でゼッタイ恥をかかない本―これだけは知っておきたい（阿部連著）　2009.4
◇新・心のセラピー―爆発する前に読む（浅川雅晴著）　2009.4
◇2012マヤの大予言（平川陽一著）　2009.12
◇読むだけで心の底まで軽くなる整理収納セラピー（古堅純子著）　2010.4
◇企業うつセラピー―読むだけで笑顔に戻れる（伊藤笙子著）　2010.5
◇ツキを呼ぶセラピー（斎藤一人著）　2010.10
◇人生楽らくセラピー（舛岡はなゑ著）　2010.10
◇悩みから宝が生まれる（みっちゃん先生著）　2010.10

明治大学人文科学研究所叢書　蒼丘書林　2007
◇近代への架橋―明治前期の文学と思想をめぐって（佐藤義雄，恒川隆男編）　2007.3

明治大学人文科学研究所叢書　東京堂出版　2006

◇信濃大室積石塚古墳群の研究　2　大室谷支群・大石単位支群の調査（大塚初重，小林三郎編）　2006.3

明治大学人文科学研究所叢書　刀水書房　2004〜2009　⇒II–137
◇前近代トルコの地方名士―カラオスマンオウル家の研究（永田雄三著）　2009.3

明治大学人文科学研究所叢書　方丈堂出版　2008
◇「生と死」の東西文化史（林雅彦編）　2008.3

明治大学人文科学研究所叢書　論創社　2007
◇大逆事件の言説空間　新装版（山泉進編著）　2007.9

芽がでるシリーズ　幻冬舎　2005〜2006
◇知識ゼロからのみるみる字がうまくなる本（岡田崇花著）　2005.4
◇知識ゼロからのM&A入門（弘兼憲史著，コンパッソ税理士法人監修）　2006.10

木版群書類従目録　桜雲会　2007　〔点字資料〕
◇（温故学会編）　2007.6

ものと人間の文化史　法政大学出版局　1968〜2010　⇒I–419
123　染織（福井貞子著）　2004.12
124-1　動物民俗　1（長沢武著）　2005.4
124-2　動物民俗　2（長沢武著）　2005.4
125　粉（三輪茂雄著）　2005.6
126　亀（矢野憲一著）　2005.6
127　カツオ漁（川島秀一著）　2005.8
128　裂織―木綿生活誌（佐藤利夫著）　2005.10
129　イチョウ（今野敏彦著）　2005.11
130　広告（八巻俊雄著）　2006.2
131-1　漆　1（四柳嘉章著）　2006.2
131-2　漆　2（四柳嘉章著）　2006.2
132　まな板（石村真一著）　2006.3
133-1　鮭・鱒　1（赤羽正春著）　2006.4
133-2　鮭・鱒　2（赤羽正春著）　2006.4
134　遊戯―その歴史と研究の歩み（増川宏一著）　2006.4
135　石干見―最古の漁法（田和正孝編）　2007.2

全集・叢書総目録 2005-2010　　371

一般叢書・全集

総 記

136　看板（岩井宏実著）　2007.3
137-1　桜　1（有岡利幸著）　2007.3
137-2　桜　2（有岡利幸著）　2007.3
138　麹（一島英治著）　2007.7
139　河岸（川名登著）　2007.8
140　神饌——神と人との饗宴（岩井宏実，日和祐樹著）　2007.9
141　駕籠（桜井芳昭著）　2007.10
142　追込漁（川島秀一著）　2008.1
143　人魚（田辺悟著）　2008.7
144　熊（赤羽正春著）　2008.9
145　秋の七草（有岡利幸著）　2008.10
146　春の七草（有岡利幸著）　2008.12
147　木綿再生（福井貞子著）　2009.9
148　紫——紫草から貝紫まで（竹内淳子著）　2009.10
149-1　杉　1（有岡利幸著）　2010.2
149-2　杉　2（有岡利幸著）　2010.2
150　井戸（秋田裕毅著，大橋信弥編）　2010.3
151　楠（矢野憲一，矢野高陽著）　2010.9
152　温室（平野恵著）　2010.11

Mondo books　門土社　2002～2007　⇒V-791
◇この水や君の器に——今井良春・戯曲集（今井良春著）　2007.1
◇アフリカ文化論——南アフリカの歴史と哀しき人間の性　1（ノヴァステラ叢書　1）（玉田吉行著，田辺道子編）　2007.4

柳井図書館叢書　柳井市立柳井図書館編　柳井市立柳井図書館　1986～2004　⇒I-420
第20集　安政四年殿様御遠馬柳井御出室積普賢御参詣之記　2004.12

山口昌男山脈　川村オフィス　2003～2005　⇒I-420
第5号　2005.1

山渓カラー名鑑　山と渓谷社　1991～2009　⇒I-420
◇仏像（小川光三写真，関信子，山崎隆之編・監修）　2006.4

◇日本の野草　増補改訂新版／門田裕一／改訂版監修（林弥栄編・解説，畔上能力，菱山忠三郎解説）　2009.11

有斐閣Sシリーズ　有斐閣　1987～2010　⇒I-420
◇国際私法　第4版（桜田嘉章著）　2005.1
◇商法　3（手形・小切手）　第2版補訂2版（大塚竜児，林竧，福滝博之著）　2005.3
◇民法　1（総則）　第3版（山田卓生，河内宏，安永正昭，松久三四彦著）　2005.4
◇民法　2（物権）　第3版（淡路剛久，鎌田薫，原田純孝，生熊長幸著）　2005.4
◇民法　3（債権総論）　第3版（野村豊弘，栗田哲男，池田真朗，永田真三郎著）　2005.4
◇民法　5（親族・相続）　第3版（佐藤義彦，伊藤昌司，右近健男著）　2005.4
◇民法　4　債権各論　第3版　2005.6
◇民事訴訟法　第5版（上原敏夫，池田辰夫，山本和彦著）　2006.3
◇エコノメトリックス　新版（伴金美，中村二朗，跡田直澄著）　2006.4
◇刑事訴訟法　第4版（上口裕，後藤昭，安冨潔，渡辺修著）　2006.4
◇商法　1（総則・商行為）　第3版（落合誠一，大塚竜児，山下友信著）　2006.4
◇商法　3（手形・小切手）　第3版（大塚竜児，林竧，福滝博之著）　2006.4
◇商法　2（会社）　第7版（落合誠一，神田秀樹，近藤光男著）　2006.5
◇国際私法　第5版（桜田嘉章著）　2006.11
◇労働関係法　第5版（小西国友，渡辺章，中嶋士元也著）　2007.1
◇刑法各論　第3版（大越義久著）　2007.3
◇刑法総論　第4版（大越義久著）　2007.3
◇国際法　第5版（松井芳郎，佐分晴夫，坂元茂樹，小畑郁，松田竹男，田中則夫，岡田泉，薬師寺公夫著）　2007.3
◇商法　1（総則・商行為）　第3版　補訂版（落合誠一，大塚竜児，山下友信著）　2007.4
◇民法　1（総則）　第3版　補訂（山田卓生，河内宏，安永正昭，松久三四彦著）　2007.10

◇商法　2（会社）　第7版 補訂版（落合誠一，神田秀樹，近藤光男著）　2008.2
13　民法　2　物権　2010.3
19　商法　1　総則・商行為　2009.3
36　民法　4　債権各論　2009.6
43　民事訴訟法　第6版（上原敏夫，池田辰夫，山本和彦著）　2009.4
45　商法　2　会社　2010.4

有斐閣双書　有斐閣　1964～2010　⇒I-421
◇民法　9　相続　第4版増補補訂版（遠藤浩，川井健，原島重義，広中俊雄，水本浩，山本進一編）　2005.1
◇法学入門　第5版補訂2版（末川博編）　2005.2
◇現代法学入門　第4版（伊藤正己，加藤一郎編）　2005.3
◇商法　第10版補訂版（服部栄三，北沢正啓編）　2005.3
◇行政法入門　第8版　畠山武道補訂（今村成和著）　2005.3
◇民事執行・保全法概説　第2版増補2版（中野貞一郎編）　2005.3
◇新民法概説　1（総則・物権）　第4版（甲斐道太郎，乾昭三，椿寿夫編）　2005.4
◇新民法概説　2　債権　第3版（甲斐道太郎，乾昭三，椿寿夫編）　2005.4
◇認知心理学キーワード（Keyword series）（森敏昭，中条和光編）　2005.6
◇労働法入門　第6版補訂版（外尾健一著）　2005.9
◇臨床心理学キーワード　補訂版（Keyword series）（坂野雄二編）　2005.10
◇発達心理学キーワード（Keyword series）（内田伸子編）　2006.2
◇憲法入門　第4版補訂版（伊藤正己著）　2006.3
◇民法入門　第5版／奥田昌道／補訂（幾代通，遠藤浩編）　2006.4
◇新民法概説　3　親族・相続　第3版（甲斐道太郎，乾昭三，椿寿夫編）　2006.4
◇民事執行・保全法概説　第3版（中野貞一郎編）　2006.6
◇民事訴訟法入門　第2版 補訂版（林屋礼二，吉村徳重，中島弘雅，松尾卓憲著）　2006.7

◇民法（財産法）25講　第2版 3訂版（椿寿夫著）　2006.8
◇宗教学キーワード（Keyword series）（島薗進，葛西賢太，福嶋信吉，藤原聖子編）　2006.9
◇国際私法入門　第6版（沢木敬郎，道垣内正人著）　2006.10
◇教育心理学キーワード（Keyword series）（森敏昭，秋田喜代美編）　2006.11
◇国際法キーワード　第2版（Keyword series）（奥脇直也，小寺彰編）　2006.12
◇約束手形法入門　第5版補訂版（河本一郎，田辺光政著）　2006.12
◇行政法入門　第8版 補訂版／畠山武道／補訂（今村成和著）　2007.1
◇労働法　1　総論・労働団体法　第4版／村中孝史／補訂（片岡昇著）　2007.6
◇文化人類学キーワード　改訂版（Keyword series）（山下晋司，船曳建夫編）　2008.3
◇刑法　第3版 補訂2版／船山泰範／補訂（藤木英雄著）　2008.4
◇労働法　2　労働者保護法　第5版／村中孝史／補訂（片岡昇著）　2009.1
◇日本文化論キーワード（Keyword series）（遠山淳，中村生雄，佐藤弘夫編）　2009.3
◇労働法入門　第7版（外尾健一著）　2009.3
◇法学入門　第6版（末川博編）　2009.4
◇社会福祉発達史キーワード（Keyword series）（古川孝順，金子光一編）　2009.5
◇教育学キーワード　第3版（Keyword series）（小沢周三編）　2010.6
◇教育評価　第2版補訂2版（梶田叡一著）　2010.9

有隣新書　有隣堂　1976～2010　⇒I-423
55　鎌倉の古建築　増補（関口欣也著）　2005.11
62　都市横浜の半世紀—震災復興から高度成長まで（高村直助著）　2006.3
63　安達泰盛と鎌倉幕府—霜月騒動とその周辺（福島金治著）　2006.11
64　貝が語る縄文海進—南関東，+2℃の世界（松島義章著）　2006.12
65　横浜港の七不思議—象の鼻・大桟橋・新港埠頭（田中祥夫著）　2007.9

一般叢書・全集　　　　　　　　　　　　　　　　　　　　　　　　　総記

66　横浜開港と宣教師たち—伝道とミッション・スクール(横浜プロテスタント史研究会編)　2008.9
67　中世鎌倉美術館—新たな美的意義をもとめて(岩橋春樹著)　2009.7
68　川崎・たちばなの古代史—寺院・郡衙・古墳から探る(村田文夫著)　2010.12

UP選書　東京大学出版会　1967〜2009　⇒I-423
◇都市と人間　オンデマンド版(柴田徳衛著)　2009.10

ユーラシア選書　東洋書店　2006〜2010
1　ルボーク—ロシアの民衆版画(坂内徳明著)　2006.2
2　ハンガリー音楽の魅力—リスト・バルトーク・コダーイ(横井雅子著)　2006.2
3　ロシア式ビジネス狂騒曲—アヴォーシ=何とかなるかも(さとう好明著)　2006.6
4　ショスタコーヴィチ全作品解読(工藤庸介著)　2006.9
5　チェコ音楽の魅力—スメタナ・ドヴォルジャーク・ヤナーチェク(内藤久子著)　2007.1
6　ロシアのジョーク集—アネクドートの世界(さとう好明著)　2007.7
7　スラヴ世界のイースター・エッグ—ピーサンキからインペリアル・エッグまで(栗原典子著)　2008.3
8　キャラバン・サライのロシア—歴史・民族・地政学　上(植田樹著)　2008.5
9　キャラバン・サライのロシア—歴史・民族・地政学　下(植田樹著)　2008.5
10　モスクワを歩く—都市伝説と地名の由来(斎藤君子著)　2008.7
11　資源大国ロシアの実像(酒井明司著)　2008.10
12　ネオKGB帝国—ロシアの闇に迫る(塩原俊彦著)　2008.10
13　ロシア音楽の魅力—グリンカ・ムソルグスキー・チャイコフスキー(森田稔著)　2008.11
14　ロシアと世界金融危機—遠くて近いロシア経済(酒井明司著)　2009.4
15　モスクワ地下鉄—「地下宮殿」の世界(岡田譲著)　2009.7
16　フロイトとドストエフスキイ—精神分析とロシア文化(岩本和久著)　2010.8
17　ガスパイプラインとロシア—ガスプロムの世界戦略(酒井明司著)　2010.8

ユーラシア・ブックレット　東洋書店　2000〜2010　⇒II-489
no.10　ロシアがわかる12章　改訂版(ユーラシア・ブックレット編集委員会企画・編集)　2005.9
no.19　ロシア経済図説　改訂版(岡田進〔著〕)　2004.10
no.61　ロシア建築三つの旅(浜野アーラ〔著〕,浜野道博訳)　2004.6
no.62　苦悩するロシア軍(三井光夫〔著〕)　2004.6
no.63　ロシア語セカンドステップ—基本動詞60(源貴志〔著〕)　2004.6
no.64　南極に立った樺太アイヌ—白瀬南極探検隊秘話(佐藤忠悦〔著〕)　2004.6
no.65　ロシアに渡った日本人—江戸・明治・大正・昭和(セルゲイ・クズネツォフ〔著〕,荒井雅子訳)　2004.6
no.66　ロシア小話アネクドート—腐敗と寒さを笑い飛ばせ(さとう好明〔著〕)　2004.10
no.67　ロシアの石油・天然ガス(小森吾一〔著〕)　2004.10
no.68　歴史の狭間のベラルーシ(服部倫卓〔著〕)　2004.10
no.69　モンゴル民族の近現代史(生駒雅則〔著〕)　2004.10
no.70　トロイカから私を呼んでまで—続・ロシア愛唱歌集(山之内重美〔著〕)　2004.10
no.71　日露戦争—世界史から見た「坂の途上」(井口和起〔著〕)　2005.2
no.72　現代ロシア政治を動かす50人(中沢孝之〔著〕)　2005.2
no.73　ウラジオストクの日本人街—明治・大正時代の日露民衆交流が語るもの(堀江満智〔著〕)　2005.2
no.74　ロシア・アニメ—アヴァンギャルドからノルシュテインまで(井上徹〔著〕)　2005.2

no.75　日本のなかのロシア―ロシア文化と交流史跡を訪ねる ガイドブック 続々（長塚英雄,「日本とユーラシア」紙編集部編）　2005.2

no.76　ジャポニスムから見たロシア美術（上野理恵〔著〕）　2005.6

no.77　ほろ酔い加減のロシア―ウォッカ[×名]迷言集（狩野亨〔著〕）　2005.6

no.78　DVDで愉しむロシアの映画（佐藤千登勢〔著〕）　2005.6

no.79　第二次世界大戦を見直す―終戦60年によせて（斎藤治子〔著〕）　2005.6

no.80　プチャーチン提督―150年の航跡（上野芳江〔著〕）　2005.6

no.81　ドストエフスキー・カフェ―現代ロシアの文学風景（望月哲男〔著〕）　2005.10

no.82　ロシア庭園めぐり（坂内知子〔著〕）　2005.10

no.83　テルミン―ふしぎな電子楽器の誕生（尾子洋一郎〔著〕）　2005.10

no.84　ゲルギエフ―カリスマ指揮者の軌跡（安達紀子〔著〕）　2005.10

no.85　ロシアの科学者―ソ連崩壊の衝撃を超えて（小林俊哉〔著〕）　2005.10

no.86　フィギュアスケート王国ロシア（村田隆和〔著〕）　2006.2

no.87　ロシア・アヴァンギャルドから見た日本美術（上野理恵〔著〕）　2006.2

no.88　民族楽器バラライカ（柚木かおり〔著〕）　2006.2

no.89　いまどきロシアウォッカ事情（遠藤洋子〔著〕）　2006.2

no.90　ロシア・ファンタスチカ（SF）の旅（宮風耕治〔著〕）　2006.2

no.91　ショスタコーヴィチ―揺れる作曲家像と作品解釈（梅津紀雄〔著〕）　2006.6

no.92　チャイコフスキー―宿命と憧れのはざまで（宮沢淳一〔著〕）　2006.6

no.93　中央アジアの朝鮮人―父祖の地を遠く離れて（半谷史郎, 岡奈津子〔著〕）　2006.6

no.94　チェチェン紛争（大富亮〔著〕）　2006.6

no.95　アニメの詩人ノルシュテイン―音・響き・ことば（児島宏子〔著〕）　2006.6

no.96　ロシア刺繍のファンタジー（村松香〔著〕）　2006.10

no.97　ロシア・ジャズ―寒い国の熱い音楽（鈴木正美〔著〕）　2006.10

no.98　ロシア初の女性アカデミー総裁―ダーシコワ公爵夫人（中神美砂〔著〕）　2006.10

no.99　サンボ―ユーラシアに生まれた格闘技（古賀徹著, ビクトル古賀監修）　2006.10

no.100　ボリショイサーカス（大島幹雄〔著〕）　2006.10

no.101　日本に恋するロシア映画（杉浦かおり〔著〕）　2007.2

no.102　ロシアの農民美術―テニシェワ夫人と山本鼎（遠藤三恵子〔著〕）　2007.2

no.103　旧「満州」ロシア人村の人々―ロマノフカ村の古儀式派教徒（阪本秀昭, 伊賀上菜穂〔著〕）　2007.2

no.104　諺で読み解くロシアの人と社会（栗原成郎〔著〕）　2007.2

no.105　新日本のなかのロシア―ロシア文化と交流史跡を訪ねる ガイドブック（長塚英雄,「日本とユーラシア」紙編集部編）　2007.2

no.106　ロシア陶磁器グジェーリ―白とコバルトブルーの魅力（鈴木伊佐夫, 松沢孝明〔著〕）　2007.6

no.107　琥珀の都カリーニングラード―ロシア・EU協力の試金石（蓮見雄〔著〕）　2007.6

no.108　サハリンのなかの日本―都市と建築（井澗裕〔著〕）　2007.6

no.109　オデッサ―黒海に現れたコスモポリス（嵐田浩吉〔著〕）　2007.6

no.110　メンデレーエフ―元素の周期律の発見者（梶雅範〔著〕）　2007.6

no.111　ガスプロム―ロシア資源外交の背景（酒井明司〔著〕）　2007.10

no.112　チャストゥーシカ―ロシアの暮らしを映す小さな歌（熊野谷葉子〔著〕）　2007.10

no.113　エネルギー安全保障―ロシアとEUの対話（坂口泉, 蓮見雄〔著〕）　2007.10

一般叢書・全集　　　　　　　　　　　　　　　　　　　　　　　　　　　　総記

no.114　テュルク族の世界—シベリアからイスタンブールまで（広瀬徹也〔著〕）　2007.10
no.115　ムソルグスキー—「展覧会の絵」の真実（一柳富美子〔著〕）　2007.10
no.116　カンディンスキー—抽象絵画の世界を開く（江藤光紀〔著〕）　2008.2
no.117　ペテルブルグ舞台芸術の魅力—演劇とバレエ案内（堀江新二，篠崎直也，小野田みどり〔著〕）　2008.2
no.118　シベリア鉄道—洋の東西を結んだ一世紀（藤原浩〔著〕）　2008.2
no.119　「おおきなかぶ」のおはなし—文学教育の視点から（田中泰子〔著〕）　2008.2
no.120　カスピ海エネルギー資源を巡る攻防（輪島実樹〔著〕）　2008.2
no.121　情報誌の中のロシア—文化と娯楽の空間（岩本和久〔著〕）　2008.6
no.122　シルクロードを行く—中央アジア五カ国探訪（清水陽子〔著〕）　2008.6
no.123　シベリアを旅した人類（加藤博文〔著〕）　2008.6
no.124　ロシア史の中の日本学（加藤百合〔著〕）　2008.6
no.125　メドベージェフ—ロシア第三代大統領の実像（大野正美〔著〕）　2008.6
no.126　無手勝流ロシア語通訳—ジグザグ道をまっしぐら（三浦みどり〔著〕）　2008.10
no.127　カザフスタンにおける日本人抑留者（味方俊介〔著〕）　2008.10
no.128　中央アジア経済図説（下社学〔著〕）　2008.10
no.129　ボリショイ・バレエ—その伝統と日本人ソリスト岩田守弘（北川裕子，北川剛史〔著〕）　2008.10
no.130　ロシア人と日本観光案内（さとう好明〔著〕）　2008.10
no.131　グルジア現代史（前田弘毅〔著〕）　2009.2
no.132　切手と紙幣が語るロシア史（安西修悦〔著〕）　2009.2
no.133　ロシアのマスメディアと権力（飯島一孝〔著〕）　2009.2
no.134　在日タタール人—歴史に翻弄されたイスラーム教徒たち（松長昭〔著〕）　2009.2
no.135　エカチェリーナ2世とその時代（田中良英〔著〕）　2009.2
no.136　ロシアの祭り—民衆文化と政治権力（阪本秀昭〔著〕）　2009.6
no.137　宮沢賢治とサハリン—「銀河鉄道」の彼方へ（藤原浩〔著〕）　2009.6
no.138　ロシア極東ビジネス事情（安木新一郎〔著〕）　2009.6
no.139　北東アジアのエネルギー国際関係（伊藤庄一〔著〕）　2009.6
no.140　グルジア戦争とは何だったのか（大野正美〔著〕）　2009.6
no.141　シベリア出兵90年と金塊疑惑（白鳥正明〔著〕）　2009.10
no.142　アルメニア近現代史—民族自決の果てに（吉村貴之〔著〕）　2009.10
no.143　ニコライ二世とその治世—戦争・革命・破局（加納格〔著〕）　2009.10
no.144　アムールトラに魅せられて—極東の自然・環境・人間（関啓子〔著〕）　2009.10
no.145　ロシア史異聞（さとう好明〔著〕）　2009.10
no.146　コワレフスカヤ—ロシアの天才女性数学者（前木祥子〔著〕）　2010.2
no.147　ウラジオストク—混迷と希望の20年（堀内賢志〔著〕）　2010.2
no.148　民衆の哀歌—ロシアの泣き歌（中堀正洋〔著〕）　2010.2
no.149　住んでみたカムチャツカ（広瀬健夫〔著〕）　2010.2
no.150　ミクロ分析経済危機下のロシア（塩原俊彦〔著〕）　2010.2
no.151　漱石と「露西亜の小説」（大木昭男著）　2010.6
no.152　BRICs経済図説（吉井昌彦，西島章次，加藤弘之，佐藤隆広著）　2010.6
no.153　ロシアの旧秘密都市（片桐俊浩著）　2010.6
no.154　チェブラーシカ（佐藤千登勢著）　2010.6

no.155　トルコから見たユーラシア—経済連携を中心に（長場紘著）　2010.6
no.156　司馬遼太郎とロシア（高橋誠一郎著）　2010.10
no.157　一九世紀ロシアと作家ガルシン—暗殺とテロルのあとで（大山麻稀子著）　2010.10
no.158　トルストイ・クロニクル—生涯と活動（藤沼貴著）　2010.10
no.159　新ロシア経済図説（岡田進著）　2010.10
no.160　南東欧経済図説（小山洋司著）　2010.10

横浜市立大学叢書　東信堂　2001〜2008　⇒III-111
8　もの・言葉・思考—形而上学と論理（三上真司著）　2007.1
9　アングロ・サクソン文学史　散文編（唐沢一友著）　2008.9

横山源之助全集　横山源之助著, 立花雄一編　法政大学出版局　2004〜2007　⇒I-423
第3巻　2006.2
第4巻　2006.6
第6巻　2005.6
第7巻　2005.2
第8巻　2005.10
第9巻　2006.11
別巻2　2007.4

吉田重俊全集　丸善仙台出版サービスセンター（製作）　2005〜2006
第1巻　バンコック赴任—戦時下のタイへ（吉田重俊著）　2005.8
第2巻　私たちの旅—国内海外旅行記（吉田重俊著）　2005.9
第3巻　十駿集—句集（吉田重俊著）　2005.11
第4巻　象を飼っている—エッセイ集（吉田重俊著）　2005.12
第5巻　生い立ち（吉田重俊著）　2006.4
補巻　私たちの旅—国内旅行記（吉田重俊著）　2006.5

Yomipack　読売新聞社　1995〜2008　⇒I-424
◇教育ルネサンス—教育の再興を考える大型企画　v.1（読売新聞東京本社宣伝部編）　2005.7
◇新日本語の現場　6（読売新聞東京本社宣伝部編）　2005.8
◇大学の実力—教育力向上への取り組み　読売新聞全国調査　2008（読売新聞東京本社宣伝部編）　2008.10

ライセンス・ライブラリー　DAI-X出版　2000〜2006　⇒I-424
6　とりたい!!旅行業務取扱管理者　改訂版（DAI-X出版編集部編）　2006.2
67　なりたい!!家裁調査官・裁判所事務官・書記官（DAI-X出版編集部編）　2005.4

楽学シリーズ　住宅新報社　2003〜2010　⇒I-424
◇楽学社労士横断学習法　平成17年版（吉田利宏著）　2004.10
◇楽学宅建　平成17年版（住宅新報社編）　2004.12
◇楽学行政書士 法令編1　平成17年版（住宅新報社編）　2005.2
◇楽学宅建合格塾　平成17年版 上（住宅新報社編）　2005.2
◇楽学宅建合格塾　平成17年版 下　宅建業法その他の分野（住宅新報社編）　2005.2
◇楽学宅建基礎の基礎 マンガで入門　改訂版（住宅新報社編）　2005.3
◇楽学行政書士 法令編2　平成17年版（住宅新報社編）　2005.3
◇楽学行政書士 教養編　平成17年版（住宅新報社編）　2005.3
◇楽学マンション管理士　平成17年版（住宅新報社編）　2005.3
◇楽学マンション管理士合格塾　平成17年版（住宅新報社編）　2005.4
◇楽学管理業務主任者　平成17年版（住宅新報社編）　2005.4
◇楽学司法書士不動産登記法　改訂版（富田太郎著）　2005.5
◇楽学司法書士基礎の基礎民法（植杉伸介著, 井上のぼるマンガ）　2005.9
◇楽学宅建　平成18年版（住宅新報社編）　2006.1

一般叢書・全集　　　　　　　　　　　　　　　　　　　総記

◇楽学宅建基礎の基礎　3訂版（住宅新報社編）2006.2
◇楽学宅建合格塾　上（権利関係・法令上の制限）改訂版（住宅新報社編）2006.2
◇楽学宅建合格塾　下（宅建業法・その他の分野）改訂版（住宅新報社編）2006.2
◇楽学行政書士　平成18年版　法令編1（住宅新報社編）2006.2
◇楽学行政書士　平成18年版　一般知識編（住宅新報社編）2006.2
◇楽学行政書士　平成18年版　法令編2（住宅新報社編）2006.2
◇楽学マンション管理士　平成18年版（住宅新報社編）2006.3
◇楽学司法書士行政書士基礎の基礎会社法（富田太郎著，井上のぼるまんが）2006.4
◇楽学司法書士　民法―親族・相続（山本有司著）2006.4
◇楽学マンション管理士合格塾―独学者にやさしい講義スタイルの新問題集　改訂版（住宅新報社編）2006.4
◇楽学管理業務主任者　平成18年版（住宅新報社編）2006.4
◇楽学司法書士不動産登記法　3訂版（富田太郎著）2006.7
◇楽学土地家屋調査士　記述式セミナー（山井由典著，井上のぼる漫画）2006.9
◇楽学司法書士憲法　改訂版（吉田利宏著）2006.10
◇楽学宅建　平成19年版（住宅新報社編）2007.1
◇楽学行政書士　平成19年版　法令編（住宅新報社編）2007.1
◇楽学宅建基礎の基礎　4訂版（住宅新報社編）2007.2
◇楽学宅建過去問ドリル　平成19年版（住宅新報社編）2007.2
◇楽学司法書士民法―総則・物権・債権　改訂版（山本有司著）2007.3
◇楽学宅建講義スタイル　平成19年版（住宅新報社編）2007.3

◇楽学管理業務主任者　平成19年版（住宅新報社編）2007.3
◇楽学マンション管理士　平成19年版（住宅新報社編）2007.3
◇楽学行政書士　平成19年版　一般知識編（住宅新報社編）2007.3
◇事件で学ぶ宅建民法―金田一弁護士が事件を通して民法を解く（小川多聞著）2007.4
◇楽学マンション管理士講義スタイル　平成19年版（住宅新報社編）2007.4
◇楽学司法書士刑法―刑法の思考回路を作る（植杉伸介著）2007.8
◇楽学土地家屋調査士記述式セミナー―楽しく学び楽して受かろう！　平成20年版（山井由典著，井上のぼるまんが）2007.11
◇楽学宅建基礎の基礎　5訂版（住宅新報社編）2007.12
◇楽学行政書士　平成20年版　法令編（住宅新報社編）2008.1
◇氷見敏明の楽学宅建―合格請負人　平成20年版（氷見敏明著）2008.1
◇楽学宅建合格塾　平成20年受験用（住宅新報社編）2008.2
◇楽学行政書士　平成20年版　一般知識編（住宅新報社編）2008.2
◇楽学マンション管理士　平成20年版（住宅新報社編）2008.3
◇楽学管理業務主任者　平成20年版（住宅新報社編）2008.3
◇楽学マン管・管理主任者合格塾　平成20年受験用（住宅新報社編）2008.3
◇楽学司法書士商業登記記述式（斎藤隆行著）2008.4
◇空き時間で覚える楽学宅建　平成20年受験用（住宅新報社編）2008.4
◇楽学司法書士民事訴訟法（福田隆光著）2008.8
◇楽学土地家屋調査士記述式セミナー―楽しく学び楽して受かろう！　平成21年版（山井由典著，井上のぼるまんが）2008.11
◇楽学宅建基礎の基礎　6訂版（住宅新報社編）2008.12

◇楽学司法書士民法──総則・物権・債権　3訂版（山本有司著）　2008.12
◇氷見敏明の楽学宅建　平成21年版（氷見敏明著）　2008.12
◇楽学宅建過去問ドリル　平成21年受験用（住宅新報社編）　2009.1
◇空き時間で受かる楽学宅建　平成21年受験用（住宅新報社編）　2009.1
◇楽学宅建3か月合格塾──熱血講義を実況中継　平成21年受験用（住宅新報社編）　2009.2
◇楽学行政書士　平成21年版 法令編（住宅新報社編）　2009.2
◇楽学行政書士　平成21年版 一般知識編（住宅新報社編）　2009.2
◇楽学マン管・管理業務主任者合格塾　平成21年受験用（住宅新報社編）　2009.3
◇楽学マンション管理士──楽しく学び楽して受かろう！　平成21年版（住宅新報社編）　2009.3
◇楽学管理業務主任者──楽しく学び楽して受かろう！　平成21年版（住宅新報社編）　2009.3
◇氷見敏明の楽学宅建1000本ノック（氷見敏明著）　2009.4
◇楽学司法書士商業登記法──独学者に最適の基本書 わかりやすくされど深く（富田太郎著）　2009.7
◇楽学司法書士不動産登記法──わかりやすくされど深く 改正法に対応した最新版！　4訂版（富田太郎著）　2009.10
◇楽学土地家屋調査士記述式セミナー──楽しく学び楽して受かろう！　平成22年版（山井由典著, 井上のぼるまんが）　2009.11
◇楽学司法書士民法──法律学習の難解さを払拭 親族・相続　改訂版（山本有司著）　2009.12
◇空き時間で受かる楽学宅建　平成22年受験用（住宅新報社編）　2009.12
◇氷見敏明の楽学宅建──合格請負人　平成22年版（氷見敏明著）　2009.12
◇楽学土地家屋調査士択一式セミナー──楽しく学び楽して受かろう！　平成22年版（山井由典著）　2009.12
◇楽学行政書士　平成22年版 法令編（住宅新報社編）　2010.1

◇楽学宅建基礎の基礎──はじめての宅建！マンガでチャレンジ　平成22年受験用（植杉伸介著, 河野やし画）　2010.1
◇楽学宅建過去問ドリル　平成22年度受験用（住宅新報社編）　2010.2
◇楽学宅建3か月合格塾　平成22年度受験用（住宅新報社編）　2010.2
◇氷見敏明の楽学宅建1000本ノック　平成22年受験用（氷見敏明著）　2010.2
◇楽学行政書士　平成22年版 一般知識編（住宅新報社編）　2010.2
◇楽学マンション管理士──楽しく学び楽して受かろう！　平成22年版（住宅新報社編）　2010.3
◇楽学管理業務主任者──楽しく学び楽して受かろう！　平成22年版（住宅新報社編）　2010.3
◇楽学行政書士　平成22年版 超速要点整理（西村和彦著）　2010.3
◇楽学マン管・管理業務主任者合格塾　平成22年受験用（住宅新報社編）　2010.3
◇楽学司法書士憲法──司法書士憲法学習の黄金率を発見！ 条文4・判例2・学説1＝黄金率　3訂版（吉田としひろ著）　2010.5
◇楽学司法書士 供託法・司法書士法──法律の全体像がラクラクつかめる!!（加藤章著）　2010.9
◇楽学司法書士 民法──総則・物権・債権　4訂版（山本有司著）　2010.9
◇楽学司法書士 不動産登記記述式（田中利和著）　2010.11
◇楽学土地家屋調査士択一式セミナー　平成23年版（山井由典著）　2010.11
◇楽学行政書士 法令編　平成23年版（住宅新報社編）　2010.12

ラテンアメリカ・モノグラフ・シリーズ　上智大学イベロアメリカ研究所　1983～2010　⇒I-424
no.15　アルゼンチンの主要紙にみる日本認識（今井圭子著）　2006.3
no.16　南米南部地域における天然ガスのインフラ整備と地域統合──国家主義的発想と地域主義的発想のはざまで（堀坂浩太郎著）　2008.3
no.17　アルゼンチン研究の基礎資料──国勢調査・経済社会統計（今井圭子著）　2008.3

一般叢書・全集　　　　　　　　　　　　　　　　　　総記

no.19　日系ブラジル人がみる日本移民100周年—日本ブラジル交流年記念シンポジウム（エレナ・トイダ編）　2009.3
no.20　メキシコ革命に関連するメキシコ長編フィクション映画作品目録（マウロ・ネーヴェス著）　2010.3
no.21　メキシコ革命の100年歴史的総括と現代的意義（堀坂浩太郎, 岸川毅編）　2010.3

ラピタ・ブックス　小学館　2005〜2007
◇スバルを支える職人たち—スバリストと呼ばれる根強いファンの心を掴む（清水和夫, 柴田充著）　2005.6
◇長靴を履いた開高健（滝田誠一郎著）　2006.6
◇悠悠おもちゃライフ（森博嗣著）　2006.7
◇つまらない手みやげですが（葉月二十一著）　2007.2
◇国産車の愛し方（小沢コージ著）　2007.2

りぶらりあ選書　法政大学出版局　1969〜2010
⇒I-425
◇パステルカラーの罠—ジェンダーのデザイン史（ペニー・スパーク著, 菅靖子, 暮沢剛巳, 門田園子訳）　2004.11
◇透明な卵—補助生殖医療の未来（ジャック・テスタール著, 小林幹生訳）　2005.10
◇聖なるきずな—ユダヤ人の歴史（ノーマン・F.キャンター著, 藤田永祐訳）　2005.11
◇食物と愛—日常生活の文化誌（ジャック・グッディ著, 山内彰, 西川隆訳）　2005.12
◇人類の記憶—先史時代の人間像（アンリ・ド・サン=ブランカ著, 大谷尚文訳）　2005.12
◇エコ心理療法—関係生態学的治療（ユルク・ヴィリィ著, 奥村満佐子訳）　2006.6
◇中世の商業革命—ヨーロッパ950-1350（ロバート・S.ロペス著, 宮松浩憲訳）　2007.3
◇脱植民地国家の現在—ムスリム・アラブ圏を中心に（アルベール・メンミ著, 菊地昌実, 白井成雄訳）　2007.5
◇初期のアルファベットの歴史（ヨセフ・ナヴェー著, 津村俊夫, 竹内茂夫, 稲垣緋紗子訳）　2007.6

◇時間の文化史—時間と空間の文化:1880‐1918年　上巻（スティーヴン・カーン著, 浅野敏夫訳）　2007.6
◇空間の文化史—時間と空間の文化:1880‐1918年　下巻（スティーヴン・カーン著, 浅野敏夫, 久郷丈夫訳）　2007.6
◇夢の終焉—ユートピア時代の回顧（ミヒャエル・ヴィンター著, 杉浦健之訳）　2007.8
◇中世の発見—偉大な歴史家たちの伝記（ノーマン・F.キャンター著, 朝倉文市, 横山竹己, 梅津教孝訳）　2007.12
◇世界の狩猟民—その豊饒な生活文化（カールトン・スティーヴンズ・クーン著, 平野温美, 鳴島史之訳）　2008.2
◇魔女と魔女裁判—集団妄想の歴史（クルト・バッシュビッツ著, 川端豊彦, 坂井洲二訳）　2008.5
◇精神分析の方法　1　セブン・サーヴァンツ（ウィルフレッド・ルプレヒト・ビオン著, 福本修訳）　2008.5
◇長い18世紀のイギリス都市—1680-1840（ジョイス・M.エリス著, 松塚俊三, 小西恵美, 三時真貴子訳）　2008.6
◇創造性とは何か—その理解と実現のために（シャロン・ベイリン著, 森一夫, 森秀夫訳）　2008.6
◇イギリス通商案—植民地拡充の政策（ダニエル・デフォー著, 泉谷治訳）　2010.2
◇アルコール中毒の歴史（ジャン=シャルル・スールニア著, 本多文彦監訳, 星野徹, 江島宏隆訳）　2010.5

竜谷大学国際社会文化研究所叢書　晃洋書房　2007
4　アフリカの医療・障害・ジェンダー—ナイジェリア社会への新たな複眼的アプローチ（落合雄彦, 金田知子編著）　2007.3

竜谷大学善本叢書　思文閣出版　2000〜2010
⇒I-426
25　三条西公条自筆稿本源氏物語細流抄（三条西公条〔著〕, 安藤徹責任編集）　2005.3
26　太平記（大取一馬責任編集）　2007.9
27　花園院宸記（宮内庁書陵部編）　2010.5

29 禿氏文庫本（竜谷大学仏教文化研究所編，大取一馬責任編集）　2010.10

竜谷大学善本叢書　法蔵館　2003～2010　⇒I-426
28 大谷文書集成　第4巻（竜谷大学仏教文化研究所編，小田義久責任編集）　2010.3

リュウ・ブックスアステ新書　経済界　2002～2010　⇒I-426
16 頭のいい人は質問が上手い（福田健著）　2005.3
17 クラウゼヴィッツ強いリーダーの条件─「戦略の達人」になる!（中森鎮雄編著）　2005.3
18 大江戸ビジネス─現代ビジネスの起源がすべて，ここにある!（呉光生著）　2005.6
19 禅的生活のすすめ─自分再発見!飾らずに生きる法〈シンプルで合理的な生き方〉　新版（石河正久著）　2005.11
20 幸運な人の行動術─厄年をもチャンスに変える（黒川兼弘著）　2005.12
21 人は「話し方」で9割変わる（福田健著）　2006.2
22 社長、それは幹部の仕事です─社長と幹部の役割分担マニュアル（部奈壮一著）　2006.3
23 言葉ひとつで、いい人生が見つかる─斎藤茂太名語録（斎藤茂太著）　2006.4
24 あなたの「話し方」がダメな理由─1分間で、人を「とりこ」にする方法（福田健著）　2006.9
25 初乗り610円にダマされるな!─経済性工学の意思決定（橋本賢一著）　2006.12
26 好感度が300%upする「謝り方」─人生が180度好転する「ピンチをチャンスに変える法」（福田健著）　2007.2
27 外資系キャリアが密かに使う成功の法則（真弓香著）　2007.3
28 3カ月で、いっちょまえ─要領3に、気配り7で、「できる仕事」の技術が身につく（中島孝志著）　2007.4
29 日本の決まりごと─「クイズ版」日本人が知っておきたい伝統100（幸運社編）　2007.5
30 コロリ力─知らぬ間に人をとりこにする「脳」の使い方（佐藤富雄著）　2007.5
31 ちょっと自慢できる日本史小ネタ帳99─クイズ版（歴史と文化の研究会編）　2007.5
32 もっと楽になる「生き方」─読むだけで、幸せになる本（観月環著）　2007.6
33 猛暑、厳寒で株価は上がる?─地球温暖化で気象と経済の関係もガラリと変わる!（村山貢司著）　2007.8
34 日本人力診断（日本人力を研究する会編）　2007.8
35 戦略を持たない日本─子どもや孫に誇れる国づくりへ（渋谷司著）　2007.9
36 「塩」は体を温め、免疫力を上げる!─今までの、極端な「減塩」信仰は大間違い!（石原結實著）　2007.10
37 「日本と中国」歴史の真実─教科書で習った日本史・中国史が、ウソだったことがわかる本（拳骨拓史著）　2007.10
38 「話し方」の品格─「品のいい人」になれる10か条（福田健著）　2007.10
39 トヨタ式世界を制した問題解決力─これが「思考・行動・成功」の最強方程式（若松義人著）　2007.11
40 血液浄化健康法─病気は、血行の悪い《冷たい!》ところで発生する!（石原結實著）　2007.12
41 頭がいい人の一日15分勉強法（本郷陽二著）　2008.2
42 女性は「話し方」で9割変わる（福田健著）　2008.3
43 仕事の法則─ルールには成功の理由がある（浜口直太著）　2008.3
44 電話を切った後で必ず「ムカツク」という人─隣の困った人との接し方（本郷陽二著）　2008.3
45 難関資格合格したけりゃ、本は読むな!─社会人こそ、最短時間で一発突破できる（福田大助著）　2008.4
46 夢をかなえる心理術─この法則で、人生はいい方向に向かう（田中あや著）　2008.4
47 お金は7月に借りなさい!─銀行に泣き落としは通用するのか?（石橋知也著）　2008.5
48 スティーブ・ジョブズ神の交渉力─この「やり口」には逆らえない!（竹内一正著）　2008.6

一般叢書・全集　　　　　　　　　　　　　　　　　　　　　総記

49　人を見抜く―人は必ず、嘘をつく（渋谷昌三著）　2008.6
50　偶キャリ。―「偶然」からキャリアをつくる（所由紀著）　2008.9
51　大逆転!バカ社長―天職発見の人生マニュアル（栢野克己著）　2008.9
52　ラブホテル人間学―現代を読み解く 欲望マーケティングの実態（亜美伊新著）　2008.11
53　「地価」はつくられている―あなたのその投資、大丈夫?（濠壱成著）　2008.11
54　大阪のオバチャンは、なぜ人前でもあがらないのか?（金井英之著）　2008.11
55　なぜ弁護士はウラを即座に見抜けるのか?（佐伯照道著）　2008.12
56　ゴルフは「タフな心」でうまくなる―勝敗はすでにグリーンの外でついている。（岡本正善著）　2008.12
56　結婚できない10の習慣―「婚差値40」の女（角川いつか著）　2009.5
57　いくつになっても「元気脳」になる習慣（斎藤茂太著）　2008.12
58　スティーブ・ジョブズ人を動かす神―なぜ、人は彼に心を奪われるのか?（竹内一正著）　2008.12
59　女も知らない女のカラダ―「しくみ」がわかれば「こころ」が読める。（対馬ルリ子著）　2009.2
60　新超高速勉強法―「結果」は「速さ」に比例する!（椋木修三著）　2009.3
61　なぜ、うちのチャーハンはパラッとしないのか?―ひと手間で10倍おいしい家庭料理（白野浩子監修）　2009.3
62　子どもは「話し方」で9割変わる（福田健著）　2009.3
63　男を見抜く―男は必ず、操れる（渋谷昌三著）　2009.5
64　女を見抜く―女は必ず、嘘をつく（渋谷昌三著）　2009.5
65　男は、なぜ缶コーヒーが好きなのか?―"違い"のわかる女"の男と接する正しい方法（姫野友美著）　2009.5
67　「ひとり老後」の楽しみ方―人もうらやむ"元気・安心暮らし"（保坂隆監修）　2009.7

68　「見た目」で誤解される人―2秒の「あなた」が判断される（唐沢理恵著）　2009.7
69　与えれば、与えられる―「相手を生かそうとする人は、自分も生かされる」法則（リーマンさん著）　2009.8
70　煩悩力―毒を「生きる力」に変える禅のこころ（藤原東演著）　2009.8
71　示談金、本当にその金額でいいですか?―あなたは、いくらで納得しますか?（西本邦男著）　2009.8
72　松下幸之助「商売戦術三十カ条」（板垣英憲著）　2009.9
73　女脳はまっすぐしか走れない―女脳を活かすと女性を味方にできる（米山公啓著）　2009.9
74　物語だからわかる日本人も知らない日本語の常識（小松田紋也著）　2009.9
75　病気が消える習慣―体を強くする「ハイパーフィトケミカル」（入谷栄一著）　2009.10
76　失敗をチャンスに変える「話し方」（福田健著）　2009.10
77　ノートパソコンは買うな!―99%の人は騙される価格の秘密（小山信康著）　2009.10
78　お金は子どもに預けなさい―6歳からの金融リテラシー講座（八木陽子著）　2009.11
79　「幸福力」を高める生き方―中村天風名言集（松本幸夫著）　2009.11
80　上司を見抜く部下を見抜く―できる奴ほど嘘をつく（渋谷昌三著）　2009.12
81　スティーブ・ジョブズ神の策略―「嘘」はやがて「真実」に変わる（竹内一正著）　2009.12
82　言葉の罠―仕掛ける・動かす・味方に変える（松本幸夫著）　2009.12
83　なぜ、あの人だけが採用されるのか?―失業しても、すぐ仕事に就ける法（佐藤文男著）　2010.2
84　取締役になれる人部課長で終わる人　2　新版（国友隆一著）　2010.2
85　毎日が笑顔になる「ひとり老後」の始め方―出会う・学ぶ・楽しむ・元気になる（保坂隆監修）　2010.3
86　大学の理系教科書は1ページ25万円で売れる!?―理系の"あたりまえ"がお金を生み出すワケ!（新川智英著）　2010.3

87　仕事の効率が1000倍あがる「1分間」整理法（西村克己著）　2010.5
88　職場は「話し方」で9割変わる（福田健著）　2010.4
89　仕事を遅くする7つの常識—「やめる」だけでスピード10倍アップ（松本幸夫著）　2010.5
90　会社が生まれ変わるために必要なこと—M&A「成功」と「幸せ」の条件（三宅卓著）　2010.6
91　フィンランド・メソッド超「読解力」—6つのステップで伸びる「言葉の力」（田中博之著）　2010.7
92　お金持ちは2度「カネ」を生かす!—「消費」がそのまま「資産」に変わるお金の使い方（小山信康著）　2010.8
93　お墓なんて、いらない—誰の負担にもならない「死に方」とは?（中村三郎著）　2010.8
94　人物鑑定法—あの人も、丸見えになる（井上和幸著）　2010.9
95　世界はジャパンをどう見たか?（四方健太郎著）　2010.8
96　東大卒でも赤字社員中卒でも黒字社員—会社が捨てるのは、利益を出せない人（香川晋平著）　2010.10
97　心を動かす—あの人も「味方」になる（渋谷昌三著）　2010.10
98　ジョブズはなぜ、「石ころ」から成功者（ダイアモンド）になれたのか?—31歳までに必ずやったこと、絶対やらなかったこと（桑原晃弥著）　2010.10
99　恋話術—愛しの彼に「好き」と言わせる（野口敏、梶村操共著）　2010.11
100　読むだけで人生が変わるたった一つの方法—伊勢白山道Q&A事典（リーマンさん著）　2010.12
101　帝国ホテルサービスの真髄（国友隆一著）　2010.11
102　どうして、国を守らなければいけないの?（滝沢中著）　2010.12
103　育毛セラピー—「いつまでもハゲと思うなよ」読めば読むほどフサフサになる（鈴木拓也著）　2010.12

歴研ブックス　歴研　2000〜2007　⇒V-745
◇蒲生氏郷と家臣団—文武両道、秀吉に次ぐ未完の天下人（横山高治著）　2006.10
◇風林火山の女たち—信玄をとりまく二十四人（中津攸子著）　2007.6

歴春ファミリー文庫　歴史春秋出版　2004〜2005
4　ふくしまのスローフード　2004.9
5　スローライフinふくしま—ふくしまのやさしいくらし　2005.11

歴春ふくしま文庫　歴史春秋出版　2000〜2010　⇒IV-93
2　ふくしま自然散歩—阿武隈山地（蜂谷剛、五十嵐彰著）　2005.11
5　ふくしま自然散歩—会津平野と会津山地（蜂谷剛、樫村利道著）　2008.4
6　動く植物—オジギソウとハエジゴクから（阿部武著）　2006.1
11　気候が変わる—地球温暖化を考える（渡辺明著）　2007.11
12　ふくしまの地形（中村嘉男著）　2008.2
13　ふくしまの火山と災害（長橋良隆著）　2006.1
26　猪苗代兼載（上野邦男著）　2010.11
35　会津の狩りの民俗（石川純一郎著）　2006.10
38　ふくしま食の民俗（近藤栄昭、平出美穂子著）　2005.1
44　城下町の民俗—武士の暮らしにみるハレとケ（国分早苗、野沢謙治著）　2005.8
45　ふくしまの市と市神（大山孝正著）　2007.11
48　ふくしまのお金—福島県における貨幣の移り変わり（鈴木正敏著）　2006.11
49　ふくしまの曙—旧石器時代・縄文時代・弥生時代（藤原妃敏著）　2006.4
53　平泉藤原氏と南奥武士団の成立（入間田宣夫著）　2007.2
56　隠された郡山の戊辰戦争—今泉久三郎日記より（七海晧奘著）　2008.2
58　近世ふくしまの国絵図（阿部俊夫著）　2010.9
61　阿武隈川の舟運（竹川重男著）　2005.5
67　古関裕而 うた物語（斎藤秀隆著）　2010.9

一般叢書・全集　　　　　　　　　　　　　　　　　　　　　総　記

68　会津史の源流を探る─青巌の軌跡に辿る高寺山浄土（太田保世著）　2005.8
72　福祉は人なり─福島県社会福祉人物史抄（本田久市著）　2007.2
77　郡山美女伝説めぐり─安積采女・静御前・萩姫（今泉正顕著）　2005.11
78　ふくしまの鉱山（佐藤一男著）　2005.12
82　ふくしまの古寺社紀行（植田竜著）　2007.10
88　ふくしまの地名を拾う（笹川寿夫著）　2006.10
91　福島の演劇（笠原健治, 関河惇著）　2010.11
93　いわきの伝説ノート（夏井芳徳著）　2006.3
94　会津の伝説─高倉宮以仁王の会津潜行記（安藤紫香, 滝沢洋之著）　2007.5

歴春ブックレット　歴史春秋出版　1992〜2007　⇒Ⅱ-508

no.30　薬用人蔘─人々が長く求め続けた不老長寿の人蔘（鷲山義雄著）　2006.1
no.31　会津の巨木─衰弱しても杖を持たない巨樹に、人間の優しい触れ合いを…。（佐藤金一郎著）　2006.6
no.32　会津の文学碑─路傍の句・歌碑72選（佐藤金一郎著）　2007.10

レグルス文庫　第三文明社　1971〜2010　⇒Ⅰ-426

239　周恩来─人民の宰相（高橋強, 川崎高志著）　2004.12
252　精神医学の歴史（小俣和一郎著）　2005.6
253　信教の自由と政治参加（竹内重年著）　2005.5
254　法華文句　1（〔智顗〕〔説〕，〔灌頂〕〔記〕，菅野博史訳註）　2007.6
255　法華文句　2（〔智顗〕〔説〕，〔灌頂〕〔記〕，菅野博史訳註）　2008.9
256　法華文句　3（菅野博史訳註）　2010.12
258　食事崩壊と心の病（大沢博著）　2007.11
259　生活に生きる故事・説話─日蓮の例話に学ぶインド編（若江賢三, 小林正博共編）　2007.12
260　生活に生きる故事・説話─日蓮の例話に学ぶ中国・日本編（若江賢三, 小林正博共編）　2007.12
261　生命文明の世紀へ─「人生地理学」と「環境考古学」の出会い（安田喜憲著）　2008.2
262　ナポレオン入門─1世の栄光と3世の挑戦（高村忠成著）　2008.2
263　「人間主義」の限りなき地平（海外諸大学での講演選集　2）（池田大作著）　2008.3
264　調和と生命尊厳の社会へ─創価思想のキーワード（石神豊著）　2008.6
265　ドストエフスキイと日本人　上　二葉亭四迷から芥川竜之介まで（松本健一著）　2008.8
266　ドストエフスキイと日本人　下　小林多喜二から村上春樹まで（松本健一著）　2008.8
267　魯迅─その文学と闘い（檜山久雄著）　2008.12
268　日本仏教の歩み（小林正博著）　2009.2
269　現代に生きる法華経（菅野博史著）　2009.8

早稲田教育叢書　早稲田大学教育総合研究室編　学文社　1997〜2010　⇒Ⅰ-427

21　英語教育グローバルデザイン（中野美知子編著）　2005.3
22　「総合的な学習の時間」教材研究─素材をどう生かすか　中学・高校版（石堂常世編著）　2006.8
23　私立大学の源流─「志」と「資」の大学理念（大西健夫, 佐藤能丸編著）　2006.3
24　高次脳機能の障害心理学─神経心理学的症状とリハビリテーション・アプローチ（坂爪一幸著）　2007.3
25　声の力と国語教育（大津雄一, 金井景子編著）　2007.3
26　特別支援教育に活かせる発達障害のアセスメントとケーススタディ─発達神経心理学的な理解と対応：言語機能編（坂爪一幸編著）　2008.3
27　学校管理職に求められる力量とは何か─大学院における養成・研修の実態と課題（白石裕編著）　2009.3
28　「教育」の常識・非常識─公教育と私教育をめぐって（安彦忠彦著）　2010.3

早稲田大学オンデマンド出版シリーズ　早稲田大学文学部　2002〜2006　⇒Ⅴ-89

◇古代ローマの人々─家族・教師・医師（小林雅夫著）　2005.3

◇くずし字速習帳　近世版 本篇（中嶋隆，兼築信行編）　2005.3
◇景観に歴史を読む　史料編（海老沢衷著）　2005.3
◇書いて覚える中国語　文法ドリル初級編（楊達，佐藤浩一，土谷彰男著）　2005.3
◇ギリシャ・ローマ文学必携（宮城徳也著）　2006.2
◇美/学（酒井紀幸，山本恵子著）　2006.3

早稲田大学学術叢書　早稲田大学出版部　2009～2010
1　中国古代の社会と黄河（浜川栄著）　2009.3
2　東京専門学校の研究—「学問の独立」の具体相と「早稲田憲法草案」（真辺将之著）　2010.1
3　命題的推論の理論—論理的推論の一般理論に向けて（中垣啓著）　2010.3
4　一亡命者の記録—池明観のこと（堀真清著）　2010.3
5　ジョン・デューイの経験主義哲学における思考論—知性的な思考の構造の解明（藤井千春著）　2010.3
6　霞ヶ浦の環境と水辺の暮らし—パートナーシップ的発展論の可能性（鳥越皓之編著）　2010.4
7　朝河貫一論—その学問形成と実践（山内晴子著）　2010.3
8　源氏物語の言葉と異国（金孝淑著）　2010.4

早稲田大学モノグラフ　早稲田大学出版部　2009～2010
1　土地価格と景気循環に関する研究（植杉大著）　2009.1
2　朝河貫一論—その学問形成と実践（山内晴子著）　2009.1
3　帝政期のウラジオストク中心市街地における都市空間の形成に関する歴史的研究（佐藤洋一著）　2009.1
4　歌舞伎「一谷嫩軍記」の研究（李墨著）　2009.1
5　コア・コンピタンスとIT戦略（朴英元著）　2009.3
6　中国における国際商事仲裁制度の比較法的研究（胡光輝著）　2009.3
7　参加型自然保護で住民は変わるのか—タンザニア・セレンゲティ国立公園におけるイコマの抵抗と受容（岩井雪乃著）　2009.3
8　中国における民事法の継受—日本法との比較（顧祝軒著）　2009.3
9　能、戯曲解釈の可能性—〈草刈の能〉から〈狭衣〉まで（平林一成著）　2009.3
10　日本企業の組織ダイナミズムに関する研究—組織の機能、アライメント、そして変革の統合的分析（鈴木勘一郎著）　2009.3
11a　機能文型に基づく相談の談話の構造分析（鈴木香子著）　2009.3
11b　機能文型に基づく相談の談話の構造分析—相談の談話資料集（鈴木香子著）　2009.3
12　遠隔の日本語教育とeラーニング—テレビ会議システムを介した遠隔チュートリアルの可能性（尹智鉉著）　2009.3
13　依頼の会話における「待遇ストラテジー」の研究—相互行為としての会話教育の理論と実践（高木美嘉著）　2009.3
14　冷戦レトリックの形成過程—トルーマン大統領のレトリック戦略を中心に（西川秀和著）　2009.10
15　建築計画における行動モニタリング（遠田敦著）　2009.10
16　地方分権転換期日本における「公共経営プラットフォーム」の形成と発展—「地域力」の新たなる地平（浜崎晃著）　2009.10
17　フィリピンにおける民主主義への移行とその定着に関する総合的研究—市民社会の政治力学に注目して（五十嵐誠一著）　2009.10
18　持続可能な都市交通に向けた道路空間の再構成に関する研究—ドイツ諸都市における歩行者・自転車空間拡大の手法と取り組み（エルファディンク・ズザンネ著）　2009.10
19　モンテカルロ法に基づくベイズ学習の拡張に関する研究（中田洋平著）　2009.10
20　行動選択における反応間間隔と遅延時間の影響—期待報酬量が一定の状況での反応間間隔分布と系列依存性および遅延価値割引判断について（川嶋健太郎著）　2009.10

一般叢書・全集

21 明治戯作の研究—草双紙を中心として（佐々木亨著）2009.10
22 ジョルジュ・バタイユ供犠のヴィジョン（古永真一著）2010.3
23 The Edwardian historical pageant—local history and consumerism（Ayako Yoshino〔著〕）2010.2
24 日本地方鉄道の存廃問題における国の鉄道政策（黄永鎮著）2010.2
25 東アジアにおけるIT産業の国際展開と専門技術者の国際移動（江秀華著）2010.2
26 近世中日両国の民衆教育に関する比較研究—両国民衆教育普及の相違とその要因の考察を中心に（胡学亮著）2010.2

ワードマップ　新曜社　1986～2010　⇒I-427
◇グラウンデッド・セオリー・アプローチ—理論を生みだすまで（戈木クレイグヒル滋子著）2006.4
◇イスラーム—社会生活・思想・歴史（小杉泰，江川ひかり編）2006.7
◇フィールドワーク—書を持って街へ出よう　増訂版（佐藤郁哉著）2006.12
◇安全・安心の心理学—リスク社会を生き抜く心の技法48（海保博之，宮本聡介著）2007.2
◇エスノメソドロジー—人びとの実践から学ぶ（前田泰樹，水川喜文，岡田光弘編）2007.8
◇会話分析・ディスコース分析—ことばの織りなす世界を読み解く（鈴木聡志著）2007.11
◇ゲーム理論—人間と社会の複雑な関係を解く（佐藤嘉倫著）2008.11
◇認知哲学—心と脳のエピステモロジー（山口裕之著）2009.9
◇社会福祉調査—企画・実施の基礎知識とコツ（斎藤嘉孝著）2010.1
◇ポジティブマインド—スポーツと健康、積極的な生き方の心理学（中込四郎，石崎一記，外山美樹著，海保博之監修）2010.4
◇認知的個性—違いが活きる学びと支援（松村暢隆，石川裕之，佐野亮子，小倉正義編）2010.4

ワニ文庫　ベストセラーズ　1999～2010　⇒I-427

◇美しい話し方のレッスン（金井良子〔著〕）2004.12
◇妻たちの性の記録 38（月刊『ホームトーク』編集部編）2004.12
◇知ってるとちょっとカッコイイ世界史（島崎晋〔著〕）2005.1
◇言いにくいことを「サラリ」と言う技術（植西聡〔著〕）2005.1
◇怪しいアジアの怪しいニュース（クーロン黒沢，梅本善郎，リン外川〔著〕）2005.2
◇ことば美人へのプチ・レッスン（杉山美奈子著）2005.2
◇妻たちの性の記録 39（月刊『ホームトーク』編集部編）2005.2
◇名古屋のオキテ（中沢天童〔著〕）2005.3
◇天皇家はなぜ続いたのか（梅沢恵美子〔著〕）2005.3
◇「しまった!」と思ったときのとっさの一言（ジャンヌ・マルティネ〔著〕，佐藤志緒訳）2005.3
◇美しい敬語のマナー（鈴木雪子〔著〕）2005.4
◇やる気が「モリモリ」わいてくる本（藤田徳人〔著〕）2005.4
◇妻たちの性の記録 40（月刊『ホームトーク』編集部編）2005.4
◇スッキリ!—気分が晴れる88の方法（植西聡〔著〕）2005.5
◇リセットダイエット—我慢するのは1週間だけ!（篠塚蘭美以〔著〕）2005.6
◇「聞く技術」が面白いほど身につく本（武藤清栄〔著〕）2005.6
◇妻たちの性の記録 41　もうひとつの時間。（月刊『ホームトーク』編集部編）2005.6
◇怖すぎる話—本当にあった超怪奇譚（さたなきあ〔著〕）2005.7
◇女の魅力は「話し方」しだい（金井良子〔著〕）2005.7
◇笑われる日本語（増井金典著）2005.7
◇妻たちの性の記録 42　永遠よりもずっと…（栗原幹夫著，月刊『ホームトーク』編集部編）2005.7
◇笑われる日本語（増井金典〔著〕）2005.8

◇六星占術による土星人の運命　平成18年版（細木数子〔著〕）　2005.8
◇六星占術による金星人の運命　平成18年版（細木数子〔著〕）　2005.8
◇六星占術による火星人の運命　平成18年版（細木数子〔著〕）　2005.8
◇六星占術による天王星人の運命　平成18年版（細木数子〔著〕）　2005.8
◇六星占術による木星人の運命　平成18年版（細木数子〔著〕）　2005.8
◇六星占術による水星人の運命　平成18年版（細木数子〔著〕）　2005.8
◇六星占術による霊合星人の運命　平成18年版（細木数子〔著〕）　2005.8
◇妻たちの性の記録　42　永遠よりもずっと…。（月刊『ホームトーク』編集部編）　2005.8
◇妻たちの性の記録　43　胸いっぱいのときめき。（月刊『ホームトーク』編集部編）　2005.10
◇妻たちの性の記録　44　恋心がとまらない。（月刊『ホームトーク』編集部編）　2005.11
◇心がかるくなる生きかた（斎藤茂太〔著〕）　2006.2
◇妻たちの性の記録　45　恋という希望。（月刊『ホームトーク』編集部編）　2006.2
◇願えばかなう「思い込み」の魔力（佐藤富雄〔著〕）　2006.3
◇ホストの出世術（向谷匡史〔著〕）　2006.3
◇ことば美人のプチ・テクニック—思わず「うん！」と言わせる（杉山美奈子著）　2006.4
◇妻たちの性の記録　46　わたしが女に戻るとき。（月刊『ホームトーク』編集部編）　2006.4
◇恋にうつつを抜かしなさい！（佐藤富雄〔著〕）　2006.5
◇行列のできるマル秘法律相談所（丸山和也著）　2006.6
◇妻たちの性の記録　47　ココロ、咲き乱れるとき。（月刊『ホームトーク』編集部編）　2006.6
◇たまらなく怖い怪談—身の毛がよだつ実話集（さたなきあ〔著〕）　2006.8
◇中年から「いい人生」をつくる生きかた（斎藤茂太著）　2006.8

◇六星占術による土星人の運命　平成19年版（細木数子〔著〕）　2006.8
◇六星占術による金星人の運命　平成19年版（細木数子〔著〕）　2006.8
◇六星占術による火星人の運命　平成19年版（細木数子〔著〕）　2006.8
◇六星占術による天王星人の運命　平成19年版（細木数子〔著〕）　2006.8
◇六星占術による木星人の運命　平成19年版（細木数子〔著〕）　2006.8
◇六星占術による水星人の運命　平成19年版（細木数子〔著〕）　2006.8
◇六星占術による霊合星人の運命　平成19年版（細木数子〔著〕）　2006.8
◇妻たちの性の記録　48　私、ときめく。（月刊『ホームトーク』編集部編）　2006.8
◇妻たちの性の記録　49　つのる想い。（月刊『ホームトーク』編集部編）　2006.10
◇「もの忘れ」がなくなる本（大島清〔著〕）　2006.11
◇mixi完全活用本（SNS探偵団編著）　2006.11
◇薄型テレビパーフェクトガイド（デジタル映像研究班編著）　2006.11
◇YouTube完全活用本（チーム「ようつべ」編著）　2006.11
◇エンジェル・メッセージ—天使があなたに知ってほしいこと（ドリーン・バーチュー著，宇佐和通訳）　〔2006.11〕
◇40歳からの人を動かす「表現力」（中島孝志〔著〕）　2006.11
◇エンジェル・メッセージ（ドリーン・バーチュー〔著〕，宇佐和通訳）　2006.12
◇超速！販促の王道—日本一高額な経営コンサルタントの手の内（佐藤昌弘〔著〕）　2006.12
◇妻たちの性の記録　50　抱いて…。（月刊『ホームトーク』編集部編）　2006.12
◇薬にたよらず食べて治す高血圧（小室一成，宗像伸子監修）　2007.2
◇50代から人生を愉しむ生きかた（斎藤茂太〔著〕）　2007.2
◇封印された戦国名城史（井沢元彦〔著〕）　2007.2

一般叢書・全集　　　　　　　　　　　　　　　　　総記

◇妻たちの性の記録 51 恋する冒険者たち。(月刊『ホームトーク』編集部編) 2007.2
◇薬にたよらず食べてコントロール糖尿病(吉次通泰, 木坂京子監修) 2007.3
◇ヒップホップスラング(スティーブン・チェーシー, 徳州英文〔著〕) 2007.4
◇妻たちの性の記録 52 大切なもの。(月刊『ホームトーク』編集部編) 2007.4
◇いつのまにか「お金がたまる人」のさりげない習慣(大勝文仁〔著〕) 2007.5
◇スピリチュアル・ティーチング(ソニア・ショーケット〔著〕, 井原美紀, ユール洋子訳) 2007.6
◇妻たちの性の記録 53 もうひとつの自分探し。(月刊『ホームトーク』編集部編) 2007.6
◇絶対相手にyesと言わせる心理作戦(内藤誼人〔著〕) 2007.7
◇好感度no.1になる話し方(渋谷昌三〔著〕) 2007.7
◇「時間の王様」vs「お金の王様」(中島孝志〔著〕) 2007.7
◇ひもとロープの結び方、ふろしきの包み方(暮らしの知恵研究会〔著〕) 2007.8
◇血染めの世界残虐史(世界怪奇倶楽部〔著〕) 2007.8
◇あなたの隣の怪談集(さたなきあ〔著〕) 2007.8
◇六星占術による土星人の運命 平成20年版(細木数子〔著〕) 2007.8
◇六星占術による金星人の運命 平成20年版(細木数子〔著〕) 2007.8
◇六星占術による火星人の運命 平成20年版(細木数子〔著〕) 2007.8
◇六星占術による天王星人の運命 平成20年版(細木数子〔著〕) 2007.8
◇六星占術による木星人の運命 平成20年版(細木数子〔著〕) 2007.8
◇六星占術による水星人の運命 平成20年版(細木数子〔著〕) 2007.8
◇六星占術による霊合星人の運命 平成20年版(細木数子〔著〕) 2007.8
◇妻たちの性の記録 54 恋しくて、恋しくて、恋しくて。(月刊『ホームトーク』編集部編) 2007.8
◇遊び上手は生き上手(斎藤茂太〔著〕) 2007.9
◇鬼が嗤った!日本古代史(有賀訓〔著〕) 2007.10
◇交通違反でつかまっても困らない本(今井亮一〔著〕) 2007.10
◇浦島太郎は誰なのか(関裕二〔著〕) 2007.10
◇妻たちの性の記録 55 心の叫び。(月刊『ホームトーク』編集部編) 2007.10
◇自分が変わる魔法のメッセージ(植西聡〔著〕) 2007.11
◇骨盤キック!ダイエット(松岡博子〔著〕) 2007.12
◇歴史人物ウラの素顔(歴史の謎プロジェクト〔著〕) 2007.12
◇妻たちの性の記録 56 昨日よりも若く。(月刊『ホームトーク』編集部編) 2007.12
◇ことばに感じる女たち(黒川伊保子〔著〕) 2008.1
◇好きな人から愛されるマーフィーの法則(植西聡〔著〕) 2008.1
◇妻たちの性の記録 57 もうひとつの愛し方・愛され方(月刊『ホームトーク』編集部編) 2008.2
◇金魚を金魚鉢で飼ってはならない(世界のルール調査班〔著〕) 2008.3
◇敵は我に在り 上巻 新装版(野村克也〔著〕) 2008.3
◇敵は我に在り 下巻 新装版(野村克也〔著〕) 2008.3
◇日本はなぜ神道なのか(中矢伸一〔著〕) 2008.4
◇妻たちの性の記録 58 恋心、いつまでも。(月刊『ホームトーク』編集部編) 2008.4
◇誰からもyesと言われる人の心理術(内藤誼人〔著〕) 2008.5
◇妻たちの性の記録 59 愛という名の迷宮。(月刊『ホームトーク』編集部編) 2008.6
◇愛する人に愛される法則(植西聡〔著〕) 2008.7
◇幕末剣豪秘伝(津本陽監修) 2008.8
◇六星占術による土星人の運命 平成21年版(細木数子〔著〕) 2008.8
◇六星占術による金星人の運命 平成21年版(細木数子〔著〕) 2008.8

◇六星占術による火星人の運命　平成21年版（細木数子〔著〕）2008.8
◇六星占術による天王星人の運命　平成21年版（細木数子〔著〕）2008.8
◇六星占術による木星人の運命　平成21年版（細木数子〔著〕）2008.8
◇六星占術による水星人の運命　平成21年版（細木数子〔著〕）2008.8
◇六星占術による霊合星人の運命　平成21年版（細木数子〔著〕）2008.8
◇妻たちの性の記録　60　美しき背徳。（月刊『ホームトーク』編集部編）2008.8
◇ラクになる生き方（斎藤茂太〔著〕）2008.10
◇妻たちの性の記録　61　恋する季節は終わらない。（月刊『ホームトーク』編集部編）2008.10
◇午前中に仕事を片づける人の習慣術（ビジネス・サポートネットワーク〔著〕）2008.11
◇好きな人と最高にうまくいく100の秘密（デビッド・ニーブン〔著〕，玉置悟訳）2008.12
◇脳がさえる50の習慣（大島清〔著〕）2008.12
◇妻たちの性の記録　62　あなたしか見えない。（月刊『ホームトーク』編集部編）2008.12
◇頭がいい人の話し方（植西聡〔著〕）2009.1
◇「今すぐできない！」自分を変える本（斎藤茂太〔著〕）2009.2
◇妻たちの性の記録　63　私らしく。（月刊『ホームトーク』編集部編）2009.2
◇JR全線全駅下車の旅（横見浩彦〔著〕）2009.3
◇天地人の戦国乱世名将・智将の時代（井沢元彦，火坂雅志〔著〕）2009.4
◇読めそうなのに読めない漢字の本　新版（日本の常識研究会編）2009.4
◇妻たちの性の記録　64　恋の少し先へ。（月刊『ホームトーク』編集部編）2009.4
◇姫君たちのスカートの下（桐生操〔著〕）2009.6
◇スタイリスト押田比呂美のコーディネート・大人の法則（押田比呂美著）2009.6
◇妻たちの性の記録　65　日常の彼方へ。（月刊『ホームトーク』編集部編）2009.6
◇毎食ひとふりオイルでやせる！（伊達友美〔著〕）2009.7
◇とてつもなく怖い話（さたなきあ〔著〕）2009.7
◇好かれる女性になる魔法のメッセージ（植西聡〔著〕）2009.8
◇妻たちの性の記録　66　夢の続き。（月刊『ホームトーク』編集部編）2009.8
◇六星占術による土星人の運命　平成22年版（細木数子〔著〕）2009.8
◇六星占術による金星人の運命　平成22年版（細木数子〔著〕）2009.8
◇六星占術による火星人の運命　平成22年版（細木数子〔著〕）2009.8
◇六星占術による天王星人の運命　平成22年版（細木数子〔著〕）2009.8
◇六星占術による木星人の運命　平成22年版（細木数子〔著〕）2009.8
◇六星占術による水星人の運命　平成22年版（細木数子〔著〕）2009.8
◇六星占術による霊合星人の運命　平成22年版（細木数子〔著〕）2009.8
◇一筆箋の書き方、楽しみ方（むらかみかずこ〔著〕）2009.9
◇フーゾク儲けと遊びの裏事情（吉原遊太郎〔著〕）2009.9
◇20代からのチャンスをつかむ勉強法（中島孝志〔著〕）2009.9
◇新編・調教師伊藤雄二の確かな目　警鐘（〔競馬ドキュメント・シリーズ〕〔1〕）（鶴木遵〔著〕）2009.10
◇幸せの口ぐせ―ことば美人のプチ・レッスン（杉山美奈子著）2009.10
◇全国一の宮紀行（戸部民夫〔著〕）2009.10
◇妻たちの性の記録　67　もうひとつの恋の見つけ方。（月刊『ホームトーク』編集部編）2009.10
◇新編・調教師伊藤雄二の確かな目　真相（〔競馬ドキュメント・シリーズ〕〔2〕）（鶴木遵〔著〕）2009.11
◇「逃げ出したい！」自分を救う本（斎藤茂太〔著〕）2009.11
◇モテる男に変わる本―伝説のナンパ師が教える！（鍵英之〔著〕）2009.12

一般叢書・全集　　　　　　　　　　　　　　　　　　　　　　　　　　　　総記

◇妻たちの性の記録　68　あの頃のように。(月刊『ホームトーク』編集部編)　2009.12
◇名場面で見る戦国武将49人の生き様(小出文彦編)　2010.2
◇妻たちの性の記録　69　明日こそ。(月刊『ホームトーク』編集部編)　2010.2
◇「決められない!」自分を変える本(斎藤茂太〔著〕)　2010.3
◇開運!最上のご利益がある神社(辰宮太一〔著〕)　2010.3
◇野村の「眼」(野村克也〔著〕)　2010.3
◇幕末維新で散った若き志士たちの実像(四条たか子〔著〕)　2010.4
◇B型男と幸せになる方法(田中ひろみ〔著〕)　2010.4
◇妻たちの性の記録　70　恋の歌。(月刊『ホームトーク』編集部編)　2010.4
◇妻たちの性の記録　71　もう一度、ときめく。(月刊『ホームトーク』編集部編)　2010.6
◇妻たちの性の記録　72　ここではない場所へ。(月刊『ホームトーク』編集部編)　2010.8
◇六星占術による土星人の運命　平成23年版(細木数子〔著〕)　2010.8
◇六星占術による金星人の運命　平成23年版(細木数子〔著〕)　2010.8
◇六星占術による火星人の運命　平成23年版(細木数子〔著〕)　2010.8
◇六星占術による天王星人の運命　平成23年版(細木数子〔著〕)　2010.8
◇六星占術による木星人の運命　平成23年版(細木数子〔著〕)　2010.8
◇六星占術による水星人の運命　平成23年版(細木数子〔著〕)　2010.8
◇六星占術による霊合星人の運命　平成23年版(細木数子〔著〕)　2010.8
◇妻たちの性の記録　73　第2章が始まる。(月刊『ホームトーク』編集部編)　2010.10
◇ゴー!ゴー!!バカ画像MAXベイビーズ　vol.1(村橋ゴロー、CIRCUS編集部著、東京ダイナマイト出演)　2010.11
◇まるわかり図解太平洋戦争海戦史(ゼロプラス〔著〕)　2010.11
◇日本の総理大臣―戦後権力闘争史(日本博識研究所〔著〕)　2010.11
◇怪しいアキバ漂流記(クーロン黒沢著)　2010.12
◇まるわかり大奥(ゼロプラス著)　2010.12
◇図解 ここまでわかる「ドラッカー理論」(前川孝雄監修)　2010.12
◇まるわかり天皇(ゼロプラス著)　2010.12
◇「坂の上の雲」に学ぶリーダーの12カ条(日本博識研究所編著)　2010.12
◇妻たちの性の記録　74　翼がほしい。(月刊『ホームトーク』編集部編)　2010.12

んだんだブックレット　んだんだライブラリー　無明舎出版　2006
◇舞踊家石井漠の生涯(ノンフィクション講座)(緑川潤著)　2006.1
◇どぶろく王国(ノンフィクション講座)(無明舎出版編)　2006.5
◇秋田音頭ものがたり(ノンフィクション講座)(無明舎出版編)　2006.7

21st century COE program international conference series　名古屋大学大学院文学研究科　2003〜2008　⇒V-461

no.4　Genesis of historical text—text/context SITES proceedings of the Fourth International Conference Studies for the Integrated Text Science(editor Shoichi Sato)　2005.1
no.5　宗教美術におけるイメージとテクスト―「統合テクスト科学の構築」第5回国際研究集会報告書(木俣元一編)　2005.10
no.6　Multimodality—towards the most efficient communications by humans proceedings of the Sixth International Conference Studies for the Integrated Text Science(edited by Masa-chiyo Amano)　2006.11
no.7　インド哲学における伝統と創造の相克―テクストとコンテクスト　「統合テクスト科学の構築」第7回国際研究集会報告書(和田寿弘編)　2006.7

no.8 Histoire-fiction-représentation—proceedings of the Eighth International Conference, Studies for the Integrated Text Science les 23, 24, 25 Octobre 2006 Universites de Provence et de Nagoya Aix-en-Provence-Centre des Lettres et Sciences Humaines(textes reunis et presentes par Claude Carozzi, Sho-ichi Sato) 2007.3

no.9 ソシュールとテクストの科学—「統合テクスト科学の構築」第9回国際研究集会報告書(松沢和宏編) 2007.3

no.10 歴史・地図テクストの生成—「統合テクスト科学の構築」第10回国際研究集会報告書(テクスト/コンテクスト 2)(佐藤彰一編) 2007.3

no.11 身体・儀礼テクストへの関係論的アプローチ—「統合テクスト科学の構築」第11回国際研究集会報告書(和崎春日編) 2008.3

AN 21研究シリーズ　文真堂　2007〜2010

no.1 経済・生命・倫理—ヒトと人の間で(大塚友美編著) 2007.9

no.2 Excelで学ぶ情報処理(大塚友美, 谷口郁生編著) 2008.4

no.3 生命倫理について考える(江川晃, 嘉吉純夫, 葭田光三著) 2010.3

Collected English works of Yone Noguchi
Edition Synapse 2007〜2009

◇poems, novels and literary essays volume 1([by] Yone Noguchi, edited by Shunsuke Kamei) 2007

◇poems, novels and literary essays volume 2([by] Yone Noguchi, edited by Shunsuke Kamei) 2007

◇poems, novels and literary essays volume 3([by] Yone Noguchi, edited by Shunsuke Kamei) 2007

◇poems, novels and literary essays volume 4([by] Yone Noguchi, edited by Shunsuke Kamei) 2007

◇poems, novels and literary essays volume 5([by] Yone Noguchi, edited by Shunsuke Kamei) 2007

◇poems, novels and literary essays volume 6([by] Yone Noguchi, edited by Shunsuke Kamei) 2007

◇Books on ukiyoe and Japanese arts in English by Yone Noguchi volume 1(Yone Noguchi〔著〕, edited by Shigemi Inaga) 2008

◇Books on ukiyoe and Japanese arts in English by Yone Noguchi volume 2(Yone Noguchi〔著〕, edited by Shigemi Inaga) 2008

◇Books on ukiyoe and Japanese arts in English by Yone Noguchi volume 3(Yone Noguchi〔著〕, edited by Shigemi Inaga) 2008

◇Yone Noguchi and the little magazines of poetry—a reprint collection of "The lark", including "The epi-lark", "The twilight" and "The iris"(『あやめ草』&『豊旗雲』) volume 1(Yone Noguchi〔著〕, edited by Shunsuke Kamei) 2009

◇Yone Noguchi and the little magazines of poetry—a reprint collection of "The lark", including "The epi-lark", "The twilight" and "The iris"(『あやめ草』&『豊旗雲』) volume 2(Yone Noguchi〔著〕, edited by Shunsuke Kamei) 2009

◇Yone Noguchi and the little magazines of poetry—a reprint collection of "The lark", including "The epi-lark", "The twilight" and "The iris"(『あやめ草』&『豊旗雲』) volume 3(Yone Noguchi〔著〕, edited by Shunsuke Kamei) 2009

Collection UTCP　UTCP　2007〜2009

1　Perception, technology, and life-worlds(Junichi Murata著) c2007

2　Transcendental descent—essays in literature and philosophy(Yasunari Takada著) c2007

3　The Chinese turn in philosophy(Takahiro Nakajima著) c2007

4　Le coeur/la mort—de l'ana-chronisme de l'etre conferences et autres textes(Yasuo Kobayashi著) c2007

5　Can philosophy constitute resistance?（Tetsuya Takahashi著）　c2008
6　Historical essays on Japanese technology（Takehiko Hashimoto著）　c2009
7　Histoires de peinture entre France et Japon（Atsushi Miura〔著〕）　c2009

Edition Synapse series　〔by〕Henry Dyer, edited with an introduction by Nobuhiro Miyoshi　Edition Synapse　2006
◇The collected writings of Henry Dyer　v.1（Collected works of Japanologists）　2006
◇The collected writings of Henry Dyer　v.2（Collected works of Japanologists）　2006
◇The collected writings of Henry Dyer　v.3（Collected works of Japanologists）　2006
◇The collected writings of Henry Dyer　v.4（Collected works of Japanologists）　2006
◇The collected writings of Henry Dyer　v.5（Collected works of Japanologists）　2006

English miscellany　edited by Mario Praz, reprint supervised by Toshiro Nakajima　Eureka Press　2007〜2008
v.1（1950-1952）（a symposium of literature, history and arts reprint of the complete collection of articles in English and selected writings in Italian by Mario Praz）　2007
v.2（1953-1956）（a symposium of literature, history and arts reprint of the complete collection of articles in English and selected writings in Italian by Mario Praz）　2007
v.3（1957-1958）（a symposium of literature, history and arts reprint of the complete collection of articles in English and selected writings in Italian by Mario Praz）　2007
v.4（1959-1962）（a symposium of literature, history and arts reprint of the complete collection of articles in English and selected writings in Italian by Mario Praz）　2007
v.5（1963-1965）（a symposium of literature, history and arts reprint of the complete collection of articles in English and selected writings in Italian by Mario Praz）　2007
volume 6（1966-1968）（a symposium of literature, history and arts reprint of the complete collection of articles in English and selected writings in Italian by Mario Praz）　2008
volume 7（1969-1970）（a symposium of literature, history and arts reprint of the complete collection of articles in English and selected writings in Italian by Mario Praz）　2008
volume 8（1971-1972）（a symposium of literature, history and arts reprint of the complete collection of articles in English and selected writings in Italian by Mario Praz）　2008
volume 9（1973-1976）（a symposium of literature, history and arts reprint of the complete collection of articles in English and selected writings in Italian by Mario Praz）　2008
volume 10（1977-1983）（a symposium of literature, history and arts reprint of the complete collection of articles in English and selected writings in Italian by Mario Praz）　2008

GRIPS research report series　National Graduate institute for Policy Studies　2001〜2004　⇒I-436
I-2004-3　A hybrid measure of efficiency in DEA（by Kaoru Tone）　2004.11
I-2004-4　Decomposition of cost efficiency and its application to Japan-US electric utilities comparisons（by Kaoru Tone, Miki Tsutsui）　2004.11

Kodansha English library　Kodansha International　2001〜2008　⇒I-437
◇Japanese myths, and the gods made love—日本の神話（retold by Ralph F. McCarthy）　1999
◇Charlie and the chocolate factory（〔by〕Roald Dahl）　2005.6
◇Tuesdays with Morrie—an old man, a young man, and life's greatest lesson（by Mitch Albom）　2005.7
◇The alchemist（by Paulo Coelho, translated by Alan R. Clarke）　2005.9

◇Charlotte's web (by E. B. White, pictures by Garth Williams) 2006.8
◇Gift from the sea ([by] Anne Morrow Lindbergh) 2006.8
◇The twelfth angel ([by] Og Mandino) 2006.9
◇To dance with the white dog—a novel of life, loss, mystery, and hope ([by] Terry Kay) 2006.9
◇The notebook([by] Nicholas Sparks) 2006.11
◇The picture of Dorian Gray([by] Oscar Wilde) 2006.11
◇Shakespeare's Hamlet ([by] Shakespeare, retold by Stuart A. Atkin) 2007.2
◇Fiesta—the sun also rises (by Ernest Hemingway) 2007.2
◇Jonathan Livingston Seagull (by Richard Bach) 2007.2
◇The metamorphosis([by] Franz Kafka) 2007.4
◇Interpreter of maladies (stories by Jhumpa Lahiri) 2007.4
◇Papalagi ([by] Tuiavii, translated by Daniel Kern, Christopher Clark) 2007.6
◇The flying classroom (by Erich Kastner, translated from the German by Cyrus Brooks, illustrations by Makoto Sakurai) 2007.8
◇A picture book without pictures ([by] Hans Christian Andersen, retold by Ralph F. McCarthy, illustrations by Seiji Fujishiro) 2007.8
◇The prodigy ([by] Hermann Hesse, translated from the German by W. J. Strachan) 2007.10
◇Shakespeare's King Lear([by] Shakespeare, retold by Stuart A. Atkin) 2007.10
◇The insect stories of J. Henri Fabre—based on the original translations of Alexander Teixeira de Mattos([by] J. Henri Fabre, retold by Kevin Short) 2008.2
◇A two year's vacation([by] Jules Verne, retold by Pierre Horgan) 2008.9
[155] The girl with the white flag([by] Tomiko Higa, translated by Dorothy Britton) 1999

Kyoto area studies on Asia Kyoto University Press 2003〜2010 ⇒I-437
volume 9 Searching for Vietnam—selected writings on Vietnamese culture and society ([by] A. Terry Rambo) 2005
volume 10 Laying the tracks—the Thai economy and its railways 1885-1935 ([by] Kakizaki Ichiro) 2005
volume 11 After the crisis—hegemony, technocracy and governance in Southeast Asia (edited by Shiraishi Takashi, Patricio N. Abinales) 2005
volume 12 Dislocating nation-states—globalization in Asia and Africa (edited by Patricio N. Abinales, Ishikawa Noboru, Tanabe Akio) 2005
volume 13 People on the move—rural-urban interactions in Sarawak([by] Soda Ryoji) 2007
volume 14 Living on the periphery—development and Islamization among the Orang Asli ([by] Nobuta Toshihiro) 2008
volume 15 Myths and realities—the democratization of Thai politics ([by] Tamada Yoshifumi) 2008
volume 16 East Asian economies and new regionalism ([by] Abe Shigeyuki, Bhanupong Nidhipraba) 2008
volume 17 The rise of middle classes in Southeast Asia([by] Shiraishi Takashi, Pasuk Phongpaichit) 2008
volume 18 Farming with fire and water—the human ecology of a composite swiddening community in Vietnam's northern mountains (edited by Tran Duc Vien, A. Terry Rambo, Nguyen Thanh Lam) 2009
volume 19 Re-thinking economic development—the green revolution, agrarian structure and transformation in Bangladesh (Fujita Koichi〔著〕, translated by Minako Sato) 2010
volume 20 The limits of tradition—peasants and land conflicts in Indonesia (Urano Mariko〔著〕) 2010

一般叢書・全集　　　　　　　　　　　　　　　　　　総記

MICSオケイジョナル・ペーパー　明治学院大学キリスト教研究所　2002〜2009　⇒V-758
6　椎名麟三教会関係資料─含未発表書簡（明治学院大学キリスト教研究所編）　2005.3
7　賀川豊彦の海外資料─光と影の交錯を読み取るために（米沢和一郎〔著〕，明治学院大学キリスト教研究所編）　2006.3
8　賀川豊彦の海外資料　2　その意図したものを読み解くために（米沢和一郎〔著〕，明治学院大学キリスト教研究所編）　2007.1
9　基督教徒としての田川大吉郎（遠藤興一〔著〕，明治学院大学キリスト教研究所編）　2008.1
10　ローマ字matai den fuku-in sho草稿─明治学院大学図書館所蔵 matai den fuku-in sho原文ヘボン訳『馬太伝福音書』対照解説・註解・語彙比較表（J. C. ヘボン訳，鈴木進，明治学院大学キリスト教研究所編）　2009.2
11　中国プロテスタント史研究資料（加藤実，渡辺祐子共編，明治学院大学キリスト教研究所編）　2009.3
12　松島正儀座談─語り継ぐ社会福祉のあゆみ（遠藤興一〔著〕，明治学院大学キリスト教研究所編）　2009.7

Monographs of the institute for Advanced Studies Hiroshima Shudo University　institute for Advanced Studies, Hiroshima Shudo University　2002〜2009　⇒IV-35
vol.143　Voices of Middlewich─the Middlewich dialect 1973-1998（by Michael John Littlemore）　2009.11

New liberal arts selection　有斐閣　2003〜2010　⇒I-438
◇社会学（長谷川公一，浜日出夫，藤村正之，町村敬志著）　2007.11
◇統計学（森棟公夫，照井伸彦，中川満，西埜晴久，黒住英司著）　2008.12
◇マクロ経済学（斉藤誠，岩本康志，太田聡一，柴田章久著）　2010.4
◇マーケティング（池尾恭一，青木幸弘，南知恵子，井上哲浩著）　2010.4

◇認知心理学（箱田裕司，都築誉史，川畑秀明，萩原滋著）　2010.7
◇社会心理学（池田謙一，唐沢穣，工藤恵理子，村本由紀子著）　2010.9

Nichibunken monograph series　International Research Center for Japanese Studies　2002〜2006　⇒I-438
no.8　The concept of "literature" in Japan（〔by〕Suzuki Sadami; translated by Royall Tyler）　2006.3

Nikkei visual　日本経済新聞社　2005
◇小泉武夫食のワンダーランド（小泉武夫著）　2005.1
◇ふるさと百名山（日本経済新聞社編）　2005.6
◇焼酎居酒屋&バーエクセレント50（太田和彦監修，日本経済新聞社編）　2005.11

NT2X　翔泳社　2005〜2008
◇教科書には載らないニッポンのインターネットの歴史教科書（ばるぼら著）　2005.5
◇「へんな会社」のつくり方─常識にとらわれない「はてな」の超オープン経営術（近藤淳也著）　2006.2
◇ウェブアニメーション大百科─GIFアニメからFlashまで（ばるぼら著）　2006.7
◇世界のサブカルチャー（屋根裏監修，屋根裏，どどいつ文庫伊藤，ばるぼら，タコシェ，野中モモ，タブロイド，福井康人，みち著）　2008.2

Richiesta plus　トランスアート　2003
◇メルの環─メディア表現，学びとリテラシー（東京大学〔大学院〕情報学環メルプロジェクト編）　2003.7
◇佐倉統がよむ進化論のエッセンス（佐倉統編）　2003.7
◇エディフィカーレ・リターンズ（五十嵐太郎，南泰裕編）　2003.7

Shuwasystem beginner's guide book　秀和システム　2005〜2010
◇教科書とはひと味違う日本史のだいごみ─ポケット図解（ナットクの雑学）（吉村弘著）　2005.11

◇教科書とはひと味違う算数と数学のだいごみ―知って得する身近な数のしくみ ポケット図解(ナットクの雑学)(小島淳子著)　2005.11
◇最新地震がよ～くわかる本―地震予知は可能なのか? ポケット図解(島村英紀著)　2005.12
◇臨床心理学がよ～くわかる本―ポケット図解(岩波明著)　2006.2
◇発達心理学がよ～くわかる本―「人の心」の生涯発達を科学する ポケット図解(橋本浩著)　2006.2
◇環境問題の基本がわかる本―ポケット図解 地球との共生と持続可能な発展(門脇仁著)　2006.2
◇アメリカ合衆国がよ～くわかる本―歴史、民族、政治、社会の実態が見える! ポケット図解(杉田米行著)　2006.2
◇教科書とはひと味違う世界史のだいごみ―ポケット図解(ナットクの雑学)(越野明著)　2006.2
◇ドイツ連邦共和国がよ～くわかる本―歴史、芸術、社会、生活の実際が見える! ポケット図解(大野是著)　2006.3
◇最新天気がよ～くわかる本―天気の仕組みを科学する ポケット図解(岩槻秀明著)　2006.4
◇鳥の雑学がよ～くわかる本―ポケット図解 鳥たちの衣食住と結婚、子育て(柴田佳秀著)　2006.4
◇中国「中華人民共和国」がよ～くわかる本―歴史、政治、経済、社会の実態が見える! ポケット図解(阿部雅志, 布施克彦著)　2006.5
◇身のまわりで学ぶ生物のしくみ―ポケット図解(ナットクの雑学)(Wisdom 96監修, 青野裕幸, 桑嶋幹編著)　2006.7
◇最新哲学がよ～くわかる本―考えることの意味と本質を視覚化する ポケット図解(小島優子著)　2006.7
◇日本の政治がよ～くわかる本―政治の基本がひと目でわかる ポケット図解(辻雅之著)　2006.7
◇数式を使わずに物理がわかる本―古典物理から現代物理まで読むだけで一気にわかる! ポケット図解　第1巻(力学、電磁気学、相対論編)(水崎高浩著)　2006.8
◇インド共和国がよ～くわかる本―歴史、社会、文化、生活の実際が見える! ポケット図解(かいはたみち著)　2006.9
◇韓国「大韓民国」がよ～くわかる本―歴史、民族、社会、生活の実際が見える! ポケット図解(山田俊英著)　2006.9
◇文化人類学がよ～くわかる本―社会と文化と人の多様性を俯瞰する ポケット図解(杉下竜一郎著)　2006.10
◇最新老化の科学がわかる本―「不老長寿」に挑む医学、サイエンス ポケット図解(西尾玲士著)　2006.10
◇最新憲法がよ～くわかる本―日本一わかりやすい憲法の超入門書! ポケット図解(中井多賀宏著)　2006.11
◇最新法律がよ～くわかる本―日本一わかりやすい法律の超入門書! ポケット図解(中井多賀宏, 坂根洋輔著)　2006.11
◇マクロ経済学がよ～くわかる本―楽しく経済学の基本がわかる ポケット図解(小笠原誠治著)　2006.12
◇最新民法がよ～くわかる本―日本一わかりやすい民法の超入門書! ポケット図解(中井多賀宏, 坂根洋輔著)　2006.12
◇はじめて読む色彩心理学―色の科学と言葉を代弁する配色術 ポケット図解(岩本知莎土著)　2006.12
◇ミクロ経済学がよ～くわかる本―市場経済の仕組み動きが見えてくる ポケット図解(小笠原誠治著)　2006.12
◇最新小学校の仕組みがわかる本―ポケット図解 目からウロコの最新小学校事情(吉田典史著)　2006.12
◇最新刑法「総論」がよ～くわかる本―日本一わかりやすい刑法の超入門書! ポケット図解(中井多賀宏, 坂根洋輔著)　2007.3
◇最新刑法「各論」がよ～くわかる本―日本一わかりやすい刑法の超入門書! ポケット図解(中井多賀宏, 坂根洋輔著)　2007.3
◇最新中学校の仕組みがわかる本―ポケット図解 目からウロコの最新中学校事情(吉田典史著)　2007.3
◇構造主義がよ～くわかる本―人間と社会を縛る構造を解き明かす ポケット図解(高田明典著)　2007.4

◇ロシア連邦がよ～くわかる本―歴史、政治、経済、社会の実態が見える! ポケット図解(榎本裕洋著) 2007.6

◇宗教社会学がよ～くわかる本―現代を知るためのビジュアル入門書 ポケット図解(井上順孝著) 2007.7

◇最新水の雑学がよ～くわかる本―毎日飲む「水」の素顔を科学する ポケット図解(杉山美次著) 2007.8

◇数式を使わずに物理がわかる本―ポケット図解 第2巻(波の物理、量子論編)(水崎高浩著) 2007.9

◇裁判員制度がよ～くわかる本―日本一わかりやすい裁判員制度入門! ポケット図解(「開かれた裁判制度」研究会著) 2007.10

◇心理学がよ～くわかる本―「心理学」の本当の面白さがわかる! ポケット図解(飯田英晴, 岩波明著) 2008.1

◇韓国の鉄道の旅をとことん楽しむ本―ポケット図解(やまだトシヒデ著) 2008.11

◇犯罪心理学がよ～くわかる本―人が犯罪に走る理由を解明する ポケット図解(越智啓太著) 2009.3

◇マックス・ウェーバーの経済史学がよくわかる本―ポケット図解(松田裕之著) 2010.2

◇オブジェクト指向の基本がよ～くわかる本―ポケット図解(谷口功著) 2010.6

Shuwasystem pocket guide book 秀和システム 2006～2007

◇理詰めのトレンド予測―センスがなくてもヒットは作れる! ポケット解説(森田洋一著) 2006.6

◇やわらかな生命の時間―生命から読み解く時間のサイエンス ポケット解説(井上慎一著) 2006.10

◇崩壊する日本の医療―医療は私たちの生命、存在そのものを守る ポケット解説(鈴木厚著) 2006.11

◇人口減少と格差社会―ポケット解説 経済と社会の未来図を描く!(橋本択摩著) 2006.11

◇ドラッカーが描く未来社会―知の巨人が予測した21世紀の諸相とは? ポケット解説(中野明著) 2006.12

◇論文・小論文の文章作法がわかる本―小論文、レポート作成のルールとコツを伝授! ポケット解説(有地智枝子著) 2006.12

◇丸山真男の思想がわかる本―「日本の思想」から「古層」までわかる! ポケット解説(田中宏和著) 2007.1

◇柳田国男の民俗学がわかる本―逆立した柳田像を重層的に検証する! ポケット解説(中尾文隆編著) 2007.3

◇高齢化社会のくらしと経済―税・財政改革と家計負担を分析! ポケット解説(永浜利広, 中東雅樹, 八塩裕之, 橋本択摩著) 2007.9

SUPモダン・クラシックス叢書 上智大学出版 2009

◇機械という名の詩神―メカニック・ミューズ(ヒュー・ケナー著, 松本朗訳) 2009.1

◇売春とヴィクトリア朝社会―女性、階級、国家(ジュディス・R. ウォーコウィッツ著, 永富友海訳) 2009.5

That's Japan ウェイツ 2002～2007 ⇒I-247

◇日中相互実益時代がやってきた―中国を怖がっているだけでいいのか(平松守彦, 莫邦富著) 2006.5

◇計算不可能性を設計する―ITアーキテクトの未来への挑戦(神成淳司, 宮台真司著) 2007.4

The new fifties 講談社 1997～2010 ⇒I-322

◇岡本太郎の遊ぶ心(岡本敏子著) 2005.3

◇(シェイクスピアの)遊びの流儀(小田島雄志著) 2005.5

◇隠居学―おもしろくてたまらないヒマつぶし(加藤秀俊著) 2005.8

◇水彩画プロの裏ワザ―ドリル版(奥津国道著) 2005.8

◇間違いだらけの室内犬選び・育て方―犬種別付き合い方マニュアル(井本史夫著) 2005.10

◇江戸の怪奇譚―人はこんなにも恐ろしい(氏家幹人著) 2005.12

◇名画のぬり絵(名画のぬり絵編集委員会編) 2006.2

総記　　　　　　　　　　　　　　　　　　　　　　　　　　　　　　一般叢書・全集

◇日本を描く　1（倉敷編）（水彩画プロの裏ワザ）（奥津国道著）　2006.3
◇フランスを描く　モン・サン・ミッシェル編（水彩画プロの裏ワザ）（奥津国道著）　2006.6
◇油彩画プロの裏ワザ（中西繁著）　2006.9
◇植物画プロの裏ワザ―絵てがみ版（川岸富士男著）　2006.12
◇定年オヤジのしつけ方（小川有里著）　2007.1
◇隠居学　続（加藤秀俊著）　2007.2
◇山のある風景―日本を描く（水彩画プロの裏ワザ）（奥津国道著）　2007.5
◇55歳からの離婚計画―これからは自分のために生きていく（中村久瑠美著）　2008.3
◇水辺の風景―奥津国道日本を描く（水彩画プロの裏ワザ）（奥津国道著）　2008.4
◇我、老いてなお快楽を求めん―鬼六流駒奇談（団鬼六著）　2008.4
◇油彩画超入門光と影を描く―油彩画プロの裏ワザ（中西繁著）　2008.5
◇新ハワイ黄金生活（大塚真介著）　2008.7
◇さらばブルートレイン!―昭和鉄道紀行（芦原伸著）　2008.7
◇鉄道ひとり旅―郷愁の昭和鉄道紀行（芦原伸著）　2008.10
◇昭和の鉄道―写真集（荒川好夫写真，芦原伸文）　2008.12
◇ラスト・フライト―ジャンボ機―JA 8162号機の場合（清水保俊著）　2009.2
◇正座と日本人（丁宗鉄著）　2009.4
◇負けるな姑!嫁怪獣（ヨメサウルス）に喰われるな（小川有里著）　2009.4
◇鉄道おくのほそ道紀行―週末芭蕉旅（芦原伸著）　2009.6
◇お父さん!これが定年後の落とし穴（大宮知信著）　2009.9
◇力を抜いて生きる（有馬頼底著）　2009.11
◇素浪人心得―自由で愉快な孤高の男の生き方（高橋三千綱著）　2010.1
◇茶の湯とキムチ（丁宗鉄著）　2010.11
◇吉田拓郎とつま恋と僕（木下晃著）　2010.11

The world's bestselling series　ガイアブックス　2009～2010
◇神話と伝説バイブル―神々の物語について知りたいことの全てがわかる大百科（サラ・バートレット著，大田直子，猪原えり子訳）　2009.12
◇マッサージバイブル―マッサージガイドの決定版（スーザン・マンフォード著，千代美樹訳）　2010.8
◇ヒーリング植物バイブル―樹木・花・食用植物のヒーリング決定版ガイド（ヘレン・ファーマー＝ノウルズ著，中谷友紀子訳）　2010.8

全集・叢書名索引

【あ】

I/O books（工学社） ………………………… 1
ijデジタルbook（インプレスジャパン） …… 213
ICU21世紀COEシリーズ（国際基督教大学）
　……………………………………………… 213
ICU21世紀COEシリーズ（風行社） ………… 213
愛情果world series（愛情果） ………………… 186
愛知県EL新聞記事情報リスト（エレクトロニック・ライブラリー） ……………………… 148
愛知大学経営総合科学研究所叢書（愛知大学経営総合科学研究所） ……………………… 213
愛知大学綜合郷土研究所研究叢書（岩田書院）
　……………………………………………… 214
愛知大学東亜同文書院ブックレット（〔愛知大学東亜同文書院大学記念センター〕） …… 203
アイデアブラステン（ワークスコーポレーション） ……………………………………… 148
IT経営百選データブック（アイテック） …… 14
IT service management教科書（翔泳社） …… 14
IT市場ナビゲーター（東洋経済新報社） …… 14
ITセキュリティソリューション大系（フジ・テクノシステム） ………………………… 14
IT text（オーム社） …………………………… 14
ITテキスト（共立出版） ……………………… 15
ITブッククラシックス（技術評論社） ……… 15
青森県EL新聞記事情報リスト（エレクトロニック・ライブラリー） ……………………… 148
青山学院大学総合研究所叢書（同文舘出版）
　……………………………………………… 15
明石ライブラリー（明石書店） ……………… 214
アカデミック・ライブラリー（角川学芸出版）
　……………………………………………… 216
あかね文庫（解放社） ………………………… 216
あかんたれより愛をこめて（鉱脈社） ……… 186
秋田県EL新聞記事情報リスト（エレクトロニック・ライブラリー） ……………………… 149
あきたさきがけブック（秋田魁新報社） …… 216
秋山清著作集（ぱる出版） …………………… 217
Access徹底活用シリーズ（ソフトバンククリエイティブ） ………………………………… 15
Access VBAプログラミング開発工房（ソシム） ………………………………………… 15
憧れ（日本文学館） …………………………… 186

朝霞市博物館館有資料目録（朝霞市博物館）
　……………………………………………… 203
朝日オリジナル（朝日新聞社） ……………… 217
旭川叢書（旭川振興公社） …………………… 217
朝日新聞外地版（ゆまに書房） ……………… 209
朝日選書（朝日新聞社） ……………………… 217
朝日百科（朝日新聞社） ……………………… 220
アジア・アフリカ言語文化研究所『出版物目録』（東京外国語大学アジア・アフリカ言語文化研究所） ……………………………… 149
アジア学叢書（大空社） ……………………… 220
アジア研究所叢書（亜細亜大学アジア研究所）
　……………………………………………… 222
アジア古籍保全講演会記録集（東京大学東洋文化研究所） ……………………………… 133
あじあブックス（大修館書店） ……………… 223
アジア文化選書（アジア文化総合研究所出版会） ………………………………………… 223
葦のずいから（平野貞美） …………………… 186
芦屋大学創立40周年記念論文集（芦屋大学）
　……………………………………………… 186
明日へ翔ぶ（風間書房） ……………………… 15
ASCII software engineering series（アスキー）
　……………………………………………… 15
Ascii dot PC books（アスキー） ……………… 15
Ascii books（アスキー） ……………………… 16
明日のIT経営のための情報システム発展史（専修大学出版局） ……………………… 16
新しいExcel関数の教科書 2003/2002対応（技術評論社） ……………………………… 16
新しい教育をつくる司書教諭のしごと（全国学校図書館協議会） ………………………… 133
新しいバカドリル（ポプラ社） ……………… 186
アッと驚く達人の技（ナツメ社） …………… 16
アップルトレーニングシリーズ（ボーンデジタル） ……………………………………… 16
アップル認定資格シリーズ（技術評論社）
　……………………………………………… 16
アドビ公式ガイドブック（ワークスコーポレーション） ……………………………… 17
アドビ公認トレーニングブック（エムディエヌコーポレーション） ……………………… 17
あなたへのブックレター（熊本県立図書館）
　……………………………………………… 133
奄美文庫（奄美文化財団） …………………… 223
あらためていま母を想う（かんき出版） …… 186

Ariadne entertainment（アリアドネ企画） ……… 223
アルキストの本（創元社） ……………………… 203
アルケミスト双書（創元社） …………………… 223
アルゴリズムイントロダクション（近代科学社） ………………………………………………… 17
アルゴリズム・サイエンスシリーズ（共立出版） ………………………………………………… 17
Rで学ぶデータマイニング（九天社） ………… 17
「R」で学ぶデータマイニング（オーム社） ………………………………………………… 17
アルファベータブックス（アルファベータ） ………………………………………………… 186
α.ラジオブック（エフエム京都） …………… 223
α.ラジオブック（光村推古書院） …………… 223
粟津則雄著作集（思潮社） …………………… 223
あんしんシリーズ（ローカス,角川書店〔発売〕） ……………………………………………… 17
あんしんポータブル（ローカス） …………… 17
アンフィニッシュド（code） ………………… 186

【い】

「家やまちの絵本」コンクール受賞作品集（〔住宅月間中央イベント実行委員会〕） … 133
「家やまちの絵本」コンクール受賞作品集（住宅生産団体連合会） ………………………… 133
医学用語シソーラス（医学中央雑誌刊行会） ………………………………………………… 133
伊方町町見郷土館収蔵資料目録（伊方町町見郷土館） ………………………………………… 204
いきいき学校図書館（福岡県学校図書館協議会） ……………………………………………… 133
イギリス人の地下活動について（ブイツーソリューション） ………………………………… 187
石井光太郎文庫目録（横浜開港資料館） …… 149
石川県EL新聞記事情報リスト（エレクトロニック・ライブラリー） …………………… 149
石川の公共図書館（石川県公共図書館協議会） ………………………………………………… 133
石橋湛山全集（東洋経済新報社） …………… 224
和泉選書（和泉書院） ………………………… 224
伊谷純一郎著作集（平凡社） ………………… 224
一番町ロビーオープンカレッジ資料集（東北工業大学） ……………………………………… 187

いちばんやさしいパソコンの本（毎日コミュニケーションズ） …………………………… 17
1秒の世界（ダイヤモンド社） ……………… 180
「位置捕捉」ビジネス白書（ESP総研） …… 18
1冊でわかる（岩波書店） …………………… 224
「一週間でマスターする」シリーズ（毎日コミュニケーションズ） ………………………… 18
イッセイ小話集（サンセン出版） …………… 187
一歩を進める（〔藤本十四秋〕） ……………… 187
遺伝的アルゴリズムと遺伝的プログラミング（パーソナルメディア） ………………………… 18
伊東俊太郎著作集（麗澤大学出版会） ……… 225
田舎魂（岡崎利孝） …………………………… 187
稲沢市史資料（稲沢市教育委員会） ………… 225
INAX booklet（INAX出版） ………………… 226
茨城県EL新聞記事情報リスト（エレクトロニック・ライブラリー） …………………… 149
茨城県自然博物館収蔵品目録（ミュージアムパーク茨城県自然博物館） ………………… 204
茨城県ライオンズクラブ史（ライオンズクラブ国際協会2006-2007年度333-B地区地区ガバナー・キャビネット） ……………………… 204
いま、この本（杉並区立中央図書館） ……… 149
Imasugu tsukaeru kantan series（技術評論社） ………………………………………………… 18
今すぐ使えるかんたんプラス（技術評論社） ………………………………………………… 19
今すぐ使えるかんたんmini（技術評論社） ………………………………………………… 19
医談世話（山陽新聞社） ……………………… 187
医療情報リテラシー（政光プリプラン） …… 20
岩崎文庫貴重書書誌解題（東洋文庫） ……… 149
岩田書院ブックレット（岩田書院） ………… 133
岩手県EL新聞記事情報リスト（エレクトロニック・ライブラリー） …………………… 149
岩手県立視聴覚障がい者情報センター点字図書増加目録（岩手県立視聴覚障がい者情報センター） ……………………………………… 149
岩手県立視聴覚障がい者情報センター録音図書増加目録（岩手県立視聴覚障がい者情報センター） ……………………………………… 150
岩手県立点字図書館点字図書増加目録（岩手県立点字図書館） ………………………… 150
岩手県立点字図書館録音図書増加目録（岩手県立点字図書館） ………………………… 150
岩手県立博物館収蔵資料目録（岩手県文化振興事業団） …………………………………… 204

全集・叢書名索引

岩波科学ライブラリー（岩波書店） …………… 226
岩波テキストブックス（岩波書店） …………… 228
岩波ブックレット（岩波書店） ………………… 228
岩波モダンクラシックス（岩波書店） ………… 233
慇懃無礼・枯淡の呟き・コラム（〔中西浩〕）
　………………………………………………… 187
インターネット時代の図書館情報学叢書（日本図書館協会） ………………………………… 150
インターネットの光と影（北大路書房） ……… 20
インディアス群書（現代企画室） ……………… 234
インテリジェンス・ダイナミクス（シュプリンガー・ジャパン） ……………………………… 20
インド人著者執筆による日本語翻訳済みIT書籍シリーズ（イノソフトジャパン） …………… 20
INFOSTAブックレットシリーズ（情報科学技術協会） ……………………………………………… 20
インプレス標準教科書シリーズ（インプレスネットビジネスカンパニー） …………………… 20

【う】

Web検定公式問題集（ワークスコーポレーション） …………………………………………… 21
受入図書目録（日本子ども家庭総合研究所図書室） ………………………………………… 150
潮ライブラリー（潮出版社） …………………… 234
内村剛介著作集（恵雅堂出版） ………………… 234
腕自慢に学ぶ表計算の極意（日経BP社） …… 21
ウミガメのスープ（エクスナレッジ） ………… 180
梅沢鳳舞発言集（梅沢鳳舞資料館） …………… 187
海野弘コレクション（右文書院） ……………… 234

【え】

衛星通信ガイドブック（サテマガ・ビー・アイ） ………………………………………………… 21
英文対照 朝日新聞天声人語（原書房） ……… 209
X-media menu master series（エクスメディア） ………………………………………………… 21
Excel VBAのプログラミングのツボとコツがゼッタイにわかる本（秀和システム） ………… 21
ExcelかんたんVBA 2003コース（工学研究社）
　…………………………………………………… 21
ExcelかんたんVBA 2007コース（工学研究社）
　…………………………………………………… 21
ExcelかんたんVBAコース（工学研究社）
　…………………………………………………… 21
Excel徹底活用シリーズ（ソフトバンククリエイティブ） ……………………………………… 21
Excelの極意（毎日コミュニケーションズ）
　…………………………………………………… 22
Excel免許皆伝（秀和システム） ………………… 22
SEC books（アイティメディア） ……………… 22
SEC books（オーム社） ………………………… 22
SEC books（翔泳社） …………………………… 23
SEC books（情報処理推進機構） ……………… 23
SEC books（日経BP社） ………………………… 23
SEC books（毎日コミュニケーションズ）
　…………………………………………………… 24
SEの現場シリーズ（翔泳社） …………………… 24
SEのための必勝スキルシリーズ（日本評論社） ……………………………………………… 24
SEライフ（技術評論社） ………………………… 24
SCC Books（エスシーシー） …………………… 24
エッセイ集（岩国エッセイライターズ） ……… 187
エッセンシャルソフトウェアガイドブック（技術評論社） ……………………………………… 25
絵でみるシリーズ（日本能率協会マネジメントセンター） ……………………………………… 234
エデンの片隅で（福田晋） ……………………… 187
江藤文夫の仕事（影書房） ……………………… 187
江戸東京ライブラリー（教育出版） …………… 234
NHK趣味悠々（日本放送出版協会） …………… 234
NHKシリーズ（日本放送出版協会） …………… 238
NHKスペシャル（日本放送出版協会） ………… 242
NHK人間講座（日本放送出版協会） …………… 25
NHKブックス（日本放送出版協会） …………… 243
NHK文化セミナー（日本放送出版協会）
　………………………………………………… 247
NHKまる得マガジン（日本放送出版協会）
　………………………………………………… 247
NHK未来への提言（日本放送出版協会）
　………………………………………………… 249
NHKライブラリー（日本放送出版協会）
　………………………………………………… 249
NSライブラリ（サイエンス社） ………………… 25
NTT出版ライブラリーレゾナント（NTT出版） ……………………………………………… 25
愛媛県EL新聞記事情報リスト（エレクトロニック・ライブラリー） ………………………… 150

えひめふつ　　　　　　　　　　　　　　　　　　　　　　全集・叢書名索引

えひめブックス（愛媛県文化振興財団）…… 250
愛媛文化双書（愛媛文化双書刊行会）……… 250
絵本児童文学基礎講座（成文社）…………… 134
「絵本で子育て」叢書（「絵本で子育て」センター）……………………………………… 134
MCA教科書（翔泳社）………………………… 26
MCSE教科書（翔泳社）……………………… 26
MCP教科書（翔泳社）………………………… 26
エンジニア道場（翔泳社）…………………… 27
エンタテインメントと著作権 初歩から実践まで（著作権情報センター）………………… 150
遠藤三郎著作集（遠藤和男）………………… 187

【お】

O（筑摩書房）………………………………… 187
老亀の戯言（東京図書出版会）……………… 187
桜美林ブックス（桜美林学園出版部、はる書房〔発売〕）…………………………………… 250
淡海文庫（サンライズ出版）………………… 250
大分県EL新聞記事情報リスト（エレクトロニック・ライブラリー）……………………… 150
大分県立図書館推薦図書リスト（大分県立図書館）…………………………………………… 150
大垣市立図書館郷土資料目録（大垣市教育委員会）………………………………………… 150
大阪商業大学商業史博物館資料目録（大阪商業大学商業史博物館）………………………… 151
大阪城天守閣所蔵南木コレクション総目録（大阪城天守閣）………………………………… 151
大阪市立大学理工学部扇友会文集（大阪市立大学理工学部・1期生同窓会）………………… 187
大阪大学新世紀セミナー（大阪大学出版会）…………………………………………… 250
大阪大学新世紀レクチャー（大阪大学出版会）…………………………………………… 251
大阪大学大学院文学研究科共同研究（国文学研究資料館研究連携事業）研究成果報告書（大阪大学大学院文学研究科飯倉洋一研究室）…………………………………………… 134
大阪大学21世紀COEプログラム「インターフェイスの人文学」（大阪大学21世紀COEプログラム「インターフェイスの人文学」）… 251
大阪大学附属図書館蔵和古書目録（大阪大学附属図書館）………………………………… 151

大阪府EL新聞記事情報リスト（エレクトロニック・ライブラリー）……………………… 151
大阪府立中央図書館利用案内（大阪府立中央図書館）…………………………………………… 134
大手前大学比較文化研究叢書（思文閣出版）…………………………………………… 251
OOP foundations（翔泳社）………………… 27
岡山県EL新聞記事情報リスト（エレクトロニック・ライブラリー）……………………… 151
岡山県図書館一覧（吉備人出版）…………… 134
岡山大学文学部研究叢書（岡山大学文学部）…………………………………………… 252
岡山文庫（日本文教出版）…………………… 252
小城鍋島文庫目録（佐賀大学文系基礎学研究プロジェクト）…………………………… 152
沖縄県EL新聞記事情報リスト（エレクトロニック・ライブラリー）……………………… 152
沖縄研究資料（法政大学沖縄文化研究所）…………………………………………… 252
奥会津博物館収蔵資料目録（南会津町教育委員会）………………………………………… 204
尾佐竹猛著作集（ゆまに書房）……………… 253
小田原ライブラリー（夢工房）……………… 253
夫の定年、揺れる妻たち（日本文学館）…… 187
大人の「常識力」（青春出版社）…………… 188
大人の本棚（みすず書房）…………………… 188
お悩み祭り（朝日新聞社）…………………… 188
Office 2007 dictionary series（秀和システム）……………………………………………… 27
Office 2010 Dictionary Series（秀和システム）……………………………………………… 28
オフィススペシャリスト対策シリーズ（アスキー）……………………………………………… 27
オフサイド・ブックス（彩流社）…………… 253
Object oriented selection（翔泳社）………… 28
Object technology series（ピアソン・エデュケーション）…………………………………… 28
オープンソースRDBMSシリーズ（ソフトバンククリエイティブ）……………………… 28
思い出のページめくり（山本景彦）………… 188
「思い出力」クイズ（小学館）……………… 181
O'ReillyのHacksシリーズ（オライリー・ジャパン、オーム社〔発売〕）……………………… 28
オラクル公式テキストシリーズ（アスキー）…………………………………………… 28
Oracle hand books（アスキー）……………… 29
折り折りの記（友月書房）…………………… 188

404　全集・叢書総目録 2005-2010

全集・叢書名索引　　　　　　　　　　　　　　　　　　　　かやのきせ

オレンジの旗（新聞産業の退職者懇談会）
　　　　　　　　　　　　　　　　　　　　209
音楽著作権管理者養成講座テキスト（音楽出版社協会）　　　　　　　　　　　　　　152
音訳マニュアル（全国視覚障害者情報提供施設協会）　　　　　　　　　　　　　　134

【か】

海外情報の収集整備報告書（国際情報化協力センター）　　　　　　　　　　　　　29
海外通信白書（NTT出版）　　　　　　　29
外国人物レファレンス事典 古代-19世紀2（日外アソシエーツ, 紀伊國屋書店〔発売〕）
　　　　　　　　　　　　　　　　　　　　181
外国著作権法令集（著作権情報センター）
　　　　　　　　　　　　　　　　　　　　152
「会社四季報」図解シリーズ（東洋経済新報社）　　　　　　　　　　　　　　　　　29
解説資料（伊丹市立博物館）　　　　　204
解題書目（青森県立図書館）　　　　　152
書いて遊ぶ（〔荒井明由〕）　　　　　　188
開発者ノートシリーズ（オライリー・ジャパン）　　　　　　　　　　　　　　　　29
開発の現場（翔泳社）　　　　　　　　　29
開発の現場セレクション（翔泳社）　　29
開文社叢書（開文社出版）　　　　　　254
科学のことばとしての数学（朝倉書店）　254
香川県EL新聞記事情報リスト（エレクトロニック・ライブラリー）　　　　　152
学際レクチャーシリーズ（成文堂）　　254
学習院大学研究叢書（学習院大学）　　254
「学習指導と学校図書館」資料集（須永和之）　　　　　　　　　　　　　　　　134
学術叢書（Nihon Tosho Centre）　　　29
学術叢書（学術出版会）　　　　　　　　254
学説人名用語大辞典（日本図書センター）
　　　　　　　　　　　　　　　　　　　　181
学長の呟き（〔池田正澄〕）　　　　　　188
「学鐙」を読む（雄松堂出版）　　　　　202
学図教ブックレット（日本学校図書館教育協議会）　　　　　　　　　　　　　134
学問の英知に学ぶ（ヌース出版）　　　　30
鹿児島県EL新聞記事情報リスト（エレクトロニック・ライブラリー）　　　　152

「可視化」のジャーナリスト（早稲田大学出版部）　　　　　　　　　　　　　　　209
鹿島茂の書評大全（毎日新聞社）　　　135
画商のひとりごと（生活の友社）　　　188
柏崎市立博物館調査報告書（柏崎市立博物館）　　　　　　　　　　　　　　　　204
梶原泉小論文集（百年社〔印刷〕）　　256
霞会館資料（霞会館）　　　　　　　　　256
かすみ"新世紀"選書（霞出版社）　　　256
風谷大青集（文芸社）　　　　　　　　　188
風ブックス（創風社出版）　　　　　　　257
Kazoku-sya・1000シリーズ（家族社）　257
家族で読めるfamily book series（飛鳥新社）
　　　　　　　　　　　　　　　　　　　　257
学会年報・研究報告論文総覧（日外アソシエーツ）　　　　　　　　　　　　　152
学校で教えない教科書（日本文芸社）　258
学校図書館活用教育ハンドブック（国土社）
　　　　　　　　　　　　　　　　　　　　135
学校図書館実践テキストシリーズ（樹村房）
　　　　　　　　　　　　　　　　　　　　135
学校図書館図解・演習シリーズ（青弓社）
　　　　　　　　　　　　　　　　　　　　135
学校図書館入門シリーズ（全国学校図書館協議会）　　　　　　　　　　　　　135
かつしかブックレット（葛飾区郷土と天文の博物館）　　　　　　　　　　　　261
活字の奔流（展望社）　　　　　　　　　202
桂ブックレット（桂書房）　　　　　　　261
角川選書（角川書店）　　　　　　　　　261
神奈川県EL新聞記事情報リスト（エレクトロニック・ライブラリー）　　　　153
神奈川県図書館協会の歩み（神奈川県図書館協会）　　　　　　　　　　　　135
神奈川県立博物館調査研究報告（神奈川県立生命の星・地球博物館）　　　　204
神奈川大学入門テキストシリーズ（御茶の水書房）　　　　　　　　　　　　　262
兼本信知画文集（ミル出版）　　　　　188
河北選書（河北新報出版センター）　　262
かまくら春秋双書（かまくら春秋社）　262
上方文庫（和泉書院）　　　　　　　　　262
かもがわブックレット（かもがわ出版）　262
かもがわCブックス（かもがわ出版）　　263
かもめ社長、かく語りき（ラッセル社）　30
栢木先生の基本情報技術者教室（技術評論社）　　　　　　　　　　　　　　　　30

全集・叢書総目録 2005-2010　　405

栢木先生の初級シスアド教室（技術評論社） 30
Girl's talk（ディスカヴァー・トゥエンティワン） 188
カルチャー図解（主婦と生活社） 263
カルチャー・スタディーズ（朝日出版社） 264
河合ブックレット（河合文化教育研究所） 264
川越市立中央図書館収蔵文書目録（川越市立中央図書館） 153
かわさき市民アカデミー講座ブックレット（川崎市生涯学習振興事業団かわさき市民アカデミー出版部） 189
韓国発通信・ITレポート（情報流通ビジネス研究所） 30
関西大学東西学術研究所研究叢刊（関西大学東西学術研究所） 264
関西大学東西学術研究所資料集刊（関西大学東西学術研究所） 153
漢字・漢文ブックス（明治書院） 264
完全ガイドseries（アスキー） 30
完全ガイドseries（アスキー・メディアワークス） 30
館蔵品選集（鳥取市歴史博物館） 204
かんたん図解NEO（技術評論社） 30
かんたん「通勤快読」（技術評論社） 31
かんたんパソコン生活（技術評論社） 31
かんたんプログラミングExcel 2007 VBA（技術評論社） 32
かんたんプログラミングVisual Basic 2005（技術評論社） 32
かんたんプログラミングVisual Basic 2008（技術評論社） 32
かんたんプログラミングVisual Basic 2010/2008/2005（技術評論社） 32
関東・関西地区著作権研修講座講演録（著作権情報センター） 153
完璧マスターシリーズ（ローカス） 32

【き】

起源の日本史（同成社） 181
貴志なるみ第二作品集（日本文学館） 189
記者物語（創風社出版） 209

喜寿を迎えて（創英社） 189
技術啓発書シリーズ（電気学会, オーム社〔発売〕） 32
奇跡と不可思議（石岡剛） 189
基礎をしっかりと押さえたFlash MXラーニング（Digital Information Inc） 32
基礎がしっかり学べるIllustrator CSラーニング（Digital Information） 32
基礎からプロの応用編までのPhotoshop CSラーニング（Digital Information） 32
基礎から身につくネットワーク技術シリーズ（日経BP社） 32
基礎情報学（NTT出版） 33
基礎情報工学シリーズ（森北出版） 33
基礎シリーズ（実教出版） 264
北見叢書（「北見叢書」刊行会） 265
北見ブックレット（北網圏北見文化センター協力会） 265
貴重典籍叢書（臨川書店） 265
技評SE新書（技術評論社） 33
技評SE選書（技術評論社） 33
岐阜県EL新聞記事情報リスト（エレクトロニック・ライブラリー） 153
きぼっこ（木村桂子） 189
基本情報技術者学習テキスト（実教出版） 33
基本情報技術者午後スーパー合格本（秀和システム） 34
基本情報技術者試験サクセスガイド（一橋出版） 34
基本情報技術者試験ステップアップ（一橋出版） 34
基本情報技術者試験テキスト（実教出版） 34
基本情報技術者テキスト（コンピュータ・エージ社） 34
基本情報技術者テキスト（実教出版） 34
基本情報技術者テキスト（増進堂） 35
基本情報技術者どこでも速習ハンドブック（ローカス） 35
基本情報技術者に向けての情報処理の基礎と演習（近代科学社） 35
基本情報技術者のよくわかる教科書（技術評論社） 35
基本情報技術者 ポケット教本（技術評論社） 36
金思燁全集（金思燁全集刊行委員会） 265

きむらゆういち式絵本の読み方（宝島社） ……………………………………… 135
疑問氷解!クイックレスQ（技術評論社） …… 36
逆引シリーズ（ローカス, 角川書店〔発売〕） ……………………………………… 36
キャバになれなかったカメラマン（講談社） ……………………………………… 209
救援 縮刷版（彩流社） ………… 153
汲古選書（汲古書院） ………… 265
九州産業大学公開講座（九州大学出版会） ……………………………………… 266
九大アジア叢書（九州大学出版会）…… 266
九のうた（三友社出版） ……… 189
共愛学園前橋国際大学ブックレット（上毛新聞社事業局出版部） ……………… 266
「境界」に立つジャーナリスト（早稲田大学出版部） …………………………… 210
今日から始める弥生給与（ソシム）…… 36
京大人気講義シリーズ（丸善） ……… 266
共同通信ニュース予定（共同通信社） … 210
郷土館叢書（田布施町教育委員会） … 266
京都女子大学研究叢刊（京都女子大学） … 266
京都府EL新聞記事情報リスト（エレクトロニック・ライブラリー） ……………… 153
京都文化会議報告書（京都文化会議組織委員会） ……………………………… 204
今日の気づき（日本文学館）… 189
今日のつぶやき（宝島社） …… 189
教報ブックス（教育報道社）… 267
教養・文化シリーズ（日本放送出版協会） ……………………………………… 267
教養ワイドコレクション（文元社）… 268
基督教青年（不二出版） ……… 154
記録学研究（ビスタ ピー・エス）… 135
近世蔵版目録集成（岩田書院）… 154
近代雑誌目次文庫（ゆまに書房）… 154
近代日本メディア人物誌（ミネルヴァ書房） ……………………………………… 210
近代名著解題選集（クレス出版）… 154
近未来科学ライブラリー（近未来社）… 269

【く】

KUARO叢書（九州大学出版会） …… 269
釧路新書（釧路市） …………… 269
釧路叢書（釧路市） …………… 269
グーテンベルクの森（岩波書店） …… 135
クニエ・ニュース・ペーパー・ブック（mille books） ……………………………… 189
久野収氏旧蔵書寄贈図書目録（大阪府立中央図書館） …………………………… 154
熊日新書（熊本日日新聞社）… 269
熊本県EL新聞記事情報リスト（エレクトロニック・ライブラリー） …………… 154
熊本大学21世紀文学部フォーラム叢書（熊本出版文化会館） ………………… 189
熊本大学ブックレット（熊本日日新聞社） ……………………………………… 269
熊本文化研究叢書（熊本県立大学日本語日本文学研究室） …………………… 270
組込みエンジニア教科書（翔泳社）… 36
組込みエンジニアbooks computer science（技術評論社） ……………………… 36
組み込み技術基礎シリーズ（CQ出版）… 36
組込みシステムシリーズ（技術評論社）… 36
組込みステップアップ講座（電波新聞社） ……………………………………… 37
組み込みソフトウエア（日経BP社）… 37
組み込みソフトウェアレポート（翔泳社）… 37
組込みプレス（技術評論社） …… 37
組込みプレスselection（技術評論社） …… 37
九曜文庫蔵奈良絵本・絵巻集成（勉誠出版） …………………………………… 154
くらしの詩をつづって（北海道新聞社）… 189
くらしの中から（飯田市立中央図書館）… 189
くらしの中に図書館を（日野市立図書館） ……………………………………… 135
グリーン・プレスdigitalライブラリー（グリーン・プレス） ……………………… 37
群馬県EL新聞記事情報リスト（エレクトロニック・ライブラリー） …………… 154

【け】

慶応義塾大学所蔵古文書目録（慶応義塾大学古文書室） ……………………… 155
計算科学講座（共立出版） …… 37
計算理論の基礎（共立出版） …… 38
蛍翔手づくり文庫（蛍翔出版倶楽部）… 270

【こ】

芸文類聚訓読付索引（大東文化大学東洋研究所） ……… 181
ゲオルク・フォルスターコレクション（関西大学出版部） ……… 189
Gekidas激裏情報@大事典（三才ブックス） ……… 190
ケーススタディ著権（著作権情報センター） ……… 155
ケータイbooks（ネコ・パブリッシング） ……… 38
月刊ポプラディア合本（ポプラ社） …… 181
Kのモノローグ（創英社） ………… 190
研究・教育のためのデータ連携ワークショップ（情報・システム研究機構国立情報学研究所） ……… 38
研究助成金贈呈式の記録（五協商事） … 190
研究助成金贈呈式の記録（日本教育公務員弘済会支部宮城県教育公務員弘済会事務局） ……… 190
研究成果報告書（北海学園大学ハイテク・リサーチ・センター） ……… 38
研究双書（アジア経済研究所） ……… 270
研究叢書（桃山学院大学総合研究所） …… 272
現況（高等商船学校三期会） ……… 190
言語文化研究叢書（九州大学大学院言語文化研究院） ……… 272
現代アジア叢書（田畑書店） ……… 272
現代社白鳳選書（現代社） ……… 272
現代選書（信山社） ……… 272
現代叢書（東洋書店） ……… 272
現代ビジネスブック（講談社） ……… 210
幻冬舎実用書（幻冬舎） ……… 273
幻冬舎セレクト（幻冬舎） ……… 273
現場で使えるソフトウェアテスト（翔泳社） ……… 38
現場で使えるデバッグ＆トラブルシュート（翔泳社） ……… 38
現場の必須テクニック（毎日コミュニケーションズ） ……… 38
研文選書（研文出版） ……… 273
県民カレッジ叢書（富山県民生涯学習カレッジ） ……… 273
県立神奈川近代文学館収蔵文庫目録（県立神奈川近代文学館） ……… 155

耕（山梨子どもの本研究会） ……… 135
合格Expert（技術評論社） ……… 38
合格!Microsoft Office Specialistシリーズ（技術評論社） ……… 38
皇学館大学講演叢書（皇学館出版部） …… 274
皇学館大学社会福祉学部月例文化講座（皇学館大学出版部） ……… 190
講義のあとで（丸善） ……… 38
交響するコスモス（松籟社） ……… 190
公共哲学叢書（東京大学出版会） ……… 274
高校生のための東大授業ライブ（東京大学出版会） ……… 190
広済堂ペーパーバックス（広済堂出版） …… 190
講座「いのちの教育」（同朋大学"いのちの教育"センター） ……… 191
交詢社公開講座（交詢社） ……… 191
講談社選書メチエ（講談社） ……… 274
講談社トレジャーズ（講談社） ……… 278
講談社ビジネス（講談社） ……… 278
高知県EL新聞記事情報リスト（エレクトロニック・ライブラリー） ……… 155
高知新聞ブックレット（高知新聞社） …… 191
高等研選書（国際高等研究所） ……… 278
高等研報告書（国際高等研究所） ……… 278
高度映像情報シリーズ（富士キメラ総研） ……… 38
甲南大学総合研究所叢書（甲南大学総合研究所） ……… 278
紅梅堂豆本（紅梅堂） ……… 192
公文書館専門職員養成課程修了研究論文集（国立公文書館） ……… 135
神戸学院大学人文学部人間文化研究叢書（人文書院） ……… 279
神戸国際大学経済文化研究所叢書（ミネルヴァ書房） ……… 279
神戸市外国語大学研究叢書（神戸市外国語大学外国学研究所） ……… 279
神戸女学院大学総文叢書（冬弓舎） …… 39
神戸市立博物館館蔵品目録（神戸市立博物館） ……… 204
効率UP＆スキルUP開発の現場（翔泳社） ……… 39

5行で読んだ気になる世界の名作（はまの出版） ……… 136
国際広報メディア研究科・言語文化部研究報告叢書（北海道大学言語文化部） ……… 280
国際シンポジウム（国際日本文化研究センター） ……… 192
国民会館叢書（国民会館） ……… 280
国立国会図書館製作録音図書目録（国立国会図書館） ……… 155
ここが変だよC言語（カットシステム） ……… 39
心がぽかぽかするニュース（文芸春秋） ……… 192
心にしみる話（南日本新聞社） ……… 192
心のらしんばん（幸友館） ……… 192
個人著作集内容総覧（日外アソシエーツ） ……… 155
個人文庫事典（日外アソシエーツ） ……… 136
子育て・読み聞かせ文庫（明治図書出版） ……… 136
御存じですか？（クレス出版） ……… 181
コードコンプリート（日経BPソフトプレス） ……… 39
ことばと文化（国際文化フォーラム） ……… 205
コドモの常識ものしり事典（日本図書センター） ……… 192
子どものためのノートのコツ（汐文社） ……… 39
子どもの本（日外アソシエーツ） ……… 155
子どもの本のインターネット情報源（出版文化研究会） ……… 136
この一冊でまるわかりITの最新常識（新星出版社） ……… 39
コーパス言語学の技法（夏目書房） ……… 39
コミュニティ・ブックス（日本地域社会研究所） ……… 281
五柳叢書（五柳書院） ……… 282
これからのITエンジニア入門シリーズ（メディア・テック出版） ……… 39
これからはじめるVisual Basic 2005（秀和システム） ……… 39
これからはじめるVisual C++ 2005（秀和システム） ……… 39
これから学ぶコンピュータ科学入門（工学図書） ……… 39
これだけは知っておきたい！（ポプラ社） ……… 192
コロナ・ブックス（平凡社） ……… 282
コンピュータサイエンス・シリーズ（科学技術出版） ……… 40

コンピュータ入門（共立出版） ……… 40
コンピュータの構成と設計（日経BP社、日経BP出版センター〔発売〕） ……… 40
コンピュータリテラシー（三恵社） ……… 40
コンプティア認定資格受験ライブラリー（ダイエックス出版） ……… 40
コンフリクトの人文学（大阪大学出版会） ……… 40

【さ】

財情（ソフトウェア情報センター） ……… 40
最新市場調査資料（トータルビジョン研究所） ……… 40
埼玉県EL新聞記事情報リスト（エレクトロニック・ライブラリー） ……… 155
財団法人鍋島報効会研究助成研究報告書（鍋島報効会） ……… 193
財団法人松ヶ岡文庫叢書（松ヶ岡文庫） ……… 156
斎藤正二著作選集（八坂書房） ……… 283
斎藤孝の「ガツンと一発」シリーズ（PHP研究所） ……… 40
佐賀県EL新聞記事情報リスト（エレクトロニック・ライブラリー） ……… 156
相模女子大学研究活動報告（相模女子大学） ……… 283
さきがけ選書（秋田魁新報社） ……… 283
索引叢書（和泉書院） ……… 283
佐々木利文の随想（〔佐々木利文〕） ……… 193
笹塚日記（本の雑誌社） ……… 193
さざれ石（服部正三） ……… 193
雑学3分間ビジュアル図解シリーズ（PHP研究所） ……… 181
雑学大全（東京書籍） ……… 183
雑文集（富岡義人） ……… 193
佐藤正二雑文集（〔佐藤正二〕） ……… 193
佐野繁次郎装幀集成（みずのわ出版） ……… 156
ザ・ベストハウス図鑑（扶桑社） ……… 193
サラ・ブックス（二見書房） ……… 283
サルヂエ（ワニブックス） ……… 183
三愛新書（三愛会） ……… 193
山陰研究シリーズ（清文堂出版） ……… 283
山陰研究シリーズ（ワン・ライン） ……… 284
SUN教科書（翔泳社） ……… 41
産経新聞社の本（産経新聞出版） ……… 284

さんけいふ　　　　　　　　　　　　　　　　　　　　　　　　全集・叢書名索引

サンケイブックス（三恵書房） ……………… 284
産研シリーズ（早稲田大学産業経営研究所）
　……………………………………………… 286
参考図書解説目録（日外アソシエーツ） …… 156
30時間アカデミック（実教出版） …………… 41
Sunテキスト（ソフトバンククリエイティブ）
　………………………………………………… 41
山日ライブラリー（山梨日日新聞社） ……… 286

【し】

幸せの絵本（ソフトバンクパブリッシング）
　……………………………………………… 156
JLA図書館実践シリーズ（日本図書館協会）
　……………………………………………… 136
JLA図書館情報学テキストシリーズ（日本図
　書館協会） ………………………………… 136
塩竈市民図書館要覧（塩竈市） ……………… 137
資格ガイドシリーズ（経林書房） …………… 286
滋賀県EL新聞記事情報リスト（エレクトロニ
　ック・ライブラリー） …………………… 156
四季の写真別冊（学習研究社） ……………… 41
紫牛雑叢（岩永季弘） ………………………… 193
C言語教科書（日経BP社） …………………… 41
C言語10課（カットシステム） ……………… 41
C言語プログラミングレッスン（ソフトバン
　ククリエイティブ） ……………………… 41
自己点検評価報告書（東北大学情報シナジー
　センター） ………………………………… 41
仕事がはかどる!Excel 2007の技（技術評論社）
　………………………………………………… 41
仕事と生活ライブラリー（DAI-X出版） …… 156
仕事の即戦力（ソシム） ……………………… 41
CG series（工学社） …………………………… 41
時事新報（竜渓書舎） ………………………… 210
時事新報目録（八木書店） …………………… 210
辞書・事典全情報（日外アソシエーツ） …… 156
CG worldアーカイブス（ワークスコーポレー
　ション） …………………………………… 42
静岡学術出版教養新書（ITSC静岡学術出版事
　業部） ……………………………………… 286
静岡学術出版静岡産業ブックス（ITSC静岡学
　術出版事業部） …………………………… 42
静岡県EL新聞記事情報リスト（エレクトロニ
　ック・ライブラリー） …………………… 156

静岡県磐田郡豊田町郷土資料目録（豊田町教
　育委員会） ………………………………… 156
Cisco技術者認定教科書（翔泳社） …………… 42
Cisco技術者認定CCNP速習ナビゲータ（秀和
　システム） ………………………………… 42
シスコ・ネットワーキングアカデミー（翔泳
　社） ………………………………………… 42
システム開発新時代（翔泳社） ……………… 42
システム思考入門（カットシステム） ……… 42
次世代メディア・知的社会基盤（慶応義塾大学
　21世紀COEプログラム「次世代メディア・
　知的社会基盤」） ………………………… 42
自然言語処理シリーズ（コロナ社） ………… 43
自然の中の人間（〔森玉久爾男〕） …………… 193
自然の中の人間シリーズ（農山漁村文化協会）
　……………………………………………… 287
《思想・多島海》シリーズ（法政大学出版局）
　……………………………………………… 287
視聴覚教材目録（青森県総合社会教育センタ
　ー） ………………………………………… 156
視聴覚資料目録（神奈川県立図書館） ……… 157
視聴覚ライブラリー追加目録（板橋区教育委
　員会） ……………………………………… 157
しっかり学ぶ!Excel VBA短期集中講座（毎日
　コミュニケーションズ） ………………… 43
実習ライブラリ（サイエンス社） …………… 43
実践女子学園学術・教育研究叢書（実践女子
　学園） ……………………………………… 288
実践入門ネットワーク（リックテレコム）
　………………………………………………… 43
知ってる?シリーズ（近代科学社） ………… 183
実務で役立つIT資格CompTIAシリーズ（T-
　AC出版事業部） ………………………… 43
実用百科（実業之日本社） …………………… 288
児童図書館叢書（児童図書館研究会） ……… 137
児童図書総目録・小学校用（日本児童図書出
　版協会） …………………………………… 43
児童図書総目録・中学校用（日本児童図書出
　版協会） …………………………………… 43
死ぬかと思った（アスペクト） ……………… 193
事物起源選集（クレス出版） ………………… 183
自分で選べるパソコン到達点（技術評論社）
　………………………………………………… 43
自分流選書（自分流文庫） …………………… 292
島根県EL新聞記事情報リスト（エレクトロニ
　ック・ライブラリー） …………………… 157
清水信文学選（〔伊藤伸司〕） ………………… 292

全集・叢書名索引　　　　　　　　　　　　　　　　　　　　　　　　　　しょうほう

市民講座・いまに問う（凱風社） ……………… 194
市民と取り組む古文書修補（白井市郷土資料館） ……………………………………… 137
社会事業彙報（不二出版） ……………………… 157
シヤー作業者安全必携（中央労働災害防止協会） ……………………………………… 157
JASRAC寄附講座講義録（明治大学法科大学院知的財産と法リサーチセンター） ……… 157
シャッター以前（岡村昭彦の会） ……………… 157
ジャーナリズムの条件（岩波書店） …………… 210
Java expert（技術評論社） ………………………… 44
Java言語実用マスターシリーズ（ソフトバンクパブリッシング） ……………………… 44
Java言語で学ぶデザインパターン入門（ソフトバンククリエイティブ） ……………… 44
Java言語プログラミングレッスン（ソフトバンククリエイティブ） …………………… 44
Java GUIプログラミング（カットシステム） ……………………………………………… 45
Javaバイブルテキストシリーズ（エスシーシー） ………………………………………… 45
Javaプログラミングツールズ（技術評論社） ……………………………………………… 45
Javaプログラミング徹底入門（電波新聞社） ……………………………………………… 45
収蔵品目録（福岡市博物館） …………………… 205
自由灯（不二出版） ……………………………… 157
十八世紀叢書（国書刊行会） …………………… 292
16歳からの東大冒険講座（培風館） ……………… 45
しゅくがわ新書（夙川学院短期大学） ………… 205
主題書誌索引（日外アソシエーツ） …………… 157
出版をめぐる冒険（アーク出版） ……………… 157
出版状況クロニクル（論創社） ………………… 157
出版人に聞く（論創社） ………………………… 157
出版人のための出版営業ハンドブック（出版企画研究所） ………………………………… 157
出版税務会計の要点（日本書籍出版協会） …………………………………………… 157
出版年鑑（出版ニュース社） …………………… 157
出版年鑑（日本図書センター） ………………… 158
出版のためのテキスト実践技法（未来社） …………………………………………… 158
首都圏博物館ベストガイド（メイツ出版） …………………………………………… 205
主婦の友百科シリーズ（主婦の友社） ………… 292
主要新聞雑誌記事総覧（日本図書センター） …………………………………………… 158

樹立社ライブラリー（樹立社） ………………… 292
樹立社ライブラリー・スペシャル（樹立社） …………………………………………… 292
樹林舎叢書（人間社） …………………………… 292
純心女子短大叢書（図書館づくりと子どもの本の研究所） ……………………………… 137
小学生への読みがたり・読みきかせ（高文研） …………………………………………… 137
小学校読み聞かせ絵本10分間虎の巻（平山寿子） …………………………………………… 137
小閑雑感（世界聖典普及協会） ………………… 194
情シスの現場（翔泳社） …………………………… 45
猩猩抄（〔中岡義〕） ……………………………… 194
湘南選書（湘南社） ……………………………… 158
翔年たちへ（アーティストハウスパブリッシャーズ） ……………………………… 292
情報演習（カットシステム） ……………………… 45
情報科学コアカリキュラム講座（丸善） ………… 45
情報科学こんせぷつ（朝倉書店） ………………… 45
情報学シリーズ（丸善） ………………………… 137
情報学ワークショップ論文集（静岡大学情報学部） ……………………………………… 45
情報化社会対話集（ラッセル社） ………………… 46
情報化白書（コンピュータ・エージ社） ………… 46
情報化白書（増進堂） ……………………………… 46
情報化白書（BCN） ………………………………… 46
情報技術基礎（共立出版） ………………………… 46
情報検定 情報活用試験3級テキスト・問題集（実教出版） ……………………………… 46
情報工学テキストシリーズ（共立出版） ………… 46
情報工学レクチャーシリーズ（森北出版） …………………………………………………… 46
情報サービス企業台帳（ミック経済研究所） …………………………………………………… 46
情報サービス産業白書（コンピュータ・エージ社） ……………………………………… 46
情報サービス産業白書（日経BP社, 日経BP出版センター〔発売〕） ………………… 46
情報史研究（情報史研究会, PHPパブリッシング〔発売〕） ………………………… 47
情報システムライブラリ（日科技連出版社） …………………………………………………… 47
情報社会の倫理と設計（河出書房新社） ………… 47
情報処理学会シンポジウムシリーズ（情報処理学会） ……………………………………… 47
情報処理技術者試験（技術評論社） ……………… 49
情報処理技術者試験（ゴマブックス） …………… 50

しょうほう　　　　　　　　　　　　　　　　　全集・叢書名索引

情報処理技術者試験（日本経済新聞社） ……… 51
情報処理技術者試験（日本経済新聞出版社）
　……………………………………………………… 52
情報処理技術者試験（リックテレコム） ……… 53
情報処理技術者試験（TAC出版事業部） ……… 53
情報処理技術者試験受験マニュアルシリーズ
　（電波新聞社） ………………………………… 53
情報処理技術者試験対策書（アイテック）
　……………………………………………………… 54
情報処理技術者試験対策書（アイテック情報
　処理技術者教育センター） ………………… 54
情報処理基礎講座（電子開発学園出版局）
　……………………………………………………… 57
情報処理教科書（翔泳社） ……………………… 57
情報処理入門（くんぷる） ……………………… 60
情報処理のコツ（月聖出版） …………………… 60
情報処理論入門（くんぷる） …………………… 60
情報数理シリーズ（培風館） …………………… 60
情報セキュリティ2.0（情報処理学会） ……… 60
情報大航海プロジェクト（モデルサービスの
　開発と実証）事業報告書（エヌ・ティ・ティ・
　ドコモ） ………………………………………… 60
情報研シリーズ（丸善） ………………………… 61
情報とメディア（勉誠出版） …………………… 61
情報books plus!（実教出版） ………………… 61
情報メディア・スタディシリーズ（オーム社）
　……………………………………………………… 61
情報リテラシー教育研究分科会報告書（私立
　大学図書館協会東地区部会研究部情報リテ
　ラシー教育研究分科会） …………………… 137
情報リテラシーテキスト（三恵社） …………… 61
情報リテラシー読本（日本図書館協会） …… 158
情報理論とその応用シリーズ（培風館） ……… 61
上毛新聞ひろば欄投稿文集（上毛新聞社出版
　局（製作）） …………………………………… 194
城陽市歴史民俗資料館報告書（城陽市歴史民
　俗資料館） ……………………………………… 205
昭和初期新聞ジャーナリズム論集（ゆまに書
　房） ……………………………………………… 210
食の文化フォーラム（ドメス出版） ………… 292
書誌コントロールに関する国際図書館連盟シ
　リーズ（K. G. Saur） ………………………… 137
書誌書目シリーズ（ゆまに書房） …………… 158
書誌調整連絡会議記録集（国立国会図書館書
　誌部） …………………………………………… 137
書誌調整連絡会議記録集（日本図書館協会）
　…………………………………………………… 137

女性サイト比較調査（サイボウズ・メディア
　アンドテクノロジー） ………………………… 61
書籍文化史（鈴木俊幸） ……………………… 160
書店員の実務教育読本（出版メディアパル）
　…………………………………………………… 160
書店ポップ術（試論社） ……………………… 160
Shotor museum（小学館） …………………… 292
Shotor library（小学館） ……………………… 293
調べ学習NAVI（同友館） …………………… 205
シリーズ 愛書・探書・蔵書（晶文社） …… 160
シリーズいま、学校図書館のやるべきこと（ポ
　プラ社） ………………………………………… 137
シリーズ近江文庫（新評論） ………………… 293
シリーズ応用数理（共立出版） ………………… 61
シリーズ『岡山学』（吉備人出版） ………… 194
シリーズ〈オペレーションズ・リサーチ〉（朝
　倉書店） ………………………………………… 293
シリーズ学校図書館（少年写真新聞社） …… 138
シリーズ学校図書館学（全国学校図書館協議
　会） ……………………………………………… 138
シリーズ ここからはじまる（青海社） …… 293
シリーズ「自伝」my life my world（ミネル
　ヴァ書房） ……………………………………… 293
シリーズ読書コミュニティのデザイン（北大
　路書房） ………………………………………… 138
シリーズ・図書館情報学のフロンティア（勉
　誠出版） ………………………………………… 138
シリーズ・未来へのつばさ（ポプラ社） …… 293
シリーズ メディアの未来（ナカニシヤ出版）
　…………………………………………………… 210
シリーズ・八重山に立つ（南山舎） ………… 160
シリーズわくわく図書館（アリス館） ……… 138
シリーズ私と図書館（女性図書館職研究会）
　…………………………………………………… 138
資料館資料（大磯町郷土資料館） …………… 205
進化技術ハンドブック（近代科学社） ………… 61
進化する組込みシステム技術（情報処理学会）
　……………………………………………………… 61
新学校図書館学（全国学校図書館協議会）
　…………………………………………………… 138
新紀元社情報工学シリーズ（新紀元社） ……… 61
新規範発見塾講義録（東京財団） …………… 194
新現代図書館学講座（東京書籍） …………… 138
信山社叢書（信山社出版） …………………… 293
新釈漢文大系（明治書院） …………………… 293
新修森有礼全集（文泉堂書店） ……………… 293
新・情報化社会対話集（ラッセル社） ………… 61

新情報教育ライブラリ（サイエンス社）...... 62
新書漢文大系（明治書院）...... 293
新女性（不二出版）...... 160
新書大賞（中央公論新社）...... 138
新々・情報化社会対話集（Uサービス事務局）...... 62
人生市場（アドビジョン）...... 194
人生へのラブレター（愛知出版）...... 194
榛地和装本（ウェッジ）...... 160
新潮選書（新潮社）...... 294
親地連ブックレット（親子読書地域文庫全国連絡会）...... 138
新訂増補 人物レファレンス事典 古代・中世・近世編（日外アソシエーツ, 紀伊国屋書店〔発売〕）...... 183
神道書目叢刊（皇学館大学神道研究所）...... 160
新・図書館学シリーズ（樹村房）...... 139
新図書館情報学シリーズ（理想社）...... 139
新・どの本で調べるか（リブリオ出版）...... 160
新なるほど!かんたん!FMV（ソフトバンクパブリッシング）...... 62
新入社員のためのテキスト（日本書籍出版協会）...... 160
新農林叢書（新農林社）...... 194
真福寺善本叢刊（臨川書店）...... 296
人物レファレンス事典 明治・大正・昭和編（日外アソシエーツ, 紀伊国屋書店〔発売〕）...... 183
人文研ブックレット（中央大学人文科学研究所）...... 296
人文知の新たな総合に向けて（京都大学大学院文学研究科21世紀COEプログラム「グローバル化時代の多元的人文学の拠点形成」）...... 62
新聞販売黒書（花伝社）...... 210
新編図書館学教育資料集成（教育史料出版会）...... 139
人民文学（不二出版）...... 161
新読む講義シリーズ（アイテック）...... 62
神陵文庫（三高自昭会）...... 194
神陵文庫・神陵文庫紅萌抄（三高自昭会）...... 194
新レイアウトデザイン見本帖（銀貨社）...... 161

【 す 】

ずいそうしゃブックレット（随想舎）...... 297
図解雑学シリーズ（ナツメ社）...... 183
図解ビジネスの現場（技術評論社）...... 62
図解標準シリーズ（秀和システム）...... 62
すぎなみコミュニティカレッジ（杉並区教育委員会社会教育センター）...... 195
杉の子図書館蔵書目録（杉の子図書館）...... 161
スキルアップ選書（リックテレコム）...... 62
すぐ書ける読書感想文（学習研究社）...... 139
すぐにパソコンが使える本（日経BP社）...... 62
すぐわかる（アスキー・メディアワークス, 角川グループパブリッシング〔発売〕）...... 63
すぐわかるSUPER（アスキー・メディアワークス, 角川グループパブリッシング〔発売〕）...... 63
すぐわかるポケット!（アスキー・メディアワークス, 角川グループパブリッシング〔発売〕）...... 63
図説絵本・挿絵大事典（大空社）...... 139
図説・中国文化百華（農山漁村文化協会）...... 297
スタートアップオラクルマスター（エスシーシー）...... 63
ずっと受けたかったソフトウェアエンジニアリングの授業（翔泳社）...... 63
すてきなあなたに（暮しの手帖社）...... 195
スーパー超図解シリーズ（エクスメディア）...... 63
スパテクシリーズ（翔泳社）...... 63
3DCG日和。（ビー・エヌ・エヌ新社）...... 63
駿遠豆文献集成（川原崎次郎）...... 161

【 せ 】

生活環境学ライブラリー（朝倉書店）...... 63
生活と記録シリーズ（澪標）...... 195
青弓社ライブラリー（青弓社）...... 297
成蹊大学アジア太平洋研究センター叢書（日本評論社）...... 298
成蹊大学人文叢書（風間書房）...... 298
成蹊大学人文叢書（彩流社）...... 298

せいしんか

精神科医の雑学読書（あき書房（発売））
　　　　　　　　　　　　　　　　　139
誠道学術叢書（誠道書店）　　　　　140
製本加工ハンドブック（日本印刷技術協会）
　　　　　　　　　　　　　　　　　161
西洋古典叢書（京都大学学術出版会）298
セオリーブックス（講談社）　　　　195
世界小娘文学全集（河出書房新社）　140
Sekaishiso seminar（世界思想社）　299
世界大百科事典（平凡社）　　　　　183
世界と日本の大図解（総合情報アクセス）
　　　　　　　　　　　　　　　　　184
世界の国際ブックフェア（出版文化国際交流
　会）　　　　　　　　　　　　　　161
碩学叢書（碩学舎）　　　　　　　　302
惜灯（〔熊本県立水俣高等学校定時制第3期
　生〕）　　　　　　　　　　　　　205
関野昂著作選（現代図書）　　　　　302
絶対現場主義Visual C#実践講座（ラトルズ）
　　　　　　　　　　　　　　　　　63
セミナーテキスト（日経BPソフトプレス）
　　　　　　　　　　　　　　　　　64
せりかクリティク（せりか書房）　　302
セレクト・ブックス（メディアセレクト）
　　　　　　　　　　　　　　　　　65
先学訪問（学士会）　　　　　　　　65
Sengen books（千畝社）　　　　　　65
全国各種団体名鑑（シバ）　　　　　205
全国各種団体名鑑（原書房）　　　　205
全国紙社説総覧（東京堂出版）　　　210
全国紙社説総覧（明文書房）　　　　210
全国商業高等学校協会主催情報処理検定試験
　パスポート（一橋出版）　　　　　65
全国大学博物館学講座開講実態調査報告書
　（全国大学博物館学講座協議会）　205
全国歴史資料保存利用機関連絡協議会全国大
　会（全国歴史資料保存利用機関連絡協議会）
　　　　　　　　　　　　　　　　　140
センシビリティbooks（同文書院）　302
全集・合集収載翻訳図書目録（日外アソシエー
　ツ）　　　　　　　　　　　　　　161
全集講座内容総覧（日外アソシエーツ）161
全集・叢書総目録（日外アソシエーツ）161
戦線文庫（日本出版社）　　　　　　203
先輩が教える（カットシステム）　　65
専門基礎ライブラリー（実教出版）　302

専門分野シリーズ（アイテック情報処理技術
　教育センター）　　　　　　　　　66
占領期雑誌資料大系（岩波書店）　　203

【 そ 】

総合誌記事索引（日外アソシエーツ）161
総合政策学ワーキングペーパーシリーズ（慶
　応義塾大学大学院政策・メディア研究科）
　　　　　　　　　　　　　　　　　303
叢書・ウニベルシタス（法政大学出版局）
　　　　　　　　　　　　　　　　　306
叢書記号学的実践（水声社）　　　　311
叢書グリモア（三才ブックス）　　　66
叢書言語の政治（水声社）　　　　　312
叢書現代のメディアとジャーナリズム（ミネ
　ルヴァ書房）　　　　　　　　　　211
叢書コムニス（NTT出版）　　　　　312
叢書・地球発見（ナカニシヤ出版）　312
叢書・二十世紀ロシア文化史再考（水声社）
　　　　　　　　　　　　　　　　　312
叢書・文化学の越境（森話社）　　　313
叢書ベリタス（八朔社）　　　　　　313
蔵書目録（大阪YWCA点字子ども図書室）
　　　　　　　　　　　　　　　　　161
叢書l'esprit nouveau（白地社）　　　313
創立八十五周年記念論文集（九州大学文学部）
　　　　　　　　　　　　　　　　　66
速習Winプログラミング（技術評論社）66
速習Webデザインシリーズ（技術評論社）
　　　　　　　　　　　　　　　　　66
即戦力を養成する1週間セミナー（メディア・
　テック出版）　　　　　　　　　　66
祖先の足跡（練馬区教育委員会）　　313
速効!図解シリーズ（毎日コミュニケーション
　ズ）　　　　　　　　　　　　　　67
速効!図解プログラミング（毎日コミュニケー
　ションズ）　　　　　　　　　　　68
速効!パソコン講座（毎日コミュニケーション
　ズ）　　　　　　　　　　　　　　68
速効!ポケットマニュアル（毎日コミュニケー
　ションズ）　　　　　　　　　　　68
ソフトウェアエンジニアリング講座（日経BP
　社）　　　　　　　　　　　　　　68

ソフトウェア実践講座（ソフトバンククリエイティブ） ……………………………………… 68
ソフトウェアテクノロジーシリーズ（共立出版） ……………………………………………… 68
ソフトウェアに関する調査報告書（電子情報技術産業協会ソフトウェア事業委員会） …… 68
ソフトウェアの匠（日経BP社） ……………… 69
ソフトウェアプロセス改善入門講座（工学研究社） ………………………………………… 69
ゾラ・セレクション（藤原書店） …………… 313
ソリューションサービスに関する調査報告書（電子情報技術産業協会） ………………… 69
尊経閣善本影印集成（八木書店） …………… 313

【 た 】

大学図書館の理論と実践（日本私立大学協会） ……………………………………………… 140
大活字本シリーズ（埼玉福祉会） …………… 313
大活字本目録（調布市立図書館） …………… 161
大雑学（毎日新聞社） ………………………… 184
大正大学まんだらライブラリー（ティー・マップ） ………………………………………… 319
大東急記念文庫善本叢刊（大東急記念文庫） ……………………………………………… 319
大図研シリーズ（大学図書館問題研究会出版部） …………………………………………… 140
Dime books（小学館） ……………………… 320
ダイヤモンド早わかりブックス（ダイヤモンド社） ………………………………………… 70
台湾デジタルコンテンツ産業（交流協会） ……………………………………………… 70
高岡市立図書館レファレンス事例集（高岡市立中央図書館） …………………………… 140
高岡地区図書館郷土関係資料目録（高岡地区図書館連絡会事務局） …………………… 161
高垣文庫貴重書目録（成城大学経済研究所） ……………………………………………… 162
高橋巖著作集（岡沢幸雄） …………………… 320
高橋麻奈のやさしいシリーズ（ソフトバンクパブリッシング） ……………………………… 70
滝川学園論叢（滝川学園） …………………… 195
拓殖大学研究叢書（弘文堂） ………………… 320
拓殖大学研究叢書（拓殖大学） ……………… 320
拓大一高での一齣（拓殖大学第一高等学校） ……………………………………………… 196
館林市史（館林市） …………………………… 320
楽しいかけあい語りのガイド―子どもへの指導法（一声社） …………………………… 140
多摩デポブックレット（共同保存図書館・多摩） …………………………………………… 140
ためしてナットクSQL（ソフトバンククリエイティブ） ……………………………………… 70
ためにならないけど自慢できる雑学ブック（主婦と生活社） …………………………… 196
誰でもできるVBA完全マスター（メディア・テック出版） ………………………………… 70
だれでもできるブックトーク（国土社） …… 141
短期大学図書館研究（私立短期大学図書館協議会, 紀伊国屋書店〔発売〕） …………… 141
丹青（臨川書店） ……………………………… 162
丹波学叢書（亀岡市） ………………………… 196

【 ち 】

地域研究・郷土資料図書目録（図書館流通センター） ………………………………………… 162
地域研究叢書（京都大学学術出版会） ……… 320
地域図書館論資料集（大沢正雄） …………… 141
智慧の海叢書（勉誠出版） …………………… 320
ちくまプリマーブックス（筑摩書房） ……… 320
知性のbasicシリーズ（ダイヤモンド社） ……………………………………………… 321
知的コミュニティ基盤研究センター・モノグラフシリーズ（筑波大学大学院図書館情報メディア研究科知的コミュニティ基盤研究センター） …………………………………… 141
知と美のハーモニー（情報・システム研究機構国立情報学研究所） …………………… 196
知能システムシンポジウム資料（計測自動制御学会） ……………………………………… 70
知の科学（オーム社） ………………………… 70
「知の再発見」双書（創元社） ……………… 321
「知」のビジュアル百科（あすなろ書房） ……………………………………………… 184
知の連環（翔泳社） …………………………… 70
千葉学ブックレット 県土と県民の豊かな未来に向けて（千葉日報社） ………………… 322

千葉県EL新聞記事情報リスト（エレクトロニック・ライブラリー） …………… 162
千葉県立中央博物館重点研究リポート（千葉県立中央博物館） …………… 206
千原大五郎資料目録（文化財研究所東京文化財研究所国際文化財保存修復協力センター） …………… 162
中央経済社出版総目録（中央経済社） ………… 162
中央大学学術シンポジウム研究叢書（中央大学出版部） …………… 196
中央大学学術図書（中央大学出版部） ………… 322
中央大学人文科学研究所研究叢書（中央大学出版部） …………… 323
中学生はこれを読め！（北海道新聞社） ……… 141
中京大学文化科学叢書（中京大学文化科学研究所） …………… 323
中国IT白書（サーチナ） …………… 71
中国IT白書（日本能率協会総合研究所） ……… 71
中国学芸叢書（創文社） …………… 323
中国語圏の絵本と日本の絵本（大阪国際児童文学館） …………… 141
中国古典新書続編（明徳出版社） ………… 323
中国書籍総目録（全国総書目）（不二出版） …………… 162
中国年鑑（日本図書センター） ………… 203
中東協力センター資料（中東協力センター） …………… 323
中部大学ブックシリーズアクタ（中部大学） …………… 323
超簡単!資格取得シリーズ（小学館スクウェア） …………… 324
調査研究報告（学習院大学東洋文化研究所） …………… 324
超☆サプライズ（ヒカルランド） ………… 324
超図解資格（エクスメディア） …………… 71
超図解シリーズ（エクスメディア） ………… 72
超図解ビギナーズシリーズ（エクスメディア） …………… 74
超図解mini（エクスメディア） …………… 75
超図解もっとわかりやすい超入門シリーズ（エクスメディア） …………… 76
超図解わかりやすいシリーズ（エクスメディア） …………… 76
朝礼での話は難しい（りん書房） ………… 196
著作権研究所研究叢書（著作権情報センター） …………… 162

著作権情報センター附属著作権研究所研究叢書（著作権情報センター） …………… 163
著作権・著作隣接権論文集（著作権情報センター） …………… 163
著作権文献・資料目録（著作権情報センター） …………… 163
著作権法コンメンタール（勁草書房） ……… 163
珍稀古籍影叢刊（北京図書館出版社） ……… 163
陳コレクション図書等目録（滋賀県立大学人間文化学部地域文化学科） …………… 163

【つ】

追憶（文芸社） …………… 196
追跡!ネットワークセキュリティ24時（アイ・ディ・ジー・ジャパン） …………… 76
つい誰かに出したくなる○×クイズ777問（ごま書房） …………… 185
使えるJavaテキストシリーズ（コマップ） …………… 76
作って覚えるOffice 2007教室（日経BP社） …………… 76
Tsuchiya books（土屋書店） …………… 324
強気な小心者ちゃん（メディアファクトリー） …………… 196
鶴見俊輔書評集成（みすず書房） ………… 141

【て】

ディジタルメディア処理（三恵社） ………… 76
ディスカヴァー携書（ディスカヴァー・トゥエンティワン） …………… 324
テオリア叢書（平凡社） …………… 326
できるクリエイターシリーズ（インプレスジャパン） …………… 76
できるシリーズ（インプレスジャパン, インプレスコミュニケーションズ〔発売〕） …… 77
できる大事典（インプレスジャパン） ……… 79
できるPROシリーズ（インプレスジャパン, インプレスコミュニケーションズ〔発売〕） …………… 80
できるポケット（インプレスジャパン, インプレスコミュニケーションズ〔発売〕） …… 80

全集・叢書名索引　　　　　　　　　　　　　　　　　　　　　　　　　　　とうきょう

テクニカルtipsシリーズ（ソシム）　……………　82
デザインスタイルシリーズ（ピエ・ブックス）
　………………………………………………　163
デザイン製本（印刷学会出版部）　……　163
デザインの学校（技術評論社）　…………　83
デジタルアーカイブ白書（デジタルアーカイブ推進協議会, トランスアート〔発売〕）
　………………………………………………　206
デジタルエンジニア入門講座C言語の基礎（工学研究社）　………………………………　83
デジタル・オポチュニティ研究会資料（〔総務省〕）　……………………………………　83
デジタルコンテンツ白書（デジタルコンテンツ協会）　…………………………………　84
デジタル素材ライブラリ（インプレスジャパン）　………………………………………　84
デジタルライブラリーの環境整備に関する調査研究報告書（高度映像情報センター）
　………………………………………………　141
帝塚山大学出版会叢書（帝塚山大学出版会）
　………………………………………………　326
帝塚山大学附属博物館蔵品図版目録（帝塚山大学出版会）　……………………………　206
デスクマニュアルシリーズ（日本病院ライブラリー協会）　…………………………　141
データサイエンス・シリーズ（共立出版）
　…………………………………………………　84
哲学選書（哲学書房）　…………………　326
徹底攻略情報処理シリーズ（インプレスジャパン）　……………………………………　84
徹底攻略ベーシック！（インプレスジャパン）
　…………………………………………………　84
鉄道模型シミュレーター（工学社）　……　84
デベロッパー・ツール・シリーズ（アスキー）　84
てまめあしまめくちまめ文庫（児童図書館研究会）　……………………………………　141
寺田寅彦全集（岩波書店）　……………　326
出る順情報処理シリーズ（東京リーガルマインド）　………………………………………　85
電気関係学会九州支部連合大会講演論文集（電気関係学会九州支部連合会）　……　196
電撃PC（アスキー・メディアワークス）　……　85
電子情報通信工学シリーズ（森北出版）　85
電子情報通信レクチャーシリーズ（コロナ社）
　…………………………………………………　85
電子署名・電子認証シンポジウム（電子署名・電子認証シンポジウム・タスクフォース）　85

展示図録（京都府立山城郷土資料館）　……　326
点字図書目録（春日井市図書館）　………　163
点字図書・録音図書デイジー図書目録（秋田県点字図書館）　…………………………　163
点字図書・録音図書目録（兵庫県点字図書館）
　………………………………………………　164
天然日和（幻冬舎）　………………………　196
電脳番外地（バジリコ）　…………………　196
電波からの恋文（〔津村恒夫〕）　…………　196
天理図書館叢書（八木書店）　……………　164

【と】

と。（長崎ウエスレヤン大学附属図書館）
　………………………………………………　141
ドイツ-日本研究所文献目録シリーズ（Iudicium Verlag）　……………………………　164
動画で学ぶ!シリーズ（技術評論社）　……　85
討議資料（名古屋大学大学院文学研究科）
　…………………………………………………　86
東京外国語大学大学院21世紀COEプログラム「史資料ハブ地域文化研究拠点」研究叢書（The 21st Century Centre of Excellence Programme "the Centre for Documentation & Area-Transcultural Studies", Tokyo University of Foreign Studies）　……　327
東京倶楽部物語（東京倶楽部）　…………　206
東京大学教養学部美術博物館資料集（東京大学教養学部美術博物館）　………………　206
東京大学東洋文化研究所報告（東京大学東洋文化研究所）　……………………………　327
東京電力文庫（東京電力お客さま相談室）
　………………………………………………　327
東京都江戸東京博物館資料目録（東京都）
　………………………………………………　206
東京都「葛飾区・江戸川区」EL新聞記事情報リスト（エレクトロニック・ライブラリー）
　………………………………………………　164
東京都「北区・荒川区・足立区」EL新聞記事情報リスト（エレクトロニック・ライブラリー）　………………………………………　164
東京都「北区・荒川区・足立区・葛飾区・江戸川区」EL新聞記事情報リスト（エレクトロニック・ライブラリー）　………………　164

全集・叢書総目録 2005-2010　417

とうきょう

東京都「北多摩1」EL新聞記事情報リスト（エレクトロニック・ライブラリー） …………… 164
東京都「北多摩2」EL新聞記事情報リスト（エレクトロニック・ライブラリー） …………… 164
東京都「北多摩」EL新聞記事情報リスト（エレクトロニック・ライブラリー） …………… 164
東京都「江東区」EL新聞記事情報リスト（エレクトロニック・ライブラリー） …………… 164
東京都子供読書活動推進資料（東京都立多摩図書館） …………… 164
東京都「品川区・大田区」EL新聞記事情報リスト（エレクトロニック・ライブラリー） …………… 164
東京都「渋谷区」EL新聞記事情報リスト（エレクトロニック・ライブラリー） …………… 164
東京都「新宿区」EL新聞記事情報リスト（エレクトロニック・ライブラリー） …………… 165
東京都「新宿区・渋谷区」EL新聞記事情報リスト（エレクトロニック・ライブラリー） …………… 165
東京都「全域」EL新聞記事情報リスト（エレクトロニック・ライブラリー） …………… 165
東京都「台東区・墨田区」EL新聞記事情報リスト（エレクトロニック・ライブラリー） …………… 165
東京都「中央区」EL新聞記事情報リスト（エレクトロニック・ライブラリー） …………… 165
東京都「中央区・江東区」EL新聞記事情報リスト（エレクトロニック・ライブラリー） …………… 165
東京都「千代田区」EL新聞記事情報リスト（エレクトロニック・ライブラリー） …… 165
東京都「中野区・杉並区・板橋区・練馬区」EL新聞記事情報リスト（エレクトロニック・ライブラリー） …………… 166
東京都「文京区・台東区・墨田区・豊島区」EL新聞記事情報リスト（エレクトロニック・ライブラリー） …………… 166
東京都「文京区・豊島区」EL新聞記事情報リスト（エレクトロニック・ライブラリー） …………… 166
東京都「港区」EL新聞記事情報リスト（エレクトロニック・ライブラリー） …………… 166
東京都「南多摩」EL新聞記事情報リスト（エレクトロニック・ライブラリー） …………… 166
東京都「目黒区・世田谷区」EL新聞記事情報リスト（エレクトロニック・ライブラリー） …………… 166
東京都立多摩図書館録音図書・点字図書目録（東京都立多摩図書館） …………… 166
東京都立中央図書館新聞・雑誌目録（東京都立中央図書館） …………… 166
東京都立中央図書館・多摩図書館新聞・雑誌目録（東京都立中央図書館） …………… 166
東京都立中央図書館中国語図書目録（東京都立中央図書館） …………… 167
東京ブックマップ（書籍情報社） …………… 167
どうぐちょうシリーズ Linux school（大阪演劇情報センター・オンデマンド出版）……… 86
統合学研究叢書（晃洋書房） ………… 196
東西交流叢書（雄松堂出版） ………… 327
同志社大学ヒューマン・セキュリティ研究叢書（萌書房） ………… 327
道新選書（北海道新聞社） ………… 327
東電文庫（東京電力） ………… 328
東南アジア研究叢書（長崎大学東南アジア研究所） ………… 328
東方学資料叢刊（京都大学人文科学研究所附属東アジア人文情報学研究センター） …… 141
東方選書（東方書店） ………… 328
東北アジア文献研究叢刊（東北アジア文献研究会） ………… 167
東北大学出版会叢書（東北大学出版会）…… 328
東北大学生のための情報探索の基礎知識（東北大学附属図書館） ………… 141
東洋学研究情報センター叢刊（The Research and Information Center for Asian Studies, the institute of Oriental Culture, University of Tokyo） ………… 167
東洋学研究情報センター叢刊（東京大学東洋文化研究所附属東洋学研究情報センター） ………… 167
東洋学叢書（創文社） ………… 328
東洋叢書（東京大学出版会） ………… 329
東洋文庫（平凡社） ………… 329
東洋文庫ガイドブック（平凡社） ………… 142
東洋文庫八十年史（東洋文庫） ………… 142
十日町市郷土資料双書（十日町情報館）…… 330
とき選書（新潟日報事業社） ………… 331
解きながら学ぶJava（ソフトバンククリエイティブ） ………… 86
徳島県EL新聞記事情報リスト（エレクトロニック・ライブラリー） ………… 167

徳島の自然と歴史ガイド（徳島県立博物館）……… 331
独習Java（翔泳社）……… 86
独習ジュニアシリーズ（翔泳社）……… 86
特殊文献目録シリーズ（一橋大学経済研究所資料室）……… 167
読書感想文の書き方（ポプラ社）……… 142
読書のすすめ（岩波書店）……… 142
特別展図録（京都府立丹後郷土資料館）……… 331
読本シリーズ（東洋経済新報社）……… 331
都市創作（不二出版）……… 167
図書館員選書（日本図書館協会）……… 142
図書館へいこう！（ポプラ社）……… 142
図書館を家具とレイアウトで生きかえらせる（木城えほんの郷）……… 142
図書館が危ない！（エルアイユー）……… 142
図書館学古典翻訳セレクション（金沢文圃閣）……… 142
図書館が大好きになるめざせ!キッズ・ライブラリアン（鈴木出版）……… 142
「図書館・出版・読書論」基本図書総目次・索引集成（出版文化研究会）……… 142
図書館情報学研究文献要覧（日外アソシエーツ）……… 142
図書館情報学シリーズ（学文社）……… 143
図書館情報学の基礎（勉誠出版）……… 143
図書館政策資料（日本図書館協会）……… 143
図書館調査研究リポート（国立国会図書館関西館図書館協力課）……… 143
図書館と自由（日本図書館協会）……… 143
図書館に関する基礎資料（文部科学省国立教育政策研究所社会教育実践研究センター）……… 143
図書館の基本を求めて（大学教育出版）……… 143
図書館の現場（勁草書房）……… 143
図書館の最前線（青弓社）……… 143
図書館ブックレット（図書館流通センター）……… 144
図書館流通センター図書館経営寄附講座・調査研究報告（筑波大学大学院図書館情報メディア研究科図書館流通センター図書館経営寄附講座）……… 144
図書の譜別冊（明治大学図書館）……… 144
図書寮叢刊（宮内庁書陵部）……… 331
図書寮叢刊（明治書院）……… 331
栃木県EL新聞記事情報リスト（エレクトロニック・ライブラリー）……… 167

とっておきの話（日本記者クラブ）……… 211
とっておきの秘技（シーアンドアール研究所）……… 86
.com Master教科書（翔泳社）……… 86
鳥取県EL新聞記事情報リスト（エレクトロニック・ライブラリー）……… 167
トップエスイー基礎講座（近代科学社）……… 86
トップエスイー実践講座（近代科学社）……… 86
トップエスイー入門講座（近代科学社）……… 86
灯叢書（豆本灯の会）……… 331
富山県EL新聞記事情報リスト（エレクトロニック・ライブラリー）……… 168
土曜日の午後（近代文芸社）……… 196
トヨタ財団30年史（トヨタ財団）……… 206
都立図書館協力ハンドブック（東京都立中央図書館管理部企画経営課）……… 144
トリビアの泉（講談社）……… 185
取る、CompTIAシリーズ（大原出版）……… 86
とんぼの本（新潮社）……… 331

【　な　】

長崎県EL新聞記事情報リスト（エレクトロニック・ライブラリー）……… 168
長崎県立大学研究叢書（長崎県立大学学術研究会）……… 334
長崎純心大学学術叢書（九州大学出版会）……… 334
長崎純心大学博物館研究（長崎純心大学博物館）……… 334
長野県EL新聞記事情報リスト（エレクトロニック・ライブラリー）……… 168
流れ（〔篠辺三郎〕）……… 196
名古屋学院大学研究叢書（勁草書房）……… 334
名古屋市博物館資料叢書（名古屋市博物館）……… 206
名古屋新聞・小山松寿関係資料集（竜渓書舎）……… 211
梨の花（新川寛）……… 196
ナショナルジオグラフィック（日経ナショナルジオグラフィック,日経BP出版センター〔発売〕）……… 334
なぜなぜいっぱい（草土文化）……… 87
涙のしずく（日本文学館）……… 196

奈良県EL新聞記事情報リスト（エレクトロニック・ライブラリー） ………………… 168
奈良県内公共図書館等雑誌・新聞タイトル目録（奈良県図書館協会公共図書館部会） ………………… 168
ナレッジエンタ読本（メディアファクトリー） ………………… 197
南島叢書（海風社） ………………… 334
南島文化叢書（第一書房） ………………… 334
南洋群島（不二出版） ………………… 168

【に】

新潟県EL新聞記事情報リスト（エレクトロニック・ライブラリー） ………………… 168
新島講座（同志社） ………………… 197
而今（〔中村勝範〕） ………………… 198
而今（〔平成国際大学中村勝範研究室〕） ……… 198
西日本新聞ブックレット（西日本新聞社） ………………… 334
西宮市文化財資料（西宮市教育委員会） …… 335
21世紀へのはばたき（高知大学） ………… 198
21世紀の教養（培風館） ………………… 335
二松学舎創立百三十周年記念論文集（二松学舎） ………………… 198
日日草（徳沢愛子） ………………… 335
日文研叢書（国際日本文化研究センター） ………………… 335
日文研フォーラム（国際日本文化研究センター） ………………… 336
2ちゃんねるplus books（コアマガジン） ………………… 198
日露戦争と明治のジャーナリズム（坂の上の雲ミュージアム） ………………… 211
日経ITプロフェッショナルbooks（日経BP社） ………………… 87
日経systems（日経BP社） ………………… 87
日経デザイン別冊（日経BP社） ………… 168
日経パソコンスキルアップ講座大全集（日経BP社） ………………… 87
日本IT書紀（ナレイ） ………………… 87
日本エディタースクール講義ノート（日本エディタースクール出版部） ………………… 169
日本脚本アーカイブズ調査・研究報告書（日本放送作家協会日本脚本アーカイブズ特別委員会） ………………… 144
日本近代文学館所蔵資料目録（日本近代文学館） ………………… 169
日本現存朝鮮本研究（京都大学学術出版会） ………………… 169
日本件名図書目録（日外アソシエーツ） …… 169
日本古典偽書叢刊（現代思潮新社） ……… 337
日本語プログラミング言語なでしこユーザーズ・マニュアル（なでしこ友の会） …… 87
日本雑誌総目次要覧（日外アソシエーツ） ………………… 169
日本出版史料（日本エディタースクール出版部） ………………… 169
日本書誌学大系（青裳堂書店） ………… 169
日本人の知性（学術出版会） ………… 337
日本人の忘れもの（ウェッジ） ………… 198
日本ソフトウェア科学会研究会資料シリーズ（〔日本ソフトウェア科学会ディペンダブルシステム研究会〕） ………………… 87
日本大学総合学術情報センター所蔵古典籍資料目録（日本大学総合学術情報センター） ………………… 170
日本大学文理学部叢書（日本大学文理学部） ………………… 337
日本知能情報ファジィ学会学術図書（日本知能情報ファジィ学会） ………………… 87
ニホンちゃんしるブプレ（山田裕敏） …… 198
日本著者名総目録（日外アソシエーツ） …… 170
日本地理学会『海外地域研究叢書』（古今書院） ………………… 337
日本図書館文化史研究会研究集会・総会予稿集（日本図書館文化史研究会） ………… 144
日本と北米における情報サービス産業の構造比較（新潟国際情報大学） ………… 87
日本・トルコ協会史（日本・トルコ協会） ………………… 206
日本の賞（日外アソシエーツ） ………… 87
ニュースボード（名雲書店） ………… 170
ニューライフ選書（不昧堂出版） ……… 337
人魚通信（人魚書房） ………… 170
人間科学叢書（刀水書房） ………… 337
人間選書（農山漁村文化協会） ………… 338
人間やめられない（フロネーシス桜蕂社） ………………… 198
認知科学のフロンティア（大修館書店） …… 87

全集・叢書名索引

【ね】

ネクストエンジニアselection（翔泳社） …… 87
ネタ帳デラックス（エムディエヌコーポレーション，インプレスコミュニケーションズ〔発売〕） …………………………… 88
ネット広告教科書（翔泳社） …………… 88
ネットワーク時代の図書館情報学（勉誠出版） ……………………………………… 144
年譜年表総索引（日外アソシエーツ） …… 170
年輪のかけら（〔光井武夫〕） ………… 198

【の】

農村環境技術研究（農村環境整備センター） ……………………………………… 206
のじぎく文庫（神戸新聞総合出版センター） ……………………………………… 338

【は】

Bilingual books（講談社インターナショナル） ……………………………………… 339
バウンダリー叢書（海鳴社） …………… 339
はかる（中部大学中部高等学術研究所） …… 88
爆笑問題のニッポンの教養（講談社） …… 339
白書出版産業（文化通信社） …………… 170
博物館学シリーズ（樹村房） …………… 206
博物館学文献目録（全国大学博物館学講座協議会） ……………………………………… 206
博物館・美術館のウラ・オモテ（慶友社） ……………………………………… 207
博物館基本文献集（大空社） …………… 207
博物館資料集（浜松市博物館） ………… 207
博物館、図書館、教育、観光などのデジタル・アーカイブ学習用素材（岐阜女子大学） ……………………………………… 88
博物館における施設管理・リスクマネージメントガイドブック（三菱総合研究所） …… 207
博物館に関する基礎資料（文部科学省国立教育政策研究所社会教育実践研究センター） ……………………………………… 207
博物館の望ましい姿シリーズ（日本博物館協会） ……………………………………… 207
柏艪舎エルクシリーズ（柏艪舎） ……… 340
橋川文三著作集（筑摩書房） …………… 341
初めてのPerl（オライリー・ジャパン） …… 88
「はじめて学ぶプログラミング」シリーズ（秀和システム） ……………………………… 88
初めの一歩C言語講座（工学研究社） …… 88
パソコン楽ラク入門（技術評論社） …… 88
パソコンソフトウェアの市場動向調査報告書（日本パーソナルコンピュータソフトウェア協会） ……………………………………… 89
パソコンパッケージソフトウェアの市場動向に関する調査研究（日本パーソナルコンピュータソフトウェア協会） …………… 89
畑田家住宅活用保存会出版シリーズ（畑田家住宅活用保存会） ……………………… 341
パターン認識と機械学習（シュプリンガー・ジャパン） ……………………………… 89
八戸市博物館収蔵資料目録（八戸市博物館） ……………………………………… 207
ハッカー・プログラミング大全（データハウス） ……………………………………… 89
ハッピーアイランドの本（ボーダーインク） ……………………………………… 198
塙新書（塙書房） ………………………… 341
羽仁もと子著作集（婦人之友社） ……… 341
ハーバード燕京図書館書誌シリーズ（八木書店） ……………………………………… 170
母なる宇宙とともに（かんぽうサービス） ……………………………………… 198
パーフェクトガイドシリーズ（ソフトバンククリエイティブ） ………………………… 89
パーフェクト・メモワール（リイド社） …… 341
はみだし天国（ぴあ） …………………… 198
早川広行のAdobe Photoshop CS3プロフェッショナル講座（毎日コミュニケーションズ） ……………………………………… 90
早川広行のPhotoshop CSプロフェッショナル講座（毎日コミュニケーションズ） …… 90
早川広行のPhotoshop CS2プロフェッショナル講座（毎日コミュニケーションズ） …… 90
林晴比古実用マスターシリーズ（ソフトバンククリエイティブ） …………………… 90
原野コレクション（関西学院大学博物館開設準備室） ……………………………… 170

Perl言語プログラミングレッスン（ソフトバンククリエイティブ） …………………… 90
パルテノン多摩資料叢書（多摩市文化振興財団） ……………………………………… 341
パワー・クリエイターズ・ガイド（アスペクト） ……………………………………………… 90
半代記シリーズ（東京文献センター） …… 90
播但図書館連絡協議会雑誌・新聞総合目録（播但図書館連絡協議会） …………… 170
阪南大学叢書（晃洋書房） ……………… 341
阪南大学叢書（築地書館） ……………… 342
阪南大学叢書（同文舘出版） …………… 342
阪南大学叢書（二瓶社） ………………… 342
阪南大学叢書（不磨書房） ……………… 342
半歩遅れの読書術（日本経済新聞社） …… 144
汎用電子情報交換環境整備プログラム成果報告書別冊（日本規格協会） …………… 90
汎用電子情報交換環境整備プログラム文字対応作業委員会資料（国立国語研究所） …… 91
万籟選書（〔山形誠司〕） ………………… 198

【ひ】

B&Tブックス（日刊工業新聞社） ……… 342
PHPノンフィクション（PHP研究所） …… 349
PMP教科書（翔泳社） …………………… 91
比較社会文化叢書（花書院） …………… 349
比較文化フィールドワーク(タイ)調査報告（愛知大学国際コミュニケーション学部） ……………………………………………… 350
東アジア人文情報学サマーセミナー報告書（〔京都大学〕） ……………………………… 91
東アジア叢書（武田ランダムハウスジャパン） ……………………………………………… 211
彦さんの人生読本（〔安岡俊彦〕） ……… 198
ビジネスファミ通（エンターブレイン，角川グループパブリッシング〔発売〕） ………… 170
ビジュアル偉人伝シリーズ 近代日本をつくった人たち（生活情報センター） ……… 350
ビジュアルラーニングシリーズ（エクスメディア） ………………………………………… 91
PC遊友倶楽部（九天社） ………………… 91
ビズ・アップロード選書（アップロード） ……………………………………………… 350
飛騨の山あいに（大江稔） ……………… 198

ひとに学びひとに生かす（みるめ書房） …… 198
ひと目でわかるシリーズ（日経BP社，日経BPマーケティング〔発売〕） ………………… 91
ひと目でわかる!図解（主婦と生活社） …… 350
日々ごはん（中央出版アノニマ・スタジオ） ……………………………………………… 198
秘宝の館大全集（燃焼社） ……………… 199
150cmライフ。（メディアファクトリー） ……………………………………………… 199
百年の誤読（アスペクト） ………………… 144
白夜ライブラリー（白夜書房） …………… 350
ヒューマニティーズ（岩波書店） ………… 350
ヒューマン双書（ヒューマン刊行会） …… 350
兵庫県EL新聞記事情報リスト（エレクトロニック・ライブラリー） …………………… 170
ひょうご"本だいすきっ子"プラン報告書（兵庫県立図書館） ……………………… 144
標準テキストオフショアプロジェクトマネジメント（技術評論社） …………………… 92
平塚市博物館・ガイドブック（平塚市博物館） ……………………………………… 350
平塚市博物館資料（平塚市博物館） …… 350
弘前図書館蔵書目録（弘前市立弘前図書館） ……………………………………… 171
広島県EL新聞記事情報リスト（エレクトロニック・ライブラリー） …………………… 171
広島市行政資料目録（広島市公文書館） …… 171
広島市郷土資料館資料解説書（広島市教育委員会） …………………………………… 207
広島市郷土資料館調査報告書（広島市教育委員会） …………………………………… 207
広島修道大学学術選書（多賀出版） …… 351
広島修道大学研究叢書（広島修道大学総合研究所） …………………………………… 351
弘大ブックレット（弘前大学出版会） …… 351
琵琶湖博物館資料目録（滋賀県立琵琶湖博物館） ………………………………… 207

【ふ】

風船（長沼士朗） ………………………… 199
風来坊（〔斎藤文夫〕） …………………… 199
Ferris books（フェリス女学院大学） …… 351
For beginnersシリーズ（現代書館） …… 351

全集・叢書名索引　　　　　　　　　　　　　　　　　　　　ふんほふん

福井県EL新聞記事情報リスト（エレクトロニック・ライブラリー）...... 171
福岡県EL新聞記事情報リスト（エレクトロニック・ライブラリー）...... 171
福岡県市町村研究所図書目録（福岡県市町村研究所）...... 171
福岡県立図書館収集文書目録（福岡県立図書館）...... 171
福島県EL新聞記事情報リスト（エレクトロニック・ライブラリー）...... 171
福嶋先生の基本情報技術者集中ゼミ（日本経済新聞出版社）...... 92
福島図書館研究所叢書（福島図書館研究所）...... 145
福本和夫著作集（こぶし書房）...... 352
ふくろうの本（河出書房新社）...... 352
藤崎先生のかんぺき対策シリーズ（TAC出版事業部）...... 92
藤田省三対話集成（みすず書房）...... 354
扶桑拾葉集（人間文化研究機構国文学研究資料館文学形成研究系本文共有化の研究プロジェクト）...... 354
ふだん記新書（神奈川ふだん記グループ）...... 199
ふだん記新書（ふだん記全国グループ）...... 199
ふだん記創書（ふだん記春日部グループ）...... 199
ふだん記創書（ふだん記雲の碑グループ）...... 199
ふだん記本（ふだん記全国グループ）...... 199
府中市郷土の森博物館ブックレット（府中文化振興財団府中市郷土の森博物館）...... 354
Fukkan.com（ブッキング）...... 354
仏教大学総合研究所紀要別冊（仏教大学総合研究所）...... 355
ブックスタートハンドブック（ブックスタート）...... 145
ブックレット群馬大学（上毛新聞社事業局出版部）...... 355
ブックレットシリーズ（全国消費生活相談員協会（製作・発売））...... 355
復刻版 自由灯（不二出版）...... 172
船橋市西図書館所蔵資料資料解説（船橋市西図書館）...... 172
船橋市西図書館所蔵資料目録（船橋市西図書館）...... 172
フラット化する世界（日本経済新聞社）...... 92

ふりかえったら風（みすず書房）...... 199
フリーペーパーコレクション（HK INTERNATIONAL VISION）...... 199
ふるさと今昔（大分県杵築市メダカ会）...... 199
ふるさと真壁文庫（真壁町歴史民俗資料館）...... 355
Bourdieu library（藤原書店）...... 356
古本探究（論創社）...... 172
ブレイブブックス（青春出版社）...... 356
ブレインズ叢書（メディア総合研究所）...... 357
ブレインバンクビジネス選書（カナリア書房）...... 92
Programmer's selection（翔泳社）...... 92
プログラマーズ叢書（翔泳社）...... 93
プログラマの種シリーズ（ソフトバンククリエイティブ）...... 93
プログラマのためのセキュリティ対策テクニック（日経BPソフトプレス）...... 93
プログラミング学習シリーズ（翔泳社）...... 93
プログラミング入門 情報処理技術者テキスト（実教出版）...... 94
プログラミングの教科書（技術評論社）...... 94
プログラミングのための計算機科学入門（昭晃堂）...... 94
プログラミングRuby（オーム社）...... 94
プログラミングRuby1.9（オーム社）...... 94
プログラミングワンダーランドへ、いらっしゃい（翔泳社）...... 94
プログラミングWPF（カットシステム）...... 94
プロフェッショナル「確実」養成講座（技術評論社）...... 95
プロフェッショナルシリーズ（ルネッサンスブックス）...... 95
文科系ストレイシープのための研究生活ガイド（ひつじ書房）...... 95
文化情報学ライブラリ（勉誠出版）...... 95
文化情報学科記念論集（甲子園短期大学文化情報学科）...... 199
文化とまちづくり叢書（水曜社）...... 357
文化における〈自然〉（日独文化研究所）...... 199
文献案内シリーズ（神奈川県立図書館）...... 172
文献解題目録（科学書院）...... 172
文庫（不二出版）...... 95
文章を学ぶ鳥影の集い合同文集（文章を学ぶ鳥影の集い）...... 200
文圃文献類従（金沢文圃閣）...... 172

全集・叢書総目録 2005-2010　423

文明開化の錦絵新聞（国書刊行会） ……… 211
文屋文庫（文屋） ………………………… 357

【へ】

平凡社選書（平凡社） …………………… 357
平凡社ライブラリー（平凡社） ………… 358
並列処理シリーズ（コロナ社） …………… 95
平和への想い（日本戦災遺族会） ……… 200
ベストヒットシリーズ（ガリバープロダクツ）
 ………………………………………… 362
Best mook series（ベストセラーズ） ……… 363
別冊こどもとしょかん（東京子ども図書館）
 ………………………………………… 145
別冊Sight（ロッキング・オン） ………… 145
変態・資料（ゆまに書房） ……………… 173

【ほ】

ボイエーシス叢書（未来社） …………… 364
傍観者からの手紙（みすず書房） ……… 211
放送人権委員会判断基準（「BPO」放送倫理・
 番組向上機構放送と人権等権利に関する委
 員会） ………………………………… 211
放送番組委員会記録（放送倫理・番組向上機
 構） …………………………………… 211
石橋湛山記念早稲田ジャーナリズム大賞記念
 講座講義録（早稲田大学出版部） …… 212
ボーカロイド・シリーズ（ヤマハミュージッ
 クメディア） …………………………… 95
北大エコキャンパス読本（北海道大学教育GP
 「博物館を舞台とした体験型全人教育の推
 進」） …………………………………… 95
北大エコキャンパス読本（北海道大学総合博
 物館） …………………………………… 95
北大植物園資料目録（北海道大学北方生物圏
 フィールド科学センター植物園） …… 208
北大文学研究科ライブラリ（北海道大学出版
 会） …………………………………… 364
ぼくのいい本こういう本（ダイエックス出版）
 ………………………………………… 145
北米の小さな博物館（彩流社） ………… 208

Pocket（8plus） …………………………… 200
ポケットテックノート（PSネットワーク）
 …………………………………………… 95
Pocket reference（技術評論社） …………… 95
ホシザキグリーン財団収蔵資料目録（ホシザ
 キグリーン財団） ……………………… 173
ポスト・ブックレビューの時代（右文院）
 ………………………………………… 145
ポストモダン・ブックス（岩波書店） … 364
ホセ・マルティ選集（日本経済評論社） … 364
ボタ山（文芸社） ………………………… 200
北海道EL新聞記事情報リスト（エレクトロニ
 ック・ライブラリー） ………………… 173
北海道大学大学院文学研究科研究叢書（北海
 道大学図書刊行会） …………………… 364
北海道ブックス（北海道問題研究所） … 364
ポップカルチュア選書（風塵社） ……… 364
ポプラディア（ポプラ社） ……………… 186
ポプラディア情報館（ポプラ社） ……… 365
ホームパルブックス（小学館） ………… 365
「ボランティア活動のために」シリーズ（〔北
 川和彦〕） ……………………………… 145
「ボランティア活動のために」モノグラフ（北
 川和彦） ………………………………… 145
堀江本。（ゴマブックス） ………………… 97
本をもっと楽しむ本（学研教育出版） … 145
本籍金沢（斉田直行） …………………… 200
本田財団レポート（本田財団） ………… 366
本棚（アスペクト） ……………………… 145
本作りマニュアルシリーズ（太陽出版(発売)）
 ………………………………………… 174
本と雑誌のデザインがわかる本（ソシム）
 ………………………………………… 174
本に遇う（彩流社） ……………………… 145
本に拠る（凱風社） ……………………… 212
本のある風景（書評誌『足跡』編集部） … 145
本の探偵事典（フェリシモ） …………… 174
本の手帳（本の手帳社） ………………… 174
本の話（室蘭民報社） …………………… 145
本の未来を考える=出版メディアパル（出版
 メディアパル） ………………………… 174
翻訳図書目録（日外アソシエーツ） …… 174
本屋さんでは買えない本（赤見一郎） … 200
本はおもしろい（神田外語大学附属図書館）
 ………………………………………… 145
本はおもしろい別冊（神田外語大学附属図書
 館） …………………………………… 175

全集・叢書名索引

【ま】

マイクロソフトオフィス教科書（翔泳社） …………………………………………… 97
マイクロソフト公式解説書（日経BPソフトプレス） …………………………………… 97
マイクロソフト認定ICTスクール公式テキスト（日経BPソフトプレス，日経BP出版センター〔発売〕） ……………… 103
マイクロソフトオフィススペシャリスト教科書（翔泳社） ………………………… 103
マイコミジャーナルブックス（毎日コミュニケーションズ） ……………………… 103
毎日が発見ブックス（角川SSコミュニケーションズ） ……………………………… 366
毎日、ふと思う（グラフ社） …………… 200
My book（ムイスリ出版） ……………… 103
My book（文化創作出版） ……………… 367
巻町双書（巻町教育委員会） …………… 367
マクロビオティックの本（日本CI協会） … 200
マスコミ・ジャーナリズムの本全情報（日外アソシエーツ） …………………………… 212
マスコミの学校（ワック） ……………… 212
マス・コミュニケーション研究（日本マス・コミュニケーション学会，学文社〔発売〕） …………………… 212
マスターブックシリーズ（毎日コミュニケーションズ） ………………………………… 103
街で村で旅で（教育出版センター（印刷）） ……………………………………………… 200
松岡正剛千夜千冊（求竜堂） …………… 146
Mac power books（アスキー） ………… 103
MacPeople books（アスキー・メディアワークス） ……………………………………… 103
Mac fan books（毎日コミュニケーションズ） ………………………………………… 104
窓（明窓出版） …………………………… 200
学び力アップ道場（フレーベル館） …… 105
豆蔵セミナーライブオンテキスト（技術評論社） ………………………………………… 105
Maya教科書（ボーンデジタル） ………… 105
マル決本（メディアファクトリー） …… 200
丸善ブックス（丸善） …………………… 367
丸善ライブラリー（丸善） ……………… 367
丸山真男話文集（みすず書房） ………… 367
満腹Java（アスキー・メディアワークス） ……………………………………………… 105

【み】

みえ熊野学フォーラム報告書（みえ熊野学研究会） …………………………………… 200
三重県EL新聞記事情報リスト（エレクトロニック・ライブラリー） ……………… 175
三重県立博物館収蔵資料目録（三重県立博物館） ……………………………………… 208
澪標（石田吉保） ………………………… 200
三加和町文化財調査報告（三加和町教育委員会） ………………………………………… 208
水辺のミュージアム（リバーフロント整備センター） ………………………………… 208
緑なす音羽の杜に（講談社社友会） …… 175
ミネルヴァ・アーカイブズ（ミネルヴァ書房） ……………………………………………… 367
MINERVA人文・社会科学叢書（ミネルヴァ書房） ……………………………………… 368
Minerva21世紀ライブラリー（ミネルヴァ書房） ……………………………………… 369
宮城県EL新聞記事情報リスト（エレクトロニック・ライブラリー） ……………… 175
宮崎県EL新聞記事情報リスト（エレクトロニック・ライブラリー） ……………… 175
みやま文庫（みやま文庫） ……………… 370
宮本常一文庫目録（広島大学地域連携センター） ……………………………………… 175
ミュージアムサイエンス（クバプロ） … 208
未来をつくろう図書館で!（神奈川の図書館を考えるつどい） ……………………… 146
みんなの"はじめて"シリーズ（スマイルリーディング） ………………………………… 146
みんな本を読んで大きくなった（メディアパル） ……………………………………… 146

【む】

武蔵野市こども読書感想作品集（武蔵野市立図書館） ………………………………… 146

むさしのし

霧山シリーズ（ダイシンプランニング） ……… 200
〈ムック〉の本（ロングセラーズ） ……… 370
睦沢町立歴史民俗資料館研究紀要別冊（睦沢町立歴史民俗資料館） ……… 208
牟婁新報（不二出版） ……… 212

【め】

明快案内シリーズ（自由国民社） ……… 175
明解C言語（ソフトバンククリエイティブ） ……… 105
明解C言語（ソフトバンクパブリッシング） ……… 106
明解C++（ソフトバンククリエイティブ） ……… 106
明解Java（ソフトバンククリエイティブ） ……… 106
名?迷!歯科医がうち明ける・ここだけの話（西海出版） ……… 201
明治古典会七夕古書大入札会目録（明治古典会） ……… 175
明治大学公開文化講座（明治大学人文科学研究所） ……… 201
明治大学社会科学研究所叢書（梓出版社） ……… 106
明治大学人文科学研究所叢書（蒼丘書林） ……… 371
明治大学人文科学研究所叢書（東京堂出版） ……… 371
明治大学人文科学研究所叢書（刀水書房） ……… 371
明治大学人文科学研究所叢書（方丈堂出版） ……… 371
明治大学人文科学研究所叢書（論創社） ……… 371
明治大学図書館所蔵アフリカ文庫目録（明治大学図書館） ……… 175
明星大学青梅校日本文化学部共同研究論集（明星大学日本文化学部） ……… 201
明澄（嫩葉会） ……… 201
名簿情報源（日本能率協会総合研究所） ……… 175
名簿・名鑑全情報（日外アソシエーツ） ……… 175
芽がでるシリーズ（幻冬舎） ……… 371
メディアを思う日々（ロコモーションパブリッシング） ……… 212
メディア・コンバージェンス（翔泳社） ……… 106
メディアセブンアニュアル（コミュニティデザイン協議会） ……… 146
メディア専門職養成シリーズ（学文社） ……… 146
メディア総研ブックレット（花伝社） ……… 212
目で見る1ステップ3分マニュアル（ディー・アート） ……… 106

【も】

もう一回よんで!（千葉市文庫連絡協議会） ……… 146
もうひとつの広告批評（鹿砦社） ……… 212
目的別逆引きシリーズ（エクスメディア） ……… 106
木版群書類従目録（桜雲会） ……… 371
文字符号の歴史（共立出版） ……… 106
もっと早く知ってれば!（技術評論社） ……… 106
物語講談社の100年（講談社） ……… 176
ものと人間の文化史（法政大学出版局） ……… 371
モバイル社会白書（NTT出版） ……… 106
モバイルプレスEX（技術評論社） ……… 106
森川ワールド:情報ネットワーク化時代（学文社） ……… 106
森博嗣の浮遊研究室（メディアファクトリー） ……… 201
Mondo books（門土社） ……… 372

【や】

やさしいJava（ソフトバンククリエイティブ） ……… 106
やさしいシリーズ（翔泳社） ……… 106
やさしく学べるExcel 2010スクール標準教科書（日経BP社） ……… 106
やさしく学べるWord 2010スクール標準教科書（日経BP社） ……… 107
やってみよう!夏休みの自由研究（成美堂出版） ……… 107
柳井図書館叢書（柳井市立柳井図書館） ……… 372
ヤフー・ジャパン公式ガイド（ソフトバンククリエイティブ） ……… 107
ヤフー・ジャパン公式ガイド（ソフトバンクパブリッシング） ……… 107

山形県EL新聞記事情報リスト（エレクトロニック・ライブラリー） ……… 176
山形県内出版物目録（山形県立図書館） …… 176
山形県立博物館収蔵資料目録（山形県立博物館） ……………………………………… 208
山口県EL新聞記事情報リスト（エレクトロニック・ライブラリー） ……… 176
山口県文書館特設文庫目録（山口県文書館） ……………………………………… 176
山口昌男山脈（川村オフィス） ……… 372
山渓カラー名鑑（山と渓谷社） ……… 372
山崎先生口上記（京都修学社） ……… 201
山田孝雄文庫目録（富山市立図書館） … 176
山梨県EL新聞記事情報リスト（エレクトロニック・ライブラリー） ……… 176
やまぶき（川越市立博物館） ……… 208
やる夫（ワニブックス） ……………… 201
ヤングアダルト図書総目録（ヤングアダルト図書総目録刊行会） ……… 176
ヤングアダルトの本（日外アソシエーツ） ……………………………………… 176

【ゆ】

遊星群（和泉書院） ………………… 176
有斐閣Sシリーズ（有斐閣） ………… 372
有斐閣双書（有斐閣） ……………… 373
有斐閣百年史（有斐閣） …………… 176
夕焼け小やけ（老松純子） ………… 201
有隣新書（有隣堂） ………………… 373
ユーザー企業ソフトウェアメトリックス調査（日本情報システム・ユーザー協会） … 107
ユニ知的所有権ブックス（太田出版） … 176
UP選書（東京大学出版会） ………… 374
ユーラシア選書（東洋書店） ……… 374
ユーラシア・ブックレット（東洋書店） … 374
ユーリードdigitalライブラリー（ユーリード出版） …………………………… 107

【よ】

よい絵本（全国学校図書館協議会） … 177

幼児教育をめざす人の情報リテラシー（三恵社） ……………………………………… 107
よくわかる音楽著作権ビジネス（リットーミュージック） ……………………… 177
横浜開港資料館所蔵稲生典太郎文庫目録（横浜開港資料館） ……………………… 177
横浜国立大学過去・現在・未来（横浜国立大学広報室） ……………………… 208
横浜市立大学叢書（東信堂） ……… 377
横浜データマップ（横浜市市民局市民情報課） ……………………………………… 146
ヨコモレ通信（文芸春秋） ………… 201
横山源之助全集（法政大学出版局） … 377
吉田重俊全集（丸善仙台出版サービスセンター（製作）） ……………………… 377
よねざわ豆本（よねざわ豆本の会） … 201
読み聞かせ絵本10分間虎の巻（平山寿子） ……………………………………… 146
読みきかせのためのブックリスト（親子読書・地域文庫全国連絡会） ……… 177
Yomipack（読売新聞社） …………… 377
よりぬき読書相談室（本の雑誌社） … 146
4万号の遺伝史（神奈川新聞社） …… 212

【ら】

ライセンス・ライブラリー（DAI-X出版） ……………………………………… 377
ライト・グレート・コード（毎日コミュニケーションズ） ……………………… 108
ライブ講義・質的研究とは何か（新曜社） ……………………………………… 108
ライブラリ情報学コア・テキスト（サイエンス社） ……………………………… 108
楽学シリーズ（住宅新報社） ……… 377
ラテンアメリカ文献目録（上智大学イベロアメリカ研究所） ……………………… 177
ラテンアメリカ・モノグラフ・シリーズ（上智大学イベロアメリカ研究所） …… 379
ラピタ・ブックス（小学館） ……… 380
ラベル作成ソフト「ラベルマイティ」活用シリーズ（ジャストシステム） …… 108
裸木叢書シリーズ（裸木同人会） …… 201

【り】

理系のためのフリーソフト（講談社）……… 108
立教大学人文叢書（春風社）……………… 108
りぶらりあ選書（法政大学出版局）……… 380
竜谷大学国際社会文化研究所叢書（彩流社）
　……………………………………………… 212
竜谷大学国際社会文化研究所叢書（晃洋書房）
　……………………………………………… 380
竜谷大学善本叢書（思文閣出版）………… 380
竜谷大学善本叢書（法蔵館）……………… 381
リュウ・ブックスアステ新書（経済界）… 381
量子コンピュータと量子通信（オーム社）
　……………………………………………… 108

【れ】

レイアウトスタイルシリーズ（ピエ・ブックス）……………………………………… 177
レイアウトスタイルブック（ワークスコーポレーション）………………………… 177
例題30+演習問題70でしっかり学ぶExcel標準テキスト（技術評論社）………… 108
歴研ブックス（歴研）……………………… 383
歴史としての現代日本（千倉書房）……… 146
歴春ファミリー文庫（歴史春秋出版）…… 383
歴春ふくしま文庫（歴史春秋出版）……… 383
歴春ブックレット（歴史春秋出版）……… 384
レクチャーノート/ソフトウェア学（近代科学社）…………………………………… 108
レクチャーブックス・お話入門（東京子ども図書館）………………………………… 147
レクチャーブックス・松岡享子の本（東京子ども図書館）………………………… 147
レグルス文庫（第三文明社）……………… 384
レファレンス記録（斑鳩町立図書館）…… 147

【ろ】

録音テープ目録（中央区教育委員会京橋図書館）…………………………………… 177
録音・点字資料目録（埼玉県立久喜図書館）
　……………………………………………… 177
録音図書総合目録（大田区立図書館）…… 178
録音図書総合目録（台東区立中央図書館）
　……………………………………………… 178
録音図書・点字図書目録（荒川区立南千住図書館）………………………………… 178
録音図書・点字図書目録（東京都立中央図書館）…………………………………… 178
録音図書目録（春日井市図書館）………… 178
録音図書目録（調布市立図書館）………… 178
録音図書目録（デイジー）（春日井市図書館）
　……………………………………………… 178
録音図書目録（テープ）（春日井市図書館）
　……………………………………………… 178
鹿砦社ブックレット（鹿砦社）…………… 178
ロス・タイム（日本文学館）……………… 201
ロータリー随想（出版文化社）…………… 208
ロングセラー目録（書店新風会）………… 178
論文集内容細目総覧（日外アソシエーツ）
　……………………………………………… 179
論文選集（矢島喜一）……………………… 201
論理と感性の先端的教育研究拠点（慶応義塾大学グローバルCOEプログラム人文科学分野論理と感性の先端的教育研究拠点）…… 109

【わ】

わが心の詩（岩手県読書推進運動協議会）
　……………………………………………… 147
和歌山県EL新聞記事情報リスト（エレクトロニック・ライブラリー）……………… 179
わかりやすいJava(ジャヴァ)（秀和システム）
　……………………………………………… 109
わかる&使えるUNIX基礎講座（技術評論社）
　……………………………………………… 109
わかる・使えるUNIX講座（工学研究社）
　……………………………………………… 109
わかる!できる!のびる!ドラゼミ・ドラネットブックス（小学館）………………… 147
わかるとできる指導書（わかるとできる）
　……………………………………………… 109
技引き解決シリーズ（技術評論社）……… 109
早稲田教育叢書（学文社）………………… 384

早稲田大学オンデマンド出版シリーズ（早稲田大学文学部） 384
早稲田大学学術叢書（早稲田大学出版部） 385
早稲田大学図書館文庫目録（早稲田大学図書館） 179
早稲田大学モノグラフ（早稲田大学出版部） 385
早稲田大学ロースクール著作権法特殊講義（成文堂） 179
私が愛した人生 普通の市民二十一人の（編集工房ノア） 201
私が愛した人生 普通の市民二十二人の（編集工房ノア） 201
私の落穂拾い（北方出版） 201
ワタシの生活(微)向上作戦（中央公論新社） 202
私のたからもの（日本文学館） 202
渡良瀬畔から（つかもと書店） 202
Wordにおまかせ！（MPC） 109
ワードマップ（新曜社） 386
ワニ文庫（ベストセラーズ） 386
和本入門（平凡社） 179

【ん】

んだんだブックレット　んだんだライブラリー（無明舎出版） 390

【英数】

21st century COE program international conference series（名古屋大学大学院文学研究科） 390
About Face（アスキー・メディアワークス, 角川グループパブリッシング〔発売〕） 109
Addison-Wesley professional computing series（ピアソン・エデュケーション） 109
Advanced master（秀和システム） 110
AIST（National institute of Advanced Industrial Science and Technology） 110
AN 21研究シリーズ（文真堂） 391

Arcadia（美研インターナショナル） 202
Art Of Reversing（オライリー・ジャパン, オーム社〔発売〕） 110
Ascii Addison Wesley programming series（アスキー・メディアワークス） 110
ATR technical report（Advanced Telecommunications Research institute International Network Informatics Laboratories） 111
AVCCライブラリーレポート（高度映像情報センター） 147
BASIC MASTER SERIES（秀和システム） 111
Beret science（ベレ出版） 114
Books for Web Creative（技術評論社） 114
Collected English works of Yone Noguchi（Edition Synapse） 391
C++Builder 6コンポーネント活用ガイド＆実践プログラミング（カットシステム） 115
C/C++セキュアプログラミングクックブック（オライリー・ジャパン） 115
Chambers's information for the people（Eureka Press） 186
Codezine books（翔泳社） 115
Collection UTCP（UTCP） 391
CompTIA学習書シリーズ（TAC出版事業部） 115
Computer science library（サイエンス社） 115
Computer technology（CQ出版） 116
CRIC著作権研修講座講演録（著作権情報センター） 179
CSEAS bibliographical series（京都大学東南アジア研究所） 179
CSEAS research report series（The Library, Center for Southeast Asian Studies, Kyoto University） 179
CVIMチュートリアルシリーズ（アドコム・メディア） 116
CVS教程（エヌ・ティー・エス） 116
CVS教程（ナノオプト・メディア） 116
Daisanbunmei book extra report（第三文明社） 203
Database solution（翔泳社） 116
DB magazine selection（翔泳社） 116
DB SELECTION（翔泳社） 118

DELPH

Delphi 2005プログラミングテクニック（カットシステム） …… 118
Design Wave Advanceシリーズ（CQ出版） …… 118
docomo PRO series（アスキー・メディアワークス、角川グループパブリッシング〔発売〕） …… 118
DTP essential books（毎日コミュニケーションズ） …… 179
DTP series（工学社） …… 179
DTPworld archives（ワークスコーポレーション） …… 179
Edition Synapse series（Edition Synapse） …… 392
English miscellany（Eureka Press） …… 392
Essential software guide book（技術評論社） …… 118
Experimental formats（グラフィック社） …… 180
Fedora Core expert（技術評論社） …… 118
FreeBSD expert（技術評論社） …… 118
FreeBSD fan（毎日コミュニケーションズ） …… 118
GAME DEVELOPERシリーズ（ソフトバンククリエイティブ） …… 118
GEK design library（ジーイー企画センター） …… 180
GPU gems（ボーンデジタル） …… 118
GRIPS research report series（National Graduate institute for Policy Studies） …… 392
Heart book series（ぶんか社） …… 202
Hobby×iPhone Series（メディアファクトリー） …… 119
Impress kiso series（インプレスジャパン） …… 119
Information & computing（サイエンス社） …… 119
Information science & engineering（サイエンス社） …… 119
Introduction kit series（秀和システム） …… 120
ISテキストシリーズ ISJ2001対応（共立出版） …… 120
IT architects' archive（翔泳社） …… 120
IT pro books（日経BP社） …… 121
Jim Blinn's corner 日本語版（オーム社） …… 121

JISAブックレッツ（情報サービス産業協会） …… 122
JMLA叢書（日本医学図書館協会） …… 147
Kodansha English library（Kodansha International） …… 392
KSPシリーズ（京都図書館情報学研究会） …… 147
Kyoto area studies on Asia（Kyoto University Press） …… 393
LATEX 2ε階梯（ピアソン・エデュケーション） …… 180
Liberation（高知大学） …… 122
Linux教科書（翔泳社） …… 122
Linux詳説（丸善） …… 122
Linux world favorite series（IDGジャパン） …… 122
MdN design basics（エムディエヌコーポレーション） …… 180
MdN design school（エムディエヌコーポレーション） …… 122
Microsoft.net development series（日経BPソフトプレス） …… 122
MICSオケイジョナル・ペーパー（明治学院大学キリスト教研究所） …… 394
Monographs of the institute for Advanced Studies Hiroshima Shudo University（institute for Advanced Studies, Hiroshima Shudo University） …… 394
MSDNプログラミングシリーズ（日経BP社） …… 123
MSX magazine（アスキー） …… 123
Museum library archives（書肆ノワール） …… 148
Mycom books beginner course series（毎日コミュニケーションズ） …… 123
.NET Frameworkプログラミングテクニック（カットシステム） …… 123
.NET technologyシリーズ（技術評論社） …… 124
Net travellers 200X（翔泳社） …… 124
Network（翔泳社） …… 124
NDL research report（Library Support Division, Projects Dept., Kansai-Kan of the National Diet Library） …… 148
Neko series（ソフトバンククリエイティブ） …… 123
New liberal arts selection（有斐閣） …… 394

全集・叢書名索引　　THEWO

New text電子情報系シリーズ（昭晃堂） ………… 124
Nichibunken monograph series（International Research Center for Japanese Studies） ………………………………………… 394
NIHU program Islamic area studies（NIHUプログラム「イスラーム地域研究」東洋文庫拠点東洋文庫研究部イスラーム地域研究資料室） ………………………………… 148
Nikkei visual（日本経済新聞社） …………… 394
NT2X（翔泳社） ………………………………… 394
OCRES based learning contents（アイテック） ……………………………………………… 124
Open source computer vision library（毎日コミュニケーションズ） ……………………… 124
Oxalis（慶応義塾大学デジタルメディア・コンテンツ統合研究機構） ………………… 148
Pan Pacific online（ラッセル社） …………… 124
Perfect master（秀和システム） ……………… 124
Perfect series（技術評論社） ………………… 126
Pieria books（東京外国語大学出版会） ……… 180
Powered by free development tools（毎日コミュニケーションズ） ……………………… 126
Prime master series（秀和システム） ……… 126
Quick master（秀和システム） ……………… 127
Research report（IBM Research, Tokyo Research Laboratory, IBM Japan） …………… 127
Richiesta plus（トランスアート） …………… 394
SaaS/PaaS関連市場の現状と将来展望（富士キメラ総研） ………………………………… 127
SAP公式解説書（日経BPソフトプレス、日経BP出版センター〔発売〕） ………………… 128
SB access（エスアイビー・アクセス、星雲社〔発売〕） ………………………………………… 128
Science Council of Asia（Science Council of Asia Secretariat） ………………………… 202
Shuwa examination measure & skillup book series（秀和システム） ………………… 128
Shuwa superbook series（秀和システム） ………………………………………………… 128
Shuwasystem beginner's guide book（秀和システム） ………………………………… 394
Shuwasystem PC guide book（秀和システム） ………………………………………………… 128
Shuwasystem pocket guide book（秀和システム） ………………………………………… 396

Skill-up text（ソフトバンククリエイティブ） ………………………………………………… 129
Software Design特別編集シリーズ（技術評論社） ……………………………………………… 129
Software design books（技術評論社） ……… 129
Software patterns series（ピアソン・エデュケーション） ……………………………………… 129
Software people（技術評論社） ……………… 129
Software technology（技術評論社） ………… 129
Something U want（プレスティージ） ……… 129
SQL Server逆引き大全450の極意（秀和システム） ……………………………………………… 129
SQL Server books（翔泳社） ………………… 129
SRI reports（幻冬舎メディアコンサルティング） ……………………………………………… 129
Start book（技術評論社） ……………………… 129
Starter Kit series（毎日コミュニケーションズ） ……………………………………………… 130
Start! Linux（アスキー） ……………………… 130
STEP‐UP GUIDE（オーム社） ……………… 130
Style book series（ワークスコーポレーション） ……………………………………………… 180
Style for Professional（毎日コミュニケーションズ） …………………………………………… 130
SUPモダン・クラシックス叢書（上智大学出版） ……………………………………………… 396
Systems engineer（技術評論社） …………… 130
Technical handbook series（ソフトバンククリエイティブ） ……………………………… 130
Technology専門分野シリーズ（アイテック情報処理技術者教育センター） ……………… 130
tech press（ソフトバンククリエイティブ） ………………………………………………… 130
That's Japan（ウェイツ） …………………… 396
The children's encyclopedia（Eureka Press） ………………………………………………… 186
The Java Series（ピアソン・エデュケーション） ……………………………………………… 130
The missingmanualシリーズ（オライリー・ジャパン） ……………………………………… 130
The new fifties（講談社） …………………… 396
Theory in practice（オライリー・ジャパン） ………………………………………………… 131
The Toyota Foundation: 30 years of history（The Toyota Foundation） ……………… 202
The world's bestselling series（ガイアブックス） ……………………………………………… 397

全集・叢書総目録 2005-2010　　**431**

TODAY

To-day and to-morrow（Edition Synapse）
　.. 202
Tokyo tech be-text（オーム社） 131
UDライブラリー（読書工房） 148
UMLモデリング教科書（翔泳社） 131
Unix & information science（サイエンス社）
　.. 131
UNIX magazine collection（アスキー） 131
User hand book（秀和システム） 131
VBA for Professionals（毎日コミュニケーションズ） 132
Visual Basic 6.0入門講座（工学研究社）
　.. 132
Visual C++.NET実用マスターシリーズ（ソフトバンクパブリッシング） 132
Web+DB press plusシリーズ（技術評論社）
　.. 132
Web designer's handbook series（エムディエヌコーポレーション） 132
XMLマスター教科書（翔泳社） 133
ZBrush（ボーンデジタル） 133
ZSZ増刊（全国心身障害児福祉財団） 148

全集・叢書総目録 2005-2010
Ⅰ 総 記

2011年6月27日 第1刷発行

発 行 者／大高利夫
編集・発行／日外アソシエーツ株式会社
　　　　　〒143-8550 東京都大田区大森北1-23-8 第3下川ビル
　　　　　電話(03)3763-5241(代表)　FAX(03)3764-0845
　　　　　URL http://www.nichigai.co.jp/
発 売 元／株式会社紀伊國屋書店
　　　　　〒163-8636 東京都新宿区新宿3-17-7
　　　　　電話(03)3354-0131(代表)
　　　　　ホールセール部(営業)　電話(03)6910-0519
電算漢字処理／日外アソシエーツ株式会社
印刷・製本／株式会社平河工業社

不許複製・禁無断転載　　　〈中性紙H-三菱書籍用紙イエロー使用〉
〈落丁・乱丁本はお取り替えいたします〉
ISBN978-4-8169-2303-6　　　Printed in Japan,2011

> 本書はディジタルデータでご利用いただくことが
> できます。詳細はお問い合わせください。

全集・叢書総目録 1999-2004

Ⅰ 総　　記	A5・490頁	定価23,100円(本体22,000円)	2005.7刊
Ⅱ 人　　文	A5・600頁	定価24,150円(本体23,000円)	2005.5刊
Ⅲ 社　　会	A5・940頁	定価25,200円(本体24,000円)	2005.5刊
Ⅳ 科学・技術・産業	A5・920頁	定価25,200円(本体24,000円)	2005.6刊
Ⅴ 芸術・言語・文学	A5・960頁	定価27,300円(本体26,000円)	2005.6刊
Ⅵ 総索引	A5・530頁	定価 9,975円(本体 9,500円)	2005.7刊

1999〜2004年までに国内で刊行された「全集・叢書」類の各巻内容を記録した図書目録。全集、講座、叢書、選集、著作集など3.3万種、14.5万冊を主題別に収録。「全集・叢書名索引」付き。

日本国際交流史事典 トピックス1853-2008

A5・760頁　定価14,800円(本体14,095円)　2009.1刊

日本の国際交流史を年表形式で一望できる記録事典。開国、西洋文化の移入、移民から、著名人の来日、国際条約締結、貿易動向、日本文化の紹介まで、黒船来航以降155年間の様々な分野のトピック7,700件を収録。

環境史事典 トピックス1927-2006

A5・650頁　定価14,490円(本体13,800円)　2007.6刊

昭和初頭から2006年までの日本の環境問題に関する出来事5,000件を年月日順に一覧できる記録事典。戦前の土呂久鉱害、ゴミの分別収集開始からクールビズ、ロハスまで幅広いテーマを収録。

事典 日本の大学ブランド商品 開発商品からキャラクターグッズまで

A5・370頁　定価12,600円(本体12,000円)　2010.4刊

全国の大学・短期大学が独自に開発した商品、産学官連携によって生まれた商品など「大学ブランド」を都道府県別・大学ごとに一覧する初のデータブック。農林水産一次産品、工業製品、大学キャラクターなど900件の概要を掲載。

データベースカンパニー
日外アソシエーツ　〒143-8550　東京都大田区大森北1-23-8
TEL.(03)3763-5241　FAX.(03)3764-0845　http://www.nichigai.co.jp/